잃어버린 발자욱의 강을 찾아

위대하고 안타까운 미얀마 역사

모음북스

잃어버린 발자욱의 강을 찾아
위대하고 안타까운 미얀마 역사

2020년 3월 15일 인쇄
2020년 3월 25일 발행
지은이: 딴 민-우
옮긴이: 김태현
발행인: 안정순
주소: 16939 경기도 용인시 수지구 상현로42번길 40번지 273동 1302호
전화 및 팩스: (031) 8002-0135
이메일: moumbooks.pub@daum.net
등록: 2004년 5월 25일/제2018-000067호
값: 22,000원

© 모음북스 2020

잘못된 책은 바꾸어드립니다.
ISBN 978-89-955383-5-7 94910
ISBN 978-89-955383-3-3 [set]

이 도서의 국립중앙도서관 출판예정도서목록(CIP)은 서지정보유통지원시스템 홈페이지(http://seoji.nl.go.kr')와 국가자료공동목록시스템(http://www.nl.go.kr/kolistet)에서 이용하실 수 있습니다. (CIP제어번호: CIP2020008004)

잃어버린 발자욱의 강을 찾아

위대하고 안타까운 미얀마 역사

딴 민-우 지음
김태현 옮김

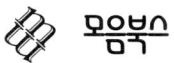

THE RIVER OF LOST FOOTSTEPS

A PERSONAL HISTORY OF BURMA

THANT MYINT-U

Copyright © 2006 by Thant Myint-U

All rights reserved.

This Korean edition was published by Moumbooks Publisher in 2020 by arrangement with Thant Myint-U c/o Aitken Alexander Associates through KCC (Korea Copyright Center Inc.), Seoul.

이 책은 (주)한국저작권센터(KCC)를 통한 저작권자와의 독점계약으로 모움북스에서 출간되었습니다. 저작권법에 의해 한국 내에서 보호를 받는 저작물이므로 무단전재와 복제를 금합니다.

지은이 딴 민-우

딴 민-우(Thant Myint-U) 박사는 대표적인 미얀마 역사학자로, 외조부 우딴(U Thant)이 유엔 사무총장으로 재직하던 1966년 뉴욕에서 태어나 외조부가 1974년 타계할 때까지 함께 살았다. 하버드 대학교에서 학부를 마치고 케임브리지 대학교에서 미얀마 근대사 연구로 박사학위를 받았다. 1995~1999년 동안 케임브리지 트리니티 칼리지에서 펠로우를 지냈다. 유엔에 근무하면서 캄보디아와 보스니아의 평화유지군 활동에 관여했으며, 유엔 정치국 정책기획부에서도 일했다. 저서로 이 책 외에도 박사학위 논문을 책으로 출판한 *The Making of Modern Burma* (Cambridge University Press, 2001); *Where China Meets India: Burma and the New Crossroads of Asia* (Farrar, Straus and Giroux, 2011) (『친디아와 미얀마: 고래 싸움에 새우 등 터지는가?』[모음북스: 2020])가 있다. 현재 미얀마 문화보존을 위한 재단(Yangon Heritage Trust)을 설립하여 활동하고 있다.

옮긴이 김태현

김태현(金泰炫) 교수는 서울대학교와 미국 오하이오주립대학교에서 국제정치학을 공부하고 21년간 중앙대학교 국제대학원 교수로 재직했다. 그러면서 미국 플로리다 대학교, 일리노이 대학교, 조지아 공대, 일본 와세다 대학 등에서 교환 교수를 지냈고, 2015년에는 한국 국제정치학회 회장으로 봉직했다. 2013년부터 한국 국제협력단의 지원으로 미얀마 양곤대학교에 '한국 국제학센터'(KIS)를 설립하고 그 소장을 지내며, 교수와 학생을 상대로 강의하고 있다. 정통 국제정치학자로서 국제정치이론, 국제안보, 외교정책과 관련한 많은 논문과 저서를 집필했다. 또 배리 부잔, 『세계화 시대의 국제안보』(1995), E. H. 카, 『20년의 위기』(2002), 조엘 위트 외, 『북핵위기의 전말』(2005), 그레이엄 앨리슨, 『결정의 엣센스』(2005), 『결정의 본질』(2018, 재간), 젤리코와 라이스, 『독일통일과 유럽의 변환』(2008), 모겐소, 『과학적 인간과 권력정치』(2010), 딴 민-우, 『친디아와 미얀마: 고래 싸움에 새우 등 터지는가?』(2020), 로라 니애크, 『신외교정책론: 이론과 사례』(2020) 등을 번역한 국제문제 전문 번역가다.

차 례

    미얀마 지도   9

    시작하는 글   11

1. 왕국의 멸망   17
   세인트 조지 요새 · 랜돌프 처칠의 전쟁 · 전쟁이 끝난 후

2. 미얀마를 어떻게 하면 좋을까?   55

3. 미얀마의 뿌리   71
   **중도(中道) – 불교의 도래 · 난자오(南詔) – 미얀마의 유래 ·
   바간 왕국의 성쇠와 몽골의 침공**

4. 벵골만의 해적과 군주들   99
   **원숭이 알의 도시, 먀욱-우 · 테조 강에서 온 사나이 ·
   무굴의 명명자 · 명나라 마지막 '황제'**

5. 애국심의 결과   133
   **무강 유역의 영주들 · 무슈 듀플렉스와 프랑스령 미얀마의 꿈 ·
   시리암과 7년 전쟁 · 아유타야의 함락 ·
   중국과 국경을 접하고 싸우다 · 팔기병**

6. 영국과의 전쟁   159
   **신비 아니면 막연한 추측 · 로켓의 붉은 화염 ·
   획득한 것을 포기하라 · 유리 궁전 연대기**

7. 만달러이   191
   **최후의 대왕 민돈 · 외교 · 1866년 왕자의 난 · 판데 최후의 항전 ·
   빅토리아 여왕 · 최후의 도박 · 개혁세력의 독주 ·
   사랑과 결혼, 야나웅 왕자 · 듀플렉스의 망령**

8. 전환시대   233
   **판타너 · 만달레이로 가는 길은 막혔다 · 왕국에서 식민지로 ·
   무굴의 마지막 황제와 인도인의 도래 · 신데렐라의 나라**

9. 극단의 시대　　　　　　　　　　　　　　　　　　　277
   **1905년 케임브리지 · 대공황 · "동양의 아일랜드" ·
   다가오는 전쟁 · 천둥벼락**

10. 전장과 난장　　　　　　　　　　　　　　　　　　307
    **마지막 여름 · 가장 긴 후퇴 · 30인의 동지 · 제국의 종말? ·
    옷을 잘 입어야 한다 · 전시 미얀마 내부 상황 ·
    일본과 영국 : 최후의 대결 · 임팔의 전기 ·
    루이스 마운트배튼 공과 아웅산 · 백서와 1946년 영국의 버마정책 ·
    총독은 백서를 시행하려 하지만 아웅산은 생각이 달랐다 ·
    영국이 마침내 물러서다 · 아웅산 런던에 가다**

11. 서로 다른 꿈을 위해 총을 쏘다　　　　　　　　　353
    **우누의 생애와 치적 · 미얀마의 민주주의 실험 ·
    중국이 돌아오다-1950년 국민당군의 침공 · 중립외교 ·
    민주주의가 병들다 · 1962년 쿠데타가 무르익다**

12. 호랑이 꼬리를 잡다　　　　　　　　　　　　　　395
    **지미 양의 세상 · 네윈 워싱턴에 가다 · 홍위병의 침공 ·
    끝나지 않는 전쟁 · 우딴 유엔 사무총장의 사망 ·
    카친 산속의 성탄절**

13. 마무리하는 글　　　　　　　　　　　　　　　　　437
    아웅산의 딸 · 하이난으로부터 먼 길

덧붙이는 글　　　　　　　　　　　　　　　　　　　473
감사의 말　　　　　　　　　　　　　　　　　　　　481
황금의 나라 미얀마 : 옮긴 이의 글　　　　　　　　　483
주석　　　　　　　　　　　　　　　　　　　　　　 489
색인　　　　　　　　　　　　　　　　　　　　　　 509

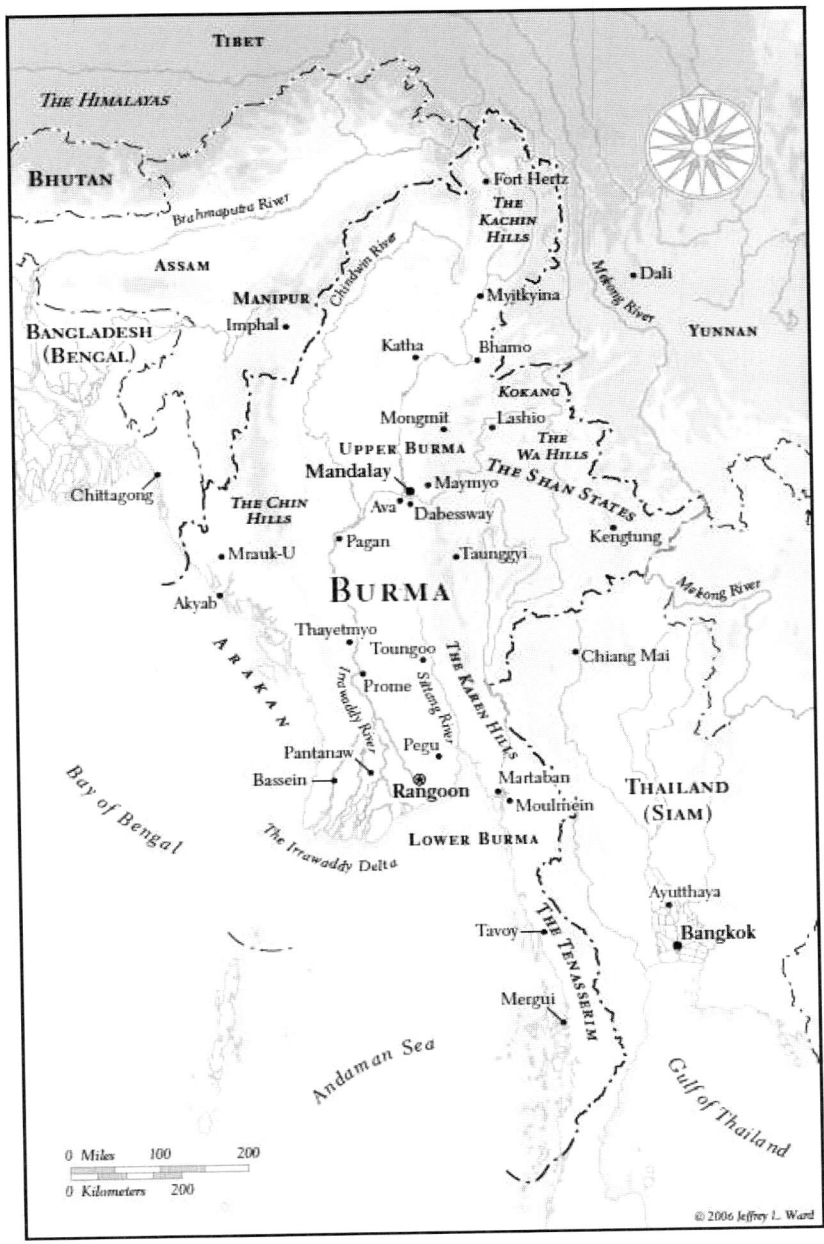

일러두기

1. **미얀마어 발음과 표기에 대해서**: 미얀마어에는 40개가 넘는 자음이 있을뿐더러 7개의 모음이 3성으로 발음되기 때문에 그것을 표기하기 위해 독특한 로마자 표기법을 개발했다. 현지에서 로마자로 표기된 것을 보고 영어식으로 생각하면 발음 자체가 어렵거나 현지인이 못 알아듣는 이유가 그 때문이다. 대표적인 예로 미얀마 화폐단위는 kyat이라고 표기되는데 ky를 ㅉ으로 읽는 것도 헷갈리거니와 -at를 합쳐서도 '짜트'가 아니라 '짜' 또는 '짯'으로 짧게 끊어 읽어야 한다. 지은이의 외할아버지이자 제3대 유엔 사무총장을 지낸 U Thant는 흔히 '우탄트'로 표기되지만, Th의 발음은 '타'가 아니라 '따'에 가깝고 -nt는 묵음화 현상이 일어나기 때문에 발음은 '우따'에 가깝다. 여기서는 '우딴'으로 표기했다. 단, 흔히 알려진 표현, 예컨대 '아웅산 수찌'에 가까운 '아웅산 수치', '슈웨다곤'에 가까운 '쉐다곤'은 알려진 대로 적었다.

2. **미얀마와 인도의 지명 표기에 대해서**: 인도와 미얀마는 종래 지명의 로마자 표기를 원어의 발음에 가깝게 바꾸었다. 인도의 경우 봄베이(Bombay)가 뭄바이(Mumbai), 미얀마의 경우 랭군(Rangoon)이 양곤(Yangon)이 된 것이 대표적인 예다. 원서가 영어식 표기를 따랐고, 역서도 역사책 특유의 예스러운 맛을 살리고자 몇 개를 제외하고 과거의 표기를 그대로 썼다. 다만 그 지명이 처음 등장할 때 현재 이름을 함께 적었고 제2장 시작 부분에 과거 이름과 현재 이름을 별도로 소개했다.

3. **미주와 각주**: 원저에 참고문헌은 미주, 부가 설명은 각주로 처리돼있다. 옮긴이도 몇 개의 각주를 더했으나 '옮긴 이'라는 표기가 따로 없으면 모두 원저에 있는 대로이다.

4. 소설 등 단행본 서적의 제목은 『잃어버린 발자욱의 강을 찾아』, 시나 논문의 제목은 「만달레이로 가는 길」, 신문, 잡지, 영화 제목, 방송 프로그램 등은 <뉴욕타임스>식으로 표시했다.

시작하는 글

1988년 대학을 졸업하고 몇 달 후, 나는 미얀마와 태국 접경지역에서 미얀마 반군과 함께 지냈다. 몸은 불편했으나 마음은 편했다. 말라리아모기가 들끓는 열대우림 속에서 건기에는 먼지를, 우기에는 흙탕을 뒤집어쓴 엉성한 풀집 초소에서 거처했다. 그래도 멀리 보이는 안개 낀 숲의 모습, 그리고 결의에 찬 젊은 남녀들이 에메랄드빛 군복을 입고 뛰어다니는 것을 보는 것이 너무 좋았다.

미국 동북부 뉴잉글랜드 지방의 눈 덮인 언덕길을 헐떡이며 뛰어 강의실로 가던 기억, 기숙사 식당에서 맛없는 음식을 앞에 놓고 벌이던 논쟁, 봄철의 가든파티, 의학전문대학원을 간다느니 월스트리트에서 첫 직장을 잡았느니 하며 뻐기던 친구들의 기억은 마치 딴 세상의 일처럼 느껴졌다. 아무래도 좋았다. 나는 뚜렷한 목적의식이 있었고 그 목적을 위해 옳은 장소를 제때 찾았다고 느끼고 있었다. 모든 일이 신났고 분위기는 활기찼다.

그해 8월과 9월, 꼬리를 물고 일어난 반정부시위는 미얀마의 군부독재를 송두리째 흔들었다. 마침내 군부가 시위를 폭력으로 진압했다. 수천 명의 대학생이 정글을 헤치고 태국과의 국경지대로 모였다. 도망친 것이 아니었다.

전열을 가다듬어 새로이 도전하기 위해서였다. 다들 미국이 도와주길 바라고 미국의 무기를 원했다. 그래서인지 미군 특수부대가 오고 있다느니 미군 함정이 안다만해에 정박해 있다느니 하는 소문이 무성했다.

나는 미국에서 나고 자랐지만, 부모는 미얀마 출신이었고 미얀마는 나의 모국이었다. 그래서 내가 태어나기도 전부터 군부독재에 시달리던 모국에 하루빨리 변화가 오기를 간절히 소망했다. 그래서 같은 소망을 가진 젊은이들과 함께 일하는 것이 좋았다. 그러나 폭력은 반대했다. 무슨 신념 때문이 아니라 그 효과에 회의적이었기 때문이었다. 그래서 무장투쟁을 불사하겠다는 이들과 결별했다. 방콕으로 가서 미얀마 난민들을 돕는 일을 하며 일 년을 보냈다. 이후 워싱턴으로 돌아가 인권단체 '휴먼 라이트 와치'(Human Right Watch)에서 일하며 미국의 미얀마 정책에 대한 로비를 벌였다. 초강대국 미국이 압박하면 바뀔 것으로 생각하여 미얀마에 대한 경제제재를 주장했다.

그러다가 회의가 생겼다. 미얀마에 경제제재만 가한 채 내버려 두는 것은 그 나라의 사회와 정부가 국제사회로부터 고립된 현실을 고려할 때 부작용이 더 크다는 생각이 들었다. 그렇다고 달리 뾰족한 수가 생각나지 않았다. 그래서 미얀마에 대해 제재를 하라며 벌이던 로비활동을 그만두었다. 아니, 미얀마를 잊고 탈냉전기를 맞아 활동이 많아진 유엔에서 일하기 시작했다. 캄보디아의 프놈펜과 보스니아의 사라예보에 파견된 유엔 평화유지 활동에 관여했다. 당시 두 나라는 미얀마보다 상황이 훨씬 나빴으나 국제사회가 노력한 결과 미얀마보다 상황이 더 나아졌다고 믿었다.

사라예보를 마지막으로 유엔근무를 그만두고 대학원에 진학하여 근대사를 공부했다. 평소 관심이 많던 미얀마 역사, 그중 19세기 역사를 논문 주제로 택했다. 성세를 구가하던 꼰바웅(Konbaung) 왕국이 쇠락하다가 최고의 성세를 맞은 빅토리아 여왕 치하의 대영제국에 결국 흡수되고 마는 그 기간의 역사였다. 서세동점(西勢東漸)의 시대에 근대화를 위해 몸부림치다가 끝내 식민지로 전락하고만 안타까운 시기의 역사였다. 그 기간의 경험이 어떻게 후일 영국의 식민지배에 영향을 주고 결국 오늘날 미얀마의 현실에 영향을 주게 되는지에 대해 매료됐다.

이 책은 미얀마의 과거와 역사에 대한 개인적 소회다. 과거라고 해도 가까운 과거이며 내 가족의 이야기가 포함돼 있기에 개인적 소회다. 역사책답게 시기적으로 구분돼 있지만, 그 시작은 중간시점으로 정했다. 1885년 가을이 그 시점이다. 그때 미얀마의 마지막 왕은 만달레이의 궁궐에서 불안에 떨고 있었다. 영국의 언론은 미얀마의 왕궁에서 비인도적인 사태가 일어나고 있으며 세계제국이자 미얀마 일부를 지배하는 대영제국이 뭔가 해야 한다는 조의 사설을 싣고 있었다. 런던의 정치인들도 "버마 문제"를 제대로 해결하는 방안을 놓고 고심하고 있었다.

이 책은 학술서는 아니다. 여전히 복잡한 미얀마 문제의 해결책을 제시하는 정책연구도 아니다. 내가 이 책을 쓰는 이유는 미얀마의 현재에 관심을 가지면서도 그 과거에 대해서는 알지 못하는 사람들을 위해서다.

1988년 이후 미얀마는 마침내 고립을 벗어났지만, 그 국제적 위상은 딱하기 짝이 없었다. 서방국가들은 미얀마를 따돌렸다. 이웃 나라에도 미얀마는 골칫거리였다. 20세기에는 이색적인 불교국가로 동경의 대상이었던 미얀마가 21세기에는 세계적인 문제 국가로 떠올랐다. "실패한 국가"(failed state)까지는 아니더라도 그에 근접하고 있는 국가가 미얀마였다. 독재국가이면서도 자연재해와 같은 국가적 재앙에 제대로 대처하지 못하는 국가가 미얀마였다. 그토록 오래 집권한 군부가 갈수록 권력에 집착하는 이상한 나라가 미얀마였다.

그런데 이런 모습이 미얀마 전부는 아니다.

미얀마는 아시아의 중심이었다. 중국, 인도, 티베트, 그리고 동남아의 여러 문명이 서로 만나는 곳이었다. 미얀마의 역사가 그 같은 위치를 반영하고 있다. 로마 황제의 사신이 미얀마를 거쳐 중국의 한(漢)나라로 갔다는 사실을 알고 있는 이가 얼마나 될까? 16세기 포르투갈의 해적, 패망한 일본 영주의 사무라이 무사들, 페르시아의 왕자들이 아라칸(=라카인)의 궁정의 권력다툼에 뛰어들었다는 사실은? 1824~26년간 동인도 회사의 대포와 함대가 '아바'(Ava)의 왕이 보낸 코끼리 부대 총병들과 피나는 싸움을 했다는 것은?

20세기에 들어와 영국의 식민지배, 제2차 세계대전의 파괴와 폐허, 1940년대 말의 내전, 1950년대 초 중국의 침공은?

나는 현재를 알기 위해서는 과거를 알아야 한다는 명제를 염두에 두고 이 책을 썼다. 1988년 이후, 유엔 등 국제기구, 수십 개 국가, 수백 개 시민단체, 수천 명의 운동가가 미얀마의 민주화를 위해 노력했다. 그러나 전체적인 결과는 실망스러웠다. 현상(現狀)을 더욱 공고하게 만들거나 그나마 싹이 돋던 긍정적 변화의 뿌리를 뽑아버리는 의도치 않은 결과를 낳기도 했다. 그처럼 실망스러운 결과는 오늘날 미얀마에 대한 분석이 지나치게 몰(沒)역사적인 것과 무관하지 않다. 실제로 오늘날 미얀마가 겪고 있는 어려움의 근원(根源)을 찾는 사람은 미얀마 학자들 외에는 없는 실정이다. 역사를 무시하면 미얀마뿐만 아니라 다른 "위기의 국가"에 대한 해법도 제대로 찾지 못할 것이다. 지금 "위기의 국가"는 한둘이 아니다.

잃어버린 발자욱의 강을 찾아

THE RIVER OF LOST FOOTSTEPS

1

왕국의 멸망

1

> 버마에서 가장 신성한 신은 전례이다.
>
> — Captain Henry Yule, *Mission to the Court of Ava*[1]

1885년 10월, 만달레이

왕은 출산을 앞둔 왕비의 건강 때문에 근심이 컸다. 신하들은 왕의 근심을 아랑곳하지 않았다. 이런저런 말로 귀와 마음을 어지럽혔다. 문신들은 심약했다. 왕조의 발상지로 피신하여 권토중래의 기회를 보라는 이들이 있었다. 대세는 거스를 수 없으니 그냥 항복하라는 이들도 있었다. 반면 무신들은 강경했다. 가볍고 단단한 칠기 투구를 쓰고 녹색과 주황색이 섞인 화려한 제복을 입고 나와 불퇴전의 용기를 다짐했다. 승리도 장담했다. 영국군의 함대는 이라와디강을 따라 올라올 것이다. 지난 수십 년은 바로 그것을 막기 위해 보낸 세월이었다. 곳곳에 요새가 설치됐다. 큰돈을 들여 도입한 서양식 기선이 있다. 재래식 군선도 충성심이 넘치는 수병이 탑승해 있다. 젊은 기술자들이 애써 개발한 기뢰도 곧 실전 배치될 예정이다. 보병의 상당수는 동부 산악지역의 반란을 진압하느라 투입돼 있지만, 성을 지키기에는 충분한 병력이 있다.

무장들은 그렇게 승리를 장담했다.

부왕(父王)은 바로 이런 상황을 염두에 두고 궁성을 건설했다. 사방 1마일, 정방형의 높은 성벽은 총과 포로 무장하고 있었다. 그 성벽은 넓고 깊은 해자로 둘러싸여 있었다. 그 속에서 적의 진공을 막아내면서 북쪽의 산악지대에서 유격전을 벌이면 승산이 전혀 없지만은 않았다.

막 우기가 끝났다. 찬란하게 빛나는 아열대의 태양 아래, 그러나 여전히 질척거리는 연병장에서 기병이 훈련하는 모습이 보였다. 그러나 왕은 알고 있었다. 장군들이 뭐라고 떠들더라도, 밖에서 훈련하는 병사들이 아무리 용맹하더라도, 300마일 밖 남쪽에 있는 군대와는 상대가 되지 않는다는 것을. 방법을 찾아야 했다. 부왕의 은덕을 입어 서양의 선진문물을 돌아봤던 대신들은 냉정하고 현실적이었다. 현실을 깨닫고 협상을 통해 그나마 얻을 수 있는 최선을 찾으라고 충고했다. 무슨 일이 있어도 군사적 대결은 피해야 한다고 했다. 적이 요구하는 그 무엇이라도 수락하라고 했다. 그러면? 아마 그들의 삶과 자리는 보장될지 몰랐다. 그런데 이 왕좌는? 적군이 지난 8년간 망명 생활을 하던 이복형을 대동하고 있다는 소문이 돌고 있었다. 왕좌는 아마 그의 것이 될 것이었다. 그러면 이 왕국은? 아마 적국의 보호령으로 전락할 것이었다. 그것이 아마 대신들이 생각하는, 그들을 위한 최선일 것이었다.

사랑하는 왕비의 조언은 달랐다. 마음을 강하게 먹고 전쟁을 준비하라고 했다.

세인트 조지 요새

해리 노스 달림플 프렌더개스트 경(Sir Harry North Dalrymple Prendergast)은 1834년 인도에서 출생했다. 그의 가문은 잉글랜드와 아일랜드에 근거를 두었지만, 오랫동안 인도에서 봉사했다. 아버지 토마스 프렌더개스트는 마드라스(=첸나이)의 치안판사를 지냈는데 인도에서 오래 근무한 후유증으로 시력을 잃고 첼튼햄에서 노후를 보냈다. 『관용구로 배우는 외국어』라는 책을 써서 적지 않은 돈을 벌었다.*

해리 프렌더개스트는 뛰어난 군인이었다. 인도 세포이 대항쟁(1857~58) 당시 말와(Malwa) 야전군에서 싸웠다. 10년 후 영국-에티오피아 전쟁에서 로버트 내피어 공(Lord Robert Napier)이 영국-인도 연합군을 이끌고 에티오피아 황제 테워드로스 2세의 막달라 요새를 불태울 때 부장으로 참전했다. 부장이 아니라 주장으로 공을 세우는 것이 오랜 꿈이었다. 마침내 기회가 왔다. 버마 전쟁의 총사령관 프렌더개스트는 길게 형성된 전선을 몸소 정찰하며 작전계획을 다듬었다.

프렌더개스트가 이끄는 버마 야전군은 3개 보병여단, 총 1만 명의 병력으로 구성돼 있었다. 벵골 군과 마드라스 군에서 각기 차출된 2개 여단과 아일랜드 출신 조지 스튜어트 화이트(George Stewart White) 준장이 지휘하는 1개 여단이었다.[2] 10월 말, 프렌더개스트 장군은 버마 전선 시찰을 마치고 마드라스로 갔다. 병력은 마드라스 외곽에 있는 세인트 조지 요새에서 훈련에 열중하고 있었다. 군사학 최신이론을 반영한 교범에 따라 작전을 수립하고 병력을 훈련했다. 예상을 벗어나는 일은 절대 없을 것이었다. 폭우 속에서 인도인 노무자 수백 명이 보급품을 담은 나무상자를 대형군함에 싣고 있었다. 11월 2일, 천둥과 벼락을 동반한 폭우가 쏟아지는 가운데 마드라스의 총독 그랜트 더프(Grant Duff) 각하가 작전에 나설 장교들을 위해 호화스러운 만찬을 베풀었다. 모든 준비가 끝났다.

11월 6일, 프렌더개스트가 태운 대영제국의 함대는 벵골만의 푸른 물을 건

---

* *The Mastery of Languages or the Art of Speaking Foreign Tongues Idiomatically.*

너고 이라와디강 하구, 삼각주의 흙탕물을 거스르는 항행 끝에 내륙으로 밀려난 버마 왕국과의 접경에 도착했다. 함대는 강기슭을 따라 닻을 내리고 5마일에 달하는 장관을 연출했다. 주함 캐슬린 함의 갑판에는 막 출고된 최신형 연발식 대포 맥심(Maxim) 40문이 위용을 뽐내고 있었다.

4년 전인 1881년 8월, 파리에서 최초의 전기박람회가 열렸다. 그 자리에서 미국 출신 발명가 하이럼 맥심(Hiram Maxim)은 어떤 인사로부터 다음과 같은 말을 들었다:

"떼돈을 벌고 싶소? 그러면 유럽인들이 더 쉽게 서로의 목을 자를 수 있는 '뭔가'를 발명하시오."

그 말을 들은 맥심은 런던으로 이주하여 작업에 들어갔다. 그리고 불과 수개월이 지난 그 해말 그 '뭔가'를 자랑스럽게 공개했다.[3] 바로 맥심포였다. 그 신형 대포는 자동장전 방식으로 1분당 5백 발의 포탄을 발사할 수 있었다. 제1차 세계대전에서 위력을 떨친 그 신형 대포가 그보다 30년 앞선 1885년, 아시아에서 첫선을 보인 것이었다.

11월 13일, 이라와디 기선회사 소속 우편선이 버마 측 영토에서 국경을 넘어 도착했다. 버마 왕국의 8천 병사들이 북쪽 민흘라 요새에 집결하고 있다는 소식을 전했다. 같은 날 오후 프렌더개스트는 런던에 있는 외무성 인도국에서 온 보낸 전보를 받았다. 최후통첩에 대한 버마 측의 응답이 만족스럽지 못하니 즉각 공격을 실행하라는 명령이었다.

랜돌프 처칠의 전쟁

미얀마 역사에 결정적인 분수령이 된 1885년은 세계사에도 하나의 분수령으로 기록될 해였다. 해가 지지 않는 대영제국이 세계 곳곳에서 도전받고 있었다. 독일과 프랑스, 러시아, 그리고 심지어 미국까지 그 도전국 대열에 나섰다. 그 무렵 미국의 대통령은 총각 대통령 그로버 클리블랜드(Grover Cleveland, 1885~89, 1893~97)였다. 미국은 아직 식민지 쟁탈에 나서지는 않았으나 경이적인 경제성장을 기록하고 있었다. 1885년, 대서양 연안에서 출발한 대륙횡단철도가 마침내 태평양 연안 캘리포니아까지 이어졌다. 철강과 석유에 대한 수요가 폭발적으로 증가했고 그에 따라 강철왕 카네기, 석유왕 록펠러와 같은 대부호들이 생겨났다. 같은 해 사진술이 발명됐다. '미국 전화-전보 회사', 곧 AT&T가 첫 고객을 맞은 것도 그 해였다. 시카고에 세계 최초의 마천루가 건설된 것도 같은 해였다. 그리고 그 해, 프랑스로부터 자유의 여신상이, 그리고 중유럽과 동유럽에서 수십만 명의 이민이 뉴욕에 도착했다.

1885년 2월, 1878년에 열렸던 베를린 회의에 따른 아프리카 분할이 시작됐다. 여섯 개 유럽국가가 지구표면 5분의 1을 향후 30여 년에 걸쳐 나눠 가지는 '먹거리 축제'가 시작된 것이었다. 그러나 바로 그해, 포만감을 모르고 팽창하던 유럽 열강의 제국주의가 몰락할 조짐을 처음 보였다. 그해 말 인도의 봄베이(=뭄바이)에서 70여 명의 법률가와 교육자, 언론인이 참가하여 인도국민회의(Indian National Congress)를 결성한 것이었다. 후일 마하트마 간디, 판디트 네루와 같은 인물을 배출하며 인도를, 나아가 버마까지 독립으로 이끌 조직이었다.

영국에 1885년은 상서롭지 않은 뉴스로 시작했다. 전해부터 지면을 장식해 온 수단 하르툼의 위기가 파국을 맞이한 것이었다. 2월, 전쟁영웅 찰스 '차이니즈' 고든(Charles "Chinese" Gordon)의 전사 소식이 전해졌다. 언론이 대서특필하고 여론이 들끓었다. 자유당 내각과 윌리엄 글래드스턴(William Gladstone) 총리에게 비난이 쏟아졌다. 고든 장군은 1860년대 '상승군(常勝軍)'을 이끌고 중국 태평천국의 난을 진압하여 유명해졌다. 이름 앞에 '차이니즈'

가 붙은 것이 그 때문이었다. 1884년 수단 정세가 불안해짐에 따라 자유당 내각은 '상승 장군' 고든을 수단 총독으로 파견했다. 무슨 대단한 것을 바라서가 아니었다. 그 대단한 명성처럼 반군을 때려 부수면 좋겠지만, 최소한 반군에 포위된 영국-이집트군대를 무사히 구출하기를 바랐다. 그 고든 장군이 전사한 것이었다.

그런데, 먼 식민지의 전쟁 소식에 가려진 이면에 진정한 문제가 따로 있었다. 바로 아일랜드의 지위를 둘러싼 정치적 분열이었다. 집권 자유당과 야당 보수당이 서로 다투는 것은 일상이었지만, 각 정당 내부에도 심각한 분열이 있었다. 아일랜드에는 시위와 강경 진압의 악순환이 계속되고 있었다. 평민 출신 부동산 재벌로 정치에 입문한 찰스 스튜어트 파넬(Charles Stewart Parnell)이 아일랜드 민족운동의 지도자로 급부상했다. 1884년 개혁법에 따라 아일랜드의 농민을 포함한 수백만 명이 새로 투표권을 획득했다. 그만큼의 유권자가 새로 생겨나면서 의회 내 파넬의 정치적 위상도 높아졌다. 자유당과 보수당 사이에서 캐스팅 보트를 쥐게 된 것이었다. 수단 사태로 인기를 잃은 자유당 내각이 1885년 6월 예산을 둘러싼 정쟁 끝에 실각한 것은 파넬이 이끄는 아일랜드계 의원들이 보수당의 손을 들어준 덕분이었다. 총선을 통해 새 내각이 구성될 때까지 집권할 과도내각을 솔즈베리(Salisbury) 백작이 이끄는 보수당이 구성하기로 했다. 그 과도내각에서 버마를 포함한 인도 정책을 책임진 사람이 랜돌프 처칠(Randolph Churchill)이었다.

랜돌프 처칠은 말보로 제7 공작의 셋째 아들이자, 당시 11세로 후일 불세출의 정치인이 될 윈스턴 처칠(Winston Churchill)의 아버지였다. 옥스퍼드 대학교의 이튼-머튼 학원 출신으로 학창시절엔 권투선수로 명성을 날렸다. 졸업 후 정치에 투신하여 보수당의 떠오르는 별이 됐다. 정치신인 처칠은 집권 자유당뿐만 아니라 그가 속한 보수당의 지도부에도 날카로운 비판을 퍼부었다.

1885년에는 소위 '진보적 보수주의'를 표방하며 새로 투표권을 얻은 노동계급을 공략했다. 아울러 아일랜드 정파의 파넬과도 긴밀히 협력했다. 1885년 글래드스턴 내각에 대한 불신임은 바로 처칠의 작품이었고 그에 대한 포상으로 받은 것이 바로 솔즈베리 과도내각의 인도 담당 국무장관 자리였다. 그때 36세였다.

랜돌프 처칠은 조만간 실시될 총선에서 산업도시 버밍햄에 있는 급진적 성향의 선거구에서 출마하기로 했다. 1880년대 초반 유럽의 경제는 암울했다. 영국의 빈민층이 얼마나 빈곤한지에 대한 인식이 확산했다. 산업공해로 숨도 쉬기 어려운 버밍햄은 악명높은 연쇄살인범 '잭'이 설친 런던의 동쪽 지역과 더불어 대표적인 빈민가였다. 그런 곳의 표심을 공략할 이슈가 필요했다. 이윤율 하락으로 고심하는 사업가와 실업을 걱정해야 하는 노동자들의 민심을 사로잡을 이슈가 필요했다. 현실의 어려움을 잊게 하고 장밋빛 미래를 약속하는 이슈가 필요했다.

바로 그해 초, 스코틀랜드계로 남아프리카 출신 탐험가 아치볼드 컬큔(Archibald Colquhoun)이 큰 화제가 됐다. 컬큔은 중국 서부에서 출발하여 메콩강을 따라 탐험했다. 런던에 돌아와 그 여행담으로 강연과 집필에 몰두하며 두 권의 책을 출간했다. 하나는 『영국의 극동 정책』이었다. 다른 하나는 『버마와 버마인』이라는 제목으로 『세계 최고의 미개척 시장』이라는 부제를 달고 있었다.[4] 그 책이 전하는 메시지는 이랬다. 영국의 통상과 산업의 부활, 그리고 버밍햄과 리즈의 노동자들이 부유해질 기회를 가로막는 단 한 가지 장애물이 있다. 바로 버마의 전제군주이다. 그 군주를 제거하면 버마는 영국의 우방국이 될 것이다. 버마만 장악하면 중국의 막대한 부, 그리고 영국의 산업과 상업에 필요한 모든 것이 손 앞에 놓일 것이다. 처칠은 크게 공감했다.

처칠은 버마에 무지한 사람이 아니었다. 1884년 말과 1885년 초에 걸쳐 인도를 방문한 적이 있었다. 그때 인도 신문지면에서 만달레이의 띠버(Thibaw) 왕과 그 왕조에 관한 기사는 읽지 않으려야 않을 수 없었다. 그 무렵 버마 왕 띠버는 좋지 않은 쪽으로 유명인사였다. 7년 전 1878년, 띠버는 백성을 사랑하고 백성의 사랑을 받았던 근면한 계몽군주 민돈(Mindon) 왕을 계승했다. 사실과는 크게 달랐지만, 영국과 유럽의 기업인들에게 비친 버마의 모습은 한심했다. 왕은 술에 절어 사는 공처가였다. 왕비는 악처였다. 조정은 탐관오리들로 득실거렸다. 왕과 왕비와 조정을 제거하지 않으면 백성의 삶은 암담할 것이었다. 그들에게 진보의 길을 열어주는 것이 문명국의 의무였다.[5]

이처럼 잘못된 인식에 일말의 진실이 있다면 미얀마 왕국이 과연 내정불안을 겪고 있다는 점이었다. 18세기 말~19세기 초의 미얀마는 그 나름 제국이었다. 대를 이어 용맹한 왕이 막강한 코끼리 부대와 경험 많은 전사들을 이끌고 북으로는 히말라야의 산악지대, 남으로는 푸껫의 해안지대를 짓밟고 다녔다. 그 와중에 태국의 왕국이 무너지고 영국이 지배하는 벵갈 지역이 위협받았다. 그 결과 1824~26년 제1차 영국-버마 전쟁이 일어났다. 수많은 사상자를 낳은 긴 전쟁이었지만, 결과는 영국의 일방적 승리였다. 미얀마의 팽창은 좌절되었다. 4반세기 후 1852년, 제2차 영국-버마 전쟁이 일어났다. 짧은 전투 끝에 영국은 해안지역 전부를 장악하고 양곤에 본부를 둔 버마 식민지를 건설했다. 왕국은 북쪽 내륙지역으로 밀려났다.

이후 30여 년간 미얀마의 무역은 제약될 수밖에 수 없었다. 해안선이 막힌 데다 내륙 쪽 이웃 국가 중국에는 내전이 그치지 않았다. 근대화를 위해 행정개혁을 시도했으나 국정 전반에 혼란만 초래했다. 한때 찬란했던 '아바의 궁정'은 희미한 기억으로만 남았다.* 경제는 파산지경이었다. 경제난은 소위

---

* '아바의 궁정'(The Court of Ava)은 만달레이 근교 아바(=지금의 잉와)에 도읍했던 토응우 왕조시대이래 서양에서 불린 미얀마의 별칭이다 — 옮긴 이.

엘니뇨 현상으로 불린 기후변화와 그로 기인한 가뭄과 흉작으로 더욱 심각해졌다.6 많은 난민이 왕이 지배하는 '상(upper) 미얀마'에서 영국이 지배하는 해안지역, 곧 '하(lower) 미얀마'로 이주했다.* 미얀마 왕국이 이 많은 위기를 벗어나는 것은 거의 불가능한 것처럼 보였다.

게다가 영국이 수년 동안 공작을 벌여 나라 안팎에 반정부세력이 생겼다. 왕권에서 밀려난 왕자, 즉 띠버의 형제들도 왕위를 노리고 있었다. 그래도 버마의 경제적 잠재력을 의심하는 사람은 영국에 없었다. 양곤에 자리 잡은 스코틀랜드 출신 상인들은 내륙의 티크 원목과 석유, 루비 등 보석에 눈독을 들이고 있었다. 무엇보다 유혹적인 것은 버마가 중국의 거대시장에 이르는 길목이라는 점이었다. 랜돌프 처칠이 보기에 버마는 버밍햄이 안고 있던 경제문제를 일거에 해결할 수 있는 '대박'이었다.

그래도 명색이 주권국가인 버마 왕국에 대해 노골적으로 전쟁을 시작할 수는 없었다. 상업적 이득만으로는 전쟁 명분이 약했다. 국가적 차원의 전략적 이익이 있어야 했다. 처칠에게는 다행히 프랑스와 버마 사이의 관계가 그런 명분을 제공했다.

1880년대 프랑스는 1870년 비스마르크의 프로이센에 당한 치욕적인 패전의 상처를 여전히 간직하고 있었다. 그 상처를 치유하기 위해서 해외에서 성공이 필요했다. 프랑스 제3공화국의 당시 총리 쥴르 페리(Jules Ferry)는 인도차이나의 식민지 건설에 공을 들였다. 사이공이 프랑스의 수중에 들어왔다. 프

---

* 상(upper) 버마와 하(lower) 버마, 또는 상 미얀마와 하 미얀마는 1852년 영국이 양군지역을 점령한 이후 남북으로 길게 뻗은 미얀마를 나누는 지역적 기준으로 사용되어 지금도 미얀마의 주요 행정 구분이 되고 있다. 현재 만달레이를 중심도시로 삼고 있는 상 미얀마에는 마그웨, 만달레이, 사가잉 등 3개 지역(region)과 친, 카친, 샨 등 3개 주(states)가 포함돼 있고, 양곤을 중심도시로 삼고 있는 하 미얀마에는 바고, 양곤, 이라와디, 타닌따리 등 4개 지역과 라카인, 몬, 카예, 카인, 몬 등 4개 주가 포함돼 있다 — 옮긴 이.

제 1 장 왕국의 멸망

랑스군은 식민지 획득 전쟁에서도 졸전을 거듭했지만 결국 1884년 6월 '후에 조약'(Treaty of Hué)을 통해 안남과 통킹을 보호령으로 편입했다. 이로써 지금의 베트남 지역에 대한 영향력을 확보할 수 있었다. 이처럼 프랑스가 갑작스럽게 부상하자 버마를 통해 영국령 인도와 중국의 거대한 시장을 연결하고자 하던 영국인들이 크게 우려했다. 어딘가 선을 그어 프랑스의 팽창을 저지해야만 했다. 프랑스는 베트남을 교두보로 메콩강을 따라 캄보디아와 라오스의 소왕국으로 팽창을 시도하고 있었다. 그다음 표적은 버마 왕국이 될 것이었다. 프랑스가 인도차이나반도에 진출하도록 내버려 둔 것은 뼈저린 실수였다. 버마까지 진출하는 것은 절대 용납할 수 없었다.

그럴 때, 정확히 말하자면, 미얀마가 프랑스에 먼저 접근했다. 당시 미얀마는 유럽 열강으로부터 독립주권국으로 인정받기 위해 온갖 외교적 노력을 기울이고 있었다. 그러나 영국은 냉담했다. 아바의 궁정은 런던에 계속 사절을 보냈으나 런던 외무성은 영국-버마 관계는 캘커타(=콜카타)에 있는 인도 총독부에서 관장한다고 응답할 따름이었다. 그것은 미얀마를 진정한 주권국으로 대하는 것이 아니었다. 그런 상황에서 프랑스와 우호적인 관계를 수립하면 영국이 보는 미얀마의 전략적 가치가 달라지고 따라서 미얀마를 상대로 한 영국의 셈법이 달라질 것이라고 기대했다.

1884년 초, 묘띳의 영주를 단장으로 한 미얀마의 외교사절이 프랑스 외교부를 방문하여 합의문에 서명했다. 겉으로는 순전히 상업적 합의였다. 군사적 내용도 없었고 프랑스의 정치고문이 만달레이에 상주한다는 식의 정치적 내용도 없었다. 그러나 영국 총독부가 있는 캘커타, 그리고 하 버마 영국 식민지의 수도인 양곤의 언론에서는 온갖 음모론이 끊이지 않았다. 버마와 프랑스가 공식적으로 만난 이상 뭔가 전략적인 내용이 있을 수밖에 없다는 생각이 지배적이었다.

세월이 흐른 후 미얀마 왕국의 몰락이 짝사랑 때문이었다는 이야기가 돌았다. 이야기의 여주인공은 그리스계 아버지와 미얀마계 어머니 사이에 태어난 미모의 혼혈 여성 마티 칼로그리디 안트람이었다. 마티는 타고난 미모를 바탕으로 어린 시절 궁궐 내 실권자였던 서궁 왕비의 총애를 받았다.7 그러다가 왕실에서 초빙한 젊은 프랑스인 엔지니어와 사랑에 빠졌다. 왕이 신임하는 젊은 서양인과 왕비가 총애하는 유라시아 혼혈미인 사이의 러브스토리는 궁내 최고의 화제였다. 마티는 그 사랑이 곧 결실을 볼 것을 믿어 의심치 않았다. 그런데 그 남자, 피에르 봉빌랭이 고향을 방문했다가 프랑스인 아내를 데리고 돌아왔다. 깨어진 사랑이 모욕감이 되고 분노가 되어 복수심으로 자리 잡았다. 그 복수는 개인 차원을 넘어섰다. 프랑스라는 나라에 대해 이를 갈았다.

여자가 한을 품으면 오뉴월에 서리가 내린다는 속담은 미얀마라고 예외가 아니었다. 마티는 그녀에게 관심이 많던 네이묘 떼디 쩌틴이라는 이름의 젊은 관료를 이용했다. 쩌틴은 국비로 영국에 유학했고 1872년 빅토리아 여왕을 알현하는 사절단에 포함됐던 엘리트였다. 영어와 불어에 능통하고 고급 위스키를 즐겨 마셨다. 1885년 당시 쩌틴은 국무위원회 행정관으로 비밀문서에 접근할 수 있었다. 마티 칼로그리디와의 하룻밤 대가로 비밀서류를 빼돌렸다. 그 서류는 이탈리아인 첩자 조반니 안드레이노의 손에 들어갔다.

조반니 안드레이노는 오르간 연주가 취미인 나폴리 출신 대장장이로 가톨릭교회 주교였던 형의 초청을 받아 미얀마에 왔다. 궁정정치에 깊이 개입하면서 양심을 버리고 야심을 키웠다. 궁정 내 지위를 이용하여 핀레이 플레밍, 봄베이 버마 상사, 이라와디 기선회사 등 3대 영국회사의 대리인으로 활동했다. 버마 주재 이탈리아 영사도 겸했다. 그런 그에게 영국 정부가 접근하여 비밀요원으로 삼았다.

진실은 전혀 알려지지 않았지만, 아무튼 조반니는 프랑스 총리 줄르 페리가 버마 외교부 장관에게 보낸 서한을 가지고 있다고 주장했다. 그 편지에 따르면 프랑스가 북부 산악지대의 비취광산에 대한 독점채굴권 등 이권의 대가로 통킹에서 메콩강을 통해 무기를 공급하기로 했다고 했다. 이 '비밀합의' 소식이 전해지자 영국의 여론이 들끓었고 랜돌프 처칠 공은 마침내 필요한 명분이 생겼다. 1885년 9월, <타임스>(The Times)는 사설에서 버마 침공은 이제 '충분한 명분을 갖췄다'라고 썼다.

그래도 처칠이 고려해야 할 일이 있었다. 버마와의 전쟁이 프랑스와의 전쟁으로 번지면 안 될 일이었다. 프랑스의 팽창주의가 전쟁의 명분이 된 것은 맞지만, 프랑스가 띠버 왕을 지킨다는 이유로 전쟁에 나서는 일은 없도록 해야 했다. 그때 프랑스가 비밀합의 따위는 없다고 강하게 부인하든지, 띠버 왕에 대해 동정적인 언사를 흘렸더라면 처칠이 물러섰을 가능성이 있었다. 그러나 프랑스는 그 중 어느 것도 하지 않았다. 만달레이로 가는 길은 이제 훤히 뚫렸다. 남은 것은 '개전 사유'(casus belli)였다.

마치 미리 짜기라도 한 것처럼 미얀마 정부가 바로 그 개전 사유를 제공했다. 8월 12일, 미얀마 정부가 영국계 봄베이 버마 상사에 거액의 벌금을 부과했다. 스코틀랜드에 본사가 있고 양곤에 지사가 있는 그 회사가 상 미얀마에서 목재를 벌목하여 수출하면서 적정한 세금을 내지 않았다는 이유에서였다. 지방정부가 벌금을 부과하고 회사가 항의하고 중앙정부가 지방정부의 결정을 추인하는 형식으로 일이 흘러갔다. 회사는 회계장부를 공개하겠다고 하고 양곤의 영국 식민당국이 중재하겠다고 나섰지만, 미얀마의 조정은 듣지 않았다. 런던의 상공회의소가 처칠 공에게 청원서를 제출했다. 상 버마를 아예 병합하든지 아니면 이 완고한 정부에 보호령을 설치하라고 주장했다. 봄베이 버마 상사와 버마 정부 중 어느 쪽이 옳은지는 ─아마 썩어빠진 버마 정부의 잘못이 겠지만─ 문제가 아니었다. 마침내 때가 온 것이었다.

10월 22일, 아바의 궁정에 최후통첩이 전해졌다. 11월 10일을 기한으로 다음과 같은 요구를 담고 있었다.

(1) 벌금의 여부와 액수는 중재로 결정한다.

(2) 대영제국의 시민은 만달레이에서 '적절한 명예와 통행의 자유'를 누려야 하며, '모욕적인 절차 없이' 즉 신발을 벗지 않고 왕을 자유롭게 만날 수 있어야 한다.

(3) 버마는 향후 외교 관계에서 '지금 아프가니스탄의 왕이 하는 것처럼' 인도 정부의 충고를 따라 행동한다.

모두 지나친 요구였지만, 특히 이 마지막 조항은 사실상 보호령이 되어 주권을 포기하라는 것과 다름없었다. 이 최후통첩은 또한 중국과의 통상로를 영국기업에 개방하라는 요구도 포함하고 있었다.

왕과 조정도 상황이 어렵다는 것을 알고 있었다. 국방이 엉망이었다. 기뢰를 제대로 설치하기에는 시간이 촉박했다. 이라와디강에 기선을 침몰시켜 영국 함대를 저지하자는 주장도 있었으나 여전히 시간이 없었다. 버마 궁정에는 유럽 출신의 군사 및 외교 고문이 다수 있었다. 구성은 다양했다. 예컨대 탐험가 조제프 앙리 드 파씨외(Joseph Henri de Facieu)가 있었다. 그는 나폴레옹의 기병대 장교의 아들로 인도의 어느 군주에게 출사한 적이 있었다. 이후 영국군에서 복무하다가 마침내 미얀마의 띠버 왕을 위해 봉사하고 있었다. 그러나 영국의 최후통첩을 받은 와중에 미얀마의 독립을 포기하라는 내용을 자문할 수는 없는 노릇이었다. 그래서 독립을 유지하는 조건에서 영국의 모든 요구를 수용하는 방향으로 답신의 초안을 작성했다. 그리고 어느 정도의 타협을 기대하고 영국, 프랑스, 독일이 공동으로 미얀마의 지위를 결정하자고 제안했다.

전쟁이 불가피하다는 것은 알았지만 총동원에 필요한 모든 명령을 취소하도록 했다. 결과가 너무나 자명했기 때문이었다. 있는 병력만으로 최선을 다하고 이후는 운명에 맡기기로 했다. 왕국의 방어는 살레이의 영주가 맡고 있었다. 3대의 병력이 소집됐다. 제1대는 '하류 이라와디 부대'로 중국 전선에서 귀환한 기병대장 민지 띠리 마하 제야 쩌딘이 지휘했다. 제2대는 '대계곡 부대'로 카차르 기병부장 민지 민카웅 민딘 라자가 지휘했다. 제3대는 '토웅우 부대'로 슈웨일란 보병여단장 민지 마하 민카웅 너라타가 지휘했다.

그러나 이 병력은 과거 태국과 아삼을 정벌하고 청나라 건륭제의 팔기병을 격퇴하던 시절의 군대와는 비교할 수 없었다. 제국은 약해질 대로 약해져 해체 위기를 맞고 있었다. 병력 대부분은 반란군을 토벌하느라 여러 곳에 파견돼 있었다. 살레이 영주가 지휘할 수 있는 병력은 기껏해야 1만5천 명 정도였다.

> 만달레이로 간다.
> 낡은 함대가 있는 곳,
> 태양 아래 멀미를 참고 간다!

전투가 개시되기 며칠 전부터 양곤과 만달레이 중간지점에 있는 따옛묘의 주민들이 강가로 몰려와 대영제국 버마 정벌군의 위용을 구경했다. 엄청난 함대와 규율 잡힌 병사들은 항상 대단한 구경거리였다. '망고 동네'라는 뜻을 가진 따옛묘는 인구 1만 명 정도의 소도시로 은(銀) 가공업으로 번창하고 있었다. 이들은 이미 30년 넘게 영국 식민지배 아래 살고 있었기 때문에 유럽인,

인도의 시크족, 펀자브 지방의 이슬람교도로 구성된 영국군을 보는 것이 특별히 새삼스럽지는 않았다. 눈길을 끄는 것은 누구도 생각지 못했던 한 사람이었다. 한 기선의 뱃머리에 정식 궁정 예복을 갖추고 의자에 높이 앉아 있는 이는 바로 버마의 왕자 중 한 사람이었다. 그리고 흰 비단으로 지은 관복을 입은 여러 신하가 몇은 무릎을 꿇은 채 그를 둘러싸고 있었다. 사람들은 그가 수년 전 띠버에 대해 반기를 들었다가 실패하고 방콕으로 망명했다고 알려진 민군 왕자라고 생각했다. 띠버에 반기를 들었다가 실패하여 캘커타로 망명했다고 알려진 냐웅잔 왕자라고 생각하는 사람들도 있었다. 웅성거림이 잦아들었다. 아! 영국이 왕을 바꾸려고 하는구나, 라고 사람들은 생각했다. 그렇다면 띠버 왕이 퇴위하고 새로운 왕이 들어서는데, 왕국 자체는 무사하겠구나. 좋은 일이야. 대체적인 분위기는 그랬다.

양곤의 공립학교 학생이었던 마웅페인은 마침 휴일을 맞아 집에 와 있었다. 그의 집안은 지방 호족 출신으로 조상은 아바의 궁정에 대대로 출사했었다. 왕자가 기선에 탑승하고 있다는 소문을 들은 마웅페인은 부친과 함께 직접 구경 가기로 했다. 영국군에 저항하지 말라는 명령을 이미 받고 있었던, 지방관리 네이묘 띠리 쩌틴도 함께 갔다.

호기심이 많은 나이의 학생 마웅페인은 학교에서 배운 유창한 영어 실력을 자랑하며 보초들을 지나 기선 가까이 접근했다. 그리고 마침내 가까이서 본 '왕자'의 모습은…… 왕자가 아니었다. 그의 학교 선배로 졸업 후 양곤 총독부에 근무하고 있던 마웅바딴이었다. 음모다! 그는 뒷걸음을 쳐 부친과 지방 관리에게 그 사기꾼에 대해 말했다. 함께 만달레이로 전보를 쳐서 음모에 대해 알리려고 했다. 그러나 통신선은 이미 단절돼 있었다. 그리하여 영국군의 진로에 있는 미얀마인은 모두 새로운 왕이 들어설 것으로 굳게 믿었다.[8]

11월 14일 일출 무렵에 이라와디 함과 캐슬린 함이 선도하는 함대는 버마 왕국과의 국경을 넘었다. 저항은 미미했다. 군대는 보이지 않았고 멀리서 몇 발의 총성이 들릴 따름이었다. 프렌더개스트 장군은 11월 25일 아침까지 만달레이를 점령하라는 처칠 공의 명령을 받고 있었다. 대규모 전투는 피하라는 지령도 같이 있었다. 이미 상당수의 병력이 배탈과 고열로 앓고 있었다. 아직 전투는 시작되지도 않았다.

영국함대가 국경을 넘어 수 마일을 진격했을 때 마침내 전투가 시작됐다. 결과적으로 이 전쟁에서 유일한 전투였다.9 상대는 띠버 왕의 전쟁 장관인 타잉다 영주의 사위가 지휘하는 수비대였다. 영국군 선봉은 후일(1899년) 보어 전쟁 '레이디 스미스' 전투에서 이름을 떨친 조지 화이트 준장이었다. 버마군의 제1차 저지선은 쉽게 무너졌다. 그러나 건너편의 제2차 저지선을 돌파할 때는 버마군 근 100명이 전사할 정도로 치열한 전투가 있었다. 그래도 영국군의 피해는 미미했다. 세 명의 인도 병사와 젊은 영국군 장교 한 명이 전사했다. 그 장교는 듀리 중위로 노벨상을 받은 시인·소설가 러디어드 키플링(Rudyard Kipling)의 학우였다. 키플링은 그 친구를 다음과 같이 추모했다.

"학교의 자랑, 부대의 긍지. 말을 타고 토끼처럼 총에 맞다!"

버마군의 거센 저항에 놀란 프렌더개스트는 진군속도를 늦추고 차근차근 진격하기로 전술을 바꾸었다. 다행히 그는 버마군의 진지와 진영을 그린 상세한 도면이 있었다. 영국군은 미얀마에 종군하던 두 명의 이탈리아 출신 장교, 카모토(Camotto) 대위와 몰리나리(Molinari) 대위가 그린 그 도면을 앞서 점령한 버마군 진영에서 포획했다. 이 두 명의 장교는 전쟁이 임박하여 버마 정부에서 서둘러 고용한 외국인 고문이었는데, 전투가 닥치자 모든 것을 팽개치고 몸만 챙겨 도망쳤다. 그들이 팽개친 것에 그 도면이 포함돼 있었다.

이후 전쟁은 그야말로 식은 죽 먹기였다. 버마군은 북쪽으로 100마일 떨어진 중세 버마 최초 왕국의 도읍지 바간(Pagan)에 병력을 집결했다. 11월 23일 리버풀 연대의 2개 중대와 벵갈 보병여단의 4개 중대가 이라와디강의 동쪽 기슭에 상륙하여 민잔 요새로 진격했다. 몇 차례의 소규모 기습이 있었으나 무시해도 좋을 정도였다. 저 멀리 언덕 위에 말을 탄 버마군 총사령관 살레이 영주가 화려한 무장을 한 부하들에 둘러싸인 것이 보였다. 그의 지위를 상징하는 주홍색 일산(日傘)도 보였다. 살레이 영주는 싸움을 포기하고 강에서 물러나 동쪽 저지대의 숲속으로 후퇴했다. 그리고 만달레이로 전보를 보내 민잔이 함락됐으며 아바 근교의 요새가 최후의 저지선이 될 것이라고 했다.

킨운 민지 총리대신은 '살아남았다'라는 표현이 딱 맞는 사람이었다. 풍성한 반백 색 턱수염을 기른 이 60대 노인은 지난 30년 동안 두 명의 왕을 모셨고 여러 차례의 반란을 겪으면서도 살아남았다. 법률을 전공하고 젊은 시절부터 궁정에 출사하면서 뛰어난 행정 능력을 발휘해 차근차근 승진했다. 1872년에는 왕을 대표하는 사절단을 이끌고 빅토리아 여왕을 방문했다. 여행의 외교적 성과는 미미했으나 그가 쓴 여행기는 문학작품으로서 큰 호평을 받았다. 그 외교사절의 노고를 인정받아 대신으로 승진하고 높은 직위와 작위를 받았다.*

    킨운이 영국 각지를 돌아다니며 쓴 여행기는 신기한 풍물을 소개하여 큰 호평을 받았다. 그러나 빅토리아 시대의 대영제국을 이뤄낸 힘과 기술을 직접 보고 경험하면서 내린 결론만큼은 제대로 기술하지 못했다. 미얀마의 꼰바웅 왕조도 한때 대단한 제국이었다. 그러나 세계첨단의 산업력과 군사력을

---

* 킨운 민지(Kinwun Mingyi)는 여러 이름 중 가장 보편적으로 불리는 이름이다. 그는 레가잉의 영주였고 우 카웅(U Kaung)이라는 본명으로 불리기도 했다. "우"라는 표현은 남성에 대한 경칭으로 영어의 미스터에 해당하며, 대체로 상류층에 대해 불렀다.

자랑하는 대영제국과의 관계에서는 내세울 것이 거의 없다는 것이 그 결론이었다.

1878년 선왕 민돈이 승하했을 때 킨운은 궁정 내 여러 파벌을 규합하여 21살의 띠버 왕자를 왕위에 앉히는 데 앞장섰다. 띠버가 가장 고분고분할 것이라고 기대했기 때문이었다. 그와 1860~70년대 유럽 유학 경험이 있는 개혁파 고관들은 이제 시간이 없다는 것을 절감하고 있었다. 점진적 개혁은 이미 늦었다. 혁신적인 개혁만이 살길이었다. 그래서 고분고분한 왕을 택했다. 그러나 왕국은 여전히 왕족의 것이었다. 왕족은 개혁을 싫어했다. 어떠한 개혁도 이루어지지 않았다. 오로지 깊은 좌절감만 남겨주었다.

어쨌거나, 영국군이 왕궁의 정문에 다다른 지금 어떻게 할 것인가? 이제 군사적 저항은 대안이 아니었다. 궁궐의 왕족과 많은 대신은 상상도 하지 못했지만, 킨운이 보기에 영국의 '보호령'을 자처하는 것도 하나의 대안이 될 수 있었다. 그는 외교관으로서 영국이 버마를 하나의 독립국으로 인정하도록 하려고 애를 썼지만 결국 실패했다. 그러나 국가로서 명맥을 유지하는 보호령이라면? 어쩌면 안정 속에서 진보를 이룰 수 있지 않을까? 프렌더개스트가 함대와 군대를 몰고 온 것도, 어쩌면 그 목적을 위해서가 아닐까? 킨운은 망명 중인 왕자를 모두 잘 알고 있었다. 그들 중 어느 하나를 왕위에 앉힌다면 최악의 상황은 피할 수 있을지 몰랐다. 띠버 왕이 문제였다. 그가 쉽게 양위를 할 것인가?

영국군이 바간을 지났다는 내용을 담은 수비대장 살레이 영주의 전보가 도착했다. 이제 왕도 마침내 최악의 상황을 각오하지 않을 수 없었다. 만달레이 지역 장관인 잉더의 영주가 동쪽 산악지역, 후일 메이묘라고 불린 곳으로 피신을 권했다. 중국 관계를 담당한 대신은 동남쪽 육로를 통해 중국 윈난성으로 피신하라고 했다. 띠버 왕은 피신해야 한다면 차라리 왕조의 발상지인 슈웨보로 가는 게 좋다고 생각했다. 상징성도 있거니와 정 상황이 어렵게 되면 북쪽으로 계속 올라가 히말라야산맥지방에 있는 운또족과 모가웅족의 영역을 지나 중국으로도 갈 수 있을 것이었다.

그래서 왕은 전쟁장관 타잉다 영주에게 50두의 코끼리에 왕실 가마를 부착하고 궁내 모든 이들에게 출발준비를 하라고 명령했다. 모든 정부 관료, 궁내의 모든 여인, 신장이 6피트가 넘어야 들어갈 수 있는 왕실 경호부대, 수백 명의 궁내 하인, 왕 전용 장검과 일산(日傘)을 지키는 병사가 포함됐다. 두 명의 어린 공주—그의 소생 중 유일한 왕자는 젖먹이 때 천연두에 걸려 사망했다—그리고 누구보다 소중한 아내 수파얄랏(Supayalat) 왕비가 있었다.10

여전히 피신이 좋은 방법이 아니라고 주장하는 이들이 있었다. 역사를 보면 왕이 궁을 떠나는 순간 권위를 상실하기 마련이라고 했다. 권위를 상실한 왕에게 남은 것은 일산밖에 없다는 옛말을 인용했다. 외교적 해법을 다시 찾아보았다. 프랑스와는 우호조약을 체결한 바 있다. 그렇게 보면 독일과 이탈리아도 마찬가지였다. 그들이 이 시점에서 도움이 될 것인가? 영국이 만달레이와 양곤 사이의 전선을 절단하는 바람에 파리주재 대사관에 연락할 길이 없어졌다. 사실 11월 23일 이미 킨운이 프랑스와 관련하여 보고서를 제출했다. 만달레이 주재 프랑스 요원 프레데릭 하스가 그를 찾아와서 영국군이 곧 닥칠 것이며 폐하께서는 그들이 원하는 것은 뭐든지 수용하시라고 조언했다는 내용이었다. 킨운은 젊고 유약한 왕을 달래느라 무진 애를 썼다. 항상 곁에서 "어떠한 고난이 오더라도 폐하를 보호할 것이며 불안에 떨며 수수방관하지 않고 닥쳐올 무엇이든 용감하게 맞이하겠다"라고 다짐했다.

이틀이 지나 프렌더개스트의 야전군은 마침내 이라와디강이 굽이치는 곳,

폭이 1마일이나 되는 넓은 만곡부에 도착했다. 한쪽에는 구 왕조의 도읍지였던 아바가 있었다. 거기에 1개 연대가 방어진지를 구축하고 있었다. 다른 쪽에는 2개 연대가 있었다. 아바 진지의 수비대장은 2년 전 프랑스 엘리제궁에서 버마-프랑스 우호조약에 서명했던 묘띳의 영주였다.

저물어가는 궁정에는 저항하지 말고 항복하자는 온건파의 입장이 점차 우세해지고 있었다. 이제 채 하루도 되기 전에 궁궐은 영국군의 대포 사정거리에 들어설 것이었다. 성벽은 튼튼하고 병사들도 용감하지만, 지켜서 전쟁에 이길 수는 없었다. 지금 조건부 항복을 하면 영국이 수락할지 몰랐다. 어쨌거나 띠버 왕의 운명은 끝났다. 그래도 개별 대신의 운명, 그리고 나라의 운명은 아직 희망이 있었다.

11월 하순의 상 미얀마 날씨는 늘 완벽했다. 하늘엔 구름 한 점 없었다. 낮에는 따뜻하고 밤에는 시원했다. 아바에 접근하는 선도 캐슬린 함의 갑판 위에서 선봉대장 화이트 준장은 이렇게 기록했다.

"독립국 버마의 마지막 순간에도 태양은 황금 빛살을 퍼붓고 있구나."

그날 오후 미얀마 측 기선이 아바의 궁정을 상징하는 공작 깃발을 달고, 그 옆에 백기를 걸고 나타났다. 기선은 44인이 노를 젓는 왕실 전용 선박을 예인해 왔는데 그 위에 미얀마 전통 채양 모자를 쓴 두 사람이 서 있었다. 왕의 사신으로 온 짜욱-먀웅의 영주와 웻마솟의 영주였다. 그들은 일단 전투를 중단하여 영국의 요구사항을 논의할 시간을 달라고 했다. 프렌더개스트는 그들의 따뜻하게 맞이했으나 단호하게 말했다.

"휴전은 없다. 왕이 무조건 항복하고 만달레이에 주재하는 유럽인들의 안전과 재산이 모두 무사한 것이 확인되면 왕의 목숨만은 보장하겠다. 그 외 어떠한 조건도 수락할 수 없다. 가부간 응답 시한은 11월 27일 오전 4시다."

하루하고 반, 36시간의 시한이었다.[11]

꼭두새벽의 시한은 지켜지지 않았다. 그로부터 여섯 시간이 지난 오전 10시, 왕의 사신이 다시 왔다. 왕이 항복했다는 말을 전했다. 그러나 말과 달리 이라와디강의 진로는 막혀 있었다. 왕실에서 큰돈을 들여 건조한 기선과 다수의 범선과 기타 소형 선박에 흙과 돌을 싣고 침몰시켜 영국함대의 진로를 막은 것이었다. 왕의 사신은 영국군의 진로에 주둔한 미얀마군에게 무장을 해제하라는 명령도 전했다. 그러나 사령관 묘띳의 영주는 짜욱-먀웅 영주가 전한 명령을 거부했다. 왕의 친서가 아니면 못 믿겠다고 했다. 천상 무인인 그는 원래 프랑스 소르본 대학에서 교육받은 온건파 짜욱-먀웅을 불신했다. 미얀마어 모스 부호로 된 전문이 새로 도착했다. 왕의 서명이 있었다. 묘띳 영주는 마침내 물러섰다. 그의 병력은 주변의 마을 속으로 사라졌다. 뒤에는 남기고 간 소총이 널려있었다. 묘띳 영주는 그들과 함께 사라지지 않았다. 영국의 함대가 이제 10마일도 채 남지 않은 강을 따라 왕성으로 들어가는 것을 보며 울고 또 울었다.

그날 밤 7시경부터 다음날 새벽까지 유성우(流星雨)가 간헐적으로 쏟아졌다. 사람들은 그게 무슨 징조인지 궁금하고 불안했다. 그 유성우는 안드로메다 성운에서 일어난 천문현상으로 전 세계 곳곳에서 관측된 것이었다. 미얀마의 점성가들은 나라와 종교에 큰 재앙이 닥칠 징조라고 해석했다.

프렌더개스트 장군이 만달레이에 상륙한 것은 11월 28일 낮 1시였다. 그날은 미얀마 력(曆)의 타사웅몬-사기타리우스 월(月)의 하현달로 기념되는 날이었다. 오후 3시, 프렌더개스트의 정치 참모 에드워드 슬레이든(Edward Sladen)이 말을 타고 소수의 호위병을 거느린 채 남문으로 접근했다. 만달레이에서 살았던 그는 미얀마어를 할 줄 알았다. 그때 한 대신이 안장을 갖춘 코끼리를 타고 달려 나와 병력의 진입을 자제해 달라고 부탁했다. 슬레이든은 프렌더개스트 장군에게 전령을 보내 시간을 달라고 요청하고 홀로 궁으로 들어갔

다.12

에드워드 슬레이든은 깨끗하게 청소된 백색 계단을 걸어 올라 두꺼운 카펫이 깔린 어두침침한 궁궐 안으로 들어갔다. 킨운이 그를 맞이했지만, 슬레이든은 빠른 걸음으로 왕이 왕비, 그리고 아내의 모친, 즉 빙모이자 계모인 대비와 더불어 기다리고 있는 방으로 갔다. 왕이 그를 맞아 떨리는 목소리로 일전의 만남을 기억하는지 물었다. 그리고는 애써 목소리를 가다듬어 말했다.

"모든 예와 의전에 따라 짐과 짐의 나라를 그대에게 바치오."

왕은 궁을 떠날 준비를 위해 하루나 이틀 시간을 달라고 하고 그동안 정궁이 아닌 여름 별궁에서 머물겠다고 했다. 이제 임신 7개월 차인 왕비 수파얄랏의 건강이 걱정된다고 했다. 슬레이든은 그의 부탁을 들어주지 않았다. 다음 날 아침까지 궁을 떠날 준비를 마치라고 요구했다. 다만 그때까지는 영국군이 진입하지는 않을 것이라고 차갑게 말하고 등을 돌려 나갔다.

곧 날이 어두워졌다. 어둠 속에서 궁궐은 난장판이 됐다. 외국군이 진입한다는 초유의 사태에 궁궐의 질서와 근엄함이 무너졌다. 다들 충격으로 어쩔 줄 몰랐다. 그래도 미래를 따지고 살아남을 방도를 궁리했다. 새로운 왕이 즉위할 것인가? 감히 생각하거나 말하지 못했지만, 영국의 직접 지배가 닥쳐오는 것인가? 프렌더개스트는 어떠한 '남성'도 궁으로 들어가거나 궁을 떠나지 못한다고 명령했다. '여성'에 대한 언급은 없었다. 밤사이 수십 명, 어쩌면 수백 명의 평민 '여성'이 서문을 통해 들어와 눈에 띄는 무엇이든 들고 나갔다. 근위병들도 달아났다. 300명의 궁녀 중 남은 이는 17명에 불과했다. 나머지는 모두 보석이나 금붙이를 들고 달아났다.

왕은 군인들이 언제라도 문을 박차고 들어와 그를 살해할지 모른다는 생각에 공포로 떨며 밤을 지냈다. 다음 날 아침 궁에 들어온 슬레이든은 왕과 왕비가 시중드는 사람도 없이 떨고 있는 것을 보았다. 그 와중에도 왕은 국빈연회에 사용하는 황금 식기와 왕실 소유의 재산목록을 찾아 쌓아두고 있었다. 슬레이든은 이번에는 제67 남햄프셔 연대소속 호위병과 함께 들어왔다. 왕은 제복을 입은 영국군 병사를 크게 두려워하지는 않는 것 같았다. 그때 한 장교의 흑인 시종이 상관의 심부름을 하러 들어왔다. 왕은 "기겁하고 놀라 외쳤다. 저 사람이 집행자요?"**13**

프렌더개스트 장군은 정오에 나타났다. 슬레이든이 다가와 왕이 그를 맞이할 준비가 돼 있다고 보고했다. 거대한 목제대문이 활짝 열렸다. 투구를 쓴 병사들이 착검한 총을 앞세운 채 일렬종대로 진입해 정청에 이르는 계단 앞에 정렬했다. 이어 버마의 대신들이 총리대신 킨운과 타잉다의 영주를 따라 들어왔다. 다들 무거운 걸음을 움직여 거대한 티크 나무로 기둥을 세운 궁궐 속 여러 방을 지났다. 방은 모두 프랑스제 거울과 페르시아산 카펫, 그리고 모자이크 유리로 화려하게 장식돼 있었다. 그것을 지나자 후원으로 내려가는 계단이 시작됐다. 후원 높은 야자수 나무 아래 여름 별궁이 있었다. 가스등을 앞에 두고 자갈이 깔린 산책로에 둘러싸이고 자그마한 연못을 옆에 낀 아름다운 곳이었다.

띠버 왕은 그곳 베란다에 돌처럼 굳은 자세로 앉아 있었다. 뒤에 시립한 궁녀들도 겁에 질린 채 슬레이든과 프렌더개스트와 군화를 신은 병사들의 총검을 번갈아 보았다. 때아닌 비가 한 차례 지나간 다음, 따가운 해가 구름과 숨바꼭질하고 있었다. 프렌더개스트는 짧게 경례를 했다. 긴 검은 우단 예복을 입은 버마 대신들은 젖은 땅 위에 무릎을 꿇고 주권자 왕께 마지막으로 절을 했다.

왕이 궁을 떠났다. 왕실 의례를 따른 행렬이 아니었다. 왕과 왕비, 두 명의 어린 공주는 몇 명의 내관과 함께 궁 앞에 대기하고 있는 몇 대의 탈것으로 다가갔다. 평범한 우마차였다. 그들은 맑은 하늘이라는 뜻의 쩌모라는 이름이 붙은 남문을 지나 연꽃이 만발한 해자를 건넜다. 제67 보병연대가 호송했다. 왕의 호위대장인 마바이의 영주와 왕실의 재정을 담당한 파욱먀잉의 영주가 왕실문장기를 든 채 그 뒤를 따랐다. 웻마숫의 영주와 핀달레이의 영주가 왕실을 상징하는 흰색 일산 두 개를 덜컹거리는 우마차 위에 씌워주었다.

궁궐에서 부두에 이르는 3마일에 달하는 대로는 군중으로 가득 차 있었다. 왕이 지나가자 남녀노소를 막론한 군중은 반사적으로 무릎을 꿇었다. 많은 사람이 흐느끼고 있었다. 군중이 밀집한 지역에 접근하자 왕의 일행을 둘러싼 영국군에게 고함을 치는 사람들이 나타났다. 돌멩이와 진흙더미 몇 개가 날아들기도 했다. 왕은 침묵을 지키고 있었다. 그러나 왕비는 신경질적으로 젊은 병사들의 이름을 불렀다. 그중 몇이 뛰어와 왕비의 담배에 불을 붙여주었다.

행렬이 강가에 도착했을 때는 이미 황혼 무렵이었다. 판자가 강기슭으로부터 기선 뚜리아 호 갑판에 걸쳐져 있었다. 수많은 미얀마인과 영국인, 인도인이 지켜보는 가운데 왕은 내관이 씌워주는 높은 흰색 일산 아래, 판자 위를 위태롭게 걸어 승선했다. 28세의 젊은 왕은 이제 만달레이를, 미얀마를 다시는 보지 못할 운명이었다.

전쟁이 끝난 후

듣던 것과 달리 이 나라 사람들은 우리를 해방군으로 맞이하고 있지 않습니다.

— 상 버마 행정관이 버마 집정관에게**14**

이 전쟁 같지 않은 제3차 영국-버마 전쟁은 그것을 기획한 랜돌프 처칠 공이나 그가 속한 보수당의 선거에 별 도움이 되지 않았다. 아예 필요하지도 않았다. 프렌더개스트가 여전히 바간을 향해 항행하고 있던 11월 21일, 아일랜드의 대부 찰스 파넬이 성명을 발표했다. 노동당 출신 글래드스턴 총리를 맹렬히 비판하며 영국에 거주하는 모든 아일랜드인에 보수당에 투표하라고 촉구했다. 선거결과는 박빙이었고 보수, 노동 어느 당도 과반수 획득에 실패했다. 결국, 파넬이 이끄는 아일랜드계가 캐스팅 보트를 쥐게 되었다. 선거일은 프렌더개스트가 여전히 아바 근교에 정박하고 있던 11월 25일이었다. 처칠은 버마가 선거일 바로 전날에 항복하기를 바랐으나 실제로 항복한 날은 그 며칠 후였다. 그때는 이미 모든 정치인이 선거결과를 놓고 고심하며 내각 구성을 놓고 줄다리기를 하고 있었다. 버마는 안중에도 없었다. 파넬은 보수당과 연합하여 솔즈베리를 총리로 옹립했다. 그러나 마음을 바꾸어 글래드스턴의 재집권을 도왔다. 처칠은 보수당 정권에서 잠시 재무장관을 맡았지만, 정권이 바뀌니 곧 물러났다. 일 년 후에는 아예 정치판을 떠났다. 누구도 버마에 신경을 쓰지 않았다. 띠버 왕이 떠나던 날 아침에 한 인터뷰가 <타임스>(*The Times*)에 실리고 버마를 화려하게 다룬 기사가 <일러스트레이티드 런던> (*Illustrated London*)에 실렸지만, 그것으로 끝이었다. 조만간 닥쳐올 유혈을 예감한 이는 아무도 없었다.

　1885년 영국의 버마 전쟁은 근 120년 후 2003년 미국이 한 이라크 전쟁의 (그리고 그 사이 있었던 몇 개 식민지 전쟁의) 판박이였다. 처칠 공이 발상하고 관련 인사들이 입안한 "정권교체" 정책은 모든 것이 잘 될 것이라는 희망적 사고와 오만에서 출발한 것이었다. 최고 지도자만 제거하고 기존의 행정조직을 활용하여 빠르게 질서를 구축할 생각이었다. 영국의 힘을 깨달은 새로운 지배자는 한결 고분고분할 것이니 전후 점령전략 따위는 염두에 두지도 않았다. 그냥 손쉬운 승리가 보장된 값싼 전쟁이 될 것이었다. 결과적으로 이라크 전쟁이 그랬듯이 버마 전쟁도 착각의 연속이었다.

　전후 버마를 지배하는 가장 확실한 방법은 꼰바웅 왕조의 후계자를 찾아 왕위에 앉히고 그를 통해 간접적으로 지배하는 것이었다. 네팔이나 하이데라바드, 카슈미르 등 인도의 소왕국처럼 영국의 보호령이 될 수도 있었다. 이 새로운 "상 버마 군주국"은 영국인 총독의 지도를 따르고 궁정의 삶은 영국이 구상한 동양식 왕국의 이상적 모델을 따라 개조될 것이었다. 띠버의 후임 왕들은 통치의 부담 없이 왕가에 전승돼 온 막대한 부를 가지고 애스콧의 경마장이나 몬테카를로의 도박장에서 인도에서 온, 같은 입장의 군주들과 함께 즐길 수도 있었다.

　실제로 인도의 영국 식민정부는 띠버의 이복형제 중 한 사람을 관리하고 있었다. 냐웅잔의 왕자로 수년 전부터 정확히 지금과 같은 상황을 위해 캘커타에 대기하고 있었다. 프렌더개스트가 이끈 함대의 함상에 있던 왕자 복을 입은 사람이 바로 그라고 생각했던 것도 과언이 아니었다. 그리고 실제로 그였다면 상황이 쉬워졌을 수도 있었다. 그러나 그와 미얀마, 나아가 영국에 불행히도 그는 불과 몇 주일 전에 사망했다. 그래서 가짜가 필요했다. 그 외에도 대안이 있었다. 나이 어린 핀마나 왕자도 그중 하나였다. 아직 어린 그라면 대영제국이 필요로 하는 군주로 키울 수 있을 것이었다.

두 번째 방법은 그냥 합병하는 것이었다. 왕도 왕실도 없어질 것이었다. 띠버의 재산은 대영제국의 재산이 되어 집정관이나 총독이 관리하게 될 것이었다. 보호령이든 합병이든 구 왕국의 관료들은 일부 혹은 전부 승계하면 됐다. 프랑스든 다른 어떤 나라든 감히 영국의 식민지를 넘보지 못할 것이었다.

그런데 곧 상황이 그처럼 간단하지 않다는 것이 드러났다. 영국의 버마 정책은—있었는지도 확실하지 않지만— 지도자만 교체하면 일반인들은 곧 현실에 적응하고, 그래서 평소의 상태가 곧 회복된다는 암묵적인 전제 위에 서 있었다. 그런데 그 전제가 터무니없는 것이었다.

시작은 나쁘지 않았다. 만달레이 날씨와 해충, 음식 등은 불편했지만 못 견딜 정도는 아니었다. 19세기 영국이 식민지를 획득할 때마다 했던 의식이 거행됐다. 새로 정복한 궁궐을 배경으로 영국인 장교와 인도인 부사관들이 기념사진을 찍었다. 상벌위원회에서 전리품을 분류했다. 빅토리아 여왕을 위해서 띠버의 왕관 중 가장 화려한 것을 준비했다. 웨일스의 왕자와 공주의 몫으로 상아조각품 두 개와 황금 불상을 챙겼다. 왕궁의 큰 방 몇 개를 성공회 예배당과 클럽으로 개조했다. 클럽에는 당구대를 놓고 바를 설치했다.

미얀마인들의 '가슴과 마음을 얻기' 위한 노력도 했다. 선무공작은 모든 정복정책의 기초였다. 그러나 미얀마의 전통과 정서를 이해하지 못한 결과 효과가 없거나 오히려 역효과를 낳았다. 왕이 떠난 지 며칠 후 왕실과 왕권의 상징인 왕 전용 흰색 코끼리, 백상(白象)이 왕실의 몰락을 상징하듯 죽었다. 왕실 의례에 따른 장례식을 치르기로 했다. 그러나 영국 점령군은 이 코끼리의 사체를 끈으로 묶고 말 뒤에 달아 왕궁 밖으로 끌어냈다. 그것을 본 사람들이 큰 충격을 받았다. 코끼리는 신성한 동물이었다. 그 시체를 마구잡이로 끌어내는 것은 왕의 시신을 그렇게 취급하는 것 이상의 충격이었다.

크리스마스가 되면서 모든 것이 순조롭게만 보여 들떴던 영국인들의 마음이 공황으로 바뀌었다. 민심이 등을 돌렸다. 영국인을 대하는 미얀마인의 태도에는 적개심이 가득했다. 지방에서 영국 관리를 무장공격하는 일도 생겼다. 띠버 왕이 그렇게 떠나자 누구도 챙기지 않은 왕의 군대도 떠났다. 반납할 곳도 없는 무기를 든 채 그냥 떠났다. 산악지역에는 산적이 있기 마련이었다. 무장한 채 귀향한, 그러나 갈 데 없는 퇴역 병사들이 산적과 힘을 합쳤다. 그러면서 영국군 순찰병이 보이는 족족 기습 공격했다. 다만 조직적인 저항의 조짐은 아직 보이지 않았다. 120년 후 이라크에서 미군이 했던 고민을 당시 미얀마에서 영국군이 했다. 구정권의 잔당인가? 극단주의자? 치안 불안을 이용한 단순한 범죄조직? 답이 없었다.

구정권의 관리들은, 일부가 돕는 시늉을 했지만, 대다수는 그냥 낙향을 택했다. 프렌더개스트의 정치 참모들은 황급히 총리대신 킨운을 찾았다. 그러나 킨운은 죄인을 자처하며 띠버의 인도 귀양길을 따라 만달레이를 떠나고 없었다. 킨운 다음 직급은 타잉다의 영주였으나 반영국주의자로 유명했으니 협력을 기대할 수 없었다. 실제로 영국군은 구실을 만들어 그를 체포했다가 인도로 추방했다. 영국 문관 찰스 버나드 경(Sir Charles Bernard)이 과거 관리들을 재기용하여 행정조직을 복원하고 구 왕국의 지방 장관이나 군사령관에게 열심히 공문을 보냈다. 너무 늦었고 너무 약했다. 각지에서 이미 반영국 봉기의 불이 붙기 시작했다.

영국이 '무고한' 띠버의 왕국을 무너뜨린 것이 랜돌프 처칠의 개인적 책략 때문이었다면, 미얀마를 완전히 식민지로 편입하여 그 역사에 결정적인 흔적을 남긴 것은 한 무능한 귀족의 허영 때문이었다. 정복지 미얀마의 행정을 총책임진 사람은 능력 대신 명예욕만 가득 찬 아일랜드 귀족 출신 인도 총독이었다. 듀퍼린(Dufferin)의 백작이자 클랜드보이에의 남작, 프레데릭 템플 해밀튼-템플-블랙우드(Frederick Temple Hamilton-Temple-Blackwood)였다. 그는 다운 카운티 북쪽에 대규모 영지를 소유했다. 이튼 스쿨과 크라이스트처치에서 교육을 받고 주로 외교 및 제국 일선에서 경력을 쌓았다. 캐나다 총독을 지내고 러시아와 오스만 제국 주재 대사를 역임했다. 출신은 영주이자 귀족이었지만 정치적으로는 진보적인 휘그파를 자처했다.15 그의 전임 인도 총독 리폰 공(Lord Ripon)의 활동이 적지 않은 논란을 낳았기 때문에 여왕은 후임자인 듀퍼린을 특별히 불러 너무 튀지 말라고 당부했다. 황송하게도 여왕께서 직접 당부하신 일이니 기꺼이 따랐다.

듀퍼린 인도 총독은 처칠 장관의 정책에 불만이 없지 않았으나 감히 반대할 배짱이 없었다. 처칠이 손을 뗀 지금 버마 정책은 전적으로 그의 소관이었다.

> 왕의 일산은 어디에 있느뇨?
> 왕궁은 어디에 있느뇨?
> 왕도는 어디에 있느뇨?
> 과연 전무(全無)의 시대로구나
> 차라리 죽음만 못하구나.
>
> — 지바니 사원의 수도원장16

띠버 왕이 떠난 다음의 한동안은 만달레이의 주민에 영원히 잊지 못할 쓰라린 기억으로 남았다. 50년 후, 제2차 세계대전을 앞둔 시점에 민족주의 지도자 따킨 코더 흐마잉은 어린 시절 보았던 띠버 왕과 그 가족이 떠나던 모습과 그 뒤로 먼지가 자욱하게 일던 모습을 생생하게 기억했다.

그런 심정적 기억만이 아니었다. 현실적으로 힘들었다. 만달레이와 그 주변의 많은 사원에서 생활하던 수만 명의 승려에게 불교도 왕이 아닌 외국군이 지배하는 삶은 힘들고 고통스러웠다. 전통적으로 미얀마에서 왕국과 불교는 밀접하게 관련되어 있었다. 왕도는 정치적 중심이자 수많은 사원과 더불어 신앙과 교육의 중심을 이루었다. 왕이 최대 후원자였다. 그 후원자가 하루아침에 사라지니 고등교육체계가 그냥 무너져 내렸다.

영국이 왕위만 교체하고 간접적으로 지배할 것이라는 희망은 이제 사라졌다. 영국군대가 철수하지 않고 왕국을 해체하려는 것이 분명해지자 킨운이 중심이 된 대신들이 총독부에 공식 청원서를 제출했다. 입헌군주제의 수립을 요청하고 그것이 받아들이지 않으면 모두 사임하겠다고 했다. 왕은 형식과 의전으로 군림하고, 영국 총독의 지도와 감독을 받겠지만, 내정의 전권은 버마 정부가 가져야 한다고 주장했다. 그것이 가능할뿐더러 가장 효율적으로 질서를 회복하는 방법이라고 했다. 구 대신들은 중앙의 정책 결정에는 아무런 역할도 하지 못하고 있고, 지방에 대한 영향력도 갈수록 약해지고 있다고 경고했다. 그러니 가부간 결정을 빨리 내려달라고 요구했다.

지방의 상황은 과연 혼란스러웠다. 수 세기 동안 지방행정을 책임져 온 영주와 지주들은 제각각으로 행동했다. 일부는 점령군에 협력했다. 대표적으로 북방에서 큰 영향력을 가졌던 야다나 떼인가 기병대 사령관이 있었다. 그는 점령군에 협력한 대가로 그 지방 행정책임자로 임명됐다.

다른 일부는 반발했다. 샨고원의 수비대장이었던 야메띤의 영주는 부대를 이끌고 영지인 야메띤으로 가서 영국군에 유격전을 펼쳤다. 그와 먼 친척인 북방 운또 지역의 족장(sawbwa; 서브와)도 카따족과 조핀족을 이끌고 투쟁에 나섰다.* 남쪽으로는 대를 이은 명문 메카야의 족장이 추종하는 무리를 이끌고 들판의 초목과 작물 사이에 매복하여 영국의 젊은 병사들을 공격했다. 친드윈 계곡의 흘라-우라든가, 이라와디 중류의 황무지에서 활동하던 얀

---

* '서브와'는 샨족 족장을 이르는 말이다. 이하 제 12장 참조 — 옮긴 이.

눈처럼 악명높은 산적 무리가 갑자기 애국지사가 됐다. 한때 그들을 토벌하던 왕국의 병사들과 한편이 돼 영국군에 항거하면서 명성을 떨쳤다.17

2월 3일 듀퍼린 공의 일행이 기선 클라이브 호를 타고 버마에 도착했다. 해리어트 듀퍼린 여사, 여러 보좌관과 참모, 수십 명의 하인을 포함한 대규모 일행이었다. 사람만 아니었다. 여러 마리의 말과 소, 망아지와 송아지, 닭, 양, 메추리도 포함돼 있었다. 후일 그가 현직에서 물러났을 때 자애로운 여왕 폐하는 그를 백작에서 후작으로 승작시켰다. 그러면서 그의 명칭에 인도의 한 지명을 포함하는 게 어떠냐고 했다. '듀퍼린과 델리의 후작', '듀퍼린과 러크나우의 후작' 등의 호칭을 생각했으나 별로 마음에 들지 않았다. 캐나다 총독경력을 내세워 퀘벡을 넣고 싶었으나 그건 여왕이 허락하지 않았다. 버마식 이름은 '일본의 작위'와 같다며 고개를 젓다가 기발한 생각이 떠올랐다. 아바! 그래서 그는 '듀퍼린과 아바의 제1 후작'(1st Marquess of Dufferin and Ava)이 됐다. '아바의 후작'이 '아바의 궁정'을 처음으로 방문하는 길이었다.18

듀퍼린 총독은 붉은색 조끼를 입고 흰색 깃털이 꽂힌 투구를 쓰고 띠버가 앉던 왕좌에 거들먹거리며 앉았다. 이제 모든 환상을 버린 미얀마의 관리들은 서서 그의 연설을 들었다. 상급자가 말할 때는 무릎을 꿇는 것이 관습인 나라에서 그렇게 하는 것은 고의적인 불복종의 표시였다. 킨운을 포함한 구 대신들은 이제 미래에 대한 희망을 완전히 버린 것이었다. 그런 상태에서 듀퍼린은 버마의 구 대신들과 대화를 했으나 별 소득이 없었다. 듀퍼린은 버마인들과의 대화는 짜증만 날 뿐 가치가 없다고 생각했다.

듀퍼린은 이어 영국군 장교들과 만나서 이야기를 들었다. 장교들은 저항이 갈수록 거세지고 있는데 버마 관리들은 도움이 되지 않는다고 불평했다. 그렇다면 결국 영국군이 폭력으로 평화를 유지해야 할 것이었다. 구 지배층이 도움이 안 된다면 굳이 보존할 가치가 없었다. 후일 기록에 남겼듯이 듀퍼린은 "꼭두각시 버마 왕을 두는 것은 비용만 많이 들고 관리하기 힘들고 아무 효용도 없는 허구"가 될 것이라는 결론을 내렸다. 그날 듀퍼린 부인은 궁내 버마 여인들과 좋은 시간을 보냈다. 그 사이 듀퍼린 공은 버마의 구체제에 대한 미련을 완전히 버렸다. 왕정은 폐지될 것이고 '아바의 궁정'은 전설이 될 것이었다.

> 이것은 보 다똔의 이야기
> 띠버 왕 흉내를 내었지
>
> 시종이 든 공작 깃발은
> 금을 먹여 빳빳했지만
> 피를 먹고 더 뻣뻣해졌지
>
> 강자는 총살하고 약자는 채찍질하고
> 살윈의 숲에서 친드윈의 티크 숲까지
>
> 귀족은 십자가에 못을 박고
> 천민은 제단에 바치고
> 늙은 여인들에겐 석유를 끼얹었지
>
> 바다 건너 신문들이 아우성칠 때
> "애국자들은 그의 땅을 위해 싸웠지!"
>
> — Rudyard Kipling, *Barrack-Room Ballads*

일단 그렇게 작정한 이상 듀퍼린과 버마의 영국군이 물러날 곳은 없었다. 버마 전역을 장악하기 위해서 밀어붙여야 했다. 아일랜드 출신 50대 민간인 크로스웨이트 경(Sir Charles Haukes Todd Crosswaite)이 버마의 총집정관으로 임명됐다. 그는 모든 반대를 제압하고 새로운 행정체계를 도입하기로 작정했다. 1886년 말까지 총 4만 명의 영국·인도인 병력이 동원됐다. 이 숫자는 버마 침공 때 동원됐던 병력의 3배가 넘었다. 크리미아 전쟁과 이집트 정복 전쟁 때 동원된 병사보다 많았다. 영국은 이제 전국 규모로 확대된 게릴라전을 치러야 하며 무슨 수를 쓰더라도 이겨야 한다고 다짐했다. 그 다짐이 4만 명의 병력 동원으로 나타났다.[19]

군지휘관들도 임무를 정확히 이해했다. 모든 전선을 일거에 장악하는 식의 군사작전이 아니었다. 한 장군의 표현대로 "모든 버마 사람들의 사고와 도덕적 감정에 영향을 주어 마침내 불가피한 현실이 닥쳐왔다는 것을 느끼도록 하는 것"이 그 작전의 목표였다. 다시 말해 미얀마인에게 패배와 점령이라는 현실을 수용하는 외에는 대안이 없다는 것을 분명하게 알도록 하는 것이었다. 쉬운 일은 아니었다. 그 장군은 이렇게 썼다.

"버마인은 타고난 자부심과 낙천성, 충동성으로 인해 포기를 모른다. 그들이 믿는 종교, 그들이 타고난 기질로 인해 그들은 남들만 못하다는 생각은 아예 하지 않는다."

미얀마의 타는 듯한 날씨가 절정에 이른 4월, 영국에 반대하는 봉기도 절정에 이르렀다. 1886년 4월 15일, 미얀마의 설날인 그날 저녁에 민자잉의 어린 왕자를 지지하는 20여 명의 무장병력이 만달레이 궁의 성벽을 넘어 진입했다. 여러 채의 건물에 불을 지르고 스코틀랜드 출신 의사 둘을 살해한 다음 사살됐다. 다음 날, 이라와디 분지에 설치된 모든 영국군 요새가 공격을 받았다. 공격병력이 2천 명이 넘는 곳도 있었다. 식민통치에 대한 저항이 전국적 규모로 퍼지고 조직됐다는 것은 부정할 수 없는 현실이 됐다.

탄압도 단호했다. 병력을 대규모로 증원했다. 주민들을 강제이주 시켰다. 반군의 지지기반을 없애기 위한 소위 '초토화 작전'이었다. 각 지역 행정관의 재량에 따라 반군에 우호적이라고 판단되면 마을을 통째로 불살라 버렸다. 많은 사람이 본보기로 처형됐다. 반군 지도자를 체포하면 공개적으로 채찍질을 했다. 영국군의 행위라고 믿어지지 않는, 참수와 같은 야만적 행위도 있었다. 듀퍼린 공이 직접 나서 중지하라는 명령을 내려야 했을 정도였다.

폭력은 폭력을, 유혈은 유혈을 낳는 법. 궁지에 몰린 반군세력의 수단이 다양해졌다. 진압도 더욱 잔혹해졌다. 눈에는 눈, 이에는 이, 폭력에는 폭력, 공포에는 공포. 이것이 당시의 행동방식이었다. 전쟁으로 농사를 제대로 짓지 못해 1886년 말 대규모 기근이 발생했다. 굶주리고 탈진하고 심리적으로 황폐해진 미얀마인들은 마침내 포기하고 피점령지의 삶에 적응하기 시작했다.[20]

북부지방에는 산발적인 저항이 수년간 계속됐다. 지방관리 출신 보초(Bo Cho)가 대표적인 예였다. 보초는 10년 동안 영국군을 괴롭혔다. 멀지 않은 과거에 화산활동을 있었던 포파(Popa)산 주변에서 활약했는데 80명이 넘는 점령군을 살해한 것으로 알려졌다. 1896년 영국군은 마침내 보초를 체포하여 고향으로 끌고 가 처형했다. 그 자리에 보초의 친지를 모두 불렀다. 교수대를 향해 걸어가면서 보초는 조카에게 이렇게 말했다.

"우리 미얀마인은 이제 끝났다. 노예로 사느니 차라리 죽느니만 못하리라."

그렇게 그와 두 아들이 처형됐다. 미얀마의 현대사는 그를 포함한 수백 명의 처형으로 시작됐다.

평민의 저항은 10여 년간 계속됐지만, 지배층의 붕괴는 훨씬 더 빨리 왔다. 그들은 불교가 도입되고 최초의 왕조가 수립됐던 천여 년 전부터 지배층을 구성해왔다. 그들의 사고는 보수적이고 복고적이었다. 견고한 성곽과 든든한 위병이 지키는 왕성과 그 속에서의 안락한 삶이 그들의 지위를 상징하고 보장했다. 1886년 말 그 왕성이 병영으로 개조됐다. 이름도 듀퍼린 요새(Fort Dufferin)로 바뀌었다. 직위에 따라 구획되고 크기가 정해진, 귀한 티크 목으로 건조된 수백 채의 저택이 몰수되어 감옥으로 쓰이거나 파괴되어 군 연병장으로 바뀌었다. 그들의 지위를 보장했던 또 다른 장치, 수백 년을 이어온 가계보(家系譜)가 사라졌다. 띠버 왕이 귀양 간 며칠 후 만취한 영국 병사들이 왕실도서관에 불을 지른 결과였다. 이처럼 무절제한 방화와 파괴는 1901년 새로 인도 총독이 된 커즌 공(Lord Curzon)이 미얀마를 방문하여 중단하라고 명령할 때까지 15년 동안 이어졌다. 오늘날 만달레이 궁이 일부나마 남아있는 것은 그 덕분이다.

1880년 후반 전투와 항거로 한 세대의 귀족이 몰살됐다. 일부 살아남은 이는 낙향했다. 그래도 띠버 왕의 궁정에 봉사했던 이들은 1920년대까지 서로 집안의 혼사나 장례식에 가끔 얼굴을 나타냈다. 총리대신 킨운은 1908년 폐인이 되어 사망했다. 더 오래 살아남은 사람도 많았다. 비틀스가 세계 순회공연에 나섰던 1963년 여름, 핀마나의 왕자가 93세의 나이로 타계했다. 띠버 왕의 이복동생이자 듀퍼린 공이 한때 버마 왕으로 옹립할 생각을 했던 이였다. 그러나 1963년의 미얀마는 전혀 다른 나라였다.

2

미얀마를 어떻게 하면 좋을까?

버마와 미얀마, 랭군과 양곤
- 옮긴 이 해제 -

버마와 미얀마

　우리나라가 국호를 한글로는 대한민국 또는 한국이라고 쓰고 영어로는 코리아(Korea)라고 쓰듯이 미얀마도 국호를 자국어로는 미얀마(Myanmar)라고 쓰고 영어로는 버마(Burma)라고 적었다. 그러나 1989년 신군부에서 로마자 표기도 미얀마로 바꾸었다. 신군부에 대한 불복종의 표시로 당시 대표적 반체제 인사 아웅산 수치는 버마를 고집했고 미국 등 서방에서도 신군부에 대한 불인정의 표시로 버마를 사용해왔다. 일부에서는 그 같은 국호의 변경이 군부의 고질병인 배타적인 민족주의의 발현이라고 생각했다. 그러나 버마는 미얀마어 '바마'(Bama)의 영어식 표기이고 이는 다인종 사회인 미얀마의 다수 인종인 '버마족'을 지칭하는 말이므로 여러 인종을 포괄하는 새로운 민족 정체성을 위해 미얀마라고 부르기 시작했다는 것이 군부의 주장이었다.

　2016년 아웅산 수치도 버마라는 표현을 쓰는 것은 자신의 습관일 뿐, 스스로 미얀마를 부정하지 않는다고 했다. 원서는 영어권 독자를 의식하여 버마라고 쓰지만 옮긴 이는 그 나라의 정체성에 대한 욕구를 존중하는 의미에서, 또 외국어 표기 지침에 따라 '미얀마'라고 쓴다. 다만 세 가지는 예외로 했다. 첫째는 기존의 문헌, 외교사료 등에서 직접 인용한 경우이다. 둘째는 역사적으로, 대외적으로 버마가 굳혀진 경우이다. '영국-버마 전쟁', '버마 공산당', '버마 사회주의 프로그램당' 등이 그렇다. 셋째는 '버마'가 '버마족'을 지칭하는 의미로 쓰일 때다. 또 주관적이지만 가끔 문맥상 버마가 더 울린다고 판단될 때. 예컨대 식민지 시대 영국의 입장에서 인도와 구별하여 미얀마(버마)를 지칭할 때 그대로 쓰기도 했다. 완벽하지는 않다. 독자들의 양해를 구한다.

랭군과 양곤

　같은 해 신군부는 주요 지명에 대한 표현도 바꾸었다. 가장 대표적인 것이 영어로 Rangoon(랭군)으로 적던 것을 Yangon(양곤)으로 바꾼 것이다. 반면 원서는 과거 영어식 표현을 쓴다. 옮긴 이는 자주 사용되는 지명은 현지 발음으로 바꾸었다.
랭군→양곤; 아라칸→라카인; 아처브→시트웨; 타니세림→타닌따리, 타보이→다웨이

　나머지는 원서의 표기를 따랐다. 그중 원서 표기와 현지 표기가 다른 것은 다음과 같다.
아바→잉와; 프롬→삐; 메이묘→핀우륀; 시리암→딴륀; 몰메인→몰라먀잉; 마르타반→모타마; 카렌→카인; 바세인→파떼인

2

일레인: "피터먼이 버마에 갔대."
세인펠드: "지금은 미얀마라고 불리지 않아?"
크레이머: "미얀마 …… 무슨 싸구려 약방 이름 같네."

동독과 서독을 나눴던 베를린 장벽이 무너지기 1년 전, 프렌더개스트의 군화가 만달레이를 짓밟은 지 1백 년여 지난 후인 1988년 여름, 수만 명의 미얀마 국민이 마침내 거리로 나섰다. 군사독재와 국제적 고립을 중단하라고 외쳤다. 몇 달 전, 명문 양곤공과대학 학생들이 시작하여 양곤 지역 전체로, 나아가 전국으로 확대된 것이었다. 그해 3월, 경찰이 양곤대학교 캠퍼스 주변에서 수십 명의 대학생을 체포했다. 살인적인 더위 속에 닭장 같은 경찰버스로 압송되던 학생 중 30여 명이 질식해서 숨졌다. 분노한 학생들로 시위가 커졌다. 학생들만이 아니었다. 민심이 이반하고 있었다. 생필품의 가격이 치솟았다. 정부에 대해 쌓인 오랜 분노와 불만이 때를 만난 듯 터져 나왔다. 각지에서 파업과 시위가 있다는 소문이 들렸다. BBC 미얀마어 라디오 방송을 들은 사람들의 입을 통해서였다. 서민들만이 아니었다. 사는 데는 지장이 없었던 중산층 이상 사람들의 집에서도 고위 공무원이나 전문직 사람들이 '뭔가 변해야 한다'는데 동감하고 있었다. 혁명의 분위기가 무르익고 있었다.[1]

긴 우기가 절정에 달한 7월 23일, 1962년 쿠데타로 집권하여 일인 독재체제를 구축한 네윈(Ne Win) 장군이 어느 회의장에서 수백 명의 인사를 앞에 두고 연설했다. 7월의 양곤은 덥고 습했지만, 그 회의장은 에어컨으로 시원했다. 과거 경마장이 있던 근처에 자리한 그 건물은 모든 방과 복도에 고급 카펫이 깔려 있었다. 청중은 잘 차려입은 신사 그리고 소수의 숙녀였다. 20세기를 외면한 나라에서 보기 드물게 20세기의 문명을 보여 주는 풍경이었다. 네윈이 급히 소집한 '버마 사회주의 프로그램당'(Burma Socialist Programme Party, BSPP) 중앙위원회 모임이었다. 이 정당은 네윈이 만든 이 나라 유일의 합법 정당이었다. 당원의 거의 전부가 퇴역군인으로, 말하자면 네윈 '군사' 정권의 '민간' 간판이었다.

긴장한 청중을 향해 최근의 사태에 대해 짧게 언급한 네윈은 누구도 기대하지 않았던 폭탄선언을 했다. 절제되고 분명한 목소리로 민주주의로 복귀 여부를 국민투표에 부치겠다고 한 것이다. 그리고 수개월 안에 "다당제 정부"를 수립하기 위한 구체적인 절차를 밝혔다. 3월에 일어난 대학생 사망사태에 대한 책임을 느낀다고 했다. 계속되는 시위와 폭동은 국민이 정부에 대해 전체적으로 신뢰를 상실했다는 것을 의미한다고 했다. 국민투표의 결과 국민이 변화를 원한다면, 선거를 통해 의원을 뽑고 거기서 새로운 헌법을 제정할 것이라고 했다. 그리고 그 자신은 핵심참모들과 함께 즉각 사퇴한다고 했다.

네윈이 무슨 생각으로 그런 말을 했는지, 그 말이 구체적으로 무엇을 의미했는지는 여전히 알 수 없다. 네윈은 사퇴 후 후임자로 '사자'라는 별명이 있던 부관 세인 르윈 장군을 지명했다. 세인 르윈은 진보적인 사람은 결코 아니었지만, 네윈의 선언 자체는 놀라운 것이었다. 엘리트로 구성된 청중은 놀라, 말을 잃었다. 그러나 네윈은 TV 카메라를 똑바로 노려보며 단호하게 말했다.

"나는 비록 정치에서 물러나겠지만 우리는 이 나라가 분열하는 것을 막기 위해 미래 정부조직이 완전히 자리를 잡을 때까지 통제권을 유지할 것이다. 통제권을 유지하는 가운데, 모든 국민에게 분명히 말하거니와, 다시 대규모 혼란이 발생한다면 군대는 발포할 것이다. 발포하면 (공중에 대한) 경고사격이 아니라 (사람에 대한) 조준 사격이 될 것이다."

미얀마의 민주화 운동이 바로 그날 시작됐다.

양곤은 열광의 도가니에 빠졌다. 인구 2백만의 도시 양곤은 거의 항상 나른하고 생기가 없는 곳이었다. 짙은 녹색 가로수 아래 보도블록은 부서져 있었고 길거리에는 30년 넘게 운행된 1950년식 낡은 승용차가 굴러다니고 있었다. 그 도시가 갑자기 생기를 띠기 시작했다. 사람들은 네윈이 말한 절차를 신뢰하지 않았다. 기다리지도 않았다. 지하 학생조직이 동원되어 총파업을 선동하는 전단을 만들어 돌렸다. 몇 명의 외국인 기자가 낡은 민갈라돈 공항을 통해 몰래 들어왔다. 지방에서도 시위가 간헐적으로 일어났다.

1988년 8월 8일 오전 8시 8분, 8자가 겹쳐 길조(吉兆)라며 학생운동 조직이 정한 시간에 양곤강의 하역노동자들이 일손을 놓고 자리를 떴다. 바야흐로 총파업을 시작한 것이었다. 그 소문이 돌자 사람들이 깃발을, 전단을, 플래카드를 들고 시청을 향해 몰려들기 시작했다. 내세울 만한 지도자가 없는 가운데 많은 사람이 1940년대 민족주의 운동의 대부이자 정치지도자 아웅산의 초상화를 들고 있었다. 대학가가 있는 북쪽 교외로부터 많은 학생이 줄을 지어 시청 앞으로 행진해왔다. 정오 무렵 반둘라 공원 옆 넓은 공터는 통치마와 같은 미얀마 전통의상 론지를 입은 사람들로 가득 찼다. 식민지 시절 건설된 도심의 아파트 난간과 옥상은 지켜보는 사람들로 가득 찼다. 시청 앞에 임시 연단이 가설되고 사람들이 나서 국민을 탄압하고 나라 경제를 망친 정권을 성토했다. 그들의 주장도 분명했다. 바로 네윈이 약속한 다당제 민주 정부의 수립이었다. 수천 명의 인파가 1마일 떨어진 쉐다곤 파고다로 자리를 옮겼다. 더욱 과격한 성토가 계속됐다. 행상인들이 담배와 음료를 팔았다. 누구도 나라의 운명이 중대한 전환기를 맞고 있음을 의심하지 않았다.

시위는 양곤에 국한된 것이 아니었다. 그날 오후 미얀마의 거의 모든 도시에서 많은 사람이 일자리를 떠나 대로에 모여 네윈 정권을 성토했다. 지난 수십 년간 그런 일은 없었다.

그날 온종일 군대는 조용히 서서 지켜보고 있었다. 사고도 없었다. 허락된 시위였다. 그러나 밤 11시 30분, 시청 앞에 몰려든 수천 명의 인파가 해산할 기미를 보이지 않자 군부는 선을 긋기로 했다. 주변의 전기를 차단하고 스피커로 해산을 종용했다. 그 말을 따르는 사람은 없었다. 캄캄한 어둠 속에 기관총과 녹색 군복에 철모를 쓴 전투병력을 실은 트럭이 광장으로 진입했다. 젊은 학생이 대부분인 군중은 물러서지 않고 큰 소리로 국가를 불렀다. 군대가 발포했다. 발포는 아침까지 계속됐다. 그날 밤 수십 명의 사상자가 발생했다고 하는데 정확한 숫자는 밝혀지지 않았다.

그에 대한 반응은 군이 기대한 것과 달랐다. 유혈은 두려움이 아니라 분노를 불러일으켰다. 그 이후 닷새 동안 시위는 눈덩이처럼 커져만 갔다. 사상자도 늘어만 갔다. 8월 10일 양곤 종합병원에서 부상자를 치료하느라 지친 의사와 간호사들이 달려 나와 제발 그만 쏘라고 외쳤다. 군은 그들을 향해서도 발포했다. 사상자들의 대다수는 가난한 가정 출신의 고등학생 또래였다. 군이 보유한 독일제 G-7 소총 앞에 좋게 말하면 가장 용감했고 나쁘게 말하면 가장 무모했던 이들이 바로 그들이었다. 사상자는 이제 수백에 이르는 것으로 추산됐다.

8월 13일, 맞는 사람보다 때리는 사람이 먼저 지친 듯, 군대가 발포를 중단했다. 세인 르윈 장군의 사임을 발표했다. 모든 군대에 철수하라는 명령이 떨어졌다. 군인들은 조용히 그리고 재빨리 도시를 빠져나갔다. 독재자의 신임을 받던, 영국에서 교육받은 법률가 출신 민간인 보좌관이 대통령으로 임명됐다. 신임대통령은 회유하는 내용의 연설을 진심 어린 목소리에 담아 라디오로 방송했다. 군중은 회유되지 않았다. 승리가 눈앞에 왔다는 분위기가 지배적이었다.

그 이후 수일간 미얀마의 행정이 마비됐다. 수백만의 사람들이 지난 수십 년 동안 하지 못했던 일, 즉 모여서 자기 생각을 말하느라 바쁘고 행복했다. 이제 참가자는 학생이나 노동자만이 아니라 모든 국민이었다. 양곤은 축제 분위기였다. 많은 노동조합이 하룻밤 사이에 결성됐다. 30년 가까이 언론이 통제됐던 나라에 수십 종의 신문과 잡지가 곳곳에 뿌려졌다. 만달레이에는 군대가 띠버 왕의 궁궐로 후퇴하고 학생과 노동자, 승려들로 구성된 위원회가 도시 행정을 장악했다. 여전히 정부가 통제하던 국영 라디오와 텔레비전 방송이 시위대가 가정주부를 포함한 다수의 견해를 대표하지 못한다고 방송하자, 곧바로 '전 미얀마 가정주부 협회'가 결성됐다. 수백 명의 중산층 여인이 주방기구를 두들기며 행진했다. 공무원도 시위에 동참했다. 고위급 외교관들이 외교부에 모여 군사정권이 찬란하던 미얀마의 국제적 명성을 망쳤다고 성토했다. '국영 미얀마방송' 직원들이 일자리를 떠나 시위에 동참하는 바람에 방송이 나오지 않았다. 경찰도 시위에 동참했다. 혁명은 조만간 성공할 것처럼 보였다. 그런데 …… 누가 이끌 것인가?

과거의 정치인, 또 정치신인이 하나둘 나타나기 시작했다. 과거 네윈의 참모였던 아웅지 준장이 그 첫째였다. 8월 25일 아웅산의 딸 아웅산 수치가 쉐다곤 파고다 서쪽 광장에서 처음으로 연설을 했다. 8월 28일 초대이자 마지막 총리였던 우누가 80대의 노구를 이끌고 나타나 '민주주의 및 평화 연맹'의 창당을 선언했다. 과거 좌파 또는 공산주의자들도 모습을 드러냈다. 1950년대 민중봉기를 주도했던 사람들도 있었다. 스탈린주의 선동가이자 유격전 전략가였던 83세의 따킨 소는 병상에서 혁명을 촉구하는 성명을 발표했다. 2백 개가 넘는 도시에 '총파업센터'가 설치됐다. 그러나 시위를 주도하는 학생들과 기타 참여자들이 보기에 이들 정치인은 그야말로 쇼를 하는 것에 불과했다. 정권에 최후의 일격을 가할 정도의 폭넓은 지지를 누리는 정당이나 조직은 아직 나타나지 않았다. 그리고 초기의 도취감이 사라지면서 무정부 상태의 혼란을 우려하는 사람들이 중산층을 중심으로 나타나기 시작했다.

8월 말이 되자 양곤 외곽 노동자 동네에서 시위가 폭동으로 바뀌기 시작했다. 식품 부족 때문이었다. 네윈이 보낸 첩자가 수돗물에 독을 풀었다느니 학생조직에 침투했다느니 하는 소문이 돌기도 했다. 8월 25일, 석방인지 탈옥인지 모르지만, 전국의 교도소에서 수감자들이 뛰쳐나와 사람들을 더욱 불안하게 만들었다. 열광하는 군중 앞에 정권의 첩자로 의심받아 참수되거나 잔인하게 살해되는 일들이 발생하기도 했다. 정권에 반발하는 학생들이 시작한 정치적 반대가 유혈이 낭자한 사회혁명으로 변질하고 있었다.

이제 시간이 없다고 느끼는 사람이 늘어났다. 하루에도 수백 건의 정치집회가 열렸다. 담배 연기 자욱한 거실이나 길모퉁이 찻집에서 전통의상 론지를 입은 남녀들이 향후 노선을 놓고 토론하다가 주먹을 휘두르기도 했다. 9월 17일, 대규모 시위대가 통상부 청사에 몰려가 경비병의 무장을 해제했다. 군인들이 스스로 무기를 내려놓은, 전에 없던 일이 생긴 것이다. 다른 시위대는 국방부를 점거하려고 했다. 일부 정치인이 조만간 정부가 사퇴할 테니 참으라며 애써 말렸다. 아웅지와 아웅산 수치, 우누가 포함된 그 정치인들이 9월 19일 학생지도부와 만나 과도 혁명정부 구성을 논의하겠다고 약속했다. 양곤에 주재하는 외국 대사관에 새로 정부가 구성되면 즉각 인정해 달라는 요청을 보냈다. 그러나 네윈 장군과 그 일당은 다른 계획이 있었다.

시위가 시작된 지 한 달 이상이 지난 9월 18일, 군대가 다시 진입했다. 이틀 동안 유혈 저항이 있었다. 그러나 군대는 단호했다. 구 헌법은 공식적으로 폐기됐다. '국가 법 및 질서 회복위원회'(State Law and Order Restoration Council; SLORC)가 설치되고 육군참모총장 소 마웅 장군이 위원장을 맡았다. 군대가 "연방이 해체되는 것을 막기 위해" 권력을 장악한다고 선언했다. 그 과정에서 양곤에서만 수백 명이 사살된 것으로 추정됐다. 시위는 허망하게 끝났다. 온 나라가 분노하고 탈진했다. 혁명의 순간은 이제 끝났다.

국제사회의 반응은 조용했다. 미국과 일본, 영국, 독일은 원조를 중단했다. 그러나 미국에서든 유럽에서든 민간차원에서 큰 목소리는 없었다. 1년 후 일어난 천안문 사태와는 전혀 달랐다. 유엔의 역할을 촉구하는 목소리도 없었다. 유럽과 미국을 오가는 외교적 활동도 없었다. 그 이유가 있었다. 바로 텔레비전 카메라가 없었다. CNN도 없었고 미얀마 국민의 정서를 전하고 일어나고 있는 유혈사태에 대한 뉴스도 없었다. 행동을 요구하는 전문가의 칼럼도 없었고 미국의회 '캐피털 힐'이나 영국의회 '웨스트민스터'에서의 움직임도 없었다. 미얀마에서 일어난 일이 절정에 달한 것은 8월 말~9월 초였는데 그 기간이 하필 휴가철과 겹친 탓도 있었다.

그러나 텔레비전 뉴스가 없었다거나 중요 인사들이 휴가를 즐기고 있었다는 것만으로 관심의 부재를 설명할 수는 없다. 미얀마는 그냥 알려지지 않았다. 미얀마라면, 세상과 세월로부터 단절된, 뭔가 이국적이고 환상적인 불교 나라로 외교적 위기와는 무관한 나라로 여겨졌다. 매력적인 관광지였지만, 같은 불교국가면서 세속적 성향이 강한 이웃 나라 태국과는 전혀 달리 여겨졌다. 또 자본주의니 공산주의니 하는 20세기식 삶과 다른 제3의 삶의 모델을 제공하는 그런 곳으로만 여겨졌다. 그런 나라에서 민주화 시위라니? 그것은 마치 샹그릴라에서 쿠데타가 일어났다는 것만큼이나 비현실적인 이야기였다. 그런 나라에 뭘, 어떻게 할 것인가?

그때 나는 스물두 살이었다. 나는 눈 오는 1월 어느 날, 미얀마와는 멀리 떨어진 미국 뉴욕 맨해튼의 북쪽에 있는 컬럼비아-코넬 메디컬 센터에서 태어났다. 부모가 유엔 사무총장으로 재직하던 외할아버지 우딴(U Thant)과 함께 살았기 때문이었다. 우딴은 1961년 사망한 다그 함마르셸드(Dag Hammarskjöld) 전임 사무총장을 이어 봉직 중이었는데 1971년까지 10년간 그 자리를 지켰다. 그가 봉직한 1960년대는 참으로 요란한 10년이었다. 아시아와 아프리카에서 수십 개 국가가 새로 독립하여 유엔에 가입했다. 신생국들은 자연히 부국과 빈국 사이의 경제적 격차를 줄이는 문제에 관심이 많았고 그로 인해 유엔에서 논의되는 주제가 빠르게 변하고 있었다. 또 냉전이 최고조에 달함에 따라 많은 정치적 위기가 있었다. 쿠바 미사일 위기, 아랍-이스라엘 분쟁, 베트남 전쟁, 소련의 체코슬로바키아 침공 등 어느 것 하나 만만한 것이 없었다. 지금과 마찬가지로 그때도 유엔은 할 수 있는 일은 없는데 욕만 먹는 그런 존재였다. 그래도 냉전대립의 와중이어서 중립적인 존재로서 유엔 사무총장에 대한 기대는 지금보다 컸다. 유엔의 무능을 한탄하고 그 개혁을 외치는 소리가 큰 것도 지금과 같았다. 다만 무려 5천만 명의 희생자를 낳은 제2차 세계대전의 기억이 여전히 생생할 때라 유엔에 대한 기대는 지금보다 더 컸다.

물론 나는 그런 것은 모른 채 뉴욕 도심에서 차나 지하철로 45분 정도 떨어진 중산층 동네인 리버데일(Riverdale)에서 어린 시절을 보냈다. 양친 모두 미얀마인으로 두 분은 뉴욕에서 만나 결혼하여 유엔 사무총장 공관에서 할아버지, 할머니와 함께 살았다. 공관은 허드슨강을 굽어보는 약 7천 평의 대지에 침실이 일곱 개인 상당히 큰 집이었다. 지도상으로는 리버데일의 일부였지만, 그곳에서의 삶은 자못 미얀마적이었다. 외조부모, 부모, 나, 그리고 여동생 3명 외에도 상당수의 미얀마인이 있었다. 저녁 식사에 초대된 손님부터 몇 달간 체류하는 손님, 유모, 하녀, 조리사, 정원사가 모두 미얀마인이었으니 양곤의 어느 부유한 집과 크게 다를 바가 없었다. 미얀마에서 온 연주자나 무용가가 미얀마 전통공연을 할 때도 있었다. 1층에는 항상 생화로 장식된 작은 불당이 있었고 부엌에는 미얀마식 카레 냄새가 배어 있었다. 집 밖에는 주로 아일랜드와 이탈리아계 미국인으로 구성된 유엔 소속 경비원이 하늘색 제복을 입고 지키고 있었지만, 집 안에는 미얀마식 론지가 표준의상이었다. 미국 동북부의 추운 겨울 날씨라고 해서 예외가 아니었다.

할아버지는 은퇴 후 곧 돌아가셨다. 이후 우리 가족은 태국으로 이주해 내가 (하버드와 케임브리지) 대학교에 진학할 때까지 살았다. 그 무렵 거의 매해 여름 미얀마로 가서 어머니의 가까운 친척이 사는 양곤이나 친할아버지가 사는 만달레이에서 지냈다. 자주 여행을 하고 14세에는 머리를 깎고 사원에 들어가 한동안 수습 승려로 지냈다. 미얀마의 불교도 아이들이 모두 하는 일이었다. 미얀마로의 여행은 내게 항상 경이로움으로 다가왔다. (리버데일에 있는 유엔 사무총장 공관의) 내부세계가 갑자기 외부세계가 되고 길거리와 시장과 기차 안에서 만나는 사람들이 갑자기 내부세계로 들어오는 그런 경이로움이었다. 우리 가족에게 한정됐던 것이 갑자기 전부가 되고 분명히 새롭고 낯선 세상이 매우 친숙하게 여겨지는 그런 경이로움이었다. 나는 지금도 미얀마에서 론지를 입고 가게 점원이나 택시 운전사에게 모국어로 말하면서 그때와 같은 경이로움을 느낀다.

1988년 민주화 봉기가 시작됐을 때 나는 대학을 갓 졸업하고 유엔 경력에 첫발을 들여놓고 있었다. 아프가니스탄에 대한 인도적 지원 담당관이었던 사두딘 아가 칸 왕자의 제네바 사무실에서 인턴 일을 시작한 것이다. 주말에는 (레만호를 사이에 두고 제네바와 마주 보고 있는) 로잔에서 친구들과 즐기면서도 하루에도 수차례 BBC방송과 기타 신문을 통해 미얀마에서 일어나고 있는 일을 챙겼다. 군부가 발포했다는 소식을 듣고 인턴 생활을 접고 방콕행 비행기 표를 샀다. 그 당시 많은 미얀마인과 마찬가지로 나도 미얀마가 결정적인 역사의 갈림길에 섰다고 느꼈고, 거기에 모종의 역할을 하고자 했다. 그러나 비행기가 방콕에 도착했을 때는 미얀마 군부가 양곤공항을 폐쇄한 다음이었다. 그때 나는 참으로 깊이 좌절했다. 이 중차대한 순간에 내가 할 수 있는 것이 전혀 없다니!

이듬해 나는 미얀마 정치에 투신했다. 봉기가 무력으로 진압되자 수천 명의 젊은 남녀들이 태국과의 국경지대로 몰렸다. 외국으로 도피하고자 하는 것이 아니었다. 서방국가들이 그들에게 무기를 제공하여 양곤의 군사정부를 전복할 수 있다는 최후의, 그러나 헛된 희망 때문이었다. 나는 그들을 찾아가서 이동식 텐트에서 잠을 자며 수 주일을 함께 지냈다. 그들처럼 무장투쟁이 미얀마의 문제를 해결할 수 있다고 믿어서가 아니었다. 그냥 그들이 말라리아가 창궐하는 정글로 떠날 수밖에 없게 만든, 그 분노와 절망을 함께 느끼고 싶었기 때문이었다. 나는 언제든지 에어컨이 시원한 방콕의 아파트로 돌아가 집으로 배달된 대학원 합격 증서와 장학금 증서를 보며 기뻐할 수도 있었다. 그러나 그들, 정확히 나와 같은 나이에 상당수는 나와 같은 집안 배경을 가진 이들이 가졌던 분노와 좌절감은 나보다 컸다. 그들이 희생해야 하는 것도 내 것보다 훨씬 컸다.

그것이 내가 모르는 미얀마였다. 내가 아는 미얀마는 과거였다. 리버데일의 잔디에서 시가를 피우던, 은퇴한 인도 공무원이 아는 미얀마, 양곤의 낡은 저택에서 맞이한 나른한 저녁에 본 미얀마, 거실 벽에 걸린 오래전에 타계한 지방 군수의 흑백사진처럼 언제나 좋았던 과거 시절만 이야기하는, 그런 미얀마였다. 내가 지금 만난 미얀마는 과거가 아니라 미래를 내다보며 성급하고 공격적이며 활력에 넘치는 그런 미얀마였다.

이후 나는 미얀마와 떨어져 살았다. 가끔 여행자의 자격으로 방문했을 따름이었다. 그러나 1980년대 말 나를 (그리고 다른 많은 사람을) 괴롭혔던 질문은 사라지지 않았다. 미얀마의 군부독재는 왜 그토록 공고한가? 이 나라에 정치적 자유와 민주주의를 가져오려면 뭐가 필요한가? 양곤과 지방의 소수 인종 사이에 60년 넘게 계속되는 무장투쟁을 어떻게 봐야 하는가? 그처럼 자원이 많고 그 덕분에 다른 아시아 국가들보다 한때 월등히 잘 살았던 미얀마가 왜 이토록 낙후했는가? 무엇보다, 도대체 뭘 어떻게 해야 하는가?

일부 사람에게 대답은 간단할지 모른다. 군부독재는 네윈의 작품이다. 네윈, 그리고 군부독재가 나라를 망쳤다. 군부만 몰아내면 된다. 복잡할 것도 없다. 인종분쟁이나 빈곤 따위는 아무 문제가 아니다. 군부독재가 민주주의로 바뀌면 모든 일이 해결될 것이다.

이 생각은 단순해서 좋다. 도덕적 판단도 단순하고 행동계획도 단순하다. 미얀마는 타고나길 복 받은 나라다. 불행히도 사악한 정부의 인질이 됐을 뿐이다. 따라서 현 정부를 전복하기 위해 모든 노력을 기울여야 한다. 그렇다면 어떻게 그 정부를 전복할 것인가? 태국국경에서 무장투쟁을 벌였던 대학생들을 포함한 일부에 따르면 무장투쟁이 답이었다. 그러나 그것은 소수의견이었다. 다수의견은 최대한의 외교적, 경제적 제재였다. 그러면 국민은 다시금 거리로 뛰쳐나올 것이고 군부는 더는 저항하지 못할 것으로 생각했다.

그 이후 17년간 미얀마의 고난에 대한 국제적 관심은 크게 높아졌다. 군사정부가 1990년 선거를 시행하고 그 선거에서 패배하고, 그리고 그 결과를 거부하는 일이 일어났기 때문이다. 미얀마는 이제 일종의 유명인사가 됐다. 외교전문지에 거의 고정란을 차지했고 양곤의 군사정권에 대해 서방 정부가 압력을 유지하도록 로비하는 일이 일종의 사업 또는 산업이 됐다. 1991년 노르웨이가 아웅산 수치에게 노벨평화상을 수여함으로써 더욱 그렇게 됐다. 이제 미얀마는 각국 고위급의 지속적인 관심을 받고 있다. U2나 R.E.M과 같은 록밴드도 미얀마를 기리는 앨범을 발표했다. 영국의 토니 블레어 총리는 미얀마에 대한 여행 거부 운동에 개인적으로 이름을 빌려주었다. 미국의 국무장관 콘돌리자 라이스는 미얀마를 '폭정의 전초기지'(outpost of tyranny)라고 불렀다.

그러나 같은 17년의 기간 동안 미얀마에 대한 국제제재가 강화되고 그러면 군사정권이 결국 붕괴할 것이라는 전망은, 적어도 지금까지는, 환상에 불과했다는 것이 드러났다. 나라도 여러모로 바뀌었고 정권 자체도 모습을 달리했지만 갈수록 덩치를 키워간 반미얀마 운동가들의 바람과는 전혀 다른 방향으로 전개됐다. 모든 미얀마인은 네윈 장군이 죽으면 나라가 좋아질 것이라고 믿고 바랐다. 그러나 2002년 그가 인야 호수 변의 저택에서 사망했지만 아무 일도 일어나지 않았다. 군부는 이미 세대교체를 완성했다. 이 신세대 집권자들은 어떻게든 그들의 꿈—희망이든 악몽이든—을 지키기 위해 노력할 태세가 되어있었다. 미국과 유럽의 대미얀마 무역과 투자의 제한적 제재, 세계은행 등에 의한 개발원조의 중단, 도덕적 입장에서 내뱉는 끊임없는 비난 등과 같은 국제적인 압력은 지금까지 효력이 없었다. 그렇기는커녕, 수백만의 국민이 여전히 가난에 허덕이는 가운데 정권은 오히려 갈수록 강해졌다. 논리가 분명하다고 해서 효과가 분명한 것은 아닌 것이 분명하다. 그래서 또다시 묻지 않을 수 없다. 이 나라는 도대체 왜 이런 모습이 된 것일까?

미얀마를 둘러싼 논쟁에서 가장 두드러진 것은 그 논쟁의 몰(沒)역사적(ahistorical) 성격이다. 모든 일은 지나온 경로에서 묻어 난 독특한 향기와 색채가 있는 법인데, 그것을 전적으로 무시하고 단순하고 보편론인 논쟁만 지속하고 있다는 뜻이다. 독재를 비난하고 민주화를 희망하면서 사람들이 따져보는 과거사는 10~20년을 넘지 못한다. 세 차례의 영국-버마 전쟁, 한 세기 동안의 식민지배, 일본의 침공과 정복이 몰고 온 참혹한 파괴, 반세기 간의 내전, 외국의 개입, 공산주의자들의 준동은 아예 없었던 것처럼 무시되고 있다. 제1차 세계대전 직전의 독일제국과 유사한 규모의 영토와 인구를 가진 나라를 하나의 렌즈로만 보면서 그들의 예측이 빗나가고 그들이 주장한 전략이 통하지 않는 데 대해 놀라 마지않는다. 그러나, 미얀마도 풍부하고 복합적인 역사를 가진 나라다. 그 역사는 띠버 왕의 재위 이전에도 있었고 랜돌프 처칠이 미얀마 침공을 단행한 이후에도 있었다. 미얀마 민족주의, 외국 공포증과 외국인 기피증, 인종분쟁과 내전, 군부독재에는 역사에 뿌리를 둔 나름의 이유가 있다. 미얀마의 역대 정부가 이웃의 아시아 국가들처럼 평화 속에 번영하는 나라를 만들지 못하는 데도 나름의 역사와 이유가 있다. 그 복합적인 역사를 알더라도 오늘날의 그 모든 문제에 대한 해답은 주지 못할지 모른다. 그래도 왜 그런지 설명해줄 수는 있다. 바로 그 설명에 발을 디딜 때만 향후 진로와 전략에 대해 더욱 실속 있고 현실적인 논쟁을 할 수 있을 것이다.

미얀마의 뿌리

미얀마는 고대와 중세시대 외부 문명과 교류했다. 이처럼 먼 과거 기억이 지금도 영향을 미친다.

3

다른 나라와 다르고 독특하다고 고집스럽게 믿고 그 때문에 가끔 손해를 보는 나라. 미얀마를 특징짓는 것은 뭐니 뭐니 해도 지리다. 이 나라는 한때는 고립되어 있기도 했지만, 북쪽으로 중국, 서쪽으로 인도, 그리고 바다에 인접하여 저 멀리 해외로 연결될 가능성은 항상 열려있었다. 미얀마 국토의 태반은 이라와디강을 따라 형성된 분지다. 이라와디강은 히말라야산맥의 동쪽 설원에서 발원하여 남으로 1천 마일 넘게 굽이치며 안다만해로 흘러 들어간다. 이 강의 상류, 따라서 이 분지의 상부에 있는, 매우 건조한 기후에 마치 사막 같은 지역이 역대 미얀마 왕조의 발상지다. 사막이라고 해도 사하라 사막과 같은 모래사막이 아니라 캘리포니아의 건조지대 혹은 호주의 불모 지역과 같다. 일 년 중 대부분은 구름 한 점 없이 태양이 작열하는 매우 더운 날씨이다. 연중 15일 정도의 짧은 우기가 있는데 그때는 집중호우가 내린다. 폭우가 모래땅 곳곳에 도랑을 이루고 그것이 모여 거센 격랑으로 강으로 흘러 들어간다. 이라와디강의 하류 지역을 포함한 미얀마 남부지역의 지리와 일기는 전혀 다르다. 분지의 하부 지역은 이라와디 삼각주이다. 이 삼각주는 그 북쪽으로 인접한 라카인주, 남쪽으로 인접한 타닌따리 지역과 함께 미얀마의 해안을 이룬다. 날씨는 덥고 습하다. 하늘에는 구름이 낮게 끼어있고 우기가 되면 몇 주일, 몇 달씩 줄곧 비가 내린다. 한쪽에 열대성 초목이 무성한 긴 해변이 있고 다른 쪽에 작은 섬들이 멀리 보이는 바다가 있는 풍경이 마치 한 폭의 그림과 같다.

이라와디강 유역을 하나의 큰 분지 또는 계곡처럼 만드는 것은 그것을 둘러싼, 마치 말의 편자처럼 생긴 산악지대다. 그 산악에는 곳곳에 깎아지른 벼랑도 있고 높이 솟아오른 눈 덮인 산도 있으며 완만하게 굽이쳐 내리는 언덕도 있다. 그 모든 것이 외부에서 쉽게 침범할 수 없는 거대한 성벽을 이룬다. 그 산악의 성벽이 미얀마를 외부세계로부터 격리해 독자성을 만들었다. 그래서 자연스럽게 내부를 지향하며 그 속에서 자족하려는 경향이 생겼다. 그러한 경향을 극복하고 외부세계와 연결을 유지하려면 특별한 노력이 필요했다. 외부세계의 입장에서도 그랬다. 높은 산악과 깊은 계곡으로 인해 무력으로 점령하기도 쉽지 않았고 자연스러운 통상도 생겨나지 않았다. 굳이 무리해서 관계를 유지할 필요가 없으니 대체로 잊고 지냈다. 그러다 보니 미얀마의 역사는 두 개의 극단을 오갔다. 외부세계와 깊이 연결되어 서로 배우고 서로 이바지하던 때도 있었고, 지금처럼, 중심세계의 주변부에 불안하게 위치한 채 타지의 번창을 지켜보던 때도 있었다.

미얀마는 ─적어도 그곳에 사는 사람들의 마음속엔─ 장구한 역사를 가진 나라다. 구전되는 신화와 설화 속에서 그 역사는 생생하게 살아있다. 학교에서 배우는 미얀마의 역사는 타가웅(Tagaung)에서 시작된다. 오늘날 타가웅은 만달레이에서 자동차로 반나절 거리에 있는 상 미얀마의 전형적인 마을이다. 건조한 일기로 먼지가 많이 일고 그 속에 관광객을 상대로 몇 개의 가게가 있는데 주민 대부분은 사탕수수 농장에서 일한다. 그곳에는 과연 오랜 역사의 냄새를 풍기는 유적이 없지 않다. 왕실에 전승돼 온 『유리 궁전연대기』에 따르면 사키야의 왕자 아브히라자(Abhiraja)가 무리를 이끌고 인도의 한 왕국으로부터 와서 미얀마 최초의 왕국을 건설한 곳이 그곳이었다.1

전설은 석가모니 부처님이 녹야원(鹿野苑)에서 초전법륜(初轉法輪)을 하기도 오래전, 지금으로부터 수천 년 전으로 거슬러간다. 그때 판찰라의 왕이 이웃한 코살라의 왕과 동맹을 맺고자 공주와의 혼인을 청했다. 그 코살라 왕가는 나중에 석가모니 부처님이 출생한 사키야 족에 속했다. 코살라 왕은 역사와 전통에서 격이 떨어진다고 하여 판찰라의 혼인 요청을 거절했고, 그 결과 전쟁이 일어났다. 역사와 전통과는 상관없이 코살라는 판찰라의 상대가 되지 않았고, 그 결과 패망에 이르게 되었다. 이 전쟁에서 패해 쇠퇴하던 사키야 족의 왕자 중 한 명인 아브히라자가 집안 식구를 이끌고 '검은 산'을 넘어 이라와디 분지로 이주해 온 것이었다.

고대의 환경에서 인도에서 미얀마까지 오는 것은 예삿일이 아니었다. 해발 1천 미터가 넘는 높은 산을 여러 차례 넘어야 했고 독충이 들끓는 정글 속 늪지대를 지나야 했다. 그 길을 지나 당도한 이라와디 분지는 거의 무주지나 다름없었다. 미얀마의 인구는 지금은 5천만이 넘지만, 19세기 말까지도 5백만 정도에 불과했다. 땅 대부분은 티크, 철목, 자작나무로 울창한 숲이나 작은 관목이 띄엄띄엄 있는 준사막으로 이루어져 있었다. 코끼리와 코뿔소 같은 대형동물이 무리를 지어 대지를 울리고, 숲에는 호랑이나 표범 같은 포식동물이 숨어서 먹잇감을 기다리며, 나무 위에는 사람을 한입에 삼키는 비단구렁이가 목숨을 노리는 위험한 환경이었다. 그 속에서 소수의 인간이 물가에 보금자리를 마련하고 위태로운 삶을 유지하고 있었다.

그처럼 위험한 환경 속에서 아브히라자 일족은 살아남았고 번창했다. 연대기는 그의 일족이 그 지역에 정착한 최초의 인간이었다고 기록하지는 않는다. 다만 아브히라자를 '최초의 왕'으로 기록할 따름이다. 최초의 왕은 두 아들을 두었다. 아버지의 모험정신을 물려받은 큰아들은 남쪽으로 내려가서 아라칸에 자신의 왕국을 건설했다. 둘째 아들이 아버지의 왕국을 물려받아 이후 31대를 이은 왕조로 발전시켰다.

수 세기가 지난 후, 이 왕조의 방계가 이라와디강을 따라 남쪽으로 멀리 내려가 오늘날 프롬(=삐)에 별도의 왕국을 세웠다. 이 왕국은 5백 년 동안 지속하다가 중세기, 미얀마 최초의 통일 왕조를 이룬 바간왕조로 이어졌다. 미얀마 왕국의 마지막 왕 띠버는 자신의 정통성을 이 최초의 통일 왕조, 궁극적으로는 최초의 왕이었던 아브히라자와 석가모니 부처님을 낳은 사키야 족에서 찾았다. 미얀마라는 지역에 생겨난 미얀마 문명은 지위에 따른 차별로 말미암은 청혼과 결혼의 실패, 전쟁과 패배, 패배를 딛고 새로 출발하고자 하는 욕구에 기초한 것이었다. 띠버 왕의 왕국이 영국에게 무너졌을 때, 그것은 단순히 한 왕국의 몰락이 아니라 수천 년을 이어온 정체성에 대한 도전이었다.

식민지 시절 영국의 학자들은 왕실도서관에서 발견한 오랜 기록의 사실성을 믿지 않았다. 그것에서 미얀마의 뿌리가 인도에 있다고 기록한 데 주목하고 인도를 개화시킨 영국의 지배를 빌어 미얀마에 대한 식민지배를 정당화하는 명분으로 활용하려고도 하는 이도 없지 않았다. 그러나 전체적인 분위기는 그 연대기의 출처를 의심하고 무엇보다 미얀마 지역에 서기 500년 이전에 어떠한 문명이 있었다는 것을 믿지 않았다. 역사학 훈련을 받지 않은 사람일수록 그런 분위기가 강했다. 1925년 세계일주여행 중 미얀마에서 한동안 체류했던 앨두스 헉슬리(Aldous Huxley)는 왕실연대기의 최종본, 『유리 궁전 연대기』(Glass Palace Chronicle)에 대해 이렇게 기록한다.

그것은 마치 스칼리거(Scaliger)나 벤틀리(Bentley)와 같은 인문 학자들이 모여 어릴 때 들은 동화들을 짜깁기한 것과 같다. 페로(Perrault)가 쓴 '빨간 두건'

이야기를 그림(Grimm) 형제가 쓴 이야기, 혹은 달리 구전된 이야기 등과 조합하고 어느 쪽이 더 그럴듯한 지를 놓고 토론한다. 그 작은 문제가 일단 해결되고 나면 '장화 신은 고양이'가 제기한 복잡하고 어려운 문제처럼 애매한 문제에 대해 고도로 현학적인 내용을 길게 이어간다. ……2

그러나 최근의 연구에 따르면 이라와디 분지에는 실제로 매우 오래된 문명이 존재했으며, 연대기에 언급된 지명에도 오래전부터 사람들이 거주해 온 것으로 나타났다.3 이집트 문명이 번창하던 3천 5백 년 전 무렵에 이 지역에 사는 사람들은 청동기를 사용하고 벼농사를 지었으며 닭과 돼지를 사육했다. 인류 최초 청동기 문명 중 하나였다. 2천5백 년 전에는 아바와 만달레이 주변에 철기 문명이 시작됐다. 철기는 농업 생산성을 높여 주었고 그를 인해 인구가 증가했고 멀고 가까운 곳과 통상도 했다. 구리와 철을 주고 소금과 유리와 조개껍질 등을 들여온 것으로 보인다. 그처럼 풍요한 문명의 흔적은 고분에서 출토된 청동으로 장식한 관이나 축제용 토기에서 찾을 수 있다.

기원후로 넘어가면서 관개시설을 활용하기 시작했다. 이라와디 분지는 대부분 건조지대로 비는 갑자기 또 짧은 시간 동안 폭우로 쏟아졌다. 그 물을 가두어 논밭으로 끌어드리는 것이 농업 생산성 증진과, 그에 따른 인구의 증가에 필수적인 요소였다. 수조가 저수지로, 저수지가 운하로 발전하면서 흩어져 살던 작은 마을이 연결되어 도시가 됐다. 도시의 외곽에 성곽을 쌓았다. 그 도시에는 왕이 생겨 왕궁을 짓고 그 주변에 해자를 파고 거대한 목제 성문을 달았다. 성문은 십이지(十二支)를 의미하여 항상 열두 개를 두었다. 이 같은 형식은 영국의 식민지배가 시작될 때까지 이어졌다.4 그러나 이렇게 생긴 것은 도시국가였을 뿐 여러 도시를 아우르는 왕국은 아직 건설되지 않았다. 그래도 이들 도시국가는 고립된 것이 아니라 서로, 그리고 멀리 다른 문명과 소통했다. 아브히라자가 실존 인물이라고 하더라도 그가 미얀마로 이주해 온 유일한 외래인은 아니었다.

2천 년 전 고대 세계에는 4개의 제국이 있어 유라시아 대륙의 북서쪽 끝의 섬 잉글랜드에서 그 동쪽 끝 한반도의 동쪽 동해까지 포괄했다. 바로 로마제국, 페르시아 제국, 인도의 마우리아 제국, 그리고 중국의 한(漢) 나라였다. 이 4개의 제국이 문명 세계의 대부분을 지배하고 있었다. 그런데 그 4대 제국의 지배가 미치지 못하는 곳이 곳곳에 있었다. 로마의 지배는 게르마니아에 미치지 못했고, 페르시아 제국은 아라비아반도의 사막에 미치지 못했으며, 마우리아 인도와 한나라 중국 사이의 광대한 땅도 제국의 영역 밖이었다. 인도와 중국 사이의 지역이 바로 티베트 고원이었다. 그 티베트 고원으로부터 남쪽으로 뻗어내린 여러 산맥이 있었고, 그 산맥들 사이에 분지가 형성돼 있었다. 그중의 하나가 바로 이라와디 분지이며, 거기에 미얀마의 초기 정착민들, 그리고 그들의 사촌이라고 할 만한 종족들이 살고 있었다.5

이 제국 밖의 지역은 별로 알려지지 않았고 그래서 많은 연구도 없었지만, 미얀마가 유일한 경우는 아니었다. 역사에는 기록되지 않았으나, 인도의 북동부, 중국의 남서부에 있는 거의 서유럽만 한 영토에는 많은 고을과 그곳에 사는 인종들이 있었다. 그들 중에는 산악이나 깊은 계곡에 고립된 소규모 종족도 있었지만, 독자적인 언어와 문화를 개발하고 도시를 짓고 왕국을 건설하여 중국과 인도와는 전혀 별개의 문명을 이루고 있는 곳도 있었다.

미얀마 북쪽에 있는, 오늘날 중국 윈난(雲南)성 성도인 쿤밍(昆明) 옆에 덴츠(滇池)라는 호수가 있다. 그 주변에서 사람이나 여러 동물의 형상을 한 예술품들이 출토됐는데 중국의 다른 어떤 곳에서 출토된 것과 닮지 않았다. 오히려 내몽고 고비사막 부근에서 출토된 것들과 닮은 점이 많았다. 1986년 고고학자들이 중국 쓰촨(四川)성 싼싱두이(三星堆)에서 아주 오래된, 거의 3천 년 전의 것으로 추정되는 청동 가면과 용기를 발견했는데 그것들도 중국 다른 지역 어느 곳에서 나타나는 것과 달랐다. 어쩌면 2~3천 년 전에 이미 미얀마인들은 외부세계와 교류를 하고 있었던 것은 아닐까? 그것을 통해 새로운 문물과 물품을 주고받았던 것은 아닐까?

기원전 139년 한무제(漢武帝)의 명을 받은 장건(張騫)이 충직한 종자 감부(甘父)를 비롯한 수백 명의 수행원을 이끌고 장안을 출발했다. 만리장성 너머에서 중국을 괴롭히던 흉노족에 대항할 동맹을 맺을 목적으로 월지(月氏)국을 찾고자 한 것이었다. 장건은 전인미답의 땅에서 온갖 고생을 하다가 13년 만에 성과 없이 돌아왔다. 그러나 그는 타림 분지를 넘어 아프가니스탄에 이르는 길을 발견함으로써 결과적으로 중국의 가장 위대한 탐험가의 한 사람이 되었다. 바로 그 유명한 '비단길' 또는 '실크로드'를 개척한 것이었다.

장건은 페르가나 분지, 박트리아 지역, 페르시아, 메소포타미아, 인도 등지에 있는 많은 왕국에 관한 지식을 가지고 왔다. 페르시아산 포도주와 해상무역에 능한 페르시아 상인들, 아라비아해 주변의 열대지방, 인도의 코끼리 군단에 대해서도 알려줬다. 무엇보다 놀라운 이야기는 중앙아시아 박트리아의 시장에서 중국 촉(蜀)나라, 즉 쓰촨 지방에서 생산된 비단 곧 촉견(蜀絹)을 발견한 것이었다. 그때 그는 상인에게 "나 말고 다른 중국인들이 온 적이 있소?"라고 물었다. "아니요. 그 물건들은 인도에서 온 것이요"라는 대답을 들었다. 그렇다면, 쓰촨에서 '남쪽'을 통해 인도와 통상하는 통로가 있고 그를 통해 인도로, 나아가 인도에서 서쪽 통로를 통해 그곳으로 전해졌음이 틀림없었다.[6]

그렇게 하여 장건과 한나라 조정이 알게 된 길은 상인들이라면 오래전부터 알고 있던 길이었다. 돈이 되는 곳이라면 어디든지 찾아가는 상인들은 중국 남부에서 이라와디 분지를 지나 인도로 가는 길을 이미 알고 있었고 그것을 통해 부를 쌓았다. 그 길로 상아와 보석, 금과 은과 같은 고가품, 토종말, 그리고 만병통치약으로 알려진 코뿔소의 뿔이 거래되었다.7

그 길이 알려지면서 더 많은 통상이 이루어졌고 미얀마의 여러 왕국은 더욱 부유해졌다. 분지라는 지리적 조건이 장애물이 아니라 통로가 된 것이었다. 2백여 년이 지난 기원후 97년, 로마 제국의 사절단이 이라와디 분지를 통해 중국으로 갔는데, 그때 이미 그 길은 오래 사용된 듯 잘 닦여져 있었다.8 더욱 많은 세월이 흐른 후, 항해술이 발달하고 믈라카해협을 통하는 해로가 발견되면서 이 육로는 쇠퇴하기 시작했다. 그러나 그때까지 미얀마는 동서양을 잇는 주요 통로였다. 이후 종교에 끌려 서쪽 인도를 향해 나아갔을 때 미얀마는 동서양의 문명을 연결하여 매우 세련된 문화를 자랑하고 있었다.

중도(中道) ― 불교의 도래

장건이 한무제의 명을 받을 무렵 인도를 지배하던 것은 마우리아 왕조였다. 그보다 2백 년 앞선 무렵 알렉산드로스 대왕이 인더스강 주변의 마케도니아인들이 일으킨 반란을 진압하고자 인도까지 진격했다. 그가 인도에 머물렀던 기간은 길지 않았으나 그 영향은 지대했다. 특히 정치적 영향이 그랬다. 마우리아 왕조의 찬드라굽타가 인도의 많은 왕국 중 가장 강성한 마가다 왕국의 왕이 된 것도 그 여파였다. 찬드라굽타는 알렉산드로스의 장군 셀레우코스 니카토르(Seleukos Nicator; 시리아왕 셀레우코스 1세)의 침공을 격퇴하고 강화조약을 통해 수백 두의 코끼리를 주고 알렉산더가 장악했던 인도영토 대부분을 돌려받았다. 그렇게 하여 마우리아 왕조는 인도 아대륙(亞大陸)의 북부 대부분을 지배하는 제국으로 성장했다. 수도 파탈리푸트라(Pataliputra)는 당시 세계에서 가장 큰 도시 중 하나였다. 전설 속의 바빌론을 다녀왔던 셀레우코스1세의 사신 메가스테네스(Megasthenes)가 놀라서 기록을 남길 정도였다.

힘이 자라면 꿈도 커지는 법, 마우리아 왕조는 팽창을 계속하여 아라비아 해에서 벵골만에 이르는 거대 제국을 구축했다. 마우리아 제국의 힘은 제3대 아소카 대왕에 이르러 절정에 달했다. 수십만의 보병과 수만의 기병을 이끌고 남부지역 일부를 제외한 인도 전역으로 제국을 확장했다. 그런데 아소카 대왕 재위 16년 차에 갑자기 생각이 바뀌었다. 동부 칼링가 지역의 왕국 셋을 정복한 직후 그 전쟁에서 이루 말할 수 없는 참상을 보고 전쟁을 아예 없애기로 했다. 불교에 귀의한 것이다. 이 사건은 로마의 콘스탄티누스 대제가 기독교도가 된 것과 함께 인류역사상 가장 큰 사건으로 기록되어 이후 아시아에 커다란 영향을 남겼다.9

그 무렵 불교는 발상 2백 년이 지난 다음이었다. 시조 고타마 싯다르타는 히말라야산맥 아래 위치한 작은 왕국의 왕자로 태어났다. 그러나 지상의 권력과 쾌락을 마다하고 인간존재의 본질을 찾아 나섰다. 이후 깨달음을 얻고 설법에 나서 녹야원에서 최초 설법 즉 초전법륜을 행한 이후 기원전 484년 80세의 일기로, 상한 돼지고기로 인한 식중독으로 입멸할 때까지 북부 인도의 여러 도시를 여행했다. 후일 그의 가르침은 많은 종파로 나뉘었다. 대체로 티베트, 중국, 한국, 일본 등지에서 신봉하는 대승(大乘; Mahayana)불교와 스리랑카, 미얀마, 태국 등지에서 신봉하는 소승(小乘; Theravada)불교가 2대 주류였다. 이 두 종파는 물론 삶의 고난과 그 원인, 그것을 벗어나는 방법에 대한 석가모니의 기본 가르침을 계승하고 있다. 그 가르침은 금욕적이고 균형 잡힌 생활, 그리고 변화를 모든 사물의 본성이라고 보는 것이었다.10

아소카 대왕 시절인 기원전 3세기에 불교는 많은 종교 중 하나에 불과했다. 그러나 대왕의 귀의로 불교는 인도와 그 외 아시아 지역에서 지배적인 종교가 되었다. 아소카 대왕은 올바른 정부와 정책관을 정립하고 동물을 포함한 모든 산 것에 대한 폭력을 죄악시했다. 제국의 안과 밖의 모든 사람을 출신 성분과 관계없이 인도적이고 평등하게 대우했다. 그가 만든 불교국가의 모델은 이후 동남아시아 지역의 많은 나라에서 표준이 되었다. 남쪽으로 스리랑카, 그리고 서쪽으로 페르시아 등지로 선교단을 파견하여 아프가니스탄과 기타 비단길 상의 여러 나라에 불교가 자리 잡았다. 박트리아와 북서부 인도에 정착한 알렉산드로스 대왕의 그리스계 후손들이 가장 열렬한 신도가 되어 불교 예술, 불교학문의 중심지를 건설했다. 아폴로 상을 본 따 불상을 처음 만든 것도 그들이었다. 대학을 의미하는 미얀마어 '타카또'(Tekkathaw)는 카이베르 회랑 동쪽에 위치하여 인도-그리스 불교 문화의 중심지였던 탁실라에서 유래한 것이었다.

전설에 따르면 타푸싸와 발리카라는 양곤 출신 미얀마 상인 2명이 인도 북부지방을 여행하다가 막 깨달음을 얻은 석가모니 부처님을 만났다. 두 사람은 부처님께 떡과 꿀을 바치고 만남을 기념할 무언가를 요청했다. 부처님은 여덟 올의 머리칼을 내려주었다. 그것을 소중히 품고 돌아와 오늘날 쉐다곤 파고다가 된 자리에 사당을 짓고 깊이 안치했다. 그곳이 미얀마 최고의 성지가 됐다. 현재 높이 1백 미터에 무게 6십 톤의 금박을 입힌 쉐다곤 파고다는 양곤 어디서나 볼 수 있다. 가까이 가면 광대한 대리석 단, 그 위에 건축된 64개의 작은 사탑과 많은 사당으로 둘러싸인 모습을 볼 수 있다. 현재의 모습을 갖춘 것은 5백 년 전의 일로 추정된다. 그 내부에 초기의 사당이 자리 잡고 있겠지만, 그곳에 이르는 네 개의 동굴은 개방되지 않았다. 다만 지하하천과 신비로운 무엇이 지키고 있다는 전설만 전해져 온다.

어쨌거나 이 전설은 미얀마와 인도가 고대에 서로 교통했고 불교가 이라와디 분지로 전파된 것도 아주 오래전이라는 것을 말해준다. 그러나 오늘날의 미얀마 불교는 불교의 발상지인 북인도에서 육로로 전해진 것이 아니다.

그보다 후일, 석가모니가 입멸한 8~9백 년 후에 남인도에서 해로로 전해진 것이다.

남인도는 유사 이래 줄 곳 먼 외부지역과 교류가 활발했던 곳이었다. 성경에도 솔로몬 왕이 금과 은과 공작과 상아를 가져오기 위해 그곳에 배를 보냈다는 기록이 있다. 뱃사람들이 계절풍의 흐름을 이해하고 이용하면서 인도와 지중해 지역 사이의 무역이 급증했다. 원양항해를 통해 연안의 해적을 피하면서 아라비아해를 직접 건널 수 있었기 때문이다. 근년 고고학자들이 인도 남동부의 코로만델 해안에서 발굴작업을 하다가 이탈리아 포도주, 로마의 동전이 담긴 그리스-로마 양식의 암포라 항아리를 찾아냈다.[11]

이 해안지역에는 인도 문명과 그리스-로마 문명이 섞인 흔적을 많이 찾을 수 있다. 이 지역은 예술과 학문, 그리고 국제통상의 중심지였다. 또 불교의 중심지였다. 종교로서 불교만이 아니라 사상과 철학으로서 불교였다. 석가모니 이후 가장 위대한 불교 사상가로 알려지는 용수(龍樹; 나가르주나) 스님이 3세기 이 지역에서 연구와 저술 활동을 했다. 대승불교와 소승불교가 분화된 것도 이 지역이었다.

그 무렵의 이 지역과 밀접한 관련을 맺은 것은 미얀마의 행운이었다. 미얀마의 상인과 학자들이 이곳을 오가면서 불교와 힌두사상을 흡수하여 이라와디 분지에 융성하던 문명과 접목했다. 그때 미얀마인들은 인도를 통해 서역에서 일어나고 있는 일들을 듣고 배우기 위해 서적과 예술품을 가져오고 이탈리아의 포도주를 마시는 생활을 즐겼을 것이다.

5~6세기경의 동남아시아, 즉 미얀마뿐만 아니라 자바, 캄보디아, 수마트라, 샴(=태국)의 군주들은 인도식 명칭을 채택하고 인도양식의 건축물을 지었다. 식민지 시절 영국학자들은 당시 야만 지역이었던 이곳을 인도가 개화시켰다고 주장했다. 그러나 당시의 교류는 인도에서 동남아로의 일방통행이

아니라 양방통행이었으며 오래전부터 문명을 이룩했던 미얀마에 외부의 사상은 강요된 것이 아니라 수용된 것이었다.

그처럼 긴밀한 교류를 가능케 한 것은 벵골만을 통한 해상로였다.[12] 기원후 2세기 그리스의 수학자 톨레미(Claudius Ptolemy) 혹은 프톨레마이오스가 쓴 『지리학』에 인도 해양 도시 외에도 갠지스강 너머 금과 은의 땅에 대한 기록이 있다. 또 고대에 가장 뛰어난 항해술을 자랑한 것은 인도나 중국, 아랍, 그리스 사람들이 아니라 (오늘날 말레이시아와 인도네시아 지역에 사는) 말라야 족이었다. 그들은 대항해 시대인 1497년 바스쿠 다가마(Vasco Da Gama)가 희망봉을 도는 인도항로를 발견하기 1천 년 전에 이미 마다가스카르섬에 식민지를 건설하고 아프리카 해안에 발을 디뎠다. 기원전 1세기 로마의 역사학자 플리니우스(Pliny)는 계피와 같은 향료를 실은 선박이 아프리카 동부해안에 도착했다는 기록을 남겼다. 현재 마다가스카르의 말라가시어는 자바와 보르네오의 언어를 닮았다. 자바-보르네오는 서쪽으로 아프리카, 동쪽으로 폴리네시아의 여러 섬에 이르는 해상교통의 중심지였다.

4세기에 이르면서 이라와디 분지의 주민들은 남인도의 소승불교로 개종했다. 그것은 미얀마 역사에서 가장 중요한 사건이었다. 그 시절 이라와디 분지 곳곳에 있던 도시국가 중 가장 중요한 것은 분지의 중심 부분에 있는 프롬이었다.* 프롬은 지름 2마일이 넘는 대도시였는데 녹색 벽돌로 된 성곽으로 둘러싸였고 곳곳에 남인도식의 불탑을 지었다. 프롬의 군주는 대를 이어 인도의 군주를 모방하여 비크람(Vikram)이나 바르만(Varman)이라고 불렸는데 당시 미얀마를 방문한 한 중국인이 그곳의 불교 신앙에 대해 이런 기록을 남겼다.

---

* 6세기경에 존재했던 고대왕국의 이름은 인도식 스리 쎄트라(Sri Ksetra)였다. 그곳은 과거에는 프롬(Prome), 1989년 이후에는 삐(Pyay)라고 불린다 ― 옮긴 이.

그들은 생명을 중시하고 살생을 싫어했다. …… 별자리의 움직임을 읽을 줄도 알았다. 사람들은 모두 불교도로 도시에 수백 개의 사원이 있는데 금색, 은색, 붉은색 등으로 아름답게 장식돼 있었다. …… 아이들은 일곱 살이 되면 머리를 깎고 사원에 들어갔다가 스무 살이 되도록 깨달음을 얻지 못하면 속세로 돌아온다. …… 그들은 누에고치에서 뽑아냈다는 이유로 비단옷을 입지 않았다.**13**

프롬 왕국 역대 왕의 위업은 지금도 전설로 내려오고 있다. 1885년 미얀마 왕국이 멸망할 때까지 왕실의 의전과 전통을 전담하는 '폰나'(*ponna*)라는 전문 관리들은 프롬 왕국의 의전을 전승했다고 믿었다. 그런데 기원후 9세기 히말라야 산기슭으로부터 '미얀마'라고 불린 기마민족이 수천 년을 이어온 이 문명으로 들어왔다.**14**

난자오(南詔) - '미얀마'의 유래

만달레이에서 동쪽으로 난 도로를 따라가면 곧 꼬불꼬불한 오르막길을 만나게 된다. 심장이 약한 사람이라면 꽤 겁이 날 그 길을 따라 6백 미터를 올라가면 샨(Shan)고원에 도달한다. 대기는 한층 시원하고 날씨와 풍경도 확연히 다르다. 야자나무가 곳곳에 보이는 먼지 나는 평지가 아니라 풀이 많은 언덕과 참나무와 소나무, 목련나무 숲이 나타난다. 거기서 동쪽으로 반나절 정도 더 가서 딴륀강을 건너면 언덕은 해발 2천 5백 미터에 달하는 산으로 바뀐다. 하루 전까지 지겹던 열대 날씨는 간 곳 없고 담요와 난로가 그리워진다. 북쪽으로 차와 아편, 쌀의 산지가 되는 들판을 지나면 히말라야산맥이 시작되고 상상을 초월할 정도로 넓고 광활한 대지가 나타난다. 중국과 티베트가 분리되는 곳이다. 조금만 더 가면 오늘날 중국의 일부가 된 윈난성의 산악지대를 만난다. 이틀을 더 가면 (대리석으로 유명한) 다리(大理)에 도착한다. 만달레이에서 윈난성 서부에 이르는 지역에는 수많은 소수민족이 산다. 미얀마-중국 국경을 사이에 두고 미얀마 쪽에는 주로(태국어와 비슷한 언어를 쓰는) 샨족이 살고 중국 쪽에는 넓은 의미의 중국인이 산다. 그런데 1천 년 전에는 전혀 다른 세상이었다. 윈난성은 그 자체로서 다민족 제국이었다.

서기 738년, 세계사적으로 보면 이슬람 군대가 스페인 정복에 성공할 무렵, 얼하이(洱海) 호수 주변 석회암으로 이뤄진 산악지역에 살던 여섯 개 부족이 사상 처음으로 뭉쳐 난자오(南詔)라고 불리는 통일 왕조를 만들었다. 난자오는 곧 "남쪽의 군주"라는 뜻이었다.15 그 왕조는 공격적이고 팽창적이어서 사방으로 뻗어 나갔다. 서쪽으로는 티베트, 남쪽으로는 딴뢴강 유역 우림지역, 동쪽으로는 중국의 영역까지 강역을 넓혔다. 성공은 자신감과 야망을 낳는 법이라서 결국 중국 본토의 당(唐)나라에 버금가는 제국을 건설하고 어울리는 지위를 인정받았다. 난자오의 사신이 당나라 수도 장안을 방문하면 최고의 대접을 받았고 당나라도 사신을 보내 서로 대등한 관계임을 확인했다.

국가 사이의 우호 관계가 영원한 것은 아니어서 당나라와 적대관계였던, 당시 중앙아시아에 제국을 구축했던 티베트의 토번(吐蕃)과도 손을 잡아 3국 사이에 전략적이고 복합적인 관계가 지속했다. 그러다가 당에서 안록산(安祿山)의 난이 일어나 내정이 혼란스럽게 되자 난자오와 토번은 함께 당나라로 쳐들어가 장안을 점령하기도 했다.

난자오의 힘이 절정에 달한 것은 8세기 말~9세기 초였다. 그때 난자오는 최고의 기병과 보병으로 구성된 군사국가를 이룩했다. 왕은 "가장 높고 가장 먼 산에서 가장 멋진 호랑이를 잡아 벗긴 붉은 색과 검은색의 줄무늬가 있는" 호피 외투를 걸치고 지난 수십 년간의 정복 행보를 무색하게 만들 새로운 정복

을 꿈꾸었다.**16**

그 제국은 시종일관 다인종 국가였다. 그런데 지배층과 서부에 사는 인종의 다수는 오늘날 미얀마어의 원형이라고 할 수 있는 언어를 구사했다. 중국에서 그들을 우만(烏蠻)족이라고 불렀다. 피부색처럼 '검은 남쪽 야만인'이라는 뜻이었다. 9세기 당나라 관리 겸 학자 판췌(樊綽)가 『만서(蠻書)』라는 책을 써서 난자오를 구성했던 여러 종족에 대한 자세한 기록을 남겼다. 그중 다수 종족은 유목민 출신으로 북쪽에서 남으로 남으로 내려와 종국에는 산을 넘어 미얀마의 평원으로 갈 것이었다.

그중 한 종족은 록싱만족이라고 불려는데 그에 대한 『만서』의 기록은 이렇다.

"그들은 기본적으로 싸움을 싫어하고 친절하고 유순했다. …… 남녀가 산악지대에서 우두머리 없이 야생으로 살았다. …… 옷을 입지 않고 나무껍질로 부끄러운 부분만 가렸다."

또 상 미얀마 동쪽 산악지대에 사는 부만족이 있었다.

"그들은 용감하고 사납고 민첩하고 활동적이다. …… 흰색 또는 잡색의 말을 사육하며 야생 뽕나무로 활을 만들어 잘 썼다."

또 티베트 설원에 가까이 사는 왕주만족이 있었는데, 그곳에는 일 미터가 넘는 긴 뿔을 가진 흰 소가 살았다.

"그 종족의 여인들은 우유와 크림만 먹는데, 피부는 희고 몸은 뚱뚱하며 산책을 좋아했다."

모만족은 더욱 태평이었던지 이렇게 기록했다:

"가족별로 양 떼를 관리했다. 평생 세면도 세수도 하지 않고 산다. 남녀를 가리지 않고 양가죽을 입는다. 가무와 음주를 즐겼다. ……"

정복 왕조였던 난자오의 전쟁 기계는 바로 이들 만족이었다. 전사로서 훈

제 3 장 미얀마의 뿌리

련받고 티베트와 중국, 때로는 더욱 먼 곳에서 용감하게 싸우다 죽어간 이들이었다. 물론 본거지로 쳐들어온 외적을 맞아 싸운 적도 있었다. 서기 801년 난자오는 당나라와 손을 잡고 티베트의 다국적군을 상대로 싸웠다. 그때 티베트군의 지휘자는 물론 티베트인이었지만 병사는 서방에서 잡아 온 포로들이었다. 그중에는 사마르칸드인, 그리고 바로 『천일야화(千一夜話)』 시대 바그다드 아바스 왕조의 아랍인들도 포함돼 있었고 이들이 미얀마 산악지대에서 수천 명 단위로 포로로 잡히기도 했다. 2천 벌의 갑주도 노획했다.[17]

정복 왕조 난자오가 사방으로 뻗어 나감에 따라 이라와디 분지의 많은 부분도 그 지배하에 들어갔다. 많은 도시국가가 북방에서 온 기마 궁병에게 항복하거나 정복당했다. 서기 832년 난자오는 타가웅 근처에 있던 도시국가 할린을 공격하여 파괴했다. 그것도 모자라 3년 후에 다시 돌아와 많은 포로를 잡아갔다. 그에 관해 『만서』는 이렇게 기록한다.

"그들은 3천 명이 넘는 사람들을 포로로 잡아갔다. 포로들은 체퉁에서 노예 생활을 했는데 아무것도 없는 상태에서 자신들만의 힘으로 살아나야 했다. 그때 잡혀간 사람들의 자손이 아직도 그곳에 물고기와 벌레 등으로 연명하고 있다. 그 사람들의 말로가 그랬다."[18]

난자오의 기병대는 완강한 저항을 짓밟으며 벵골만까지 진격했다. 윈난고원의 사람들이, 어쩌면 바그다드에서 노획한 철제사슬 갑주를 입고, 작고 강한 조랑말에 몸을 싣고 야자나무가 솟아 있는 안다만해까지 쳐들어온 모습을 지금으로서는 상상하기 어렵다. 그러나 그런 때가 있었다. 글자도 없는 유목민과 그 후손들이 생각지도 못했던 지역까지 팽창했다. 고트족과 반달족이 이탈리아의 시칠리아, 그리고 북아프리카까지 쳐들어갈 줄 어떻게 상상이나 했던가? 그와 같았다.

10세기에 이르러 난자오는 서서히 역사의 뒤안길로 사라졌다. 이 무렵 벵골지역에 근거를 둔 대승불교, 또 탄트라 또는 금강승(金剛乘) 불교가 다리(大理) 지역의 지배적인 종교가 됐고 난자오가 그 종교의 후원자가 됐다. 그로 인해 난자오의 호전성이 약화했는지도 모른다. 혹은 2세기에 걸친 전쟁으로 말미암아 운남지역의 전사와 전쟁물자의 씨가 말랐을지도 모르겠다. 902년 내란이 일어나서 난자오의 왕족이 모두 살해당했다. 또 당나라가 쇠퇴하면서 중국과의 교류도 뜸해졌다. 반면 남쪽으로 미얀마와의 소통은 문화적으로, 또 정치적으로 더욱 활발해졌다. 왕족이 살해당하면서 그때까지 지배층이었던, 미얀마어를 구사하던 이족(彝族)이 밀려나고 새로운 지배층이 새로운 왕국을 세웠다. 이 새로운 왕국 대리국(大理國)은 온건한 외교정책을 시행하며 이후 3세기 동안 번창했다.*

그런데 난자오의 호전성이 완전히 사라진 것은 아니었다. 그러나 그중 침략하고 약탈하는 생활에 싫증이 난 사람들이 있었다. 여전히 탁월한 기마술을 자랑하는 사람들이었다. 그들이 이라와디 분지의 따뜻한 날씨와 비옥한 농토에 이끌려 산맥을 넘어 내려왔다. 100년간 계속된 침공과 약탈로 약해질 대로 약해진 이라와디 분지의 토착 인들은 대적할 수 없었다. 그렇게 넘어온 사람들은 우유와 크림만 먹던 여인족, 양가죽 옷을 입던 부족, 세수와 세안을 전혀 않던 부족, 그리고 음주와 가무를 즐기던 만족(蠻族)이었다. 그들이 '망'이라고 불린 족장의 지휘하에 남쪽으로 강줄기를 따라 내려와 지금 만달레이 근처의 비옥한 논밭을 차지했다. 스스로 '미얀마', 혹은 '강한 기마족'이라고 불렀다.†

---

* 버마족과 이족은 티베트인, 버마인, 기타 수십 개의 소수족의 언어를 포괄하는, 티베토-버마어 계열에 속한다.

† 미얀마라는 표현의 어원에 관한 이 설명은 다수설은 아닐지 몰라도 이 분야의 최고 권위자, 즉 바간 박물관장을 지냈던 우 보카이(U Bokay)가 내세운 매우 일리가 있는 주장이다. 나는 1987년에 그를 만나 이 이야기를 들었다.

바간 왕국의 성장과 몽골의 침입

서기 849년, 난자오의 기병대가 마지막으로 이라와디 분지를 휩쓸고 지나간 지 17년 후 이라와디강의 굽이치는 만곡부 한 지점에 바간 왕국이 건설됐다.[19] 그곳은 전략적 요충이었다. 강의 합류 지점과 주요 속국인 친드윈족에 가까웠고 비옥한 쌀 산지의 바로 서쪽에 있었다. 그곳에는 진즉부터 철강업, 그리고 그것을 이용한 무기산업이 잘 발달해 있었던 것으로 짐작된다.[20] 그로부터 200년 후 바간은 위대한 불교 왕국의 중심으로 성장했다. 그 유적은 지금도 (캄보디아의 앙코르 와트와 더불어) 동남아 지역의 대표적인 유적지 및 관광지로 꼽힌다. 그곳은 광활한 건조지대로 ('바짝 마른 땅'이라는 뜻으로) '탓타데사'(tattadesa)라고 불렸는데, 후일 북으로는 티베트, 남으로는 믈라카해협에 이르는 거대한 제국의 중심이 될 것이었다.

미얀마 왕실연대기에 따르면 난자오의 침공 이후 퓨쏘티(Pyusawhti)라는 이름을 가진 신화 속 전사(戰士) 왕이 새로운 왕조를 건설했다. 그는 바간으로 와, 마치 서양설화에서 성 게오르기우스(St. George)가 용을 처치했듯이, 괴물처럼 큰 새와 멧돼지, 호랑이, 그리고 날개 달린 다람쥐를 뛰어난 활 솜씨로 처치하고 두려움에 떨던 지역주민을 해방했다. 태양의 왕자와 용의 알이 만나 태어났다고 하는 전설도 있고, 타가웅의 사키야 핏줄을 타고났다는 전설도 있다. 그는 110년을 살았으며, 키가 250센티미터에 달하는 거인이었다는 전설도 있다.

모습이나 출생에 대한 전설이야 어떻든 이 신화 속의 건국자는 난자오와 모종의 관련이 있었던 모양이었다. 난자오의 지배층은 아버지의 이름 끝 자가 아들 이름 첫 자가 되는 독특한 작명법이 있었다. 바로 그런 작명법이 퓨쏘티와 후대 7대에 전승되었던 것이었다. 이처럼 2백 년의 난자오 제국이 이라와디강을 휩쓸고 내려와 현지의 문명과 만나 중세시대 세계에서 가장 인상적인 작은 왕국의 하나를 만들었다. 이 만남이 미얀마인의 정체성과 근대 미얀마 문명의 기초를 이루었다.

바간에 새로 건설된 이 왕국은 이후 2백 년에 걸쳐 성장했다. 11세기에 들어와 아너라따(Anawratha) 대왕(재위 1044~1077)이 즉위하면서 이 왕국은 엄청난 에너지를 발산하며 거대한 제국으로 발전했다. "자의식이 강해 누구의 아래도 들어가기 거부한다"라는 뜻의 이름을 가진 아너라따는 "젖 냄새도 가시지 않은" 10대의 나이에 사촌을 가볍게 물리치고 왕이 됐다.[21]

연대기에 따르면 아너라따는 4명의 측근을 거느리고 사방으로 정복 전쟁에 나섰다. 난공불락의 성벽과 오래된 역사를 자랑하던 프롬 왕국도 그때 무너졌다. "대규모의 코끼리병과 기병을 이끌고" 쳐들어가 도시를 합병하고 불교 경전과 유적을 약탈했다. 또 난자오의 재침을 막기 위해 샨고원 아래쪽에 견고한 요새를 건설했다. 그의 정복 활동은 그때까지 이라와디 분지에서는 전혀 보지 못했던 규모였다. 그리하여 아너라따는 이라와디 분지를 하나의 주권자 아래 통합하고 현재 미얀마 영토와 거의 일치하는 왕국을 건설했다.

아너라따 왕이 그런 정복 행보에 나선 것은 정복 그 자체를 위한 것만은 아니었다. 경제적 이유도 있었다. 뱃사람들이 계절풍을 극복하고 동서 무역이 많은 이익을 남기면서 인도양을 넘나드는 항해가 잦아졌다. 스리랑카와 남인도에서 남중국해에 이르는 직항로가 개척되었는데 그 중간에 타닌따리 해안과 믈라카해협이 있었다. 아너라따 왕은 그 항로를 장악하여 무역의 경제적 이득을 누리고자 한 것이었다. 그는 타닌따리 해안에 있던 따톤(Thaton) 왕국을 정복하고 말레이반도를 따라 남하하면서 정복 행보를 계속했다. 바간에서 1천 마일 넘게 떨어진, 오늘날 관광지로 유명한 태국의 푸껫에서 멀지 않은 곳에 그가 헌정한 유물이 발견됐다.

아너라따가 지배하던 시절 미얀마 사회의 종교는 많은 것을 절충한 일종의 복합종교였다. 영혼의 존재를 믿는 전통적인 사상 '나가' 용(龍) 신앙이 불교와 힌두교, 심지어 이슬람교와도 공존했다. 스리랑카와 남인도에서 들어온 소승불교, 벵골과 티베트 지역에서 들어온 화려한 의식을 자랑하는 대승불교, 후세 미얀마 불교도가 봤으면 질겁했을 금강승 불교도 성행했다. 아너라따는 중세기의 많은 군주가 그랬듯이 독실한 불교 신자였는데, 바간을 중심으로 많은 사원과 사탑을 건축했다. 동시에 미얀마의 전통 사상 '나트'(*nat*)도 지원하여 미얀마 전체에 단일한 종교적 정체성을 구축했다.

서양에서 이슬람의 전사 살라딘이 십자군을 맞아 싸우던 12세기 무렵, 바간 왕국은 절정의 성세를 누렸다. 이라와디강 변에는 웅장한 건물들이 우후죽순처럼 생겨났다. 인도 전역에서 들어 온 문물을 창의적이고 열정적으로 수용하고 발전시켰다. 왕족과 귀족은 산스크리트어와 팔리어로 기록을 남겼지만, 인도에서 전파된 여러 가지 문자를 시험적으로 사용했다. 그리하여 미얀마의 글자가 생겨났고 문법이 정리됐다. 프롬, 난자오, 인도 등지에서 들어온 정치사상과 정부 형태가 종합되어 미얀마의 전통적 통치구조로 자리 잡아 19세기 영국이 파괴할 때까지 지속하였다.

다른 나라에서도 이 같은 바간의 성세를 알게 되었다. 1106년 송(宋)나라 휘종 때 바간의 사절단이 수도 카이펑(開封)을 방문했다. 송사(宋史)의 기록에 의하면, 황제는 처음 그들을 남인도의 주련국(注輦國; Colas)과 동급으로 접대하라고 했다. 그러나 송 조정은 곧 주련국은 수마트라 스리위자야의 속국이지만 바간은 크고 강대한 독립국임을 알게 되었다. 원래 중국 조정에서 미얀마의 왕국에 보낸 칙서는 "짙은 색의 종이에 쓰여 상자와 포장지에 싸여 있었다." 조정이 미얀마의 급을 높여 안남의 왕이나 바그다드의 칼리프와 동급의 의전을 적용하라고 권고하고 황제가 수락했다. 이후 바간에 대한 칙서는 "금으로 장식된 흰 천에 쓰이고 금장식이 된 통에 밀봉되어 비단으로 포장"되어 전달됐다.22

아너라따 왕을 이은 후대 왕들도 유능했다. 수천 개의 사원과 수백 개의 수도원, 도서관, 대학이 건립됐다. 많은 댐과 저수지가 건설되어 미얀마 중부가 쌀생산의 중심지가 됐다. 왕실연대기에 따르면 아너라따 왕의 손자 알라웅시뚜 왕은 수마트라, 벵골, 스리랑카까지 항해했고, 지구의 한 가운데 있는 메루 산에 올라갔으며, 지상의 끝에서 자라는 전설 속의 장미 사과나무, 잠부따-비에빈까지 도달했다.23

바간 왕국의 성세가 절정에 달했던 11~12세기는 아시아에 혼란이 거듭되어 불교가 쇠퇴하던 때였다. 서쪽 인도에는 가즈니의 마무드가 튀르크와 아프가니스탄의 기병대를 이끌고 쳐들어와 갠지스강 유역을 침범하고 1033년에는 성지 바라나시를 약탈했다. 북쪽, 송나라 시대의 중국에는 불교가 크게 쇠퇴하고 유교가 성했다. 남쪽에는 힌두신 시바를 믿는 주련국이 스리랑카와 수마트라로 그 영역을 확장하고 있었다. 아시아 전역에서 수천 명의 학자와 수만 명의 학생이 찾아와 공부하던 나란타와 비크라마실라의 고대 대학이 있던, 석가모니의 출생지로 불교의 중심지였던 비하르도 쇠퇴하다가 서쪽에서 쳐들어온 이슬람군에 점령당했다. 그 대학에 있던 학자들은 티베트로 몸을 피했는데, 일부는 바간으로도 왔다. 불교, 특히 소승불교가 굳게 자리 잡고 있던 바간은 빠르게 변하고 갈수록 험악해지는 세계 속에서 위협받는 종교와 전통을 지키는 최후의 보루가 되었다.

한때 미얀마는 아프가니스탄과 중앙아시아의 여러 오아시스 도시에서 캄보디아, 자바, 수마트라로 이어지는 불교 세계와 중국의 학자 겸 관리, 인도의 학자들을 연결하는 소통의 중심지였다. 이제 그 소통의 범위가 축소되었고 미얀마의 불교는 더욱 독실해졌다. 유럽의 기독교공동체, 이슬람 세계, 힌두교의 인도, 유교의 중국과 분리되어 자신만의 종교인 소승불교를 더욱 독실하게 믿게 되었다.

지금도 바간을 방문하면 이 중세 불교 왕국의 성세가 얼마나 대단했는지를 짐작할 수 있는 흔적이 많이 있다. 흔히 수천 개에 달한다고 하는 많은 석조 사원과 사탑이 붉은색을 띠는 모래땅 위에 사방 수 마일이 넘는 지역에 걸쳐 남아있다. 그 주변은 나지막한 관목이 무성한 들판이고, 1마일 정도 떨어진 곳에 이라와디강의 검푸른 강물이 흐르고 있으며, 저 멀리에는 헐벗은 산악이 그 모습을 보인다. 그러나 그 모습만으로는 당시 바간 왕국이 얼마나 큰 성세를 누렸는지 짐작하기 어렵다. 일부 종교건물만 남아있을 뿐 나머지는 지진에 무너지고 세월에 묻혀 흔적을 찾아보기 어렵기 때문이다. 성곽 일부와 왕실도서관 일부가 남아있으나 왕궁이나 조정, 기타 평민들의 주거지나 상가는 8백 년의 세월에 날려 지금은 흔적조차 남기지 않고 있다. 지금 참깨와 호박, 땅콩 등을 재배하는 농토에서 티크 나무로 건축된 왕궁, 사람들이 북적이던 광장, 그것을 둘러싸고 조성된 상가, 그 상가를 채운 대나무로 세우고 풀잎으로 지붕을 얹었던 상점들을 상상하기란 쉽지 않다.

13세기 몽골의 기마 전사들이 유럽과 아시아의 대평원을 휩쓸며 약탈과 파괴와 공포를 몰고 다녔을 때 미얀마라고 예외가 될 수는 없었다. 바간 왕국은 이미 쇠퇴하고 있었으나 몽골의 침입이 그 몰락을 촉진했다.[24] 12세기 초 칭기즈칸이 시베리아 남쪽 초원에 있는 몽골의 여러 부족을 통일한 이후 그와 그의 자손들은 서쪽으로 이슬람 세계를 깊숙이 치고 들어가 페르시아 제국을 정복하고 북으로는 러시아, 동으로는 중국을 정복했다. 그 팽창이 유럽으로 확대되기 전에 멈춘 것은 누가 막아서 그런 게 아니라 스스로 택했기 때문이었다. 미얀마가 몽골의 표적이 된 것은 중국을 포위해 내려가는 과정의 일환이었다. 칭기즈칸의 손자 쿠빌라이가 칸이 되기 전, 형인 몽케 칸의 부장일 때 군대를 이끌고 아직 독립국이었던 대리국을 정복하면서 몽골은 바로 미얀마와 국경을 접하게 됐다. 20년 후 칸이 된 쿠빌라이가 서남방으로 팽창을 다시 시작하여 바간 왕국에 조공을 요구하고 나아가 휘하의 터키계 장수 나스루딘을 시켜 공격하도록 한 것이었다.[25]

1271년 쿠빌라이 칸의 명령에 따라 윈난(雲南)성의 사령관이 미얀마에 조공을 요구하는 사절단을 보냈다. 서투른 외교와 섣부른 행동이 결국 전쟁으로 연결됐다. 그때 원 황실에서 일하고 있었던 베네치아 출신 마르코 폴로가 미얀마 정벌에 대한 기록을 남겼다. 그에 따르면, 미얀마 왕의 군대는 2천 마리의 코끼리를 포함한 6만 대군이었다. "코끼리의 등에는 목재로 만든 틀이 얹혀 있어 잘 무장한 전사 12~16명이 타고 있었다." 이에 대항해 "용감하고 유능한 전사" 나스루딘은 1만 2천의 기병을 이끌고 있었다. 오늘날 중국-미얀마 근처의 고원에서 처음 만났을 때 "몽골과 터키의 병사들은 코끼리를 보고 너무 놀란 나머지 싸울 생각은 않고 도망갈 궁리만 했다." 그러나 백전 용사인 나스루딘은 곧 대책을 찾아냈다. 병사들에게 말에서 내린 후 나무 뒤에 숨어 코끼리를 겨냥해 화살을 쏘라고 명령했다. 코끼리들이 고통에 날뛰고 미얀마군 진용이 무너지자 몽골군은 다시 말에 올라 미얀마군을 무차별 학살했다.

나스루딘은 이라와디강을 따라 진격하여 목책을 치고 저항하는 미얀마군을 무너뜨렸다. 그리고 최초의 왕조가 열렸던, 중국의 문헌에는 미얀마인의 "소굴"(巢窟)로 기록된 타가웅을 점령했다. 이후로도 미얀마인에게 가르침을 내리려는 몽골인들과 살아남고자 버티는 미얀마인 사이의 전쟁은 수년간 계속됐다. 때때로 화의를 위한 협상도 있었다. 그중의 하나가 1284년 바간의 대신 디사프라모크가 쿠빌라이 칸을 방문한 경우였다. 몽골로서도 미얀마의 정벌은 쉬운 일이 아니었다. 초원에서 씻지도 않고 말 위에서 생활하는 몽골의 전사에게 살인적인 날씨 속에서 코끼리를 탄 전사들과 싸우기는 쉽지 않았다. 결국, 칸이 직접 나서 바간으로 쳐들어왔다. 공포에 질린 바간의 왕은 프롬으로 도망쳤다가 그곳에서 아들에게 살해당했다. 바간 제국은 해체되고 미얀마는 다시 소규모의 군주국들이 할거하는 상태로 돌아갔다. 미얀마는 원제국의 직접적인 지배는 피했지만, 키에프와 모스크바, 바그다드처럼 간접적인 지배를 받게 되었다.

이후 수 세기에 걸쳐 더는 제국의 수도가 아닌 바간은 작은 마을로 전락했으나 여전히 종교적, 정치적 상징성을 지니고 있었다. 그곳의 영주는 항상 군주라는 뜻의 '민따'라는 명칭을 유지했다. 그 근처에 자리 잡은 냐웅-우라는 곳의 족장은 아너라따 왕이 포로로 잡아 온 따톤의 왕 마누하의 후손이라고 주장하기도 했다.

미얀마인에게 타가웅의 첫 왕조에서 바간 왕국의 멸망에 이르는 긴 역사는 미얀마라는 나라, 미얀마인이라는 사람, 불교라는 종교로 이루어진 미얀마의 정체성을 의미했다. 이라와디 분지의 문명은 불교가 들어오기 전부터 존재했고, 오늘날의 불교는 그 초기형태와는 크게 다르고 지금의 미얀마어가 난자오를 일부였던 북쪽 기마민족의 힘에 밀려 퍼진 것이라는 것은 문제가 되지 않았다. 중요한 것은 그 같은 굴곡을 겪으면서 형성된 수천 년에 걸친 미얀마 역사의 연속성이 영국의 점령으로 단절되었다는 것이었다. 띠버 왕이 떠나는 것을 보며 만달레이 사람들이 통곡했던 것은 왕을 잃은 상실감 때문이 아니라 수천 년의 역사를 잃은 상실감 때문이었다.

그러나 세상은 한 종류의 사람만 사는 것이 아니었다. 서쪽에는 인도라는 나라와 인도 사람이 있었고 동쪽에는 중국이라는 나라와 중국 사람이 있었다. 그리고 다른 세상의 사람들도 찾아왔다. 화약과 총포로 무장한 사람들이 멀리 서쪽의 리스본에서, 또 동쪽의 나가사키에서 찾아왔다. 그렇게 좁혀진 세상에서는 새로운 부(富)와 새로운 제국도 가능할 것이었다.

4

벵골만의 해적과 군주들

중국과 이슬람의 제국이 위세를 떨치고
유럽이 동양에 막 발을 디디던
근세 초기의 미얀마.
그리고,
아직도 생생하게 살아있는
정복 왕조의 기억.

4

그는 막강한 해군을 보유하지는 않았다. 그러나 지상의 왕국, 그곳에 사는 백성들, 보유한 금과 은을 종합하면 그는 위대한 터키 제국의 부와 권력을 능가한다.

— 베니스 상인, 케사르 프레데릭의 기록[1]

근 5백 년 전에 살았던 베인나웅(Bayinnaung) 왕은 지금 미얀마를 지배하는 군부의 장군들이 가장 좋아하는 사람이다. 생전모습인지는 누구도 장담하지 못하지만, 그는 큰 키에 챙 넓은 모자를 쓰고 화려하게 장식된 장검을 차고 무표정한 표정으로 내려다보고 있다. 공항, 박물관, 공원 등지에서 보는 베인나웅의 동상이 그렇다. 이전에 이라와디 분지를 통일한 왕이 없었던 것은 아니지만 그의 정복 행보는 과거 누구도 따라잡지 못할 정도였다. 이라와디 분지의 여러 왕국뿐만 아니라 산악지대, 나아가 오늘날의 태국에까지 정복의 손길을 뻗었다. 최고 성세에 그의 강역은 인도 동부지역과 동남아 캄보디아를 넘어 베트남과의 접경지역에까지 이르렀다. 유럽의 샤를마뉴 대제의 강역에 못지않았다. 그가 건설한 제국수도의 화려함도 샤를마뉴의 그것에 못지않았다. 그때 미얀마를 방문했던 유럽사람들은 궁궐을 치장한 엄청난 양의 황금과 왕이 입은 옷에 달린 화려한 보석, 그리고 거대한 전투용 코끼리와 페르시아와 포르투갈 출신 총병으로 구성된 군대에 감탄을 금치 못했다. 오늘날 미얀마의 군부, 나아가 강경파 민족주의자들에게 베인나웅은 위대했던 과거의 상징이자, 미얀마가 세계인이 생각하는 것처럼 한심한 나라만이 아니라는 증거이다. 베인나웅과 후계자들의 위대한 팽창은 오래전의 일이라 식민지배로 무색해지지 않았다. 그러면서도 그렇게 획득한 영토는 지금도 유효할 정도로 가까운 과거의 일이었다. 그래서 그때 못지않게 군사적이지만 활기를 잃은 지금 시대의 지도자들에게 베인나웅은 시종 일여, 퇴색하지 않은 위대한 영웅으로 살아있다.2

군부 지도자들에게 그가 영웅인 진짜 이유는 따로 있다. 베인나웅의 이야기는 분열적 경향을 타고난 나라를 행동으로 통일하고 유지한 영웅담이다. 나아가 전사 왕이 철권으로 지도하지 않으면 나라가 또다시 분열할 수 있다는 교훈이다. 다른 사람들은 몰라도 적어도 군부에 이것은 위대한 전통이다.

14세기 초, 몽골의 기마병들이 마침내 떠났다. 그리고 미얀마의 곳곳에 왕국과 군주국이 우후죽순처럼 생겨났다. 이라와디 분지나 중국에 가까운 산고원에 있는 아바 · 프롬 · 몽밋 · 바고 · 마르타반 · 토웅우 · 바세인 등이 그런 곳이었다.3 대단한 규모는 아니었다. 작은 도시 중앙에 나무로 궁궐을 짓고, 주위에 나무 대문을 단 성곽을 두르고, 해자를 파고, 그 위에 다리를 놓고, 몇 개의 사원과 사탑을 지었다. 그리고 주변의 수십 개 촌락을 지배하며 화려한 의전과 제례를 통해 위대한 바간 왕국의 후예임을 자처했다. 이 무렵은 한편으로는 외부세계와 격리된 시간이었지만 다른 한편으로는 문화적으로 또 지성적으로 창조성이 발휘된 시기였다. 벵골지역이나 남인도지역과의 교류는 줄어들었으나 그만큼 내부의 창조성은 더욱 빛을 발했다. 문학, 예술, 건축 등의 영역에서 그랬다. 대표적인 예로 언어가 있다. 미얀마어가 널리 통용되고, 문학이나 법전에서 많은 관용구가 생겨나서 풍부해졌다.

여러 도시국가 중 바고가 그나마 강성했다. 바고는 양곤에서 만달레이로 가는 길, 즉 북쪽으로 한 시간 거리에 있다. 지금은 시탕강의 지류에 진흙이 쌓이는 바람에 뱃길이 차단되었지만, 그 무렵에는 항구 도시였다. 바고 사람들은 캄보디아어와 닮은 몬(Mon)어를 사용했는데, 당시 몬어는 이라와디 삼각주, 즉 하 미얀마 지역에서 널리 사용되었다. 바고의 몬족은 운이 좋아 대를 이어 유능한 왕이 등극했고 그로써 경제와 안보에서 황금기를 맞았다. 벵골인·타밀인·그리스인·베네치아인·유대인·아랍인·아르메니아인 등 인도양을 넘나드는 외국 상인들과 활발하게 무역했다. 도시의 창고는 금과 은, 비단과 향료 등 근대 초기의 무역상품으로 넘쳤다.4

바고는 소승불교의 중심지로도 유명했다. 바고의 왕과 왕비는 불교의 독실한 후원자로서 미얀마 불교의 상징이 된 쉐다곤 파고다를 지금의 높이와 크기로 확대했다. 이 왕국은 스리랑카와 밀접한 관계를 유지하며 근본주의적 개혁을 장려하여 후일 전 지역으로 확산하도록 했다.

그러나, 오늘날 미얀마 장군들이 좋아하는 베인나웅은 바고 출신이 아니었다. 그는 원래 북쪽 샨고원의 티크와 대나무 숲에 있는 작고 가난한 토웅우 왕국 출신이었다. 바고 사람들이 몬어를 사용한 데 비해 토웅우 사람들은 미얀마어를 사용했다. 그들은 바닷가에 가까운 바고의 위치와 그 위치를 활용해 쌓은 부가 탐났다. 그 바고 성벽 뒤에 숨겨진 사치품들을 차지하기 위해 기꺼이 무기를 들었다. 베인나웅은 토웅우의 왕도 아니었다. 타빈슈웨티(Tabinshweti)가 토웅우의 왕이었고, 베인나웅은 왕이 가장 신뢰하는 무장이자 충실한 친구였다. 타빈슈웨티와 베인나웅은 바고 뿐만 아니라 미얀마 곳곳에 불과 칼의 재앙을 몰고 갔다. 후일 타빈슈웨티가 알 수 없는 죽임을 당한 이후 베인나웅은 더욱 많은 승리와 영토를 차지하며 제국을 건설했다. 그렇게 전설이 되었다.5

타빈슈웨티와 베인나웅이 제국 건설에 나섰을 때 세계에는 그보다 더욱 크고 막강한 제국들이 할거하고 있었다. 그 하나가 오스만 제국이었다. 오스만 제국은 그때 힘이 절정에 달해 1532년 봄 술레이만 대제가 오스트리아 빈의 문턱까지 진격했다. 터키의 동쪽으로는 페르시아의 이스마일 1세가 거대한 사파비 제국을 건설하고 있었다. 중앙아시아에는 티무르와 칭기즈칸의 혈통을 함께 물려받은 바부르가 발흥하여 1526년 델리의 술탄을 격파하고 나아가 인도 전역을 장악한 무굴제국을 건설했다. 이처럼 이슬람 세계가 동쪽으로 팽창, 미얀마에 접근하고 있었다. 무굴제국의 영역에서 동벵골의 늪과 습지를 건너면 바로 미얀마였다. 그런데 미얀마에 가장 중요한 일은 바로 가까운 북쪽 중국에 일어나고 있었다.

오스만과 사파비, 무굴은 모두 역사에서 보기 드문 거대한 제국이었지만, 중국의 명나라야말로 그 시대의 초강대국이었다. 인구가 1억 5천에 달했다. 막대한 인구에서 막강한 군사력을 쌓았다. 과거시험을 통해 많은 인구로부터 유능한 관료집단을 양성했다. 미얀마도 나름 '제국'이었지만, 중국의 규모에는 비교할 수 없었다. 그러나 규모만이 아니었다. 농민 출신 주원장(朱元璋)이 세운 명나라는 수 대에 걸친 정치적 안정을 바탕으로 과학기술의 진보와 경제적 성장을 구가했다. 전란 중에 구축된 막강한 군사력은 공격적 외교정책으로 연결되었다. 세계 최초로 총통과 대포로 무장한 군대를 바탕으로 명나라는 안으로는 반대세력을 무자비하게 숙청하고 밖으로는 아시아 초원의 광대한 영역을 차지했다.6

명 제국은 해외로도 진출했다. 몽골계로 이슬람 신도였던 환관 정화(鄭和)는 중국 역사상 가장 탁월한 해군 제독이었다. 정화는 미얀마에서 멀지 않은 윈난성 쿤밍에서 태어나 어린 시절 포로로 잡혀 거세되는 바람에 환관이 됐다. 그러나 무용이 뛰어났을 뿐만 아니라 궁정 내부 정치에도 능통하여 환관 최고의 지위인 태감으로 승진했다. 1405년 정화는—일설에 의하면『천일야화』에 나오는 신드바드의 모험담에 영향받아— 대항해에 나섰다. 최초의 항해에 동원된 선단은, 선박의 크기로는 그때까지 인간이 만들었던 목제선박 중 최대규모였고 그 수는 3백 척에 달했으며 동원된 인원은 무려 3천 명이었다. (참고로 서인도 제도를 발견한 크리스토퍼 콜럼버스의 선단은 불과 3척에 불과했다). 이 선단은 홍해를 지나 이집트까지, 그리고 더 나아가 모잠비크까지 진출했다. 이후 25년에 걸쳐 총 7차례의 원정이 있었다. 그를 통해 안으로는 바깥세상에 대한 지식을 습득하고 밖으로는 중국의 정치적 위상을 크게 높였다. 자기와 칠기, 비단 등을 잔뜩 싣고 나가 무상으로 나눠주었다. 중국이라면 다들 우러러보게 됐다. 한 항해가 끝난 후 정화는 기린을 비롯한 진귀한 물품들을 가지고 와 황제를 비롯한 고관대작의 눈을 즐겁게 했다. 또 어느 항해가 끝나면서 서른이 넘는 나라의 사절단을 이끌고 왔다. 스리랑카의 왕은 황제를 배알 하는 것이 소원이라며 직접 왔다.7

이 원정대는 미얀마에도 들러 사람들을 놀라게 했다. 그러나 미얀마 사람들이 더욱 놀랄 일은 따로 있었다. 명나라에는 정치적으로 안정된 위에 토지개혁을 추진하고 농사기술이 발전하면서 식량 생산이 빠르게 증가했다. 이는 곧 엄청난 인구증가로 연결됐다. 중국의 서남부 지방도 마찬가지여서, 윈난 지역에 항상 완충국을 두던 과거와 달리 명나라 시대 중화제국은 미얀마와 직접 국경을 접하게 됐다. 그때부터 지금까지 중화제국은 미얀마의 운명에 거대한 그림자를 드리었다.

타빈슈웨티와 베인나웅은 그에는 비교할 수 없더라도 나름대로 미얀마 전역을 토웅우 왕조 아래 두는 제국의 건설에 나섰다.8 그들은 미얀마 각지의 소왕국과 군주국을 하나씩 차근차근, 그러나 확실히 굴복시켜나갔다. 처음

표적은 바고로 정하고 무력이 아니라 책략을 통해 점령했다. 다음 표적은 바고에 못지않은 부를 자랑하던 중계무역항 마르타반(=모타마)으로, 유능한 포르투갈 용병 파올로 세익사스가 수비를 맡고 있었다. 지금은 별 볼 일 없는 곳으로 전락했지만, 당시 마르타반은 국제적으로 유명한 곳이었다. 선처하겠다고 약속하고 항복을 받아낸 후 군주와 가족을 잔인하게 살해했다. 그런 식으로 잔인한 승리를 이어나가 미얀마의 전 지역을 토웅우 왕국으로 통일했다. 그 직후 이제는 전체 미얀마의 대왕이 된 타빈슈웨티에게 문제가 생겼다.

문제는 한 젊은 서양인이 찾아오면서, 또는 끌려오면서 시작됐다. 본명에 대한 기록은 없고 그냥 '페링히'라고만 불렸다.* 당시 이베리아반도 출신으로 벵골만에서 일확천금을 노리는 사람들이 많았기 때문에 그가 굳이 특별한 것은 없었다. 포르투갈인이었는데, 포르투갈에서 태어났는지 포르투갈 부모 사이에 아시아에서 태어났는지는 확실치 않다.

그 무렵 미얀마 사람들은 리스본에서 직접 왔거나 이미 아시아에 체류하던 포르투갈인들에 익숙해져 있었다. 콜럼버스가 카리브해의 서인도 제도에 도착한 2년 후인 1494년, 교황 알렉산더 4세가 칙령을 반포했다. 이베리아반도의 두 가톨릭 왕국, 즉 스페인과 포르투갈의 해외식민지를 나누는 칙령이었다. 그에 따라 브라질과 아프리카, 그리고 미얀마를 포함한 아시아 지역은 포르투갈의 영역에 속하게 됐다. 당시 교황의 칙령은 돈벌이 면허증과 마찬가지였다. 곧 포르투갈인들이 아시아로 몰려왔다. 1510년 포르투갈인들은 비자푸르 왕국의 술탄으로부터 고아를 조차했다. 일 년 후 알폰소 데 알부케르케가 말레이반도의 믈라카를 점령했다. 믈라카는 이미 해상무역의 중심지였는데, 그곳을 점령함으로써 가장 중요한 해로가 포르투갈의 지배하에 들어온 것이었다.

---

* Frank의 아랍어 표현인 *firanj*에서 왔다.

포르투갈은 국제무역이 없는 곳에 새로 들어와 무역을 소개한 것이 아니었다. 이미 페르시아인과 이슬람계 아시아인들이 많은 이익을 얻고 있던 국제무역로를 파고들거나 우회하여 들어왔다. 포르투갈인들은 이슬람계는 철천지원수처럼 상대했으나 불교나 힌두계 군주들과는 잘 어울렸다. 그들이 가진 것은 탁월한 상재만이 아니었다. 마구잡이로 잡아 죽이는 무자비함도 있었다. 곧 인도양 주변의 값비싼 향료가 포르투갈인의 손에 들어왔다. 아시아의 향료는 베이루트와 알렉산드리아를 거쳐 베네치아로 들어가는 기존 상로(商路)가 아니라 희망봉을 돌아가는 해로로 거래되었다. 운 좋게 이 '세계화'의 물결을 탄 사람들은 전에는 감히 꿈도 꾸지 못했던 부를 손에 쥐게 되었다.9

이 감히 꿈도 꾸지 못했던 부를 꿈꾸며 아시아로 찾아온 사람 중에 바로 그 이름 없는 페링히가 있었다. 여러 채의 선박과 3백여 명의 인원으로 믈라카에서 출발, 수마트라의 아체 술탄국을 공격했다. 무모한 짓이었다. 당시 아체는 16세기 가장 강력한 군주 중 하나였던 알루딘 리아얏 샤 알-카하르의 지배하에 있었던 것이다. 페링히는 일패도지하여 마르타반으로 도주했다가 거기서 포로로 잡혀 막 통일왕국의 '대왕'이 된 타빈슈웨티에게 노예로 보내졌다.

그때 최고의 권력을 누리고 있던 타빈슈웨티는 이 이방인 노예를 수행 종자에 포함했다. 이방인은 재주가 많아 곧 왕의 총애를 받았다. 특히 최신식 총기를 잘 다루어 감탄한 왕은 그를 사냥에 데리고 다녔다. 그건 문제가 아니었다. 왕은 또 궁녀를 부인으로 주었다. 페링히는 아내에게 리스본이나 고아에서 유행하는 요리법을 가르쳐 왕의 입맛을 즐겁게 했다. 그것도 문제가 아니었다. 그리고 왕에게 서양의 포도주를 소개하고 중동지방의 독주 아라크(*arak*)에 꿀을 섞어 마시는 방법을 알려줬다.

그게 문제였다. 타빈슈웨티는 술에 약했다. 쉽게 취하고 그러면서 좋아하니 중독자가 됐다. 그래서 술에 빠지고 황음(荒淫)에 빠졌다. "남의 아내를 탐하고 중상모략에 귀를 기울여 많은 사람을 처형했다." 그 행동이 갈수록 심해졌다. 불만이 자라나며 먼 곳의 군주들은 반란을 획책하기도 했다. 짧은 시간에 많은 것을 성취한 타빈슈웨티는 짧은 시간에 많은 것을 잃을 지경에 처했다.

알코올이 중독성이 있고, 중독되면 결과가 좋지 않다는 것을 처음 경고한 것이 바로 베인나웅이었다. 절친한 친구이자 가장 신뢰하는 신하의 경고도 소용이 없었다. 혼자 있게 내버려 두라고 고함쳤다. 무자비한 처형이 계속됐다. 견디다 못한 대신들이 베인나웅에 '모종의 조치'를 취해달라고 호소했다. 베인나웅은 감히 왕을 배반할 수 없다고 말했다. 그리고 젊은 포르투갈인을 추방하고 왕에게는 심신을 달랠 겸 판타너 지방으로 순행을 권했다. 그곳에서 타빈슈웨티 왕은 흰 코끼리를 봤다며 꾄 시종과 함께 코끼리 사냥에 나섰다가 살해당한 것으로 알려졌다.[10]

타빈슈웨티가 죽고 나서야 베인나웅이 전면에 나서 왕으로 즉위했다. 그러나 그가 타빈슈웨티와 함께 싸워서 건설했던 제국은 해체되고 있었다. 각지의 작은 군주국들이 문을 닫아걸고 독립을 선언했다. 베인나웅에 남은 것은 몇몇 측근밖에 없었다. 그래서 향후 20년 동안 베인나웅은 다시 정복행로에 나서야 했다. 수많은 전투와 유혈과 파괴가 뒤따랐다. 그 결과 미얀마뿐만 아니라 동남아시아 대부분이 그의 지배하에 들어왔다.

베인나웅이 가졌던 막강한 군사력의 비결은 턱수염을 기르고 헐렁한 바지를 입은 포르투갈 출신 용병이었다. 포르투갈 용병이 제공한 것은 (명나라에서도 사용하던) 화총과 화포만이 아니었다. 그것을 사용하는 전술과 전략이야말로 소중한 것이었다. 그들을 이끈 이는 갈리시아 출신의 디에고 소아레즈 데 멜로(Diego Soarez de Mello)였는데 그는 베인나웅과 깊은 우정을 맺고 있었다. 데 멜로는 오래전에 고국을 떠나 1540년대 모잠비크 인근 해역에서 해적으로 이름을 떨치다가 아시아로 왔다. 라카인과 말레이반도의 여러 왕조에서 종사하다가 베인나웅의 측근으로 자리 잡고 부자가 됐다.

　베인나웅이 처음 재정복에 나선 것은 바고였다. 나름대로 역사를 자랑하는 바고는 쉽게 항복하지 않았지만, 베인나웅이 이끄는 코끼리 부대와 포르투갈 출신의 소총부대를 견디지 못했다. 바고의 왕은 베인나웅에게 일기투(一騎鬪)—말이 아니라 코끼리를 타고— 일대일의 대결을 요구했다. 일기투라면 사양할 베인나웅이 아니었다. 바고의 왕 스밈터가 탄 코끼리의 상아를 부수고 덤벼들어 스밈터가 혼비백산하여 도망가도록 만들었다. 그 모습은 마치 "사자가 자칼을 덮치는 것"과 같았다. 바고는 점령되고 무자비한 학살이 이어졌다. 왕 스밈터는 정글로 도망가 수개월을 숨어다녔지만 결국 잡혀 거리를 끌려다니며 수모를 당한 끝에 처형됐다.

　이렇게 하여 이라와디 분지를 다시 장악한 베인나웅은 대규모 함대를 이끌고 (이라와디강을 따라) 북쪽으로 향했다. 티크로 만든 그의 군선은 말과 악어, 코끼리 등 동물형상으로 조각돼 있었는데, 베인나웅 자신은 막 정복한 바고 왕조의 상징인 황오리를 조각하고 금박을 입힌 배를 탔다. 한동안 전쟁을 모르고 지내던 상 미얀마의 여러 국가는 전쟁과 유혈에 전혀 준비돼 있지 않았다. 아바는 곧바로 항복했다. 고원지대의 크고 작은 나라들도 하나둘씩 항복하거나 패망했다. 베인나웅은 그 후 4년 동안 서쪽으로는 (현재 인도에 속하는) 마니푸르, 동쪽으로는 (지금은 태국에 속하는) 치앙마이 고원을 지나 메콩강 중류의 라오스 소왕국들에 이르는 거대한 영토를 정복했다.

　달이 가고 해가 갔다. 전쟁은 계속됐다. 베인나웅과 그가 이끄는 군대는 끝없이 싸우고 계속 이겨 포로와 전리품을 새로 도읍으로 정한 바고로 실어날랐다. 몸에는 문신을 새기고 머리에는 터번을 두른 채 말이나 코끼리를 탄 미얀마의 족장들과 전통 투구를 쓴 이베리아반도 출신 용병들이 함께 싸웠다. 전쟁은 잔혹했고 전사들은 잔인했다. 오랜 역사를 자랑하며 베인나웅의 침공을 1562년부터 1576년까지 14년이나 버틴 모가웅이 마침내 함락됐다. 모가웅의 왕은 포박된 모습으로 바고의 성문에 1주일 동안 전시된 후 벵골지역의 노예시장에 팔렸다.

베인나웅의 전쟁 기계는 무적이었다. 승리할 수 있다는 일말의 희망도 사라지자 저항이 없어졌다. 조공을 약속하는 국가들이 줄을 섰다. 누구도 감히 베인나웅에 저항할 생각을 못 했다. 그때까지 강대한 세력을 자랑하던 치앙마이의 왕도 코끼리와 말과 비단 등을 공물로 보냈다. 공물에는 그곳의 특산물인 칠기도 포함돼 있었다. 칠기를 뜻하는 미얀마 단어 '윤'은 치앙마이에서 유래됐다.

이라와디 분지와 그 주변의 산악지대만으로 베인나웅의 욕심과 야심을 충족할 수 없었다. 그는 동쪽으로 눈을 돌려 샴(=태국)의 수도 아유타야에 눈독을 들였다. 당시 아유타야는 경제적으로, 문화적으로 가장 선진국이었다. 베인나웅은 복종과 조공의 표시로 흰 코끼리를 요구했다. 그 요구가 거절되자 침공에 나섰다. 결과는 자명했다. 미얀마의 침략자들은 차오프라야 분지를 짓밟고 넘어가 아유타야를 포위했다.

도시가 초토화되는 것을 면하고자 태국 측이 항복했다. 미얀마 측은 한 마리가 아닌 네 마리의 흰 코끼리를 공물로, 그리고 왕과 몇 명의 왕자를 인질로 잡아갔다. 공주 한 명은 베인나웅의 후궁이 됐다. 타닌따리 지역의 해안은 미얀마의 영토로 병합됐고 3천 명의 군대가 점령군으로 진주했다. 또 궁궐의 악공과 무희들을 포함한 수천 명의 포로를 끌고 갔다. 왕은 네 마리의 흰 코끼리를 앞세운 채 자랑스럽게 회군했다. 이제는 제국의 궁성을 제국답게 지을 때였다. 바간에 못지않은 규모로 궁성을 짓고 온통 금으로 장식했다. 20동의 궁전을 지어 제국 치하 20개 도시국가의 이름을 각각 붙였다. 바고는 그야말로 다인종 도시가 됐다. 그 인종에는 바다 건너 온 사람들도 포함됐다. 그리하여 베인나웅은 미얀마 역사에서 가장 큰 제국을 구축했다.

오늘날 미얀마에서 베인나웅의 정복 행보는 마치 서양의 학교에서 로마 시저의 정복 행보를 읽히듯 읽히고 있다. 물론 차이가 있다. 서양에서 로마의 이야기는 2천 년 전의 이야기지만, 미얀마의 이야기는 현재 진행형이다. 베인나웅이 샨의 산악지대와 남쪽의 몬 지역을 누비고 다녔듯이 지금 미얀마의 군대도 샨의 산악지대와 남쪽의 몬 지역을 누비고 다닌다. 그때처럼 지금도 고립된 마을이나 민병대를 조직할 조짐이 있는 마을은 언제든지 불태울 준비를 하고 있다. 과거란 현재에 가까울수록, 현재 상황과 유사할수록 현재의 행동을 정당화할 수 있는 근거가 된다. 베인나웅의 동상이 높이 굽어보고 있는 것은 나라를 하나로 묶는 과업이 단순히 과거, 즉 역사 속의 일만은 아니기 때문이다. 마치 이탈리아의 군대가 지금도 영국에 있는 하드리아누스 방벽을 지키고, 페르시아의 침공으로부터 시리아를 지키고, 게르만족의 반란을 진압하는 것과 마찬가지다. 그런 상황이라면 유혈과 잔혹은 불가피하다.

베인나웅은 1581년 근 1백 명에 가까운 자식을 남기고 66세의 나이로 사망했다. 그가 지배한 강역은 지금 미얀마 전역, 태국, 라오스를 포함했다. 한 역사가의 평가에 따르면 그의 생애는 "미얀마에서 그때까지 보지 못했던 위대한 인간 에너지의 분출"이었다. 죽기 전 그는 아직 그에게 굴복하지 않고 있던, 멀지 않은 곳에 있는 아라칸, 지금 이름으로 라카인 왕국에 대한 원정을 준비하고 있었다.

'원숭이 알'의 도시, 먀욱-우

라카인은 과거 아라칸이라고 불렸고 미얀마의 한 주(州)를 이루고 있다.* 미얀마의 다른 지역으로부터 고립되어 그곳으로 가는 길은 포장도 제대로 되지 않은 가파른 산길 두 개뿐이다. 이라와디강 변에 있는 프롬에서 낡은 버스를 타고 짙은 밀림 속을 20시간 동안 가면 라카인주의 남쪽 끝 도시인 산도웨(=딴드웨)에 도착한다. 주도인 아차브(=시트웨)는 총체적으로 낙후한 지금의 미얀마 기준으로 보더라도 낙후한 도시다. 하루 중 전기가 들어오는 시간은 서너 시간에 불과하고(그나마 아예 들어오지 않는 날도 허다하고) 활력이라고는 찾아볼 수 없다. 금방 무너질 것만 같은 식당 건물과 노천시장을 보면 도시라기보다는 그냥 규모가 큰 시골 동네처럼 보인다. 가끔가다 눈에 띄는 외국인 관광객을 보면 아마 세계에서 가장 멀고 고립된 나라에서도 가장 멀고 고립된 곳인 이곳에 발을 디딘 최초의 외국인이려니 싶다.

그러나 이처럼 '가장 고립된 나라의 가장 고립된 지역'이라는 지금의 모습을 보고 과거에도 그랬을 거라고 지레짐작하면 안 된다. 그 지리적 위치를 보면 쉽게 깨달을 수 있다. 라카인은 벵골만 교통의 요지에 있고, 인도양의 푸른 바다를 끼고 있는 긴 해변은 관광지로서 전혀 손색이 없다. 실제로 이 지역은 수백 년 동안 국제무역의 중심지였다. 그에 걸맞게 세계 각지의 인종과 문화가 모여 지금 미얀마의 어느 곳보다 다문화적인 문명을 꽃피웠던 곳이다. 라

---

* 오늘날 미얀마의 국호는 '미얀마 연방 공화국(the Republic of the Union of Myanmar)'으로 연방이라는 의미에 맞게 7개의 주(州; state)와 7개의 지역(region)으로 구성된다. 7개의 '주'는 친, 카친, 라카인, 샨, 카렌, 카예, 몬 등 소수민족의 이름을 딴 것이며 7개의 '지역'은 버마족이 다수인 이라와디 분지와 남쪽 태국과 접한 타닌따리를 말하는데 이라와디 분지에는 상미얀마의 사가잉, 만달레이, 마궤, 하 미얀마의 바고, 이라와디, 양곤이 있다. ― 옮긴 이.

카인이 지금처럼 고립된 것은 매우 최근의 일이다. 그 지역의 다문화적 색채를 잃어버린 것이 미얀마가 지금처럼 피폐한 모습을 가지게 된 이유의 하나다.

라카인은 (마치 미국 서부지역처럼, 혹은 한국의 동해안처럼 한쪽에는 산을 다른 쪽에는 해안을 낀 — 옮긴 이) 좁고 긴 땅이다. 남북으로 길이는 8백 마일에 이르지만, 동서로 폭은 60마일에 불과하다. 이 지역과 미얀마 본토라고 할 수 있는 이라와디 분지를 나누는 것은 높은 곳은 해발 1천 미터에 이르는 산맥이다. 기본적으로 습하고 비옥한 땅으로, 산에서 바다로 몇 개의 강이 빠르게 흐른다. 그 주위로 망고와 구아바, 오렌지 나무들이 자생한다. 짧은 건기가 되면 밀림으로부터 코끼리 떼가 달려 나와 늪에서 목을 축인다. 긴 여름철이 되면 쉼 없이 폭우가 쏟아진다.

고대에 라카인 지역은 크게 보아 북인도의 한 부분이었다.11 북인도의 바이살리에서 발상한 찬드라 왕조가 동벵골 쪽과 다냐와디의 작은 군주국들에 대해 종주권을 행사했다. 찬드라 왕조는 자체는 힌두교의 시바 신을 신봉했으나 티베트와 벵골지역의 대승불교도 인정하고 지원했다. 중세에 들어와 라카인 지역은 바간 왕국의 영향권에 속하게 됐다. 그때부터 미얀마어를 사용하기 시작하여 지금까지 계속되고 있다. 그렇게 미얀마의 영향을 받는 한편 스리랑카와도 관계를 맺게 되어 소승불교가 지배적인 종교로 자리 잡았다.

바간 왕국이 쇠퇴하자 라카인 지역은 독립지역으로 부상했고 여러 차례 전쟁을 통해 하나의 왕조로 자라났다. 1404년 아바 왕국이 침공하자 라카인의 왕 나라미뜰라는 서쪽에 있는 가우르로 피난했다. 그곳에서 오랫동안 살면서 동양화된 이슬람에 심취했다. 이후 본국으로 돌아와 왕권을 되찾았다.

그때부터 라카인은 인도, 특히 벵골지역과 역사를 같이하게 됐다. 그보다 2백 년 전, 터키와 아프간의 병력으로 구성된 이슬람 군대가 인도로 쳐들어와 동북부의 갠지스강 유역을 짓밟았다. 무하마드 바크티야르가 이끄는 침략군은 불교의 본산 비하르와 성지 바라나시를 유린하고 벵골로 진격했다. 벵골의 누디야에 도착한 이슬람군은 말 상인으로 변장하여 성안으로 잠입했다. 막 저녁 식사를 하려던 왕은 놀라 동쪽의 밀림 속으로 도주한 다음 돌아오지 않았다. 그렇게 하여 벵골지역에 5백 년이 넘는 터키-아프간의 이슬람 지배가 시작됐다.

라카인의 왕 나라미뜰라가 아바 왕국의 침공을 피해 벵골로 피신했을 때 그곳에는 이슬람의 지배가 2백 년 이상 지속하고 있었다. 1430년 30년 가까운 망명 생활 끝에 나라미뜰라는 아프간 용병으로 구성된 대규모 병력을 이끌고 본국으로 돌아와 왕위를 되찾았다. 그로부터 라카인의 황금시대가 왔다. 대외적인 국력에서도 그랬고 백성의 경제적 삶에서도 그랬다. 그 배경에는 불교와 이슬람의 제도를 종합한 정치체제가 있었다. 수도를 옮기고 신수도를 '원숭이-알'이라는 뜻의 '먀욱-우'라고 불렀는데, 왜 그런 이상한 이름을 붙였는지는 알려진 바가 없다. 점성술사들은 먀욱-우라는 이름은 나라를 위해서는 좋지만, 왕 개인에게는 좋지 않다고 경고했다. 왕은 나라를 위해서라면 미신 따위는 무시해도 좋다고 생각했다. 1433년, 화려한 의식과 함께 천도가 이루어졌다. 왕은 이듬해 사망했다.

먀욱-우는 16만의 인구를 가진 국제적인 도시로 성장했다. 라카인 인종·벵골족·버마족·네덜란드인·포르투갈인·아비시니아인·페르시아인, 심지어 도요토미 히데요시가 일본을 통일하면서 박해를 피해 온 나가사키의 기독교인들도 함께 어울려 살았다. 그 일본인 중에는 주인 없는 사무라이, 즉 낭인도 있어 왕의 특수호위병이 됐다. 이 국제적인 왕국은 벵골 및 라카인 문학에도 지원을 아끼지 않았다. 벵골 최초의 연애소설을 시로 써서 벵골어를 한 차원 높인 다울랏 카지(Daulat Qazi), 17세기의 위대한 벵골시인 알라올

(Alaol)을 비롯하여 페르시아와 힌두 문학을 번역한 다수의 문인이 궁정 작가였다. 역대 왕은 때로는 팔리어로, 때로는 이슬람식 용어로 왕의 호칭을 정하고, 페르시아 궁정 복장을 하기도 하고, 페르시아 이스파한이나 인도 무굴 제국의 원뿔형 왕관을 쓰기도 했다. 이슬람 기도문 칼리마를 새긴 동전을 주조했다. 그러면서도 불교사원에 대한 기부는 아끼지 않았다.

신수도 먀욱-우는 해안에서 멀리 떨어진 곳에, 자연적인 산과 물에 더해, 해자를 파고 성벽을 쌓은 철옹성으로 지어졌다. 포르투갈 출신 제수이트회 신부 파린하(A. Farinha, S. J.)는 여러 강으로 연결된 그 도시를 '제2의 베네치아'라고 불렀다.12 동시대의 다른 사람들은 먀욱-우를 암스테르담이나 런던에 비교하기도 했다. 1826년 영국이 라카인을 점령한 이후 버려진 도시가 된 먀욱-우에 가면 그 시절의 유적이 아직도 남아있다. 그러나 한때 유라시아 곳곳에서 찾아온 군인과 학자, 상인들이 살던 곳에는 동네 사람들이 밥을 짓는 연기가 자욱할 따름이다.

그 후 1백여 년간 라카인 왕국은 막강한 벵골 술탄국에 조공을 바치는 속국이었다. 그러다가 벵골이 쇠퇴하자 날개를 펴고 날기 시작했다. 수백 척의 군함을 건조하여 해군력을 키웠다. 1578년에 라무섬을 정복하고 북쪽에 있는 지금 방글라데시의 치타공도 점령했다. 포르투갈에서 찾아온 해적과 기타 용병을 받아들여 동벵골 대부분을 장악했다. 또 동쪽으로도 팽창하여 한때 바고를 점령하고 왕족을 포함한 3천여 명을 노예로 잡아가기도 했다.13 곧 라카인은 그 힘이 정점에 달해 그 강역이 해변을 따라 다카에서 마르타반까지 1천 마일에 이르렀다.

현대 과학자들은 사람들이 성적으로 매력을 느끼는 것은 페로몬의 영향을 받는다고 한다. 이것이 체액으로 분비되고 그것으로 상대와 궁합이 맞는

지 판별한다는 것이다. 라카인의 왕들도 그런 지식을 가지고 있었던 모양이다. 포르투갈의 상인 겸 여행작가 두아르테 바르보사가 남긴 흥미로운 기록이 있다. 1610년 그가 라카인에 갔을 때 왕이 지배하는 영토의 12개 지역에서 보낸, 각 지역 최고의 미인 중 왕이 선택하는 과정을 본 적이 있었다. 그 여인들은 성장(盛裝)하고 햇볕 아래 한참 동안 서 있다가 옷을 벗었다. 시종이 (각자의 이름이 써진) 땀에 찬 옷을 거두어 왕에게 바치면 왕은 냄새를 맡아 여인을 선택했다. 그렇게 몸 냄새 검사를 통과한 여인은 왕의 여인으로 선택되고 나머지는 기타 제후들의 몫으로 보내졌다.[14]

먀욱-우는 주변 지역을 약탈하고 포로를 이용한 농업으로 번창했다. 무역으로도 돈을 벌었는데 그 무역엔 노예무역이 포함돼 있었다. 당시 벵골만은 노예무역의 주요 거점 중 하나였다. 17세기에는 감비아나 앙골라 등 서부 아프리카의 흑인들이 카리브해나 미국본토의 농장으로 팔려간, 그런 노예무역만 있는 것이 아니었다. 아프리카 북부의 해적들이 서유럽의 해안지대, 아일랜드, 심지어 1627년에는 아이슬란드까지 노예사냥에 나서 모로코의 왕이나 콘스탄티노플의 노예시장에 공급했다. 같은 관행이 아시아로 확대되어 포르투갈 출신 해적들이 라카인 왕의 사병들과 더불어 벵골만 연안에서 수만 명의 노예를 '사냥'했다. 그래서 한때 사람들로 득실거렸던 지역이 황폐해져 "호랑이나 기타 맹수들만 득실거리는 황무지"로 변해버렸다.[15] 그럴수록 먀욱-우는 더욱 번창했다.

네덜란드 사람들도 수저를 들고 달려들었다.[16] 17세기 초에 이르면서 포르투갈이 쇠퇴하고 다른 곳의 유럽인들이 그 자리를 채우기 시작했다. 네덜란드의 동인도 회사가 1602년에 설립되어 동양 무역의 독점권을 획득했다. 자카르타에 지역본부를 두고 일본·페르시아·벵골·스리랑카·샴·중국·미얀마·말루쿠 제도 등지에 지점을 두었다. 이 회사는 금방 황금알을 낳는 아시아의 향료무역을 장악하여 그때까지 존재했던 그 어떤 회사보다도 부유한 회사가 됐다. 보유한 상선만 150척이었고 직원은 5만 명이었다. 전선 40척에 대규모의 사병을 유지했다. 주주에 대한 배당은 연 40% 이하로 떨어진 적이 없었다. 라카인에서 이 회사의 상품은 주로 노예였다. 라카인에서 수집한 수만 명의 노예를 동인도에 새로 설립된 네덜란드 식민지로 보냈다.17 그러나 질병과 학대로 목적지까지 살아남는 노예는 많지 않았다.

네덜란드 상인들은 바고를 비롯한 미얀마의 여러 곳에도 진출하여 전에는 보지 못했던 사치품과 소비행태를 소개했다. 18세기 초, 부유한 미얀마인들은 이국풍 취향을 가지게 되어 심지어 세인트로렌스강에서 잡힌 북미산 비버 가죽 모자가 매우 비싼 값에 팔렸다. 아바와 바고, 나아가 먀욱-우에서는 여러 가지 물감으로 염색한 비단옷을 입고 렘브란트나 베르메르의 그림에서 볼 수 있는 챙이 긴 검은 모자를 쓴 신사들을 찾아볼 수 있었다.18

테조 강에서 온 사나이

영국에서 엘리자베스1세의 치세, 미국 버지니아에 영국계 이민이 첫발을 디디던 무렵, 그러니까 16세기 말엽의 일이다. 포르투갈에 필리페 데 브리토 에 니코테(Fillipe de Brito e Nicote)라는 사람이 있었다. 그는 가난을 벗어나고자 10대 소년의 몸으로 돛이 셋 달린 범선의 갑판원으로 취업하여 앙골라 해변을 지나고 희망봉을 돌아 고아에 도착했다. 이후 벵골만으로 진출해 몇 년 동안 여러 전쟁터를 전전한 끝에 라카인에 이르렀다. 한 지방 군주의 병사로 출발하여 왕실수비대 장교로까지 승진했다. 그 무렵 포르투갈인들은 고아와 믈라카를 근거지로 큰돈을 벌고 있었는데, 돈에 만족하지 못하고 더 큰 야망을 키우는 사람들도 있었다. 스리랑카를 장악한 포르투갈인들처럼 아시아에서 정치적 지배자가 되어 더욱 큰 부와 권력을 누리고자 하는 야심가들이 생겨난 것이다. 데 브리토가 그중 한 사람이었다. 1599년에는 포르투갈 및 스페인 출신 용병들이 캄보디아를 장악하려고 했다가 간발의 차이로 실패했다. 데 브리토도 그 같은 시도를 하기로 했다.[19]

데 브리토는 확고한 계획이 있었다. 포르투갈은 고아와 믈라카에 거점을 마련했지만, 벵골만의 동쪽 해안에는 아직 거점이 없었다. 미얀마의 남쪽 해안에 거점을 마련하면 믈라카와 서로 호응하면서 벵골에서 말레이반도에 이르는 통상 요로를 확보하고 나아가 미얀마 내륙지방에도 통상권을 확보할 수 있을 것이었다. 정복왕 베인나웅은 이제 죽고 없었다. 그의 후계자들은, 쉬운 상대는 아니었지만, 베인나웅처럼 벅찬 상대는 아니었다. 토웅우 왕조는 아바로 천도한 다음이었다. 제국이 다시 분열될 조짐을 보이는 가운데 왕은 제국의 중심부인 이라와디 분지를 지키느라 급급했다.

바로 그 무렵 라카인이 승승장구하여 해안지역 대부분을 장악했다. 라카인 왕은 데 브리토에게 오늘날 양곤 근처에 있는 시리암(=딴륀)의 항구에 대한 지배권을 부여했다. 그것을 기화로 데 브리토는 야망을 실천에 옮겼다. 우선 시리암에 도시를 건설했다. 부관 살바도르 리베이로를 비롯하여 사람들을 모았다. 성벽을 쌓고 해자를 파서 도시를 보호하고 그 안에서 포르투갈과 스페인계 용병들로 사병을 양성했다. 미얀마 · 라카인 · 아프리카 · 유럽 · 인도 등에서 온갖 인종이 모여들었다. 미얀마인들을 그들을 '응아 진가'라고 불렀다. 인도양 지역 방언으로 '좋은 사람'이라는 뜻이었다.

그렇게 근거를 마련한 다음 라카인 왕을 따돌리고 고아에 있는 포르투갈 총독에게 직접 연락을 취했다. 계획을 설명하고 자금과 인력을 지원해 달라고 요청했다. 총독은 현실성이 있다고 판단하여 그 요청을 들어주었다. 그렇게 자원이 쏟아져 들어오면서 시리암은, 형식적으로 여전히 라카인 왕의 강역에 속했지만, 그 자체로서 무시할 수 없는 세력이 되었다. 주변 해역을 항행하는 선박에 시리암을 이용하도록 강요하여 입항료 수입을 올렸다. 내륙의 도시를 약탈하여 부를 키웠다. 심지어 불교사원과 사탑을 약탈하고 범종을 녹여 대포를 만들기도 했다.

외교적으로도 활발한 활동을 펼쳤다. 아들 시몬을 마르타반의 공주와 결혼시켜 혼인동맹을 맺었다. 또 스스로 도냐 루이사 데 살다냐란 이름을 가진 고아 총독의 조카와 결혼했다. 자바인 어머니에게서 태어난 그녀는 "키가 크지도 않고 날씬하지도 않았지만" "여자로서 너무나 아름다웠다"라고 전해지고 있다.[20] 이저 때는 17세기 초로 동양에서 포르투갈의 위세는 쇠락하고 있었지만, 이 어린 갑판원 출신 리스본 사람에게는 모든 일이 잘 돌아가고 있었다. 데 브리토는 동양의 군주로 초호화 생활을 즐겼다.

데 브리토의 진영에는 미얀마인 친구도 있었다. 낫신나웅이라는 이름의 귀족 출신으로 시인이자 학자였다. 탁월한 폴로 실력도 자랑했다. 1593년 낫신나웅은 한 전투에 참여했는데, 그 전투에서 미얀마의 왕자가 샴의 왕자와 코끼리 일기투에 져서 전사했다. 당시 15세였던 낫신나웅은 바고에 있는 왕자의 부인에게 전사 소식을 전하는 임무를 맡았다. 왕자의 부인은 라자 다투 칼라야니라는 이름을 가진 소문난 미인이었다. 이 소년은 연상인 그녀에게 첫눈에 반했다. 그녀도 결국 그를 사랑하게 됐다. 그때부터 낫신나웅은 스스로 왕이 되어 그녀를 왕비로 만드는 꿈을 꾸어왔다.[21] 필리페 데 브리토를 만나 같은 종류의 꿈을 꾸고 있는 것을 보고 그의 대열에 동참했다.

이들의 꿈을 결국 일장춘몽으로 만든 사람은 베인나웅의 손자 아나욱페틀룬이었다. 할아버지처럼 대단한 정복자는 아니었으나 어쨌거나 대군을 보유한 왕국의 대왕이었다. 이라와디 분지에 대한 지배권만큼은 굳히고자 했던 그에게 데 브리토는 반드시 넘어야 할 장애물이었다. 그 무렵 데 브리토는 적이 많았다. 시장과 돈을 뺏긴 남인도의 페르시아 상인, 그의 배은망덕을 탓하는 라카인의 왕, 야금야금 영토를 잃은 미얀마의 여러 군주 등 모두가 그에게 유감이 컸다. 이런 분위기를 읽은 아바의 왕은 데 브리토를 확실히 제거하기로 마음먹었다. 그리하여 4백 척이 넘는 전선에 병력을 싣고 이라와디강을 따라 진격해왔다. 6천 명이 넘는 병력은 대부분 인도나 페르시아 등지에서 온 이슬람계 용병이었다. 차근차근, 그러나 확실하게 데 브리토가 지배하던 마을과 도시를 장악하며 진격하여 마침내 시리암을 포위했다.

데 브리토의 병력은 1백 명의 포르투갈인을 포함하여 모두 3천 명 정도였다. 그런데 화약을 비롯한 물자가 모자랐다. 그는 심복 한 사람에게 돈을 주어 벵골에 가서 도움을 청하라고 했다. 그 심복이 돈을 챙겨 도망쳤다. 마침내 화약이 떨어져 대포가 무용지물이 됐다. 미얀마군이 성벽으로 돌진했다. 성안에서는 끓는 기름을 퍼부으며 저항했다. 배를 타고 포위망을 뚫어 도주하려다가 실패했다. 한 달간 저항하다가 데 브리토는 조건부 항복을 청했으나 미얀마군은 무조건 항복을 요구했다. 이후 3일 밤낮 미얀마군은 맹공을 퍼부었다. 전투가 끝났을 때 주변은 온통 시신의 밭이었다. 데 브리토는 몬족 장교의 배신으로 사로잡혔다.

필리페 데 브리토는 그가 왕도로 계획했던 성을 내려다보는 언덕 위에 나무를 깎은 못에 박혀 전시됐다. 그렇게 이틀을 버티다가 죽었다. 그의 아내 루이사도 사로잡혔다. 깨끗이 씻겨 미얀마 왕에게 끌려갔다. 미얀마 왕은 그녀를 취하려고 했지만 "그녀가 침을 뱉고 항거하자 욕정이 분노로 바뀌었다." 왕은 그녀를 아바로 보내 다른 노예들과 함께 팔아버리라고 명령했다. 프란시스 만데크 등 고위직의 포르투갈인들도 못 박혔다. 세바스찬 로드리게즈처럼 아바로 압송됐다가 북쪽 지방에 마련된 마을로 보내진 사람들도 있었다. 그곳은 대를 이어 왕의 호위병을 배출했다. 아바로 돌아가기 전 왕은 쉐다곤

파고다에 금과 다이아몬드, 그리고 2천 개의 루비를 기증했다.[22]

낫신나웅은 끝까지 지조를 지켰다. 성이 함락되기 전, 미얀마 왕은 이 둘을 이간시키려고 데 브리토에게 미얀마인 배반자만 건네주면 살려주겠다는 편지를 보냈다. 편지를 가져온 사자는 눈이 가려진 채 두 사람이 있던 방으로 끌려왔다. 아마 미얀마 글자를 읽을 수 없었던 데 브리토는 낫신나웅에게 그 편지를 읽으라고 했다. 그 내용을 듣고 데 브리토는 사자에게 이렇게 말했다:

"너의 주인에게 가서 우리 포르투갈인은 신의를 지킨다고 말해라. 나는 이미 낫신나웅에게 약속을 했고 그 약속은 깰 수 없다."

성이 함락되기 직전 낫신나웅은 로마 가톨릭교에 귀의하고 고아에서 온 사제로부터 세례를 받았다.

지금 시리암에 데 브리토의 유적은 남아있지 않다. 그러나 그곳에서 별로 멀지 않은, 이라와디 삼각주 지역의 헨자다라는 곳에 가면 작은 사탑이 있다. 그 사탑의 초석에는 다음과 같은 내용이 음각돼있다:

"라카인 여인 소 띠다와 시리암의 왕 페링히 응아 진가의 자식인 난다 바야와 그의 여동생 수파바 데비가 세움."

1997년 1월 초, 구름 한 점 없는 맑은 날씨 속에서 나는 낡은 닛산 자동차를 빌려 몰고 두 시간을 달려 만달레이 북쪽에 있는 무(Mu)강 유역으로 갔다. 끝없이 넓은 들판을 볏논과 목화밭, 담배밭이 차지하고 있는 가운데 곳곳에 바나나 나무가 무리를 지어 자라고 있었다. 언덕 위 가끔 모습을 보이는 빛나는 사탑이 있는 곳마다, '바잉지' 또는 '페링히'라고 불리는 동네들이 흩어져 있었다. 바로 불교국가 미얀마에 있는 로마 가톨릭 마을이었다. 그 동네의 주민은 과거 이 나라를 찾아온 유럽인들의 후손이었다. 데 브리토에게 봉사했던 포르투갈 장교, 기타 서방에서 자발적으로 찾아오거나 포로 또는 노예로 잡혔던 사람들이 정착했던 곳이다. 과거 미얀마 왕은 외부에서 찾아오는 사람들을 모아 한 마을에 정착시키곤 했다. 관리하기도 편했고, 필요할 때 동원하기도 편했기 때문이었다. 종교에 따라 기독교도 정착촌과 무슬림 정착촌이 따로 마련됐다. 무강에 가까운 이곳에 처음에는 포르투갈인들이, 이어 네덜란드인과 프랑스인들이 용병의 신분으로, 때로는 포로의 신분으로 정착하고 가족을 이루어 만달레이가 함락되던 19세기 말까지 대를 이어 살았다.

모래땅 위 야자나무 아래 나무로 기둥을 세우고 풀잎으로 지붕을 엮은 작은 오두막이 모여 있는 그 마을의 모습은 상 미얀마의 여느 마을과 크게 다르지 않았다. 다른 것은 파란색과 흰색으로 칠한 교회 건물과 동네 주변 운하보다 낮은 곳에 있어 물에 잠긴 무덤들 위로 반쯤 모습을 드러낸 십자가의 모습이었다. 그곳을 찾아가는 길에는 이정표가 없었기 때문에 여러 차례 차를 멈추고 길을 물어야 했다. 그러나 일단 그곳에 도착하여 주민들의 얼굴을 보는 순간 그곳이 과거 '페링히'가 정착했던 곳임을 쉽게 알 수 있었다.

나는 그 동네 학교 교사, 그리고 로마에서 갓 돌아왔다고 하는 수녀를 만나 이야기를 나눴다. 둘 다 유럽인의 후손임을 알고 있었고, 또 자랑스럽게 여겼다. 미얀마어, 그리고 약간의 영어 외에 다른 언어를 아는 사람은 이제 없다고 했다. 그러나 (3~40대로 보이는) 이 두 여성의 할아버지 때만 해도 포르투갈어를 약간 아는 사람들이 있었다고 했다. 교사는 증조할아버지가 띠버의 궁정에서 왕실 근위병으로 복무했으며, 그 전대의 조상은 궁궐에서 포르투갈어 통역을 담당했었다고 했다. 옆 공터에는 갈색 머리와 파란 눈을 한 아이들이 축구를 하고 있었다. 이제 시절이 변하여 그토록 긴 시간 동안 독특한 정체성을 유지했던 이 작은 마을이 조만간 그 독특함을 잃게 될 것을 생각하니 슬픔이 몰려왔다. 그들은 폐허가 된 묘지를 복구하고 땅에 묻힌 묘비를 발굴하여 포르투갈, 프랑스, 네덜란드의 고어(古語)로 적힌 조상의 뿌리를 찾을 수 있는 경제적 능력이 없었다. 정부도 그 같은 뿌리를 찾는 것을 권장하지 않았다.

1861년 만달레이를 찾아온 로마 가톨릭교회 사절단의 비간데 주교는 이 동네를 방문하고 다음과 같은 기록을 남겼다.

> 버마적 요소가 압도적인 환경 속에서 버마의 기독교도들이 그들의 얼굴에 원래의 모습을 유지하고 있는 것은 놀랍다. 그들은 예외 없이 성(姓)을 잃어버려 뿌리를 알 수 없었지만, 외모, 특히 얼굴에서 그들의 뿌리를 찾는 것은 어렵지 않았다. 나는 몬흘라에서 파란 눈을 한 노인을 만났는데 그의 얼굴에서 쉽게 네덜란드계임을 알 수 있었다. 프랑스계임을 쉽게 알 수 있는 사람들도 있었다. 키아오니오 마을의 주민들은 인도의 서해안과 믈라카 해안에서 볼 수 있는 포르투갈계 사람들과 놀랍도록 닮았다.[23]

이처럼 미얀마는 인종의 용광로였다. 그런데 조만간 거기에 또 다른 인종이 추가될 것이었다.

무굴의 망명자

17세기 중반 벵골과 오릿사의 왕에 봉해진 샤 슈자는 무굴제국의 황제 샤 자한과 황후 뭄타지 마할의 둘째 아들이었다.[24] 그 무렵 무굴제국은 인도의 거의 모든 부분에 대한 종주권을 굳히고 있었다. 무굴제국의 초대 황제는 위대한 정복왕 칭기즈칸과 티무르—말로(Christopher Marlowe)의 『탬벌레인 대왕』(*Tamburlaine the Great*)의 주인공—의 피를 물려받고 중앙아시아에서 일어난 바부르였다. 바부르는 1526년 델리를 정복함으로써 인도에 발을 들였다. 이후 무굴 왕국은 동쪽으로 그 강역을 확대해 갠지스 평원을 장악하고, 1612년 아프간과 힌두계의 마지막 저항을 짓밟으며 동벵골지역까지 이르렀다. 그리하여 라카인 왕국과 접경한 이웃 나라가 됐다.

샤 슈자는 일급 전사였다. 어린 왕자 시절부터 수많은 전투에 참전했고, 왕으로 봉해진 이후에도 두 차례나 종군하여 북서부 카이베르 회랑에서 아프간 반군과 싸웠다. 또 무굴제국의 제왕학을 교육받고 여러 분야에서 재능이 많고 재사들을 잘 대접하여 궁궐에는 페르시아의 시인들과 학자들이 다수 거주했다. 북쪽으로 카마루파 왕국과 쿠치베하르의 작은 군주국들과 국경분쟁이 없었던 것은 아니지만, 벵골지역은 대체로 평온했다. 제국의 황실 직계가 지배하는 이상 그에 대적할 세력은 거의 없었기 때문이다. 다카에 거대한 궁궐을 짓고 영국과 네덜란드에서 온 상인들을 잘 대접했다.

1657년 가을 황제가 병으로 쓰러졌다. 사실 황제는 이미 승하했지만, 맏아들 다라 시코 왕자가 후계 자리를 굳히기 위해 죽음을 숨기고 있다는 소문이 돌았다. 샤 슈자를 포함한 다른 세 왕자가 군대를 이끌고 델리로 출발했다. 여러 차례의 유혈 투쟁 끝에 삼남 아우랑제브가 승리했다. 장남 다라 시코는 잡혀서 처형되었고 샤 슈자는 미르 주믈라가 이끄는 황군에 쫓기던 끝에 동쪽으로 도주했다.

1658년 5월 6일, 샤 슈자는 다카에서 포르투갈 선박을 타고 라카인으로 향했다. 8일 후 라카인의 왕이 보낸 사신을 만났다. 그는 라카인에서 잠시 체류하다가 서쪽으로 가, 메카를 거쳐 페르시아나 콘스탄티노플에서 정착할 계획이었다. 그러나 마침 찾아온 우기로 폭우가 시작됐고 파도도 거칠어졌다. 그래서 샤 슈자는 라카인 왕국에 망명을 요청하고 후일 서쪽으로 갈 때 도움을 달라고 했다.

라카인 왕 산다 뚜담마는 샤 슈자를 극진히 환대했다. 도시 외곽에 귀빈 일행이 거주할 장원을 건축했다. 그즈음 먀욱-우는 최전성기를 맞고 있었지만, 세계 최대제국의 하나였던 무굴제국의 후계자에겐 그저 그런 작은 시골 도시에 지나지 않았다. 샤 슈자는 라카인의 왕실에는 관심을 보이지 않았고, 신세 지고 있던 산다 뚜담마 왕을 회유하고자 하는 어떤 노력도 하지 않았다. 반면 뚜담마 왕은 샤 슈자가 가지고 온 엄청난 보물에 눈독을 들이고 있었다. 그러던 중 무굴제국의 황제가 된 아우랑제브의 사신이 찾아와 샤 슈자를 넘기면 그보다 더 많은 보물을 주겠다고 유혹했다. 둘 사이에서 망설이는 사이 8개월이 지나갔다. 왕은 샤 슈자를 무굴제국에 인도하지도 않았지만, 그렇다고 샤 슈자가 계획대로 서쪽으로 떠나는 것도 허락하지 않았다. 대신 그는 ('땀에 찬' 옷 냄새를 맡지도 않고) 샤 슈자의 딸, 아름다운 아미나 공주를 후궁으로 달라고 요청했다.25

이 야만인 추장이 감히 금지옥엽을 탐낸다고 생각한 샤 슈자는 화가 머리 끝까지 났다. 그러나 망명지를 떠날 수 없었기 때문에 차라리 권력을 장악해야겠다고 마음먹었다. 그때 그는 2백 명의 병사가 있었고 현지 이슬람교도의 지지도 기대할 수 있었다. 그러나 비밀은 지켜지기 어려운 법이라서 라카인의 왕이 그 사실을 알게 되었다. 슈자는 군대에 포위되었다. 저항이 있었고 전투가 있었고 화재가 있었지만, 망명세력이 본토세력을 이길 수는 없었다. 슈자는 어렵사리 탈출하여 밀림 속으로 숨어들었다가 수 주일 후 체포되어 처형되었다. 그가 가져온 금은보화는 함께 녹여 왕궁으로 가져왔다. 아미나를 포함한 공주들은 모두 왕의 후궁이 되었다. 일 년이 채 지나기 전 왕은 또 다른 음모가 있다고 의심하여 샤 슈자의 가족을 모두 처형했다. 그중에는 만삭의 아미나 공주도 포함돼 있었다. 오빠와 남동생은 모두 참수됐다.

이 소식이 델리에 전해지자 황제 아우랑제브가 격노했다. 물론 황제도 샤 슈자 일행을 용서하지 않고 처형했을 것이다. 그러나 황실의 고귀한 피가 먼 곳 작은 왕국에 뿌려졌다는 것은 참을 수 없는 일이었다. 이 작은 왕국에 교훈을 내리고, 위험할 정도로 커진 라카인의 군사력도 손 볼 필요가 있었다. 1665

년 새로 벵골 왕으로 봉해진 샤이스타 칸이 전선 3백 척의 대규모 함대를 끌고 쳐들어와 산드윕 섬에 있던 라카인 요새를 함락했다. 육로로는 부주르그 우미드 칸이 6천 5백 명의 병력을 끌고 해안을 따라 진격했다. 이듬해 오랜 포위 끝에 치타공이 함락되어 백 년 동안 지속했던 라카인의 동벵골 지배가 끝이 났다. 2천 명의 라카인 인들이 노예로 팔렸고 1백 척이 넘는 전함이 몰수됐다. 먀욱-우에 있던 포르투갈계 용병들은 변절하여 무굴 측에 붙었다. 무굴은 그들이 제국의 영내에 거주하는 것을 허락하여, 다카로부터 12마일 남쪽으로 떨어진 페링히 바자르라는 곳에는 아직도 그 후손들이 살고 있다.

샤 슈자를 따라왔던 사람들 일부도 살아남았다. 샤 슈자가 처형된 후 살아남은 사람들은 라카인 궁궐 수비대의 일부로 편입됐는데, 인도에서 새로운 병력이 충원되어 점차 규모가 커졌다. 1692년 그들은 해산되어 람리 섬으로 보내졌다. 그 후손들은 지금 (페르시아어로 '활'을 의미하는) 카만족으로 불리는데 일부는 람리 섬에, 나머지는 라카인의 여러 곳에 흩어져 살고 있다. 그들은 라카인어를 사용하지만, 외양에 아프간 또는 페르시아계의 모습이 남아있다. 미얀마 군사정부는 그들을 미얀마 연방을 구성하는 303개 종족 중 하나로 분류하여 그 존재를 인정했고 이후 이들은 그때 망명했던 황자를 따라왔던 병사의 후손임을 주장하고 있다.

이후 라카인 왕국은 쇠퇴일로를 걸었다. 벵골지역으로 노예사냥을 하러 갈 수도 없었다. 무굴제국의 칙령에 따라 네덜란드 상선의 입항이 금지되면서 무역으로 돈을 벌 수도 없었다. 동쪽으로는 미얀마 왕국이 데 브리토를 비롯한 지방호족을 멸하거나 복속시켜 제국의 위세를 회복했다. 먀욱-우의 위세는 급격히 떨어졌고 18세기 초에 이르자 왕도를 제외한 곳곳에서 전쟁이 꼬리를 무는 난세가 시작됐다. 지진이 수십 년 동안 정기적으로 발생하여 난세를 더욱 실감하게 했다. 1761년 대규모의 지진이 발생하여 모든 해안선이

5피트 위로 옮기했다. 왕국의 종말이 멀지 않았다.

명나라 최후의 황제

서쪽에서 무굴제국이 라카인 왕국에 접근하고 압박하는 것은 미얀마로 무시할 수 없는 일이었다. 그러나 북동쪽에서 일어나는 일에 비교하면 그건 차라리 사소한 일이었다. 중국에서 대변혁이 일어났다. 명 제국이 무너지고 있었다. 1646년 양쯔강과 동해안에 구축했던 방어선이 청(淸)군에 의해 무너졌다. 만력제(萬曆帝)의 많은 손자 중 마지막까지 살아남은 23세의 계왕(桂王)이 반청복명(反淸復明) 운동의 마지막 희망이 되었다. 그때까지 중국은 오랜 전쟁 속에 있었다. 만주에서 일어난 누르하치가 아무르강 유역의 퉁구스계열 유목민을 통합하여 후금(後金)을 세우고 중국을 압박해오고 있었다. 이후 대청(大淸)으로 국호를 바꾸고 1644년 북경을 함락했다. 그때 이후 1911년 신해혁명으로 청나라가 망할 때까지 중국은 북방 유목민의 지배를 받게 되었다.[26]

만력제의 일곱 번째 아들을 아버지로 둔 계왕은 한편으로는 궁궐의 엄격한 분위기 주눅 들고, 한편으로는 황실에 허락된 향락 속에서 자란 그저 그런 친왕 중 하나였다. 그 친왕이 이제 도망자 신세가 됐다. 봉토였던 중국 중부의 후난성(湖南省)으로 갔다가 남서쪽, 지금의 홍콩 근처로 갔다. 주강(珠江) 삼각주를 둘러싼 석회암 절벽 위에서 그는 3백 년의 역사를 자랑하는 명 황실의 적통 황제, 영력제(永曆帝)로 즉위했다.

계왕 또는 영력제는 반청복명 운동의 상징이 됐으나 그로 인해 추격이 심해져서 고달프게 도망 다녀야 했다. 남쪽 베트남과의 국경까지 갔다가 서쪽으로 움직여 광시성(廣西省)의 소수민족 마을로 갔다. 오랜 도피 생활로 '황제' 일행의 꼴은 말이 아니었다. 황제의 일행에는 점잖은 황궁 관리들과 정예병이 아니라 "동네 부랑자, 소금 밀매자, 시골 동네 창고 소유자"들이 다수였다.27 그런데도 사력을 다해 싸워 한동안 청군의 진격을 막아냈다.

1650년 초, 청군이 저지선을 돌파하고 남진하여 반청복명의 거점을 함락했다. 그리고 '황제'의 근거지를 직접 공격하기 시작했다. 이때 청군의 선봉은 일찌감치 항복한 명나라 장군들이었다. 1658년에 이르러 '황제'는 미얀마와의 국경지대로 밀려났다가, 결국 국경을 넘지 않을 수 없었다.

명나라의 친왕 또는 황제가 넘어 들어온 곳은 미얀마 왕의 직할지가 아니었다. 주민들도 미얀마어가 아니라 태국어에 가까운 말을 썼는데 버마에서는 그들을 샨족이라고 불렀다. 샨족은 지형에 따라 크고 작은 부족을 이루고 살았는데, 치앙마이나 켄퉁과 같은 곳은 땅의 크기로만 따지면 오늘날의 벨기에나 웨일스에 맞먹는 규모였다. 그러나 부족의 대다수는 산에서 수렵으로 먹고사는 작은 마을에 지나지 않았다. 명나라 초기에 이들은, 아마도 동남아인으로서는 처음으로, 명으로부터 총기와 화약을 입수하여 남쪽으로 아바 왕국 등을 강하게 압박했었다. 그러나 근년에 들어와 온건해져서, '서브와'라고 불리는 족장은 아바의 궁정과 조공 관계를 맺었다. 딸을 후궁으로 보내고 은과 말을 공물로 바쳤다.28

계왕 또는 영력제가 7백 명이 넘는 인원을 이끌고 국경을 넘었을 때 그를 맞이한 것은 샨족의 한 족장이었다. 황제는 미얀마 왕에게 큰 액수의 금을 제공하겠다고 약속하며 피난처를 요청했다. 그 당시 미얀마 왕 핀달레이는 그를 따뜻하게 맞이하여 아바로부터 이라와디강 건너에 있는 사가잉에 거처를 마련해 주었다. 그런데 그의 뒤를 따라 수천 명의 중국인이 몰려들며 문제가 발생했다. 그중에는 피난민도 있었지만, 산적들도 있었고, 무정부 상태에 빠진 광시(廣西)지방에서 빈집털이로 재미 보던 부랑자들도 많았다. 이들이 몰려들면서 미얀마의 지방은 공황에 빠졌다. 그들은 영력제의 지지자를 자처하면서 황제에게 사가잉을 떠나 그들에게 동참하라고 요구했다. 몽나이와 냐웅쉐를 점령하고 약탈하다가 진압하러 온 미얀마군을 학살했다. 사원은 불타고 동네는 약탈당하고 주민은 납치되었다. 나아가 아바를 목전에 둔 타다-우까지 쳐들어 왔다. 왕실수비대의 포르투갈 총병대가 애써 싸워 겨우 물리쳤다.29

계왕은 미안해서 어쩔 줄 몰랐다. 그들이 자신의 이름을 내세우든 말든 자신과는 상관없는 일이라고 해명했다. 그러자 미얀마 왕에게 비난이 쏠렸다. 당시 미얀마 왕 핀달레이는 유약했다. 정비가 아니라 후궁의 소산이어서 정통성이 약했다. 그런 출신 상의 약점 때문에 귀족들에게 휘둘렸다. 그 귀족들이 왕에게 혼란의 책임을 물어 양위를 요구했다. 그리고 이복동생 프롬 왕자를 왕위에 앉혔다. 처음 왕을 문제 삼은 것은 군의 핵심을 이룬 세습 장교들이었다. 그들은 중국인들이 약탈한 참상을 직접 보았다. 그들의 가족은 아바 남쪽의 간척지에서 살고 있었는데, 중국인들의 난동으로 그 지역의 식량이 귀해졌다. 왕에게 구휼미를 요청해야 했다. 그런데 왕의 측근과 후궁들이 그 난국을 이용하여 굶주린 사람들에게 고가로 식량을 팔아 돈을 벌었다. 왕은 알고도 눈감아줬다. 그러자 장교들이 궁정의 대신들에게 호소했고, 대신들은 핀달레이를 밀어내고 프롬을 추대한 것이었다.

프롬은 형과 달리 강한 군주였다. 왕이 되자 곧 갈수록 불안해하는 계왕 문제에 주목하기 시작했다. 새로운 왕은 중국인들 난동의 중심에 계왕/영력제가 있다고 생각했다. 그래서 계왕을 따르던 7백 명을 모두 사가잉에 있는 투파욘 파고다로 소집했다. 그리고 자신에게 충성서약을 하라고 요구했다. 중국인들은 그들이 신뢰하는 몽시의 족장이 와서 동의하기 전에는 서약할 수 없다고 버티었다. 몽시의 족장이 오고 그들은 서약했다. 그러나 몽시 족장이 밖으로 나가자 곧 왕실 병력이 진입하여 중국인들을 포위했다. 놀란 중국인들이 칼에 손을 가져갔지만, 총알 세례를 받고 쓰러졌다. 총알에 죽지 않은 사람들은 칼로 목이 잘렸다. 계왕은 더욱 불안해졌다.

계왕이 미얀마에 들어온 지 4년이 지난 1662년, 중국인 장군 오삼계(吳三桂)가 2만 명의 병력을 이끌고 쳐들어 왔다. 거침없이 산을 넘고 강을 건너 진격하여 아바를 불과 몇 마일 앞둔 지점에서 멈췄다. 그리고 영력제의 신병을 요구했다. 오삼계는 그때 50세로 원래 만리장성의 산해관(山海關)을 지키던 명나라 장군이었다. 청군이 쳐들어오자 관문을 열어 청군을 맞이하고 그 대가로 왕에 봉해졌다. 이후 1673년 다시 편을 바꿔 청나라에 반기를 들지만, 그것은 나중의 일이었다. 지금은 청의 장군이었고 황제의 여동생을 아내로 맞는 위세를 누리며 행복해하고 있었다.

프롬 왕은 처음에는 오삼계의 청군과 싸우려고 했으나 대신들이 이 말썽 많은 손님을 아예 돌려보내자고 주장했다. 그래서 계왕/영력제는 가족과 함께 청군에 건네졌다. 그의 나이 38세였다. 아들은 14세였다. 아버지와 아들은 윈난성의 쿤밍으로 끌려가 거기서 활시위로 목이 졸려 살해됐다. 아내와 딸들은 북경으로 압송됐다. 그들은 미얀마에 있는 동안 모두 로마 가톨릭에 귀의했다. 아바에 있던 제수이트 신부의 감화를 받은 것이었는데, 이름도 동로마제국 황실의 이름으로 바꿨다. 계왕의 아들은 콘스탄틴, 부인은 안네, 두 명의 공주는 각각 헬렌과 메리라는 이름을 얻었다.

중국인의 난동으로 건국 2백 년을 맞은 토웅우 왕국은 현저히 약해졌다. 그래도 왕국은 반란을 겪거나 분열되지 않았다. 그렇게 건재할 수 있었던 이유는 그전에 취했던 개혁조치 덕분이었다. 당시 동남아시아의 모든 나라가 그랬던 것처럼 경제력은 토지의 문제가 아니라 노동의 문제였다. 노동력은 항상 부족했다. 전쟁도 재물을 약탈하는 것 이상으로 노예와 포로를 잡기 위한 것이었다. 왕국의 통치는 결국 왕국 내 노동력을 어떻게 관리하는지의 문제로 귀결됐다. 이 모든 것들이 개선되고 체계화됐다.[30] 제국을 내세우고, 베인나웅의 위업을 기리고, 바간과 프롬에서 뿌리를 찾아 왕국의 정통성을 높였다. 왕국이 마침내 무너졌을 때도 새로 들어선 왕가는 과거를 부정하지 않고 전통을 고수했다. 후일 영국의 동인도 회사라는 전혀 새로운 적과 만나 상상하지도 못했던 재앙을 만났을 때야 마침내 새로운 개혁의 필요를 느꼈다.

5

애국심의 결과

유럽에서 7년 전쟁이 한창일 때
미얀마에 마지막 제국이 들어서서
태국, 그리고 중국과 싸웠다.
그렇게 제국을 건설하며
상무 정신을 키웠다.

5

아웅제야가 고통받는 백성의 구세주로 등장할 줄은 누구도 생각지 못했다. 토웅우 왕국이 약해지면서 마니푸르의 기병대가 무(Mu)강 유역의 촌락을 무차별적으로 약탈하고 사탑을 부수고 주민을 노예로 잡아가기 시작한 지 수십 년이 됐다. 조정에서 수차례 토벌대를 보냈지만, 화려하게 장식한 조랑말을 탄 마니푸르의 침입자들을 감당하지 못했다. 무능한 왕에 대해 백성의 지지가 떨어졌다. 속국들의 충성도도 떨어졌다. 1739년 여름, 마니푸르 왕 가리브 네와즈가 이끄는 기병대가 아바를 마주 보는 이라와디강 변까지 쳐들어와 사원과 경전을 불태웠다. 이라와디강의 신성한 물에서 물장구치며 분탕질을 쳤다. 1743년 마니푸르의 종교지도자 마하 따라푸가 직접 아바에 와서 미얀마 왕에게 힌두교를 강의했다. 2백 년 전 베인나웅이 세운 토웅우 왕조는 이제 유명무실해졌다. 역사는 목소보의 체다잉(*kyedaing*), 즉 세습부족장 아웅제야를 위기에 처한 미얀마의 구세주로 예비했다.

그 무렵 발등의 불은 마니푸르였다. 마니푸르는 아웅제야의 부족에서 북서쪽으로 수백 마일 떨어진, 지금의 미얀마-인도 국경 부근에 있는 땅의 이름이다. 사방이 산으로 둘러싸인 평지로 크기로 따지면 미국의 코네티컷주 정도다. 산속에 드물게 있는 평지라서 산악의 여러 부족이 탐내고 다투었다. 그런데 근년에 들어와 힌두교의 신흥분파 아래 통합됐다. 힌두교의 비슈누 신을 믿는 브라만 승려들이 들어와 마니푸르의 여러 족장을 교화시켜 통일된 종교의식과 규칙을 시행했다. 새로운 체제가 들어서면 새로운 활력을 낳는 법이라서 그 활력이 남쪽을 향한 군사적 팽창으로 분출됐다. 그렇게 17세기 중후반부터 시작된 마니푸르의 미얀마 침공이 이제 그 빈도와 정도에서 절정에 달한 것이었다.

외적이 침입하고, 무력한 왕조에 대한 백성의 신뢰와 속국의 충성이 약해지자 더 멀리 있는 남쪽, 즉 바고와 삼각주 지역의 도시국가들이 독자노선을 천명했다. 그쪽에서도 불만이 쌓이고 있었다. 세금은 많아지는데 행정은 가혹할 뿐 갈수록 효율이 떨어졌다. 남쪽에서 최초의 반란은 1740년 바고에서 시작됐다. 반냐달라라는 이름의 몬족 귀족이 주도했는데 1747년 스스로 왕위에 올라 바고의 과거 영광을 재현하겠다고 선언했다. 그 지역에는 여전히 몬족 언어가 사용되고 있었다. 그 언어를 사용하던 15세기 바고 왕국의 영광은 잊히지 않았다. 바고 왕국과 같은 몬족 왕국을 다시 건설하겠다는 꿈도 사라지지 않았다.

몇 년이 지나지 않아 바고를 비롯하여 헨자다, 프롬, 마르타반 등 남부의 주요 도시국가가 모두 자진하여 반냐달라가 이끄는 반군의 수중에 들어갔다. 반냐달라의 기세는 그야말로 욱일승천과 같았다. 철옹성으로 구축했던 아바조차 이렇다 할 저항 없이 함락됐다. 토웅우 왕조의 왕족은 모두 항복하여 포로가 됐다. 반냐달라의 바고 왕국에 남은 일은 선무 작업이었다. 그를 위해 소규모의 전투부대가 각지에 파견됐다. 대세를 탄 이상 새로운 왕국을 선전하고 충성을 다짐받는 일은 어려울 것이 없었다. 정확히 1753년의 일이었다.

같은 해, 지구 반대편에는 조지 워싱턴 소령이 이끄는 버지니아 민병대가 눈보라를 뚫고 프랑스군의 전진을 막기 위해 오하이오 분지를 향해 진군하고 있었다. 그런데, 이 두 가지 사건 사이에 연관이 있을 것이라고 누가 상상이나 했을까? 달리 말해, 미얀마에서의 정치적 격변이 유럽의 제국주의 역사에 한 획을 그을 것이라고 누가 감히 짐작이나 했을까?

무강 유역의 영주들

반냐달라가 파견한 기병대가 아바를 지나 이라와디강 중류의 한 지류인 무강 유역으로 진군했다. 그 지역을 통치하는 세습 영주들을 선무하기 위한 것이었다. 어려움이 있을 거라고는 전혀 예상하지 않았다. 오랜 역사 동안 미얀마는, 이 지방뿐만 아니라 전국에서, 중앙의 왕국이 강성할 때든 쇠약할 때든 지방의 마을 혹은 부족은 세습 영주 또는 족장이 지배했다. 그들이 조세, 사법, 제례, 의식을 주관했다. 이들과 평소에는 생업에 종사하다가 필요하면 무기를 드는 병력이 지방의 행정을 담당했다. 세습 영주가 지방의 백성과 중앙의 왕국을 연결하는 고리였다.

영주들도 나름대로 지위가 있고 위계 구조가 있었다. 가장 위에는 '묘뚜지'(*myothugyi*)가 있었는데, 그중에서는 수백 개의 마을과 소도시를 지배할 정도의 세력을 자랑하는 이도 있었다. 물론 지역마다 관행과 전통이 달라 일괄적으로 설명하기는 어렵지만, 대체로 이들은 그 조상이 마을이나 도시의 창건자였고, 그에 따른 특권적 지위를 대대로 유지하는 세습 호족이었다. 서로 혼인을 통해 그 기반과 영향력을 더욱 굳히고 확대하니 중앙정부에서도 무시할 수 없었다. 그런 가문은 대를 이어 중앙정부의 관리 또는 장교를 배출했다. 그 같은 전통은 무강 유역에서 특히 강했다. 그곳이야말로 미얀마 최초의 왕조 발상지 타가웅이 있는 곳이고, 대를 이어 가장 뛰어난 전사를 배출한 곳이었다.

아바의 토웅우 왕조가 바고의 몬족 반군에 무너졌을 때 아웅제야는 36세의 중년이었다. 성혼하여 열 살이 넘은 아들이 여럿 있었다. 180cm 정도로 당시로는 상당한 장신에, 미얀마 특유의 햇볕에 탄 구릿빛 피부를 자랑하는 근육질 남자였다. 영지 목소보는 수백 호 정도의 마을로 특히 크다거나 중요한 곳이 아니었다. 아바에서 북쪽으로 60마일 떨어진 곳에 있었고, 동쪽으로는 티크 목이 우거진 산맥이, 서쪽으로는 울창한 숲과 낮은 산이 둘러싼 가운데 볏논과 기장과 목화밭을 가꾸는 전형적인 농촌이었다.1 반면 아웅제야의 집안은 큰 가문이었다. 근처 지역의 다른 많은 가문과 혈연과 혼인으로 연결되어 있었다. 큰 가문과 혈연, 지연으로 연결된 집안이니만큼 대대로 그 지역 정치의 중심인 동시에 가끔 중앙정치에서도 중요한 지위를 맡았다. 그 집안은 15세기 기병대장을 조상으로 두었는데, 더욱 거슬러 올라가면 바간의 왕실 혈통을 이어받았다고 알려졌다.

목소보 주변에도 이미 대세가 기울었다고 생각하고 바고에 새로 들어선 왕과 왕국에 무릎을 꿇은 이들이 있었다. 그러나 아웅제야는 그럴 생각이 없었다. 반냐달라가 충성서약을 받기 위해 군사를 보냈다는 소식을 듣자 바로 저항에 나섰다. 인근 마을의 병력을 동원하고 조직했다. 야자나무를 잘라 요새를 쌓고 칼을 갈고 총을 모았다. 그리고 길목의 밀림 속에 매복하여 아무런 의심 없이 행군하는 몬 왕국의 병력을 기습 공격했다.

몬 왕국에서는 이 고집불통 부족장을 응징하기 위해 더욱 많은 병력을 파견했다. 그러나 그들 또한 가볍게 격퇴됐다. 그 소문이 퍼지자 목소보로 사람들이 몰려들었다. 목소보의 체다잉은 무강 유역의 부족을 통합하고 그 영역을 넓혀 나갔다. 바고의 몬 왕정에서는 계속 토벌군을 보냈다. 그럴 때마다 격퇴되고 그럴수록 아웅제야의 병력은 커졌다. 그러면서 몬 왕국에 충성을 맹세했던 부족이 편을 바꾸는 경우가 늘어났다. 저쪽에서 빼서 이쪽에 더하니 이중 효과가 있었다. 바고 왕국이 약해지자 다른 곳에서도 반란이 일어났다. 이라와디강 유역의 살린, 북쪽의 모가웅 등이 그랬다. 그래도 남쪽의 몬족 왕국에 대항해 북쪽 버마족의 총아로 확실하게 자리를 굳힌 것은 목소보의 아웅제야였다.

1754년 초 어느 쌀쌀한 아침, 아웅제야는 병력을 이끌고 작은 마을 목소보를 출발해 아직도 전흔이 사라지지 않은 아바로 갔다. 그곳의 왕실 사탑에 참배하기 위해서였다. 동쪽 산악지대의 추장·족장들이 모두 찾아와 그에게 무릎을 꿇고 충성을 맹세했다. 무혈통일을 기대했던 바고 왕국은 모든 병력을 동원하여 북쪽으로 출정했다. 그리고, 이제 스스로 대왕이라 칭하는 아웅제야의 병력에 일패도지(一敗塗地)했다.[2]

무슈 듀플렉스와 프랑스령 미얀마의 꿈

1742년, 조제프 프랑수아 듀플렉스 씨가 프랑스령 인도의 총독이 됐다. 동양에서 근 30년간 거주하며 상인으로, 또 식민지 정부의 관리로 경험을 쌓은 결과였다. 그때는 아직 영국의 동인도 회사가 인도 전역을 장악하지 못했다. 인도 곳곳에서 영국과 프랑스가 치열하게 경쟁하고 있었다. 유럽을 떠나 동양으로 온 거의 모든 유럽인이 그랬듯이 듀플렉스도 큰 야망이 있었고 상상력도 풍부했다. 동양의 많은 왕, 군주들과 교류하며 서양문물을 소개하고 프랑스의 영향력을 확대하려고 노력했다. 그가 총독이 됐을 때 유럽에는 오스트리아 왕위계승 전쟁이 한창이었다. 1748년, 그 전쟁이 영국도 프랑스도 별 실익을 얻지 못한 상태로 끝났다. 그 실망감을 보상할 생각으로 듀플렉스는 인도와 그 주변에서 영국을 밟고 프랑스의 영향력을 확대할 기회를 엿보았다.

그 무렵 미얀마의 정세가 급하게 돌아가고 있었다. 그 소식은 빠짐없이 듀플렉스에 들어갔다. 바고에서 권력을 잡은 반냐달라가 북쪽에서 새로 일어난 세력과 투쟁하고 있다는 것, 그리고 반냐달라가 그 투쟁에서 이기기 위해 외부의 도움을 절실히 원하고 있다는 것도 알게 됐다. 듀플렉스는 탁월한 전략가였다. 이런 상황에서 그는 주로 약한 측을 지원했다. 그쪽이 도움을 더 절실히 원하고 그런 만큼 다루기 쉬웠기 때문이다. 당시의 정세는 누가 우세하다고 판단하기 어려웠지만, 아웅제야는 뜨는 해, 반냐달라는 지는 해였다. 1750년 반냐달라의 사절단이 (인도 동남부 해안에 있는) 프랑스의 거점 도시 폰디체리를 방문했다. 프랑스 측은 그들을 극진히 대접했다. 그리고 잘 생기고 매력적인 씨외 드 브뤼노를 대표로 답방 사절단을 보내 바고 지도부의 마음을 사로잡았다. 마침내 양국 사이에 우호조약이 체결됐다. 바고 왕국은 프랑스에 좋은 무역 조건을 제공했다. 프랑스는 군사지원을 약속했다. 바고가 프랑스의 영향권에 들어오는 것은 이제 시간문제였다. 듀플렉스는 프랑스의 왕립 회사에 서한을 보내 이라와디강 유역에 조만간 프랑스의 식민지가 건설될 것이라고 보고했다.

세인트 조지 요새의 영국사람들 발등에 불이 떨어졌다. 영국의 동인도 회사가 미얀마에 발을 디딘 지는 오래였다. 그런데 프랑스가 선수를 쳤으니 그것을 상쇄해야 했다. 1746년 남인도양의 프랑스 총독, 베르트랑 프랑수아 마에 라 부르도네 백작 휘하 프랑스 해군이 영국의 거점 도시 마드라스를 점령했다. 그 지역에서 프랑스의 위세가 크게 일어난 반면 영국의 체면은 땅에 떨어졌다. 영국 동인도 회사는 최악을 생각해야 했다. 프랑스와의 전쟁이 다시 일어나면 인도의 영국 항구가 다시 점령될 수도 있었다. 그에 대비하여 멀지 않은 미얀마에 항구를 마련할 필요가 있었다. 당시 미얀마의 조선업은 세계 정상급이었다. 1730~40년대 프랑스는 그 조선소에 많은 전함을 발주했었다. 그런데 프랑스와 바고 왕국이 조약을 체결했다는 소식을 들어왔다. 영국도 사절을 보내 미얀마 남부 네그레이스 섬에 사무소를 개설하겠다고 요청했다. 그러나 영국 사절을 맞이하는 몬 왕국의 태도는 싸늘했다. 프랑스제 무기가 이미 배달되고 있었다. 몬 왕국이 프랑스 편에 선 것은 돌이킬 수 없는 사실이 됐다. 드 브뤼노는 아예 바고에 상주하는 프랑스 대표가 됐다. 프랑스령 버마에 대한 듀플렉스의 꿈은 실현되는 듯했다.

급해진 영국은 작은 섬 네그레이스를 무력으로 점령했다. 무리수였고 실수였다. 그때 프랑스 정부는 듀플렉스의 계획을 기각한 다음이었다. 듀플렉스 자신도 남인도의 여러 현안으로 정신이 없었다. 그러니 영국은 사실 아무런 일도 할 필요가 없었다. 그런데도 쓸모없는 작은 섬을 점령하고 그에 따른 온갖 어려움을 겪고 있었다. 풍토병에 시달리고 음식은 모자라고, 그 와중에서 현지인들의 무력저항이 끊이지 않았다. 그리고 무엇보다 미얀마의 내전에 발을 들여놓게 됐다.

프랑스든 영국이든 미얀마의 내전에 전적으로 개입하여 승패를 가를 만한 여력은 없었다. 승자의 편에 서는 것이 중요했다. 그런데 상황은 반냐달라에, 그래서 듀플렉스에 불리하게 돌아가고 있었다. 영국과 프랑스 어느 쪽도 미처 알지 못했던 새로운 인물 아웅제야는 이제 북부지방에 대한 바고의 침공을 완전히 물리쳤다. 나아가 반격에 나서 이라와디강을 따라 남진하고 있었다. 그 과정에서 아웅제야의 탁월한 군사적, 정치적 능력이 드러났다. 맞서는 자는 군사적으로 짓밟고, 망설이는 자는 정치적으로 회유하며 거침없이 남으로 진격했다. 1755년 초, 아웅제야는 마침내 전략적 · 정치적 · 상징적으로 중요한 도시 프롬을 장악했고, 그곳에서 따로 봉기하여 진격해 온 살레이와 꽉항에의 영주를 만나 충성을 서약받고 노고를 치하했다.

이후 전쟁은 3년간 치열하게 전개됐지만, 그 결과는 의심할 여지가 없었다.

제 5 장 애국심의 결과

아웅제야의 일방적 승리였다. 기발한 작전으로 이라와디 삼각주의 요충지인 다누뷰를 점령했다. 1755년 5월에는 쉐다곤 파고다가 있는 다곤을 점령했다. 새로운 영토를 획득할 때마다 엄정하고 효과적인 치안 및 사법제도를 시행하여 무장으로서만이 아니라 행정가로서도 매우 뛰어난 재능이 있음을 과시했다. 조만간 전쟁이 끝날 것을 기대하고 희망하면서 다곤의 이름을 양곤으로 바꾸었다. '적의 종말'이라는 뜻이었다. 그를 따르는 사람들이 그를 부르는 호칭도 바뀌었다. '알라웅파야', 곧 '미래의 부처님'이라는 뜻이었다.

궁지에 몰린 듀플렉스는 편을 바꿔 아웅제야 또는 알라웅파야를 지원할 수도 있다고 협박하여 바고의 왕정을 안달하게 하고 그럼으로써 영향력을 강화하려고 했다. 실제로 알라웅파야에게 상당한 양의 무기를 선물로 보내기도 했다. 알라웅파야는 선물은 챙겼으나 프랑스에 대한 적대감은 감추지 않았다. 오히려 영국과 동맹을 원했다. 영국에 네그레이스 섬을 일방적으로 점령한 데 대해 항의하면서도 군사원조를 하면 그 섬을 할양할 수 있다고 제안했다. 알라웅파야가 최종 승자가 되는 것은 시간문제였고 영국도 프랑스도 그것을 알고 있었다. 양국 모두 그의 환심을 사고 싶었다. 그것을 위한 최고의 수단은 무기를 제공하는 것이었다. 그런데 양국 모두 무기가 없었다. 달리 써야 할 데가 생겼기 때문이다. 유럽에서 7년 전쟁(1756~63)이 터진 것이었다.

프로이센의 프레데릭 대제가 스페인에서 스웨덴까지 이르는 유럽의 열강과 곳곳에서 전투를 벌였다. 영국은 루이 15세의 프랑스와 북미지역에서, 카리브해에서, 인도에서 전투를 벌였다. 세계대전은 1914년에 일어난 제1차 세계대전이 처음이 아니었다. 바로 이 전쟁, 후세에서 7년 전쟁이라고 한 이 전쟁이 최초의 세계대전이었다. 세계대전은 세계 곳곳에, 자연히 미얀마에도 여파를 미쳤다.

시리암과 7년 전쟁

왕은 세계 고든 강대국이 쳐들어와도 물리칠 수 있다고 말했다. 그리고 내게 우리가 프랑스인을 두려워하는지 물었다. 나는 영국 사람과 프랑스 사람은 서로 좋아하지 않지만, 영국인으로서 태어나서 프랑스인을 두려워하는 사람은 없다고 대답했다.[3]

— 영국 사절 인사인 로버트 레스터의 알라웅파야 면담록[4]

알라웅파야가 아직 정복하지 못한 곳이 두 곳 있었다. 시리암과 바고였다. 1755년 시리암을 공격했으나 실패했다. 브뤼노와 프랑스 장교들이 지키는 시리암은 견고한 성벽과 요소요소에 배치된 대포로 말미암아 쉽사리 함락할 수 없었다. 그 무렵 아르코트 호라는 이름의 한 영국 선박이 어쩌다가, 아마 상부로부터 훈령이 없는 상태에서, 양곤을 공격하는 프랑스-몬 연합군에 합류했다. 그 공격은 실패로 끝났다. 실수를 깨달은 영국 측에서 조지 베이커 대위를 단장으로 진사 사절단을 알라웅파야에게 보냈다. 상당수의 대포와 소총을 선물로 가지고 가서 가능한 한 빨리 우호조약을 체결하라고 했다.

그때 알라웅파야는 목소보를 방문하고 있었다. 목소보는 이제 더는 작은 촌락이 아니라 왕국의 수도였다. 수천 명의 인구가 새로 몰려들었고 높은 성벽을 쌓아 올린 속에서 건물들이 속속 지어지고 있었다. '사냥꾼 우두머리'라는 의미의 목소보를 '황금 우두머리'라는 의미의 '슈웨보'로 바꾸었다. '슈웨보-따!'(슈웨보의 아들)가 전투에서 미얀마군이 외치는 돌격구호가 됐다. 남쪽 몬족에 대항하는 북쪽 버마족의 애국심 이상을 암시하는 뭔가가 있었다.[5] 알라웅파야가 슈웨보를 방문한 이유는 따로 있었다. 오랫동안 미얀마를 괴롭히던 마니푸르에 대한 원정을 지휘하기 위해서였다. 이 전투에서 미얀마군은 최초로 화기를 사용했다. 마니푸르에 대한 공격은 이후에도 여러 차례 계속됐다. 또 알라웅파야는 민흘라 민가웅 쩌가 이끄는 소총부대를 샨의 고원지대로 보내 그곳의 부족들을 복속시키도록 했다.

시리암과 바고는 아직 함락하지 못했으나 알라웅파야가 지배하는 강역은 광대했다. 북으로는 히말라야에 이르고 남으로는 샴에 달했다. 영국군의 젊은 대위 조지 베이커는 왕의 과시욕을 여러 차례 목격했다. 팔을 걷어붙이고 "이 팔과 근육을 보게"라고 말했다. "나만 한 근육을 가진 사람은 천 명 중에도 없네. 바고 왕 정도는 백 명이 몰려와도 때려눕힐 수 있지"라며 자랑했다. 알라웅파야 대왕은 영국이 네그레이스 섬을 계속 사용해도 좋다고 했다. 그러나 동인도 회사와 우호조약을 체결하는 것은 미루고 있었다. 더 높은 급에서 거래하고 싶었다. 그래서 영국의 국왕 조지 2세에게 금박과 보석으로 장식한 편지를 보냈다.

> 온갖 위대함과 권능을 가진 왕이자 독재자, 또나프론다, 톰프 데바와 캄보자의 영주, 버마 왕국, 샴과 휴건 왕국, 케이시 왕국의 주권자, 루비, 금, 은, 주석, 철, 호박 광산의 영주, 흰 코끼리, 붉은 코끼리, 점박이 코끼리의 영주, 생명의 창(槍), 수많은 황금 궁전과 모든 왕국의 영주, 그 모든 위대함과 부유함을 하늘로부터 받은 본 왕은 잉글랜드, 마드라스, 벵갈, 포트 세인 데이비드, 데프 코타의 왕께 경의를 표하고 선물을 바칩니다. 이 선물을 통해 선조로부터 지금까지 영국인과 버마인이 모든 자유와 성의와 이익과 성공으로 쌓아온 통상과 무역이 있었음을 알리고자 합니다.[6]

요컨대 동인도 '회사'가 아니라 영국과 '국가' 차원에서 조약을 맺자는 것이었다. 그러나 수개월이 지나도록 영국 왕실, 또는 내각에서 답신이 없었다.

(영국을 싫어하는 아르메니아인 자문관의 반대에도 불구하고) 네그레이스 섬에 대해 관대한 조치를 취했으나 약속했던 군사지원도 실현되지 않았다. 속은 것일까? 확실치는 않았다. 그러나 영국을 믿을 수 없다는 생각이 이 새로운 왕국 핵심인사들 사이에, 그리고 초기 미얀마 애국자들 사이에 자리 잡기 시작했다.7

한편 시리암의 찜통 같은 무더위에 갇힌 채 폰디체리로부터 증원군을 기다리던 브뤼노와 프랑스인들은 더는 참을 수 없게 됐다. 알라웅파야가 최정예 병력을 이끌고 북부 전선에서 내려와 최후의 공세를 준비하고 있었다. 함락은 시간문제였다. 보급품도 바닥났다. 브뤼노는 부끄럽게도 몬 측을 배반하고 미얀마 측과 별도의 협상을 시도했다. 그러다가 들켜서 체포됐다.

알라웅파야도 프랑스군의 증원을 걱정하고 있었다. 증원군이 오기 전에 끝내려고 공세를 강화하기로 했다. 그런데 퇴로가 없는 몬족과 프랑스인들이 결사 항쟁에 나서면 많은 사상자가 발생할 수 있었다. 알라웅파야는 자원자를 모집하여 93명을 선발하고 '시리암의 황금 부대'라는 이름을 부여했다. 이 이름은 미얀마 민족주의자들에게 두고두고 전해오는 신화 속 자부심의 상징이 됐다. 93명에는 왕의 호위병, 장교, 왕족, 그리고 베인나웅의 후예들이 포함됐다. 우기가 시작되어 폭우가 퍼붓고, 그 폭우가 급류를 이루어 흐르는 가운데 93인의 특공대는 왕과 함께 최후의 식사를 했다. 왕은 각자에게 가죽 투구와 칠기 갑옷을 나눠줬다.

그날 밤 미얀마군은 북을 치고 풍악을 울렸다. 마치 잔치를 하는 듯 위장하여 상대방이 긴장을 풀고 경계를 늦추도록 하려는 계략이었다. 그러는 사이 특공대가 성벽에 접근하는 데 성공했고 백병전 끝에 성문을 활짝 열었다. 미얀마군이 '슈웨보-따!'를 외치며 진격해 들어갔고 여인과 아이들의 비명 속에 성이 함락됐다. 창고에서 발견된 시리암의 금은보화, 전 세계에서 들어온 듣지도 보지도 못한 화려한 물건들을 본 북부의 시골 출신 미얀마 병사들은 입을 다물지 못했다. 다음 날 아침 알라웅파야는 노획한 금은보화를 모두 '황금 부대'의 생존자 20명과 전사자 73명의 가족에게 포상으로 주었다.[8]

며칠 후 갈라떼 호와 플뤠리 호라는 이름을 가진 두 척의 프랑스 선박이 병력과 보급품을 가득 실은 채 폰디체리에서 도착했다. 바로 그 며칠만큼 너무 늦었다. 두 척의 선박은 강을 따라 하구에서 수 마일 떨어진 시리암으로 접근하여 물길을 안내할 사람을 찾고자 작은 배를 내려보냈다. 그 배가 알라웅파야 측에게 잡혔다. 브뤼노에게 가짜 편지를 쓰도록 강요하여 그것을 가지고 돌아가게 했다. 그에 속아 잘못된 물길로 들어간 선박이 좌초했고 바로 미얀마 측에 나포됐다. 2백 명의 장교와 병사들이 포로로 잡혔다. 35문의 함포와 5문의 야포, 1천 정이 넘는 소총을 노획했다. 대단한 물량이었다. 브뤼노는 처형됐다. 일설에 의하면 못 박힌 채 햇볕 아래 죽어갔다고 한다. 그의 참모들도 처형됐다.

반면 포로로 잡힌 2백 명의 프랑스 병력은 상대적으로 후대를 받았다. 미얀마인 여인과 결혼하여 미얀마군에 편입됐다. 일부는 장교로 승진하여 왕실수비대에 근무하기도 했다. 그들의 주거지는 '페링히' 촌에 마련됐는데, 그럼으로써 미리 있던 포르투갈, 기타 가톨릭 촌에 브리튼과 노르만 촌이 더해졌다. 그중 한 사람인 피에르 드 밀라르는 이후 20년 동안 왕의 보병대장으로서 바고, 아유타야와 마니푸르 정벌에 참전했다.

이쯤 되니 바고는 더는 문제가 아니었다. 1757년 5월 바고가 마침내 함락됐다. 반냐달라는 하나밖에 없는 딸을 화려하게 치장한 가마에 태워 보내어 화해를 요청했지만, 용서는 없었다. 달이 뜰 무렵 마침내 성은 함락됐고 미얀마군은 남녀노소를 막론하고 무차별 학살했다. 알라웅파야는 미얀마 및 프랑스인

호위병에 둘러싸인 채 거대한 코끼리를 타고 입성하여 '슈웨모도' 사탑을 참배했다. 2세기 전, 타빈슈웨티와 베인나웅이 건설했던 성벽과 20개의 성문이 모두 무너졌다.

바고와 그 인근에 살고 있던 몬족이 키워왔던 독립왕국의 꿈은 완전히 사라졌다. 한때 꿈꾸었던 독립왕국, 그 이후 찾아왔던 철저한 파괴와 처참한 학살은 그 후 오랫동안 기억으로 남았다. 수많은 사람이 국경을 넘어 샴으로 피난했다. 나머지는 노예로 팔렸다. 그때 한 몬족 승려가 기록을 남겼다.

"아이는 엄마를 찾고 엄마는 아이를 찾아 울부짖었다. 곳곳에서 통곡 소리가 들렸다."[9]

이후 북쪽에서 미얀마어를 쓰는 사람들이 대거 몰려와 정착했다. 한때 기세를 올리던 몬족의 시대는 완전히 끝났다.

그 무렵 7년 전쟁도 끝났다. 영국이 프랑스를 물리치고 세계적인 제국으로 부상했다. 북미대륙에서 제임스 울프 장군이 1759년 퀘벡주 에이브러햄 평원에서 프랑스의 몽캄 후작을 격파했다. 프랑스가 지배하던 캐나다 지역이 영국의 지배하에 들어왔다. 아시아에서 로버트 클라이브가 이끄는 동인도 회사가 카르나틱에서 프랑스를 몰아냈다. 나아가 벵골의 지배자였던 시라-우드-다울라의 병력을 격파하여 인도 동해지역에 대한 영국의 배타적 지배를 굳혔다.

알라웅파야가 바고 왕국을 격파하지 않았더라면 어떻게 됐을까? 프랑스의 지원을 받은 반냐달라의 바고 왕국이 미얀마 전역을 지배하지 않았을까? 그랬더라면 벵골만 지역에 대한 영국의 배타적 지배가 달라지지 않았을까?

아유타야의 함락

알라웅파야가 세운 왕국은 꼰바웅 왕조로 불렸다. 꼰바웅이란 슈웨보와 그 인근의 지명이다. 이후 반세기 동안, 이 왕조는 그의 세 아들과 손자로 이어졌는데 그 시기는 미얀마 역사에서 가장 호전적이고 팽창주의적인 시기였다. 남부에 몬족 부족들이 완전히 해체되면서 그쪽의 반란 가능성은 사라졌다. 그러면 이라와디 분지 전역에 단일한 종족 국가가 뿌리를 내릴 것이었다. 몇 년 후 닥쳐올 영국의 위협은 아직 안중에 없었다. 아바 궁정의 눈은 동쪽, 샴에 쏠렸다.

타닌따리 산맥을 넘어 샴으로 진격한 것은 북쪽의 마니푸르에서 메르귀에 이르는 정복 전쟁의 유혈에 젖어있던 알라웅파야 자신이었다. 1759년에서 1760년으로 넘어가는 겨울, 알라웅파야는 직접 원정에 나서 아유타야를 포위하고, 이제 '차크라바르틴' 즉 세계의 제왕을 자처하는 자신에게 항복할 것을 요구했다. 샴은 부실한 방어에도 불구하고 그 요구를 거절했는데, 하늘이 도왔는지 알라웅파야가 병이 들어 미얀마군이 후퇴했다. 그러나 미얀마군은 곧 다시 쳐들어왔다. 그 결과는 치명적이었다.

버마는 북쪽과 서쪽, 두 방향에서 진격해왔다. 네이묘 띠하파티가 이끄는 북로군에는 주로 샨고원의 여러 부족이 그 부족장의 지휘하에 참전하고 있었다. 1763년에 북부도시 치앙마이가 함락됐다. 이후 몇 달이 지나지 않아 (오늘날 태국 북부에 있었던) 란마 왕국 치하의 모든 영역이 미얀마군 수중에 들어왔다. 왕실연대기는 이렇게 기록한다.

"건방을 떨며 대들던 치앙마이의 57개 마을을 진압하니 나머지는 수면처럼 순조로웠다."[10]

비엔티엔의 라오 왕은 아바의 종주권을 인정하겠다며 항복했고, 그와 맞서던 루앙 프라방 왕은 1765년 3월 패망했다. 이제 샴의 북부지역은 완전히 미얀마의 손아귀에 들어왔다. 이후 네이묘 띠하파티의 북로군은 차오 프라야 분지를 따라 남진을 계속하여 샴의 중부지역을 계속 병탄해 나갔다.

주력인 서로군은 마하 너라타의 지휘 아래 마르타반과 타보이(=다웨이)를 출발하여 도나 산맥을 넘어 북로군과 합류했다. 도중에서 징집한 병력을 포함한 거대병력은 1766년 1월 아유타야 외곽에 결집했다. 멀지 않은 곳에 아유타야 성과 주변의 사원이 황금빛으로 빛나고 있었다.

이처럼 압도적인 위협에 직면한 아유타야 왕국은 어찌할 바를 몰랐다. 우왕좌왕하다가 시기를 놓쳤다. 아유타야의 왕 수리야마린은 미얀마군의 진격을 막기 위해 여러 차례 정예병을 내보냈지만 모두 그야말로 풍비박산됐다. 그래도 우기가 시작되면 미얀마군이 철수할 것이라고 기대하며 버티었다. 우기가 왔다. 아유타야 성은 항전을 지속했다. 그러나 미얀마군은 지면을 높이 쌓아 우기를 버티며 선박을 마련하여 공격을 준비했다. 성에서는 포위망을 뚫으려고 몇 차례 시도했으나 모두 실패로 끝났다. 공성전이 근 일 년 동안 계속됐다. 식량이 떨어지고 돌림병이 돌았다. 게다가 1767년 초, 큰불이 일어나 많은 주택이 불타 사라졌다. 마침내 수리야마린 왕이 조건부 항복을 제안했다. 그러나 너무 늦었다. 승리를 눈앞에 두고 고무된 미얀마군은 무조건 항복을 요구했다.

1767년 4월 7일, 미얀마군이 드디어 수비벽을 돌파하여 성을 점령했다. 모든 것을 불사르고 모든 사람을 포로로 잡아 압송했다. 14세기이래 다섯 개 왕조, 33대 왕이 거주했던 대궁전, 또 1695년 루이 14세의 사절단을 포함한 외빈들을 맞이하던 화려한 산페트 프라사트 홀은 잔해조차 남기지 않았다. 아유타야의 마지막 왕은 작은 배를 타고 탈출했지만, 며칠 후 굶어 죽었다고 전해진다. 전대 왕과 수백 명에 달하는 대신과 귀족, 왕족은 모두 미얀마로 끌려와 새로 정착했다. 전설 속의 도시의 이름을 따 '라마'라고 불렸던, 인구로는 당시 런던과 파리에 못지않았던 이 왕성은 미얀마의 전쟁 기계에 의해 초토화됐다. 미얀마의 기세를 막을 자는 없을 것 같았다.

그 당시 미얀마의 왕은 알라웅파야의 둘째 아들 몌두였다. 그는 샴에 명목상의 왕을 두고 간접 통치할지, 아니면 총독을 파견하여 직접 통치할지를 놓고 고민하고 있었다. 그런데 생각지도 못했던 일이 일어나 그 고민을 무색하게 만들었다. 북쪽에서 만주족의 청나라가 대군을 이끌고 쳐들어온 것이었다.

중국과 국경을 접하고 싸우다

아이신기오로(愛新覺羅) 건륭제(乾隆帝, 1711~1799)는 중국 청나라의 제5대 황제로 많은 치적을 남긴 명군이었다. 무엇보다 대단한 정복자로서 수차례의 원정을 통해 청의 강역을 최대로 확장했다. 그 같은 성공은 물론 청나라 군대가 그만큼 강했던 덕분이지만, 동시에 몽골과 터키가 약세로 접어든 행운도 있었다. 1759년 카슈가르, 야르칸드 왕국을 잔혹하게 정복하여 '새로 얻은 땅'이라는 뜻으로 신장(新疆)이라고 이름했다. 중국의 직할 영토가 마침내 중앙아시아에 이른 것이었다. 1793년, 건륭제는 영국의 사신 조지 맥카트니 경(Sir George McCartney)을 만나, 80대의 나이에도 불구하고 건강하고 여유롭고 자신감 넘치는 모습으로, '중화제국은 크고 부유하여 외국과 교류할 필요가 없다'라고 말했다. 그처럼 당시 청제국은 대단했다. 건륭제의 재위 기간 63년(1736~1799년)은 중국 역사상 가장 길었다.[11]* 건륭제는 치적이 많지만, 자신

---

* 건륭제는 조부 강희제의 재위 기간(61년)을 넘길 수 없다는 이유로 재위 60년인 1796년에

은 군사적 승리와 정벌을 가장 큰 자랑거리로 내세웠다. 그런데 그가 내세울 수 없어 숨긴 패전의 사례가 있다. 바로 1767~70년간 미얀마 정벌 전쟁의 실패로 청제국 역사상 가장 처참한 패배였다.12

이전 왕조 명나라 때 미얀마와 인접한 윈난(雲南)의 지위는 제국에 편입된 것도 아닌 것도 아닌 애매한 것이었다. 명나라가 멸망하고 청나라가 자리를 잡기 전인 17세기 말, 18세기 초 이 지역은 관의 지배가 무너진 일종의 무법천지였다. 사방 각지에서 부랑자들이 은광을 찾아 몰려들어서 더욱 그랬다. 과거 대리국의 유산은 거의 사라졌고 쿤밍이 새로운 중심도시로 성장했다. 온갖 인종이 모여 사는 가운데 중국의 관용언어 만다린 어가 널리 통용되기 시작했다.

쿤밍과 미얀마 사이 산악지대에는 많은 소규모 부족이 자리 잡고 있으며 늘 중국 쪽 윈난성이나 반대쪽 미얀마에 강대한 세력이 등장하여 독립을 잃을까 두려워했다. 미얀마에 알라웅파야의 꼰바웅 왕조가 강성해지며 샨고원에 대한 지배를 확대하자 이들은 중국과 관계를 강화하여 미얀마를 견제하고자 했다. 1760년대 알라웅파야의 팽창정책을 승계한 메두 왕이 동쪽 샨 지역에서 전쟁을 계속하자 그런 우려는 더욱 커졌다.

미얀마의 왕실 기록에 따르면 전쟁은 켄퉁에서 있었던 한 살인사건으로 촉발됐다. 켄퉁은 메콩강 상류에 자리한 샨족 부족의 영역이었는데, 거기서 한 중국 상인이 주점에서 벌어진 시비 끝에 살해된 것이다. 그 전에 미얀마와 중국의 군대가 (보이차로 유명한) 푸얼(普洱)에서 충돌했다가 중국군이 참패한 일이 있었다. 당시 윈난성 성주, 강직한 선비로 알려진 류자오(劉藻)는 그 전투와 패배를 조정에 보고하지 않았다. 분노한 황제가 류자오를 해임하고 소환하자 그는 "황상의 성은은 갚을 길이 없도다. 죽음으로써 사죄하노라"라

양위하고 태상황이 됐다. 3년 후 1796년, 88세를 일기로 승하했다 — 옮긴 이.

제 5 장 애국심의 결과

는 혈서를 남기고 자결했다.13 그런 일은 중국 전통에 비추어 드문 일은 아니었으나 황제는 그것조차 용납할 수 없었다. 황제의 허락 없이 목숨을 끊다니. 미얀마(緬甸)는 이제 황제의 위엄을 좌우하는 문제가 됐다. 누가 됐든 미얀마 문제를 다루는 신하는 이제 황제의 관심을 벗어날 수 없었다. 그리고 누구든 그 사실을 알고 있었다. 전쟁은 지금부터 시작이었다.

류자오의 후임으로 양잉주(楊應琚)가 부임했다. 그는 광둥(廣東) 등지에서 외국인을 오래 다룬 경험이 있었다. 1766년 여름 부임 직후 양잉주는 샨고원으로 대규모 병력을 파견했다. 대수롭지 않은 적에 비하면 지나치게 많은 병력이었지만 결과는 뜻밖이었다. 병력 대부분을 잃고 쫓겨 온 것이다. 양잉주는 미처 몰랐지만, 미얀마 왕 메두는 병법의 달인이었다. 미얀마군 사령관 발라 민딘은 왕의 지시에 따라 국경의 요충지였던 바모를 버리고 후퇴하여 중국군을 유인한 다음 포위 섬멸하는 작전을 펼쳐 성공했다. 그런데 양잉주가 마주 싸워야 했던 적은 이처럼 경험 많고 훈련된 미얀마군만이 아니었다. 후일 영국군도 뼈저리게 느꼈듯이, 더욱 무서운 적은 바로 풍토병이었다. 정확한 통계치는 없지만, 당시 청나라 군대는 콜레라와 이질, 말라리아 등의 풍토병으로 수천 명의 병력을 잃었다. 건륭제는 천 명의 병사 중 8백 명이 질병으로 죽고 백 명이 앓고 있다는 보고서를 믿을 수 없었다. 양잉주도 류자오처럼 거짓 보고를 한다고 생각했다. 류자오의 전례를 교훈 삼아 양잉주를 해임하고 체포하여 북경으로 압송한 다음, 그의 눈앞에서 자결하도록 명했다.

팔기병(八旗兵)

제국의 위엄이 달린 미얀마 전쟁에서 중국군이 연패하자 건륭제는 만주군을 파병하기로 했다. 황제는 원래부터 한족이 중심이 된 녹영병(綠營兵)을 믿지 않았다. 만주족은 우월한 정복민족이고 한족은 열등한 피정복민족이었다. 미얀마가 녹영병을 이긴 것은 의외였지만, 만주의 정예 팔기병은 절대 이길 수 없다고 생각했다. 황제는 백전노장 밍루이(明瑞)를 윈난 및 구이저우(貴州)의 총독 겸 미얀마 원정군 총사령관으로 임명했다. 밍루이는 서북부 전선에서 투르크족을 몰아내고 오늘날 카자흐스탄에 해당하는 이리(伊犁)의 총독으로 근무하고 있었다. 그런 그가 윈난·귀이저우 총독이 됐다는 것은 미얀마와의 분쟁이 단순한 국경분쟁이 아니라 청제국의 명운을 건 전쟁이 됐다는 뜻이었다. 북방, 특히 만주에서 병력이 보충됐다. 전국에서 보급품이 징발됐다. (이제는 무시할 수 없게 된) 풍토병에 대비하기 위해 출정 시기를 겨울로 정했다. 미얀마는 세계에서 가장 거대한 제국이 총력을 기울여 동원한 병력을 상대로 전쟁을 치르게 된 것이었다.

처음에는 청의 계획대로 됐다. 청군의 선봉대는 이라와디 분지를 거침없이 쳐들어갔다. 곡테익 계곡을 건너 아바에서 30마일, 병력의 진격 속도로 봤을 때 사흘 거리에 있는 둔 싱구를 함락했다. 아바의 주민은 공황에 빠졌다. 그러나 메두 왕은 경동하지 않고 직접 병력을 이끌고 출동했다. 알라웅파야의 피를 받은 그와 형제들은 적과 일대일 대결도 불사하겠다고 선언했다. 눈앞의 급박한 정세에도 흔들리지 않고 병력을 우회시켜 쎈이에서 청군의 제2군, 즉 본진을 치열한 전투 끝에 저지하는 데 성공했다. 동시에 남쪽 샴 전선에서 마하 띠하 뚜라가 전투경험이 많은 병력을 이끌고 도착했다.

결과적으로 너무 앞서 나가 전선이 길어진 밍루이의 병력은 고립됐다. 마하 시뚜가 총지휘를 맡은 미얀마군은 그 모든 점을 철저히 이용했다. 보급 및 통신선을 차단하고 고립된 병력을 여러 방향에서 공격하여 조각냈다. 만주벌판에서 무적을 자랑하던 유목민 출신의 팔기병은 38도가 넘는 찜통 같은 날씨 속에서 적군의 공격과 말라리아와 같은 풍토병 속에서 죽어갔다. 밍루이는 이제 전진은 어렵다고 판단했다. 오히려 병력을 잃지 않고 윈난으로 철군하는 것이 더 급한 일이 됐다. 1768년 초, 밍루이는 온갖 매복공격에 시달리며 후퇴하던 중 국경을 넘기 직전의 전투에서 큰 부상을 입었다. 변발(辮髮)을 잘라 황제에게 보내고 스스로 목을 매달아 자결했다. 1만 명이 넘는 팔기병이 출발했지만 돌아간 이는 수십 명에 불과했다.

건륭제는 새로 정복한 영토를 순시하는 것을 좋아했다. 미얀마 전선에 백전노장 밍루이와 팔기병을 파견한 후 새로 정복한 미얀마를 어떻게 통치할지를 고민하고 있었다. 그런 그에게 밍루이가 전사하고 팔기병이 궤멸했다는 소식은 청천벽력과 같았다. 일단 모든 군사행동의 중단을 명령한 다음 새로운 전략을 논의했다. 전선에서 돌아온 무장들은 미얀마를 점령할 방법이 없다고 진언했다. 그래도 물러설 수는 없었다. 제국의 위엄이 달려있었다.

마침내 황제는 가장 신임하던 푸헝(傅恒)을 찾았다. 푸헝은 바로 이런 상황에 필요한 신하였다. 과거 어려운 일이 있을 때마다 황제의 뜻을 받들고 결의를 다져주었다. 1750년대 중가리아(準噶爾)를 칠 때 다들 너무 위험하다고 말렸지만 푸헝 만은 황제를 지지했고 결국 성공했었다. 1768년 4월 14일, 조정은 밍루이의 전사 사실을 공표하고 푸헝을 미얀마 정벌군의 총사령관으로 새로 임명했다. 아귀(阿桂), 아리군(阿里袞), 수헤데 등 최고의 명장들을 부장으로 임명했다. 청 제국의 총력을 기울여 미얀마와의 최후의 일전을 준비했다.

그러나 전투가 시작되기 전부터 청의 일부 인사들이 아바에 평화사절을 보냈다. 미얀마 측도 샴과의 일전이 중요한 만큼 외교적 해결에 관심이 있었다. 그러나 황제와 푸헝은 미얀마의 항복 이외는 해결책이 없음을 분명히 했다. 제국의 체면과 황제의 위엄이 걸린 문제라는 것을 다시금 강조했다.

1769년 늦봄, 푸헝이 윈난성에 도착했다. 목표는 몌두가 통치하는 모든 미얀마 영역을 청 제국의 직할지로 만드는 것이었다. 그 점을 밝혀 샴과 라오스의 여러 군주에게 사절을 보내 공동전선을 구축하고자 했다. 1백 년 전 오삼계가 미얀마를 침공했을 때 이용했던 경로를 참고하여 3로군을 편성했다. 또 13세기 몽골군의 전술을 참고하여 이라와디강도 이용했다. 푸젠(福建)의 수군이 대규모로 동원되어 전선으로 이동했다. 수백 척의 함선을 건조했다. 나웅 슈웨빈이라는 작은 국경도시에 철통같은 요새를 구축했다. 황제는 만족했다. "푸헝 만이 용감하게 진군하도다"라고 말했다. 푸헝은 주변의 만류를 물리치고, 또 기습의 효과를 노려 우기에 진공하기로 했다. "장독(瘴毒)이 어느 곳이나 있는 것이 아니길" 희망했다.14

미얀마도 준비가 돼 있었다. 3로로 방어군을 구성했다. 1로군은 띠하뚜의 지휘하에 이라와디강 상류에 있는 모가웅을 향해 진군했다. 9월 하순의 일이었다. 2로군은 마하 띠하 뚜라의 지휘하에 수로를 이용하여 바모로 나아갔다. 코끼리 부대, 기병대, 그리고 프랑스인, 지금은 타베의 영주가 된 피에르 드 밀라르가 이끄는 소총부대로 편성된 3로군 겸 중군은 몽밋 왕자의 지휘하에 이라와디강의 동안(東岸)을 따라 진군했다. 강력한 지진이 온 나라를 흔들었다. 이를 전쟁을 앞둔 흉조로 여긴 사람들이 수백 개의 금불상, 은불상을 주조하여 슈웨지곤 사탑과 양곤의 쉐다곤 사탑에 바쳤다. 흉조를 달래고 승리를 기원하기 위해서였다.

청의 침공은 우기 중인 1769년 10월에 시작됐다. 아니나 다를까, 만주족 병사와 한족 수병들은 질병에 걸려 죽어가기 시작했다. 푸헝도 열병에 걸렸다. 미얀마군은 까웅툰에 요새를 구축하고 완강히 저항했다. 청의 최정예군은 4주일이 지나도록 미얀마 방어를 뚫지 못했다. 수많은 병사가 전투로 또 질병으로 죽어 나갔다. 마침내 양측에서 휴전에 대한 묵시적 합의가 이루어졌다. 청 측의 강경파 푸헝은 와병 중이어서 반대의 목소리를 내지 못했다. 미얀마 측의 마하 띠하 뚜라도 평화가 최선의 선택지라고 생각했다. 그리하여 1769년

12월 22일, 쌀쌀한 날씨 속에서 14인의 미얀마 대표와 13인의 청국 대표가 윈난의 검푸른 산을 배경으로 평화조약에 서명했다. 청군은 현재 전선을 이루고 있던 슈웨리 계곡 이북으로 철수하기로 했다. 포로를 맞교환했다. 무역은 재개될 것이며 십 년마다 사절단을 서로 파견하기로 했다. 청군은 선박을 불태우고 대포를 녹여 없앤 후 영원히 미얀마의 영토를 떠났다.

그로부터 얼마 후, 알라웅파야의 4남, 바돈의 왕자가 36세의 나이로 왕위에 올랐다. 피비린내 나는 권력투쟁의 결과였다. 조카인 전왕과 왕족, 권신 등 누구라도 도전자가 될만한 이들 모두를 무차별 처형했다. 그는 '스리 빠와라 비자야 난다야스트리 부와나딧야 아디빠티 판디타 마하 라마 라자이라자'라는 엄청나게 긴 왕호를 자처했는데, 후세에는 보더파야(Bodawpaya) 곧 '할아버지 왕'으로 불렸다. 미얀마 왕조의 모든 왕이 그랬지만, 그는 특히 많은 비빈을 두었다. 총 207명의 비빈으로부터 62명의 왕자와 58명의 공주를 두었다. 거의 절반은 어린 시절을 넘기지 못했다. 그 많은 자식으로부터 얼마나 많은 손자·손녀가 나왔는지는 정확히 알지 못했지만, 그 많은 손자 중 둘이 후대에 왕이 됨으로써 '할아버지 왕'으로 불린 것이다. 그 많은 손녀 중에 나의 5대 조모가 있었다. 그분은 므웨이인이라는 부족장의 딸을 어머니로 두었다.

보더파야의 재위를 기준으로 꼰바웅 왕조는 한 획을 긋게 된다. 그의 아버지와 형들은 스스로 군대를 이끌고 원정에 나선, 말하자면 창업자들이었다. 보더파야 왕 때부터 왕은 화려한 궁궐 속에서 외부의 적이 아닌 내부의 적과 권력투쟁에 몰두했다. 보더파야가 평화를 사랑했다는 뜻은 결코 아니다. 그도 라카인과 샴에 대한 정복 전쟁을 벌였다. 다만 직접 전선에 나가지 않고 일선 장군들에게 맡겨두었다는 점에서 부친이나 형들과는 차이가 있었다. 종교에 관심이 많아 승려, 학자들과 함께 논쟁을 벌이고 사원들 사이의 종파분

규에 개입해 이단으로 분류된 종파를 처형하기도 했다. 또 미식가에 미술가였다. 기자의 피라미드에 못지않은 규모로, 높이 150m가 넘는 세계 최대의 사탑을 설계하고 그 건축을 직접 감독하기도 했다. 곧 싫증이 나서 아들에게 감독작업을 맡기는 등 추진력을 잃는 바람에 완공되지는 않았지만, 지금도 만달레이에서 배로 하루 거리에 있는 밍군에 가면 그 거대한 사지(寺址)를 볼 수 있다.[15]

보더파야의 치하에서 아바의 왕궁은 그 치장에서, 또 왕족과 귀족의 칭호에서 더 화려해지고 거창해졌다. 예술과 학술이 발흥했다. 긴 역사를 가졌던 먀욱-우와 아유타야의 궁정에서 잡혀 온 왕족과 학자, 예술가들이 새로운 문물을 소개했다. 이것이 신흥 왕조의 활력과 어울리면서 역사와 법제를 토론하고 체제를 개혁했다. 미얀마 전통극과 무용도 부활했다. 라카인에서 온 현자들이 산스크리트 문화를 소개하자 궁정의례를 브라만의 기준에 따라 정비하기도 했다.

그에 따라 이라와디 분지를 중심으로 미얀마의 정체성과 애국주의가 완전히 자리 잡았다. 샴이라는 숙적에게 망신을 주었고 영원한 강대국 중국을 격퇴했다. 미얀마 민족은 이제 주변의 소수민족을 통합하고 포괄하는 거대 민족으로 자라났고, 미얀마 왕국은 세계 어느 곳의 강대국에 못지않은 강대국이 됐다. 다만 몬족과 라카인족에게는 그들만의 자랑스러운, 독자적인 역사와 존재가 사라지게 됐다는 것을 의미했다.

이제 꼰바웅 왕조가 향후 백 년 동안 지속할 왕국의 터전을 닦을 때였다. 왕실의 법제와 지방행정이 정비됐다. 전통적인 왕실 및 왕국의 의전과 의례를 복구했다. 수도를 옮기고 궁궐을 새로 지었다. 수도의 이름은 '불멸의 도시'라는 뜻인 '아마라푸라'라고 지었다. 각지로 사신을 파견하여 왕국의 위엄을 과시하고, 갠지스강의 신성한 물을 가져오게 했다.

그러는 과정에서도 세인트 조지에 본부를 둔 동인도 회사의 깃발이 인도의 곳곳으로 퍼져 나가는 것을 불안한 마음으로 지켜보았다.

6

영국-버마 전쟁

끊임없이 팽창하던 미얀마 제국과
영국 동인도 회사 사이의
2년간 치열한 전쟁.

그리고,
몰락의 시작.

6

　19세기 초, 아바 궁정의 장군과 대신들은 계속된 승리와 정복으로 들떠 있었지만, 그래도 한 가지 사실은 분명히 알고 있었다. 영국인, 특히 동인도 회사가 주적으로 부상하리라는 것을. 그 영국인들이 자국의 팽창에 걸림돌이 될 것을 우려하여 대항동맹을 구축할 생각도 했다. 전쟁이 불가피하다면, 또 승패를 가늠하려면 동인도 회사에 대해 더 자세히 알아야 했다. 영국의 힘을 과소평가하지는 않았다. 그러나 승리와 성공에 취한 나머지 자신의 힘을 과대평가했다. 전쟁경험이 있는 강경파의 목소리가 커졌다.

　미얀마인들에게 영국과 영국인들에 대한 경계심이란 사실 생소한 것이었다. 유럽인 중 영국인의 존재감은 오랫동안 미미했기 때문이었다. 미얀마에 첫발을 디딘 영국인은 16세기 중반 엘리자베스 여왕 시절 런던에서 찾아온 랄프 피치(Ralph Fitch)라는 상인이었다. 이후 영국의 상인 혹은 기타 일확천금을 꿈꾸는 영국인이 가끔 찾아왔다. 그 정도였다. 동양의 부를 상징하는 향신료(香辛料) 무역의 본거지, 향신료 제도(Spices Islands)는 영국이 터를 잡은 인도에서 너무 멀었다. 반면 가까운 벵골만의 동쪽 해안은 아직 개척되지 않았다. 그래서 미얀마의 시장이 탐났지만, 강대한 왕조가 버틴 데다 풍토병이 두려웠다. 1600년대에 시리암과 아바에 작은 무역사무소를 열었으나 이익을 내지 못해 문을 닫았다. 그런 영국인의 움직임은 미얀마인의 관심을 끌지 못했다. 그들에게 영국인, 그리고 그들과의 무역은 사소한 문제에 지나지 않았던 것이었다.

    미얀마인에게 있어 영국인은 벵골로부터 서쪽에 있는 땅을 총칭하는 '서방'의 많은 인종 중 하나였다. 인도대륙의 벵골인·타밀인·(스리랑카의) 신할리인·아프간인·페르시아인·아랍인·아르메니아인·유대인·그리스인·포르투갈인 등 서방에서 온 모든 사람이 '깔라'라는 이름으로 불렸다. 유럽에서 새로 온 '깔라'는 '베이잉지 깔라'라고 불렸다. '베이잉지'는 라틴어의 프랑크가 변형된 아랍어의 '페링히'란 단어의 미얀마식 발음이었다. 이 단어는 중세에 유럽·근동에서 있었던 기독교-이슬람 사이의 대전쟁, 곧 십자군 전쟁의 과정에서 생겨난 아랍어였다. 아랍인들이 그런 역사를 모르는 아시아인들에게 전해 주어 인도양 주변의 여러 곳에서 다양한 발음으로 사용됐다.

    영국인은 그런 페링히 중 하나로, 먼저 왔던 스페인계나 포르투갈계와는 달리 병사로 쓸모가 없고 상업에만 관심이 있는 장사꾼으로 여겨졌다. 가끔 '또-사웅' 깔라 즉 '양-털옷' 깔라로 불리기도 했다. 모직물을 입고 그것을 면직물을 입는 미얀마인들에게 팔고 다니는 이들을 일컫는 말이었다.

    그런데 인도에 그런 영국인들의 존재감이 빠르게 커지고 있었다. 바다에서 멀리 떨어진 아바의 궁정에서도 느낄 정도였다. 실제로 1750년대 몬족과의 내전에서 영국과 프랑스는 양측이 경쟁적으로 동맹을 맺고자 한 대상이었다. 알라웅파야는 그들로부터 대포와 소총을 획득하고자 했고, 그중 영국에 호감을 느껴 동맹을 맺으려 하기도 했다. 그러나 그가 영국 국왕 조지 2세에게 보낸 공식서한에 대한 답신은 끝내 오지 않았다. 궁정에 있는 아랍인과 아르메니아인 고문은 왕에게 영국인은 신뢰할 수 없는 족속이라며 이간질을 했다.

인도에 있는 영국인, 즉 라자(Raj)에 대한 인식은 두 가지 이유로 더욱 나빠졌다. 첫째는 영국의 팽창과 그에 대한 미얀마의 경계심이었다. 19세기에 들어오면서 영국은 인도 곳곳에 지배영역을 확장해 나가고 있었고 미얀마는 그에 촉각을 곤두세우고 있었다. 불교 성지순례를 이용하거나 가장하여 영국이 지배하는 곳으로 첩자를 파견했다. 적을 좀 더 잘 알고자 '조지'라고 알려진 영국사람을 고용하여 왕실 사람들에게 기초 영어를 가르치도록 했다. 한 정보보고서는 "코로만델 해안에는 동인도 회사의 깃발만 펄럭인다"라고 전했다. 또 다른 보고서는 영국을 보리수나무에 빗대었다. 보리수나무는 자랄 때는 다른 나무에 의지하지만, 일단 자라고 나면 그렇게 의지했던 식물의 생기를 앗아 죽이는 것으로 유명했다. 영국이 보리수라면 인도의 여러 군주와 소왕국이 그에 희생된 식물이라고 비유했다.

알라웅파야가 영국에 우호의 서한을 보낸 후 반세기 동안 동인도 회사의 병력은 1만 8천 명 수준에서 10만 명 이상으로 6배 이상 커졌다. 그 병력을 상대할 단일 세력은 인도 어디에도 없었다. 마이소르(Mysore) 왕국의 티푸 술탄(Tipu Sultan)도 무너졌다. 미얀마 왕은 티푸 술탄을 비롯해 인도 동해안의 여러 왕국과 동맹을 시도했지만, 이젠 동맹을 맺을 대상이 아예 없어졌다. 1820년에는 네팔 왕국이 영국의 보호령으로 전락했다. 한때 막강했던 마라타 왕국과 그 동맹이 지도에서 사라진 지는 이미 오래됐다.

영국에 대한 적대감이 커진 두 번째 이유는 미얀마 자신의 제국에 대한 야망이었다. 팽창을 거듭해 온 미얀마 왕국은 이제 더 팽창할 영역을 찾지 못했다. 동쪽으로의 팽창은 샴이 재건되면서 막혔다. 1767년 아유타야를 잃은 샴은 남진하여 해안 도시 방콕에 새로운 도읍지를 세우고 빠르게 힘을 키워 미얀마의 공격에 대비했다. 청이 미얀마를 침공한 덕분에 숨돌릴 틈을 가졌고, 탁월한 군주가 등장하여 그 틈을 활용한 때문이었다. 1800년이 되자 미얀마가 샴을 정복할 여지는 없어졌다. 19세기 정복국가는 오히려 샴이었다. 캄보디아와 말레이반도의 일부 영토를 정복하고 메콩강 중류 영역, 한때 미얀마 왕에 조공을 바치던 영역에 종주권을 확보했다. 미얀마로서는 동북방으로의 팽창도 불가능해졌다. 청나라는 윈난성을 비롯한 대륙 남부에 확실한 지배권을 구축했다. 평화조약 이후 중국과의 무역이 재개되면서 굳이 무력으로 팽창을 도모할 이유가 없어졌다. 남은 것은 서쪽의 작은 영토뿐이었다.

1784년 라카인의 왕족 나가 산디가 왕권 분쟁에 미얀마의 개입을 요청했다. 보더파야 왕으로서는 바라던 바였다. 따도 민서 왕세자가 원정의 책임을 맡았다. 그는 라카인 왕국을 정복한 후, 고대이래 미얀마가 탐내던, 그리고 라카인 주권의 상징이었던 마하무니(Mahamuni) 불상을 가져오라는 명령을 받았다. 3만 명의 주력군은 우기가 막 끝난 시점에 프롬에 집결하여 산맥을 넘었다. 그곳에서 남쪽 바세인(=파떼인)에서 올라온 소규모 병력과 합류했다. 라카인 정복은 결코 쉬운 일이 아니었다. 산으로 둘러싸인 지형만으로도 난공불락이었다. 게다가 총 길이 19마일에 달하는 높은 성벽과 깊은 해자, 거대한 수문이 도시를 에워싸고 있었다. 그래도, 일설에 의하면 내부의 도움을 받아, 먀욱-우는 함락됐다. 그해 말의 일이었다. 2만 명의 주민이 '불멸의 도시' 아마라푸라로 끌려왔다. 약탈과 방화로 라카인의 화려한 문명이 사라졌다. 왕실 도서관도 소실됐다. 라카인은 미얀마 왕국의 직할지로 편입되고 4개의 지역으로 나뉘어 군 총독의 지배를 받았다.[1]

미얀마의 정복은 잔혹했다. 많은 인구가 북쪽으로, 서쪽으로 동인도 회사의 영역으로 피신했다. 미얀마 왕국은 새로운 수도를 건설하고, 그 주변 지역을 개발하기 위해 노동력이 필요했다. 1795년 왕궁 주변에 인공호수를 건설하기 위해 추가로 2만 명의 노동자를 징발하자 또다시 다수의 주민이 벵골로 피신했다. 동시에 한 세습 족장 친뱐이 이끄는 저항운동이 시작됐다. 1811년, 새로 4만 명의 징발령이 떨어지자 다시 많은 인구가 치타공으로 피난 갔다. 저항운동은 더욱 커져 한때 먀욱-우를 점령하기도 했다. 저항운동의 지도자 친뱐은 동인도 회사에 라카인을 속국으로 삼기를 요청했다. 이 때문에 미얀마 왕국은 동인도 회사가 저항운동의 배후에 있다고 의심하기 시작했다. 저항운동의 근거지가 동인도 회사의 영역에 있었기 때문에 더욱 그랬다. 충돌이 불가피해졌다. 마침내 반군을 추격하던 미얀마군이 국경 나프 강을 건넘으로써 최초의 군사적 충돌이 일어났다.

마니푸르로도 팽창했다. 1758년에 알라웅파야는 마니푸르를 잔인하게 정복한 바 있었다. 1764년에 또 한차례의 정벌이 있었고 수천 명의 주민을 끌고 감으로써 그 지역은 수년간 거주하는 사람이 없을 지경이 됐다. 그렇게 잡아간 사람 중에는 대장장이, 방직공, 기타 기능인이 많았다. 그들은 대를 이어 특수직 군을 형성하여 왕실과 귀족에게 봉사했다. 또 케이시 기병대(Cassay Horse)라고 불린 엘리트 기병대를 만들고 최고의 폴로선수를 배출하기도 했다. 이후로도 미얀마는 두 차례 마니푸르를 침공했고 미얀마에서 교육한 왕자를 왕위에 앉혀 지배체제를 굳혔다.

 나아가 최북단 후콩강을 따라 구축된 국경 요새를 넘어 서쪽으로 아삼 지방을 압박했다. 아삼은 티베트의 동남지방에서 발원하여 벵골의 곡창지대로 흘러가는 브라마푸트라강이 만든 분지에 자리 잡고 있었다. 높은 산맥으로 둘러싸인 가운데 수 세기 동안 힌두계열의 아홈 왕조가 지배했다. 아홈 왕조는 인도 전역에 제국을 구축한 무굴 왕조와 수 세기에 걸쳐 투쟁해 왔는데 18세기 말에 이르러 그 힘이 빠지기 시작했다. 왕조 내부의 권력투쟁과 외부의 반란이 겹쳐 나라는 갈수록 혼란스러워졌다. 서로 싸우는 세력이 한쪽은 캘커타의 영국세력에, 다른 쪽은 아바의 미얀마에 지원을 요청했다. 1792~93년 겨울에 동인도 회사가 소규모 병력을 보내 '스와가데오'라고 불린 아삼의 왕을 도와 내부반란을 진압했다. 미얀마도 기회를 노렸다.²

1817년 당시 스와가데오 찬드라칸타 싱과 정권 다툼을 벌이던 아삼의 유력자가 미얀마를 찾아와 도움을 요청했다. 이미 반군을 지원할 기회만 엿보고 있던 보더파야 왕은 정예병 8천 명을 파견했다. 그 병력은 모가웅에서 출발하여 도중에서 수천 명의 지방병력을 추가로 징집했다. 그리고 믿거나 말거나, 해발 3천 미터의 좁은 회랑을 통과하여 티베트와 접한 아삼의 북쪽 끝으로 진입했다. 수 주일이 걸린 그 행군은 참으로 괴로웠고 그래서 대단했다. 장교들은 코끼리나 말을 탔지만, 병사는 걸어야 했다. 무명옷은 솜을 넣고 누벼도 영하의 차가운 날씨를 버티기에는 모자랐다. 저지대에서는 울창한 밀림 속에서 거머리가 들끓는 습지를 지나야 했고, 고지대에서는 살을 에는 듯 차가운 강물을 맨발로 건너야 했다. 때로는 얼음이 깔린 길을 맨발로 걸어야 했다. 그러다가 정상이 가까워지면서 숲은 갑자기 사라지고 저 멀리 설표(雪豹)가 보이는 얼음 덮인 절벽들이 나타났다.

미얀마군은 그런 곳을 넘으면서도 큰 병력의 손실 없이 아삼으로 쳐들어가 수비군을 격파하고 친 미얀마 정권을 세웠다. 그러나 수년간 정권 내부에서 권력투쟁이 그치지 않자 다시 미얀마의 군대가 눈 덮인 산을 넘었다. 이번에는 아홉 왕조를 아예 멸망시켰다. 아삼은 미얀마 왕국의 직할 영토로 편입되고 군인 총독을 파견하여 다스리도록 했다. 그곳에서 미얀마는 총구를 남쪽으로 돌렸다. 1823년 11월 초 5천 명의 병력을 동원하여 남쪽에 있는 소왕국 카차르(Cachar) 국경을 압박했다. 이에 놀란 캘커타의 동인도 회사가 자체 병력을 파견하여 양군 사이에 전투가 벌어졌다.

1824년 1월 초, 동인도 회사의 인도 총독이 런던에 있는 회사 이사회에 보고서를 보냈다. "버마 왕조의 오만과 만용을 꺾기 위해" 전쟁이 조만간 불가피해

질 수 있다고 했다.3

그 당시 미얀마의 왕은 할아버지 왕 보더파야의 손자이자 알라웅파야의 증손자 바지더(Bagyidaw)였다. 바지더가 즉위했을 때 꼰바웅 왕조는 제국으로서 전성기를 누리고 있었다. 전장을 누볐던 증조부나 조부와 달리 바지더 왕은 "쇼, 악극, 코끼리 사냥, 조정경기를 좋아한"…… "온화하고 사교적이고 친절하고 성격이 좋은" 사람이었다. 그래서인지 1824년 당시 그는 전쟁을 외치는 주전파에 휘둘리고 있었다.4 주전파의 중심에는 왕비와 권력밖에 모르는 왕비의 오빠가 있었다.

또 다른 주전파로 바로 현장에서 영국과 맞서고 있던 알론의 영주, 당시 40대 초반의 전사 따도 마하 반둘라가 있었다. 지금도 미얀마 군부에 용맹의 상징으로 추앙받는 반둘라는 작은 지방 영주의 장남으로 태어나 부친이 전사하여 어린 나이에 가문을 맡았다. 중키에 다부진 체구로 말이 적고 무뚝뚝한 성격이었다. 전공이 많은 그가 강하게 말하면 누구든 거부하기 어려웠다. 반둘라는 주로 왕실에서 복무하면서 조금씩 승진하여 왕세자 호위대에서 근무하다가 다바인의 영주로 보임됐다. 이후 빠르게 승진하여 왕국의 서부 팽창 정책의 대변인처럼 됐다.

반둘라의 병력은 직할부대를 포함, 왕국의 최정예 12개 부대로 구성됐는데 병력 1만 명에 병마 5백 필이었다. 그 참모부도 화려했다. 살레이의 영주와 다냐와디, 운또, 토웅우의 총독과 같이 경험 많고 탁월한 전사들이 포함됐다. 지금도 그렇지만, 그때 미얀마의 행정편제는 군사편제와 겹쳐서 군사령관이 행정수장을 겸하고 있었다. 당시 동인도 회사와 분쟁을 빚고 있던 자인티아와 카차르에 주둔하고 있던 미얀마군의 지휘관은 반둘라가 신임하던 파칸의 영주, 따도 띠리 마하 우자나였다.

1824년 3월 5일, 8년 전 북경에 갔다가 삼궤구고두(三跪九叩頭: 경의의 뜻으로 무릎을 꿇고 엎드려 9번 절하는 것 — 옮긴 이)의 예를 거부하여 황제를 만나지 못하고 돌아와 유명해진, 캘커타 윌리엄 요새의 총독 윌리엄 애머스트 공(Lord William Amherst)이 아바의 왕국에 공식적으로 전쟁을 선포했다. 이후 2년간 미얀마 왕국과 영국 동인도 회사의 군대는 영국의 인도 경략사상 가장 길고 치열한 전쟁을 했다. 영국 측에서만 유럽인과 인도인을 합해 1만 5천 명의 병사가 전사했다. 미얀마 측 전사자 수는 정확히 알려지지 않았지만, 절대 더 적지는 않았을 것이다. 영국 측 전비는 당시 화폐로 5백만 파운드였는데 국가 경제 규모에 대한 비율로서 재환산하면 지금의 가치로 1백억 파운드(혹은 185억 미국 달러)에 해당한다.5

　영국군의 지휘자는 아치볼드 캠벨 경(Sir Archibald Campbell)이었다. 그는 스코틀랜드 군사 가문 출신으로 남인도에서 주로 티피 술탄과 싸우며 30년 넘게 근무한 백전노장이었다. 동시에 이베리아반도 전쟁(1808~14)에서 웰링턴 공의 지휘하에 나폴레옹 군과의 전쟁에도 참전하여 유럽전쟁의 최근 추세를 직접 경험하기도 했다.

　캘커타의 윌리엄 요새와 마드라스의 세인트 조지 요새에서 총 1만 명이 넘는 병력이 출항했다. 최초 목적지는 양곤이었다.

아마라푸라의 미얀마 왕도 캘커타와 마드라스에 파견한 첩자를 통해 영국군이 바다로 진격해 온다는 사실을 알고 있었다. 어떻게 대응할 것인가? 벵골 전선에 있는 반둘라의 병력을 소환할 것인가? 그렇다면 애써 장악한 라카인과 아삼을 포기해야 할 것이었다. 영국군의 규모는 어느 정도인가? 그에 대한 확실한 정보는 없었다. 전략적 선택지는 두 가지로 좁혀들었다. 하나는 라카인-아삼의 서부전선을 포기하고 양곤 전선에서 영국과 건곤일척의 승부를 가리는 것이었다. 다른 하나는 서부전선을 유지한 채 본토에 새로운 전선을 열고 운에 기대는 것이었다. 미얀마는 후자를 택했다. 운이 따라준다면 상륙한 영국군을 격퇴하고 내친김에 영국이 지배하는 동벵골까지도 장악할 수 있을지 몰랐다. 그러기 위해서 영국군이, 양곤일 것으로 짐작되는, 육지에 상륙하는 즉시 궤멸시키는 것이 무엇보다 중요했다. 그것을 위해서 미얀마군은 영국군이 지금까지 한 번도 보지 못했던 전술을 사용했다.

신비, 아니면 막연한 추측

당시 양곤은 특별한 것이 없는 인구 2만 명 규모의 어촌이었다. 하구에서 배로 족히 한나절은 걸리는 거리에 있었는데 5미터 높이의 석조성벽이 축조되어 강으로부터의 침공을 막고 있었다. 지금의 양곤과 비교하면 아주 작은 부분에 불과했고, 위치로는 지금 스트랜드 호텔과 영국대사관이 있는 곳에서 조금 동쪽으로 떨어진 곳이었다. 티크 목조건물이 관청으로 쓰였고, 석조라곤 세관과 아르메니아 교회와 포르투갈 교회 등 두 개의 교회 건물이 전부였다. 서쪽에 금빛으로 빛나는 술레(Sule) 파고다를 제외하면, 나머지는 곧 무너질 것 같은 등 목조건물로 참으로 볼 것이 없는 곳이었다. 그 도심을 벗어나면 띄엄띄엄 작은 촌락들이 보이기도 했는데, 그 사이는 무성한 나무숲이나 빽빽한 갈대숲으로 채워져 있었다. 그 숲에는 호랑이도 많았다. 지금 양곤의 중심도로인 '삐 로드' 주변이었는데 19세기 그 길의 이름은 호랑이 골목이었다. 오늘날 양곤의 지도는 시가지를 가운데 두고 양쪽에 강이 있는 것이 마치 뉴욕 맨해튼 남부의 지도와 닮았다. 그런 지형으로 양곤은 상업 항구 도시로 성장했지만, 일탄인들에게 있어 중요한 것은 따로 있었다. 북쪽으로 5마일 정도 떨어진 언덕 위에 있는, 미얀마의 불교도가 가장 가고 싶어 하고 대외적으로 가장 자랑스럽게 생각하는 쉐다곤 파고다였다.

영국군의 작전팀은 양곤만 점령하면 미얀마 측이 화의하자고 나올 것으로 기대 또는 희망했다. 물론 교전이, 그것도 치열한 교전이 없을 수는 없겠지만, 이 미얀마의 제2 도시를 점령하는 데는 긴 시간이 필요하지 않을 것이라고 봤다. 학정에 시달리는 일반인들이 봉기하여 도움을 줄 수도 있을 것이라고 기대했다. 최선의 시나리오는 미얀마 왕이 사절을 보내어 협상이 시작되고, 주고받는 거래 끝에 동인도 회사에 유리한 조건으로 평화조약을 맺는 것이었다. 최악의 시나리오는 미얀마 측이 쉽사리 항복하지 않고 버틸 경우였다. 그렇다면 양곤을 전진기지로 사용하여 병력과 군수품을 정비한 다음 수도인 아마라푸라로 진격해 갈 계획이었다. 저항이 물론 있겠지만 모든 작전은 수개월 ―수 주일이 더 맞겠지만― 안에 끝날 것이었다.

그러나 그 모든 작전계획은 실제로 일어난 상황과는 맞지 않았고, 따라서 전혀 준비되지 않은 것이나 마찬가지였다. 5월 11일, 영국군의 목선이 접근하면서 관찰한 바에 따르면, 감시초소에서 피운 것인 듯 띄엄띄엄 보이는 횃불 외에는 보이는 것이 없었다. '리페이'호가 제일 먼저 정박하고 중대 병력이 상륙했을 때 아무런 저항이 없었다. 총성도 없었고 포성도 없었다. 군인이든 민간인이든 아예 사람이 없었다. 유령도시와 같았다. 미얀마군이 초토화 작전을 사용한 것이었다. 징발할 배도 없었고 징집할 선원도 없었고 먹을 음식도 없었다. 학정에 시달린 백성들이 영국기를 들고 맞이할 거라는 분석은 터무니없는 것이었다.

초토화 작전은 강압적이고 철저하게 시행됐음이 틀림없었다. 보급품 마련은커녕 아무런 첩보조차 얻을 수 없었다.[6] 비유적으로 말하자면 양곤이라는 도시가, 그 도시에 있는 모든 것이, 마치 한 장의 양탄자처럼 돌돌 말려서 치워진 것 같았다. 백기를 든 사절단이 평화협상을 하자고 기다린다는 기대도 빗나갔다.

무엇보다 배가 없었다. 이라와디강 하류, 삼각주 지역에는 수로가 유용한 교통수단이었다. 육로는 거의 없었다. 말라리아모기가 득실거리는 정글을 뚫고 지나는 방법밖에 없었다. 마드라스에 있는 세인트 데이비드 요새의 작전팀이 알지 못한 것이 있었다. 이라와디 수역을 장악하고 운영하고 있던 사람들은 사실 잘 짜인 정부조직의 한 부분으로 대를 이어 그 일에 종사해왔다. 이들은 평시에는 여행객들을 나르며 생계를 유지하지만, 전시가 오면 왕의 충실한 전사가 되어 조정의 명령에 따라 흔적도 없이 사라졌다.

그래서 영국군은 다음 행보를 숙고하는 한편 양곤 주변에 대한 방어를 공고히 하면서 며칠을 보냈다. 그 사이 아치볼드 캠벨 장군은 양곤 주변에 방어진지를 구축하느라 무진 애를 썼다. 영국인과 인도인으로 구성된 동인도 회사의 병력은 서서히 북진하면서 쉐다곤 파고다와 그것이 자리한 싱구타라 언덕, 그리고 주변의 몇 개 마을을 점령했다. 이렇다 할 저항은 없었다. 그 북쪽으로 작은 호수와 습지가 보였지만, 그 너머에 뭐가 있는지는 전혀 알 수 없었다. 한 장교가 다음과 같은 기록을 남겼다.

"소문이든 첩보든 적 진영에 관한 것은 어떠한 것도 들어오지 않았다. 우리 진지를 둘러싼 보이지 않은 선 너머에는 오로지 신비, 아니면 막연한 추측만이 존재할 따름이었다."[7]

캠벨은 모르고 있었지만, 최전방 영국군이 진을 친 바로 너머에 2만 명이 넘는 대규모 미얀마 병력이 집결해 있었다. 미얀마군은 양곤에서 철수를 완료하는 즉시 동서로 10마일이 되는 포위망을 구축했다. 요소요소에 소총과 대포부대를 포진했다. 총사령관은 왕의 이복형제인 드와라와디 왕자였다. 그는 경험이 많은 장군으로 최근까지 샨고원에서 군사업무를 보고 있었다. 그 외에도 후일 왕이 된 따라와디를 포함 왕족들과 다수의 귀족이 참전했다. 양곤 북쪽 숲속에 잠복하여 명령을 기다리던 지휘관 중에는 제이운의 영주, 요의 영주, 심지어 중국과의 국경 부근의 산족 부족 칸먀잉의 서브와도 있었다.

왕실 수군대장 따도 민지 민 마하가 수십 척의 배와 천여 명의 수군을 이끌고 이라와디강을 따라 내려왔다. 왕실수비대 병력도 다수 내려왔는데, 좌영 부대장 민지 마하 민카웅과 기병대장 띠리 마하 제야 뚜라도 함께 왔다.

가장 경험 많은 장군 반둘라와 최정예병사들은 서부전선에 머물러있었지만, 이토록 많은 병력 동원이 가능했다. 어쨌거나 미얀마는 정복국가였다. 상류층은 정복 전쟁의 성공담을 입에 담고 살았으며, 전공을 세워 그 반열에 오르고 싶어 안달하는 사람이 많았던 시절이었다. 양곤을 수복해야 정복국가로서 면모가 살아날 것이었다. 5월 말이 되자 뇌성벽력을 동반한 폭우와 함께 우기가 시작됐다. 미얀마군은 제대로 싸울 준비가 됐다.

5월 28일, 마드라스로부터 새롭게 병력을 보충받은 아치볼드 캠벨 경은 가까이 위치한 몇 개의 적진지에 대해 공격을 명령했다. 일단 집중포격으로 전선을 약화한 후 보병을 투입했다. 2주 후, 강에 가까운 켐멘다인이라는 곳에 대규모 공격을 단행했다. 먼저 강에 정박한 군함으로부터 함포를 발사해 방벽을 부순 후 4개 연대병력을 투입했다. 울타리를 점령하기도 전에 이미 2백 명의 미얀마 병사가 전사했다. 미처 수거하지 못하고 남겨진 전사자 중에는 금박이 화려한 일산 옆에 쓰러진 왕실의 군주도 있었다. 이어 미얀마군은 어렵사리 구축한 요새를 포기하고 쉐다곤 파고다에서 5마일 북쪽에 있는 까마웃으로 후퇴했다. 7월 8일 벌어진 또 다른 대규모 전투에서 미얀마군은 왕실에서 온 대신을 포함한 8백여 명의 전사자를 남기고 패퇴했다. 전선 후방의 촌락은 부상자로 넘쳐났다.

이처럼 초전에 승리를 거두었지만, 영국군의 사정도 급격히 나빠졌다. 1760년대 청나라 군대가 그랬듯이 가장 치명적인 적, 곧 풍토병이 덮친 것이었다. 쉬지 않고 내리는 빗속에서 부실한 음식을 먹고 자고 해야 했던 영국군 병사 수천 명이 말라리아나 이질과 같은 질병으로 쓰러졌다. 9월이 되자 전투 가능 병력의 수는 급감했고, 미얀마군이 한밤에 싱구타라 주변의 영국군 본영을 급습했을 때 매우 고전해야만 했다. 그나마 다행이었던 것은 그 무렵 동인도 회사 군대가 타닌따리 지역의 다웨이와 메르귀를 점령하여 환자들의 후송지로 사용할 수 있었다는 점이었다. 그 지역 기후와 풍광이 휴양지로서 적격이었던 것이었다.

미얀마군도 증원됐다. 아바의 궁정은 이제 상황의 엄중함을 깨닫고 초조해하고 있었다. 카차르와 자인티아 전선에 있던 병력을 즉시 소환했다. 반둘라에게도 병력을 이끌고 귀환하라는 명령을 내렸다. 수만 명의 병력이 해발 1천 미터에 달하는 라카인의 산맥을 넘는 것은 쉬운 일이 아니었다. 우거진 숲속 길은 좁았고 가끔 호랑이와 표범과 같은 맹수를 물리쳐야 했다. 게다가 그때는 우기였다. 퍼붓는 폭우를 뚫고 행군해야 했고 폭우가 그치면 구름처럼 덤벼드는 하루살이 떼와도 싸워야 했다. 그런데도 반둘라와 부장 우자나는 그것을 해냈다. 크게 기뻐한 왕은 그들을 특진시켰다. '아가 마하 떼나빠띠 운지'의 계급이 됐는데, 마치 오늘날의 원수(元帥)처럼 더는 올라갈 데가 없는 최고의 계급이었다. 전투에서 살아남은 다른 지휘관들도 포상을 받았다. 반둘라는 시탕의 영지도 하사받았다. 왕은 잔뜩 신경이 곤두서 있었는데, 그럴 만한 이유가 충분히 있었다. 마드라스에서 영국군 증원병력이 새로 오고 있었다. 게다가 그는 아직 모르고 있었지만, 아직 어떤 전투에서도 사용된 적이 없는 최신예 병기가 함께 오고 있었다.

로켓의 붉은 화염

근대 전쟁에서 로켓이 처음 사용된 것은 유럽에서가 아니라 인도에서였다. 1799년 영국군이 마이소르 왕국의 세링가파탐을 포위 공격하고 있을 때 후일 웰링턴의 공작이 된 아서 웰슬리 대령은 병력을 이끌고 작은 산 위의 요새를 공격했다가 엄청난 로켓포의 공격을 받고 혼비백산하여 후퇴했다. 그 요새를 마침내 탈취한 후 런던으로 보낸 전리품에는 마이소르제(制) 로켓 2문이 포함돼 있었다.

그 무렵 유럽인들은 이미 로켓을 알고 있었지만, 이 로켓은 달랐다. 목제가 아닌 철제관을 사용하여 사정거리와 안정성, 파괴력을 크게 향상한 것이었다. 로켓은 대포와 달리 반동이 없어서 함선에서도 쉽게 발사할 수 있었다. 티푸 술탄의 아버지 하이데르 알리는 1천 2백 명으로 구성된 로켓부대를 양성했고, 티푸 술탄은 그 수를 5천 명으로 늘렸다. 4~5문의 로켓포를 한 대의 수레에 나란히 싣고 동시에 발사하면 적군의 병력뿐만 아니라 우마까지 놀라게 만드는 엄청난 효과가 있었다. 감탄한 영국인들은 울위치의 왕립 병기공장에 특별 연구개발팀을 만들었다. 그 결과 남인도 모델을 개량하여 '콘그리브 로켓'이라고 이름 붙인 새로운 로켓을 개발했다. 1807년 덴마크 함대와 전쟁을 할 때 영국군은 4만 대의 콘그리브 로켓을 코펜하겐에 쏟아부어 큰 화재를 내고 도시 전체를 아수라장으로 만들었다. 1812년, 워싱턴을 공격하여 백악관을 파괴했을 때도 사용됐다.

1824년 11월, 반둘라가 미얀마 주력군을 이끌고 전장을 향해 진군할 때 콘그리브 로켓의 일차 분이 양곤 항에서 하역되고 있었다.

반둘라가 라카인과 아삼의 병력을 이끌고 도착하자, 풀이 죽어있던 미얀마군은 열렬히 환영했다. 반둘라는 즉각 대결을 준비했다. 동쪽 빠젠다웅에 묘랏의 총독의 지휘하에 3천 명의 병력을 배치했다. 북쪽으로 친동생 민딘 민까웅의 지휘하에 3천 명을 배치했다. 서쪽에는 왕실수비대 장교인 민지 마하 민흘라 제야뚜의 지휘하에 4천 명의 병력을 배치했다. 그리고 아치볼드 캠벨이 자리한 싱구타라의 본영 전면 숲속에는 국무대신 민지 마하 민흘라 라자의 지휘하에 4천 명을 배치했다.

반둘라가 지휘를 맡으면서 미얀마군의 전술이 달라졌다. 방어로 일관하는 것이 아니라 맞싸워서도 이길 수 있다고 생각했다. 조정에 그 같은 전술을 설명하고 설득했으며 왕은 그에 따라 할 수 있는 최대한의 지원을 하라고 지시했다. 반둘라는 싸움을 망설이던 아바의 모든 이들을 몰아붙여 전쟁에 임하도록 했다. 영국군도 심각하게 생각했다. 적의 총병력을 7천의 기병대, 3만 5천 명의 소총병을 포함하여 6만 명으로 과대 추산했다. 영국군은 미얀마의 "창수들은 매우 힘이 좋았다"라고 썼다. 아치볼드 캠벨 자신도 다음과 같이 기록했다:

"내가 받은 보고를 믿을 것 같으면, …… 버마 제국의 총 병력이 내 앞에 집결하고 있다고 결론 내려야 할 것이다. …… 포로마다 말하기를 반둘라가 무한한 힘을 가지고 다누뷰에 도착했으며 다음 달 초 우리의 진지에 대해 총공격을 퍼부을 것이라고 했다."

과연 반둘라는 다누뷰에 후군을 두고 11월 30일 적군 진영 북쪽에 있는 숲과 개활지에 병력을 집결시켰다. 온종일 영국군은 도끼질 소리, 그리고 나무가 넘어가는 소리를 들었다. 다음 날 아침, 미얀마군은 그들이 보유한 최고의 대포를 쏘고, 소총수의 엄호사격 속에 진격해 들어왔다. 쉐다곤 파고다 근처에서 치열한 백병전을 치른 끝에 물러났다. 정오 무렵 말을 탄 지휘관이 이끄는 4개 부대가 서남방에서 달라를 지나 양곤으로 진격해왔다. 북서쪽에서는 주력군을 바로 후방, 지금 인야호수가 있는 자리에 둔 채 쉐다곤 파고다를 향해 진격해왔다. 오후가 시작될 무렵 영국군은 완전히 포위됐다.

이어 영국군이 보기에 기상천외한 일이 일어났다. 미얀마군이 참호를 파더니 "모든 병력이 지상에서 사라진" 것이다. 약 1백 년 후 영국군 스스로 북부 프랑스 전선에서 같은 전술을 사용하지만, 당시 이 참호 전술은 전혀 새로운 것이어서 이해하기 힘들었다. 영국군은 이렇게 묘사했다.

> 우리가 계속 눈을 떼지 않고 지켜보던 대규모 병력이 땅속으로 사라졌다. 지켜보지 않았던 사람들은 그렇게 땅속에 숨은 사람들의 존재를 전혀 알지 못했을 것이었다. 금박을 입힌 일산을 쓰고 이곳저곳에서 가끔 모습을 드러내며 병력의 이동을 지휘하는 지휘관의 모습만 눈에 들어왔다. 멀리서 지켜보는 사람들의 눈에는 곳곳에 흙더미가 쌓여 있는 언덕이 적군의 접근이라고는 상상도 못 했겠지만, 그들의 진군 모습을 처음부터 지켜보았던 우리 눈에는 일종의 마술과 같았다.[8]

그 후 수일 동안 미얀마 병력은 참호를 파서 사격을 피하면서 싱구타라 산과 양곤 시내에 자리 잡은 두 영국부대에 사정거리 안으로 접근하려고 온갖 노력을 다했다. 물론 영국군은 미얀마군의 접근을 막으려고 온갖 노력을 다했다. 그 과정에서 수십 차례의 전투가 벌어졌고 양군병력은 탈진하기 시작했다. 12월 7일에 이르러 영국군이 마침내 집중적인 로켓 사격에 힘입어 승기를 잡기 시작했다. 미얀마군은 수백 명의 전사자를 남긴 채 후퇴했다. 반둘라의 전략과 공격은 실패했다. 12월 15일 아치볼드는 총공세를 단행하여 코카인 강변에 있는 요새로부터 미얀마군을 몰아내는 데 성공했다.

반둘라는 양곤 서쪽 멀지 않은 곳에 있는 작은 도시, 다누뷰에 구축한 후방기지에서 반격의 기회를 노리고 있었다. 왕은 왕실수비대의 나머지 병력을 보냈고, 미얀마 남부의 모든 가용병력이 바세인 총독의 이름으로 징집됐다. 또 샨고원을 지키던 드와라와디 왕자가 새로 모집된 병력을 이끌고 왔고, 수병도 새로 징집했다. 이렇게 새로 증원된 병력은 1만 명에 달했다. 왕실수비대처럼 최고의 전력도 있었지만, 황급히 징집되어 훈련은커녕 장비도 제대로 갖추지 못한 병력도 있었다. 이 후방기지는 강변을 따라 1마일이 넘는 길이의 티크 목제를 쌓은 5미터 높이의 울타리로 이루어져 있었다. 그 외부는 인근 성벽을 허물어 가져온 벽돌담과 해자, 그리고 나무를 뾰족하게 깎아 설치한 함정으로 보호돼 있었다.

영국군이 4천 명의 병력으로 접근해왔다. 우선 항복을 요구하는 사자를 보냈다. 반둘라는 이렇게 응답했다.

"귀하와 나는 서로 조국을 위해 싸운다. 당신이 당신의 명예를 지키고자 하듯이 나도 나의 명예를 지키고자 한다. 당신이 친구로서 다누뷰에 온다면 나도 친구임을 보여줄 것이다. 만일 적으로 온다면, 어디 상륙해보라!"

영국군이 먼저 공격했지만 실패하고 물러났다. 반둘라는 보병, 기병, 그리고 17구의 코끼리를 동원하여 그 뒤를 추격하여 나왔다. 좋은 전략이 아니었다. 코끼리는 로켓포에 놀라 날뛰었고 기병은 계속하여 날아오는 영국군의 포탄을 뚫고 진격할 수 없었다. 수백 명의 전사자만 남기고 후퇴했다. 한편 강 위에는 영국군의 기선이 미얀마군의 전선을 부수고 있었다.

반둘라는 갈수록 초조해하고 신경질적으로 됐다. 초소를 지키던 두 명의 병사가 지휘관이 영국 로켓을 맞고 쓰러지는 것을 보고 놀라 후퇴해왔다. 반둘라는 그들을 그 초소로 끌고 가 로켓이 떨어진 바로 그 장소에 세운 후 칼을 뽑아 목을 쳤다. 반두라는 종말이 다가오고 있다는 것을 알고 있었다. 3월 31

일, 반둘라는 모든 지휘관을 모아 작전 회의를 하고 최후의 공세를 예고했다. 그러나 새로운 전략은 나오지 않았다. 그날 밤, 반둘라는 흙이 묻은 널판자에 편지를 써서 캠벨에게 보냈다.

"전쟁에서 우리는 서로의 전력을 알 뿐이다. 두 나라가 왜 싸우는지, 서로가 어떤 생각을 하는지 모른다!"

다음 날 아침, 영국군은 총공세에 나섰다. 대포와 로켓포로 모든 미얀마 촌락, 모든 병력을 차례로 포격했다. 반격이 없었다. 그러다가 몇 명의 낙오병이 나타나 미얀마 병력이 다누뷰에서 철수했다고 말했다. 반둘라가 포탄의 파편을 맞고 숨졌으며, 미얀마군은 우선 프롬으로, 이어 강을 따라 북쪽으로 후퇴했다고 말했다.

반둘라 정장 위에 온갖 훈장을 달고 번쩍이는 황금빛 일산 아래 각 병영을 순시했다. 가라앉은 사기를 북돋기 위해서였다. 참모들이 그 같은 차림은 위험하다고 했지만 듣지 않았다. 그리고 영국군의 조준 사격을 받아 쓰러졌다.

미얀마의 기록에는 그가 마지막 남긴 말이 있다.

이 싸움에서 우리는 패배할 것이다. 운명이다. 우리는 최선을 다해 싸우고 우리의 목숨을 바친다. 그러나, 우리가 용기와 용맹이 부족하여졌다는 불명예는 받아들일 수 없다. 영국인들이 미얀마가 전쟁에 진 이유가 총사령관이 전사했기 때문이라고 생각하게 하라. 이것은 미얀마 투쟁심의 상징이 되어 주변국 사이에 우리나라와 국민의 명예와 영광을 높여 줄 것이다.[9]

영국군은 반둘라가 신고 있던 군화를 전리품으로 챙겼다. 지금 런던 왕립 병기고에 전시돼 있다.

획득한 것을 포기하라

습기 찬 공기가 몰려들고 짙은 구름이 끼더니 마침내 폭우로 변해 쏟아졌다. 영국군은 프롬에서 5개월 동안 휴식을 취했다. 영국군의 병력은 5천 명으로 그중 3천 명은 본토에서 파견된 정예병이었다.

아바에서는 주화파가 목소리를 높이기 시작했다. 따라와디 왕자도 그중 한 사람이었다. 따라와디는 양곤 전투에서 반둘라를 보좌하면서 영국군의 전력과 전술을 직접 경험했다. 물론 주전파의 목소리도 여전했다. 국가의 전쟁잠재력은 여전히 막강하니 최후의 승리는 우리 것이라고 주장했다. 그래도 새로운 전략, 전술을 내세우는 이는 없었다. 더 많은 병력을 동원하여 야전에서 싸우든지, 울타리를 쌓고 그 뒤에서 저항하는 이외의 전투방법은 생각하지 못했다. 반둘라는 당시에는 대단한 군사전략가였고 그것으로 후세까지 명성을 떨쳤지만, 미래에 나타날 게릴라전과 같은 새로운 전투방식은 전혀 생각하지 못했다.

여름이 끝나갈 무렵 아치볼드 캠벨은 런던으로부터 미얀마 정부와 접촉하여 화의를 논의하라는 훈령을 받았다. 그 훈령을 미얀마 측에 전하자 즉각 회신이 왔다. 9월 17일부터 한 달간 휴전하기로 합의했다. 그리고 양측은 영국군이 진주하고 있던 프롬과 미얀마군이 주둔하던 메데이의 중간지점에서 만나 강화조건을 논의하기 시작했다. 미얀마 측 대표는 왕실을 대표한 궁정 대신과 군부를 대표한 반둘라의 부장이었는데 캠벨이 점심으로 준비한 햄과 포도주를 "진심으로 즐겼다"라고 했다. 영국 측이 먼저 강화의 조건을 제시했다.

(1) 미얀마 정부는 "마니푸르의 독립"을 인정하고 "아삼과 카차르에 대한

내정간섭을 중단"할 것.

(2) "아라칸과 그 속국을 할양"할 것.

(3) 아바의 궁정에 영국 상주대표를 허용할 것.

(4) 2천만 루피를 전쟁 배상금으로 지급할 것. 영국이 현재 점령하고 있는 양곤, 마르타반, 따린타리의 점령은 배상금 지급이 완료될 때까지 계속될 것.

이러한 요구는 미얀마 측에서 생각했던 것과 거리가 멀었다. 한참의 시간을 끈 다음 이렇게 응답했다.

> 귀국이 진정으로 평화를 원한다면, 우리의 과거 우의는 재구축될 것이다; 미얀마의 관습에 이런 말이 있다. 지금까지 획득한 것을 모두 포기하라, 그리고 나서 요청하면 우리는 그대와 우호적 관계를 맺을 것이라는 말이다. …… 그러나 휴전이 끝난 후에 여전히 귀국이 전쟁비용에 대한 금전을 요구하거나 우리의 영토를 요구한다면, 우리의 우정은 끝났다고 생각해야 할 것이다.

말은 그렇게 해도 미얀마 측이 할 수 있는 일은 별로 없었다. 새로운 전략을 찾아낼 수 없었다. 아니 그럴 생각도 없었다. 기존의 전략으로 영국군의 진격을 막을 수 있는 자원이 거의 남지 않았다. 유일하게 남은 방법은 훈련도 장비도 제대로 안 된, 새로 징집한 병력을 전선에 투입하고 다시 한번 협상을 시도하고, 그래도 영국이 강하게 나오면, 다시 같은 전략을 반복하는 것이었다. 왕과 정부는 영국의 요구조건이 놀랍고 몹시 부담스러웠다. 제국의 서부지역을 완전히 포기하고 그처럼 많은 액수의 배상금을 지급하라고 할지 생각하지 못했다. 그들은 1770년대 중국과 맺은 조약을 예로 내밀었다. 그러나 그때의 조약은 미얀마가 승리하고 맺은 조약이었다. 지금은 제대로 저항도 못 하고 밀리고 있었다.

며칠 후 협상에서 미얀마 대표 콜린의 영주는 전쟁으로 인해 왕실의 재정이 파탄 났기 때문에 배상금을 지급하려야 할 수 없다고 말했다. 또 아삼과 마니푸르에 대한 영토적 주장을 포기할 수 있지만, 영국이 마니푸르를 자신의 직할령으로 편입하는 것은 반대한다고 했다. 타닌따리는 포기할 수 있지만, 라카인은 절대 포기할 수 없다고 했다. 라카인은 매우 특별한 곳으로 지금은 미얀마 왕국 불가분의 일부라고 주장했다. 영국 측은 듣지 않았다.

"지금 문제는 귀국이 우리에게 얼마를 양보하는지가 아니다. 문제는 우리가 귀국에 얼마를 되돌려 주는지다."

미얀마 측은 한동안 더 버티었다. 11월, 마하 네이묘가 이끄는 병력이 프롬을 기습 공격하여 적 진영을 완전 포위하고 양곤과의 통신망을 차단하는 데 거의 성공할 뻔했다. 영국군은 미얀마군의 "대단한 용기"와 포격의 "정확함과 파괴력"에 놀랐다. 이 새로운 병력의 다수는 서브와들이 지휘하는 샨족 병력이었다. 중국 국경처럼 먼 곳에서 달려온 서브와들은 백발을 휘날리며 직접 장검을 휘둘러 백병전을 치르다가 총탄을 맞고 쓰러졌다. 세 명의 "젊고 아름다운" 샨족 여성이 말을 타고 병력을 지휘하며 직접 전투에 참여했다.

그런데도 영국군은 여전히 이겼다. 이후 수주일 동안 영국군의 대포와 로켓포에 수천 명의 미얀마 병력이 죽어갔다. 12월 초, 영국군이 공세에 나서 미얀마군의 포진 모든 곳에 공격을 퍼부었다. 그때 사령관 마하 네이묘가 전사했다. 미얀마군이 마지막으로 기대를 걸고 있는 것이 있었다. 바로 티크 목으로 건조한 대형전함이었다. 30미터가 넘는 길이에 60명이 노를 젓는 이 함선은 30명의 소총수와 대형 함포를 갖추고 있었다. 미얀마는 자국의 기준으로 최정예인 이 함선을 총동원하여 영국군에 타격을 가하고, 그를 통해 더 유리한 조건에서 강화를 추진하려고 했다.

1823년 영국은 '다이애나' 함이라는 이름의 신형 선박을 인도의 키데르포르 항에서 건조했다. 이것이 전쟁에 투입된 최초의 증기선이었다. 함장 매리

앳(Marryat) 대위는 말라리아로 앓고 있었다. 이 배는 크지는 않았지만 60마력의 증기엔진에 강력한 대포와 로켓을 탑재하고 있었다. 강력한 엔진은 노선보다 빠른 속도를 보장했고 많은 병력을 실은 뗏목을 예인할 수 있었다. 그 배가 제때 이라와디강에 도착했다. 미얀마의 대형전함이 공격에 나서면 빠른 속도로 달아났다. 노잡이들이 지치면 함수를 돌려 산개한 적 함선을 한 척씩 함포로 침몰시켰다. 그렇게 하여 이 작은 증기선은 미얀마가 자랑하는 대형 함선의 함대를 궤멸시켰다. '다이애나' 함은 거의 피해가 없었다. 이렇게 해군이 궤멸하자 미얀마 측에 남은 것은 아무것도 없었다.

영국인 한 명과 미국인 한 명, 두 명의 죄수가 석방되어 영국군 진영에 사절로 파견됐다. 조건은 변한 것이 없다는 것이 영국군의 통첩이었다. 왕은 배상금은 여전히 지급할 수 없다고 주장하며 다시 병력을 징집하여 민쩌 제야 뚜라에게 지휘를 맡겼다. 가망은 없었다. 병력은 경험 없는 농부들이었고 그들의 무기는 집에서 가지고 온 농기구였다. 장교들은 경험 있는 무관이 아니라 문신들이었다. 무관은 이제 다 죽거나 다쳤다. 이들이 모두 바간 근처에 있는 '세상의 기쁨'이라는 뜻의 로카난다 파고다 아래 모여 결사의 전의를 다졌다. 소용이 없었다. 영국군의 공세에 일패도지했다.

이제 완전히 자신감을 얻은 아치볼드 캠벨 경은 병력을 아바를 나흘 거리 앞에 둔 얀다보까지 진군시켰다. 거기에 전에 왔던, 영국인과 미국인으로 구성된 사절과 2명의 미얀마 대신이 모든 영국군 포로를 데리고 찾아왔다. 영국군의 모든 조건을 수락하라는 훈령을 가지고 왔다. 미얀마 측은 그 자리에서 250만 루피를 금괴와 은괴로 지급했다. 배상금의 1차분이었다.

이 '얀다보 조약'에 따라 아바의 궁정은 자인티아, 카차르, 아삼의 내정에 대한 간접을 중단하고, 마니푸르, 라카인, 타닌따리를 영국에 할양하기로 했다. 양국이 상주 사절을 아마라푸라와 캘커타에 두기로 합의하는 한편 1천만 루피 혹은 1백만 파운드(대략 5백만 달러)의 배상금을 할부로 지급하기로 했다. 당시의 화폐가치로는 엄청난 금액이었다. 영국군은 제1차 할부금이 지급되면 양곤으로 철수하고, 제2차 할부금이 지급되면 양곤에서 철수하기로 했다. 잠시나마 동인도 회사에 두려움을 주었던 미얀마 제국은 해체됐다. 더는 영국령 인도에 위협이 되지 않을 것이었다. 그 공로로 캠벨 경은 명예와 부와 지위를 얻었다. 캐나다 뉴브런즈윅의 총독으로 임명된 것이다. 반면 미얀마는 궁극적으로 그 독립을 상실하게 된 행로의 첫발을 내딛게 되었다.

유리 궁전 연대기

『론리플래닛』(Lonely Planet) 여행안내서에는 만달레이에 대해, 도시 주변에는 "방문할 가치가 있는 많은 관광지"가 있으며 4개의 "고대 도시"가 "쉽게 하루에 볼 수 있는 거리"에 있다고 적혀있다.10 그 4개의 도시 중 가장 오래된 것은 13세기에 건설된 아바(=잉와)로 짧은 기간을 제외하고 근 4세기간 수도였다. 아바는 사실상 섬과 같다. 북쪽으로 '작은 강'(미얀마어로 뮛응에)이 감아 돌며 이라와디강으로 흘러 들어가고 남쪽으로는 깊은 운하가 두 강을 이으면서 이 도시를 본토로부터 분리하고 있기 때문이다. 그곳에 높은 성벽과 해자로 보호된 궁궐이 있었지만, 지금은 흔적만 남아있다.

아바의 미얀마어 이름은 '보석의 도시'라는 뜻의 라타나푸라이고 '물고기 연못의 입구'라는 뜻의 아바는 과거에 쓰던 이름이었다. 캠벨 장군의 병력이 얀다보에 도착했을 때 왕은 이 궁전의 칠기로 장식된 대전에서 대신과 장군과 비빈들을 모아 놓고 불과 몇 년 전이라면 상상도 하지 못했을 패배와 그에 따른 강화조건을 수용하기로 했다. 분위기는 침통했다. 외국인들이 서쪽과 남쪽의 영토를 앗아갔다. 오늘날 가치로 20억 달러에 해당하는 금은보화가 전쟁 배상금이라는 명목으로 영국 군함에 실렸고 왕실의 보물창고는 텅 비었다. 몇 세대 동안 누렸던 성공과 축배의 시절은 끝났다. 앞으로는 오로지 나쁜 일만 생길 것 같았다.

아바를 방문하는 여행객들은 만달레이 도심을 벗어나 배를 타게 된다. 그 배에는 주변의 농부들과 그들이 이끄는 소가 함께 탄다. 강을 건너면 수십 대의 우마차가 호객행위를 하면서 아바는 걸어서 구경하기에 너무 넓다고 말한다. 그 말을 듣는 게 좋다. 넓기도 하거니와 포장 안 된 길가에 독사가 있기 때문이다. 지금은 무너진 벽돌 건물의 잔해밖에 없다. 그나마 볼만한 것은 30미터 높이의 전망대인데 1839년 대지진으로 지금은 한쪽으로 위태롭게 기울어져 있다. 길게 뻗은 길 양옆으로는 타마린드와 목면나무가 높이 솟아 있고 그 뒤로 소 떼가 한가로이 풀을 뜯는다. 티크 목으로 지어진 '바가야'라는 이름의 사원이 고색창연한 모습으로 자리 잡고 있다. 지금은 사립 보육원 겸 학교로, 가끔 찾아오는 서양 관광객과 주변 사람들의 지원금으로 운영되고 있다. 18세기만 해도 이 사원은 지상에서 가장 큰 종교대학의 하나였다. 여기서 왕자와 대신들이 수세대에 걸쳐 법률, 역사, 문학, 과학을 공부했다. 밀림 속 공터처럼 보이는 이곳이 아바라는 대단한 도시의 중심이었다.

아바는 과연 국제적인 도시였다. 수니파, 시아파를 막론한 상당한 수의 이슬람교도들도 살았다. 대부분 아랍, 페르시아, 아니면 터키계라고 주장했지만, 출신지는 인도, 라카인, 마니푸르 등지였다. 영국인들은 그들과 다른 미얀마인들 사이에 큰 차이점을 발견하지 못했다.

"모든 계층의 여인들은 얼굴을 가리지 않았고 다른 여인들과 마찬가지로 옷을 두껍게 입지도 않았다. 연애를 통해 결혼하고 남성들과 함께 같은 모스크에서 기도했다."[11]

19세기 중반, 무슬림은 정부 속에서 높은 지위를 차지했다. 수도의 시장,

바간의 총독도 무슬림이었다. 영국 외교관 헨리 율 경(Sir Henry Yule)은 왕궁에서 궁내관, 환관, 왕실 근위병 중에서 다수의 무슬림을 발견할 수 있었다.

패전 이후 왕은 칩거에 들어갔다. 전쟁으로 왕실과 왕좌의 권위가 추락했다. 전쟁이 가져다준 엄청난 유혈에 큰 충격을 받고 사람들을 피했다. 스페인 상인 돈 곤살레스 데 란치에고를 가끔 만날 뿐이었다. 다른 사람들도 마찬가지로 큰 충격을 받았다. 한 세대의 남성 거의 전부가 전장에서 목숨을 잃었다. 그때까지 미얀마가 알고 있던 세계, 즉 연속된 승리와 그로부터의 자부심은 완전히 무너졌다. 반세기 동안 계속된 군사적 승리로부터 자라난 애국심에 비추어 볼 때 영국인들이 라카인과 타닌따리를 점령하고 왕실의 모든 재화를 앗아가는 현실은 참으로 견디기 어려운 것이었다. 그와 같은 악몽, 또 향후 반세기간 일어날 일들이 미얀마의 민족주의를 새로운 방향으로 끌고 갔다.

도시의 남쪽 문에서 길고 넓은 방죽길이 시작된다. 양옆에 잘 다듬어진 낮은 둑이 있고 그 옆으로는 타마린드 나무가 우거진 들판이 있다. 그 입구에 거의 읽을 수 없을 정도로 닳았지만, 자세히 보면 다음과 같은 글자가 음각된 것을 알 수 있다. '위대한 승리의 길'이라는 뜻의 마하 제야 파타라는 이름의 그 다리는 "신구 왕자와 그 아내 그리고 두 딸이 건립함", 그리고 "왕자가 이 커다란 다리를 건립한 것은 칭송이나 지상의 명예를 위해서가 아니라 열반에 도달하도록 덕을 쌓기 위한 것임."[12]

그 방죽길이 끝나는 곳은 '교량의 머리'라는 뜻을 가진 타다-우라는 이름의 먼지가 많은 동네다. 식민지 시절에는 나무로 지어진 법정과 관사, 경찰파출소 등이 있던 조용한 읍소재지였는데, 지금은 거대한 콘크리트와 유리로 지은 건물이 있다. 잘 이용하지는 않지만, 태국과 이탈리아 기업이 공동투자하여 지은 국제공항건물로 군사정부에서 크게 선전했던 곳이다. 1656년 명나라의 마지막 황제를 따라온 병사들이 약탈을 자행하다가 미얀마 왕이 보낸 무슬림 및 포르투갈계 소총수들과 맞닥뜨린 곳이 바로 이곳이었다. 지금은 '에어 만달레이'와 기타 항공사가 운영하는 소형항공기가 양곤으로부터 날아와 잘 차려입은 관광객들을 부리는 공항이다. 밖에서 기다리던 에어컨이 달린 관광버스와 택시가 이들을 태우고 만달레이 시내로 달려간다.

우리 집안은 원래 이 지방 출신이다. 타다-우에 바로 이웃한 다베스웨이라는 곳으로 일곱 개의 촌락이 휘도는 '작은 강'을 따라 흩어져 있다. 건조한 대지 위에 유칼립투스와 야자나무가 띄엄띄엄 있고 헐벗은 낮은 산들이 보이며, 흰색 페인트칠이 된 무너질 것 같은 사탑들도 있다. 우리 조상은 그곳에서 수백 년 동안 살았던 것 같다. 지금도 그렇지만 주거지는 대나무로 기둥을 세우고 풀잎을 엮어 지붕을 덮은 전래의 주택이었을 것이다. 그러다가 18세기 중반 다베스웨이에서 태어난, 우쩌잔(U Kyaw Zan)이란 함자를 쓴 6대 조부 대에 이르러 돈을 벌어 출세했다. 그는 동네 사원에서 교육받고 어찌하여 아바로 진출해 왕의 금융관리자로 돈을 모았다.

집안은 대단하지 않았지만, 돈을 번 덕분에 메카야의 영주의 딸과 결혼했다. 그 영주는 요새화된 성이 있는 커다란 영지를 가진 오랜 혈통과 지위를 자랑하는 가문을 대표했다. 쩌잔은 당시 전형적인 상인이자 전주였다. 처음에는 지방을 오가며 물건을 사고팔다가 중국까지 진출하여 사업을 키웠다. 면화, 상아, 보석 등을 매매하며 모은 돈으로 아바 동쪽 농촌의 농부들에게 당시의 현금인 은을 빌려주는 전주가 됐다.

사업이 번창하면서 싱구 왕자의 사저를 드나들었다. 1780년 싱구 왕자가 왕위에 오르면서 뚜테이, 즉 왕실 상인의 한사람이 됐다. 왕의 금융 관련 업무를 맡게 된 것이다. 당시 미얀마 사회에서 왕은 금융피라미드의 최정점에 있었다. 그 피라미드의 가장 밑에는 농부들이 있었다. 농부들은 세금을 내고 집안 애경사를 치르고 때로는 밀린 빚의 이자를 갚느라고 현금이 필요했다. 그러나 농업의 특성상 현금유통이 어려워 항상 빚을 지지 않을 수 없었다. 그래서 동네에서 현금을 굴리는 대부업자, 때로는 동네 유지들로부터 현금을 빌렸다. 최정점에 있는 왕은 자신이 보유한 은을 영주나 군주들에게 대여하고, 그들은 그 아래층 족장이나 유지에게 대여하는 형태로 금융망이 형성됐다. 그러니 왕은 개인의 금융을 관리하는 전문가가 필요했던 것이었다.

2004년 1월 나는 아바에서 자동차를 몰고 비포장도로를 따라 우마차와 자전거를 추월하며 다베스웨이로 갔다. 건기라서 길가에 보이는 작은 수로는 메말라 있었다. 그곳에는 작지만, 관리가 잘된 사원이 있었고, 초등학교가 있었는데, 흰 셔츠에 초록색 론지를 입은 아이들이 영어를 따라 하고 있었다. 몇몇 잡화점이 비누, 플라스틱 컵, 티셔츠 등을 팔고 있었고 조그만 대나무 초막에서 새로 짜낸 야자즙을 팔고 있었다. 타마린드 나무 그늘 속에 몇 명의 남녀가 버드나무 가지로 만든 의자에 앉아 전통담배를 피우고 있었다. 그 옆으로 가끔 들에서 돌아오는 농부가 우마차를 끌고 지나갔다. 내가 그곳을 찾은 것은 처음이 아니었다. 그러나 읍내만 둘러보고 갔던 전과 달리 이번에는 발품을 팔아 무슬림 거주지를 찾아갔다.

마침 그때 그곳의 무슬림은 수피 성자와 관련된 축제를 준비하고 있었다. 동네를 대청소하고 건물에 새로 페인트칠을 하는 가운데 마을광장에는 커다란 단이 설치되고 있었다. 동네의 촌장은 오마르라는 이름을 가진 남성이었는데, 폴로 셔츠에 면으로 된 론지를 입고 있었다. 그에 따르면, 다베스웨이의 무슬림은 2백여 년 전 인도의 모처에서 온 왕실의 상인과 군인들의 정착촌으로 시작됐다. 정확히 언제, 어딘지는 모른다고 했다. 최근 카이로에서 2년간 공부하다가 돌아왔다는 오마르 촌장은 미얀마어는 물론이고 아랍어와 약간의 영어를 구사했다. 오마르는 자신감이 넘치는 세속적인 인물로, 덩치가 주변을 지나는 누구보다도 컸고, 얼굴에는 중동지역 인물의 모습이 남아있었다. 미얀마 전체의 무슬림 인구는 2~3백만 명으로 추산되고 거의 모든 도시나 촌락에 적어도 한 개의 이슬람교 사원이 있다. 그러나 이들은 숨겨진 소수민족이다. 정부통계에 별도의 인종으로 잡히지 않아 불교가 지배하는 미얀마 사회에서 항상 이방인으로 남아 있다.

6대 조부 쩌잔은 돈도 많이 벌고 왕실에도 출입할 만큼 출세했지만, 여전히 고향과 연락을 끊지 않고 있었다. 출세할수록 고향에 과시하고 싶은 것이 인지상정이라면 그도 예외는 아니었다. 그래서 지금 이슬람 사원이 있는 근처, 강을 굽어보는 작은 야산에 달걀 껍데기 색깔의 사탑을 지었다. 환생을 위한 공덕 쌓기였다. 쩌잔은 다베스웨이 사원의 '다야카' 즉 기증자로 기억되길 원했지만, 지금도 남아있는 그 사탑에는 그의 이름이나 기타 누구의 이름도 새겨져 있지 않다. 그 지역에는 과거 계급의 구분이나 세습적인 지위의 흔적은 완전히 사라지고 불교도와 무슬림이라는 종교적 구분만 남아있는 것 같았다. 2년 전 방문했을 때 나는 당시 나이로 95세인, 동네에서 가장 나이든 노인을 만났었다. 그는 마을의 역사에 대해서는 전혀 아는 바가 없다고 했다. 이름 없는 벌목공으로 어쩌다 보니 고향에서 멀리 떨어진 이곳까지 흘러들어왔다고 했다. 1919년의 일이라고 했다. 역사는 이제 아득히 잊혔다.

우 쩌잔 할아버지는 터울이 큰 여러 자식을 두었다. 그중 차남, 우 먀잇(U Mya Yit)이 1820년대 영국-미얀마 전쟁 무렵 정부에 출사하여 1850년대에 국무원의 서기로 승차했다. 시인이기도 했던 우 먀잇은 노년에 '마하 민딘 띤카야'라는 귀족 이름을 받았다. 또 다베스웨이 일곱 개 마을의 영주, 즉 '묘자'가 되었다. 일개 대부업자의 아들에 관한 자세한 기록이 남아있는 것은 왕실 기록 덕분이다.

우리 집안은 잘 나가고 있었지만 나라 전체로는 암울한 시기였다. 위대한 정복 전쟁과 미얀마 제국을 배경으로 새겨진, 영국인들에게 당한 치욕은 갈수록 새로워지고 갈수록 아프게 남았다. 왕실의 귀족과 노신들은 망연자실 아무것도 하지 못했다. 현실을 수용하지 못하니 새로운 방향도 설정할 수 없었다. 그때 그중 일부가 역사를 들여다보기 시작했다. 영국인들이 전쟁 배상금으로 받은 은괴를 세며 희희낙락하고 있을 때, 학자와 승려로 구성된 왕립협회가 유리 모자이크로 된 벽을 따서 '유리 궁전'이라고 이름 붙인 방에 모여 야자수 잎에 쓰인, 그리고 석판에 새겨진 오래된 기록을 뒤져 미얀마의 역사를 새로 썼다.『미얀마 왕실의 유리 궁전연대기』가 그렇게 쓰였다. 미래는 불확실하고 현재는 고통스러울 때, 과거의 교훈을 되새겨 보는 일은 확실히 중요한 일이었다.

그러던 어느 날 새로운 왕이 유혈 쿠데타 끝에 즉위했다. 우 먀잇과 그 자식과 가족에게, 그리고 비단으로 된 흰색과 분홍색이 섞인 관을 쓰고 융단으로 된 슬리퍼를 신은 아바 궁정의 모든 관리에게, 짐을 싸라는 명령이 내려왔다. 그에 따라 가재도구를 실은 우마차, 조랑말, 코끼리의 행렬이 길게 북으로 이어졌다. 새로 지은 수도 만달레이로 가는 행렬이었다.

7

만달레이

19세기 중반,
미얀마 왕국의 마지막 두 왕과 조정이
정부를 개혁하고 나라의 독립을 유지하려고
야심 찬 계획을 세운다.

그러나,

마침내 식민지로 전락하고 만다.

7

(우즈베키스탄의) 사마르칸드나 (탄자니아 연안의 섬) 잔지바르처럼 만달레이는 뭔가 신비하고 이국적인 느낌을 준다. 유럽과는 전혀 다른 기후, 의상, 냄새, 그리고 수백 년간 변하지 않고 내려온 관습. 그렇게 생각하는 사람들은 만달레이가 그처럼 오래된 곳이라는 아니라는 사실을 알고 반신반의한다. 사실 그렇다. 만달레이는 미국의 백화점 체인 메이시스(Macy's)가 맨해튼에 첫 점포를 열었던 바로 그해, 즉 1854년에 건설됐다.

그렇더라도 만달레이가 뭔가 오래된 것이라는 생각이 전적으로 틀린 것은 아니다. 긴 역사적 시각에서 보면 19세기 중반, 즉 비교적 최근에 지어졌지만, 만달레이의 도시구획은 중세이래 1천 년을 이어 온 패턴을 따랐다. 정방형으로 이어진 성곽을 올리고 곳곳에 불교사원을 짓고, 그 한 가운데 왕궁을 짓는다. 최근에 찍은 항공사진을 보면 그렇게 지어진, 지금은 땅에 묻히거나, 정글에 가려져 일부는 그 이름이 전설로 전해오는, 도시의 흔적을 수십 개 찾을 수 있다.[1] 그처럼 정해진 형식에 따라 도시를 건설하는 것이 각지의 영주 또는 군주들이 그 정통성을 주장하거나 백성의 신망을 얻는 데 필요했던 모양이다.

유럽인들이 처음 미얀마에 발을 디뎠을 때 이미 그런 전통이 있었다. 19세기 중반에 지어진 만달레이도 그 원형과 크게 다르지 않았다. 정방형 성곽에 성문은 12개였다. 궁궐 정전 건물의 지붕은 아홉 개의 층으로 이루어졌다. 바고의 궁궐은 정방형이 아니라 장방형으로 지어진 변형을 보이는데 이는 실수가 아니라 의도된 것이었다.

건물과 건물을 지은 재료도 같았다. 설계와 원자재가 같았다는 뜻만이 아니다. 구도시에 있는 건물을 뜯어 옮겼다. 오늘날 만달레이 궁전의 길고 똑바른 티크 목 대들보가 아마라푸라 궁전, 또 그 전 수도 아바 궁전의 대들보였다는 식이다. 식민지 시대 영국인들은 이 같은 전통을 유목민 시절의 풍습이 전승된 것이라고 주장했는데 과장된 주장이다. 그러나 목제궁궐을 해체하여 포장 안 된 도로를 따라, 지거나 실어 옮긴 다음 다른 장소에서 새로 조립하는 것과 몽골의 칸이 대형 천막을 접고 펴고 하는 것이 일맥상통하는 점이 전혀 없는 것은 아니다.

한편 만달레이가 '신' 수도라는 것도 중요하다. 미얀마 사람들은 새것을 좋아한다. 작지 않은 땅덩어리를 가진 미얀마에서 종교건물을 제외하곤 1백 년이 넘는 건물을 찾아보기 어렵다. 전쟁과 기후 탓도 있지만, 미얀마 사람들은 유서 깊은 저택에 산다는 것에 특별한 가치를 두지 않는다. 좋은 집은 새로 지은 집이지 수리한 집이 아니다. 주택은 대개 단순한 구조와 건축방식을 따른다. 약간의 목재와 대나무, 풀잎을 엮어 짓는데, 몇 년이 지나면 그냥 헐고 새로 지어 될 수 있는 한 새집의 모습을 유지하고자 한다. 이런 성향은 후일 더 견고한 재료로 집을 지을 때도 지켜졌다. 서양에서 건물에 '1791년 건축' 처럼 건축 연도를 새기고 지키는 것과 달리 미얀마에서는 '1921년 건축'과 같은 식민지 시절 흔적을 흰 페인트로 지우고 그 위에 가장 최근에 수리한 연도를 적는다.

만달레이는 여러 면에서 '새로움'을 위한 시도였다. 과거의 제도를 유지하는 가운데 새로운 사상과 개념을 접합하려고 했다. '새 시작'을 강조했다. 관습과 전통은 중요하지만 새로운 환경에 맞도록 정비되어야 하고 과거는 고난의 미래를 헤쳐나가는 데 도움이 돼야 한다는 메시지를 전하고자 한다. 1858년 7월 16일 후텁지근한 날씨 속에서 민돈 왕은 보석으로 화려하게 치장된 가마를 타고 만조백관을 거느린 채 궁성을 시계방향으로 한 바퀴 돌아 용상에 올랐다. 멀리서 울려 퍼지는 궁정 음악을 들으며 민돈은 미얀마가 전통을 유지한 채 새로운 세계에 제대로 자리를 잡기를 간절히 기원했다.2

민돈 왕이 신수도 건설을 결심한 1850년대 중반, 세계는 빠르게 변화하고 있었다. 과학기술이 크게 진보했다. 미국 앨라배마주 베서머에 새로운 개념의 제철소가 들어서면서 철강생산 공정이 혁신되고 생산성이 크게 높아졌다. 대서양을 잇는 전신선이 깔렸다. 다윈(Charles Darwin)이 쓴 『종의 기원』이 출간되어 큰 반향을 불러일으켰다. 캘리포니아에 금광이 발견되어 철도망이 서쪽으로 확장됐다. 아일랜드와 독일에서 수백만 명의 이민이 식량이 모자라고 정치적 혼란이 거듭되는 유럽을 등지고 미국으로 왔다. 새로운 노동력이 유입되면서 미국 경제는 계속 성장하고 있었다.

한편 영국의 인도 잠식은 1857년 '세포이의 대항쟁'으로 새로운 국면을 맞게 되었다. 동인도 회사에 근무하는 인도계 용병의 처우 문제로 시작된 이 무장투쟁은 러크나우(Lucknow)와 칸푸르(Kanpur)의 영국병영이 함락되고, 뒤에 영국군이 다시 점령하는 과정에서 서로 죽이고 죽는 큰 유혈을 낳았다. 무굴제국이 완전히 해체되고 동인도 회사를 통한 간접지배가 영국 정부의 직접지배로 바뀌는 등 큰 정치적 변화가 뒤따랐다. 그러나 더 큰 것은 이 유혈사태가 사람들의 마음속에 큰 상처를 남기면서 식민지 관계를 새로 생각하게 되는 계기가 됐다는 점이다.

그에 앞서 1852년 제2차 영국-버마 전쟁이 일어났다. 제1차 전쟁에 비교해 짧았지만, 결과는 똑같았다. 영국이 압도적인 전력으로 승리하고 버마는 영토를 할양했다. 크게 다른 점도 있었다. 제1차 전쟁은 영국과 버마의 팽창과 야망이 서로 충돌한 결과였지만, 제2차 전쟁은 전적으로 영국의 침략에 의한 것이었다. 당시 양곤 지역을 통치하던 미얀마 총독이 2척의 영국 선박 선장에게 관세법 위반혐의로 벌금을 물린 것이 도화선이 됐다. 영국의 인도 총독이었던 달하우지(Dalhousie) 공은 벌금을 취소하고 문제의 총독을 해고하라고 최후통첩을 보냈다. 결과를 내다본 미얀마 정부는 바로 수락했지만, 영국 측은 그냥 밀고 나갔다. 벵골만 지역 해군 사령관, '열화(烈火) 제독'이라는 별명을 가진) 조지 램버트(George Lambert) 제독은 추가적인 도발이 없었음에도 미얀마의 해안선을 봉쇄했다.3 달하우지는 램버트의 독자적 행동에 화가 났지만, 상황에 그에 이른 이상 전쟁이 불가피하다고 생각하여 백만 루피의 배상금을 요구했다. 영국 측에서 전쟁을 준비하느라 든 경비라는 핑계였다. 그리고 미얀마 측의 회신이 오기도 전에 양곤을 비롯한 남부의 항구 도시를 모조리 점령했다.

미얀마는 그야말로 생각지도 않고, 원하지도 않고, 준비도 안 된 전쟁에 끌려 들어간 것이었다. 미얀마군의 사령관은 마하 반둘라의 아들로 직업군인인 다바인의 영주였다. 바고에서 온 힘을 다해 저항해봤지만 역부족이었다. 제1차 전쟁 이후 영국의 군사력은 기술과 전술에서 크게 진보했다. 미얀마는 아무런 진보가 없었다. 결과는 불을 보듯 뻔했다.

그래도 전투는 계속되었지만, 아바의 궁정에서 혁명이 일어나는 바람에 전쟁이 갑자기 끝이 났다. 현 왕이 폐위되고 그의 이복형제 민돈 왕자가 꼰바웅 왕조의 왕위에 오른 것이었다. 승리할 가망성이 없는 전쟁 중에 현실을 직시하고 미래를 내다보는 일부 세력이 그때 39세였던 민돈 왕자를 중심으로 뭉쳤다. 당시 정권을 잡고 있던 강경보수파가 노골적으로 적대하고 감시하자 민돈은 왕조의 발상지인 슈웨보로 도피하여 그곳에서 반란의 기치를 들었다.

다수의 무장세력이 그에 동조했는데, 그중에는 이복동생 카나웅 왕자도 있었다. 반란군의 세력은 갈수록 커져 이라와디강 변의 전투에서 정부군을 격파했다. 아바의 궁정에 접근한 반란군의 기치가 11월의 맑은 날씨 속에 선명하게 드러나자 더 큰 유혈을 우려한 귀족들이 마음을 바꾸었다. 궁정에서 가장 큰 영향력을 자랑하던 2명의 대신, 짜욱모 영주와 예난자웅 영주가 왕실 수비대를 설득했다. 궁성의 문이 열리고 민돈과 카나웅은 왕궁에 무혈입성했다. 쿠데타는 성공했고 새로운 세대가 권력을 잡았다.

1853년, 과거 제국의 영화만 그리워하며 살던 구세대가 물러나고 영국의 힘이라는 현실 속에서 성장한 신세대가 들어섰다. 그렇게 물러난 사람 중에는 민지 마하 민흘라 민까웅과 같은 대단한 장군, 충신도 있었다. 그는 1810년대 미얀마군을 이끌고 높은 산을 넘어 마니푸르와 아삼을 정복한 부대의 지휘관이었고, 제1차 영국-버마 전쟁에서 반둘라의 참모로 종군했다. 그들의 충정과 열정을 의심할 바는 없었지만, 과거의 기억에만 사로잡혀서는 난국을 타파하고 새로운 현실에 적응할 수 없었다.

그래도 반드시 그 같은 사람만 있었던 것은 아니었다. 새로운 문명을 배워 후대 개혁의 초석을 쌓은 이도 있었다. 먀와디 영주가 좋은 예다. 그는 그야말로 지성인이었다. 음악과 연극을 즐긴 예인이었고, 자바의 서사시 「에나오」 (*Enao*)를 번역한 학인이었다. 동시에 군인이었고 관인이었다. 2백 년 이상 정부에 출사해 온 가문 출신으로 아바 근교에 있던 파라마 사원에서 공부했다. 정부에 출사하여 승진을 거듭하는 가운데 화가 · 연주자 · 군인으로 명성을 떨쳤다. 제1차 영국-버마 전쟁에서 라카인 전선에서 내려와 좌익을 담당한 지휘관으로 참전하면서 동인도 회사가 거느린 군대의 화력과 조직력이 얼마나 대단한지 두 눈으로 똑똑히 보았다.

그런 상황에서 많은 사람이 그저 적에 대한 증오만 키웠지만, 먀와디는 달랐다. 그 같은 강함을 만들어준 그 무엇을 알고자 했다. 힌두어를 공부하고 라틴어 시를 암송하여 영국 사절단을 깜짝 놀라게 했다.[4] 그는 항상 '배워야 산다'라고 외치며 다녔다. 민돈이 집권한 직후 92세의 나이로 세상을 떠났다.

새로운 것을 배우고 공부하는 데는 왕실도 예외가 아니었다. 사실 그 분야에서 제1인자는 민돈 왕의 종조부 메카야(Mekkaya) 왕자였다. 미얀마를 찾아온 최초의 미국인 선교사 애도니럼 저드슨(Adoniram Judson)은 그에 대해 "대단한 형이상학자이자 신학자로 교회 문제에 깊이 개입했다"라고 기록했다. 1792년에 태어나 '로저스'라고만 알려진 영국인에게서 영어로 읽고 쓰고 말하는 법을 배웠다. 에이브러햄 리스 박사(Dr. Abraham Rees)가 편찬한 여러 권으로 된 『백과사전』을 사들여 최신 '산업혁명'과 '과학혁명'에 관한 수천 개의 항목을 탐독했다. 후일 최초의 '영어-버마어 사전'의 편찬에도 관여했다. 영국인 사절 헨리 버니 경(Sir Henry Burney)을 만난 자리에서 지리·과학·수학에 관한 질문을 퍼부어 버니로 하여금 진땀을 흘리게 했다. 버니의 기록에 따르면 왕자는 집에 온도계와 기압계를 설치해 두고 있었고, 서재에는 새뮤얼 존슨 박사(Dr. Samuel Johnson)가 편찬한 『사전』과 성경이 꽂혀 있었으며, 일식의 예정일이나 혜성의 경로에 관한 논문이 번역돼 있었다. 버니는 "내 생전에 이 왕자처럼 알고자 하는 욕구가 강한 사람을 만난 적이 없다"라고 썼다.[5] 요컨대 미얀마는 서방을 알고자 하고 그 문물을 수입하고, 그에 따라 개혁하고자 하는 노력에 있어 샴, 일본, 한국, 베트남 등 다른 어떤 아시아 국가보다 앞서 있었다. 민돈 왕의 즉위는 그 같은 개혁을 위한 정치적 준비의 제1보였다.

적어도 형식으로는 그랬다.

최후의 대왕 민돈

미얀마 역사에서 민돈 왕은 마지막의 '대왕'이자 가장 독실한 불교도였다. 사원을 짓고, 사탑을 세우고 수천 명의 승려를 지원하는 등, 소승불교에서 말하는 온갖 공덕을 쌓았다. 1871년 제5차 불교대회를 열었다. 해외참석자를 포함하여 2천4백 명의 승려가 참가한 이 대회는 불교의 2천 년 역사상 최초로 불경을 총정리하려는 시도였다. 승려들은 만달레이 산 밑에서 6개월 동안 새로 정리된 불경을 외었다. 이 불경은 7백 개가 넘는 석판에 새겨져 후세에 남겨졌다.6

민돈 왕은 독실한 불교도였지만 광신도는 아니었다. 여러 인종의 용광로와 같은 미얀마의 왕으로서 다른 종교에 대해서도 매우 너그러웠다. 이슬람교에 대해서도 지원을 아끼지 않아 만달레이에 무슬림 거주지를 건설하고, 모스크를 건축하고, 메카 성지를 찾는 미얀마인 무슬림을 위한 숙소를 따로 건설했다. 마르크스 박사(Dr. Marks)가 이끄는 영국 성공회 선교사들을 환대하여 왕궁 바로밖에 교회를 짓도록 하고 왕자들을 보내 교육받도록 했다.

불교에 대한 그의 열정은 만달레이에 아직 남아있는 종교유적과 더불어 지금까지 기억되고 있다. 그러나 영국의 팽창에 맞서기 위해 정부를 개혁하고자 한 그의 노력은 잊혔다. 그 개혁이 결국 실패했기 때문이다. 그리고 프렌더개스트의 정복과 영국의 가혹한 식민지배에 묻혔기 때문이다. 그러나 민돈 왕의 개혁은 오늘날 미얀마를 이해하는데 매우 중요하다. 그것이 19세기 후반 미얀마 사회의 구석구석에 영향을 미치고 후일 영국의 식민지배의 한 중요한 맥락을 이루었기 때문이다.

민돈 왕은 쿠데타 과정에서, 이후 국정 운영에서 카나웅 왕자와 밀접하게 협력했다. 카나웅 왕자는 주로 군사 및 행정의 개혁을 담당했는데, 이 둘은 일종의 연합정권을 이루고 있었다고 해도 과언이 아니었다. 실제로 카나웅 왕자는 왕세제, 즉 차기 왕으로 지명되어 궁궐 같은 사저에서 살았다. 세습군주제에서 쉽지 않은 상황이었다. 민돈의 제1왕비도 중요한 인물이었다. 왕의 사촌으로 중요한 왕실 혈통을 계승했다. 과학과 점성술에 능했고 영국의 항해용 달력을 이용하여 점을 쳤다. 중전으로서 수백 명에 달하는 비와 빈을 철권으로 지배하고, 그것으로 왕실, 나아가 지방의 인맥을 좌우했다.

유럽이 지배하는 세상, 급속하게 변하는 세상에서 살아남으려면 개혁을 해야 한다는 것을 깨닫고 실행에 옮긴 것은 미얀마만이 아니었다. 이집트에는 메흐메트 알리(Mehmet Ali)와 그 후예들이 서양의 과학기술을 장려하고 군대를 개혁하고 행정을 혁파하는 한편 면화를 수출하고 외화로 벌어들여 재정을 키웠다. 가까운 샴에는 『왕과 나』의 주인공 몽구트 왕이 개혁에 나섰다. 일본은 1868년 도쿠가와 바쿠후(德川幕府)를 타파한 메이지(明治) 유신을 계기로 광범한 정치적, 사회적 개혁에 나섰다. 그때까지 식민지로 전락하지 않은 북아프리카와 아시아의 많은 나라가 같은 노력을 했다. 미얀마는 그 선두를 달렸다고 하긴 어려울지는 몰라도 결코 뒤떨어진 나라는 아니었다.

바로 그 개혁의 한 부분으로 민돈과 카나웅은 주로 대신들의 자손 중에서 수십 명의 젊은이를 선발하여 외국으로 유학 보냈다. 가까운 인도에 가장 많이 보냈지만, 이탈리아와 프랑스, 독일 등에도 적지 않은 수를 보냈다. 1870년대 말이 되면서 아바의 궁정에는 외국 유학파가 다수 포진하여 근대화를 위한, 결국은 실패했지만, 마지막 노력을 기울였다.[7]

군사개혁도 뒤따랐다.[8] 강선이 없는 구식소총(musket)을 강선이 있는 신식소총(rifle)으로 바꾸고 자체생산했다. 10척의 기선을 수입했다. 이 선박들은 평시에는 운송과 교통 등 일반적 목적으로 쓰였지만, 나라 안 치안을 유지하는 데도 중요한 역할을 했다. 병역제도를 바꾸어 근대적 상비군체제를 갖추었다. 정복국가로서 전통이 강한 미얀마에는 병역이 상류층의 세습적 특권이었는데 그 체제를 바꾼 것이다.

1870년 만달레이로부터 양곤을 포함한 각지로 전신이 개통되었고 미얀마어 모스 부호가 개발되었다. 화학, 물리학, 생물학 등 근대 과학서적을 서방에서 수입했다. 『대영백과사전』(Encyclopaedia Britannica)을 통째로 번역하겠다는 계획도 세웠다. 섬유산업과 유리산업 등 근대적 산업이 도입되고 퍼져 나갔다. 이를 각종 산업 전반에 확대하겠다는 야심 찬 계획과 정책적 노력도 있었다. 그런 산업이 경제성이 있었는지와는 별도로, 그 같은 노력은 만달레이, 나아가 전국 곳곳에 새로운 미얀마가 탄생하고 있다는 신호를 주기에 모자람이 없었다.

동시에 통치체제를 개혁했다. 국가의 권력이 집행되는 방식이 바뀌었다. 그에 따라 수백 년간 이어 온 미얀마의 사회조직 및 정치적 충원체계가 근본적으로 바뀌었다. 행정이 중앙으로 단일화되고 체계화됐다. 오랜 세월 동안 자생적으로 자리 잡은 관행과 제도를 폐지하고 새로운 행정, 재정, 통치제도를 도입한 것이다. 개혁을 지도하는 기본 개념은, 근대식 정부란 명령체계가 확실하고 담당 영역 사이의 구분이 뚜렷한, 통합된 통치체계라는 것이었다.

그런 개념은 전과는 전혀 다른 것이었다. 지난 수 세기 동안 통용된 통치체제는 동네/촌락마다 세습적 촌장이나 유지가 있어, 그들이 직접 지배하며 왕의 권위를 간접적으로 대표하던 체제였다. 이제 만달레이의 권력이 중앙에서 임명한 관리에 의해 직접 작동하는 식으로 바뀌었다. 과거에는 왕족과 귀족, 공신 등이 일정한 영토를 녹 또는 봉토로 받아 그로부터 소득을 얻는 식이었다. 그래서 그들을 '묘자'(myoza)로 불렀다. '먹는 사람'이라는 뜻이니 식읍(食

邑)이라는 말과 통한다. 이제 이들이 정부에서 봉급을 받아 식읍의 개념이 사라졌다. 세제도 개혁했다. 과거 존재하던 온갖 직, 간접적인 세금을 폐지하고 새로운 세금체계를 만들었다. 이 혁명적인 통치체계의 개혁으로 상 미얀마 사회는 한동안 혼란에 빠졌다.

이집트처럼 미얀마도 근대화를 뒷받침할 재원은 면화무역이었다. 원래 미얀마의 농업은 삼각주의 비옥한 농토에 나오는 쌀이 주산물이었다. 그러나 그 지역을 영국에 빼앗기고 북쪽으로 밀려난 미얀마 왕국에 쌀생산은 수출은 고사하고 식량도 빠듯했다. 민돈은 진즉 이 사실을 깨닫고 면화농업을 장려하여 중국을 비롯한 기타 외국으로 판로를 찾도록 했다. 처음에는 성공적이었다. 게다가 1860년대 미국에서 남북전쟁이 일어나고 북부군이 남부군의 항구를 봉쇄하여 면화 값이 폭등했다. 덕분에 미얀마의 외화수입은 짭짤했다. 한동안 모든 것이 뜻대로 되는 듯 보였다.

외교

민돈 왕에게 영국과의 전쟁은 전혀 선택지가 아니었다. 무력을 휘둘러 주변국을 떨게 만들고 외국 오랑캐를 몰아내는 꿈을 꾸었던 부왕이나 실제로 인도를 점령하여 거대 제국을 만들 생각을 했던 증조부왕과 달리 민돈은 자국의 군사력에 대한 환상이 전혀 없었다. 그러나 국제문제에 전혀 무지하거나 관심이 없지 않았고 나름대로 복안이 없었던 것도 아니었다. 그는 국가 사이에 주권 평등의 원칙에 기초한 상호우호적인 관계를 좋아했고 가능하다고 믿었다. 영국과 그 같은 관계를 수립하고, 영국이 그의 화평 정책을 신뢰하여 빼앗아간 남쪽 영토를 돌려줄 것으로 희망했다.

그래서 민돈 왕은 집권한 직후 1954년 마그웨 영주를 캘커타로 보내 영국군이 양곤으로부터 철수하는 문제를 논의하도록 했다 (사진 참조). 그러나 이 시도는 완전히 실패로 끝나, 한때 조정에는 전쟁을 계속하자는 주전파가 득세하기도 했다. 그래도 미얀마의 새로운 왕과 영국령 버마의 총독으로 새로 부임한 아서 파이어 경(Sir Arthur Phayre)은 평화로운 관계를 원하여 외교적 해법을 시도했다. 아마라푸라에 주재하던 비공식적 영국 대리인 토마스 스페어스 경(Sir Thomas Spears)이 다리를 잘 놓은 결과 긴장을 완화하는 데 성공했다. 파이어 경은 우호의 뜻으로 스코틀랜드 출신 상인인 스페어스를 통해 250개의 두리안을 보내기도 했다. 왕은 냄새가 심하지만 '과일의 왕'으로 불리는 이 과일을 좋아했는데 그 산지가 영국이 지배하는 지역에 있었다.

1855년 우기가 끝날 무렵, 아서 파이어가 아바의 궁정을 직접 방문했다. 그는 빅토리아 시절 제국주의의 전형을 따라 지리학자며 과학자들을 동반하고, 4백 명이 넘는 인도인 병력을 동원하여 두 척의 기선을 타고 올라갔다. 민돈왕도 위세에는 질 수 없다는 듯 신임하는 신하이자 심복인 아르메니아인 마케르티치(Makertich)를 앞세우고 1천 척이 넘는 티크 함선에 금박을 씌워 그 뒤를 따르도록 하여 국경에서 외빈을 맞았다.

파이어와 만났을 때 민돈은 "영국에도 기후가 좋아 모든 생물이 행복한지"에 대한 질문으로 대화를 시작했다. 두 사람은 우호적인 분위기 속에서 항해와 기선에 대해, 러시아 제국은 얼마나 큰지, 미국의 공화정 제도는 어떻게 작동하는지, 영국과 미국 관계는 어떻게 되는지, 페르시아, 이집트, 오스만 제국의 정세는 어떤지, (곧 최후를 맞을) 무굴제국의 마지막 황제와 대영제국의 관계는 어떤지 등에 관해 이야기를 나누었다.[9]

늘 그렇듯이 중요한 화제는 마지막에 있었다. 민돈은 양국 관계의 내용보다 형식을 더 중요시했다. 그는 미얀마가 현실이야 어떻든 영국과 대등한 주권국으로 인정받기를 원했다. 왕의 위신과 미얀마 민족의 자존심 문제였다.

민돈은 또 역사에 해박했다.『유리 궁전연대기』에 대하여 이렇게 말했다:

"그것을 깊이 읽고 가슴속에 새기도록 하시오. 그로부터 두 가지를 얻을 수 있을 것이오. 첫째는 과거에 일어난 일, 역대 왕의 치적이오. 둘째는 미래의 문제인데, 역사로부터 인간사는 항상 불확실하고 싸우고 성내는 것은 모두 부질없다는 것을 배울 수 있을 것이오."10

현명한 말이었다. 또 이렇게 말했다:

"우리 민족은 과거 귀국이 인도에서 지배하고 있는 모든 영토를 지배했었소. 그런데 '깔라'가 우리 문턱으로 쳐들어온 것이오."11

이는 미얀마 및 기타 민족이 원래 인도 출신이며 수 세기에 걸쳐 서방에서 밀려 들어온 민족, 처음에는 무슬림, 지금은 유럽인들에 의해 밀려났다는 뜻이었다. 그 숨은 의미는, 과거 좋았던 시절은 오래전에 끝났고 미얀마가 더는 역사의 주역이 아님을 인정하는 것이었다.

미국의 남북전쟁으로 말미암아 면화 값이 치솟아 미얀마의 재정은 괜찮았다. 그러나 곧 세 가지 문제가 닥쳐 왕의 개혁에 발목을 잡았다. 첫째, 영국이 자유무역을 주장함으로써 재정에 부담을 주었다. 둘째, 중국에서 큰 위기가 발생했다. 셋째, 내부에서 반란이 일어났다.

1866년 왕자의 난

1866년 8월 2일 정오 무렵, 수많은 왕자 중 맏이에 속하는 민군 왕자와 민콘다잉 왕자가 궁궐 건물에 불을 질렀다. 반란의 신호였다. 그들은 부왕이 숙부 카나웅을 왕세제로 지명한 데 대해 불만이 컸고 그에 따라 숙질 관계가 급격히 나빠졌다. 이 두 왕자는 평소의 행실에도 문제가 많았다. 궁궐 밖에서 밤참으로 쇠고기를 구워 먹겠다며 왕실의 상징으로 키우는 신성한 소를 잡는 난장을 치고 한밤중에 궁궐 담을 넘어 들어오다가 잡히기도 했다. 그들의 행실과 관련하여 말이 많아지자 왕은, 깊이 생각하지 않고 그러나 결과적으로 현명하지 않게, 삼촌에게 훈육을 맡겼다. 삼촌에게 야단맞고 자랐던 이들이 이제 복수의 칼을 든 것이었다.

그때 카나웅은 세제개혁과 관련하여 회의를 주재하고 있었다. 그 회의 중간에 두 왕자가 수십 명의 추종자와 함께 회의실로 난입해 큰 칼을 뽑아 들고 마구잡이로 휘둘렀다. 왕세제 카나웅은 물론 기타 대신들과 서기들이 살해됐다. 나의 5대 조부, 다베스웨이 영주 마하 민딘 띤카야는 그 당시 왕실 서기로 그 회의에 참석해야 하는 자리에 있었다. 당시 그의 연세 70대로, 그 전날 밤늦게 머리를 감았다가 그날 아침 감기 기운이 있어 휴가를 내고 입궐하지 않은 덕에 화를 면했다.

카나웅은 그처럼 운이 좋지 않아, 효수당한 채 거리를 끌려다녔다. 이 반란의 왕자들은 왕의 명령을 빙자하여 다른 왕자들을 불렀고 아무런 의심 없이 몰려온 이들을 모두 살해했다. 개인적으로 상황을 진정하려던 고위 무관 몇 명도 목숨을 잃었다.

그때 민돈 왕은 1마일 정도 떨어진, 만달레이 산 밑에 있던 여름 별궁에 머무르고 있었다. 소식을 듣고 함께 있던 아들 메카야 왕자와 함께 왕실 호위대의 호위를 받으며 궁궐로 돌아왔다. 왕이 신임하던 대신 중 둘은 살해되고 하나는 사로잡혔으며, 사부였던 파칸 영주만 그와 함께 있었다. 그날 오후 왕실 호위대와 반란세력 사이에 치열한 난투가 벌어졌다. 그 끝에 왕실의 병력이 우세를 점하고 두 왕자는 수세에 몰렸다. 시기를 놓친 것을 깨달은 두 왕자는 홍문(紅門)을 통해 궁궐을 빠져나와 왕의 전용 선박 '예난 셋차'를 탈취하여 남쪽 영국이 지배하는 지역 근처로 물러나 전열을 정비했다.

큰 충격을 받은 왕은 노련한 장군, 예난자웅 영주에게 일군의 병력을 주어 그들을 잡으러 보냈다. 예난자웅 영주는 고도 바간 부근에서 병력을 정비한 다음 폭우 속에서 남쪽으로 진군했다.

그런데 반란이 전혀 뜻밖의 방향으로 흘러갔다. 피살된 카나웅 왕세제의 아들, 파데인 왕자가 북쪽 왕실의 발흥지 슈웨보로 올라가 봉기한 것이었다. 아버지의 끔찍한 최후에 겁을 먹었고 왕의 입장도 알 수 없자 자신의 생명을 우려한 때문이었다. 민돈은 그를 사면하고 안전을 약속했다. 그런데도 그를 지원하여 몰려든 세력에 고무된 파데인 왕자가 아예 왕이 되겠다며 반란의 기치를 들었다. 지방의 유력자들이 병력을 이끌고 그에 동참하여 대군이 되자 수도를 향해 진격해 나가기 시작했다.

9월 중순까지 반란이 진압되지 않자, 만달레이의 영국 상주대표 슬레이든 대령은 민돈의 최후가 가까워졌다고 판단했다. 그래서 영국대표부의 기선을 사용하게 해달라는 왕의 요청을 거부했다. 양곤의 영국 관리들도 양곤에 있던 2척의 기선을 사용하게 해달라는 요청을 거부했다. 영국인들이 왕자들의 반란을 획책했는지는 알 수 없다. 그러나 민돈이 절실하게 필요할 때 도움을 주지 않은 것은 확실했다.

파데인이 이끄는 반군이 북쪽, 동쪽, 서쪽에서 진격해 오고 민군이 남쪽에서 더 큰 병력으로 진격해 오자 민돈은 양위까지 생각했다. 그러나 용한 점성술로 유명한 왕비가 점을 쳐서 승리를 예언했다. 양위할 생각을 버린 민돈은 끝까지 버티기로 하고 다시 영국의 지원을 요청했다. 영국이 마침내 양곤에 있던 2척의 기선을 제공했다. 또 그 외 2백 척의 전선에 총 1만 명의 병력을 싣고 민돈의 두 아들을 압박했다. 10월 이들은 영국령으로 도망쳐서 항복했다.

이제 파데인의 반란에 집중할 수 있었다. 왕의 아들 냥잔 왕자가 대규모의 병력을 지휘하여 만달레이에 집결했다. 샨고원 야웅훼의 서브와가 샨족 병력을 이끌고 합류했다. 승려로 구성된 사절이 화해를 종용했지만 실패했다. 구름이 낮게 낀 가을날 아침, 냥잔 왕자가 이끄는 왕실 군대가 대포, 16두의 전투용 코끼리, 6백 기의 기병을 이끌고 이라와디강을 건너 쳐들어갔다. 파데인은 패전을 거듭한 끝에 체포되었다. 한동안 밀실에 감금됐다가 결국 반역죄로 처형됐다.

민돈 왕은 이 충격에서 헤어나지 못했다. 가장 나이가 든 자식들이 아버지에게 총구를 겨누었다. 오랫동안 함께 했던 동생, 친구, 동료, 신하들을 모두 잃었다. 개혁은 계속되었지만, 왕은 만사에 열의를 잃고 종교에만 탐닉했다. 개혁과 행정, 외교는 모두 신세대 학자 겸 관리들이 책임졌다. 그런데 그들에게 북쪽으로부터 새로운 문제가 닥쳐왔다. 중국의 문제였다.

판데 최후의 항전

1856년 5월 19일, 윈난(雲南)성의 성도인 쿤밍(昆明)에서 관리들이 지켜보는 가운데 광란의 살인극이 일어나 3일간 이어졌다. 한족을 주로 한 민병대가, 심지어 제국의 관리들까지 동참하여, 판데(Panthay)라고 불린 무슬림을 학살한 것이었다. 적게는 4천, 많게는 7천 명의 남녀노소가 살해되고 모스크가 불탔다. 윈난성 관내 모든 곳의 무슬림을 척결하라는 지시가 내려졌다. 나치의 유대인 학살에 비교할 만한 인종차별적 집단학살이었다. 이로써 18년간 이어진 '판데의 난'이 일어났는데 그것은 미얀마에도 치명적인 타격을 주었다.

18세기 후반 윈난성은 매우 극적이고 심대한 변화를 겪고 있었다. 인구가 밀집된 중국의 중심부에 인구가 빠르게 증가하자 조정은 윈난성으로 이주를 장려했다. 미얀마와 청나라가 전쟁하다가 화평을 맺고 무역이 재개된 바로 그 무렵이었다. 그에 따라 윈난성의 인구는 1775년 4백만에서 1850년 1천만으로 증가했다. 당시 미얀마의 전체 인구보다 많은 수였다.[12]

윈난은 다인종 사회였다. 한족 외, 중세 난자오(南詔), 다리(大理) 왕국 시대 이래 살던 미얀마계 인구도 다수 있었다. 또 몽골의 침공 때 온 몽골계와 터키계에서 유래되어 세력을 넓혀간 무슬림도 다수 존재했다. 바로 그들이 '판데'라고 불렸다. 새로 윈난을 찾아온 한족들은 대대로 윈난에서 살아온 한족과 달랐다. 무법자에다 폭력배들이었다. 관의 비호하에 불법으로 토지를 강탈하고 은광 등 광산을 폭력으로 점령했다. 그로 인해 원래 티베트 및 동남아시아와 밀접하게 이어져 있던 윈난의 경제와 문화가 중국의 일부로 편입됐다.

윈난은 미얀마에 매우 중요한 곳이었다. 면화·은·차·비단 등이 육로로 교환되어 미얀마 경제의 중요 부분을 차지했다. 영국이 해안선을 점령한 19세기 중반 이후는 특히 그랬다. 무역에 대한 세금, 즉 관세와 왕실 직영 상단을 통한 이익이 민돈 왕이 시도한 개혁의 가장 큰 재원이었다. 그의 개혁이 성공하려면 윈난과의 무역이 안정적으로 유지되고 성장해야 했다. 그런데 그것이 흔들리게 됐다.

한족이 대거 윈난으로 유입되면서 새로 유입된 인구와 토착 인종 사이에 적대감이 형성됐다. 그 중 판데와 갈등이 특히 심해 종종 폭력을 빚기도 했다. 1839년 쓰촨과 윈난의 접경지역에 있는 멘닝(冕寧)이라는 곳에서 한 관원이 민병대를 동원하여 1천7백 명의 판데를 학살했다. 6년 후 1845년 10월 2일 이른 시간, 바오산(保山)의 청나라 관원이 지하조직의 도움을 받아 성문을 닫아걸고 사흘 동안 판데를 무차별 학살했다.13

11년이 지난 1856년, 성도인 쿤밍에서 다시 대량학살이 자행된 것이다. 마침내 판데가 봉기했다. 쿤밍 대학살이 일어난 4개월 후 판데는 다리를 점령하고 왕국의 수립을 선포했다. 윈난의 동남부 각 현에서 놀란 관리들이 쿤밍과 베이징 사이의 보급과 통신선을 유지하려고 노력하는 가운데 곳곳에서 격렬한 전투가 벌어졌다.

1856년 10월 23일, 두원슈(杜文秀)가 총통 겸 술탄으로 즉위했다. 두원슈는 1823년 바오산에서 태어나 유교 경전을 공부하며 과거시험을 준비했다. 판데 사이에서도 드문 일은 아니었다. 그 지지기반과 정책에서 판데는 다인종 왕국이었지만 동시에 친이슬람 정책을 시행했다. 이슬람의 가르침을 따르고자 마드라사 학원을 세우고 중국에서는 최초로 코란을 인쇄했으며 아랍어 사용을 권장했다.

판데의 봉기는 만달레이에 큰 악재였다. 민돈 왕은 윈난의 원주민이면서도 박해를 받는 판데에 동정적이었지만 청의 조정을 무시할 수 있는 처지가 아니었다. 그래서 청 조정이 판데에 대한 경제제재를 요구하자 북방무역을 중단해야만 했다. 그렇지 않아도 빠듯한 미얀마의 재정이 더욱 큰 압박을 받게 됐다.

같은 시기 중국에는 더욱 큰 사건이 벌어지고 있었다. 1851~1864년간 최소한 2천만 명의 목숨을 앗아간 태평천국의 난 혹은 운동이었다. 그 무렵 청 제국은 내우외환으로 내리막길을 걷고 있었다. 그러던 중 예수 그리스도의 동생을 자처한 홍슈취안(洪秀全)이 만민이 평등한 태평천국을 약속하며 결성한 조직이 정치적 반란으로 확대된 것이었다. 한때 중국의 남부와 중부의 대부분을 장악했지만, 1864년에 이르러 외국군과 청군의 연합공격을 받고 실패로 끝났다.[14]

태평천국의 난이 진압된 후 청군은 판데를 포함한 각지의 반란세력에 대한 진압에 나섰다. 1872년 12월 26일, 황군이 다리를 포위하자, 두원슈는 무고한 인명피해를 줄이고자 항복을 결심했다. 그가 치사량이 넘는 아편을 복용한 후 가마를 타고 청군 진영으로 갔는데 도착했을 때는 이미 죽어있었다. 그러나 반란 괴수를 참한 공을 놓치지 않기 위해 청군은 서둘러 그를 끌어내려 참수했다. 두원슈의 목은 꿀에 절여져 황제에게 보내졌다.

사흘 후 황군은 대량학살을 시작하여, 1만 명 이상이 살해됐다. 그중에는 4천 명의 노인과 여자, 그리고 어린이가 포함돼 있었다. 살얼음이 낀 얼하이(洱海) 호수에 뛰어들어 헤엄치다가 익사한 사람도 수백 명에 이르렀다. 많은 사람이 다리 분지의 양쪽 출구를 향해 도망치다가 뒤쫓아 온 만주족 출신 기병에게 무차별 학살됐다. 인두에서 귀를 한쪽씩 베어 광주리에 담았는데 광주리 24개가 가득 찼다. 이 귀와 두원슈의 머리가 함께 베이징으로 보내졌다. 그중 수천 명이 미얀마로 피신하여 만달레이와 샨고원에 그들의 후손이 지금까지 정체성을 유지한 채 살고 있다.

판데의 난이 진압되고 통상이 재개되어 상인들이 조심스럽게 물건을 싣고 중국 국경을 넘을 무렵 미얀마의 재정은 말이 아니었다. 그때까지 바닥에 머물러있던 영국-미얀마 관계를 정상화하려는 노력이 시작됐다.

빅토리아 여왕

1871년 3월의 어느 무더운 날 아침, 기선 '테나세림' 호가 미얀마 왕국의 공작 깃발과 대영제국의 유니언잭(Union Jack)을 게양하고 양곤 강을 따라 내려가 인도양으로 들어갔다. 이 선박은 스코틀랜드 글래스고의 조선소가 헨더슨 선사(船社)를 위해 건조한, 일등실 선실을 스무 개 이상 갖춘 최신형 여객선이었다. 그 배에 아바의 궁정이 보낸, 궁정대신 킨운 민지를 단장으로 하는 외교사절단이 타고 있었다. 영국으로 가는 사절 단원들은 수 세기 동안 지속해 온 나라의 독립을 지키기 위한 마지막 기회가 그들 손에 달려있다고 생각하며 각오를 새롭게 다지고 있었다.[15]

이들의 임무는 요즘의 외교사절단처럼 단기간에 주어진 과제를 수행하고 귀국하는 것이 아니었다. 유럽에 1년 이상 체류했다. 체류지는 주로 영국이었지만 런던 만이 아니라 각지를 방문했고, 영국을 넘어 로마와 파리도 방문했다. 그들의 희망은 영국과 미얀마 사이에, 혹은 빅토리아 여왕과 민돈 왕 사이에 조약을 체결하는 것이었다. 그렇게 되면 미얀마는 인도의 많은 소왕국보다 높은 지위에 서서 미래의 침략으로부터 자유로울 것이라고 기대했다. 여행 중에 킨운은 그의 나라와 다시 유럽 사이에 얼마나 큰 격차가 있는지 절감하지 않을 수 없었다. 단지 과학기술의 문제가 아니었다. 모든 면에서 그랬다. 킨운이 보고 들은 것은 그에게 심대한 영향을 미쳤고, 그가 쓴 기록을 통해 만달레이에 있는 많은 사람에게 영향을 주었으며, 궁극적으로는 변화, 그리고 비극으로 연결됐다.

킨운은 제1차 영국-버마 전쟁 직전에 태어나 그때 50세였다. 그는 아바의 북서쪽 멀지 않은 곳, 친드윈 강가에 있는, '왕에 대한 조언'이라는 뜻의 민타인빈이라는 작은 마을에서 태어났다. 아마라푸라에 있는 바가야 사원에서 교육받고 1급 학자 겸 시인으로 명성을 쌓았다. 대대로 무관 집안이었으나 그는 오히려 문관의 길을 걸어 단계를 밟아 승진했다. 카나웅 왕자를 위해 일하다가 민돈 왕자의 서기가 되어 출납을 담당했다. 왕위에 오른 후 민돈은 킨운을 왕실 출납관으로 임명하고 귀족의 작위를 주었다. 이후 킨운은 궁정에서 출세의 탄탄대로를 걸었다. 알론의 영주가 되고 국무원의 수석 서기가 됐다가 대신의 반열에 올랐다. 만달레이 신수도 건설을 앞두고 왕에게 과거 모든 수도를 검토하고 만달레이 건설에 관한 세세한 보고서를 올린 것도 킨운이었다.

1866년 왕자의 난이 났을 때도 킨운은 민돈 왕에게 큰 도움이 됐다. 그 도움에 보답하고자 민돈 왕이 이처럼 중대한 임무를 맡긴 것이었다. 3명의 대표가 킨운을 동반했다. 첫째는 차관급 관리 마하 민흘라 쩌틴으로 미국 선교사가 세운 학교에 다닌 덕분에 영어가 유창했던 이유로 사절단에 선발됐다. 둘째는 포르투갈 혹은 아르메니아 피가 섞인 귀족으로 캘커타에서 교육받고 파리의 대학을 졸업한 마하 민쩌 라자였다. 미얀마에서 가장 서구화된 사람으로 가끔 프랑스 의복을 입고 다니기도 했다. 유럽인들도 그의 세련된 태도에 감탄했다. 미얀마의 관습을 어기고 부인을 데리고 파리를 여행하여, 킨운이 시를 지어 ―시를 짓는 것은 당시 미얀마 지배계급에서 유행이었다― 그에 대해 은근히 경고했을 정도였다.

사절단의 마지막 인물은 네이묘 민딘 뚜레인으로 아주 오래 이어온 귀족 가문의 후예였다. 프랑스 사관학교를 졸업하고 미얀마 기병대의 케이시 부대(Cassay Horse)에 잠시 근무했다. 이 사절단에는 또 '양곤의 상인'이자 양곤주재 미얀마 영사인 에드먼드 존스(Edmund Jones)씨가 합류했다.[16]

배는 인도양의 검푸른 물 위로 항해하며 스리랑카를 돌고 수에즈 운하를 지나 카이로에 들렀다. 버마의 사절들은 피라미드를 보고 크게 감탄하고 서양식 행정체제를 갖춘 이집트의 정부를 보고 관심을 표했다. 유럽에서 처음 들린 곳은 이탈리아로 성대한 환영을 받고 국왕 빅토르 엠마뉴엘을 예방했다. 그리고 그때 한창이던 폼페이 발굴현장을 방문했다. 킨운은 "오늘날 사람들은 이 고대 선조들이 얼마나 현명하고 선진적이었는지를 배울 수 있다"라고 기록했다. 또 "고대의 도시와 건물을 찾고 보존하는 것이 유럽인들의 습관"이라고 썼다. 미얀마의 사절단은 새로 통일된 이탈리아의 모습을 보고 이탈리아의 발전이 언젠가 미얀마가 보고 배워야 할 것이라고 느꼈다.

피렌체를 지나 파리에 잠시 들러 나폴레옹의 무덤을 구경한 다음 도버에 도착한 것은 6월 4일의 일이었다. 그곳에서 미얀마 대표단은 영국 관리들로부터 엄청난 환대를 받았다. ("우리는 세상을 뜨는 날까지 도버를 결코 잊지 못할 것이다"라고 기록했다.) 수많은 시민이 길가에서, 또 집 앞이나 아파트 베란다에서 환호하는 가운데, 19발의 예포를 들으며 특별히 준비된 마차를 타고 런던으로 출발했다. 마침내 런던에 도착하여 그로스베너 호텔에 여장을 풀었다. 존스는 사절단을 위해 여러 대의 마차와 마부, 시종, 심부름꾼을 고용했다. 모두 제복을 입고 깍듯한 훈련을 받은 전문인력이었다.

이후 몇 주간 숨돌릴 틈 없는 관광 일정을 소화했다. 처음 간 곳은 에스콧이었는데 화창한 날씨에 웨일스 왕자가 "평상복을 입고 군중 속에 섞여 웃고 떠드는 모습을 보았다. 전혀 왕자의 티를 내지 않아 마치 일반인 같았다." 사람들은 미얀마 사절단에 환호를 보내고 미얀마인들은 고개를 숙여 답했다. 그처럼 맑은 날은 영국에서 아주 드문 일이라는 말을 들었다. 그리고 "7백여 명의 학생이 다니는 학교를 방문했는데, 학생들은 학교에서 먹고 자고 학교가 지급한 제복을 입는다"라고 들었다. 그리고 런던 시장과 함께 런던탑을 방문했다. "그곳에서 우리는 감방과 반역자들을 처형한 장소를 보았다." 그리고 켄싱턴 박물관에서 열린 연회에 갔다. 하루는 데본샤이어 공작의 저택을 방문하여 연주를 듣고 웨스트민스터를 방문하여 여러 의원과 5가지 코스로 준비된 만찬을 즐겼다.

또 뛰소 여사(Madame Tussaud)의 생전저택도 방문하여 많은 밀랍인형을 봤다. 그중에는 생존 인물인 웨일스 왕자의 상도 있었는데, 킨운은 "생명이 없는 밀랍인형과 산 사람을 잘 구별할 수 없었다"라고 기록했다. 박물관에서 가져온 팸플릿을 호텔에서 함께 읽었다. 에섹스 백작의 저택에서 열린 자선바자에도 갔다. 백작은 그들을 집안으로 데려가서 "부모님이 4만 루피를 주고 산 원숭이 그림"을 보여 주었다. 이튼 학원과 해로우 학원 사이의 연례 크리켓 경기도 관람했다. 미들섹스 교도소를 가기도 하고 1851년 만국박람회가 개최됐던 수정궁에서 하루 오후를 보냈으며, 세인트 조지 병원의 "깨끗하고 깔끔한" 응급실 옆을 걸어 지나갔다. 다음 주에는 웨스트민스터 사원을 방문하고 햄프턴 궁전을 배로 방문했으며 대영박물관의 전시물을 놀란 눈으로 관람했다. "미얀마의 10월 날씨처럼 더운" 7월의 한 저녁에 왕실 소유 선상에서 연회를 베풀어 그동안 받은 후의에 보답했다.

유럽에서 교육받은 사절단의 다른 사람들은 몰라도, 유럽을 처음 방문한 킨운은 이 모든 것이 그야말로 새롭고 놀라웠다. 평소에도 서방의 침략에 저항하는 것은 무모하다고 생각했는데, 그 생각이 더욱 깊어졌다. 이후 왕국이 멸망할 때까지 킨운은 늘 영국을 상대할 때는 자제하고 타협할 것을 권했다. 또 서방을 따라잡기 위해서는 시간이 없고 따라서 급진적인 개혁이 필요하다고 주장했다. 그건 나중의 일이고 지금은 꼭 달성해야 할 과업이 있었다. 여왕과의 조약체결이었다.

6월 21일 마침내 이 사절단은 윈저성에서 여왕을 알현했다. 다들 최고급 비단옷에 융단 덧옷을 걸치고 왕실 전용 기차에 탑승했다. 모두 들떠 있었다. 런던 외곽의 작은 기차역에 내리니 왕실 의전장관 시드니 자작이 3대의 왕실 마차와 함께 대기하고 있었다. 궁궐에 도착하자 여왕이 서서 그들을 맞았다. "최고의 존경을 보여 주는 유럽방식"이라고 킨운이 기록했다. 킨운은 여왕에게 왕의 친서와 선물을 증정했다.

"버마의 폐하, 일출(日出)의 대왕께서는 안녕하시오?"
"폐하께서는 안녕하십니다. 여왕 폐하."
"각하들께서는 영국으로의 여행이 즐거웠습니까?"
"저희는 매우 즐거운 여행을 했습니다. 폐하."

그게 전부였다. 그들을 안내한 사람이 외무장관이 아니라 인도 담당 국무장관 아르길(Argyll) 공작인 데 대해서도 실망했다. 그래도 일단 시작이니 앞으로 더 좋은 일이 있을 것이라고 스스로 위로했다. 성을 도보로 돌아본 다음,

기차를 타고 호텔로 돌아와 휴식을 취했다. 그날 밤 일행은 버킹엄궁에서 열린 국빈무도회에 초청됐다. "왕실 사람들, 그 친구들, 외국 대사, 귀족, 고위공직자들이 모두 부부동반으로 참석해 떠들며 춤추고 즐겼다."

영국에서 체류하는 동안 많은 시간을 상공회의소 사람들과 만나는 데 소비했다. 상공인들의 관심은 미얀마 자체에 있는 것이 아니라 중국이라는 거대하고 신비한 시장의 입구로서 미얀마에 있었다. 사절단은 또한 맨체스터, 버밍햄, 리즈 등 여러 산업도시를 방문하고 공장을 돌아보고 사업가들을 만났다. 다들 중국에 관한 질문을 퍼부었다. 가는 곳마다 많은 사람이 이 신기한 행렬을 따라 다녔다. 버밍햄에서 6시에 출발한 기차를 타고 리버풀의 라임스트리트 역에 내렸을 때 2천여 명의 남녀노소가 나와서 구경했다.

킨운은 리버풀 상공회의소 사람들에게 미얀마의 잠재성에 대해 다음과 같이 설명했다. 이후 1백 년간 미얀마 사람들이 외국인들에 대해 한결같이 한 설명과 다르지 않았다.

> 우리나라는 땅이 기름지고 광물 및 기타 자연자원이 풍부합니다. 루비를 비롯한 보석광산이 많이 있습니다. 우리나라에서 벌목한 티크 목은 세계 제일입니다. 유럽에서 온 사람들은 유전에서 석유가 분출하는 것을 보고 놀라 마지않습니다. 철광석과 석탄도 풍부합니다. 금과 은이 지천으로 널려 있습니다. 참깨와 담배, 차, 온갖 종류의 벼, 온갖 종류의 밀, 그 외 각종 작물을 생산합니다. 이처럼 풍요한 나라를 개발할 때가 됐다는 사실에 서양의 많은 나라가 의견을 같이하는 것을 보고 매우 기쁩니다.[17]

그러나 그 무렵 영국에서는 버마의 왕이 육로를 통해 중국 무역로를 여는 것을 방해하고 있다는 인식이 자라고 있었다. 핼리팩스에서 킨운은 미얀마 왕국은 중국으로 철도를 건설하는 데 전혀 반대하지 않는다는 것, 다만 그곳의 지형은 최신 기술로도 철도를 놓기에 거의 불가능하다는 것을 설명하느라 많은 시간을 할애해야 했다.

글래스고에서 증권거래소를 방문한 다음 참석한 오찬에는 근 3백 명의 상인이 모였다. 양곤에 진출한 영국 상인들의 본향이 바로 그곳이었다. 상공회의소 회장이 이렇게 말했다:

"솔직히 지난 수년간 버마 왕국의 상업이 여러 가지 어려움과 방해로 말미암아 답보상태를 거듭한 것을 인정해야 합니다. 버마 국왕이 그 어려움과 방해를 제거할 준비가 돼야만 우리 두 나라가 서로 이익을 볼 것입니다."

이렇게 여행이 계속됐다. 9월 26일 아일랜드 해협을 건너 기차를 타고 더블린으로 갔다. 셸부른 호텔에서 묵으며 성 패트릭 성당과 (오늘날 트리니티 칼리지를 말하는) "더블린의 대단한 학교"를 방문했다. 한 만찬장에서 아일랜드 측은 여흥을 위해 샴쌍둥이와 두 명의 난쟁이가 추는 댄스공연을 준비하기도 했다. 폭우가 쏟아지는 가운데 아일랜드의 각지를 돌아봤다. 킨운은 아일랜드의 토지가 "습지가 많고 색깔이 흑갈색"인 것이 잉글랜드보다 비옥하지 못한 것 같다고 기록했다.

뉴캐슬의 한 사설 천문대에서 킨운은 달의 표면에 깊은 계곡이 있고 생명체가 없으며 물이 일주일 단위로 끓다가 얼기를 반복한다는 말을 듣고 매우 재미있어했다. 에든버러의 홀리루드에서 스코틀랜드 역대 군주의 초상화를 돌아봤다. 킨운은 "스코틀랜드의 아름다운 여왕 마리의 비극적 역사"에 특히 주목했다.

이 모든 여행과 배움과 대화는 그 이상 바랄 데가 없었다. 문제는 본래 받은 과제에 전혀 진척이 없다는 점이었다. 여왕과는 단 한 번 만났을 따름이며 영국 측에서 미얀마가 원하는 조약에 관심이 있다는 어떠한 조짐도 발견할 수 없었다. 미얀마에서 기다리던 민돈 왕은 더는 참을 수 없었다. 11월 그는 사절단에 파리로 가라는 훈령을 보냈다. 프랑스와 교섭해 오던 통상조약을 새로 들어선 공화정*과 마무리 짓고, 동시에 영국에 미얀마가 대안이 있다는 신호를 보내려는 조치였다. 파리에도, 프로이센과의 전쟁에서 패배한 직후이지만, 역시 볼 것이 많았다. 루브르 박물관이 있었다. 각종 무기 전시장, 일본제 견직물, 이집트에서 가져온 미라를 보고 감탄했다. 국립도서관에 갔을 때, 바간 시절 마르코 폴로가 그린, 미얀마가 포함된 지도를 보고 깜짝 놀랐다. 이것을 보고 킨운은 "유럽인들이 그렇게 오랜 세월 전에 미얀마에 왔었다"라는 것을 알았다. 크리스마스가 다가오고 있었고 미얀마인들이 처음 보는 눈이 왔다. 그때 그들은 마차를 타고 베르사유 궁전으로 가 프랑스 대통령을 만나 통상조약에 서명했다. 이로써 프랑스와의 관계가 약간은 진전을 보게 되었지만, 동시에 영국인들이 미얀마를 잃을지도 모르니 아예 합방하는 것에 낫겠다는 생각을 염두에 두게 된 계기를 제공했다.

최후의 도박

1866년 왕자의 난 이후 민돈 왕은 후계자를 지명하지 않았다. 친아들들이 숙부를 살해한 패륜, 그리고 이후 내전에서 흘렀던 엄청난 유혈에 모든 일이 싫증 났다. 권력 승계가 제대로 이루어지려면 아들 중에서 후계자를 지명해야 했다. 하지만 그러면 나머지 아들들이 투옥되거나 망명하거나, 아니면 그보다 더 나쁜 상황을 맞게 될 것이었다. 과거 평화적인 권력 승계가 없었던 것은 아니었다. 1819년이 좋은 예인데, 지금은 상황이 달랐다. 때로는 영국인들이 음모를 꾸미기도 하여 가뜩이나 많은 자식 사이에 불신과 경쟁이 커지고 있었

---

* 프랑스에는 1870년 프로이센과 전쟁에 진 후 나폴레옹 3세의 제2 제정이 폐지되고 제3공화정이 들어섰다 — 옮긴 이.

다. 그래서 일부러 후계자 지명을 미루었다. 그러나 그럴수록 미래에 더욱 큰 부담으로 다가올 것이어서 마음이 무거웠다. 왕은 멕카야 왕자를 좋아했다. 왕자는 똑똑하고 유능하고 야심이 컸다. 시 외곽에 새로 설립된 공장을 관리 책임을 한동안 맡는 등 행정 경험도 많았다. 그런 그가 대신 중 한 파벌과 공모하고 있는 것으로 드러나 크게 실망한 민돈 왕은 아예 조정과 왕실이 개인적으로 교류하지 말라는 어명을 내렸다.

민돈 왕의 죽음은 1878년 하반기, 구름이 낮게 끼는 계절에 갑자기 찾아왔다. 왕이 이질에 걸렸다. 독일인 주치의가 최선을 다했으나 건강이 급격하게 나빠지는 것을 막지 못했다. 왕은 개인 처소에 마련된 금박 입힌 '딸룬' 침대에 누워 많은 아내와 딸, 기타 궁인들의 밤낮없는 간호를 받았다.

그 침실에서 수백 미터 북동쪽으로 떨어진 곳에 만달레이의 실력자들이 왕의 사후를 논의하기 위해 모였다. '운지'(*wungyi*)와 '앗윈운'(*atwinwun*)이라는 칭호를 받는 모든 고위급 대신들이, '대문 지기'라는 직책 덕분에 궁정 정변에 큰 역할을 할 수밖에 없는 왕실수비대의 부대장들과 함께 모인 것이다. 다들 귀족 출신이고 그 중의 상당수가 혈연이나 혼인을 통해 서로 엮어져 있었다. 이들은 모두 130년 전 꼰바웅 왕조가 탄생한 이래 왕조를 지탱해 온 핵심세력을 대표했다. 상당수는 왕실보다 더 오래된 가문을 대표하기도 했다.

가장 시급한 과제는 내란을 피하는 것이었다. 왕이 후계자를 지명하지 않으면 전통에 따라 후계자를 선정하는 권리와 책임은 이들에게 있었다. 일단 서열은 나이순이었다. 멕카야 왕자, 냐웅잔 왕자, 똥제 왕자 등이 그중 나이가 많았다. 이들은 또 1866년 왕자의 난 때 부왕과 운명을 함께 했던 공이 있는데다 궁내서열이 높고 가문이 탄탄한 왕비를 모후로 두고 있었다. 그러나 이들 왕자 3명은 처음부터 배제됐다. 이 집단은 파격적인 선택을 원했다.

일부는 이미 상복을 입고 참석한 이 집단의 구성원들이 이심전심으로 내세운 하나의 조건이 있었다. 고분고분한 왕자였다. "부드러운 대나무처럼" 고분고분하여 그들이 통제할 수 있는 왕자가 그 조건이었다.18 지금은 무책임한, 혹은 독선적인 왕이 통치하기에는 너무나 험한 세상이었다. 그들은 모두 왕국을 사랑했지만, 사랑하는 만큼 그 왕국을 알라웅파야의 후손에게 전부 맡길 수는 없었다. 그래서 왕궁 내 한 비밀 정원의 밀실에서 아바의 궁정을 장악할 음모를 꾸미고 있는 것이었다. 몇 명의 나이든 왕자 외에도 후보는 많았다. 10대도 있었고 그보다 더 어린 왕자도 있었다.

소수지만 또 하나의 변수가 될 만한 집단이 있었다. 바로 빅토리아 여왕을 찾은 사절단장이었던 킨운 민지를 둘러싼 집단이었다. 킨운은 그 무렵 정부 내에서 가장 오래 근무한 선참자로 따르는 사람들이 많았다. 킨운과 그를 따르는 사람들은 유럽의 입헌군주제에 매료됐다. 킨운은 한때 군과 관련된 직책을 맡아 군부에도 인맥이 탄탄했다. 왕실수비대 병력을 많이 배출한 알론의 총독을 지내기도 했다. 처가도 알론의 영주 집안이었다. 그가 이끄는 젊은 문신집단에 군사적 배경을 더한 것이다.

9월의 비 오는 날 열린 이 비밀스러운 모임의 참석자 중에 예난자웅의 늙은 영주도 있었다. 석유가 많이 나는 남쪽에 기반을 둔 '트윈자요' 유지의 한 사람으로 결혼을 통해 문무 양쪽의 여러 가문과 탄탄하게 연결돼 있었다. 자신도 강하고 재능이 많은 사람으로 1852년 영국과의 전쟁에 참여한 것을, 그리고 그때 입은 상흔을 보여 주며 자랑하는 것을, 새로 얻는 젊은 첩을 자랑하는 것만큼이나 즐겼다. 그가 낳은 많은 딸 중 하나가 왕과 결혼하여 손자가 있었다. 8살 먹은 핀마나 왕자인데 그는 당연히 이 손자를 왕위 후계자로 밀었다. 그러나 그렇게 따지면 든든한 외가가 없는 왕자는 거의 없는 셈이니 결정적인 기준은 되지 못했다.

결정적으로 중요한 것은 중궁(中宮)의 왕비였다. 정실 왕비는 이미 별세하여 이 중궁의 왕비가 품계 상 가장 상위였다. 왕비는 야망이 컸다. 자신이 나은 아들, 즉 왕자는 없었으나 딸을 후대 왕과 결혼시켜 권력을 장악하고자 했다. 그녀도 물론 고분고분한 왕을 원했는데 구체적 대상이 있었다. 바로 띠버 왕자였다. 띠버는 상대적으로 외가가 대단치 않았는데 그것이 오히려 좋았다. 그리고 아는 사람은 아는 비밀이 있었다. 띠버는 그때 중궁 왕비의 18살 먹은 딸과 연애하고 있었다. 가냘픈 몸매에 영롱하게 빛나는 갈색 눈을 가진 수파얄랏 공주가 바로 그녀였다. 마침내 킨운이 주도하는 개혁세력과 선임 왕비가 합작하여 후계자를 결정했다. 1878년 9월 19일 국무원은 띠버 왕자를 왕세자로 공표했다.[19]

이것은 킨운이 세운 계획의 첫 단계일 뿐이었다. 그와 중궁 왕비는 왕실수비대를 통해 왕궁을 완전히 장악하고 왕실의 주요 인사에 대한 체포령을 내렸다. 멕카야, 똥제와 같은 선임 왕자들이 포함된 것은 물론이었다. 민돈 왕은 병상에서 체포된 왕자들의 어미, 아내들의 호소를 통해 그 사실을 알고 그들을 석방하라고 명령했다. 늙은 왕은 자기의 수명이 얼마 남지 않은 것을 알고 있었다. 그래서 서둘러 선임 왕자 개개인을 먼 지방의 군주로 봉하고 즉각 부임하라는 최후의 어명을 내렸다. 그들이 만달레이를 떠나게 함으로써 생명을 구하려는 시도였다. 그러나 소용이 없었다. 죽어가는 왕을 두려워하는 이는 없었다. 국무원은 그의 어명을 무효로 하고 왕자들은 다시 체포됐다. 민돈은 아들들의 생명을 구했다는 생각에 안심하고 눈을 감았다.

10월 8일, 띠버는 유리 궁전에서 열린 대관식에서 미얀마 왕국의 왕으로 즉위했다.

개혁세력의 독주

그때 띠버는 꽉 찬 스무 살이었는데 왕궁 안에도 잘 알려지지 않은 인물이었다. 왕궁 남쪽 길 바로 건너편에 있는 마르크스 박사가 운영하던 영국 성공회 학교를 몇 년 다녔다. 매일 아침 다른 세 명의 왕자와 함께 코끼리를 타고 요란스럽게 차려입은 시종들이 씌워주는 황금빛 일산 아래 길 건너 학교로 갔다.[20] 학교에서 나쁜 짓을 했다고 하여 교실 구석에 서 있는 벌을 받은 적도 있었다. 크리켓팀에도 참가했는데 타자로서는 그런대로 봐줄 만했고 "장타자의 소질"을 가졌다. 시비가 붙으면 왕자답지 않게 막말을 하기도 했다. 이 학교를 졸업하고 명문 바가야 사원 대학에 진학하여 팔리(Pali)어 문법과 어려운 법조문을 공부하며 10대를 보낸 후 고전에 능통한 학자로서 알려졌다. 바로 1년 전, 그는 '빠따마-지' 시험에 차석으로 합격했다. 부왕은 크게 기뻐하며 연회를 열었다. 바로 그 무렵 띠버는 고집 센 이복여동생 수파얄랏의 매력에 빠졌다. 수파얄랏은 띠버와 같은 공부하는 머리는 없었으나 왕실 정치에 대해서는 이미 통달해 있었다.

띠버가 공식적으로 즉위한 한 달 후, 킨운을 비롯한 대신들이 남쪽 왕실 정원에 새로 마련된 건물에 모여 일련의 파격적이고 급진적인 개혁안을 마련했다. 수십 명의 왕자, 그리고 기타 왕실 인사들은 여전히 투옥돼 있었다. 보수파 인사들의 방해를 사전에 차단하기 위해 궁내 파벌의 수장들은 모두 해고됐다. 그 자리에 킨운을 도운 관료와 무관들이 승진 임명됐다.[21]

정부는 14부의 대신을 중심으로 새로 조직되고 어전회의는 폐지되어 일종의 내각책임제가 수립됐다. 직급에 따른 급여 체계를 마련했고, 왕과 왕비도 경비를 재무부에서 타서 써야 했다. 이 모든 것이 서양의 정부를 그대로 흉내낸 것으로 한동안 그야말로 새로운 근대식 행정이 시작되는 듯했다. 후일 1885년 11월 <런던타임스>(London Times)와 가진 인터뷰에서 띠버는 즉위 첫 해에 그는 사실상 대신들의 포로와 같았다고 술회했다.

구체적인 분야에서도 빠른 조치가 취해졌다. 영국회사와 상 미얀마를 관통하는 철도를 건설하기로 잠정 계약을 했다. 글래스고의 상인들이 재촉하던 것이었다. 무역에 대한 규제가 해제되었다. 우호의 표시로 영국대표부에 경비병 주둔을 허용했다. 대신들의 학자풍을 반영하여 철자법에 관한 36편의 저술을 편찬하여 왕에게 헌정했다.

이때 젊은 왕은 그야말로 무력했다. 그래도 왕은 왕이었다. 그래서 한 젊은 대신, 요 지방의 영주가 신왕을 개혁적으로 교육하는 역할을 떠맡았다.22 거의 모든 대신이 그렇듯이 요 영주도 오래 문무관을 배출한 명문 출신이었다. 부친은 1830년대 대신이었고 장인은 민돈 왕의 초대 외무대신이었다. 매우 명석하여 법률이며 화학이며 거의 모든 분야에서 집필했다. 건축에도 손을 대 이타카라마(Itakarama)라고 불린 아름다운 벽돌 건물로 사원을 건축하는 일에도 관여했다. 르네상스 시대 이탈리아 건물을 공부하여 설계한 것으로, 지금도 만달레이 골프클럽 뒤에 방치된 채로 남아있다.

요 영주는 띠버 왕을 위해 여러 편의 논문을 집필했는데, 그중에는 '라자담마산가하'(Rajadhammasangaha) 즉 「올바른 정부에 관한 연구」가 있다. 미얀마 및 팔리어 고전을 참조하여 왕권을 제한하고 왕은 백성을 위해 내각을 통해 통치해야 한다고 주장했다. 곧 입헌군주제에 관한 논문으로 그것을 통해 요 영주는 정부 내 사상가 중 가장 급진적인 인물로 부각했다. 불행히도, 이 책은 20편이 넘는 책을 집필한 이 대단한 학자 겸 대신의 마지막 작품이 됐다. 다가오는 정치적 폭풍을 견뎌내지 못한 것이다.

사랑과 결혼, 야나웅 왕자

개혁파 대신들이 야외의 텐트에 마련된 사무실에서, 때로는 궁궐 안 카펫이 깔린 회의실에서 신명 나게 일할 무렵, 전혀 다른, 그래서 예상치 못한 궁정정치가 무르익고 있었다. 띠버는 일종의 정치적 연합의 결과로 등장한 왕이었다. 그 연합의 한 축에는 킨운이 이끄는 개혁파 관료가 있었다. 다른 한 축에서는 중궁 대비, 그녀의 딸이자 현 왕비, 그리고 그들에 업혀 지내는 무리가 있었다. 1878년 말과 이듬해 초에 궁궐 내부에 대대적인 인적 쇄신이 있었다. 전왕을 모시던 모든 이들이 해고되고 비서실장을 비롯한 고위직이 띠버의 어린 시절 친구나 그에 빌붙어 지내던 한량들에게 주어졌다. 그중 가장 중요한 인사가 야나웅의 영주인 마웅 토케였다. 띠버의 학교 동창으로 어린 시절부터 말이 없고 고분고분했던 친구가 왕이 된 것을 개인적 야망을 위해 하늘이 내려준 기회라고 생각했다.[23]

야나웅은 원래 무관 집안 출신으로 부친은 현직 고위급 장교였다. 자신은 다웨이 수비대의 대장으로 임명됐다. 무엄하게도, 띠버에 직접 자신에게 '민따' 즉 왕자의 지위를 달라고 요청했다. 호가호위하는데 천재적인 재능을 지니고 있었던 듯, 왕의 이름을 팔며 궁궐 내부에 영향력을 확대하고 인맥을 구축했다. 야나웅은 역사책 읽기를 좋아하여 베인나웅을 특히 좋아했다. 베인나웅은 왕가 출신이 아니었다. 왕의 부관이었다가 나중에 왕이 된 인물이었다. 여자를 좋아하여, 또는 여자들이 따라서, 수많은 처첩을 두었는데, 그 문제에 특이하게도 근대문명을 이용했다. 즉 수많은 처와 첩의 방에 각자 전기 신호기를 달아 그중 누구를 부르더라도 다른 처나 첩은 알 수 없도록 했다. 그러면 그들 사이에 질투를 누그러뜨릴 수 있다고 믿었던 모양이다.

그는 타잉다 영주와 동맹을 맺었다. 후일 영국과의 마지막 전쟁에서 지휘관을 맡고, 그에 따라 언론에서 집중포화를 받았던 인물이다. 군부 인물로 라카인 전투 및 점령에 깊이 참여한 가문 출신이었다. 재치있고 권위적인 타잉다 영주는 킨운과 그 추종자에게 권력을 앗기지 않겠다고 다짐하고 있었다. (그런 생각을 감추기 위해서였는지) 딸을 소르본에서 교육받은 개혁파에게 시집보냈다.

두 진영은 곧 충돌했다. 10년 전, 샴의 몽쿠트 왕이 서거하고 그의 장자 쭐라롱콘이 즉위했다. 사회와 정부를 근대화하여 태국 역사에 큰 발자취를 남긴 이 왕은 그때 15세에 불과해서 수석 대신이 수년간 섭정을 했다. 띠버처럼 쭐라롱콘도 서양식 교육을 일부 받았다. 띠버가 마르크스 박사의 성공회 학교에서 교육을 받았다면, 쭐라롱콘은 영국에서 온 가정교사의 교육을 받았다. 그중 가장 유명한 사람이 『왕과 나』에 나오는 안나 레온오웬스였다. 섭정을 맡은 대신은 섭정체제가 광범한 개혁을 추진할 기회라고 생각했다. 그래서 왕이 개혁에 방해가 되지 않게 하려고, 또 그의 시야를 넓혀 개혁의 당위성을 깨닫게 하려고 왕에게 한동안 해외여행을 할 것을 권했다. 그에 따라 젊은 왕은 싱가포르와 자바, 인도, 그리고 유럽을 두 번이나 방문했다.

이 이야기를 들었는지 킨운도 왕에게 세계여행을 하라고 권했다. 띠버는 처음에는 매우 좋아했다. 1879년 초, 런던방문에 대한 구체적인 계획이 왕에게 제출됐다. 모든 준비가 끝나고 수행할 인사들의 명단도 확정됐다.[24]

그러나 야나웅과 수파얄랏은 바보가 아니었다. 그들은 즉각 이것이 왕의 부재를 노린 것이며, 왕이 없으면 자신들은 무방비 상태가 될 것을 알았다. 그래서 띠버를 설득했다. 이것은 왕의 지위를 약화하기 위한 음모다. 런던에 도착하면 "모래 언덕에 버려진 개처럼" 버려질 것이다. 그러면 도와줄 사람도 없고 돌아올 방법도 없다. 띠버는 겁을 먹고 여행계획을 취소했다. 개혁파 대신들이 아연실색하고 있는 사이 야나웅과 수파얄랏은 여세를 몰고 나가기로 했다.

민돈 왕의 소생, 즉 띠버의 이복형제자매인 수십 명의 왕자와 공주는 여전히 투옥돼 있었다. 암살된 카나웅 왕세제의 자식들도 함께 투옥되었다. 오로지 냐웅잔 왕자만 탈출했다. 평범한 노동자로 가장하고 영국대표부 건물로 숨어 들어가 영국인들의 도움으로 무장한 기선을 타고 양곤으로 갔다. 지금은 캘커타에서 기회를 엿보고 있었다. 나머지는 모두 새로운 정권의 수중에 있었다. 1866년 왕자의 난을 기억하고 왕족이 항상 골칫거리인 것을 아는, 킨운을 비롯한 개혁파 대신들은 그들을 가둔 것으로 만족했다. 그러나 야나웅과 수파얄랏은 그 이상을 원했다. 만일 이들이 탈출한다면? 살아남는 것이 미안한 감정을 가지는 것보다 훨씬 더 중요했다.

2월 13일, 야나웅의 지시에 따라 다수의 고위관리와 대신이 해고되고 투옥됐다. 띠버를 위해 입헌 정부에 관한 논문을 쓴 요의 영주도 포함됐다. 1879년 밸런타인데이 다음 날부터 학살이 시작됐다. 야나웅의 휘하에 있던 북부 및 남부 다웨이 수비대 병력이 굶주리고 헐벗은 왕실 가족을 한 줄로 묶어 궁궐 밖으로 몰고 나갔다. 이라와디강을 향해 8백 미터 떨어진 공터에 도착한 다음, 한 소문에 의하면 목을 졸라서, 다른 소문에 의하면 코끼리로 짓밟아서 살해했다. 이후 수일간에 걸쳐서 민돈 왕이 남긴 48명의 아들 중 31명, 62명의 딸 중 9명이 죽었다. 수파얄랏과 야나웅의 반대편에 선 관리와 장교도 모두 같은 운명을 맞았다. 이 모든 것이 끝났을 때 소위 '14개 부처 내각제 정부'는 끝장이 났다. 야나웅과 수파얄랏은 무소불위의 권력을 누리게 됐다.

부왕이 서거한 지 수개월이 지난 이제야 띠버 왕은 그야말로 왕이 됐다. 고조부 보더파야 왕의 대관식을 본 따 치러진 대관식에서 띠버는 수파얄랏을 옆에 앉히고 하늘에 맹세한 후 신과 동격의 왕이 됐다. 폰나들이 기록을 뒤지고 머리를 쥐어짜서 1629년의 딸룬(Thalun) 왕, 그리고 1123년 라카인의 다사라자(Dasaraja) 왕의 사례를 참고했다. 이렇게 과거의 전통이 재확인되면서 개혁 운동은 끝났다.

만달레이에서 일어난 일이 전해지자 영국인들은 경악을 금치 못했다. 양곤, 캘커타, 나아가 런던에 있는 언론들은 연일 만달레이에서 자행되는 소름 끼치는 소식을 전했다. 그리고 요즘 식으로 말하면 인도적 개입을 외쳤다. 띠버는 피에 절은 마귀처럼 그려졌고 그 마귀를 응징하는 전쟁을 요구하는 소리가 높았다. 상 미얀마와 하 미얀마를 나누는 프롬에 병력이 추가로 배치됐고 망명 중인 냐웅잔 왕자를 왕위에 앉히려고 준비하기도 했다. 그렇게 됐더라면 미얀마는 인도에 있는 다른 군주국의 예를 따라 영국의 보호령이 되고 꼰바웅 왕조는 명맥을 유지했을지 모른다. 그리고 20세기 미얀마 역사는 전혀 다른 방향으로 전개됐을 것이다. 그러나 그렇게 되지 않았다.

    그 수 주일 전 남아프리카 줄루족 무장세력이 이산들와나(Isandhlwana) 전투에서 영국의 사우스 웨일스 국경수비대 병력을 덮쳐 거의 몰살시켰다. 첼름스퍼드 공(Lord Chelmsford)과 케츠와요(Cetshwayo) 왕 사이 4개월에 걸친 전쟁이 영국의 대패로 시작된 것이었다. 같은 무렵 영국인과 인도인으로 구성된 4천 명의 병력이 셰르 알리(Sher Ali)의 아프간 왕국으로 진격했다. 9월 카불에 있던 영국 공관에 대규모의 폭도가 난입하여 공관장 루이스 카바냐리 경(Sir Louis Cavagnary)과 직원들을 살해했다. 병력이 증원되어 아프간의 고원에서 전투를 펼쳤지만, 치고 빠지는 게릴라전을 펼치는 적을 상대하니 이길 수 없는 전쟁이었다. 이런 와중에 미얀마의 왕이 친척을 살해했다는 이유로 전쟁을 하는 것은 무모했다. 전쟁 이야기는 곧 사라졌다.

수파얄랏은 광대와 희극배우를 좋아했다. 유랑극단을 궁으로 불러 공연하게 했다. 극단의 단장은 이렇게 외치곤 했다. "악단에는 북을 놓을 자리 하나밖에 없다."**25** 그녀가 그렇게 시켰다. 미얀마 역사 속 다른 왕과 달리, 또 다른 나라의 왕이나 귀족, 족장과 달리, 띠버는 부인이 한 사람밖에 없었다. 전례에 없었을 뿐만 아니라, 있을 수 없는 일이었다. 왕은 당연히 부인과 자식이 많아야 한다는 식의 황당한 주장이 아니라 정치현실적으로 그랬다. 왕의 비와 빈, 후궁은 지방의 부족과 호족을 왕실과 묶어주는 고리였다. 왕은 혈연과 기타 혼인동맹으로 엮어진 지배 네트워크의 정점을 이루고 있었던 것이었다. 그러나 띠버에게는 아내 수파얄랏과 장모밖에 없었다.

누구도 그런 상황을 좋아하지 않았다. 야나웅도 그중 하나였다. 그래서 그는 학창시절 친구인 띠버 왕에게 왕답게 비와 빈과 후궁을 많이 취하라고 권하곤 했다. 왕은 가타부타 말이 없었다. 그래서 야나웅은 직접 행동을 하기로 하고 왕에게 한 여인을 소개했다. 미킨지라는 여성으로 (궁정의 대신인) 칸니 영주의 딸이자, (왕실 자문관인) 바간 영주의 질녀이며, (민돈 왕의 외무대신) 캄파트 영주의 손녀였다. 그녀를 취하면 대단한 가문과 연결되는 것이었다. 게다가 그녀는 젊고 훤칠한 미인이었다.

띠버도 미킨지를 좋아했지만, 수파얄랏이 무서웠다. 그래서 그녀는 남장하고 몰래 궁으로 들어와 궁녀의 방에 머무르며 밀회를 즐겼다. 그러던 중 수파얄랏이 임신하여 몇 주일간 별거하게 되자 그 관계가 공공연해졌다. 수파얄랏이 공주를 출산한 이후 띠버는 그 사실을 고백하고 미킨지를 왕비로 삼겠다고 말했다. 수파얄랏은 불같이 화를 내며 히스테리를 부렸다. 두 여인 사이의 시앗 싸움은 해외에서도 가십거리가 되어 1881년 11월 <캘커타 스테이츠먼>이라는 신문은 수파얄랏이 이혼을 요구하고 띠버 왕은 머리를 깎고 절로 들어갈 생각을 하고 있다고 보도했다. 띠버는 미킨지를 위해 나서지 못했다.

혹은 나섰다가 실패했는지도 모른다. 좌우간 미킨지는 갇혔다가 처형됐다. 이라와디강에 빠뜨려 죽였다는 말도 있었다. 띠버는 다시는 한눈을 팔지 않았다.

야나웅이 다음 차례였다. 그는 적이 많았다. 왕과 가까워질수록 적은 더 많아졌다. 킨운은 야나웅이 보수반동세력의 괴수라고 생각했고 수파얄랏은 미킨지 사건으로 그에게 이를 갈았다. 그 무렵 민심을 듣는다며 도시 곳곳에 티크 목으로 짠 큰 나무상자가 배치돼 있었다. 수백 건이 청원이 들어왔는데, 야나웅에 관한 것도 수십 건이 됐다. 각종 권력 남용 사례가 있었고 왕실의 공작문장을 함부로 사용한다는 내용도 있었다. 그러저러한 참소에 넘어간 띠버는 친구를 감금하라고 명령했다. 그리고 마음 약한 사람답게 곧 자신의 결정을 후회했다. 수파얄랏은 그처럼 마음이 약한 사람이 아니었다. 3월 17일, 야냐웅과 그 일당은 모두 처형됐다. 며칠 후 미킨지의 숙부와 조부 등 일족을 포함하여 수파얄랏에게 밉보인 많은 대신이 자리에서 밀려나 투옥됐다.

듀플렉스의 망령

미얀마 왕국의 마지막 몇 년은 궁내를 지배한 수파얄랏과 이제는 개혁파뿐만 아니라 보수파까지 껴안고 국정을 꾸려가는 킨운 사이의 불편한 동거로 지탱됐다. 전에 추진했던 일부 개혁조치가 계속되기도 했지만, 재정이 부족하거나 공무원들이 말을 듣지 않아 지지부진했다. 1883년 세수가 크게 떨어졌다. 지방의 치안이 무너졌기 때문이다. 민돈이 등장한 이후 30년간 아바의 궁정은 중앙정부의 권한을 강화하고 그때까지 지배구조를 형성했던 지방의 영주, 호족, 즉 '묘뚜지'의 권력을 약화하려고 노력해왔다. 그 결과 지방 권력층을 무너뜨리는 데는 성공했지만, 그것을 중앙의 권력으로 대체하는 데는 실패했다.

산적과 강도가 빈자리를 채웠다. 심지어 만달레이 근교에도 법과 질서가 무너졌다. 정부가 최고 정예병을 보내도 무너진 중앙정부의 권위와 권력은 복구되지 않았다. 2년 연속으로 흉년이 들어 백성이 굶주리기 시작했다. 반면 영국이 지배하는 하 미얀마는 치안이 유지되고 경제가 번창했다. 수만 가구가 짐을 싸서 새로운 삶을 찾아 남쪽으로 이주했다.

샨고원에 대한 꼰바웅 왕조의 지배도 무너졌다. 민돈이 샨 지역에 대해 새로운 세금을 물리어 불만이 생긴 지방의 영주와 부족장들을 영국인들이 몰래 부추겼다. 그에 더해 띠버가 더는 비빈을 얻지 않겠다고 선언한 것은 샨의 영주, 부족장들이 딸이나 여동생을 보내 중앙정부와 유지하던 관계가 무너진 것을 의미했다. 그것은 모욕이었다. 그래서 몽나이의 서브와와 같은 이들은 띠버가 즉위한 이후부터 해마다 해오던 국왕에 대한 알현을 거부했다. 곧 샨으로부터의 세수(稅收)가, 원래 많지도 않았지만, 급감하다가 아예 없어졌다. 몽나이의 예를 따라 다른 서브와들도 중앙정부에 반기를 들었다. 띠버의 즉위 이후 영국의 침공으로 멸망할 때까지 6년 동안, 수천 명의 정부군이 샨고원으로 파견되어 반군과 싸우다가 전투로 또는 말라리아와 같은 질병으로 죽어갔다. 오래전에 무너진 제국을 되살리는 것은 이제 불가능했다. 한편 줄루족을 진압하고 아프간에서 손을 씻은 영국은 기회만 엿보고 있었다.

1882년, 미얀마가 독립을 유지할 수 있는 최후의 기회가 왔다가 헛되이 사라졌다. 윌리엄 글래드스턴의 정부가 리폰(Ripon) 후작을 인도 총독으로 임명했다. 리폰 공은 제국주의 시대에 드물게 보는 영국 신사였다. 미얀마와 관계를 개선하고자 나름대로 공정한 조약을 새로 체결하려고 했다. 가톨릭으로 개종한 진보적 인물로 재임 4년간 인도인의 채용을 늘리는 등 진보적 성향을 행정에 반영하고자 노력했다. 1881년 양곤을 방문했을 때 스코틀랜드 상인으로 채워진 양곤 상공회의소는 전쟁을 주장했으나 경제적 이익을 위한 전쟁은 옳지 않다며 거부하고 새로운 통상조약을 맺겠다고 했다. 몇 달 후 만달레이는 짜욱먀웅의 영주를 파견하여 리폰 공과 협상하도록 했다. (사진 참조). 협상은 솔잎향기가 싱그러운 인도의 휴양지 심라(Simla)에서 전개됐다. 미얀마 측은 처음부터 장황한 요구조건을 내세웠다. 약자의 처지에서 좋은 협상 전략은 아니었지만, 리폰 공은 참을성 있게 듣고 왕실 대 왕실의 관계를 주장하는 미얀마의 입장을 이해했다. 그래서 두 개의 조약을 제시했다. 하나는 영국령 인도 정부를 대표하는 캘커타와 만달레이 사이의 통상조약이었다. 다른 하나는 띠버 왕과 빅토리아 여왕 사이의 우호조약이었다. 구체적으로 영국의 상주공관, 무기의 반입, 미얀마 난민의 지위 등을 논의했다. 요즘 식으로 말하면 인권유린에 해당하는 것이 영국인들의 주목을 받고 있었기 때문에 정치범에 대한 처형 금지를 조약문에 넣고자 했다. 그러나 짜욱냐웅은 그것은 내정에 대한 간섭이라며 강하게 반발하고 거부했다.[26]

8월 마침내 합의문이 완성되어 미얀마 사절단은 두 개의 조약문을 들고 돌아갔다. 백 년도 더 된 과거에 알라웅파야가 조지 왕에게 서한을 보낸 이후 미얀마가 그토록 원했던, 런던과 직접적인 조약을 맺을 기회가 마침내 찾아온 것이다. 그러나 띠버의 조정은 미련했다. 그 같은 내용을 담기 위해 리폰이 런던과 얼마나 많은 씨름을 해야 했는지 알지 못한 채 더 많은 것을 얻어낼 수 있다고 생각했다. 수개월의 시간을 허비한 끝에 크리스마스가 되어서야 미얀마의 사절단이 일부 수정한 조약문을 들고 새로 찾아왔다. 상 미얀마의 미얀마 왕국에서 하 버마 영국령으로 이주한 난민을 송환하라는 요구도 담겨 있었다. 리폰은 거부했다. 생존을 위한 최후의 기회가 그렇게 사라졌다.

그리고 영국군의 침공과 점령이 이어지고 수백 년 동안 이어진 미얀마의 전통이 무너졌다. 왕이 없는 미얀마는 중세시대 이전부터 존재해 온 이라와디 분지의 사상과 제도가 완전히 뒤바뀌는 것을 의미했다. 새로운 미얀마 혹은 영국령 버마라는 배는 과거에 닻을 내리지 못한 채 근대라는 바다로 띄워졌고 표류했다. 배타적인 색채가 강해진 민족주의적 정서로 무장하고 새로운 이념을 찾아 방황하던 미얀마 사회는 1930년대, 극단주의의 시대가 되어서야 목소리를 되찾았다.

8

전환시대

19세기 말에서 20세기 초.
영국의 군인과 상인, 관리들이
미얀마 사회를 식민지배하면서
그 성격을 형성했다.

그리고,

그 무렵 우리 집안 이야기

왕국이 멸망한 직후 지은이의 친증조부 내외. 두 분 모두 궁정대신의 후예다.

8

판타너

1909년에서 1910년으로 넘어가던 무렵, 만달레이서 멀지 않은 작은 마을에 한 젊은이가 마술을 부릴 줄 안다는 소문이 났다. 순간이동을 할 수 있고 총과 칼에도 죽지 않는다고 했다. 따르는 사람들이 생겼다. 유명세를 업고 으쓱해진 데다 추종세력이 부추기자 그 젊은이는 영국의 점령세력에 대항하여 반기를 들고 꼰바웅 왕조의 왕을 자처했다.

그 반란은 오래가지도 않았고 큰 영향을 끼치지도 못했다. 띠버가 인도로 끌려간 후 한동안 이어졌던 전국적인 봉기와 게릴라 전투는 이미 한 세대 전의 일로 기억에서 희미해졌다. 꼰바웅 왕조를 그리워하는 사람도 많지 않았다. 반란은 불안정했던 과거로 되돌아가자는 퇴행적 흐름으로 간주하는 분위기였다. 그와 그를 따르는 소규모 집단은 파출소를 공격하여 두 인도인 경찰관을 살해하고 무(Mu)강을 따라 오르내리면서 공격을 이어갔다. 예상대로 영국 식민당국은 빠르게 움직였고 반란은 진압됐다. 마술을 부린다던 젊은이는 그

마력이 다됐는지 영국 교도소 앞뜰에서 교수형으로 처형됐다.[1]

바로 그 무렵 수백 마일 남쪽에 있는 판타너(Pantanaw)라는 작은 도시에서 한 부유한 부부가 첫아들을 낳고 이름을 옛 왕자를 따서 딴(Thant)이라고 이름을 지었다. 범상한 일은 아니었다. 30대 후반이었던 아이의 아버지 우포흐닛(U Po Hnit)은 영국 식민 치하에서 영어를 할 줄 알고 그래서 잘 나가는 많지 않은 사람 중 하나였다. 10대에 인도 캘커타 대학교에서 유학하고 돌아와 다들 선망하는 직장, 식민당국의 관리가 되었다. 1890년대 초, 띠버의 왕국이 무너지고 전국의 항거가 유혈 진압된 지 오래되지 않은 때였다. 포흐닛이 식민당국을 위해 무슨 역할을 했는지에 대해서 알려진 것이 없다. 그의 임지는 야메띤이라는 곳이었다. 구 왕국의 영역이었기 때문에 새로 지배자가 된 영국과 그 행정당국에 대한 현지 사람들의 감정이 좋지 않던 곳이었다.[2]

식민지배에 대한 반감에서였는지 아니면 공무원 일이 적성에 맞지 않아서였는지 포흐닛은 2년 후 그 자리를 그만뒀다. 어쨌거나 그 결정은 그리 힘든 것이 아니었다. 그것 말고도 생계를 유지할 다른 방법이 있었기 때문이다. 그의 숙부 우 슈웨킨은 판타너의 제일가는 사업가이자 지주였다. 아버지를 일찍 여의었고 숙부는 달리 자식이 없었기 때문에 숙부는 아버지나 마찬가지였다. 숙부는 조카를 공들여 키웠고 비용이 많이 드는 인도 유학도 보내주었다. 조카가 남들이 부러워하는 직장을 떠난 것을 좋아하지 않았을지 몰라도 결과적으로는 나쁘지 않게 생각했다. 조카가 사업에 자질을 보여 큰 도움이 됐기 때문이다. 그 우 포흐닛이 나의 외증조부이다. 그의 맏아들 딴은 후일 유엔 사무총장이 된 나의 외조부이다.

판타너는 이라와디강 하류, 긴 거리를 흘러오면서 수량을 잔뜩 키운 이 큰 강이 수많은 지류로 나뉘어 인도양으로 흘러 들어가는 삼각주의 한 가운데 자리하고 있다. 강이 수백 년 동안 정기적으로 범람하면서 삼각주 지역은 황토색 진흙으로 덮였고 땅은 굳이 모내기를 따로 하지 않아도 될 정도로 비옥했다. 그래서 전 세계에서 가장 생산성이 높은 쌀 산지였다. 또 수로 옆 논두렁과 밭두렁에는 잎담배와 고추가 따로 비료를 주지 않아도 쑥쑥 자랐다. 여름이 되면 끔찍하게 덥고 습한 날씨에다 폭우로 인해 눈에 띄는 거의 모든 것이 침수된다. 그래도 그 도시는 주목할 만한 것이 있었다. 한때는 어업으로 번창했다. 주민들은 직접 물고기를 잡거나 어물상을 하여 돈을 벌었다. 나중에 판타너 수로가 토사로 막혀 어업은 쇠퇴했으나 여전히 부유했다. 포르투갈인의 꼬임에 빠져 알코올에 중독된 따빈슈웨티 왕이 백상, 즉 흰 코끼리 사냥에 나섰다가 목숨을 잃은 정글이 바로 그 부근에 있었다.

　판타너 주민들은 수 세기 동안 몬족이 세운 바고 왕국의 영향권 속에서 몬족 언어를 사용했다. 그러다가 바고 왕국과 버마족의 아바 왕국 사이에 전쟁이 일어나고 몬족이 패함에 따라 대부분 동쪽으로 이주했다. 그리고 새로운 지배 종족이 된 버마족이 북쪽에서 내려와 그 지역을 차지했다. 1757년 알라웅파야가 이 지역을 정복한 직후, 대대로 왕실 함대 노잡이를 하던 바간 및 냐웅-우 사람들이 단체로 이주했다. 이들은 40명이 노를 젓는 거대한 티크 목선 여러 척에 나눠타고 내려와 판타너 뿐만 아니라 주변 지역에 널리 퍼져 자리를 잡았다.

　함께 온 사람 중에는 장례를 담당하던 천민 '산달라'가 있었다. 마을 중심에서 사원으로 가는 길 양옆에 대나무로 지은 작은 움막집이 여러 채 있었는데 바로 이들이 살던 곳이었다. 그로부터 북쪽으로 수백 미터를 올라가면 잡초가 무성한 황무지가 있고 그 가운데 엄청나게 큰 나무가 뽑혀 넘어져 있다. 전설에 따르면 이 마을 정착 초기에 악명높은 강도가 어렵게 체포되어 이 나무에 묶여 처형당했다고 한다. 지금 몬족 후손임을 자처하는 사람은 있지만, 몬족 언어를 사용하는 사람이 없다. 그런데 그곳에 버마족이 지배하기 오래전인 7백 년 전에 건립된 사탑이 있다. 전해 오는 말에 따르면 그 사탑은 싱할 족의 왕자가 그곳에 왔다가 몬족 영주의 딸과 이루어지지 않은 사랑을 한탄하며 건립했다고 한다. 그가 가져온 금은보화가 사탑 속 깊은 곳의 '타바나'에 아직도 묻혀있다고 전해진다.

판타너 인근에 몬어를 쓰는 사람은 거의 없어졌지만 그 지역에 사는 사람이 모두 버마족은 아니었다. 미얀마어와 전혀 다른 언어를 사용하고 미국 침례교 선교사들의 영향으로 기독교로 개종한 카렌족도 동쪽 산악지대에서 대거 이주해 왔다. 영국의 통치가 시작한 이후 몰려왔던 인도인들도 있었다. 힌두교도와 이슬람교도가 섞여 있었다. 또 코로만델 해안에서 대규모로 몰려온 고리 대금업자 '쳇티야르'(Chettyar)도 있었다.[3] 이렇게 뒤섞인 인구가 빠르게 증가했는데 판타너의 인구만도 5천 명이 넘었다.

이런 현상은 이라와디 삼각주 전역에서 벌어졌다.[4] 악어와 비단구렁이, 코끼리의 보금자리였던 수십만 에이커의 늪과 정글이 논과 밭으로 바뀌어 세계에서 가장 비옥한 쌀 산지가 되었다. 왕국이 미얀마 전역을 지배하던 시절에는 북쪽의 식량부족을 우려하여 쌀 수출을 금지했었다. 그러나 1850년대 초 제2차 영국-버마 전쟁을 통하여 하 미얀마를 장악한 영국 식민당국에는 그런 문제가 없었다. 양곤의 항만시설을 크게 확충하여 쌀 수출이 급증했다. 북쪽에서 이민자들이 몰려오면서 생산량과 수출량은 더욱 증가했다.

15년 후 1860년대 후반이 되자 쌀 산지는 135만 에이커로 세 배 증가했다. 1861~65년간 미국 남북전쟁으로 말미암아 캐롤라이나산 쌀의 수출이 중단되어 미얀마산 쌀에 대한 수요가 증가했다. 1869년 수에즈 운하가 개통되어 지중해와 인도양이 직접 연결됐다. 수송비가 크게 절감되어 더욱 저렴해진 미얀마산 쌀에 대한 유럽의 수요가 증가한 것은 당연했다. 쌀은 이제 미얀마의 가장 큰 수입원이 되어 삼각주를 비롯한 하 미얀마 전역의 다른 모든 산업을 압도했다. 20세기 미얀마산 쌀은 갈수록 늘고 있는 캘커타의 사람들과 (지금의 싱가포르와 하 미얀마에 해당하는) 믈라카 "해협식민지"(the Straits Settlements)에서 일하는 인도 농부들의 주식이 됐다. 1930년 미얀마의 쌀 생산지는 2백만 에이커가 넘었고 생산량도 5백만 톤에 가까웠다. 그중 250만 톤을 수출하여 요즘 가치로 따지면 미화 5억 달러에 해당하는 외화수입을 올렸다. 이라와디 삼각주 지역은 새로운 이민과 새로운 생산양식으로 과거와는 단절된 식민지 시대의 대표적 풍속도가 되었다. 한동안 경제적으로도 활기가 넘쳤다.

포흐닛의 집안은 이처럼 과거 미얀마 왕국과는 거의 관련이 없고 무슬림과 불교도가 섞인 식민지 시대의 전형적인 한 미얀마 가족이었다. 그의 할아버지는 라카인의 시트웨에서 판타너로 왔다. 영국 식민지배 초기시절에 잘 나가던 상인으로 삼각주 지역에서 새로운 가능성을 찾아온 것이었다. 판타너는 번창했다. 물론 당시의 기준이었다. 전기는 없었고 양곤을 비롯한 다른 지역으로 가려면 기선을 이용해야 했다. 건기에는 소달구지를 이용할 수도 있었다.

 포흐닛은 마을 주민 중에서 '난 사람'이었다. 영어를 알고 외국물을 먹은 유일한 사람이었다. 다습한 기후에도 불구하고 영어로 된 수백 권의 장서가 있었고 3종의 영자신문과 주간지를 캘커타로부터 배달받아 보았다. 또 상당한 정치적 영향력이 있었던 <썬>(*The Sun*)이라는 미얀마어 신문을 구독하고 나아가 그 신문사의 주주가 됐다. 그 당시에 그처럼 작은 마을에서 그 같은 국제적 감각을 유지했던 것은 참으로 신기하다. (참고로 판타너에서는 지금도 위성TV를 시청할 수 없다.)

 포흐닛은 늦장가를 들었다. 35세이던 1906년에야 띠동갑 23세의 젊은 신부 난 따웅과 결혼했다. 그리고 거의 터울 없이 아들 넷을 두었다. 양곤으로 자주 여행을 했고 1907년에는 인도로 뒤늦은 신혼여행을 했다. 거대한 타마린드 나무 아래 티크 목으로 지은 이층집에 살았다. 재스민과 망고 및 구아바 나무가 자라는 정원을 가진 저택이었다. 풍채가 좋아 부자처럼 보였는데 실제로 돈이 많았다. 숙부가 소유한 많은 사업을 관리하면서 자신도 1백 에이커가 넘는 땅과 다섯 채의 주택을 소유했다. 그가 부유하고 나이가 들어가는 숙부의 유일한 양자이자 상속자임을 의심하는 사람은 없었다. 그런데 다른 수작을 부린 이들이 있었다.

1922년 6월, 막 우기가 시작되어 폭우가 쏟아지던 날 숙부 우 슈웨킨이 심장마비 증세로 급사했다. 포호닛의 맏아들 딴, 나의 외조부의 기억에 따르면 슈웨킨의 집사가 문을 두들기며 그의 사망을 알린 것은 새벽 4시 무렵이었다. 불과 몇 집 떨어진 곳에 있는 숙부의 집으로 달려간 포호닛은 깜짝 놀랐다. 숙부가 숨을 거둔 시간은 5시간 전인 전날 저녁 11시였고 그 사이 슈웨킨의 부인이 집에 있던 모든 귀중품을 숨긴 다음이었다. 그렇게 숨긴 귀중품 중에는 다이아몬드를 비롯한 보석과 당시 인기 있던 영국제 비스킷 깡통에 담겨 있던 수천 파운드어치의 영국 지폐가 포함돼 있었다. 다이아몬드와 현금만 따져도 최소 백만 루피, 지금 돈으로 천만 파운드 혹은 1850만 달러에 해당하는 거액이었다.5 부인은 자식이 없었다. 그러나 친척이 있었다.

다음날 돈 많은 우 슈웨킨 영감님의 갑작스러운 죽음과 그 미망인의 수상쩍은 행동에 대해 온 동네가 수군거렸다. 포호닛의 친구들은 부인이 왜 그리 긴 시간 동안 남편의 죽음을 감추었는지, 돈과 귀중품은 왜 챙겼는지를 따져 보라고 했다. 부인은 사라진 것이 없다고 주장했지만, 포호닛이 가지고 있던 열쇠로 방화 금고 두 개를 열어보니 모두 텅 비어 있었다. 포호닛의 한 절친한 친구는 불과 일주일 전에 에메랄드와 다이아몬드를 슈웨킨에게 판 적이 있다고 증언했다.

진실은 곧 밝혀졌다. (우리 집안에 전해오는 바에 따르면) 그 동네 모든 사람은 포호닛을 슈웨킨의 유일한 양자로 생각했다. 그러나 미얀마에는, 영국 식민지 시대조차도, 법적 입양이나 유언을 문서로 남기는 식의 절차가 없었다. 그래서 포호닛이 숙부의 사실상 후계자로서 사업체나 재산에 대한 권리가 있다는 것을 보여 주는 법적 문서가 없었다. 며칠 후 숙모, 슈웨킨의 미망인이 친정 조카에게 거액을 주었다는 말을 들었다. 숙모는 모든 재산을 자신이 챙기고 시조카에게는 한 푼도 주지 않겠다고 생각한 것이었다.

포호닛은 즉각 양곤의 변호사를 찾아 상담하고 그 재산의 일부를 요구하는 소송을 걸었다. 변호사는 승산이 높다며 최소한 재산의 일부는 되찾을 수 있다고 장담했다. 철저한 준비 끝에 이듬해 4월 소송을 제기했다. 공정한 재판을 통해 모든 일을 제대로 마무리할 수 있을 거라고 확신했다.

재판이 시작되어 그에게 유리하게 진행되고 있는 듯했다. 그때 포호닛이 갑자기 원인을 알 수 없는 병에 걸렸다. 그의 장자, 나의 외조부 우딴은 증조부가 땀을 매우 많이 흘렸다고 기억했다. 주변에는 큰 병원이 없고 10개의 병상을 둔 작은 의원이 있을 뿐이었다. 인도인 의사는 병명을 몰랐다. 며칠이 지나 포호닛은 사망했다.

증조모 난따웅 여사는 졸지에 남편을 잃고 네 살에서 열네 살, 어린 4형제만 남은 미망인이 됐다. 게다가 거액이 걸린 소송도 떠안았다. 변호사들은 소송을 계속하라고 했으나 자신이 없었다. 어쨌거나 남편이 남긴 집과 땅이 있었다. 그런데 난데없이 상대방이 새로운 소송을 제기했다. 과거 포호닛이 슈웨킨에게서 빌린 거액을 반환하라는 것이었다. 난따웅 여사는 소송을 계속하지 않을 수 없었다.

지방법원에서 열린 제1심은 두 가지 사건에서 모두 난따웅의 손을 들어주었고 그래서 적지 않은 유산을 기대할 수 있었다. 하지만 상대가 양곤에 있는 고등법원에 항소하고 타락한 판사를 매수하여 승소했다. 상속은커녕 빌리지도 않은 돈을 갚아야 했고 소송비용까지 부담해야 했다. 작은 집 한 채만 남기고 모두 팔았다.

그때까지 딴은 유복하게 자랐다. 수영을 매우 잘했고 아버지를 따라 영어를 배우고 읽어 방과 후 급우들에게 아프리카 정글에서 실종된 리빙스턴을 스탠리가 찾아 나선 이야기를 들려주어 귀를 쫑긋하게 했다. 부친을 잃었을 때 열네 살이었는데, 이듬해 소송 때문에 어머니를 따라 처음으로 양곤에 가 봤다. 양곤 방문길에 후일 에드워드 8세 왕이 되는 웨일스 왕자가 양곤을 방문한 것을 봤다. 웨일스 왕자 옆에는 후일 인도 총독이 된 왕자의 사촌 루이스 마운트배튼 공이 있었다. 미얀마 시골 판타너에서 온 이 열네 살 소년이 40년 후 세계적 명사가 되어 뉴욕 맨해튼에서 영국의 왕족 마운트배튼 공과 만나 친분을 나눌 것이라고 누가 상상이나 했을까?

어린 시절 딴은 아버지가 커서 뭐가 되겠냐고 물으면 영국 식민정부의 관리가 되겠다고 답하곤 했다. 그러기 위해서는 4년제 대학을 나오고 고등고시에 합격해야 했다. 이제 그 꿈은 요원해졌다. 홀어머니와 어린 동생 셋을 생각하면 4년제 대학은 무리였다. 양곤대학교 2년 과정에 입학한 것이 그가 선택한 타협안이었다. 2년제 과정으로는 고등고시에 응시할 수 없었기에 꿈을 바꾸어 기자가 되기로 했다. 그가 생각한 최선이었다.

대학생 시절 딴은 늘 진지했다. 학우들은 그가 "조용하고 학자적인 태도에 고급스럽지는 않으나 깨끗하고 단정한 옷차림이었다"라고 기억한다. 절친한 친구는 많지 않았지만 쾌활하여 좋아하는 사람이 많았다. '대학 철학연구회'와 '문학 및 토론 학회' 총무로 뽑히기도 했다. 지역 신문에 기고하기도 했는데 인도의 헌법에 대한 '사이먼 위원회'에 관한 것도 19개나 됐다. 아버지의 영향을 받아 식민당국을 자주 비판했으나 맹목적인 민족주의자들에 대해서도 비판적이었다. 진지한 논의는 하지 않고 나라의 모든 문제를 영국 탓으로만 돌리는 자칭 민족주의자들에게 호된 비판을 아끼지 않았다.[6]

대학 시절 딴은 식민정부에서 근무하다가 인류학자로 변신한 존 S. 퍼니벌(John Sydenham Furnivall)을 만났다. 퍼니벌은 한 세대 동안 젊은 미얀마 학생들을 가르치고 격려하고 연구했다. 그는 식민지 시대 미얀마와 인도네시아에 대해 기념비적인 연구업적도 남겼는데 (미얀마를 모델로 하여) 다원적 사회라는 개념을 처음으로 개발했다. 즉 종교·문화·언어가 서로 다른 여러 공동체가 하나의 정치 단위 속에서 공존하는 사회를 말하는 것이었다.[7] 퍼니벌은 1890년대와 1900년대 지방공무원으로 근무하면서 미얀마어를 원어민 수준으로 익혔고 전국 각지를 여행한 결과 미얀마 사회를 매우 잘 이해했다. 퍼니벌은 또한 미얀마에 대해 각별한 애정을 가져 당시 양곤에 거주하는 유럽인들 사이에서 별종으로 통했다. 1920년대 퍼니발은 대학에서 가르치는 한편 '버마 독서클럽'을 만들었다. 딴은 그 클럽의 초기 회원이 되어 격월간 『책의 세계』(The World of Books)라는 잡지에 자주 기고했다. 그 잡지는 딴의 동생이 퍼니벌을 도와 창간한 것이었다. 퍼니벌의 학생 중에는 딴과 가까운 친구였던 우누(U Nu)가 있었는데 그가 바로 미얀마가 독립했을 때 초대 총리가 된 인물이었다.

퍼니벌은 딴에게 대학을 4년제로 마치고 공무원 시험을 보라고 권했다. 좋은 자리에 보내주겠다고도 했다. 그러고 싶은 생각이 굴뚝 같았으나 집안의 장남으로서 책임감이 더 컸다. 또 공무원보다는 기자나 작가에 더 끌렸는데 그 꿈은 굳이 대학이 아니더라도 이룰 수 있다고 믿었다. 그래서 열아홉의 나이로 고향에 돌아와 민족학교에서 근무했다.

이후 수년 동안 딴은 타마린드 나무 아래 있는 판타너의 티크 주택에서 보냈다. 아버지의 장서에 시드니/베아트리스 웹 부처(Sidney and Beatrice Webb), 라스키(Harold Laski), 웰스(H. G. Wells), 러셀(Bertrand Russell) 등의 저서를 더했다. 저녁 후 근처 당구장에서 한 게임 하고 집에 돌아와 촛불을 켜놓고 독서 삼매경에 빠졌다. 24세에 2급 교사시험에 수석으로 합격하여 전국에서 최연소 교장이 되었다. 차석은 딴의 학창 시절 영어교사였던 인도 귀화인 바타차르야(K. Battacharya)가 차지했다. 바타차르야는 러시아 문학에 심취하여 학생들에게 톨스토이, 체호프, 고골 등의 작품을 소개했는데, 제자가 자신에 앞서 수석을 했다는 소식을 듣고 매우 기뻐했다. 우연히 딴의 학창시절 친우이자 몇 년 선배인 우누가 같은 학교 교육감으로 부임했다.

20대 젊은 작가 딴은 띨라와(Thilawa)라는 필명을 썼는데 띨라와는 14세기 전사(戰士) 귀족으로 평생 단 세 번 웃은 것으로 유명했다.[8] 딴이 그 이름을 필명으로 쓴 것은 전사로서 명성이 아니라 과묵함을 기려서였다. 당시 미얀마에는 화려한 언행으로 유명세를 누리고 추구하는 정치인들이 많았다. 딴은 그와 정반대, 즉 신중하고 과묵한 사람을 좋아했다. 당시 미얀마 젊은이들은 무솔리니와 장제스(蔣介石)를 좋아했는데 딴은 예외적으로 스태퍼드 크립스 경(Sir Richard Stafford Cripps)을 좋아했다. 크립스는 과묵한 사회주의 성향의 인권변호사로 인도 독립을 둘러싼 외교적 위기시 큰 역할을 했다. 그래도 작은 도시의 젊은 교장에게 우상이 되기에는 뭔가 어울리지 않는 인물이었다.

학교에서는 대학에서 전공한 영어와 역사를 가르쳤다. 딴이 근무한 학교는 '민족' 학교로 식민당국에서 운영하는 공립학교나 선교사들이 운영하는 사립학교와는 다른 것이었다. 민족학교는 1920년대 초 식민지 교육정책에 반발하여 생겨난 학교로 최소한의 정부 지원과 기부금으로 운영됐다. 자라나는 어린이들에게 제대로 된 교육을 제공함과 동시에 민족의식을 고취하는 데 주력했다. 그러니 오래 버티기 어려워 1930년대에는 거의 없어졌는데 판타너 민족학교는 그나마 살아남은 몇 안 되는 학교 중 하나였다. 3백여 명의 학생 대부분은 가난하여 등록금을 내기도 어려웠다. 교장 딴의 월급은 많지 않은 175루피였다. 그중 4~50루피를 학교의 유지관리비로 기부해야 했다.

교사로서, 교장으로서 만족하지 못한 것은 아니었지만, 여전히 언론인의 꿈을 버리지 않고 있었다. 그래서 선친이 주주로 참여했던 <썬>과 새로 창간된 영자 및 미얀마어 신문과 잡지에 활발하게 기고했다. 퍼니벌이 발행인으로 있던 『책의 세계』에 매월 시론을 쓰고 「학교에서 창밖을 내다보며」라는 제목으로 칼럼을 연재했다. 청년 딴은 목조주택 베란다에 앉아 이라와디 삼각주 특유의 풍취 속에서 만발한 야생난초의 진한 향기를 맡으며 바깥세상과 연결된 끈을 놓치지 않으려고 노력했다. 미얀마인 중 최초로 '대영 좌파 독서 클럽'(the British Left Book Club)의 회원이 됐고 크립스, 존 스트래치, 웹 부처, 조지 오웰의 책을 모두 소유한 것을 자랑스럽게 여겼다. 『젊은이를 위한 국제 연맹 이야기』(The Story of the League of Nations — Told for Young People)이라는 책 번역본을 필두로 몇 권의 책을 집필하기도 했다.

나름대로 행복한 시절이었다. 1934년 11월 우딴은 2년 전에 만난 떼인틴이라는 이름의 여성과 결혼했다. 내 외조모다. 만달레이 근교 따다-우라는 소도시에서 개업한 변호사였던 부친이 돌아간 후 모친이 친정 친척이 살고 있던 판타너로 이주해 온 것이 딴과 인연이 됐다. 그 모친은 이주 후 담배회사를 차려 큰 성공을 거두었는데. 딴은 원래 그 모친, 후일 장모가 된 분의 이야기를 취재하다가 딸과 친해졌다. 그 때문에 딴은 흡연을 시작했고 줄담배를 피운 끝에 1973년 뉴욕의 장로교 병원에서 폐암 진단을 받았다. 둘 사이 첫째 아이는 아들이었는데 (그때나 지금이나 유아사망률이 매우 높은 미얀마에서) 젖먹이 때 죽었다. 그래도 두 아이를 더 두었다. 아들과 딸이었는데 아들은 다 자란 끝에 교통사고로 사망했다. 딸만 자라 결혼하고 자식을 두었다. 그 딸이 우리 어머니이고 어머니의 자식이 나와 내 여동생들이다.

외조부 딴 선생님이 교장이 된 해 히틀러가 독일 총통이 됐다. 일본이 국제연맹을 탈퇴하고 중국을 본격적으로 침략하기 시작했다. 미국에는 프랭클린 루스벨트가 취임하여 대공황에 대한 대책으로 뉴딜정책을 시작했다. 세계정세가 불안해질 것을 모르는 사람은 없었다. 그래도 그 세계적 차원의 불안이 미얀마처럼 고립된 곳을 엄청난 유혈로 덮칠 것이라고는 아무도 생각지 못했다. 일차적으로 대공황은 이라와디 삼각주의 농부들을 덮쳤다. 그래도 몇 년 후 판타너에 폭탄이 쏟아질 것이라고는 생각지 못했었다. 가난 때문에, 폭탄 때문에 많은 사람이 고향을 떠나 다시는 돌아오지 못했다. 미얀마는 닥쳐오는 재앙에 전혀 준비돼 있지 않았다.

만달레이로 가는 길은 막혔다

그 집을 찾기는 어렵지 않았다. 1920~30년대에 지어진 전형적 영국풍 벽돌집이었다. 마당의 잔디는 제대로 관리되지 않았고 측면의 작은 출입구는 잡초로 막혀 출입할 수 없었다. 먹이를 찾는 거위 몇 마리가 있었고 뒤뜰에는 작은 우물 옆에서 한 여인이 짙은 색 치마를 어깨에 두른 채 목욕을 하고 있었다. 집 앞의 대로엔 늙은 상인이 바나나를 팔고 있었고 그 길 건너편에는 연노란색의 중국식 사원을 짓고 있었다. 그 집은 테이킨 터 파야(Hteiktin Taw Phaya) 전하의 것이었다. 그는 띠버 왕과 수파얄랏 왕비의 장손으로 꼰바웅 왕조의 왕위계승자였다. 1997년 크리스마스 다음 날 나는 그를 만나기 위해 만달레이에서 올라왔다. 왕자는 바지와 면 셔츠 등 편한 평상복 차림으로 나를 따뜻이 맞이하여 거실로 안내했다. 깨끗한 차림의 젊은 여인이 차와 간식을 내왔다.

우리는 오후 긴 시간 동안 많은 이야기를 나눴다. 인도식 억양이 섞인 영어를 구사한 왕자는 매우 친절했다. 유쾌하고 자주 웃어 72세의 나이보다는 훨씬 더 젊어 보였다. 메이묘(Maymyo) 시(市) 포레스트(Forest) 로(路)에 주소를 둔 이 집에서 그는 거의 평생을 살았다. 메이묘는 만달레이에서 차로 꼬불꼬불한 산길을 따라 두 시간 반 거리에 있는, 식민지 시대 영국이 건설한 휴양도시다. 당시 영국 관리들은 가장 더운 3~4월을 이곳에서 보냈는데 이름도 도시를 건설한 제5 벵갈보병대 소속의 메이(May) 대령의 이름을 땄다. ('묘'는 미얀마어로 도시라는 뜻이다). 고지대에 있는 이곳은 상춘 지역으로 비가 오지 않는다는 점을 제외하면 영국의 여름과 비슷한 날씨다. 영국인들은 제1차 세계대전에서 사로잡힌 터키군 포로를 이용하여 이곳에 튜더 왕조 풍의 건물을 짓고 도시 전체를 식물원처럼 아름답게 조경했다. 곳곳에 딸기와 참제비고깔, 접시꽃, 피튜니아가 식재된 정원이 있는 사이로 '페어뷰'니 '프림로즈' 별장이니 하는 주택단지가 있다. '봄베이 버마 무역상사'의 기숙사로 쓰였던 건물은 지금 호텔로 사용된다. 거대한 벽난로와 욕조는 옛날과 다름없으나 식당에서 파는 로스트비프와 요크 샤이어 푸딩은 별로다. 호텔 밖 마을의 중앙도로는 론지를 입은 사람만 아니라면 미국의 서부활극을 연상시킨다. 마차들이 오가고 마을 중앙 광장에는 대형 시계탑이 있다. 영국의 식민당국은 영국인과 함께 떠났지만, 그 영국이 가져왔다가 두고 간 것이 있다. 그중 하나가 용맹하기로 유명한, 영국군에 종군하다가 남아 자리를 잡은 구르카족이다.

왕자는 그의 할아버지 띠버 왕, 1880년대 일어났던 사건들, 왕가의 운명 등에 관해 물으려고 찾아온 사람들을 잘 알고 있었다. 별로 유쾌한 이야기가 아니니 달갑지 않을 만도 한데 왕자는 전혀 거리낌 없이 이야기하고 때로는 묻지 않은 이야기도 털어놓았다. 왕가는 독립 후 띠버의 유해를 인도로부터 송환하려고 했으나 영국대사관의 반대로 하지 못했다고 했다. 그로 인해 미얀마에 반영감정이 촉발될까 봐 두려워하는 것 같더라고 했다.

왕자는 왕국과 왕족이 여전히 미얀마인들의 마음속에 살아있다는 것을 강조하려고 애썼다. 1960년대인가 1970년대인가, 군부가 그에게 슈웨보에서 열린 반공 집회에 참석해 달라고 했던 이야기를 했다. 그날 군중들의 반응을 보고 놀란 군부는 다시는 그를 그런 장소에 부르지 않았다고 했다. 그는 아직도 꼰바웅 왕조 시대의 미얀마, 혹은 그가 기숙학교를 다녔던 영국식민지 시절에 갇힌 채 그만의 미얀마에 사는 듯했다. 내가 왕조와 궁정에 관해 관심을 보이자 갑자기 활기를 찾았다.

미얀마인과 외국인을 막론한 사람들이 연구한다거나 책을 쓴다면서 찾아왔다고 했다. 오래된 사진이나 기타 기념할만한 물건을 빌려 가서 다시는 돌려주지 않았다고 했다. 불과 몇 년 전에도 한 호주인이 찾아와서 서류를 빌려서 복사한 후 그다음 주에 돌아오겠다고 하더니 다시 오지 않았다고 했다.

그래서 보여 줄 게 별로 없다고 했다. 그러더니 뒷방으로 가서 두루마리 종이를 가져와 자랑스럽게 펼쳐 보였다. 꼰바웅 왕조의 전체 계보도였다. 그나마 남아있는 사진 몇 장을 보여 주었는데 그중에는 1922년에 찍은 어느 결혼식 사진이 있었다. 그게 왕실의 인물들과 생존한 대신들이 모인 마지막 자리였다고 했다. 왕자는 그와 가족이 지난 세월 동안 받아온 온갖 억압과 제약에 대해 소리높여 설명했다.

"영국인들은 우리가 만달레이로 여행하는 것조차 허락하지 않았다네. 우리는 모두 양곤이나 그 남쪽에서 살아야만 했지. 몰라먀잉에서 학교에 다닐 때 나는 학교 축구팀 선수였어. 한번은 세인트 폴과 경기가 있어 만달레이에 갈 기회가 생겼지. 그런데 어떻게 된 줄 아나? 영국놈들이 나는 갈 수 없다고 했다네."

왕자는 소리 내어, 그러나 쓰게 웃었다.

그는 평생 제대로 된 직업을 가져보지 못했다고 했다. 그의 72년 인생은 멸망한 왕가의 한 왕자인 것이 전부였다. 랜돌프 처칠이 총선거에서 보수당을 돕고자 일으킨 1885년의 짧은 전쟁과 미얀마 왕국을 유지하고 보호령을 세우는 대신 왕조를 폐지하고 직할령으로 하기로 한 듀퍼린 공의 결정 등 역사적 사건이 그의 인생을 결정했다. 그가 젊었을 때, 2~30대에 뭔가 한 일이 있는지 물어봤다.

"아, 보디빌딩을 했다네"라고 웃으며 말했다.

과연 그의 체구는 여전히 근육의 흔적이 뚜렷했다.

"내게는 그게 큰일이었어. 그래서 우누가 총리일 때 나를 체력단련위원회 위원장으로 임명했다네!"

이 왕자의 조부, 즉 띠버 왕이 인도에 도착한 것은 1886년 초였다. 마드라스에 들렀다가 콘칸 해안, 고아 바로 남쪽에 있는 라트나기리라는 작은 도시에 정착했다. 제법 큰 저택을 받아 미얀마에서 데리고 온, 주로 카친 출신 어린 하녀들의 보살핌을 받았다. 이후 그는 23에이커의 대지에 작은 궁궐도 지었다. 아라비아해를 굽어보는 돌출된 곳에 있었다. 티크 목으로 마무리하고 지는 햇살을 가리기 위해 이탈리아제 채색 유리로 창을 달았다. 이 건물은 아직도 남아있다. 수파얄랏의 어머니, 즉 모후이자 장모도 함께 왔는데 이 둘의 사이는 좋지 못했다. 왕국을 빼앗고 왕위도 빼앗은 영국인들은 사이 나쁜 장모와 떨어져 사는 것이 그나마 해줄 수 있는 것으로 생각했던지 한때 막강한 권력을 휘둘렀던 이 철의 여인이 미얀마로 돌아가도록 허락했다. 이후 그녀는 다웨이 해변에서 은둔생활을 하다가 삶을 마쳤다.[9]

인도에 남은 띠버 가족의 삶은 따분하고 지겹기 짝이 없었다. 띠버는 급전직하한 지위를 수용하지 않고 인도 총독에게 거듭 서한을 보내 지위를 높여 달라고 요청했다. 처음에는 만달레이로 돌려보내 주면 영국의 뜻대로 하는 고분고분한 왕이 되겠다고 했다. 1880년대에 그랬더라면 영국이 좋아했겠지만, 지금은 고려대상이 아니었다. 그의 요구는 조금씩 낮아져 1905년 인도의 많은 군주가 영국 왕 조지를 알현할 때 함께 하겠다는 수준으로 떨어졌다.

금전적인 문제가 항상 따라다녔다. 띠버와 수파얄랏은 만달레이를 떠나면서 많은 금은보화를 가져왔지만 몇 년 사이 모두 탕진했다. 영국 당국이 주는 약간의 연금에 만족하지 못해 계속 더 많은 돈을 요구했다. 영국인들은 마치 처음 용돈을 받은 어린이를 다루듯이 띠버의 지출을 관리해야 했다.

띠버는 자신의 작은 궁에 머무르며 거의 꼼짝도 하지 않았다. 포로나 인질처럼 살았다는 뜻은 아니다. 그는 왕궁에는 비교할 수 없더라도, 커다란 저택과 적지 않은 수의 하인, 그리고 최신형 모델 자동차도 있었다. 4명의 딸과 기타 가족은 주변을 여행할 수 있었으나 왕과 왕비는 허락 없이 주거지를 떠날 수 없었다. 그런데 영국의 자료에는 그가 여행을 허락해달라고 요청한 기록이 전혀 없으니 관심도 없었던 모양이었다. 그는 지적 호기심이나, 스포츠와 같은 취미생활도 없었다. 어린 시절 사원에서 교육받고 불교학자로서 성취도 보였지만 그 이상의 관심은 없었던 듯 종교 서적을 요청하지도 않았다. (가끔 불교 행사를 위해 승려를 부른 적은 있었다). 육체 활동이라곤 저택 내부를 오가는 것이 전부였다. 그렇다고 딱히 나쁜 습관이 있었던 것도 아니었다. 전쟁 전 영국은 그를 주벽을 포함 온갖 괴벽이 있는 것처럼 선전했지만 실제로 그는 술을 입에 대지 않았다. 유일한 문제가 있다면 돼지고기볶음을 좋아하여 한꺼번에 많은 양을 먹었다는 점이다.

왕과 왕비가 라트나키리에 도착했을 때 3명의 어린 딸이 있었다 (하나는 여행 중 마드라스에서 태어났다). 이후 하나를 더 출산했다. 20세기 초 네 딸은 모두 어린 소녀였다. 미얀마에는, 그리고 왕실에는 10대 후반 혹은 20대 여성이 홀로 사는 일이 드물지 않았다. 노처녀도 드물지 않았고 왕실의 공주들이 스스로 원해서 혹은 적당한 혼처가 없어서 홀로 늙어가는 일도 흔했다. 그런데 왕실을 관리하는 책임을 진 영국 관리들이 네 공주의 혼사를 걱정했다. 왕실 미혼 왕자들의 명단을 만들어 띠버에 제출했다. 띠버는 그들을 모두 거부했다. 다 아는 놈들인데 쓸모있는 놈은 한 놈도 없다고 했다. 마침내 총독이 직접 나섰다. (이복 남매가 결혼한 띠버와 수파얄랏의 경우에서 보듯이) 미얀마 왕실은 친족결혼의 경향이 강했지만, 많은 군주국이 있었던 인도의 경우 지위가 비슷한 다른 가문과 결혼하는 것이 더 흔했다. 미얀마가 불교국이므로 네팔과 부탄 사이에 있는 작은 군주국 시킴의 왕실이 적당해 보였다. 시킴은 티베트와 가까웠고 대승불교를 믿었다. 그 정도라면 충분하다고 생각한 영국 당국이 시킴의 왕세자를 접촉했다. 그도 관심을 보여 위로 두 공주와 선을 봤다. 그리고 영어 실력이 부족하다며 모두 퇴짜를 놨다.

그러던 중 1906년 한여름 추문이 났다. 큰 공주가 인도인 문지기의 아이를 밴 것이었다. 결혼하여 자식까지 있는 사람이었다. 영국인과 미얀마인 모두가 충격을 받았다. 그래도 핏줄은 어쩔 수 없었던 듯 띠버와 수파얄랏은 현실과 타협하고 첫째 손녀로 받아들였다. 이름을 바이수라고 지었다.

그런데 도저히 받아들일 수 없는 일이 생겼다. 어릴 때부터 고집 세기로 유명한 둘째 딸이 킨마웅지라는 젊은이와 사랑에 빠진 것이었다. 이 젊은이는 미얀마 출신으로 만달레이에서 하급 관리를 지냈다. 공주가 그따위 평민과 사귀다니! 띠버는 단호하게 반대했고, 아버지와 딸은 크게 싸웠고, 딸은 가출했다. 아버지는 딸을 찾아오라고 고래고래 외치며 기사와 차를 보냈다. 잠시 후 허탕 친 기사가 빈 차를 몰고 돌아오자 아버지는 심장발작을 일으켜 쓰러졌다. 수 주일 후 꼰바웅 왕조의 마지막 왕이 서거했다. 1916년의 일이었다.

그때 띠버는 불과 56세에 불과했다. 미얀마에서 그의 죽음은 갈수록 숫자가 줄어드는 과거 대신들을 제외하곤 거의 주목을 받지 못했다. 만일 그가 돼지고기볶음을 덜 먹고 운동을 자주 하여 건강하게 오래 살았더라면 어떻게 됐을까? 25년 후 일본이 미얀마를 침공했을 때 81세가 되었을 것이다. 일본인들이 그를 미얀마의 왕으로 세웠을까? 또 몇 년 더 살아 독립을 맞았더라면 1948년 독립국 미얀마의 국가원수가 되었을까? 그리하여 유엔에 파견할 대사의 임명장에 서명했을까?

이상은 모두 상상일 뿐 현실은 이랬다. 1919년 제1차 세계대전이 끝난 후 영국은 인도에 거주하던 미얀마 왕족이 만달레이로는 아니더라도 미얀마로 돌아가는 것은 허용했다. 큰 공주는 딸 바이수와 인도에 남아 살며 서서히 가난한 평민으로 떨어졌다. 바이수도 결혼하여 여러 자식과 많은 손자 손녀를 두었고 대도시로 이주하여 뭄바이의 슬럼가로 녹아들었다. 21세기 초 90대 후반의 나이로 생존해 있었는데, 찾아간 기자들을 매우 너그럽고 친절하게 대했다고 전해졌다. 오두막 같은 집 벽에 띠버와 수파얄랏의 사진이 걸려있었다는 점, 또 굳이 찾아보면 그녀의 모습에 미얀마인 모습이 약간 남아있는 것을 제외하면 이웃의 인도인들과 전혀 구별할 수 없었다고 했다.

둘째 공주의 운명은 미스터리다. 가출 이후 전혀 연락이 없었다. 어떻게 알았는지 자매들은 공주와 킨마웅지 사이에 자식이 없었다고 했다. 어찌어찌 하여 그들 부부는 고산지대 다르질링 근처에 있는 칼림퐁으로 갔다. 거기서 히말라야산맥 아래 짙은 솔 향기를 맡으며 목장을 운영하다 여생을 마친 것으로 전해진다.

수파얄랏은 그 아래 두 딸을 데리고 미얀마로 돌아갔다.* 양곤 시내 고급

---

* 그중 막내 공주가 1920년, 환속한 승려와 결혼하여 연년생으로 4남 2녀를 두었다. 그중 맏이

주택가 처칠 로(Churchill Road)에 있는 집에서 살았다. 처칠로의 '처칠'은 30년 전 그녀를 왕비의 자리에서 끌어내린 랜돌프 처칠의 이름이었다.

다른 왕족들도 망명객의 삶을 살았다. 영국은 왕조의 뿌리를 완전히 뽑아 알라웅파야 일족이 다시는 미얀마 정치에서 변수가 되지 않도록 했다. 수십 명의 왕족이 다웨이와 몰라먀잉 등 남부의 도시로 이주했고 다른 수십 명은 더 멀리 인도로 보내져 여러 도시에 흩어져 살아야 했다.

한 예로 림빈 왕자는 1887년 캘커타로 망명한 후 갠지스강에 면한 알라하바드라는 이름의, 후일 인도의 총리가 된 자와할랄 네루의 출생지인 대도시에 정착했다. 그때 러디어드 키플링이 <알라하바드 파이오니어>라는 현지 신문의 특파원이었다. 림빈 왕자는 민돈 왕의 동생 카나웅 왕자가 낳은 35명의 왕자 중 하나였다. 그는 한때 샨고원의 족장들을 규합하여 영국에 반기를 들었지만 성공하지 못하고 사촌인 전왕 띠버와 마찬가지로 인도에서 망명생활을 해야 했다. 아내와의 사이에 열 명의 자식을 두었다.

림빈 왕자의 막내 마랏 공주는 1894년 10월 알라하바드에서 태어났다. 그곳에서 좋은 학교에 진학하여 잘 교육받은 아름다운 숙녀로 성장했다. 영어도 유창했다. 16세일 때 인도를 여행하던 프로이센의 빌헬름 왕세자를 소개받았다. 빌헬름 왕세자는 영국의 조지 국왕의 가까운 친척이었기 때문에 스리랑카에서 시작하여 인도를 일주하는 여행의 전체 일정에서 대단한 의전을 받았다. 미얀마의 공주와 프로이센의 왕세자는 림빈 왕자가 회원으로 있던 알라하바드 클럽에서 만났다. 후일 (나중에 유명한 여성 스파이 마타 하리의 애인이 된) 왕세자는 마랏 공주가 아시아 여행 중 만난 여성 중 가장 기억에 남는

가 1948년 암살당해 둘째가 왕위계승자가 됐다. 그가 바로 지은이가 만난 테이킨 터 파야 왕자이다 — 옮긴 이.

다고 했다. 이처럼 매력적인 여인이니 그녀에게 빠진 남자가 한둘이 아닌 것도 당연했다. 그중 하나가 네팔의 왕세자 프리트비 비르 비크람 샤 데반드였고 둘은 결혼을 약속하기에 이르렀다. 그런데 네팔의 귀족들이 반대했다. 마랏이 불교도라는 이유에서였다. 이후 그 왕자는 36세의 나이로 죽었다. 독살이라는 소문이 돌았다.

왕실 가족이 만달레이로 돌아갈 수 있었던 것은 독립한 이후의 일이었다. 함께 모여 작은 사회를 이루고 살고 있으나 그들이 왕실의 후손임을 아는 사람은 아주 가까운 이웃 아니면 왕실 대신의 후손 몇 사람에 불과했다. 띠버 왕의 손자는 그 작은 사회에 두 개의 모임이 있다고 했다. 하나는 왕실 직계, 즉 띠버의 가족으로 그가 수장이며 다른 하나는 왕실 혈통을 포괄하는 큰 조직이라고 했다. 그러나 1950년대에 이르러 살아남은 왕자 공주는 거의 없고 그들의 자손들만 살아남았는데, 연금이나 따로 법적인 지위가 있는 것이 아니어서 일반인들과 거의 차별이 없는 삶을 살아간다고 했다.

오래 살아남은 직계도 있었다. 민돈 왕의 아들로 띠버의 이복동생인 핀마나 왕자는 1956년 사망할 때까지 샴의 왕족이자 인질인 아내와 만달레이에서 살았다. 미얀마 왕국이 몰락하던 때 그들의 나이는 14세였다. 영국 군인들이 군복차림에 번쩍이는 헬멧을 쓰고 진입하는 것을 발코니에서 지켜본 일을 똑똑히 기억했다. 그러나 이후 그들은 현실에 적응했다. 1950년대 그들을 방문한 작가 노먼 루이스에 따르면 왕자는 읽을 것이 없다며 토마스 후드의 시집을 영국에서 보내줄 수 있는지 물었다.[10]

제2차 세계대전 중 일본이 미얀마를 점령하면서 이 핀마나 왕자를, 만주국의 푸이(溥儀)처럼, 꼭두각시 왕으로 세우는 방안을 고려했다. 그러나 그 방안은 실천되지 않았고 왕실은 잊혔다. 왕정복고 운동 같은 것은 어디에도 없었다. 미얀마의 민족주의자들은 패망한 알라웅파야의 왕실이 아니라 다른 곳에서 지도이념을 찾고자 했다. 그런데 다른 곳 어디? 수 세기 동안 지속 되어 온 전통은 완전히 단절되었다. 미래의 모습을 어떻게 그릴 것인가?

왕국에서 식민지로

띠버의 왕국이 멸망한 이후 50년 동안 변한 것은 왕국에 대한 기억이 희미해진 것만이 아니었다. 수 세기 동안 왕이 지배하던 전통사회가 새로운 사회로 빠르게 또 크게 변했다. 왕국의 영역이던 상 미얀마에서는 왕이 망명을 떠나고 조정이 해체되자 전통적 질서가 빠르게 무너졌다. 사실 전통질서는 이미 민돈의 개혁과 더불어 붕괴하기 시작됐었다. 지방의 토호들이 서서히 권력을 잃고 신흥부호와 중앙에서 파견된 관리들이 그 자리를 차지했다. 많은 이가, 특히 과거 궁궐에서 봉사하던 이들이 특권적 지위를 잃고 영국이 지배하는 하 미얀마로 이주했다. 1800년대 후반 수십 만의 인구가 상 미얀마를 떠나 하 미얀마의 이라와디 삼각주로 이주했는데, 미얀마 역사상 가장 큰 인구 이동이었다.

나의 친가는 만달레이 출신이지만 하 미얀마로 이주하지 않았다. 영국이 미얀마를 합병했을 때 고조부 마하 민딘 쩌뚜는 띠버 왕의 왕실 재무관으로 왕실의 기록과 재물을 담당하고 있었다. 당시 왕실에는 평생을 궁궐 내실에서 보내야 하는 왕실 관리들이 많았다. 1760년대 꼰바웅 왕조가 자리를 잡은 이후 3대째 이어오는 자리였다. 프렌더개스트의 병력이 왕궁으로 진입했을 때 고조부는 50대였다. 미얀마 및 팔리의 고전에 밝아 왕실의 의전에 자문하는 현자, 즉 '핀냐시'(*pyinnya-shi*)의 작위를 받기도 했다. 당시 많은 사람이 그랬던 것처럼 영국이 왕조를 폐지하고 무력으로 식민지배를 시작하는 데 대해 엄청난 충격을 받았다. 그가 배우고 직업으로 하여 살아왔던 모든 것이 하루

아침에 사라진 것이었다. 왕실수비대의 병기고를 책임지고 있던 형, 마하 민 딘 민쩌 라자도 마찬가지였다. 과거의 기억이 어른거리는 만달레이 왕궁, 이제는 듀퍼린 요새가 된 곳에서 더는 머무르고 싶은 생각이 없었다. 그렇다고 식민당국에 새로운 직장을 구하고 싶지도 않았다. 두 형제는 솔가하여 마차로 한 시간 거리에 있는 모래 덮인 작은 마을 다베스웨이로 낙향했다. 거기서 과거 좋았던 시절을 회상하며, 가끔은 왕정의 복고를 꿈꾸며, 그렇게 여생을 보냈다.

이와 같은 모습은 귀족 또는 왕실 관리 수백 명에게 거의 같은 모습으로 나타났다. 먼지 나는 시골 동네로 낙향하여 다시는 입지 못할 몇 벌의 관복을 손질하기도 하고 왕궁의 벽을 배경으로 하여 찍은 한 두 장의 사진을 꺼내 보면서 여생을 살았다.

그들이 돌아간 고향 동네도 바뀌었다. '아흐문단'(*ahmundan*), 즉 동네를 설립한 토호와 '아띠'(*athi*), 즉 그들을 모신 하인이나 소작민들 사이의 구분이 없어졌다. 다시 말해 미얀마 사회를 구분하고 지탱해온 다양한 신분층이 해체된 것이었다. 귀족들이 하강하고 노예나 천민이 상승하여 함께 평민으로 녹아들었다. 붉은색 대문을 달고 금빛 일산을 들고 다니는 특권을 누린 세습 촌장도 봉급쟁이 관리로 대체되었다. 상 미얀마의 남자들이 군대에 징집되어 아삼이며 샴으로 정복 전쟁을 떠났던 것은 이미 오래전의 일이었다. 그 경력을 자랑으로 삼던 많은 가문은 왕의 부름을 받아 궁궐의 대문을 지키는 영광을 다시는 누리지 못했다. 승려들의 역할과 지위도 급전직하했다. 그들은 스승이었다. 나라의 정신적 지도자요 왕실과 귀족의 선생이었다. 나라의 지도자는 식민정부로 바뀌었고 선교사들이 세운 학교가 교육을 담당했다. 그렇게 하여 불교사원과 승려는 전권이자 특권이던 교육의 기능을 상실했다.[11]

평상복과 일상의 놀이도 크게 바뀌었다. 지금도 미얀마에는 많은, 아니 대부분 사람이 전통의상, 특히 묶는 방법만 다를 뿐 남녀가 공통으로 입는 통치마 형식의 론지를 입는다. 외국인들은 미얀마가 다른 나라 예컨대 이웃 태국과 달리 어떻게 전통의상을 입는 문화를 유지했는지 의아해한다. 그러나 그 의상을 전통의상이라고 부르는 것은 어폐가 있다. 그 론지에 상의로 남자들은 목깃이 없는 흰 셔츠, 그 위에 짧은 재킷을 입고, 여자들은 블라우스를 입는 의상은 비교적 근년 즉 식민지 시대의 산물이기 때문이다. 19세기에 점잖은 사람들, 특히 만달레이에서는 그런 옷을 입고 외출하지 않았다. 남자들은 체크 무늬 '빠소'를 입고 위에는 긴 코트를 걸쳤다. 여자들은 무릎 위까지 찢어진 치마, '타메인'과 어깨 이하로 소매가 없는 상의에 달라붙는 재킷을 걸쳤었다.

모든 남성은 허리부터 무릎까지 짙은 색깔의 문신을 하여 멀리서 보면 파란색 바지를 입은 것처럼 보였다. 이 풍습은 시골 산골을 제외하곤 거의 사라졌다. 또 과거에는 머리칼을 자르지 않고 틀어 올렸다. 흰색 머리띠를 했는데 색깔 있는 머리띠를 하는 사람도 흔했다. 20세기에 들어오면서 영국식으로 머리를 짧게 자르고 유럽식으로 콧수염을 기르는 이들이 나타났다.

과거의 풍속도 사라졌다. 큰 축제를 열고 조랑말 경주 등을 하던 풍습이 사라졌다. 유랑극단이 마을을 돌며 동네 유지가 제공하는 공터에서 공연하던 풍습도 사라졌다. 대신 할리우드와 발리우드 영화가 들어오고 축구가 대중적인 운동이 됐다. 특히 스코틀랜드 출신이 많았던 관계로 골프가 일찍 소개됐다. 어느 정도 규모의 도시라면 골프장을 갖추는 것이 예절처럼 됐다.

그러나 가장 큰 변화는 무엇보다 새로운 사람의 유입이었다. 영국인들을 말하는 것이 아니다. 영국인들의 숫자는 많지 않았다. 인도인을 말하는 것이다. 수백 만의 인도인이 몰려왔다.

무굴의 마지막 황제와 인도인들의 이주

미얀마 왕국의 마지막 왕 띠버가 인도로 추방되어 생을 마쳤다면, 그 정반대로 인도 무굴제국의 마지막 황제 바하두르 샤 자파르는 미얀마로 추방되어 생을 마쳤다. 1857~58년간의 세포이 반란은 델리에 수도를 두었던, 3백 년의 역사를 가진 무굴제국의 멸망을 초래했다. 세포이 반란은 동인도 회사에 고용된 용병들이 시작했기 때문에 어쩌면 영국 자체의 문제라고 볼 수도 있었다. 그러나 그것이 영국의 지배에 대한 인도인들의 일반적인 불만의 표출로 이어져 일종의 민란이 됐다. 그 반군이 80대의 무굴 황제에게 지도자가 돼 주기를 간청하고 황제가 받아들였다. 반란이 진압되자 황제는 반란의 괴수로 사로잡혀 미얀마로 유배됐다.

늙은 황제는 이슬람의 성지 메카로 보내 달라고 간청했으나 거절됐다. 영국은 반군의 다수를 안다만 제도에 유배했는데, 정신적 지도자인 황제를 그들과 가까운 곳에 유배하는 것은 위험하다고 판단했다. 그래서 막 새로운 식민지로 장악한 하 미얀마로 보내기로 했다. 황제와 아들 미르자 자완 바크트 왕자, 손자인 미르자 잠셰드 바크트 왕자와 베굼 제나 마할 왕자, 후궁 타지 마할 베굼을 포함한 왕실의 여러 여인, 왕자들의 교육을 담당했던 하피즈 모하메드 이브라힘을 포함한 수십 명의 황실 인사들이 매키년 멕켄지 상선회사에서 운영하는 기선을 타고 양곤으로 왔다. 아무런 행사도 없었다. 그렇게 칭기즈칸과 티무르의 후손이 세운 마지막 왕조가 끝났다.

양곤에 온 바하두르 샤 자파르 황제는 육체적으로 쇠약하고 정신적으로 우울했다. 그래서 사람들을 거의 만나지 않고 지냈다. 영국의 식민당국도 굳이 그를 건드릴 생각이 없었다. 시인이자 서예가로 더 유명했던 황제는 쉐다곤 파고다에서 멀지 않은 곳에 자리한 작은 저택에 기거했다. 추방된 이후 인도의 반군이 얼마나 잔혹하게 처벌됐는지 등 우울한 소식을 들으며 한때 세계 굴지의 제국이었던 무굴제국 황제의 기구한 운명을 반추했다. 황제는 미얀마에 온 지 4년 후 89세의 나이로 별세했다. 자신의 묘비명을 이렇게 남겼다.

"불쌍하도다, 자파르여. 사랑하는 나라에 묻힐 땅 단 두 평이 없구나."

그의 장례식은 비밀리에 치러지고 시신도 비밀스러운 장소에 매장됐다.

무굴제국 황제의 후손들도 미얀마 왕의 후손들과 다를 바 없이 비참한 삶을 살아야 했다. 식민당국이 주는 적은 연금으로 살았다. 연금지급일이 아니면 그들의 존재는 없는 것이나 다름없었다. 자완 바크트 왕자는 몰라먀잉에 정착했다. 가끔 양곤에 와서 시내에 있는 인도음식점에 나타나 시선을 끌기도 했다. 영국 식민당국도 그 정도는 봐주었다. 1945년 8월 연합군이 몰라먀잉을 재점령했을 때 자완 바크트의 아들 중 하나로 짐작되는 노인이 나타나 일 루피가 채 안 되는 액수의 연금을 타갔다.

(바하두르 샤 자파르 황제가 남긴 49명의 자식 중 하나를 부모로 둔) 2명의 왕자, 잠셰드 바크트와 시칸데르 바크트는 양곤에서 나고 자라면서 인도 출신으로 양곤에 자리 잡은 많은 무슬림과 어울렸다. 그 중 잠셰드 바크트는 미국 침례교에서 세운 저드슨 대학(Judson College)에 진학했고 나중에 미얀마 여인과 결혼했다. 1942년 일본군이 진격해 들어왔을 때 인도인에 섞여 캘커타로 피난했는데 돌아오지 않고 그곳에 정착했다. 제빵공장 노동자로 가난한 생계를 유지하다가 그렇게 죽었다. 미망인은 캘커타 호우라 역전 노상에서 차를 팔며 살아가고 있다.

황제의 손녀 라나우크 자마니 베굼 공주는 특이하게도 (1860년대 윈난성에서 일어났던 판데의 난이 실패한 후 망명 온) 판데 왕조의 왕자와 결혼했다. 그렇게 무굴제국을 세운 바부르와 판데 왕국을 세운 두원슈의 피가 섞였다. 그 외

황제를 따라온 사람들이 그대로 정착하여 그 혈통을 자랑하며 지금 양곤의 수라티 시장 근처 무슬림 촌에서 살고 있다.

영국 식민당국은 무굴의 황제가 조용히 그리고 빨리 잊히길 원했다. 그런데 역사란 참으로 묘해서, 지금 바하두르 샤 자파르 황제는 (무굴제국 2대 황제) 후마윤의 능에서 영국군 장교 허드슨 대위에게 사로잡힌 이후 가장 큰 유명세를 누리고 있다. 1991년 미얀마와 인도 정부가 그의 망명지에 큰 기념관을 세우기로 합의하고 공사에 들어갔다. 기초공사를 하던 한 인부가 황제의 숨겨진 무덤을 발견했다. 지금 넓은 계단을 따라 지하로 내려가면 황금색 공작 깃털이 수놓아진 녹색 공단을 씌운 그의 무덤을 볼 수 있다. 오늘날 그 지역에 거주하는 무슬림은 그를 성인으로 기리고, 무덤은 인도와 파키스탄의 총리가 미얀마를 방문하면 꼭 찾아서 참배하는 명소가 됐다.

무굴의 마지막 황제 바하두르 샤 자파르는 미얀마를 찾아 정착한 최초의 인도인이 아니었다. 미얀마의 역사 또는 신화에 따르면 미얀마를 찾아 타가웅에 최초의 왕조를 설립한 사람도 인도의 왕자였다. 좁은 벵골만을 사이에 둔 인도와 미얀마 사이의 인적 교류는 항상 있었다. 황제는 미얀마를 찾은 최후의 인도인도 아니었다. 오히려 그의 유배를 계기로 인도인이 몰려왔다. 한둘이 아니었고 수백 명도 아니었다. 수십만 명이 몰려왔다. 그래서 미얀마 사회를 뿌리째 흔들었다.[12]

19세기 말 유럽인들에게 미국이 기회의 땅이었듯이 인도인에게 미얀마는 기회의 땅이었다. 수많은 유럽인이 '아메리칸 드림'을 꿈꾸며 뉴욕을 찾았듯이 수많은 인도인이 '미얀마 드림'을 꿈꾸며 양곤을 찾았다. 미얀마에서는 더 높은 임금을 받을 수 있었다. 그 말고도 기회가 많았다. 미얀마는 무한한 기회의 땅이었다.

미얀마를 찾은 사람 중에 인도 남부에서 온 '쳇티야르'가 있었다. 그들은 (셰익스피어의 희극 베니스의 상인에 나오는 유대인 샤일록처럼) 이재에 밝고 악착스러운 상인이며 고리대금업자였다. 타고 나기에 영리하고 부지런했다. 원래 첸나이 남쪽 지방 출신인데 그 지역이 워낙 척박하여 농사가 잘 안되자 금융업으로 전업했다. 1800년을 전후해 그들의 해외 진출이 시작됐다. 스리랑카와 자바, 말레이반도 등이 그 대상이었다. 미얀마로도 수천 명이 몰려와 타닌따리와 이라와디 삼각주에 자리를 잡았다. 그 무렵 농토개간 열풍이 불었는데, 나무를 베어내고 농토를 만드는 일에는 큰 투자가 필요했다. 미얀마 농부들은 그것을 감당할 현금이 없었다. 그 틈을 쳇티야르가 파고들어 대부업을 시작했다. 그리고 30년이 채 지나지 않아 다들 부자가 됐다.13

가까운 벵골에서도 많은 사람이 이주해 왔다. 먀욱-우 왕조의 항구였던 치타공에서 많은 수의 무슬림이 남부여대하여 남쪽으로 내려와 라카인 서부지역의 여러 곳에 정착했다. 그 외 힌두교도와 무슬림을 막론한 벵골계 의사·회계사·교사·법률가들이 내려와 미얀마의 상류층을 구성했다.

물론 하층민이 더 많았다. 단순 노무자나 한철 농사꾼들이 주로 오릿사 지역에서 벵골만 건너편에 있는 라카인을 찾아왔다. 마드라스 주변의 타밀족도 많았다. 20세기 초 미얀마를 찾아온 인도인들은 해마다 25만 명을 상회했다. 그 숫자가 점차 증가하여 1927년에 절정에 달했는데, 그해 이주자의 수는 48만 명이었다. 양곤은 뉴욕을 추월하여 세계 제1의 이민항구가 되었다. 그 당시 미얀마의 총인구가 1천 3백만에 불과했다는 것을 고려하면, 이는 마치 영국이 해마다 2백만 명의 이민을 새로 받는 것과 같았다. 그렇게 찾아온 상당수는 잠시 체류하다가 돈을 모아 돌아가기도 했다. 잔류한 사람은 더욱 많아, 10년마다 실시한 인구조사에서 인도인의 비중이 눈에 띄게 늘어났다.

20세기 초 양곤에는 유대인 사회도 자리 잡아 활발하게 움직였다. 아랍계 유대인이 무역을 위해 미얀마 해안을 들락거린 지는 이미 수백 년이 됐지만, 영국의 지배가 시작되면서 가족 단위의 이민이 크게 늘었다. 대부분 바그다드나 이스파한 출신으로 인도에서 한 세대 이상 살다가 미얀마로 이주한 경우였다. 미얀마에 온 최초의 유대인은 1750년대 알라웅파야의 장교를 지낸 솔로몬 가브리엘이라는 인물이었다. 1898년에 이르러 양곤에는 무스메아 예수아 시나고그라는 이름의 유대교 회당이 건축될 정도로 유대인의 수가 늘었다. 1932년에는 또 하나의 시나고그가 건축됐고 양곤 유대인협회가 만들어졌으며 짧은 기간이나마 다비드 소파에르라는 이름의 유대인이 시장이 되기도 했다.

인도인들이 대규모로 이주하면서 미얀마의 일상이 바뀌었다. 양곤의 상주인구 절반 이상이 인도인으로 채워졌다. 전국 모든 도시에 인도 출신의 온갖 인종, 예컨대 타밀족, 말와리스족, 벵골족, 파탄족이 주요 인구를 구성했다. 그들의 직업도 다양해 거리 청소부가 있는가 하면 돈 많은 사업가와 정부 관리도 있었다. 힌두교도든 무슬림이든 인도인이 미얀마인과 친교를 맺고 결혼하는 일도 흔했다. 20세기 초 인도풍 음식과 의상, 그리고 노래와 영화가 미얀마 도시 생활의 일상이 되었다.

이민은, 모든 나라에서 그렇듯이, 사람들 사이에 갈등도 초래했다. 미얀마처럼 작은 나라에 그토록 많은 이민이 한꺼번에 몰려오면 좋은 시절이라도 쉽지 않았을 것이었다. 그런데 그때는 좋은 시절이 아니라 외세의 지배를 받고 있던 때였다. 그 외세를 업은 이민이었기 때문에 곧 적대감이 생겼다. 인도인과 미얀마인 사이에 전에 없던 균열이 생겼는데, 미얀마인의 입장에서 그 균열은 우월감과 두려움을 동시에 초래했다. 우월감은 대다수 인도인이 하층민이었다는 데서 비롯됐다. 두려움은 그 수가 대단히 많았을 뿐만 아니라 다수가 미얀마인에게 없는 재능으로 큰 성공을 거두었다는 데서 비롯됐다.

게다가 도시화의 문제도 있었다. 왕국이 멸망한 이후 만달레이는 정치적 중요성뿐만 아니라 인구에서도 급속히 쇠퇴했다. 양곤이 압도적으로 크고 중요해져서 미얀마 유일의 근대도시로 부상했다. 그 양곤에서, 그리고 기타 대도시에서 인도인들이 인구의 과반을 차지하기에 이른 것이다. 그리고 그들이 근대적인 요소를 독점하다시피 했다. 근대적인 전문직, 예로 의사와 변호사, 그리고 식민정부의 관리는 모두 그들의 차지였다. 반면 미얀마인들은, 한때는 착취자였을망정 지금은 힘이 될 수 있는 왕도, 부족장도, 군인도, 관리도 없었다. 미얀마인들은 시장, 판사, 사업가, 은행가와 같은 전문가는 고사하고 가게 주인이나 공장노동자조차 되기 힘들었다. 구(舊) 미얀마의 '도시'와 '국제적'인 요소는 모두 사라졌다. 신(新) 미얀마의 '근대'는 전혀 낯설고 남의 것이었다. 후일 영국인이 떠나가고 인도인이 쫓겨났을 때 남은 것은 촌(村) 미얀마뿐이었다.

신데렐라 나라

나는 버마가 마냥 좋다. 무슨 이유가 있어서가 아니라 처음 본 순간부터 좋았다. 내가 죽을 때 버마식으로 죽고 싶다. 20야드 길이의, 만달레이산 비단을 몸에 두르고 담배 몇 개비를 입에 물고 가리라. 그 담배를 휘두르며 재치있고 재미있는 대화에 열중하리라. 아몬드 색 피부의 예쁜 소녀 주위를 돌며 이야기를 하면 그 소녀는 그 또래가 항상 그렇듯 깔깔거리며 웃을 것이다. 소녀는 남자가 쳐다보면 머리에 사리를 두르고, 남자가 말하면 사리 뒤에서 눈을 빛낸다. 그래도 남자가 앞을 걸으면 뒤에서 종종걸음으로 따라오지는 않을 것이다. 그건 인도의 풍습이므로. 그 대신 소녀는 빛나는 두 눈으로 세계를 직접, 진지하고 정직하게 바라볼 것이다. 나는 배춧잎으로 싼 담배를 씹어 그 예쁜 입을 더럽히지 말고, 이집트산 최고급 담배를 피우고 연기를 들이마시라고 가르친다.

— 러디어드 키플링**14**

영국에게 미얀마는 늘 뒷전이었다. 예정에도 없고 향후 계획도 없이 합병했다. 1885년 총선이 끝나고 랜돌프 처칠 공이 자리를 옮기자 갑자기 수면 위로 떠 올랐던 미얀마 문제는 그처럼 빠르게 수면 아래로 사라졌다. <일러스트레이티드 런던 뉴스>에 몇 개의 기사, 점령 후 봉기에 대한 몇 건의 보고서가 전부였다. 그 상태는 1942년 일본이 싱가포르를 점령하고, 나아가 미얀마를 점령하여 델리를 위협할 때까지 계속됐다.

영국인 중 미얀마에서 큰돈을 벌거나 정치적으로 출세한 인물도 없다. 그곳에서 큰 발자취를 남겼던 알버트 피체, 파라이, 슬레이든, 버틀러, 도먼-스미스와 같은 이름을 기억하는 이는 영국에도 미얀마에도 거의 없다. (피체 광장이 반둘라 광장으로 바뀐 것처럼) 영국인의 이름을 따서 지었던 길이름마저 바뀌면서 그 이름이 누구의 것인지를 궁금해하는 사람도 사라졌다. 그런데 미얀마와 깊이 관련돼 있으면서 유명한, 그리고 미얀마와의 관련에 대해서도 잘 알려진 영국인이 단 한 사람 있다. 바로 조지 오웰(George Orwell)이라는 필명으로 유명한 에릭 블레어(Eric Blair)다. 인도라고 하면 헤이스팅스나 클라이브와 같은 이름, 혹은 영화를 통해 본, 보석 달린 옷을 걸친 인도 군주의 영상이 떠오르지만, '버마'라고 하면 조지 오웰을 통해 전해진 나쁜 인상이 전부였다.

영국에게 미얀마는 인도의 한 부분이었다. 인도와 같은 방식으로 지배했다. 총독이 맨 위에 있고 지역별로 행정관과 부행정관, 그 아래 관료들이 다스렸다. 그들은 특유의 채양 모자, 모래색 제복을 입고 티크 목으로 지은 저택 베란다에서, 혹은 보리수나무 아래 접이식 탁자를 펼쳐놓고 송사를 판결하고 세금을 매겼다. 영국이 인도에 적용하여 만든 법체계가 버마에 이식됐다. 그에 따라 양곤의 영국인 고위관리와 인도인 하급 관리들은 제국의 법과 규칙이 제대로 적용되는지 따지고, 규정에 따라 캘커타의 상급자, 내용에 따라 웨스트민스터의 외교부 인도국에 공문서를 작성하여 보냈다.[15]

미얀마에서 근무한 영국인들은 대개 인도 근무를 지망했다가 운이 나빠 혹은 제2지망으로 미얀마에 온 경우였다. 제1지망으로 미얀마를 택한 사람은 많지 않았는데 그 많지 않은 사람 중에 조지 오웰이 있었다. 그는 1922년 인도에서 경찰 근무를 지원하면서 제1지망으로 미얀마를 택했는데 그 이유는 가족 때문이었다. (그의 외가는 미얀마에서 살던 프랑스인이었고 그 무렵 그의 외할머니와 이모가 여전히 몰라먀잉에서 살고 있었다.)[16] 그러나 미얀마에서 근무해서는 출세하기가 어려웠다. 영국의 엘리트 젊은이들은 대개 공립학교를 졸업하고 케임브리지나 옥스퍼드와 같은 명문대학을 나와서 외무직 또는 행정직으로 인도 근무를 지원하고 갠지스 평원에서 사는 꿈을 꾸었다. 그러다가 전에 들어보지도 못했던 미얀마에 근무하라는 명을 받으면 대부분이 크게 실망했다.[17]

이처럼 미얀마는 실망스러운 곳이었지만, 그나마 재미를 본 이들이 있었다. 바로 상인, 특히 스코틀랜드계 상인들이었다. 그들은 몇 세대에 걸쳐 미얀마에 뿌리를 내린 사람들이었다. 그 뿌리를 바탕으로 1880년대에 이미 잘 나가는 기업을 일구었다. 에든버러 출신의 윌리엄 윌러스는 1863년에 '봄베이 버마 상사'를 설립했다. 19세기 말 벌목회사를 설립하여 2천 두의 코끼리를 사용할 정도로 번창했다. 퍼스샤이어 출신의 조지 제임스 스완은 '이라와디 기선회사'를 설립하여 버마의 교통을 독점하다시피 했다. '글래스고 스틸' 철강회사의 윌리엄 스트랭 스틸은 미얀마의 쌀을 매매하여 큰돈을 벌었다. 스코틀랜드에 본사를 둔 '버마 석유회사'는 상 미얀마의 석유채굴을 독점하여 큰돈을 벌었다. 그것을 기반으로 하여 영국-페르시아 석유회사를 설립했고, 그것이 나중에 '대영 석유회사'(British Petroleum), 곧 지금 세계 굴지의 석유회사인 BP의 전신이 됐다.18

20세기 초, 양곤은 영국인과 인도인들이 몰려들어 전문직, 상인, 기타 노동자로 일하면서 국제적인 도시가 됐다. 물론 캘커타나 봄베이와 같은 급은 아니었지만, 다른 아시아 도시와 비교할 때 전혀 손색이 없었다.19 아시아 최고로 알려진 '스트랜드 호텔'도 있었고, '로이드 은행', '토마스 쿡 여행사', '로 & Co.'와 같은 백화점도 있었다. 미국인 식당업자 피터 애로툰이 소유한 '실버 그릴'이라는 이름의 나이트클럽도 생겼다. 1940년대 그곳에서는 검은 넥타이를 맨 웨이터가 조용히 서빙하고 초청 가수가 감미로운 노래를 불렀다. 2차 대전 직전 미국의 조종사들은 틈만 나면 그곳에 들렀다.

양곤은 이제 항공편을 통해 방문할 수 있는 곳이 됐다. 1933년 '제국항공'(Imperial Airways)이 런던-시드니 항로에 신형 '암스트롱 휘트워스 AW15' 항공기를 취항하면서 시트웨와 양곤을 중간기착지로 선정했다. "열대지방 비행을 위해 설계, 생산한 초고속 고급항공기로 기내에서 승객이 걸어 다니고 잡담하고 음료수를 즐길 수 있는 충분한 공간이 있다"라고 선전한 이 프로펠러 항공기의 취항으로 영국에서 미얀마로의 여행시간이 2주일 이상 단축됐다. (런던에서 출발하여 파리, 바젤, 제노아 …… 바그다드, 바스라 …… 등을 경유하며) 여전히 열흘 이상의 시간이 걸렸지만 어쨌거나 미얀마가 마침내 항공지도에 표기된 것이다.

양곤 사회는, 정확히 말하면 양곤의 유럽인 사회는, 제국 내 여느 도시와 마찬가지로 클럽을 중심으로 형성됐다. 여기서 "유럽"이란 단어는 "인도" "버마"와 더불어 사용되며 일종의 인종적 색채를 띤 채 사용됐다. 양곤에는 여러 개의 클럽이 있었는데, '바고 클럽', '랭군 체육클럽'(Gymkhana), '랭군

조정클럽' 등 세 곳이 가장 가입하기 힘든 곳이었다. 모두 숲이 우거진 조용한 곳에 자리 잡고 잘 관리된 잔디로 둘러싸인 아름다운 경관과 인도인 웨이터의 정중한 서비스로 정평이 났다. '바고 클럽'은 진, 코앙트로, 라임 주스, 비터즈를 섞은 독특한 칵테일을 개발하여 세계 호사가들의 입에 오르내리기도 했다. 회원은 고위관리, 군 장교, 대기업 임원 등에 한정되었는데 미얀마인 회원이 단 한 명도 없었다.

> 내가 어렸을 때
> 저 먼 곳 만달레이에서
> 뭘 모르고 살았을 때
> 한 사랑스러운
> 버마 아가씨에게 반했다네
> 황금빛 피부,
> 쪽 곧은 머리칼,
> 상아처럼 흰 치아.
> 내가 말했네
> "오 사랑스러운 아가씨
> 은화 20닢을 줄 테니 나와 함께 자요."
> 세상에 고귀한 그녀는
> 티 없이 맑은 얼굴에
> 슬픈 표정을 띠고
> 혀 짧은 목소리로 이렇게 말했다네
> 25닢을 주세요.
>
> — 조지 오웰, 1925년

미얀마 여성에 대한 문제도 있었다. 미얀마는 "놀고 즐기는 곳"이라는 명성을 얻었다. 영국인들은 대부분 미얀마인 첩을 두었다. 1890년, '신사의 나라'에 어울리지 않는 이 같은 관행을 없애고자 수석 행정관 찰스 크로스웨이트 경(Sir Charles Crosthwaite)이 그런 관계를 그만두라는 내용의 비밀회람을 돌렸다. 그 주말 양곤 경마 클럽에서 그 회람은 조롱거리가 됐다. 회원들이 경주마 한 마리에 CCCC(Chief Commissioner's Confidential Circular; 수석 행정관의 비밀회람), 다른 한 마리에게 "생리적 필요"라는 이름을 붙였다. 후일 찰스 경은 쓰게 말했다.

"영국에서 할 수 없는 일은 버마에서도 할 수 없어야 한다."[20]

이 같은 축첩 관행은 영국인과 미얀마인 사이 관계에 악재로 작용했다. 또 미얀마 사회에 상당수의 혼혈아가 생겼다. 한 조사에 따르면 영국이 지배하는 미얀마에 있는 유라시안 또는 "영국계 미얀마인"의 숫자는 그 큰 인도 전체에 존재하는 "영국계 인도인"을 합친 것과 비슷했다. 혼혈들은 대개 공무원이 되어 경찰 또는 철도에 종사했다. 영국의 식민지배가 끝나면서 그들의 존재가 갑자기 희미해졌다. 많은 이들이 호주나 기타 영연방 여러 나라로 이주했다. 일부는 미얀마에 남았지만, 곧 특색을 잃고 다수에 동화돼 갔다.

영국인과 미얀마인 사이를 갈라놓은 또 하나는 일상에 존재하는 인종차별이었다. 사실 당시 미얀마에 체류한 영국인들이, 예컨대 말레이반도와 비교하면, 아주 많은 것은 아니었다. 또 많은 평범한 미얀마인은 평생 영국 관리를 만나지 않고 살 수도 있었다. 영국인들과 사귈 기회가 있었던 일부 사람들은 그 경험을 좋게 기억했다. 인종을 초월한 진정한 우정과 사랑과 결혼도 있었다. 그러나 그보다 흔한 것은 일상의 차별과 모욕감이었다. 단순히 외국인의 지배 아래 산다는 것 때문이 아니었다. 경멸적인 눈빛에서 노골적인 폭력에 이르기까지 일상에서 겪는 그런 일이었다.

어떻게 보면 사소한 일일 수도 있었다. 우리 할아버지, 친영국적 집안에서 자라나 외국을 누구보다 잘 이해하고 결국 유엔 사무총장이 된 우딴은 한 가지 기억을 끝내 마음속에서 지우지 못했다. 20대 초반일 때 어느 하루 그는 양곤에서 볼일을 마치고 판타너로 돌아가는 연락선을 기다리며 벤치에 앉아 있었다. 잘 나가는 사람답게 깨끗한 옷차림으로 생각에 몰두해 있는데 어깨에 무슨 느낌이 왔다. 돌아보니 늙수그레한 영국 신사가 지팡이로 어깨를 치고 있었다. 아무 말도 하지 않았다. 옆에는 그의 부인인 듯한 여인이 난처한 표정으로 서 있었다. 우딴은 그냥 일어나 자리를 떴다. 아무 말도 주고받은 것이 없었다. 그리고 그 이야기를 누구에게도 하지 않았다. 그렇지만 평생 잊지 못했다. 나중에 직접 들은 이야기다. 케임브리지를 졸업한 우 틴툿이라는 사람이 있었다. 고위 공무원을 지내고 제1차 세계대전에 장교로 참전했던 사람인데, 1924년 '랭군 체육클럽'에서 겪은 일이 그의 인생을 바꿨다. 그때 그 클럽은 럭비경기에 뛸 15명의 선수를 모두 채우지 못했다. 또 총독이 클럽의 배타성을 완화하라고 압력을 주던 터라, 평소 실력을 알고 있던 틴툿을 초대했다. 그는 기꺼이 참가하여 실력을 발휘했고 그래서 기뻤다. 그런데 경기가 끝나고 누군가가 부러지게 말했다. 다른 (영국인) 선수들과 함께 샤워할 수 없다고.[21] 20년 후 그는 젊은 민족주의자들과 더불어 독립운동에 나섰다.

    타국 생활을 하면서 돈을 모으려면 최소한의 법과 질서가 유지돼야 한다. 그래서 영국 식민당국은 경찰관서와 감시체계, 감방과 법정, 심지어 고문, 그리고 최후의 수단으로 군대로 질서를 유지하고자 했다. 그래도, 식민지배가 가장 공고하던 1910~20년대에도, 완벽한 질서는 불가능했다. 무장강도가 마을을 습격하거나 여행자를 약탈하는 일은 흔했다. 특히 지방으로 가면 무법천지라는 말을 들을 정도였다. 1930년대 미얀마의 범죄율은 인도의 네 배에 달했다. 1940년, 전체 인구가 1천만에 불과했을 때 7백여 건의 살인사건이 발생했다. 이는 1990년대 미국의 대도시의 살인 범죄율에 비교할만한 수치였다. 이러한 현상에 대한 다양한 설명이 있다. 일부 미얀마인은 불교사원을 통해 이뤄지던 전통적인 교육체계가 무너지고 그에 따라 윤리교육이 약해졌기 때문이라고 했다. 다른 사람들은 사회과학적인 설명을 제시했다. 즉 전통적인 사회구조가 갑자기 무너진 위에 식민당국은 정통성이 없고 수십만 명의 외국 이민이, 상당수는 범죄경력을 가진 이들이 몰려 들어왔기 때문이라고 했다. 영국인은 달리 설명했다. 그들이 보기에 이는 단순히 미얀마가 자치할 자격이 없고 그를 준비가 돼 있지 않음을 의미할 따름이었다. 물론 영국의 통치가 완벽하다고 할 순 없었다. 그래도 몬티 파이톤(Monty Phyton)은 영국인의 정서를 이렇게 단적으로 표현했다.

"누가 있어 이런 나라를 제대로 통치하랴?"

같은 영국 지배하에 있다고 하더라도 미얀마인과 인도사람들 사이에는 분명한 차별이 있었다. 그 차이를 지적한 사람은 미얀마에 와 봤다고는 하나 단 하루도 머물지 않았고 만달레이 근처에는 가보지도 못한 키플링만이 아니었다. 한때 공무원을 지냈던 필딩 홀(H. Fielding Hall)이라는 사람이 『만년 학생』(*A People at School*)이라는 책을 내고 이렇게 썼다.

> 인도의 경우 사람들이 받는 가장 깊은 느낌은 슬픔이다. 사람들은 항상 눈앞에 닥쳐온 기근을 피하고자 투쟁한다. 뼈가 앙상한 소 떼, 굶주린 개 떼, 앙상한 닭무리를 보노라면 삶의 비극을 한 시라도 놓치지 못한다. …… 삶은 고해다. 항상 지척에서 어른거리는 질병, 결핍, 그리고 죽음과 싸우느라 지치고 허망하다. …… 버마는 정 반대다. 사람들은 젊다. 늙지 않는다. 삶이란 늘 즐겁다. 산다는 건 좋은 거다. 웃고 떠들면서 보내는 것이 삶이지 진지하게 고민하는 것은 삶이 아니다. 이들은 늘 행복하다. 그들에게 아쉬운 것은 없는 듯하다.[22]

다른 유럽인도 그렇게 봤다. 미얀마를 방문한 프랑스인 조제프 도드레머(Joseph Daudremer)는 이렇게 썼다.

> 비굴하게 굴거나 아첨을 떠는 버마인을 본 적이 없다. 항상 가볍고 활기차고 짓궂은 농담을 즐긴다. 일이 잘 안된다고 기죽지 않고 돈 때문에 정신을 놓지도 않는다. 때로 큰돈을 모으기도 하는데 흔한 일은 아니다. 현재를 즐기지 미래를 챙기는 사람이 아니기 때문이다. 근검절약이나 절제와 같은 단어는 알지 못한다. 변덕스럽고 독립적이다. 그래서 반복되는 일상을 견디지 못하여 한 직장에 오래 있는 법이 없다. 일이 싫증 나면 월급날을 기다리지 않고 사표를 내던지고 다른 일을 찾는다.[23]

1880년대 케케묵은 풍습 속에 부패하고 잔혹한 동양의 폭정으로 그려졌던 미얀마의 모습은 이처럼 유치하지만 발랄한 모습으로 새로 그려졌다. 부지런하지도 않고 자기 관리도 잘하지 못하지만 그래도 개성이 뚜렷하여 매력이 없지 않은 사람들. 악명 높은 뱅골 신사 이미지 또는 카이버 회랑의 근육질 전사 이미지와는 또 다른 이미지였다. 영국인들은 과거 띠버 왕 시절 아바의 군수를 지낸 마웅흘라와 같은 사람을 좋아했다.

"과거 상 미얀마의 전형적인 관리. 너무 높은 교육을 받지도 않았고 망설임이 없이 용기가 높음. 무한한 개인적 영향력을 보유함."

이런 사람이라면 큰 말썽 없이 함께 일할 수 있을 것으로 생각했던 모양이다. 그러나 영국인들은 그런 사람은 이제 찾아보기 어렵다고 판단했다.[24]

이상과 같이 미얀마인의 기질에 대한 평가가 중요한 이유는 그것이 한편으로는 영국의 정책에, 다른 한편으로는 미얀마인들의 자기 이미지 형성에 지속적인 영향을 주었기 때문이다. 영국인들에게 그 이미지는 미얀마는 중요한 곳이 아니며, 따라서 심각한 정책의 대상이 되지 않는다는 뜻이었다. 그냥 내버려 둬도 좋을 곳이었다. 그로부터 반세기가 지나 네윈 장군의 혁명위원회가 미얀마에 민주주의가 맞지 않으며 미얀마인들은 규율과 팀워크를 배워야 한다고 주장한 것도 그런 이미지를 받아들인 결과였다. 미얀마인들은 삶을 너무 쉽게 생각하기 때문에, 더 열심히 일하고 스스로 일하는 법을 배워야 한다; 단, 너무 많은 교육이 아니라 강도 높은 교육을 받아야 한다는 식이었다. 미얀마인에 대한 이 같은 생각의 뿌리는 넓고 깊지만, 역시 영국의 영향이 가장 컸다. 일부 영국인들은 미얀마를 '신데렐라 나라'라고 불렀다. 신데렐라는 아름답지만 다른 자매들과 달리 천대를 받았다. 미얀마도 아름답기는 하지만 마드라스, 벵골, 봄베이와 같은 자매와 달리 천대를 받았다. 그런데 이 신데렐라는 운명을 바꿔줄 유리구두도 발에 맞지 않았다.

영국은 버마족만 신경 써야 하는 것이 아니었다. '영국령 버마'의 경계는 모호했다. 특정한 기준 없이 역사의 흐름에 따라 경계가 그려졌다. 그 역사에는 세 차례 걸친 영국-버마 전쟁이 가장 큰 역할을 했다. 일단 구 왕국의 영역은 대체로 모두 '영국령 버마'로 흡수됐다. 그러나 단 한 번도 미얀마 왕국의 지배를 받지 않았던 지역도 '영국령 버마'에 포함됐다. 이라와디 분지를 둘러싼 높은 산악지대였다. 그곳은 문화와 언어가 다른 수백 개의 소수 인종이 사는, 전 세계에서 보기 드문 지역이었다. 골짜기마다 서로 통하지 않는 언어와 각자 자랑스러운 문화적 전통을 가진 인종이 자리 잡고 있었던 것이었다. 바로 독립 미얀마가 직면한 가장 큰 문제인 무장 인종분규가 바로 이곳에서 시작된 것은 당연했다.

    미얀마를 통치하면서 영국 식민당국은 지역별로 별도의 행정 기준을 적용했다. 굳이 분열을 시키겠다는 의도였다기보다 그냥 그게 편했기 때문이었다. 저지대는 전통적으로 촌장, 추장, 족장이 대를 이어 지배했지만, 통일 왕조가 들어서면서 그 힘이 약해졌다. 영국의 지배에 대해서 한동안 저항운동을 벌였지만 결국 그 힘을 잃고 식민지로 통합됐다. 반면 고지대는, 특히 서브와라고 불린 족장이 지배하는 동부 샨 지역의 경우 어느 왕조에도 완전히 굴복한 적이 없었다. 그런 곳은 영국의 종주권을 인정하는 한 그냥 내버려 두고 계속 통치하도록 하는 것이 편했다.

산악지대의 경우는 또 달랐다. 카친족은 히말라야산맥 바로 아래 사는 여러 종족을 통칭하는 말로, 이들은 한 번도 미얀마에 통합된 적이 없었다. 그렇기는커녕 19세기 말까지 미얀마 영토에 속하는 바머까지 내려와 약탈하기도 했다. 그들도 결국 영국의 지배를 인정했다. 또 미국 선교사들이 왕성하게 활동한 결과 기독교의 여러 종파로 개종했다.

그 지역에 주둔했던 소수 영국인 — 관리 또는 군인 — 은 따지기 좋아하는 책상물림이 아니라 야외활동, 즉 수렵이 주업인 그곳 사람들을 좋아했다. 그래서 네팔의 구르카 또는 '북서변경'*의 파딴(Pathan)족과 같은 전사로 양성하고자 했다. 그 결과 미얀마 전체 인구에서 카친족은 2% 정도로 미미했지만, 영국이 징집한 군대에서는 가장 많은 수를 차지했다. 그렇게 하여, 한때 동남아 지역의 태반을 장악했던 호전적 정복민족 버마족 또는 미얀마족은 군대에 맞지 않은 것으로 분류되고 징병 대상에서 제외됐다. 미얀마인들에게는 큰 모욕이었다. 그래서 버마족 군대의 양성이 미얀마 민족주의의 한 핵심요소가 됐다.

영국인들은 또 버마족의 "기원"을 문제로 삼았다. 19세기 말과 20세기 초에는 인종 이론이 풍미했다. 식민화 사업의 한 부분이었던 인종 이론은 제국 내 여러 민족과 인종을 분류하고, 현재의 상태와 특징을 오랜 과거 이민의 뿌

---

* North-West Frontier, 영국령 북서쪽 한계, 파키스탄-아프가니스탄의 경계지역 — 옮긴이.

리와 이후의 역사로서 설명하려고 했다. 과학적인 면이 없는 것은 아니었으나 그 의도는 다분히 정치적이었다. 즉 영국인이 우월한 인종이기 때문에 그 지배가 정당하다는 것이 초점이었다. 근거 없는 주장이 난무하기도 했다. 예를 들면, 1901년 인구조사서에 맥나마라 박사라는 사람이 「버마 사람들의 기원과 특징」이라는 논문을 써서 아일랜드 사람과 버마 사람의 인종적 기원이 같다고 주장했다. 콘월의 주석광산에서 일하던 사람들이 동쪽으로 배를 타고 이동하여 버마인이 됐다는 황당한 주장이었다.[25]

이와 관련하여 좀 더 뿌리 깊은 연구는 미얀마 자체의 인종과 계급에 관한 것이었다. 아바의 궁정은 오랜 기간에 걸쳐 나름대로 인종을 분류하는 기준을 발전시켜 궁극적으로는 다섯 부류의 인종을 구분했다. 버마인·중국인·몬인·샨타이인, 그리고 '깔라'였다. 깔라는 서쪽에서 온 모든 사람을 일컫는 말로 인도인, 페르시아인, 아랍인, 유럽인을 모두 포함했다. 영국인들은 바로 이것을 그들의 비교언어학 연구에 접목했다.

20세기 초 비교언어학, 또는 언어 계통(language families)이라는 개념이 자리를 잡았다. 18세기 캘커타에서 판사로 재직한 윌리엄 존스(Sir William Jones)는 그야말로 만물 박사였다. 13개의 언어를 자유자재로 구사하고 그 외 27개 언어를 "상당히 잘" 이해한 사람이었다. 그는 그때 이미 인도-유럽 언어군이라는 개념을 이용하여 영어·산스크리트어·라틴어, 그리스어가 모두 같은 언어군에 속하며, 지금은 사라진 하나의 언어에서 유래했다고 주장했다. 그 개념에서 출발하여 전 세계의 언어를 계통으로 묶는 작업이 성행했다. 그 전제는 모든 언어가 하나의 언어에서 출발하여 긴 세월 동안 진행된 이주를 통해 여러 언어로 분화했다는 것이다. 그에 따르면 버마어와 라카인어는 티베트-버마어군에 속했다. 반면 바고 왕조의 언어였던 몬어는 버마어와 뿌리가 달라 캄보디아어와 같은 군에 속했다. 샨어는 태국어, 또 라오스어와 같은 군에 속했다. 이렇듯 미얀마를 이룬 다양한 인종은 인종적으로, 또 언어적으로 서로 다른 부류에 속하는 것으로 간주했다.

영국인들은 또 급격한 인구 이동에 따른 대변동이라는 개념도 개발했는데, 말하자면 중세 암흑시대 유럽의 인종분포를 재편한 대이동과 같은 것이었다. 마찬가지로 미얀마에도 오래전 과거에 그 같은 대규모의 인구 이동이 여러 차례 있었고 그것이 어떤 형태로든 현대 미얀마의 인종분포를 결정했다는 것이다. 『버마 : 실용정보 사전』을 펴낸 제임스 스콧 경(Sir James Scott)은 이렇게 기록했다.

"버마에는 끊임없이 외부의 인종이 몰려들었다. 인도, 중국, 티베트, 파미르 고원, 그리고 몽골로부터 많은 인종이 여러 차례에 걸쳐 강을 따라 몰려들었다. …… 그 최초는 몬-크메르 족이었다. 이어 티베트-버마족이 들어와 이전의 정착민을 산악지대로 몰아내고 자리를 잡았다. 마지막에 들어온 인종은 카렌족, 타이족, 샨족과 같은 샴-중국계 인종으로 이리저리 파고들어 자리를 잡았다."

영국의 지배가 시작된 이후에는 "북쪽 빙하지대 허리 부분에서 새로 몰려올 인종들이 줄을 서서 대기하고 있다."[26]

이런 생각은 널리 또 깊이 뿌리내리고 있다. 1989년 내가 '몬 민족 해방군'이라는 반군집단을 방문했을 때 그들이 버마와 전혀 다른 "몬-크메르 족"이라고 주장하는 것을 봤다. 그럴수록 주류 버마족은 스스로와 그들의 차이를 크게 느끼게 되니 단일한 미얀마 민족 정체성을 형성하는 것은 여전히 요원한 것 같았다.

이 모든 것의 의미는 무엇인가? 띠버는 추방되고 꼰바웅 왕조는 무너졌고 과거는 지나가 돌이킬 수 없게 됐다. 구 왕조의 귀족은 낙향하여 과거 좋았던 시절을 회고하며 한숨만 쉬는 완전히 무력한 존재가 됐다. 반면 판타너와 같은 곳의 사람들은 식민지 지배가 가져다준 근대문명 속에서 안정과 풍요를 누리며 그 모든 것의 정점인 것 같았던 양곤으로 진출을 노리고 있었다. 그런데 그 모든 것은 '남'의 것이었다. 최상층에는 영국인이 있었고, 다양한 계층의 인도인들이 몰려와 그 근대의 나머지를 장악했다. 이처럼 '남'에 몰리면서 배타적 민족주의가 강하게 자라났다. 종교는 불교, 언어는 버마어로 정의된 미얀마 민족은 그렇게 좁아진 민족개념만큼이나 위축되고, 위축된 만큼 배타성을 키웠다. 영국과 인도만 '남'이 아니었다. 기타 종교, 기타 언어를 사용하는 토착인들도 '남'으로 분류됐다. 그처럼 배타적인 민족주의 내부에는 미얀마의 전통과도 같은 호전성이 도사리고 있었다.

극단의 시대

1930년대 미얀마 정치와 민족주의.
인도의 독립운동가들이
비저항 운동을 전개할 때
미얀마의 독립운동가들은
왜 군사주의에 빠졌는가?

1927년 양곤대학교 재학시절 지은이의 외조부 우딴

9

 1858년 인도 세포이 반란이 진압된 직후 영국 정부는 인도에 대한 지배를 간접통치에서 직접 통치로 전환하기로 했다. 수라트와 마드라스의 개항으로 시작하여 2백 년이 넘는 기간 동안 날로 커지는 대영제국의 강역을 지배하면서 전쟁도 하고 돈도 번 동인도 회사는 인도에 대한 지배권을 잃고 1876년 결국 해체됐다. 서쪽으로 라왈핀디, 동쪽으로 몰라먀잉에 이르는 방대한 지역과 카슈미르와 코친 등 7백여 개의 군주/토후국이 빅토리아 여왕의 영토에 포함되어 여왕이 인도제국의 새로운 여제로 등극한 것이었다.

 이후 10년이 채 지나지 않아 인도에 향후 인도와 대영제국 역사의 흐름을 바꿀 새로운 지도세력이 등장했다. 그것은 후일 간디와 네루와 같은 인물을 배출하고 영국의 식민지배에 저항하고 궁극적으로는 인도의 독립으로 이어지는 역사적 흐름의 첫걸음이었다. 1885년 12월 어느 서늘한 날 73인의 법률가와 교육자 등 전문직 종사자들이 봄베이에서 모여 '인도국민회의'(Indian National Congress)를 결성했다. 이들은 당시 잘 나가던 중산층으로 새로 탄생한 근대적 인도에서 더 나은 삶을 영위하고자 하는 것 이상을 바라진 않았다. 특별한 지도이념도 없었고 대중적 기반도 없었다. 초기 이 조직은 정기회의를 열고 영국의 지배에 대해 지지를 표명하고 행정개혁과 같이 민감하지 않은 문제에 건설적인 제안을 하는 정도의 역할을 하는 데 그쳤다.

그런데 20세기에 들어서면서 상황이 바뀌었다. 1905년 조지 나대니얼 커즌(Sir George Nathaniel Curzon) 인도 총독이 행정적 편의를 이유로 벵골지역을 인도에서 분리했다. 당시 가장 앞선 안목을 가져 정치적 영향력이 작지 않던 벵골지역의 지식인들이 분노했다. 그들이 보기에 그것은 명백히 '분리지배'(divide and rule)의 술책이었다. 그로 인해 봉기가 일어나고 진압되는 과정이 몇 차례 계속되다가 잦아들었다. 이후 봉기는 더 없었으나 식민지배에 대한 불만은 커져만 갔고 신속한 자치를 위해 폭력도 불사하겠다는 분위기가 형성됐다.

영국은 일단 유화책으로 대응했다. 벵골을 재편입하고 온건한 인도인을 더 많이 관료로 등용했다. 동시에 동양식 위세 전략도 채택했다. 1911년 말 영국 국왕이자 대영제국의 황제 조지 5세가 온갖 화려한 의전을 받으며 무굴제국의 수도였던 델리를 방문했다. 인도 전역에서 온 8만여 명의 군주와 인도의 거의 모든 주요 인사가 화려한 정장 차림에 완벽하게 연출된 절차를 통해 입장하여 그들의 주권자에게 경배했다. 에드워드 엘가 경(Sir Edward Elgar)이 특별히 작곡한 배경음악이 연주되는 가운데 빅토리아 여왕의 손자, 조지 5세 왕은 특별히 제작된 왕관을 쓰고 무굴제국의 황제를 자임하며 모여든 토후국의 왕과 군주들에게 훈장과 작위를 수여했다.

결과적으로 절묘한 시점이었다. 이렇게 이들의 충성심을 확보한 지 불과 3년 후, 제1차 세계대전이 발발한 것이다. 이에 따라 인도 전역의 자원병력이 (벨기에의) 플랑드르에서 중동의 메소포타미아에 이르는 모든 전장에 파견되어 4만 명이 목숨을 잃고 6만 명이 부상했다. 이처럼 엄청난 희생과 기여를 배경으로 인도의 정치가들이 자치정부를 요구하는 목소리를 높였다. 1백만 명의 사상자를 낳은 솜(Somme) 전투 직후, 그리고 러시아 혁명이 일어나기 불과 몇 달 전인 1916년 12월, 나중에 적으로 갈라서는 '국민회의'와 '무슬림 연맹'이 러크나우에서 함께 만나 헌법개정을 요구하는 공식 합의서를 채택했다. 영국 정부도 어떻게든 응답하지 않을 수 없게 됐다. 그래서 이듬해 여름 대영제국의 틀 속에서 자치를 허용하는 새로운 정책안을 발표했다.

1919년 에드윈 몬터규(Edwin Montagu) 인도 담당 국무장관과 첼름스퍼드(Viscount Chelmsford) 인도 총독이 선출직 의원을 포함한 의회를 설립하고 상당한 권한을 주는 내용의 법안을 발의했다. 일종의 양두정치(dyarchy) 체제였다. 농업부나 교육부와 같은 정부 부처의 장관은 그렇게 설립된 의회의 감독을 받도록 했다. 그러나 재무부나 경찰을 관장하는 내무부 등 중요한 부처의 장관은 대개 영국인이 맡는 주지사가 임명하고 주지사에 대해서만 책임을 지도록 했다.

그 정도에 만족하지 못한 사람도 있었으나 그래도 작으나마 변화가 있었고 더 큰 변화를 위한 논의도 시작됐다. 그런데 그 같은 변화, 심지어 변화의 조짐마저 보이지 않는 곳이 있었으니 바로 미얀마였다. 영국인들이 보기에 미얀마는 정치적 개혁을 요구하지도 기대하지도 않는 "인도에서 가장 평화로운 지방"이었다.[1] 인도 헌법개정을 위한 영국 의회 상하원 합동위원회는 다음과 같이 기록했다.

"버마는 인도가 아니다. 그곳은 인종도 다르고 정치적 발전단계도 다르다. 그곳의 문제는 인도와 전적으로 다르다. …… 선거제도에 대한 요구도 없다. …… 버마의 정치적 진보라는 문제는 후일 따로 고려할 문제이다."[2]

미얀마인들이 볼 때 그것은 큰 충격이었다.

1905년 케임브리지

제1차 세계대전 무렵 미얀마에는 새로운 세대가 영국식 교육을 받으며 자라고 있었다. 그들은 세계 속 자신들의 위치에 대해 잘 알지 못했고 봄베이와 캘커타에서 전문직에 종사해 온 인도인보다 경험도 적었지만, 그럴수록 시대의 흐름을 놓치지 않으려고 애쓰고 있었다. 그중 한 사람이 후일 독립국 미얀마의 대통령이 되는 젊은 법률가 바우(Ba U)였다.3

1905년 바우는 한 명의 친구와 두 명의 사촌과 함께 영국에서 대학생으로 새로운 삶을 시작하기 위해 집을 떠났다. '비비 해운'에서 운항하는 호화여객선을 타고 양곤에서 출발하여 콜롬보, 수에즈 운하, 마르세유를 거쳐 리버풀에 이르는 노정이었다. 그러나 배가 출항하자마자 급격히 기분이 상했다. 차별의 기색이 역력했기 때문이었다. 다른 승객과 달리 그들은 선미 의무실 뒤 화장실 옆에 있는 선실에 배정됐다. 수석승무원에게 항의했으나 소리 내어 웃기만 했다. 식사시간에 그들은 구석에 따로 마련한 작은 식탁에서 인도 고아에서 온 인도인 웨이터의 시중을 받았다. 나머지 백인 승객들은 중앙에 마련된 식탁에서 백인 웨이터의 시중을 받았다. 바우 일행도 나름대로 영국의 기준에 맞춘다고 양곤 최고의 재단사를 찾아 양복을 맞춰 입었다. 그런데 그 모습을 본 선상 의사가 킬킬댔다. 상의는 너무 짧았고 하의는 너무 달라붙었으며 모자는 너무 작았다. "마치 양복을 갖춰 입은 원숭이 같았다"라고 바우는 회고했다. 재단사가 그들을 깔보고 일을 제대로 하지 않은 것이었다. 유학 생활은 이처럼 처음부터 삐딱하게 출발했다.

바우는 나름 대단한 집안 출신이었다. 윗대 할머니 중 왕실 공주가 있었고 그 공주의 소생이 헨자다의 영주였다. 헨자다 공은 19세기 중반 궁중의 권력투쟁에 휘말려 영국이 지배하던 하 미얀마로 피신했다. 당시 많은 귀족이 그랬던 것처럼 헨자다 공과 가족은 아바의 대단한 귀족층에서 평범한, 그러나 경제적으로는 부유한 중산층으로 바뀌었다. 바우의 조부는 스코틀랜드인이 세운 쌀 무역회사에 취직하여 자기처럼 낙향한 귀족 가문의 한 여성과 결혼했다. 바우의 부친은 당시 미얀마인으로는 드물게 부지사라는 고위직에 올랐다. 바우의 숙부도 제1차 세계대전이 끝나고 영국 국왕의 훈장을 받은 네 명의 미얀마인 중 하나였다. 바우의 외가도 대를 이어 이라와디 삼각주 지역의 여러 도시에서 군수며 시장을 배출해 온 집안이었다. 바우 자신도 판타너에 이웃한 마우빈에서 공립학교를 마치고 양곤대학교에 진학한 수재였다. 대학에서도 뛰어난 성적을 올려 부모와 자신의 꿈인 영국 유학의 기회를 얻었다. 영국화된 인재를 양성하여 대영제국에 충성하도록 하는 것이 영국의 정책이었고 바우가 그 일부가 된 것이다.

바우는 트리니티 홀에서 학부과정을 다니면서 시내 중심가에 자리한 벽돌집 '포르투갈 플레이스'에서 기숙했다. 다른 모든 기숙생은 영국인이었고 그만 아시아인이었다. 다들 "영국의 유서 깊은 가문의 일원"인지라 그들의 경멸 어린 시선을 참으려고 했다. 그러나 놀림이 계속되자 점차 참을 수 없게 됐다.

"세이모어라는 이름의 한 선배가 내게 다가오더니 외눈 안경을 꺼내 끼고 마치 외계인이라도 보듯 들여다보았다. 둘러싸고 있던 다른 모든 학생이 웃음을 터뜨렸다. 나는 너무나 모멸스러워 땅을 파고 들어가고 싶었다."

모욕이 계속되자 참지 못하고 세이모어의 멱살을 잡고 주먹을 올려메었다. 그제야 그런 도발이 중단됐으나 문제는 계속됐다.

하루는 한 영국가정의 저녁에 초대받아 미얀마에서 가져온 선물을 들고 찾아갔다. 그런데 그 집의 어린 딸이 하는 말을 듣고 기절초풍을 했다. 당신들은 모두 인육(人肉)을 먹나요? 바우는 너무나 기가 막혀 즉각 답을 하지 못했다. 그냥 그 소녀를 노려볼 따름이었다. 아프리카 사람들과 같은 반열로 취급되는 데 대해 너무나 슬펐다. 그 아이의 엄마가 나서서 분위기를 바꿨다.

"아니란다. 그들은 우리처럼 문명인이란다. 너는 아프리카인을 생각하는 모양이구나."

그 말을 듣고서야 바우는 정신을 차리고 미얀마는 한때 샴을 정복한 나라이며 쉐다곤 파고다는 2천4백 년 전에 지어졌고, "그때 유럽인들은 숲속에서 짐승처럼 살았다"라고 말했다.

그러한 차별을 받고 케임브리지 주류 학생들에서 배척받으며 바우는 미얀마가 적어도 아프리카나 선사시대 유럽보다는 더 나아지기를 바랐다. 정치적 모임도 결성했다. '케임브리지 버마 학생회'로 미얀마인이 만든 최초의 근대적 결사체였다.

킹스 칼리지의 한 강의실에서 바우를 포함한 스무 명 남짓한 학생들이 매주 만나 '공화정체가 군주정체보다 우월하다,' '버마의 아편 거래는 사람들의 사기와 건강을 해친다' 등과 같은 주제로 토론회를 열었다. 토론은 미얀마어가 아닌 영어로 진행됐다. 이 클럽의 회원들은 다른 아시아 학생, 즉 인도, 스리랑카, 샴, 일본 등지에서 온 학생들과도 토론하곤 했는데 대부분은 현재의 생활과 미래의 전망에 대해 불안해하고 불만스러워했다. 그중 미얀마의 부유한 집안 출신으로 다우닝 칼리지에서 법을 전공하던 찬따라는 학생이 있었다. 이국 생활의 스트레스와 긴장, 멸시와 차별에 견디다 못한 그에게 정신적인 문제가 생겼다. 혼잣말을 중얼거리며 복도를 왔다 갔다 하곤 했는데 하루는 바우에게 이렇게 말했다.

"나는 이 백인 놈들이 싫어죽겠어. 우리를 먼지나 벌레처럼 취급하잖아."

바우는 우리가 공부를 마치고 미얀마로 돌아가 나라를 제대로 세우면 그들도 우리를 달리 볼 거라며 달랬다. 소용이 없었다. 다우닝 출신 법률가로 출세를 할 수 있었던 이 젊은 학생은 홀로 바닷가로 가 해변에 주저앉아 머리에 총을 대고 방아쇠를 당겼다. 다음과 같은 유서를 남겼다.

"나는 이생에서는 결코 상원의장(woolsack)이 되지 못할 것이다. 너무 슬프다."*

영국에 유학할 정도로 부잣집 출신으로 식민지 시대 최고의 인생을 보장받은 이들도 영국의 지배하에서는 정치 엘리트가 될 수 없었다. 차라리 모르면 아예 꿈도 꾸지 않았겠지만, 손만 내밀면 잡힐 것 같은 것을 잡을 수 없는 좌절감은 컸다. 그만 못한 사람들의 좌절감은 더 말할 필요도 없었다.

제1차 세계대전이 한창이던 1916년 부활절 아침, '아일랜드 자원봉사단'(the Irish Volunteer)과 '아일랜드 시민군'(the Irish Citizens Army)에 소속된 수백 명의 무장세력이 중앙우체국, 볼랜드 제과점, 법원, 세인트 스티븐 그린 공원, 의과대학 등 더블린 중심가의 주요 건물을 점거했다. 영국의 정보당국에서 눈치를 전혀 채지 못한 이 기습작전은 성공했지만, 오래가지는 못했다. 이들은 우체국 건물을 본부로 삼고 아일랜드 임시정부의 수립을 선포했다.

다만 더블린성은 점거되지 않았으므로 영국당국은 그곳을 거점으로 병력을 증강하는 한편 저항세력의 규모와 전략에 대한 정보를 수집했다. 4월 28일 1천6백 명에 미치지 못하는 저항세력은 2만 명이 넘는 정예 영국병력에 포위됐다. 영국군이 우체국으로 통하는 모든 보급을 끊고 집중포화를 퍼부어 주변이 폐허가 됐다. 애초에 폭넓은 지지가 없었던 봉기는 당연히 실패로 끝났다. 그런데 영국의 과잉진압, 그리고 패트릭 피어스(Patrick Pearse) 등 민족주의자들에 대한 가혹한 처형이 오히려 무장투쟁에 불을 붙였다. 3년 후 더블린

---

* woolsack은 영국 상원에서 의장이 앉는 자리를 말한다 - 지은 이.

에서 신 페인(Sinn Fein)이 더블린에서 새로 결성된 '아일랜드 공화국군'(the Irish Republican Army)의 지원을 받아 아일랜드 독립 정부의 수립을 선포했다. 한때 젊고 카리스마가 넘치는 마이클 콜린스(Michael Collins)가 이끌었던 이 조직은 오로지 무장투쟁만이 변화를 가져올 수 있다고 믿음으로 뭉쳐있었다. 이후 이들의 투쟁은 1916년과 달리 전면적 봉기가 아니라 게릴라전으로 전개되어 경찰이나 첩보조직원에 대한 표적암살 등을 자행했다. 1920년, 영국 정부가 마침내 협상에 나서 아일랜드섬의 남부지역에 '아일랜드 자유국가'(the Irish Free State)를 설립하고 캐나다와 호주와 같은 수준의 자치정부를 허용하기로 했다. 북쪽 6개 주만 왕국의 영토로 남았다.

이것을 본 미얀마 사람들이 열광했다. 미얀마의 민족주의자들은 아일랜드의 독립이 처음부터 신 페인이 구상한 대로 진행됐다고 믿었다. 그때부터 신 페인과 아일랜드 공화주의는 미얀마 민족주의자들의 우상이 됐다. 좌절한 미얀마의 민족주의자들은 미래를 위한 영감을 얻고 행동을 위한 지침을 찾고자 모든 가능성을 타진하고 있었다. 1909년 왕족 마우딴이 왕정의 복구를 기치로 반란을 일으켰지만 금방 진압됐다. 왕정을 복귀하기 위한 반란은 그게 마지막이었다. 왕정은 이제 매력이 없었다.

영국에서 바우가 케임브리지 버마 학생회를 결성할 무렵, 미얀마에도 그들과 가족적 배경과 생각이 닮은 젊은이들이 정치적 결사를 만들고 있었다. '기독교청년회'(Young Men's Christian Association; YMCA)를 본 따 '불교청년회'(Young Men's Buddhist Association; YMBA)를 결성한 것이었다. 그 지도자는 라카인 출신으로 케임브리지에서 법학을 공부하고 한때 런던에서 법정변호사를 지낸 우 메이오웅(U May Oung)이었다.[4] 그러나 당시 미얀마인들은 법률가 단체를 만들어 정중한 내용의 청원서를 제출하는 방식에 지쳐있었다. IRA처럼 행동을 취하자는 것이 전체적 분위기였다. 쌓인 적대감이 온도를 높

이며 비등점에 근접하고 있었다.5

영국 당국이 섣불리 벵골을 분리한 것이 인도인에게 도화선이 됐다면, 몬터규-첼름스퍼드 개혁안에 미얀마가 배제된 것이 미얀마인에게 도화선이 됐다. 그리고 그것이 공교롭게도 아일랜드인의 봉기, 제1차 세계대전의 종전, 그리고 남아프리카에서 귀환한 모한다스 간디가 인도에서 대규모 군중을 동원하던 시점과 맞물렸다. 1919년 인도 자치법안이 입안될 때만 해도 그에 기대어 자치정부의 첫걸음이라도 떼어봤으면 하고 바라던 미얀마인들이었다. 그런데 아일랜드의 사례는 훨씬 더 빠른 방법이 있다는 것을 알려주었다. 또 러시아에서 1917년 10월 볼셰비키 혁명이 성공했다. 아울러 제1차 세계대전이 막바지에 이르면서 유럽의 구질서가 산산이 부서지고 있었다. 1918년 1월 18일 미국의 우드로 윌슨 대통령은 의회에서 행한 연설에서 전후 유럽의 재건을 위한 14개 조항을 발표했다. 비밀조약의 금지, 군축, 민족자결의 권리 등을 요구하고 국제연맹의 설립을 제창했다. 미얀마인들은 1885년 이후 처음으로 역사의 흐름이 그들 편에 섰다고 믿기에 이르렀다.

그리하여 정치적 흐름이 한순간에 관망에서 행동으로, 인내에서 열정으로 바뀌었다. 승려정치인들이 전면에 나섰다. 라카인 출신 우 오타마 같은 인물이 대표적이었다. 그는 아시아 각지를 여행하고 특히 인도에서 간디의 국민회의 운동을 유심히 관찰하고 귀국했다. 양곤에서 대규모 군중 집회가 열리기 시작했다. 미얀마의 위대한 과거를 상기시키고 자치를 주장하는 열띤 연설이 줄을 이었다. 승려와 독실한 불교도들이 영국인들이 사탑에 입장하면서 신발을 벗지 않는 행동에 대해 문제를 제기하기 시작했다. 마침내 영국인들이 말을 들었다. 신발을 벗은 것이 아니라 아예 사탑에 가지 않은 것이었다. 영국에서 오는 방문객들에게도 사탑을 방문하지 말라고 사전에 안내했다.6 대부분의 서양인 방문객은 그 말을 들었지만 두드러진 예외가 있었다. 유명한 여류비행사 어밀리아 에어하트(Amelia Earhart)였다. 그녀는 1937년 결과적으로 그녀의 마지막이 된 비행 중 미얀마에 들러 신발을 벗고 사탑을 방문함으로써 식민주의자들의 오만을 비웃었다.7

1919년 4월 인도 펀자브 지방의 암리차르에서 레지널드 다이어(Reginald Dyer) 장군 휘하 50명의 병사가 비무장 인도 군중에 수천 발의 사격을 가하여 수백 명을 살해한 사건이 일어났다. 이 사건으로 인해 곳곳에서 시위가 일어나 전국적인 불복종 운동으로 전개됐다. 그 과정에서 인도의 국민회의는 미얀마를 동참시키고자 손을 뻗었다. 그 결과 인도와 미얀마의 민족주의자들이 처음으로 손을 잡았다. 미얀마 전역에서 파업이 일어났다. 1920년 12월 양곤대학교의 개교에 맞추어 수업 거부 운동이 일어났다. 선생들과 학생들이 함께 수업을 거부하고 쉐다곤 파고다 아래에서 철야 농성을 벌였다. 그들은 근 70년 후 자신의 후손들이 바로 이 자리에서 군부독재에 항거하여 같은 행동을 벌일 것이라고는 꿈에도 상상하지 못했을 것이었다.

인도에서 사찰이 강화되고 체포되는 사람이 늘어나면서 그것을 피해 벵골에서 많은 운동가가 양곤으로 몰려왔다. 그들의 상당수는 버마 식민정부에서 일자리를 잡았는데, 그러면서 독립을 위해 테러 활동을 하는 급진정당의 양곤지부를 설립했다. 그들은 대개 중상류층 이상의 배경을 가지고 있어 영국인들이 '신사 테러리스트'라고 불렀다. 1926년에 이르러 30명에 가까운 이들이 미얀마에 와서 양곤, 만달레이 등지에 세포조직을 만들었다. 그리하여 미얀마에서 막 자라나고 있던 민족주의 운동에 새로운 바람을 불어넣었다.8

이 같은 미얀마의 민족주의에 대해 영국인들은 이해하려고 들기는커녕 관심도 보이지 않았다. 1917년까지 버마 총독을 지낸 하코트 스펜서 버틀러 경(Sir Harcourt Spencer Butler)은 인도에 오래 주재한 영국 관리의 한 전형이었다. 버틀러는 옥스퍼드의 해로 및 발리얼에서 공부하고 북인도에서 행정 및 세무관료로 출발했다. 부임하기 전 인도에서 25년 이상의 경력을 쌓았지만 정작 미얀마에 대해서는 아는 것이 없었다. 스리랑카의 주지사를 지내고 미얀마로 부임한 그의 후임 찰스 크래덕 경(Sir Charles Craddock)도 마찬가지였다. 미얀마에 일어난 소요에 대한 대책으로 매우 제한적인 체제개혁을 권고했을 따름이었다. 그러나 미얀마인들의 요구는 갈수록 거세졌다. 1919년 7월 미얀마 정치인 대표단이 런던을 방문하여 저널리스트와 노동당 의원들을 만나고 인도담당 국무장관 몬터규 공도 만났다. 이듬해에도 대표단이 언론의 큰 주목을 받으며 영국을 방문했다. 그 대표단의 일원이 (스페인 독감에 걸려) 사망한 일이 있었다. 마침 그 무렵 미얀마에는 영화산업이 성장하고 있었는데. 그의 장례식 장면은 필름으로 작성돼 전국의 영화관에서 상영됐다.

그러나 영국은 미얀마에 신경을 쓸 여유가 없었다. 전쟁과 독감으로 수십만 명의 사망자가 발생했다. 대규모 파업도 일어났다. 인도에서는 간디가 미얀마와는 비교할 수 없는 규모의 시위대를 동원하고 있었다. 마침내 대책도 없고 버틸 여력도 없어진 런던 당국이 굴복했다. 미얀마에 자치를 허용한 것이었다. 그 무렵 미얀마의 정치적 분위기는 놀랍도록 빨리 폭력적인 혁명운동으로 흘러가고 있었다.

1920년대 초 미얀마가 얻어낸 정치개혁은 불과 수년 전이라면 단지 꿈에서나 바랄 것이었지만, 이제는 기대에 못 미치는 것으로 바뀌었다. 기본적인 구도는 인도에 적용했던 양두정치의 형태였다. (여성을 포함한) 보통선거를 통해 입법위원회를 설치하기로 했다. 의석의 반은 선거를 통해서 뽑고 나머지는 총독이 임명하거나 상공인 등 이익단체에서 선출하기로 했다. 그러나 미얀마인들의 기대는 그것을 훌쩍 넘어섰기 때문에 큰 호응을 받지 못했다. 투표율도 7%에 불과해서 이 체제는 출발하기도 전에 그 정통성을 의심받게 됐다.

그리고 이 새로운 체제는 제한적으로 적용됐다. 라카인과 타닌따리, 그리고 이라와디 분지에만 적용되었을 뿐 샨, 카친, 친 등 산악지대에서는 적용되지 않았다. 미얀마 영토의 40%, 주민의 15%를 차지한 산악지대는 자치를 위한 준비는커녕 아예 개혁의 고려대상이 되지 않았다. 이 지역은 '제외지역', '보존지역', 심지어 '원시지역'이라는 모욕적인 별칭으로 불렸다.

반면 '버마 본토'의 정치적 열기는 갈수록 가열되고 있었다. 날마다 정치집회가 열렸다. 이런저런 정치인들이 새로 나타나 막연한 애국심에 호소하며 연설하고 군중들은 열광했다. 70년 후 아웅산 수치가 그랬던 것처럼 많은 정치인이 전국을 돌며 연설했다. '왕위를 빼앗긴 왕'을 자처한 우 칫흘라잉이 그중 한사람이었다. 그들 중 일부는 입법의회에 진출했다. 다른 일부는 의회에 진출하는 것은 식민당국과 협력하는 것이라며 거부하기도 했다. 이들이 주장하는 핵심은 한결같았다. 독립을 달성하자, 자랑스러운 과거를 복원하자, 일시적으로 패한 군대를 새로 일으켜 세우자, 과거 정복민족으로서 자부심을 가지고 동양의 민족들 사이에 그 지위를 다시 세우자 등. 구체적으로 지휘는 영국인 장교가 맡더라도 버마인으로 구성된 정예부대를 창설해달라고 식민당국에 요구하는 이도 있었다. 미얀마를 "대영제국 내부의 다른 인종과 동등한 단위"로 인정해달라는 요구도 있었다.[9]

미얀마를 다른 인종과 동등하게 취급해달라는 요구가 곧 뜨거운 쟁점이 됐다. 영국 측은 양두체제를 인도의 미래를 결정하기 전 10년간 적용해 볼 일종의 실험으로 생각했다. 따라서 이후를 논의하기 위한 위원회를 설립할 계획이 있었다. 그 위원회가 일정을 앞당겨 1927년 설립되고 자유당 의원 존 사이먼(Sir John Simon)이 위원장으로 임명됐다. 그 위원회는 인도 각 지역을 돌아본 다음 1929년 버마를 방문했다. 그 무렵 인도에서는 심상치 않은 움직임이 일어나고 있었다. 1930년대 초 마하트마 간디가 이끄는 인도국민회의는 전국 규모의 불복종 운동을 벌이기 시작했고 그에 따라 간디가 체포됐다. 압력을 느낀 영국 정부는 런던에서 관련된 모든 당사자를 포괄하는 회의를 개최했다. 버마도 뒤늦게 초청의 대상이 됐다. YMBA를 설립한 우 메이오웅은 세상을 뜬 다음이었지만, 그의 딸 도 먀세인(Daw Mya Sein)이 미얀마 대표의 일원으로 참가하여 영국 각지를 돌며 연설했다. 그 결과 막연히 작은 이국적인 나라로만 생각되던 미얀마의 위상이 크게 올라갔다. 인도에서는 간디와 네루가 이끄는 국민회의와 모하메드 알리 진나(Mohammed Ali Jinna)가 이끄는 무슬림 연맹 사이에 갈등이 커지고 있었다. 그러나 미얀마에서는 오로지 한 문제만 놓고 논쟁이 계속됐다. 미얀마와 인도의 관계였다.

대부분의 미얀마인은 일단 미얀마와 인도의 분리통치를 주장할 뿐 그 이상의 생각이 없었다. 문제는 그다음이었다. 인도는 자치를 향해 나아가고 있는데, 미얀마가 인도에서 분리되면 스리랑카나 홍콩과 같이 영국의 직접통치 지역으로 되어 독립은 요원해지는 것이 아닌가? 그럴 바에야 차라리 인도 일부로 남아 자치를 먼저 획득하는 것이 나은 게 아닌가? 이 문제를 놓고 미얀마의 정치가들은 뜨겁게 논쟁하고 온갖 술책을 부렸다. 그러다 보니 삶에 직접 영향을 주는 일상의 문제는 뒷전으로 밀렸다. 그런 패턴이 미얀마 정치의 또 하나의 특징이 됐다.

1935년 영국의회는 「인도 및 버마 정부 법」을 통과시켰다. 그 법에 따르면 영국령 인도의 각 지방은 상당한 수준의 자율성을 누릴 것이었다. 모든 사안은 부처별 장관이 담당하고 장관은 개별적 및 단체적으로 선출된 의회에 책임을 지도록 했다. 수석장관이 그 지방의 정부를 총괄하는데, 다만 영국 정부가 임명한 총독이 "비상대권"을 가지도록 했다. 델리에 있는 식민당국이 총괄권을 누리는 가운데 세습군주가 다스리는 지역은 전과 마찬가지로 이 체제 바깥에 자리했다. 인도는 이제 캐나다, 호주, 남아프리카, 뉴질랜드, 뉴펀들랜드와 마찬가지로 반(半) 독립적인 단위가 되어 국제연맹에 가입할 것이었다. 미얀마는 인도에서 분리됐다. 그리고 어떻게 보면 인도보다 더 많은 자율권을 부여받았다. 그래도 갈수록 커진 기대를 충족하지는 못했다. 아직 완전한 자치정부는 아니었다. 영국은 그런 기대를 충족할 준비가 되지 않았다.

대공황

1929년 10월 월스트리트 증권시장에서 주가가 폭락했다. 그것이 신호탄이 되어 세계적 대공황이 시작됐다. 전 세계적으로 물가가 폭락했다. 쌀 수출로 지탱하던 미얀마의 경제에 치명타가 됐다. 지난 수십 년 동안 쌀 수출은 좋은 금융조건 덕분에 크게 증가하여 근대 미얀마 경제의 핵심이 됐다. 그런데 미국의 수입이 급감하자 미국의 대공황이 세계로 확산했다. 미국과 유럽에서 은행이 파산하면서 신용경색이 일어났다. 그에 따라 쌀의 수출은 3년 사이 50% 이상 급감했고 국내 쌀가격도 폭락했다. 그 사이 정부는 농가 부채가 급속도로 증가하고 있는데 주목했지만, 아무런 조처를 하지 않았다. 그 대가를 치를 때가 왔다. 세계 어느 곳이나 마찬가지로 미얀마에서도 대공황의 충격은 약자에게 가장 큰 충격을 주었다. 이라와디 삼각주, 타닌따리 해안, 그리고 곳곳의 농촌 지역에서 많은 농가가 누적된 부채, 심지어 이자조차 갚지 못해 농토를 앗겼다.[10]

1930년 5월 5일 아침 8시, 먼 북쪽에 진앙을 둔 대규모 지진이 일어나 6천 명이 넘는 사망자가 발생했다. 옛 수도 바고가 붕괴하고 그곳에 있던 부처님의 사리를 모신 큰 사탑도 무너졌다. 몇 달 후 이번에는 지진해일이 일어나 해안지역을 강타했다. 이것이 영국식민지가 무너질 징조였으면 좋겠지만, 그것이 진정 무엇의 징조인지는 아무도 몰랐다.

12월 22일, 새야 산(Saya San), 즉 '산 선생님'이라는 이름의 탁발승이 양곤에서 멀지 않은 따라와디 지역의 정글에서 미얀마의 왕을 자처하며 봉기했다.* '하늘이 점지한' 시간 밤 11:33분의 일이었다. 그는 뚜판나카 갈론 왕을 자처하며 거대한 흰색 일산을 아래 아바의 궁정의 모습을 재현하며 대관식을 했다. 바로 그 전날 영국인 총독이 휴가 중이라 총독 대리를 맡고 있던 조지프 아우구스투스 마웅지 경(Sir Joseph Augustus Maung Gyi)은 경작지를 빼앗긴 농부들이 그해 인두세를 감경해달라고 간청하는 청원을 보지도 않고 폐기했다. 수백 명의 병사에 30여 정의 총기로 봉기한 반군은 곧 수천 명으로 늘어났다. 현실에 절망하고 환상적 미래를 꿈꾸며 시작한 이 봉기는 1932년 봄이 돼서야 완전히 진압됐다. 미국에서 라디오 연속극 <25세기의 벽 로저스>(*Buck Robers in the 25th Century*)가 인기를 끌고 있을 때 미얀마에서는 등에 전설 속의 새 '갈론'의 문신을 새긴 이 신비한 인물 주위에 사람들이 몰려들고 있었다. 1931년 6월, 영국 식민당국은 8천 명이 넘는 병력을 동원해 진압에 나섰으며, 여름에는 7개 여단이 추가로 파견됐다. 새야 산은 결국 만달레이 북쪽으로 도주해서 어느 수도원에서 몇 달 동안 숨어 지냈다. 이후 샨고원으로 도주하다가 체포되어 반역죄로 재판을 받고 우기가 끝날 무렵 교수형을 받았다.

고난의 시기에 나타난 현상은 구세주 왕을 내세운 반란 만이 아니었다. 인종갈등이 폭력적으로 전개되기 시작했다. 양곤의 하역노동자들 사이에 파업을 찬성하는 인도인과 반대하는 미얀마인 사이의 갈등이 누적된 인종갈등과 맞물려 폭력으로 전개됐다. 양곤 시대 빈민가에서 미얀마인들이 눈에 띄는 모든 인도인을 폭행했다. 수백 명의 인도인이 살해됐다. 미얀마인이 폭행하고

---

* 미얀마어에서 '새야'란 선생님이라는 뜻이다 — 옮긴 이.

인도인이 반격하는 악순환은 양곤 주둔군이 배치되어 길을 막고 기관포를 거치하고 나서야 잠잠해졌다. 이 사건은 미얀마인-인도인 사이의 갈등이 폭력으로 나타난 최초 사례였지만, 결코 최후는 아니었다. 1938년에 또 한 차례의 폭력충돌이 전개되어 2백 명이 죽고 천 명이 넘는 사람이 다쳤다. 이 사태는 어느 무슬림 작가가 불교를 비하하는 내용의 책을 썼다는 소문에서 출발했다. 우 서(U Saw)라는 선동정치가가 한때 정론지로 정평이 났던 <썬>(The Sun)지를 인수하여 대중선동에 나섰다. 2주일 동안 양곤은 무법천지가 됐다.

반인(反印) 감정이 미얀마 민족주의의 한 부분으로 자리 잡아 후일 많은 재앙을 예고했다. 그런데 향후 미얀마 역사에 큰 영향을 미칠 또 하나의 민족주의가 자라고 있었다. 바로 카렌(Karen) 민족주의였다.

미얀마 소수민족 중 비교적 규모가 큰 카렌족은 19세기 미국 침례교 선교사들이 활동한 결과 기독교도가 많았다. 미얀마를 찾은 최초의 선교사는 1812년 뉴욕에서 온 여객선에서 내린 매사추세츠주 말든시 출신의 아도니람 저드슨(Adoniram Judson)이었다. 저드슨은 이후 40여 년간 미얀마에서 선교 활동을 했다. 건강한 신체를 타고났는지 제1차 영국-버마 전쟁 중 미얀마 왕에 의해 18개월 동안 투옥되어 고문을 받기도 했지만, 두 명의 아내와 사별하고 두 자식을 앞세우고도 다시 결혼하여 미얀마에서 살았다. 뒤를 따라 많은 미국 선교사들이 왔다. 저드슨이 쓴 최초의 영어-버마어 사전은 아직도 사용되고 있다. 그러나 전도는 별로 성공적이지 못했다. 도착 후 6년이 지난 1819년에야 최초의 기독교도가 나왔다. 궁정에서의 선교는 더욱 어려웠다. 저드슨은 우선 아마라푸라를 방문하여 잘 제본된 성경책과 미얀마어로 쓴 기독교 교리의 요약문을 왕에게 바쳤다. 독실한 불교도였던 당시 바지더 왕은 그 요약문의 첫 몇 줄을 훑어본 다음 던지듯이 돌려주었다.

그러나 불교도가 아니었던 카렌족은 버마족과 달랐다. 그들에게도 노아의 방주와 같은 대홍수 이야기와 여자는 남자의 갈비뼈로 만들었다는 식의 전해오는 이야기가 있었다. 어느 날 구세주가 바다를 건너와 오래전에 "잃은 책"을 전해 줄 것이라는 이야기도 있었다. 그러니 유럽·미국의 기독교 선교자들에게는 최적의 조건이었다. 1820년대 말, 타닌따리과 이라와디 삼각주 지역에 사는 상당수의 카렌족이 침례교회에 나오기 시작했다. 카렌족의 다수는 아니었다. 다수는 여전히 토속신앙을 믿고 삼각주 지역에 사는 카렌족은 불교로 개종하기도 했다. 그런데 카렌족의 지도자가 된 이들이 바로 이 기독교도들이었다. 일부는 미국의 대학에 유학하기도 했다. 지금 미얀마 인구의 6% 정도가 카렌족인데 그 중 침례교도는 50만 명 정도이다. 저드슨은 미국 침례교회 사상 해외 선교의 최초 사례로 큰 주목을 받아 1814년 침례교파가 처음으로 전국 선교 회의를 개최한 계기가 되었다.11

이후 한 세기 동안 카렌족은 영국의 지배가 안정되고 더 나은 삶을 보장한다고 믿었다. 띠버 왕이 추방되고 전국에서 반영국 시위가 일어났을 때 카렌족은 영국 치안군의 일부로 참여했고, 특히 하 미얀마에서 반영국봉기를 진압한 것이 바로 기독교를 믿는 카렌족이었다. 이후에도 카렌족의 다수가 영국군 및 경찰로 편입되어 1930년대 초 새야 산의 봉기를 진압하는 데도 공을 세웠다.

이제 미얀마의 민족주의자들이 자치를 요구하는 가운데 (당시 미얀마 인구의 7%를 차지한) 카렌족이 독자적인 선거구와 의석을 요구하며 나섰다. 올버니 의과대학에서 공부하고 1920년대 '카렌민족연합'을 이끈 산 C. 포 박사는 버마족이 지배하게 되면 카렌족은 공정한 대우를 받지 못할 것이라고 믿었다. 버마족과 카렌족 사이의 관계는, 가끔 인종갈등을 빚기도 했지만, 대체로 혈연과 지연으로 연결된 무난한 것이었다. 그 점에서는 미얀마인과 인도인 사이와 비슷했다. 그러나 버마 민족주의가 득세하고 나머지 지역이 정치개혁에서 제외됨에 따라 미얀마의 정치적 상황은 크게 바뀌고 있었다. 인도인은 이웃이 아닌 외국인으로 전락했다. 카렌족은 독자적인 정부, 나아가 국가를 주장하고 나섰다. 그런데 영국의 정책결정자들은, 늘 그랬듯이, 다른 일로 바빴다.

"동양의 아일랜드"

지금 21세기 초의 시점에서 돌아보면 미얀마의 정치가 1920~30년대에 성장한 몇몇 인사들의 영향을 얼마나 크게 받았는지 그리고 지금도 받고 있는지에 대해 놀라지 않을 수 없다. 다른 식으로 표현하면 20세기의 미얀마 역사는 태평양전쟁이 발발하기 전의 암울한 때 서로 친구였거나, 적어도 함께 대학을 다닌, 대부분 남성이고 여성은 극소수인 이 소수 인사의 역사나 다름없었다. 우리 할아버지 우딴, 독립 미얀마의 초대이자 오랜 총리 우누, 미얀마군 사령관으로 후일 독재자가 된 네윈, 독립운동 순국 영웅 아웅산, 그리고 정부의 각료, 야당 정치인, 군 장성, 게릴라 운동의 지도자 등 거의 모두 다 같은 시절 양곤 대학교에 다녔다.

물론 그들은 학생의 전부가 아니었고 특별히 뛰어난 학생도 아니었다. 뛰어난 학생들은 사립학교인 양곤의 세인트 존 고등학교를 나와 영국에서 유학한 후 변호사·군수·교수·고위관리가 된 사람들이었다. 반면 월급을 많이 주는 고위직을 마다하고 정치의 길을 택해 미얀마 역사에 발자취를 남긴 이들은 가게나 정미소를 운영하는 소도시 중산층의 자식으로 영어로 가르치는 공립학교를 나온 전체적으로 볼 때 중하층 출신이었다.

어쩌면 그들이 월급을 많이 주는 고위직을 마다한 것이 아니라 그런 자리가 그들을 마다했다고 해야 마땅했다. 그들은 모든 과목을 A 학점으로 도배하고 최고의 직장을 얻을 처지에 있지는 않았다. 1930년대 양곤대학교 졸업시험 합격률은 60%에 지나지 않았다. 학교 교육을 받는다고 특별히 영국에 충성심을 갖게 되지는 않았지만, 교육은 그들을 전통으로부터 단절하는 효과를 가져왔다. 양곤대학교에서의 교육을 통해 그들은 더 큰 세상에 대해 눈을 뜨게 되었고 독서와 토론을 통해 생각의 폭을 넓힐 수 있었다. 동시에 영국이 지배하는 미얀마에서 그들이 성공할 수 있는 길이 없다는 것을 깨달았다.

그러면서 자연스럽게 정치에 빠져들었다. 신 페인(Sinn Fein)은 모두의 우상이었으나 아일랜드의 공화주의가 미얀마의 모든 문제를 해결할 수 있을 것 같지는 않았다. 인도에서 일어나는 일은 항상 주목의 대상이었으므로 국민회의의 결성과 운동이 그들에 큰 영향을 주었다. 그러나 그 평화주의적 방식과 힌두교라는 종교적 배경이 걸렸기 때문에 마이클 콜린스와 아일랜드 공화국군에 열광했던 그의 선배들과는 달리 유보하는 태도를 택했다. 시대의 흐름이 그들을 다른 방향으로 이끌었다. 1930년대 거의 모든 유럽국가에서 권위주의적 흐름이 나타났다. 이탈리아에는 이미 10년째 파시스트가 집권하고 있었다. 1933년 1월 30일, 아돌프 히틀러가 독일의 총리로 공식 집권했다. 1939년 스페인의 길고 치열했던 내전은 공화주의자의 패배, 프란시스코 프랑코 장군의 승리로 끝났다. 이제 이오시프 스탈린과 거의 동일시된 공산주의가 비서방 세계의 유력한 대안으로 떠올랐다. 미얀마의 젊은 학생들이 점진적 정치개혁을 통한 의회 민주주의의 설립을 대안으로 생각할 여지는 사라졌다.

후일 나라를 독립으로 이끈 아웅산(Aung San)도 소도시 중산층을 배경으로 했다.[12] 그의 조부는 상 미얀마 큰 부족의 족장이었고, 그 가문에서 적지 않은 사람들이 왕정에 출사하여 민돈 왕 치하에서 대신의 반열에 오른 이도 있었다. 식민지 시대 그의 부친은 법률가를 지냈다. 호리호리한 몸매에 별로 잘 생기지 못한 외모였으나 이상하게 카리스마가 있어 따르는 사람이 많았다. 정치에 관심이 매우 많아 학생회 집행부에 선출됐다. 당시 학생회관은 캠퍼스 초입에 상당히 큰 건물로 자리 잡고 있었다. 미국의 에이브러햄 링컨 대통령과 19세기 멕시코 민족지도자 베니토 후아레스를 우상으로 여기는 한편 에드먼드 버크의 의회연설문을 달달 외고 다니기도 했다. 학생회보의 편집인도 맡아 그 때문에 1936년 2월 대학 당국과 충돌했다. 「풀어놓은 지옥의 개」라는 제목으로 교장을 비판한 글을 쓴 작가의 이름을 밝히기 거부했기 때문이었다. 그 일로 그는 학교에서 퇴학 처분을 받았는데 그것이 학생들의 수업 거부로 이어지면서 복교됐다. 그렇게 갈수록 정치에 빠졌다.

아웅산은 괴짜로 소문났지만, 괴짜치고는 이상하게 매력이 있었다. 8살이 될 때까지 말문이 트이지 않았고, 10대에는 혼자서 생각에 잠겨 다른 사람들과 어울리지 않았다. 차림새에도 신경을 쓰지 않았고 기숙사 방은 돼지우리 같았다. 나중에는 행동가로 정평이 났지만 어린 시절 그는 독서광이었다.13 독서를 통해 그는 차츰 과격해졌는데 『책의 세계』 독자 투고란에서 논객으로 점차 이름을 얻어가던 우딴과 교복에 대해 논쟁을 벌였다. 당시 26세로 선배였던 우딴은 교복은 학생들의 개성 발달에 해가 된다고 쓴 반면, 아웅산은 "인간 삶의 표준화는 불가피할 뿐만 아니라 바람직하다"라고 주장하며 우딴의 민족주의에 의문을 표시했다. 우누가 중재를 해서 둘은 후일 친한 친구가 됐다.14 그러나 당시에는 아웅산과 같은 생각이 대세였다.

1935년 젊은이들과 비주류 정치인들이 모여 '도 바마(Do Bama; 우리 버마사람) 협회'를 결성했다.15 그 협회의 회원들은 스스로 '따킨'(Thakin)이라고 불렀는데, 이는 힌두어의 '사힙'(sahib)처럼 '나으리'라는 뜻의 미얀마어였다. 당시에 주로 유럽인들을 상대로 사용하던 말이니 일말의 비아냥거림이 섞여 있었다. 그들은 현실에 안주하는 중산층 정치인과 그들이 사는 방식을 경멸했다. '과감하게 살자'라는 것이 그들의 신조였다. 애국심을 팔아서 개인적 이득을 추구하지 않았으니 다들 가난했다. 행진곡풍에 씩씩한 내용의 회가(會歌)를 만들어 불렀는데 그것이 널리 알려지면서 나중에 미얀마의 국가(國歌)가 됐다. 마르크스주의 서적을 탐독하고 공장이나 유전에서 일하는 노동자들을 동원하고 조직하고자 했으나 큰 성공은 거두지 못했다. 노동자의 대부분은 미얀마인이 아니라 인도인이었기 때문이었다. 이들 사이에는 니체도 널리 읽혔다. 특히 머리가 좋은 사람일수록 공산주의에 빠져들어 '버마 공산당', '버마 사회당'을 결성했다. 이들의 움직임은 영국의 식민당국, 미얀마의 주류 정치권, 나아가 일반인들도 거의 알아차리지 못했다. 겉보기에 그들은 순진한 학생에 불과했다. 어두침침한 기숙사에서 존 스트레이치의 『사회주의 이론과 실제』를 함께 읽고 토론하고, 때로 담배 연기 자욱한 찻집에서 허황한 혁명론을 놓고 목소리를 높일 따름이었다. 그럴 때 영국 식민당국의 관리들은 바고 클럽에서 술을 마시거나 김차카에서 크리켓 경기에 열광하고 있었다. 그러니 불과 7년 후 1941년 바로 그 '따킨'이라는 자조적 이름을 자처했던 젊은이들이 미얀마 최초의 독립 정부를 구성할 것이라고 상상이나 했겠는가?

1935년 헌법에 따라 미얀마는 진짜 정부와 같은 것을 가지게 됐다. 이 헌법은 1935년 '인도법'에 부가조항으로 채택된 것이었는데, 그에 따라 미얀마는 수년간 요구했던 대로 인도에서 분리되고 인도의 어느 지방에 못지않은 자율권을 받았다. 하원은 카렌족에 할당된 12석, 스코틀랜드 출신 사업가에 할당된 11석을 포함하여 총 113석으로 구성됐다. 상원은 소득 기준을 두고 하원에 대한 보수적인 견제장치로 두고자 했다. 부유한 사업가나 전문가, 지주, 고위 공무원 출신 등으로 그 자격요건을 제한한 것이다. 총리가 이끄는 내각이 국정을 담당하되 의회에 대해 책임지도록 했다. 총독이 여전히 막강한 권한을 가졌다. 샨을 포함한 고산지역에 대한 행정, 나아가 미얀마 전역에 대한 비상대권을 보유한 것이다. 이는 곧 영국이 여전히 권력의 정점에 있음을 의미했지만, 그래도 상당한 정도의 권력이 선출된 미얀마인으로 이전됐다고 생각할 충분한 근거가 있었다.

그 무렵 바머 박사(Dr. Ba Maw)라는 법률가가 부상했다. 그의 아버지는 띠버 왕 시절 궁정에 출사했는데 아르메니아 피가 섞였다는 소문이 있었다. 허영심이 많고 외모에 많은 공을 들이던 인물로 스스로 자신의 옷을 디자인해 입기도 했다. 그가 디자인한 옷은 미얀마의 전통의상에 현대식 색채를 가미하여, 그의 정치 스타일과 닮은 점이 있었다. 케임브리지의 세인트 캐서린 대학에서 법을 공부하다가 교칙을 어겼다는 이유로 퇴학을 당했다. 그 때문에 반영감정이 생긴 바머는 프랑스로 가서 어렵게 프랑스어를 배우고 더욱 어렵게 보르도에서 문학박사 학위를 받았다.

바머가 유명해진 것은 1930년 선동죄로 기소된 새야 산의 변호를 맡았기 때문이었다. 사실 그 사건은 민족주의 정서에 호소하는 정치인에게는 좋은 기회였다. 과연 그것을 계기로 바 모는 1935년 버마 자치정부의 초대 총리로 선출됐다. 그가 창당한 정당은 '신예따'(sinyetha) 즉 '가난한 사람의 정당'이라는 이름이었고 이름처럼 급진적 강령을 표방했다. 당시 분위기에 그게 인기가 있었다. 인민 사회주의를 주창하며, 그것을 미얀마 민족적 필요에 맞추어 자본주의자를 공격하고 감세를 약속했다. 그러나 그의 정부는 기업가 또는 기타 보수적 인사들과의 연립 정부였기 때문에 타협이 불가피했고 그에 따라 그의 공약과 정책 사이에 큰 괴리가 있었다.[16]

이렇게 민주주의를 배우고 실천하는 가운데 미얀마의 정치는 혼란스럽고 폭력적이었다. 사실 최고권력은 여전히 영국인 손에 있었으므로 미얀마 정당

정치는 책임 있는 정부를 표방했지만, 사실은 보여 주기 위한 극장정치와 다를 바 없었다. 자치정부 출범 4년 동안 집권 연립이 세 차례 바뀐 끝에, 1940년 바머는 결국 총리직을 내놓았다. 이 시기의 정치는 독립 후 미얀마 정치가 어떤 모습일지를 보여 주는 예행연습과 같았다. 그러는 가운데 미얀마의 경제적, 사회적 문제는 갈수록 커졌다. 경제는 대공황의 충격에서 회복하지 못했다. 인종갈등이 폭력충돌로 비화하는 가운데, 1938년 무슬림-불교도 사이의 유혈 충돌이 처음으로 일어났다. 범죄율도 여전히 높았다. 그런데도 나라의 소위 지도자라는 사람들은 장관 자리를 놓고 다투느라 여념이 없든지, 아니면 독립이라는 거창하나 당시에는 현실성이 없는 구호에 매몰돼 있었다. 독립국 미얀마에 대해 그나마 뚜렷한 계획을 마련한 쪽은 좌파, 특히 공산주의자들이었다. 민병대, 즉 정치깡패가 등장한 것도 그 무렵이었다. 바머를 비롯한 정치가들이 동유럽 나치당의 친위부대 "갈색 셔츠"나 이탈리아 무솔리니의 "검은 셔츠" 부대를 흉내 내어 민병대를 창설했다. 이들은 카키색 반바지 유니폼을 입고 무리를 지어 양곤의 거리를 활보하며 손에 든 곤봉을 휘둘러 행인에게 겁주었다. 영국 당국은 전에 없이 그런 행태를 방관했다. 여전히 절대권력을 가진 영국이 작정하면 이런 무법천지를 바꿀 수 있었다. 그러나 영국은 버마에 신경을 쓸 여유가 없었다. 유럽의 정세가 너무나 급박했다.

    1938년에 이르러 대학교에서, 심지어 고등학교에서 수업 거부가 일상처럼 되었다. 그리고 젊은 따킨 운동가들과 '전국학생연합' 사이에 유대가 강해졌다. 12월 20일, 학생들이 투옥된 따킨 운동가들의 석방을 요구하며 시위에 나섰다. 그 시위가 과격해지면서 한 학생이 경찰관이 휘두르는 진압봉에 머리를 맞아 숨졌다. 학생운동가 중 최초의 순국자가 나온 것이었다. 시위의 규모가 커지고 전국으로 퍼졌다. 1939년 2월 만달레이에서 군대가 수천 명의 학생, 승려, 노동자들에 발포하여 14명이 숨졌다. 군중이 시위하고 군이 무력진압하는 미얀마 정치의 전형이 이렇게 시작됐다.

1939년 양곤의 한 신문에 30세가 된 우딴이 정세를 비판하는 글을 썼다. 사람들이 비판적으로 생각하지 못하고 정치인들이 성숙하지 못해 나라가 잘못된 방향으로 나아가고 있다고 지적했다. "버마 정치는 신문을 바쁘게 하는 것 이상의 의미가 없다"라고 질타했다. 그래도 "좌절할 필요는 없다. 문제의 원인을 깨닫는 것만으로 문제의 반은 해결된 것과 같다"라고 덧붙였다.[17] 그러나 그처럼 절제된 방식으로 문제를 따지고 해결책을 찾는 식으로 토론이 진행되기에는 이미 늦었다.

몰려오는 전운

1939년 9월 1일, 페더 폰 보크(Feder von Bock), 게르트 폰 룬드슈테트(Gerd von Rundstedt) 두 장군이 6개의 기갑사단을 포함, 총 56개 사단으로 구성된 독일군 병력을 이끌고 폴란드와의 국경을 넘었다. 대영제국이 독일에 선전포고했다. 향후 11개월 동안 독일군은 유럽 전역을 휩쓸어 이듬해 6월 프랑스가 항복했을 때 영국은 세계에서 가장 막강한 군대에 맞선 유일한 나라가 됐다. 독일군의 영국 공격이 시작되어 런던은 밤낮으로 포화에 시달렸다. 단 하루 만에 3천여 명의 민간인이 사망한 적도 있었다.

전쟁 초기, 영국식민지 미얀마는 전쟁을 실감하지 못했다. 좌익성향의 따킨 운동가들은 파시즘을 위협으로 간주했다. 그러나 기회가 왔다고 여기는 이들도 있었다. 바머도 그중 하나였는데 '자유 블록'(Freedom Bloc)이라는 단체를 새로 만들고 다음과 같은 세 가지 요구를 내세웠다.

(1) 영국은 독립에 대한 버마의 권리를 인정할 것,

(2) 제헌의회 설립을 준비할 것,

(3) 정부의 모든 부처를 내각의 관할 하에 둘 것.

바머는 이 단체의 '아나신' 즉 최고 권력자가 됐다. 아웅산이 사무총장이 됐다. 전쟁이 주는 기회를 이용하여 독립을 되찾는 것이 이 단체의 유일한 목표였다.

구체적 방법론을 놓고 의견이 갈렸다. 일부는 일본과 몰래 동맹을 맺자고 했는데 바머가 그 대표였다. 중국과 손을 잡자는 주장도 있었는데 중도파 우 누가 그에 포함됐다. 1939년 말, 상황을 파악하고자 대표를 뽑아 육로를 통해 난징으로 보냈다.

이때 우서(U Saw)라는 새로운 인물이 등장했다. 이렇다 할 교육을 받지는 않았으나 뛰어난 정치적 술수와 권력욕으로 1939년 총리직에 올랐다. 총리가 된 후 모든 사병을 금지하고 1941년 영국 의회가 채택한 '버마 방위법'을 이용하여 언론규제를 강화했다. <썬>지를 인수하여 인종적 분열을 부추긴 것도 그였다. 공산주의자, 따킨 운동가, 기타 정적들을 투옥했다. 바머, 우누를 비롯한 수십 명의 정치인이 만달레이 감방에 수감됐다. 이후 영국의 눈치를 보느라 폭력적 언사를 순화시키기는 했지만, 자치를 요구한다는 점에서는 다른 정치인들과 같았다. 1941년 영국으로 날아가 윈스턴 처칠을 만나 자치를 요구했으나 처칠은 완곡히 거절했다. 이후 다른 방법을 찾겠다고 리스본에서 일본 정보원들과 접촉했다가 영국 정보당국에 발각돼 현장에서 체포됐다. 곧 석방됐으나 영국에 대해 이를 갈며 돌아왔다.

천둥벼락

일본은 이미 수년에 걸쳐 미얀마에서 첩보 활동을 해왔다. <썬>이나 <뉴 버마>와 같은 일간지에 친일적인 시론을 쓰도록 논객들을 매수하기도 했다. 일본은 동남아에 진출한 사진사·창녀·이발사·화학자 등 일본인들을 활용하여 정보조직을 구축했다. 일본은 동남아에서 미국과 유럽을 상대로 전쟁을 할 준비를 하고 있었던 것이었다. 일본 학교에서는 미얀마어·태국어·말라야어· 인도어를 가르치고 청소년은 스모·가라테·검도 등 무술을 익히며 참전을 준비했다.[18] 중일전쟁이 전면전으로 확대되고 중국의 해안선은 모두 일본의 수중에 들어왔지만, 전투의 승리가 전쟁의 승리를 가져다주지는 못했다. 장개석이 이끄는 국민당 정부는 쓰촨성의 충칭으로 후퇴하여 영국과 미국의 지원을 받아 항전했다. 이미 유럽에서 전쟁이 한창이었다. 그것이 태평양으로 확대돼 '세계대전'이 되는 것은 이제 시간문제였다.

총참모부 수송부대장의 직위를 가진 스즈키 케이지(鈴木敬司)가 미얀마와 중국을 잇는 버마 로드를 차단하라는 밀명을 받고 파견됐다. 마치 '아라비아의 로런스'처럼 현지에서 일본을 위해 활동할 인물을 포섭하는 것도 임무 중 하나였다. 그는 다들 선망하는 일본 참모대학을 졸업하고 영어에 능통한 수재였는데 평소 일본의 대전략(grand strategy)에 관심이 많았다. 도쿄의 나카노(中野) 첩보학교에서 사귄 동료들과 더불어 남방 경략을 위한 '미나미 기칸'(南機關)이라는 조직을 만들었다.[19]

미얀마에 파견된 스즈키는 '아라비아의 로런스'가 그랬던 것처럼 현지의 민족주의에 동조했다. 일본이 미얀마를 정복한 후 찍은 사진에는 미얀마의 전통의상 정복을 입고 있었다. 자신이 왕위계승 1순위였던 띠버의 이복형 민군 왕자의 숨겨진 아들이라는 소문을 퍼뜨리기도 했다.

1940년 5월 스즈키는 한 동료와 함께 양곤으로 들어와 유다 에제킬(Judah Ezekiel)로 40번지에 사무실을 차렸다. 미나미 기칸의 미얀마 지부를 차려 미얀마에서 영국인들을 몰아낼 전초기지로 사용했다.[20] 후일 쓸모가 있을 것이라는 생각에서 따킨주의자들과 친교를 맺었다. 그러던 어느 날 학생운동가 출신 따킨주의자 아웅산이 일본이 점령하고 있는 중국 푸젠성의 아모이, 오늘날 샤먼(廈門)을 전전하고 있다는 첩보가 들려왔다. 스즈키가 기다리던 기회였다.

1930년대는 미얀마의 근대정치가 뿌리를 내리던 시기였다. 세계적으로 팽배하던 극단주의와 군사주의의 분위기가 바로 미얀마 정치의 뿌리에 스며들어 두고두고 이 나라 정치에 영향을 미칠 것이었다. 양곤대학교 학생회관, 길거리 찻집에서의 좌우 이념의 양극단으로 나뉘어 선동과 전복, 지하조직과 대중시위 등에 대해 벌인 토론도 마찬가지였다. 실용주의나 타협의 여지는 전혀 없었다. 대공황으로 말미암아 어렵사리 모든 돈은 날려버린 수백만 명의 사람들과 일자리를 찾지 못해 방황하던 젊은이들은 행동을 취할 명분과 기회만 찾고 있었다. 반면 구체제를 전복하고 대안적인 체제를 정착시키지 못했던 식민당국은 미얀마처럼 다인종, 다문화 사회를 전혀 관리하지 못했다. 그렇다면 남은 것은 하나였다. 바로 전쟁이었다.

10

전장과 난장
戰場　　　亂場

미얀마가
제2차 세계대전에 휘말려
내전의 씨앗을 잉태하다.

그리고,
대영제국을 몰아낸
아웅산 장군의 대활약.

10

해리 프렌더개스트가 띠버의 왕국을 무너뜨린 후 56년간 미얀마를 지배해 온 영국의 식민지배가 마치 수수깡처럼 무너졌다. 관료와 장교, 병사 누구나 할 것 없이 공포에 질린 수십만 명의 피난민에 섞여 달아났다. 그 뒤를 콧수염을 멋지게 기른 이이다 쇼지로(飯田祥二郞) 중장이 이끄는 제15 일본 제국육군이 쫓고 있었다. 미얀마는 전쟁의 원인과는 아무런 관련이 없었다. 그러나 그 전쟁은 미얀마를 철저히 파괴했다.

일본에서 근대화란 곧 군사화를 의미했다. 1868년 메이지 유신(明治維新)으로 도쿠가와 바쿠후(德川幕府)를 몰아낸 일본의 새로운 지배층에 근대화란 서구화요 군사화인 동시에 제국화였다. 부국강병(富國強兵)이 목표였다. 19세기 말 청일전쟁(1894~1895년)을 통해 타이완을 합병하고 만주에 발을 디딘 일본은 10년 후 러일전쟁(1904~1905년)에서 강대국 러시아를 격파하여 세상을 놀라게 했다. 이 일로 러시아에는 '피의 일요일'이라는 유혈사태가 발생했고 그것이 후일(1917년) 러시아 혁명의 실마리가 됐다.

이런 과정을 통해 일본은 영국과 프랑스와 같은 세계적 제국을 꿈꾸기 시작했다. 그러나 제1차 세계대전에서 아직 그에 미치지 못한다는 것을 실감한 일본은 절치부심, 팽창정책을 더욱 강화했다. 1931년 만주사변을 일으켜 청나라의 마지막 황제 아이신 구오로, '헨리' 푸이를 내세워 괴뢰정부를 수립했다. 1937년 중국 본토에 대한 침공을 시작했다. 국제연맹이 이를 비판했지만 아무 소용이 없었다. 한편, 유라시아 대륙의 서쪽 끝 스페인에는 프란치스코 프랑코가 일으킨 내전이 시작됐고 독일이 파시스트 프랑코를 지원하여 병력을 파견했다. 그로부터 2년 후 1939년 유럽에서 제2차 세계대전이 시작됐다.

유럽에서 전쟁이 발발하자 호시탐탐 동남아를 넘보던 일본에 기회가 왔다. 일본은 고무·주석·석유 등과 같은 동남아의 자원이 필요했다. 미얀마에는 유전이 있었다. 무엇보다 미얀마는 전략적으로도 중요했다. 첫째, 미얀마는 중국으로 통하는 관문이었다. 인도양과 중국내륙을 잇는 버마 로드가 있었고, 영국과 미국이 그 길을 통해 쓰촨성 충칭(重慶)에 있는 장제스 정권을 지원하고 있었다. 일본은 그 버마 로드를 장악하면 중국에 대한 서방의 지원을 차단하여 중화제국에 대한 경략을 완성할 수 있다고 보았다. 둘째, 미얀마는 또 하나의 대륙, 곧 인도에 진출할 수 있는 관문이었다. 미얀마로부터 인도를 공격하면 벵골지역 인도인들이 봉기할 것이고, 그러면 인도의 대영제국을 무너뜨릴 수 있을 것이었다.

그런데 과연 서방을 무너뜨릴 수 있을까? 제국육군이 영국군, 그리고 미국군을 상대로 승리할 수 있을까? 확신이 서지 않았다. 더 극적인 방법, 예측을 뛰어넘는 과감한 행동을 통해 '귀축영미'(鬼畜英米)가 대응하기 전에 '대동아공영권'을 확고히 굳힐 수 있는 시간을 벌어야 했다. 그래서 1941년 11월 말, 살얼음이 끼기 시작한 쿠릴열도에 해군함정과 함재기가 집결하여 하와이, 그리고 진주만을 향해 항해를 시작했다.

마지막 여름

진주만 공격이 시작되기 수 주일 전, 우기가 아직 한창이던 무렵 싱가포르에 본부를 둔 영국 극동군 사령관 로버트 브룩-포팜(Sir Robert Brook-Popham) 공군 대장이 미얀마를 시찰했다. 브룩-포팜은 백전노장이었다. 보어 전쟁에 참전했고 케냐의 총독을 지냈다. 늘 자신감이 넘쳤고 작은 일에 놀라지 않았다. 그때 일본이 이미 프랑스령 인도차이나에 진출해 있었지만, 미국과 영국의 경제제재로 더 이상의 팽창은 감히 하지 못할 것이라는 생각이 지배적이었다. 브룩-포팜과 참모들은 만일 일본이 침공한다면 태국 북부로부터 샨 지역으로 들어올 것으로 판단했다. 그래서 미얀마 사단의 병력 대부분을 산지에 주둔시키고 단 하나의 여단만 남쪽 말레이반도에 면한 해변 지대에 배치했다. 그리고 더 이상의 병력은 필요하지 않다고 보고했다.[1]

윈스턴 처칠 총리는 그 보고서가 미덥지 않아 측근인 알프레드 더프 쿠퍼를 따로 파견하여 다시 검토하라고 했다. 보수파 정치인으로 정보부 장관을 맡고 있던 쿠퍼는 양곤의 모든 것이 마음에 들지 않았다. 일본이 침공할 것이라고 보지도 않았고 자신의 임무를 심각하게 받아들이지도 않았다. 공무출장에 아내를 동반하고 그 아내는 1백 개가 넘는 가방을 끌고 왔을 정도였다. 쿠퍼는 영국군 장교들을 만나 당분간은 전투가 없을 것이라고 말했다.

10월이 돼서야 경종이 울리기 시작했다. 단신에 탄탄한 근육질 몸매를 자랑하는 웨이블(A. P. Wavell) 장군은 영국이 자랑하는 용장이자 명장이었다. 그런데 수치스럽게도 북아프리카 사막에서 에르빈 로멜이 이끄는 독일 전차 군단에 밀려 패퇴했다. 이후 인도 주둔군 사령관으로 보임됐는데, 잠시 만사를 잊고 쉬라는 배려였다. 인도 주둔군이 전투에 참여할 일은 없다고 생각했기 때문이었다. 그러나 백전노장 웨이블 장군은 곧 그렇지 않다는 것을 깨달았다. 인도에서 전투가 벌어지고 미얀마가 점령될 가능성이 매우 크다고 보았다.2 웨이블은 즉각 증원군을 요청하고 아삼과 양곤을 잇는 포장도로를 건설해달라고 주문했다. 또 '웨일스의 왕자' 함과 '리펄스' 함 등 두 척의 순양함을 싱가포르로 보냈다. 그런데 너무 늦었다.

일본의 공격은 마치 맑은 날씨가 이어져 기껏해야 가랑비가 올 거로 생각하던 중에 쏟아진 천둥과 번개를 동반한 폭우와도 같았다. 12월 7일 새벽 진주만의 미국 해군이 궤멸했다. 이어 필리핀과 홍콩, 말레이반도가 빠른 속도로 무너졌다. 마치 2년 전 독일군이 전격전으로 유럽을 점령해 나간 것과 흡사했다. 크리스마스 날, 홍콩에서 1만 2천 명의 영국군이 포로로 잡혔다. 바로 그 주에 일본군은 태국으로 진군했다.

그제야 양곤의 영국 식민당국은 위험신호를 읽고 긴급히 지원을 요청했다. 가장 가까이 있던 원군은 중국군이었다. 장제스는 윈난에 있던 중국군 2개 부대를 미얀마 동쪽 산을 넘어 진군시켰다. 이라크에 있던 제17 인도사단과 아프리카의 2개 여단을 파견하기로 했다. 그러나 시간이 없었다.

뉴욕의 영화관에서 밥 호프와 빙 크로스비가 주연한 영화 <잔지바르로 가는 길>(The Road to Zanzibar)이 개봉을 며칠 앞둔 12월 23일 아침, 양곤에 대한 공습이 시작됐다. 양곤에는 대공 무기가 없었다. 단지 미국인 클레어 체놀트가 이끄는 '플라잉 타이거스' 편대가 민갈라돈 비행장을 근거로 활동하고 있었다. '플라잉 타이거스'는 요란한 파티로 유명한 자원 비행대였다. 일본군 항공기를 격추할 때마다 장제스로부터 많은 돈을 받았다. 이들이 동원돼 요격에 나섰지만 역부족이었다. 그날 양곤의 일상은 여느 때와 같았다. 도심은 여전히 사람들로 북적였다. 하늘에서 공중전이 벌어지고 그것을 쳐다보던 행인들의 머리에 폭탄이 투하됐다. 인체가 산산조각이 나고 잘려나간 신체 일부가 공중에 날리는 끔찍한 장면이 연출됐다. 그날 하루만 양곤에 거주하는 총 40만 명의 인구 중 3천 명이 목숨을 잃었다. 대형화재가 발생했는데 끌 방법이 없었다. 이런 일을 예상하지도 못하고 준비도 안 된 사람들은 공황에 빠졌다. 의료지원이나 기타 비상대비 체제는 완전히 무너졌다. 이틀 후 성탄절, 제2차 공습이 시작됐다. 양곤 북쪽의 도로는 피난민으로 가득 찼다. 도심지역에 몰려 살던 인도인들은 눈에 띄는 배마다 뛰어올라 캘커타나 마드라스로 가달라고 아우성쳤다.

이 엄청난 비극의 주연은 버마 총독 레지널드 도먼-스미스 경(Sir Reginald Dorman-Smith)이었다. 농업부 장관을 지내고 버마에 왔는데, 버마로 부임한 많은 영국 관리들이 그렇듯이 아일랜드계였고 그 사실에 큰 자부심이 있었다. 한때 아일랜드계를 분리 수용하는 안을 토론하는 내각회의에서 자신이 아직도 아일랜드 시민권을 가지고 있다고 자랑스럽게 밝혀 동료들을 놀라게 한 적도 있었다. 도먼-스미스는 '과학 농법'에 반대하고 '자연 농법'을 주장하며 파스퇴르 우유를 반대하는 운동을 이끌기도 했다. 또 식민지 주민의 반제국주의적 정서를 이해한다고 자주 말했다. 런던 내각 건물 지하에 있는 식당에서 차를 마시던 중 버마 총독 자리를 제안받았다. "아일랜드인은 성공한다는 보장이 없더라도 이런 도전은 마다한 적이 없다"라고 생각하여 그 제안을 수락했다.[3]

일본군의 첫 공습이 시작됐을 때 도먼-스미스는 취임한 지 겨우 6개월째였다. 그와 버마 주둔군은 전황을 전혀 알지 못했다. 얼마나 많은 일본군 병력이 어디에 있는지, 그리고 앞으로 어떤 일이 일어날지 감을 잡지 못했다. 오기로 한 원군은 일본군이 말레이반도에 상륙하여 싱가포르를 향해 남진함에 따라 말레이반도로 방향을 돌렸다. 영국 정부는 어떠한 대가를 치르더라도 싱가포르만은 반드시 지켜야 한다고 생각한 것이었다. 싱가포르가 일본의 수중에 들어가면 호주에서 홍해로 이어지는 인도양 전체가 일본해군의 지배하에 들 것이었기 때문이었다. 버마가 전략적 우선순위에서 밀린다는 사실을 인정하지 않을 수 없었다. 1월 중순 남부의 해안 도시 메르귀와 다웨이가 태국에서 산을 넘어온 일본군에 점령됐다. 메르귀를 탈출해 온 부시장은 도먼-스미스를 만나 눈물을 흘리며 말했다.

"포로가 되더라도 남아있어야 했습니다. …… 이제 다시는 고개를 들고 살 수 없게 되었습니다."

도먼-스미스도 같은 기분이었다. 런던 외무성 버마과에 전문을 보내 이렇게 보고했다.

"현지 사람들을 버리고 떠난다고 생각하고 싶지 않음. 도움말을 주면 고맙지만, 나의 의견은 우리 모두 이곳에 남아야 한다는 것임."

불과 수 주일 만에 차분했던 낙관론이 전면적인 패배가 불가피하다는 비관론으로 바뀌었다.

머나먼 후퇴길

미얀마를 포기하면서까지 최선의 준비를 했지만 '난공불락의 요새' 싱가포르가 함락됐다. 2월 15일의 일이었다. 싱가포르의 포드 자동차 공장에서 아서 퍼시벌(Arthur Percival) 중장이 목이 굵은 '말레이반도의 호랑이' 야마시타 도모유키(山下奉文) 대장이 이끄는 일본군에게 항복했다. 영국군, 호주군, 인도군을 합하여 7만이 넘는 병력이 불과 3만에 불과한 일본군에 패한 것이었다. 일설에는 바다로부터의 공격을 염두에 두고 그쪽을 향해 배치됐던 대포의 방향을 돌리지 못해 졌다고 하지만 사실은 탄환이 문제였다. 군함의 철갑을 뚫기 위한 철갑탄은 정글을 뚫고 포복하며 전진하는 보병에는 별 소용이 없었던 것이었다.

그에 앞서 2월 1일, 일본군 제33사단과 제55사단 병력이 북쪽으로 진군하여 미얀마의 제3 도시 몰메인을 점령하고 살윈강 변에 진을 쳐 강너머 양곤, 그리고 미얀마 중심부를 사정권에 두게 됐다. 이때 전설적인 조종사 존 반 쿠런 '스카스데일 잭' 뉴커크는 신혼여행 중이었다. 여행 도중에 급히 미얀마로 돌아와 '플라잉 타이거스' 편대를 이끌고 일본공군기에 맞섰다. 수적으로 열세였지만 영국인, 캐나다인, 호주인, 인도인도 합세한 가운데 미국인 조종사들은 122대의 일본공군기를 격추했다. 스카스데일 잭이 격추한 일본기만 25대에 달했다. 이에 반해 단지 5대만 희생됐으니 근 1대 25의 격추율을 보인 것이었다.

2월 말 양곤에서 철수 준비가 완료됐다. 입원환자와 의료진은 일찌감치 만달레이로 이송됐다. 정신병동의 환자들과 인세인 교도소의 잡범들도 석방됐다. 경찰이 철수하면서 도시의 치안은 아니나 다를까 엉망이 됐다. 빈민들은 불을 지르고 가게와 창고를 약탈했다. 1824년 양곤을 점령한 날 양곤의 창고를 털었던 영국 군인들이 이제 120년의 점령 역사를 끝내면서 다시 한번 창고를 털었다. 적군에게 보급품을 남길 수 없다는 핑계를 댔다.

그 무렵 제7 기갑여단이 미얀마인들이 생전 처음 보는 탱크를 몰고 이집트로부터 도착했다. 그래도 일본군의 진격을 막기에는 역부족이었다. 2월 22일, 영국군은 공포에 사로잡힌 나머지 양곤에서 1백 마일이 채 떨어지지 않은 시탕강의 다리를 폭파했다. 제17 인도사단의 2개 여단 병력이 아직도 다리를 건너지 못했다는 것을 뒤늦게 깨달았다.

상황은 갈수록 절망적으로 바뀌었다. 처칠이 존 커틴(John Curtin) 호주 총리에게 중동을 떠나 귀환하고 있던 호주군 제6, 제7 사단 병력을 버마로 보내달라고 요청했다가 거절당했다. 처칠은 그 병력에 따로 명령을 내렸다가 커턴 총리의 분노에 찬 항의를 받고 철회했다. 커틴은 호주 본토가 일본군의 침공을 받을지 모른다고 우려한 것이었다. 이렇게 버마를 구할 수 있는 또 하나의 병력이 스쳐 지나갔다.

일본군이 시탕강을 건너 양곤을 북서쪽으로 만달레이와 잇는 바고 로드를 향해 서진하고 있다는 소식에 도먼-스미스는 양곤의 마지막 밤을 준비했다. 쉐다곤 파고다에서 멀지 않은 곳에 있던 빅토리아풍의 거대한 정부 청사 건물에 남은 사람은 거의 없었다. 양자로 입양한 비서 에릭 베터스비, 군 연락장교 윌리 리치먼드, 런던에서 온 2명의 종군기자가 전부였다. 그들은 휑하니 크게 느껴지는 식당에서 최후의 만찬을 했다. 총 110명의 청사관리원 중에서 집사장과 요리사만 남았다. 지난 며칠 동안 모두 떠나고 텅 빈 청사에서 홀로 남아있던 도먼-스미스는 양고기 요리를 준비하느라 묶어둔 양을 보며 모종의 동질감을 느끼기도 했다. 그들은 남아있던 포도주를 모두 비우고, 근엄한 얼굴로 벽에 걸린 역대 총독의 대형 초상화를 때려 부수며 깔깔 웃었다.4

병력은 보충할 수 없었으나 장군은 파견했다. 포기한 환자에게 전문의를 보낸 격이었다. 몇 년 후 대원수로 승진하고 됭키르크 해안전투의 마지막 지휘관이 된 해럴드 알렉산더 경(Sir Harold Alexander)이 파견돼왔다. 미국도 장제스와 의논하여 '비니거 조' 스틸웰("Vinegar Jone" Stilwell) 장군을 파견하여 미얀마의 중국군을 지휘하도록 했다. 그러나 아무리 명장이라도 거대한 조류를 멈출 수는 없었다. 그들이 한 일이라곤 영국 역사상 가장 긴 후퇴를 관리하는 정도였다.

다들 미래에 대한 불안에 떨었다. 그러나 현지인의 불안은 미얀마의 인도인들의 두려움에 비할 바는 아니었다. 10만 명이 넘는 인도인들이 걸어서, 또는 가재도구를 쌓아 올린 우차를 끌고 라카인으로 피난길에 올랐다. 하루에도 수천 명이 굶어서, 아파서, 탈진해서 죽어 나갔다. 또 다른 수십만 명의 피난민이 만달레이 외곽 아마라푸라 근처에 난민촌을 건설했다. 식민당국은 군대의 후퇴에 지장을 주지 않기 위해 하루 5백 명씩만 북쪽으로 피난을 허용했다. 얼마나 많은 사람이 죽었는지 정확히 알지 못했다. 수만 명은 족히 되었을 것이었다. 2십만 명 정도만 산을 넘어 인도에 돌아갔다.

이라와디강을 따라 올라가는 길에 있는 프롬이 함락됐다. 토웅우도 함락됐다. 영국-중국 연합군은 전술과 자신감, 용맹 그 어느 것도 일본군에 미치지 못했다. 마침내 만달레이에 포탄이 날아들었다. 기차역과 소방서와 병원이 산산조각이 났다. 포탄에 찢긴 사람과 동물의 잔해가 만달레이 성을 둘러싼 해자 속 연꽃 사이를 떠돌았다. 도시의 3분의 2 이상이 불타 사라졌다. 섭씨 40도에 달하는 더위 속에서 민돈과 띠버의 왕도는 화염에 휩싸였다. 건물은커녕 나무 한 그루 온전한 것이 없었다. 파헤쳐진 도로 위에 끊어진 전화선이 노출되어 있었다. 참기 어려운 악취가 도시를 뒤덮고 있었다.

파괴는 끝나지 않았다. 영국인들은 글래스고와 런던의 상인들이 오랫동안 많은 이득을 보았던 유전에 불을 지르고 떠났다. 시커먼 연기가 고도 바간의 하늘까지 가렸다. 3월 초, 도먼-스미스는 마침내 여름 휴양지 메이묘에 도착했다. 미얀마의 남부를 완전히 장악한 일본군은 전혀 기세를 늦추지 않고 있었다. 알렉산더 장군은 중국군에게 뒤를 맡기고 영국군을 이끌고 이라와디 분지를 서쪽으로 지나 인도로 후퇴할 계획을 세웠다.

일본군이 조만간 메이묘로 진격해 올 것이었다. 총독관저는 이미 약탈자들이 휩쓸고 지나간 다음이었다. 카펫도 걷어가고 식기, 심지어 포크 하나도 남은 것이 없었다. 보좌관과 함께 남은 도먼-스미스는 점심거리가 없다는 것을 깨달았다. 마침 나이든 미얀마인 심부름꾼이 나타났다. 총독 각하는 정중한 태도로 음식을 요청했다. 심부름꾼은 본인의 도시락밖에 없다며 그거라도 나누어 드시겠냐고 물었다. 그래서 대영제국의 왕을 대표한 도먼-스미스는 미얀마식 쌀밥과 반찬을 맨손으로 집어 먹었다. 멀지 않은 곳에서 (뒤를 맡긴 알렉산더 장군의 조치에) 모욕감을 느끼고 화가 난 중국군이 윈난으로 난 길을 따라 후퇴하면서 눈에 띄는 모든 마을에 불 지르고 모든 사람을 도살했다.

도먼-스미스는 메이묘에서 북상하여 카친의 산악지대로 들어갔다. 4월 28일 미치나에 도착하니 총독부의 관리들과 그의 부인 그리고 '미스 깁스'라는 이름을 가진 애완 원숭이가 기다리고 있었다. 미치나 공항은 이제 미얀마에서 영국이 사용할 수 있는 유일한 공항이 됐다. 이 산골 도시는 인도계 및 미얀마계 영국 관리들과 그 가족으로 복작거렸다. 그들은 영국령 인도의 가장 충성스러운 신민이었지만 이제 떠나지 못해 아우성치고 있었다. 도먼-스미스는 이질에 걸려 고생하면서도 여전히 미얀마를 완전히 등지고 떠나는 것은 명예롭지 않다고 생각했다. 차라리 정글로 피신하든지, 아니면 최소한 도보로 피난하는 행렬에 동참하여 그들의 고통을 직접 겪는 것이 신사가 할 일이라고 생각했다. 캘커타에서는 당장 비행기를 이용하여 탈출하라는 전문이 연신 날아왔지만, 여전히 망설였다. 부인과 '미스 깁스'는 이미 떠난 다음이었다. 마침내 처칠 총리가 직접 명령을 내려 대영제국의 공군기가 날아와 그를 호송해 떠나갔다.[5]

그것으로 총독 각하와 부인, 애완원 '미스 깁스'의 피난 이야기는 끝났지만 다른 수십만 명의 피난은 끝나지 않았다. 그들은 도보로 수백 마일을 걸어야 했기 때문이다. 처음에는 하늘도 보이지 않는 열대우림을 지나야 했다. 다음엔 소나무가 빽빽한 산을 넘어야 했다. 피난민의 대부분은 인도인이었지만 미얀마인과 유럽인도 적지 않았다. 피난민 중에는 부상자도 2천 명 넘게 포함됐다. 설상가상으로 우기가 막 시작됐다. 억수로 퍼붓는 비는 순식간에 급류를 이루어 남녀노소를 할 것 없이 늪으로 밀어붙였다. 무릎 깊이의 늪에서는 발을 떼기도 힘들었다. 거머리가 물어뜯고 하루살이가 달라붙고 모기가 피를 빨았다. 말라리아와 이질 환자가 속출했다. 제대로 먹을 것이 없어 다들 굶주렸다. 열대우림이 끝나고 산악지대가 시작됐다. 보기만 해도 아찔한 수백 미터 높이의 절벽을 따라 난 좁고 미끄러운 길을 지나야 했다. 삼삼오오 모여서 길을 걷던 이들은 가끔 카친족 마을을 만나 환성을 질렀지만 이내 텅 빈 것을 알고 실망해야만 했다. 탈주병들이 휩쓸고 지나간 다음이었다. 걸음걸음마다 시체들이 널려있었다. 마침내 1천3백 미터가 넘는 팡사우 회랑을 지나 아삼으로 들어섰을 때 다들 안도의 한숨을 쉬었다. 인도인 자원봉사자들이 그들에게 차를 대접했다.

다시 목숨을 걸고 길을 나서 이번에는 얼음 덮인 5백 미터 높이의 디푸 회랑을 넘어야 했다. 이 길은 세계적인 식물학자이자 탐험가 프랑크 킹든 워드(Frank Kingdon Ward)가 넘었던 길이었다. 워드는 헤르츠 요새에서 출발하여 두 달 동안 티베트 고원을 끼고 도는 4백 마일을 걸어 아삼에 이르렀던 것이었다. 그 피난길을 걸었던 한 인도 공무원은 이렇게 말했다.

"식물학자는 평생 그런 길을 걸었지만, 우리는 처음이었소."[6]

30인의 동지(同志)

그로부터 2년여 전 1940년 8월 14일, 루프트바페가 영국 본토를 공습하고 있던 무렵 두 명의 미얀마 젊은이가 노르웨이 선적 화물선을 타고 중국의 아모이로 밀항했다. 그중 하나가 학생운동을 하다가 경찰에 쫓기고 있던 아웅산이었다. 이 여행은 고행이었다. 느려터진 화물선에 갇혀 지내는 것도 그랬고, 돈도 없고 구체적 계획도 없는 상태에서 아모이를 전전하는 것도 그랬다. 막연히 중국공산당과 접촉하겠다는 계획이었으나 이렇다 할 성과가 없었다. 그때 일본인이 접근하여 함께 타이완을 거쳐 도쿄로 갔다. 도쿄에 도착한 날은 마침 독일과 추축국 동맹조약에 서명한 날로 시내는 거대한 깃발을 휘두르며 자축하는 인파로 뒤덮여 있었다.7 아웅산은 동양의 대영제국을 탈취하겠다는 일본제국 대전략의 한 부분이 된 것이었다.

일본판 '아라비아의 로런스' 스즈키 게이지(鈴木敬司) 대령에게 아웅산이 도쿄에 왔다는 소식은 더없는 낭보였다. 그는 일본군의 미얀마 점령을 돕기 위해 미얀마에서 반영국 봉기를 유도한다는 계획을 세우고 그것을 위해 노력해왔다. 기자 신분을 위장하고 미얀마에 오래 체류하면서 인맥을 키웠다. 그런데 미얀마에서 가장 촉망받는 한 젊은이가 도쿄에 온 것이었다.

아웅산은 그해 말까지 도쿄에 머물며 일본어를 익혔다. 그때 아웅산은 일본을 휩쓸고 있던 파시즘의 광풍에 압도되었던 모양이다. 이렇게 썼다.

"우리는 독일과 일본처럼 강력한 국가조직을 원한다. 하나의 민족, 하나의 국가, 하나의 정당, 한 명의 지도자만 있어야 한다. …… 개인주의는 용납되지 않는다. 모든 국민은 개인 위에 절대적으로 존재하는 국가에 복종해야 한다. ……"8

일본에서 아웅산은 일본어로 말하고 기모노를 입고 일본 이름을 지어 사용했다. 이후 파떼인을 통해 미얀마로 몰래 들어왔다. 다시 론지로 갈아입고 기차로 양곤으로 갔다. 그곳에서 과거 동료들과 접촉하고 소수의 팀을 꾸려 스즈키가 만들어 둔 조직의 도움을 받아 남중국해에 있는 하이난섬(海南島)으로 갔다. 모두 30명으로, 미얀마의 역사에 '30인의 동지'(Thirty Comrades)로 불리며 민족주의의 영웅으로 기록될 사람들이었다.

25살의 아웅산이 그중 나이가 가장 많은 축이었다. 스스로 '테자' 즉 '불'이라는 뜻의 별명을 지었다. 다른 두 동갑내기는 '마술 무기'라는 뜻의 '셋짜' 그리고 '빛나는 태양'이라는 뜻의 '네윈'을 택했다. 30명 모두 이름 앞에 '보'(Bo)를 붙였다. '보'란 원래 장교란 뜻으로 식민지 시대에 미얀마에 있는 유럽사람을 모두 그렇게 불렀다. 그들이 지배자였기 때문이었다. 1885년 나라를 잃은 후 처음으로 미얀마인이 '보'를 되찾은 것이었다. 그러나 기분만 좋을 뿐 몸은 괴로웠다. 6개월간의 혹독한 훈련이 기다리고 있었다. 너무나 힘들어 일부는 중도에 포기하려고 했다. 지도자급으로 낙점된 아웅산, 셋째, 네윈은 특별교육을 받았다. 특별하다는 것은 덜 받는 것이 아니라 더 받는 것이었다. 모두 엄격한 신체 및 체력검사를 통과해야 했고 일본 국기 앞에 경례하고 일본국가를 불러야 했다. 그들은 많은 전쟁 신화를 들었고, 스즈키가 시베리아에서 여자와 아이들을 학살한 이야기를 자랑삼아 말하는 것도 들었다.9 이 모든 것이 향후 수십 년간 미얀마 정치에 큰 영향을 미쳤다.

　　30인의 동지는 1941년 진주만 공격이 시작되기 몇 달 전 방콕으로 갔다. 그때 방콕은 친추축국 독재자 피분 송크람 원수가 지배하고 있었는데 거기서 스즈키의 지도하에 '버마 독립군'(Burmese Independence Army; BIA)를 결성했다. 스즈키도 '보 모조'(Bo Mogyo)라는 미얀마식 별명을 지었다. '모조', 즉 벼락이 우산을 부순다는 전해 오는 이야기에 착안하여 영국이라는 우산을 파괴하는 벼락이 되겠다는 다짐이었다. 스즈키는 갈수록 미얀마에 빠져들었다. 이 30명의 미얀마 젊은이들에게 나라의 독립을 위한 투쟁을 이끌고 또 제국의 군대에도 앞장서라고 주문했다. 스즈키가 1866년 아버지 민돈왕에 반기를 들었다가 사이공으로 망명했던 큰아들 민군 왕자의 숨겨둔 아들이라는 소문이 돌기도 했다.

　　어느 날 밤 방콕 도심의 한 주택에서 30인의 동지는 손가락을 그어 피를 내고 함께 모아 피의 서약식을 했다. 과거 미얀마 귀족들의 풍습을 재연한 것이다. 이후 전선에 투입됐다. 네윈이 별동대를 이끌고 먼저 출발하고 나머지는 일본육군 제15군을 따라 진격했다. 이들이 승승장구하는 일본군과 함께 이라와디 삼각주의 여러 도시를 지나가자 많은 미얀마 젊은이들이 동참했다. 함께 민족운동을 하던 동료들만이 아니었다. 가는 곳마다 애국심에 불타고 승리에 고취된 젊은이들이 이들을 따랐다. 1942년 5월 1일, 이들은 마침내 잿더미가 된 만달레이에 입성했다. 띠버의 유령은 마침내 복수에 성공했다. 그와 함께 미얀마의 내전이 시작되고 있었다.

두고두고 미얀마를 괴롭힐 내전은 이라와디 삼각주 서부 일대에서 시작됐다. 눈덩이처럼 불어나고 승리와 애국심에 도취한 BIA의 한 부대가 검정 군화를 신은 일본군과 함께 영국군에 복무하다가 돌아온 카렌족 병사들의 무장을 해제하고 있었다. 그들은 영국군과 함께 인도로 피신하는 대신 고향에 돌아와 가족을 지킬 비장한 각오를 하고 있었다. 반면 BIA는 반영국의 기치를 든 민족주의자들이었으니, 그들 사이의 충돌은 불을 보듯 뻔했다. 그나마 영국 작위를 받은 산 C. 포 경(Sir San C. Po)이라는 카렌족 원로가 애써 노력한 결과 대도시 파폐인에서 충돌은 피할 수 있었다. 그러나 인근 먀웅먀라는 곳에서 일이 터졌다. 카렌족 병사 집단이 먀웅먀에 있는 카렌족이 위험에 처했다고 생각하고 그들을 구할 목적으로 버마족 병사들을 공격할 계획을 세웠다가 발각됐다. 버마족은 그곳의 카렌족 지도자 소페따와 그의 스코틀랜드인 부인과 자녀들을 사살했다. 산 C. 포 경이 카렌족 병사들에게 보복하지 말라고 애써 설득하여 더 큰 유혈은 막았으나 이미 사태는 걷잡을 수 없게 커지고 있었다.

이후 수 주일 동안 BIA는 의심스러운 카렌족을 보이는 족족 처형하여 수십 명이 살해됐다. 천주교회와 교회에서 세운 보육원이 불타 무너졌다. 보복에 나선 카렌족도 마구잡이로 버마족을 공격하여 이 인종갈등은 삼각주 전역으로 확산했다. 일본 점령군이 전면에 나선 다음에야 잠잠해졌지만, 이미 유혈은 뿌려지고 원한은 새겨져 수십 년 내전의 거름이 될 것이었다.

제국의 종말?

일본이 그토록 빨리, 또 쉽게 미얀마를 정복한 데 대해 영국인들은 큰 충격을 받았다. 전황은 전기를 맞고 있었다. 미국과 소련이 참전하면서 영국 본토에 대한 독일의 위협은 완화됐다. 그래도 그때는 전황을 반전시킬 스탈린그라드 전투와 북아프리카의 상륙작전이 일어나기 수개월 전이었다. 250만 명이 넘는 병력을 제공하고 있는 인도의 안전은 매우 중요했다. 그런데 일본이 홍콩, 말레이반도, 싱가포르를 파죽지세로 점령함으로써 아시아에서 영국의 위세는 크게 위축됐다. 일반이 미얀마를 점령하고 인도의 턱밑을 위협하고 있는 것이었다.

3월 사회주의자 법률가 스태퍼드 크립스 경(Sir Stafford Cripps)이 프로펠러 항공기를 타고 델리에 도착했다. 처칠 정부가 인도에 독립을 약속하는 제안을 가지고 온 것이었다. 이렇게 제안했다. 전쟁이 끝나면 전인도 제헌의회를 열어 새로운 인도연방의 헌법을 제정한다. 인도의 각 자치주나 국가가 인도연합에 동참하든지 독립 국가를 세우든지 자유의지에 맡긴다. 무슬림 연맹과 국민회의는 즉각 그 제안을 거부했다. 대신 즉시 독립하여 유엔의 가맹국으로 동등한 자격에서 전쟁을 수행하겠다는 요구를 내세웠다. 마하트마 간디는 영국의 제안이 "파산을 앞둔 은행이 발행한 어음"과 같다며 비난했다. 7월 국민회의는 영국에 "인도를 떠나라"라고 요구했다. 8월과 9월 일본군이 마니푸르와 라카인 국경지대를 정찰하는 가운데 인도의 곳곳에서는 시위와 폭동, 무장공격이 일어났다. 인도에 대한 영국의 지배는 뿌리째 흔들리고 있었다.

옷을 잘 입어야 한다

1943년 여름, 일본은 미얀마가 독립국임을 공식적으로 선언했다. 그 독립이란 비드쿤 크비슬링(Vidkun Quisling)의 노르웨이, 푸이의 만주국과 같이 사이비 독립, 혹은 괴뢰정부에 지나지 않았다. 그런데 미얀마는 한때 작으나마 제국의 영화를 누리던 끝에 영국의 식민지로 전락한, 극과 극을 달린 경험에서 모종의 민족주의적 자부심에 목말라하고 있었다. 제복을 갖춰 입고 휘날리는 국기 아래 군대를 사열하는 것만큼 그 갈증을 채워줄 수 있는 것은 없었다.¹⁰

독립행사는 1943년 8월 1일 거행됐다. 과거 총리를 지낸 바머 박사가 '아디 파티' 곧 총통이 됐다. 일본은 그 자리에 아웅산을 앉힐 생각을 했지만, 그의 외모는 볼품이 없었다. 덩치도 더 크고 옷도 잘 입는 바머가 더 적합해 보였다. 또 일본의 입헌군주국 제도를 따라 미얀마의 군주정을 회복시키는 방안도 생각했었다. 띠버의 이복형제인 70대 핀마나 왕자라는 구체적 대안도 있었고 미얀마 내부에서도 그에 대한 지지가 있었다. 그러나 1886년 영국이 그랬듯이 번거로움을 원치 않아 포기했다.

아웅산은 제2인자가 됐다. 여전히 호리호리한 몸매에 머리를 삭발한 그는 규모는 작지만, 잘 훈련되고 전투경험이 있는 미얀마군 사령관이자 전쟁 장관이 됐다. 삼각주를 가로지르며 진군하는 동안 입대하여 소란을 일으켰던 병력은 대부분 제대시켰다. 장교들은 양곤 외곽에서 일본군 교관으로부터 집중적인 훈련을 받았다. 이들이 1970년대까지 미얀마군의 지휘부가 됐다.

미얀마의 정치체제는 파시즘 이데올로기에 따른 독재체제였다. 바머는 민주주의 체제를 노골적으로 경멸했다. 아웅산이 이끄는 군대의 구호는 "하나의 핏줄, 하나의 목소리, 하나의 지휘체계"였다. 이 구호는 지금도 미얀마군의 사실상 구호다. 바머는 1940년대 독재자들의 의상을 좋아했다. 그가 총통으로 취임한 독립기념식은 거의 대관식이었다. 의상 디자인을 즐겨 하던 바머는 왕실 의상을 참고하여 취임식에 입을 자신의 의상을 직접 디자인했다. 기념식에서 띠버의 궁정음악을 연주하게 했다. 오랫동안 숨어지내던 마니푸르의 승려를 불러 자신의 딸과 BIA의 잘 나가는 장교와의 결혼식 주례를 맡겼다.

오래지 않아 다들 그 같은 쇼에 질렸다. 특히 일본인들의 행태에 질렸다. 일본군은 마구잡이로 잡아들여 심문하고 고문하고, 성공회 교회에 사케, 즉 일본 술 공장을 차리고, 바고 클럽을 성매매 장소로 만들었다. 그들의 소름 끼치는 고문기술. 성노예 이야기를 들으면 바머의 행태는 꼭두각시놀음에 지나지 않는다는 것을 금방 알 수 있었다. 바머는 각료들을 이끌고 도쿄로 가서 '대동아공영권 회의'에 참석하며 회의장에서 시간을 보내고 사진을 찍느라고 바빴다. 그러나 미얀마에서는 다들, 심지어 총통 각하의 측근들도 역사의 흐름이 다른 방향으로 흐르는 것을 느끼기 시작했다.

전시 미얀마 내부 상황

우딴은 일본의 도움을 받아 독립을 성취하는 것에 늘 반대한 사람에 속했다. 1941년 10월 <뉴 버마>지의 편집인에게 '프라이팬에서 뛰어내려 불로 뛰어들 것인가'라는 제목의 시론을 보냈다. 제국주의 영국을 프라이팬에, 파시스트 추축국을 불에 빗댄 것이었다. 그때까지 그가 보낸 시론은 항상 활자화되었으나 이번엔 달랐다. 1주일 후 편집인 떼인 마웅 박사가 친필로 쓴 메모를 보냈다. 심심한 사과의 말과 함께 이번 글은 여론과 달라 싣지 못하겠다는 내용이었다. 이후 우딴은 그 신문에 다시는 글을 보내지 않았다. 바머는 떼인 마웅을 일본 주재 미얀마 대사로 임명됐다.

1942년 4월, 일본군이 판타너에 진주했고, 우딴은 감시 대상이 됐다. 민주주의를 신봉하는 친영파에다 시류와 다른 글을 쓰곤 했으니 당연한 일이었다. 그런데도 신정부에 참여해달라는 요청을 받았다. 아웅산과 친분이 있었고, 무엇보다 신정부의 외교부 장관이 된 우누와 절친한 친구였기 때문이었다. 일본과의 협력이 별로 내키지 않았던 우누는 훗날, 그때 외교부 장관으로 한 일은 추축국의 국경일에 축전 보내는 일이 전부였다고 쓰게 말했다. 우딴은 마지못해 '버마 교육 재건위원회'의 사무총장을 맡아 폐허 같은 양곤에서 몇 달 동안 근무했다.

이후 판타너로 돌아와 지냈다. 일본 주둔군 중 오야마 중위라는 영어가 능통한 사람이 있어 비교적 친하게 지냈다. 오야마는 자주 우딴을 방문하여 책을 빌려 가기도 했다. 이처럼 개인적 친분은 있었지만, 전체적으로 점령 치하 미얀마인의 삶은 비참했다. 멀지 않은 곳에서 수백 명의 젊은이가 일본을 반대한다는 이유로 살해되어 함께 묻히기도 했다.

우딴 할아버지는 적어도 판타너에서는 정치적 이유로 처형된 사례는 없었다고 기억했다. 다만 미얀마 사람을 대하는 일본인들의 태도는 "잔인무도한 경멸과 정중" 사이를 오갔다고 했다. 이렇게 기록했다.

> 예를 들면 일본인은 길에서 만난 버마인이 건방지다는 이유로 뺨을 때리기도 했다. 그래서 일본 점령 4년 동안 버마인은 극심한 공포와 무력감에 사로잡혀 지냈다. …… 정말 신기했던 것은, 일본인들은 내가 만난 여러 나라 사람 중 가장 세련되고 문명적이고 겸손했는데, 어느 한순간 가장 오만하고 잔인한 사람으로 바뀌기도 했다는 점이었다.

이 같은 일본인의 돌변에 미얀마인의 불만이, 그리고 뭔가 해야 한다는 욕구가 쌓이기 시작했다.

일본과 영국 : 최후의 대결

1942년에서 1943년으로 넘어가면서 영국은 지난 실패를 반추하고 반격을 계획했다. 전황은 교착상태였다. 서로 적정을 탐색하고 전략을 수립하고자 했다. 웨이블 장군이 사기를 북돋우려고 라카인으로 진격을 명했다가 패배하는 바람에 사기가 더욱 떨어졌다.

이런 암담함 속에서 친디트(Chindit)가 부상했다. 맹수의 제왕 사자라는 뜻의 미얀마어 '친떼'에서 유래된 이 단어는 연합군의 특수부대를 지칭했다. 이 부대는 앞서 팔레스타인에서 유대인 특수부대를 길러냈던 오르드 윈게이트(Orde Wingate) 육군 준장이 지휘했다. 체구가 작고 턱수염을 기른 인물로 양파를 끈에 꿰어 목걸이처럼 걸고 다니면서 간식처럼 하나씩 씹어먹는 등 기행으로 유명했다. 이 친디트 부대가 낙하산으로 적 후방에 침투하여 가끔 투하되는 보급품으로 연명하며 전투를 벌였다. 그 같은 침투가 두 번 있었는데, 두 번째 작전은 침투병력이 2만 명에 달하여 2차 대전 전 기간에 이뤄진 공수작전 중 규모가 두 번째로 큰 것으로 기록됐다.

이 과정에서 미얀마 최북단의 카친족이 무용을 발휘했다. 수천 명이 미국 CIA의 전신 OSS의 101부대로 참전했다. 101부대는 정글에 잠복하여 일본군의 보급선을 공격하고 철로와 교량을 파괴하는 한편 첩보 활동을 했다. 3년 동안 이들로 인해 5천 명 이상의 일본군 병력이 사망하고 그 두 배 이상이 다쳤다. 이들과 일본군의 사상자 비율은 무려 1 대 25에 달했다. 이들의 무용에 일본군이 두려움에 떨었다. 사기가 떨어지고 전투력도 타격을 입었다. 카친족이 공을 세웠으니 상을 바라는 것은 당연했다. 카친족 용사들은 일본군의 미얀마 침공에 앞장섰던 버마족을 불신했다. 미얀마가 독립한 후에 발화할 또 하나의 불씨가 뿌려졌다.

임팔(Imphal)의 전기(轉機)

1943년 9월 도쿄에서 천황이 친히 주재한 전시 내각회의가 열렸다. 분위기는 무거웠다. 지난 1년 사이 전황이 좋지 않게 변한 것이다. 미군은 태평양에 대규모 전력을 집결하여 알래스카에서 파푸아 뉴기니까지 포진하며 일본해군을 압박하고 있었다. 유럽에서는 소련의 '적군'(赤軍; the Red Army)이 독일군을 몰아붙여 우크라이나를 탈환했다. 잘 닦은 군화에 프러시아식 군복을 입은 회의참석자들은 중국군, 그리고 인도의 영국군에 치명타를 가하는 것이 최후의 돌파구라는데 의견을 모았다. 그러면 미국과의 전투에 전력을 집중하여 유럽의 상황과는 상관없이 유리한 조건에서 강화를 시도할 수 있다는 계산이었다.11 그래서 1944년 3월, 만달레이를 거점으로 아삼에 최후의 공세를 가했다. 그 진격로에 임팔과 코히마가 있었다.

해발 9백 미터 고지에 있는 마니푸르의 작은 군주국에서 벌어진 전투가 결정적인 전기를 가져왔다. 이 전투가 최후의 결전이 될 것을 알고 있던 영국과 일본은 모든 전력을 투입했다. 영국은 병력 총 50만, 지원인력 수만 명, 차량 5만 대, 그리고 가용한 모든 코끼리를 투입했다. 이에 맞서는 일본군은 무타구치 렌야(牟田口 廉也)가 이끄는 20만 병력이었다. 윌리엄 슬림이 이끄는 제14군이 일본군의 진격을 맞아 3개월을 버티었다. 친디트 특공대가 후방을 교란하고 미국의 공군이 공중지원을 했다. 마침내 일본군의 진격은 임팔과 코히마에서 막혔다. 8만이 넘는 일본군, 1만 7천여 연합군 병력이 전사했다. 일본군은 동쪽으로 수백 마일 후방에 있는 친드윈강을 건너 후퇴했다. 오르드 윈게이트가 지휘하는 친디트 병력이 그 뒤를 추격했다.

　전쟁의 흐름이 바뀌었다. 슬림 장군은 그때까지 가능하리라고 생각지 못했던 육로로 미얀마를 재점령할 계획을 세웠다. 영국의 제14군은 1944년 11월 친드윈강, 이듬해 1월 이라와디강을 넘었다. 진군하는 곳곳에서 일본군이 치열하게 저항했다. 그리하여 2차 대전 중 치러진 모든 전투 중 가장 긴 전선이 형성됐다. 제14군은 이름은 영국군이었지만 그 구성원은 인도인이 다수였고 아프리카의 동부와 서부에서 온 병력도 있었다. 3월 찜통더위 속에서 치러진 닷새간의 치열한 전투 끝에 제17 인도사단이 메이크틸라를 점령했다. 양측이 쏟아부은 포화에 모든 것이 파괴되고 남은 것이라고는 거대한 사자상 단 하나였다. 3주 후 제19 인도사단이 만달레이를 탈환했다. 그 선봉은 만달레이 산을 넘어 진격한 쿠르카 용병이었다. 그들이 산의 정상에 올랐을 때 저 멀리 샨고원 위로 아침 햇살이 비추기 시작했다. 일본군은 만달레이 성을 보루로 최후의 저항을 했다. 연합군의 집중포격을 견디지 못해 일본군이 후퇴했을 때, 성은 외부의 성곽 일부를 제외하면 모두 파괴돼 있었다. 이후 영국군, 인도군, 그리고 서아프리카의 병력이 라카인으로 진격해 1944년 12월 주도 아차브를 점령함으로써 새로운 전선이 형성됐다.

　1945년 3월, 불교에서 말하는 인연인지 아니면 운명인지, 영국군의 바실 해밀턴-템플 블랙우드 대위가 만달레이 성 근처에서 어디선가 날아온 총탄에 맞아 숨졌다. 바실 대위는 문필가 에블린 워(Evelryn Waugh)가 '그 시대 가장 뛰어난 인물'이라고 평했던 이로 그때 왕실기병대에 근무하고 있었다. 만달레이 성은 1885년 띠버를 추방한 '듀퍼린과 아바의 제1 후작'의 이름을 따 듀퍼린 요새로 불리고 있었다. 바실 대위는 그 듀퍼린 후작의 손자로 듀퍼린의 제4 후작이었다. 제14군이 만달레이를 장악한 지 6일이 지났으니 전투 중 날아온 탄환이 아니었다. 대위가 피격된 장소는 그의 조부가 띠버를 추방했던 바로 그 장소였다. 아마 띠버의 유령이 복수한 것인지도 모를 일이었다.

우기가 다가오고 있었다. 영국군은 서둘러 양곤으로 진격했다.

이제 일본에 편승 또는 부역한 사람들이 궁지에 몰렸다. 처음부터 일본과의 협력을 거부한 이들도 있었다. 특히 파시즘을 체질적으로 싫어한 공산주의자들은 모두 그랬다. 그중 따킨 소는 남부지방의 습지에 숨어 게릴라를 조직하고 있었고 따킨 페민은 인도로 건너가 영국군과 접촉하고 있었다. 1944년 초 일본 제15군이 임팔과 코히마에서 패퇴하자 양곤의 괴뢰정권과 협력하던 이들도 딴 길을 찾기 시작했다. 선택의 여지가 없는 바머는 일본으로 도주했다가 일본이 항복한 후 미군에 의해 투옥됐다. 그러나 아웅산과 네윈 등은 그들이 충성할 대상은 오로지 미얀마의 독립이라는 논리로 일본에 반기를 들 궁리를 했다. 한때 파시즘에 심취했으나 그것이 허상임이 드러난 지금 그들은 다시금 사회주의에 이끌렸다. 연합국 측에 그들과 협력하여 일본군을 축출하겠다는 메시지를 보냈다. 그리고 아웅산을 수장으로 한 '반파시스트 인민자유연맹'(Anti-Facist People's Freedom League; AFPFL; 이하에서는 '연맹'으로 약칭 — 옮긴 이)이라는 지하조직을 결성했다. 문제는 언제 봉기할 지였는데 자칫 일본의 촉각에 걸려들면 체포되어 악명높은 고문 끝에 살해당할지도 몰랐다.

판타너의 우딴은 단파 라디오가 있었다. 동네 사람들은 밤 9시마다 어느 집 다락방에 모여 방송을 들었다. 아래층에서는 레코드를 크게 틀어 라디오 소리를 감췄다. 그렇게 하여 연합군이 북아프리카에, 또 노르망디에 상륙했다는 소식을 듣고 일본의 점령이 곧 끝날 것으로 생각했다. 양곤에서 AFPFL, 즉 '연맹'이 결성됐다는 소식도 들려왔다. 다들 쌀을 비축하며 봉기할 날을 준비했다. 양곤의 교육부에서 일할 때 일본어 교육을 필수로 하자는 제안에 반대하여 미운털이 박혔고 감시 대상이 된 우딴엔 매우 위험한 도박이었다. 1945년 초 어느 날, 일본군이 몰려와 우딴을 끌고 갔다. 뒤에 남은 가족은 이제 그를 다시 못 볼 것으로 생각했다. 그러나 일본군 막사에 도착하니 오야마 중위가 그를 맞았다. 그리고 간절히 후사를 부탁했다. 미얀마 여성과 살면서 아들을 두었는데 혹시 일이 생기면 그들을 지켜달라고 부탁한 것이었다. 우딴은 그러겠다고 약속했다.

이제 일본군의 철수는 돌이킬 수 없는 것으로 보였다. 문제는 그 이후였다. 영국의 치하로 다시 돌아가는가? 절대 원하는 일은 아니었지만 달리 대안이 없어 보였다. 새로운 세상이 오고 유엔의 도움을 얻어 독립을 성취할 수도 있을지 몰랐다. 판타너 주변의 늪과 숲에는 온갖 변화의 동력이 무르익고 있었다. 공산주의자들은 지하조직을 결성하고, 영국군대에 근무했던 카렌족 병사들도 있었으며, BIA에 참여했다가 제대한 군인들도 있었다. 다들 젊고 무기를 가지고 있었다. 지금은 조용히 때를 기다리고 있지만, 일단 소용돌이가 치면 어떤 방향으로 치달을지 몰랐다.

루이스 마운트배튼 공과 아웅산

그에 앞선 1943년 10월, 영국 국왕의 사촌이자 인도 마지막 총독을 지낸 루이스 '디키' 마운트배튼 공이 '동남아시아' 전역(戰域)의 연합군 최고사령관이 됐다.* 곧 그가 미얀마 탈환을 위한 병력 운용의 최고 책임자가 됐다는 뜻이었다. 마운트배튼은 당시 44세로 평생 해군에서 복무했는데 식민주의에 적극

---

* "동남아시아"(South East Asia)라는 표현이 이때 처음 사용됐다. 지금 '동남아시아 국가연합(Association of Southeast Asian Nations; ASEAN)은 대륙에 접한 인도차이나반도의 7개국, 즉 미얀마, 태국, 베트남, 캄보디아, 라오스, 말레이시아, 싱가포르, 섬에 속한 인도네시아, 브루나이, 필리핀 등 10개 나라로 구성된다.

적인 중산층을 경멸하고 피식민지의 입장을 이해했다. 그 덕분에 아웅산이 살아남았다. 당시 영국군이 볼 때 아웅산은 배반자에 매국노로 반드시 잡아서 처벌해야 할 대상이었다. 그런데 1945년 2월, 마운트배튼은 부하들의 반대를 누르고 아웅산의 '연맹'을 무장시켜 전투에 참여시키는 안을 채택하여 런던의 허락을 받았다. 일본군 배후에서 미얀마인들이 유격전을 벌이면 전쟁에 큰 도움이 될 것이라고 주장을 폈다. 그러나 무엇보다 그가 미얀마 민족주의에 대해 긍정적이고 동정적이었기 때문이었다.

그 소식에 아웅산과 '30인 동지'는 한숨을 돌렸다. 미래는 여전히 불확실했다. 하루빨리 '반파시즘'의 기치를 들고 영국이 재진주하기 전에 그들의 위상을 기정사실로 만드는 것이 긴요했다. 그들의 주장은 예전 그들이 학창 시절에 했던 것과 같았다 ― 미얀마의 완전하고 조건 없는 독립. 그러나 그들은 더는 학생회관에서 입으로만 떠들던 학생이 아니었다. 총을 가지고 있었고 그것을 사용할 줄 알며 또 실전에서 사용해 본 경험이 있었다.

일종의 계략이 필요했다. 일단 일본군을 안심시키고 경계심을 완화할 필요가 있었다. 그래서 양곤의 총독부 옆 연병장에서 주둔군 사령관 기무라 효타로(木村 兵太郎)가 지켜보는 가운데 대규모 열병식을 열고 일본에 충성을 다짐했다. 그리고 며칠 후 3월 27일, 영국군을 맞아 싸우러 간다며 나가다가 총구를 돌려 일본군을 공격하기 시작했다. 그때 이래 3월 27일은 미얀마 '국군의 날'로 공휴일로 지정됐다.

아웅산은 기가 막히게 때를 맞추었다. 5월 1일, 히틀러가 지하벙커에서 권총 자살했다. 이틀 후 5월 3일, 제26 인도사단 병력이 폭우가 쏟아지는 가운데 양곤으로 무혈입성했다. 아웅산은 영국군이 시탕 계곡을 따라 진격하는 데 큰 도움을 주었다고 할 수 있는 근거를 만들었다. 이후 일본군 소탕 작전이 계속됐지만, 전선은 이미 남쪽 말레이반도와 싱가포르로 이동해 미얀마에서의 전쟁은 사실상 끝났다.

5월 16일, 아웅산이 예고도 없이 미얀마 주둔 영국군 사령관 슬림 장군의 막사에 나타났다. 여전히 일본군 중장 복장에 군도를 찬 모습이었다. 그는 놀란 슬림에 거두절미하고 자신을 '반파시스트 인민자유연맹'이 세운 버마 임시정부의 전쟁장관이라고 소개했다. 그리고 임시정부는 일본군이 버마에서 완전히 물러갈 때까지 영국과 동맹을 맺고자 한다고 말했다. 그 후 버마는 완전한 독립주권국이 될 것이라고 했다. 그리고 자신은 지금 그것을 요구하는 것이 아니라 사실을 통보하는 것이라고 말했다. 슬림은 그가 협박한다고 생각했다. 그리고 그런 정치적 문제는 자신의 소관 사항이 아니지만, 일단 그가 이끄는 군대를 영국군에게 편입시키라고 말했다. 아웅산은 동맹으로서 기꺼이 그렇겠다고 답했다.

슬림은 아웅산의 대담무쌍한 태도에 기가 막히기도 하고 감탄도 했다. 슬림이 이렇게 물었다.

"이곳에 홀로 와서 이처럼 무례하게 행동하다니 겁이 나지 않는가?"

아웅산이 잘라 대답했다.

"아니요!"

"무엇을 믿고?"

"각하는 다름 아닌 '대영제국'의 장교니까요."

이 대답으로 아웅산은 슬림의 마음을 얻었다.[12]

백서 : 영국의 1946년 버마 정책

아웅산이 슬림의 마음을 샀지만, 런던의 관리들이 세운 전후 미얀마 정책을 바꾸지는 못했다. 미얀마에서 수치스럽게 도망쳐 나온 도먼-스미스 총독과 총독부 관리들은 전시 영국의 인도 식민정부가 있던 히말라야의 산악도시 심라(Simla)에 일종의 망명정부를 세웠다. 그곳에서 상처 입은 마음을 달래고 남은 가족과 친구들을 걱정하는 한편 전후 재건을 위한 계획을 세우고 문서로 만들기에 바빴다.13 그들도 미얀마가 언젠가 독립해야 한다는데 이의가 없었다. 그러나 지금은 아니었다. 모든 일에는 순서가 있는 법이고 현재로선 재건이 우선이었다. 미얀마인들에게 발언권을 주겠지만 일단은 총독이 임명하는 위원회를 통과해야 한다. 경제가 살아나고 법과 질서가 회복되면, 1935년 헌법에 따라 새로 선거를 시행하고 신정부를 구성한다. 이후 영국이 구상하고 있는 '영연방'(the British Commonwealth)의 일원으로서 독립국이 된다.

이것이 1945년 런던에서 '백서'로 채택됐다.14 스코틀랜드 상인이 주축이 된 버마 상공회의소도 경제부흥에 초점을 두는 정책을 주장하고 지원했다. 물론 영국기업이 그 과정에서 핵심적 역할을 할 것이었다. 인도계 이민자들도 미얀마로 돌아갈 준비를 했다. 고리대금업자 '체티야르'들도 땅문서를 챙기고 있었다. 미국이 새로 설립된 유엔의 권위를 세우고자 미얀마에 대한 '신탁통치'를 제안했으나 영국 정부는 정중히 거절했다.

레지널드 도먼-스미스 총독과 백서 집필에 참여한 사람들의 관점에서 이 모든 것은 미얀마의 미래를 위한 것이었다. 물론 영국을 위한 것이기도 했다. 그러나 그에 동조하는 사람은 많지 않았다. 아웅산과 '연맹'의 인물들에게 미얀마와 영국의 미래는 전혀 같은 것이 아니었다. 일본인과 협력을 거부하고 심라로 망명한 미얀마인들의 생각은 또 달랐다. 전선의 배후에서 용감하게 일본군과 싸우고, 그만큼 희생한 카렌족과 카친족 전사들은 그들의 몫을 요구하고 있었다. 런던의 관리들과 달리 레지널드 경은 미얀마가 많이 변했다는 것을 느끼고 있었다. 그러나 그조차도 미얀마가 그토록 많이 변했다는 것은 알지 못했다.

사실 런던에서 미얀마의 미래를 생각하는 사람은 거의 없었다. 1945년 7월 선거에서 노동당이 압승을 거두어 클레먼트 애틀리 총리가 이끄는 진보정권이 들어섰다. 전쟁에 지친 영국인들이 국가의 보호와 복지를 원하며 투표한 결과였다. 국부의 4분의 1이 전쟁으로 사라졌다. 국가부채는 3배 증가했다. 교통과 전기 등 공공서비스는 국영화되었고 식품 및 석탄 배급제가 시행됐다. 나라 안 사정이 이 모양인데 제국의 문제에 신경을 쓸 여력이 없었다. 인도의 독립과 분할, 이스라엘의 건국 등처럼 '큰' 문제도 마찬가지였다. 미얀마와 같이 '작은' 문제는 두말할 것도 없었다. 그래서 '백서'는 초안 그대로 시행에 옮겨졌다. 그 결과가 재앙이라는 것을 깨달았을 때는 이미 너무 늦었다.

1945년 가을의 미얀마는 4년 전의 미얀마와 전혀 달랐다. 군사정부가 민간정부에 넘긴 '이양보고서'는 이렇게 기록했다.

"영국이 보유한 영토 중 이처럼 큰 피해를 본 곳이 없다고 해도 과장이 아니라고 생각한다."[15]

양곤은 그야말로 폐허였다. 전기공급이 끊겼고 포구는 사라졌다. 전쟁의 포화에 파괴됐고, 후퇴하는 일본군이 파괴했다. 일본군은 기차와 자동차를 비롯한 모든 탈것을 파괴했다. 프롬 로드에 있는 아일랜드 여학교, 인야 호수에 있는 요트 클럽도 파괴했다. 쓰레기와 오물이 곳곳에 널렸다. 깊게 팬 도로는 메워지지 않았다. 조금이라도 가치가 나가는 것은 모두 약탈당했다. 피난민들이 빈집과 아파트를 차지했고 길거리에는 움막이 넘쳤다. 전염병, 특히 성병이 만연했다. 전시 몸을 팔아 생계를 유지할 수밖에 없었던 비참한 삶의 결과였다.16 1946년 2월 양곤대학교 맞은 편에 있는 주빌리 홀에서 특별공연이 있었다. 유명한 배우 존 질구드(John Gielgud)가 엘리자베스 여왕 시절의 복장을 하고 『햄릿』을 연기했다. 폐허가 된 양곤의 행정을 맡은 총독부의 관리들에게는 그것만이 유일한 위안거리였다.17

 양곤이 폐허가 됐다고 하면 다른 도시의 모습은 묘사할 길이 없었다. 만달레이는 아예 사라졌다. 성한 건물은 단 한 채도 없었다. 길거리에, 또 성을 둘러싼 해자 속 연꽃 사이에 시체가 썩어가며 악취를 풍기고 있었다. 15만 명이 넘는 인구가 집을 잃었다. 다른 곳도 사정이 크게 다르지 않았다. 한때 잘 관리된 정원을 가진 영국풍 건물, 또 티크 목으로 지은 화려한 건물, 가로수가 무성한 대로가 인상적이던 슈웨보, 메이크틸라, 프롬, 파떼인 등의 대도시도 폐허가 됐다. 쾌적한 기후로 휴양도시로 주목받던 북쪽의 모가웅은 오래된 목조사원과 가로수로 잘 구획된 도로가 인상적이던 모습은 간곳없고 무성한 잡초 사이로 갈비뼈가 앙상한 개들만 떠도는 유령도시가 됐다. 전국이 시체 밭이었다. 가묘에라도 묻혔으면 다행이었고 묻히지 않은 시체가 지천으로 널렸다. 남녀노소라는 단어만으로 묘사할 수 없었다. 미얀마인은 말할 것도 없이 일본인·영국인·미국인·인도인·아프리카인·중국인·호주인 등 온갖 인종이 섞여 있었다.

 히로시마와 나가사키에 원자폭탄이 투하되고 일본이 항복함으로써 전쟁이 끝났다. 8월 15일의 일이었다. 바로 그 며칠 전, 일본의 제28군이 바고 산맥의 밀림을 뚫고 폭우로 불어난 살윈강을 건너 동쪽으로 도주하려고 최후의 몸부림을 쳤다. 그 과정에서 1만 7천 명 이상이 사망했다.

 9월 12일 마운트배튼 공은 싱가포르의 시청에서 일본 남방군 사령관 데라우치 히사이치(寺内 寿一) 원수로부터 공식 항복을 받았다. 그 자리에서 데라우치는 차고 있던 7백 년 된 일본도를 바쳤다. 마운트배튼은 미얀마의 '연맹'과 함께 하기로 이미 결정을 내렸고, 영국 정부는 그에 반대할 처지가 아니었다. 9월 말, 마운트배튼은 스리랑카의 휴양지 칸디에서 아웅산을 비롯한 '연맹' 지도부를 접견했다. 미얀마군의 새로운 편제를 위해서였다. 그 자리에서 아웅산이 이끄는 일본군 출신과 영국에서 복무한 미얀마인 부대가 각기 5천 명, 동수로 새로운 미얀마군을 구성하기로 합의했다. 영국군 소속은 주로 카렌족, 카친족, 친족 등 소수민족으로 구성됐다. 버마족 장교는 단지 3명에 불과했다. 이들은 모두 버마인이 지배하는 정부 치하의 삶을 걱정하며 과거 영국이 지배하던 시절을 그리워했다.

반면 다른 쪽은 신봉하는 가치도 또 경험도 전혀 달랐다. 학생 시절 독립운동을 하던 따킨 출신으로 이념적으로 좌파에 가까웠다. 한때 파시즘에 홀렸다가 호된 대가를 치른 후 좌파적 신념이 더 굳어졌다. 그러면서 계급을 절대시하며 혹독한 체벌을 가하는 일본군의 훈련을 받았다. 그래서 상사명령을 지상명령으로 생각하고 무엇보다 군에 대한 충성심이 절대적이었다. 자연히 독자적인 생각을 하는 훈련은 받지 못했다. 게다가 행동파였다. 60년 동안의 외세지배를 끝장내고 독립을 가져오기 위해 무슨 일이라도 하겠다는 각오로 뭉쳤다. 정치와 군 생활 외에는 달리 해본 일이 없었지만, 무슨 일이라도 할 수 있다는 자신감은 흘러넘치고 있었다.

사실 그들이 미얀마의, 적어도 버마족의 분위기를 대표했다. 그들이 미얀마의 운명을 결정할 것이었다. 그들은 바고 클럽에서 영국인 관리와 사업가가 미얀마를 주무르던 것과 같은 과거 시대로 돌아간다는 생각은 꿈에도 하지 않고 있었다.

영국은 백서를 시행하려 하지만 아웅산의 생각은 달랐다

전쟁이 끝난 직후 레지널드 도먼-스미스 경이 백서를 실행에 옮기는 어려운 임무를 안고 버마로 귀환했다. 도먼-스미스는 '연맹'의 인물들이 그를 불신하고, 과거 친분을 가졌던 구시대 보수정치인들은 이제 아무런 힘도, 의지도 없다는 것을 알고 있었다. 군사정부로부터 행정을 이양받기 전 그는 양곤 부근에 정박하고 있던 컴벌랜드 함에서 '연맹' 지도부를 만났다. 이제 군복을 벗고, 하의는 치마 같은 '파소', 상의는 '타이포'라고 불리는 재킷으로 갖추어진 미얀마 비단 정장을 입고 참석한 '연맹' 지도부 인사들은 영국 측이 제공한 아이스크림을 앞에 놓고 도먼-스미스의 말을 경청했다. 도먼-스미스는 향후 영국의 버마 통치는 과거와 다를 것이라고 했지만, 이들은 과연 영국이 생각을 실천에 옮길 수 있는 여력이 있을지 의심했다.

민정을 이양받은 후 도먼-스미스는 양곤 시청 대회의실에서 연설했다.

"버마는 완전한 자치국으로서 자리를 잡을 것이다. 이제는 그럴 수도 있다가 아니라 그럴 것이다가 나의 표현이다. …… 자유를 위한 버마의 투쟁은 이제 끝났다."

그러나 절차가 중요하다고 했고 선거가 있을 것이라고 했다. "될 수 있는 대로 이른 시일 내에 선거하자"라고 했다. 그 과도기에서 그는 '자문위원회'를 구성하여 각 부처를 책임지도록 하겠다고 했다. 그 자문위원회는 대표성이 있고 1942년 이전의 정치적 상황에 기초하되 '연맹'에는 특별한 지위를 부여하겠다고 했다.

아웅산은 생각이 달랐다. 그가 보기에 문제는 간단했다. 영국이 여전히 미얀마를 지배하는 것이 모든 문제의 근원이었다. 그 근원만 제거하면 모든 문제가 해결될 것이었다. 구시대 정치인이든 소수 인종이든 필요하다면 언제든지 어떻게든지 포용할 수 있을 것이었다. 그러나 지금 중요한 것은 그게 아니었다. 단일한 권위 아래 통합과 질서를 유지하는 것이었다. 그리고 영국이 차라리 털고 나가는 것이 남아서 미련을 떠는 것보다 낫다는 것을 깨닫게 하는 일이었다.

아웅산은 자문위원회를 구성하고 '연맹'에 특별한 지위를 부여하겠다는 도먼-스미스의 제안에 대해 총독이 도저히 수락할 수 없는 내용의 제안을 새로 했다. 곧 '연맹'이 위원회의 다수를 차지할 뿐만 아니라 경찰을 통제하는 내무부와 같은 핵심부서를 맡겠다는 것이었다. 요컨대 '연맹'이 과도정부의 역할을 하겠으며, 다른 대안은 수락하지 않겠다는, 사실상 최후통첩이었다. 최후통첩은 도박일 수밖에 없었다. 그러나 도박이라면 아웅산은 이미 달인의 경지에 이르렀다.

영국 외무성 '화이트홀'은 도먼-스미스에게 강하게 나가라고 지시했다. 건방진 아웅산에게 교훈을 주라고 했다. 그래서 아웅산의 요구는 거절됐다. '연맹'은 도먼-스미스를 파시스트라고 맹비난했다. 아웅산은 무력투쟁이 불가피하다는 뉘앙스의 말을 흘리고 다녔다. 미얀마의 영국군은 철수 중이었다. 미얀마 내투에서 반란이 일어나면 마주 싸울 병력도 부족할지 몰랐다. 도먼-스미스도, 아웅산도, 알고 있는 사실이었다. 전쟁이라면 신물이 난 영국의 군부는 미얀마에서 군사적 긴장이 고조되자 짜증이 났다. 그런데 영국 정부는 백서를 제대로 이행하라는 훈령을 보냈다. 이 못된 미얀마인들이 감지덕지할 줄 알아야 한다는 생각이었다. 그러나 미얀마의 곳곳을 장악한 아웅산의 추종자들은 그와 전혀 다른 분위기를 연출하고 있었다.

1945년 가을에서 1946년 여름에 이르는 기간 동안 도먼-스미스와 아웅산은 배짱 싸움을 벌였다. 미얀마의 무장투쟁이라는 파국을 앞에 두고 도먼-스미스는 백서를 밀어붙이고 아웅산은 버텼다. 누구의 배짱이 센지, 누구의 자본이 든든한지가 그 결과를 좌우할 것이었다.[18] 도먼-스미스에게 그 자본은 영국 정부의 의지와 지지였다. 아웅산에게 그 자본은 미얀마 내부의 추종세력이었다.

아웅산은 마운트배튼과의 합의에 따라 버마군 내부에 다수의 추종자를 지휘관급으로 심어두었다. 그러나 거기에서 한술 더 떠 그는 '인민자원기구'(People's Voluntary Organization)라는 이름으로 사병(私兵)을 조직했다. 그들은 다름 아닌 전쟁 중 아웅산을 따라 일본군과 함께 영국군과 싸웠던 제대 군인들이었다. 그 수는 수만 명에 달했다. 새로운 병력도 충원했다. 전쟁을 보고 자란, 그러나 전쟁에는 참여할 기회가 없었던 젊은이들이었다. 아웅산은 늘 군복을 입고 전국을 돌며 대중시위에 등장하여 절제되고 분명한 어조로 독립을 외쳤다. 또 영국의 '백서'에 대한 비판도 아끼지 않았다. 그것을 따르면 탐욕스러운 영국 상인들의 배만 불릴 것이라고 맹렬히 비난했다. 시위는 늘 평화적이었으나 언제든지 폭력적으로 돌변할 수 있다는 조짐을 보였다. 누가 주도권을 가졌는지는 분명했다. '연맹'에 가담하지 않은, 비교적 온건한 생각을 하는 구정치인들은 목소리를 낼 수 없었다. 시대는 그들의 것이 아니라는 것을 알고 아웅산의 행보를 오로지 경탄의 눈길로 바라볼 따름이었다.

그해 연말이 되자 도먼-스미스도 "연맹의 힘은 전적으로 아웅산에게서 나온다"라고 인정하지 않을 수 없었다. 그래서 런던에 그를 초청하여 이야기를 나눠보라고 건의했지만 무시됐다. 그 무렵 삼각주 지역의 소도시 탄타빈에서 경찰이 시위대에 발포하여 3명이 숨지는 사건이 발생했다. '연맹'은 그들의 장례식을 사회장으로 치르고 아웅산이 직접 참석하여 연설하기로 했다. 그 전에 총독과 만났다. 총독은 도대체 반란을 일으킬 작정이냐고 묻고 평화적으로 협력하는 것이 버마의 평화와 번영을 위해 더 나은 길이라고 설득했다. 아웅산은 동의하지 않았다. 그 자신이 미얀마의 평화와 번영을 보장할 수 있다고 주장했다. 다만, 연설문의 수위를 낮추고 장례식을 평화적으로 마치겠다는 약속을 했다. 누가 '보스'인지는 갈수록 분명해졌다.

영국에게는 또 다른 문제가 있었다. 식민통치 기간에 별도의 지역으로 간주했던 산악지대의 처리문제였다. 버마족과는 달리 산악지대 인물들은 전쟁 중 영국에 충실했고 많은 전공을 세우기도 했다. 영국의 공식정책은 그들이 원한다면 양곤을 중심으로 한 새로운 미얀마 일부로 포함하겠다는 것이었다. 1946년 초, 도먼-스미스는 카친의 메이크틸라를 방문했다. 수년 전 아내 및 애완 원숭이와 더불어 비참하고 비겁하게 탈출한 이후 처음이었다. 폐허가 된 그곳에서 만난 카친족 지도자 중 한 사람은 그가 버리고 떠난 연회용 옷을 입고 있었다. 카친족 지도자들은 들떠 있었다. 전쟁 중 그들의 공헌과 희생의 대가로 영국이 학교를 짓고 병원을 지어 후손에게 더 나은 삶을 가져다줄 것을 믿어 의심치 않았다.[19]

상황이 이렇게 전개되자 런던의 정부도 긴장하지 않을 수 없었다. 아예 조기 총선을 실시하는 것도 한 방법이 될 수 있었다. 선거란 어차피 '조직'이 좌우하니 아웅산의 '바람'이 조직되기 전에 하는 것이 좋겠다는 것이었다. 아웅산을 체포하자는 주장도 있었다. 지금과 같은 격변기에 한동안 모습을 보이지 않으면 곧 힘을 잃을 것이라고 주장하였다. 그러나 그런 주장은 소수의견이었다. 영국 정보당국도 인정한 다수의견은 아웅산을 무시할 수 없다는 것이었다. 아웅산은 대규모의 사병을 이끌고 있었다. 버마군 내부에 그를 추종하는 세력이 지휘관으로 자리 잡고 있었다. 그가 대중에 일으키는 바람의 힘은 짐작하기 어렵지만, 조직만으로도 그는 충분한 파괴력을 보유하고 있었다. 인도의 정세도 불안하니 인도의 병력을 동원하여 그의 병력에 맞서는 것은 아예 고려의 대상이 되지 않았다. 그래서 두 가지 대안이 떠올랐다. 하나는 아웅산을 어떻게든 안고 가는 것이었다. 다른 하나는 영국군, 네팔의 구르카 용병, 서아프리카 흑인병력 등 가용한 모든 병력을 동원하여 그와 군사적으로 맞서는 것이었다.[20] 그러나 병력을 동원하는 것은 어려웠다. 국고가 바닥난 정부가 망설일 것이었다. 유엔을 통해 새로운 평화를 건설하고자 하는 미국이 반대할 것이었다. 군대로 아웅산을 견제하는 것은 가능할지 몰랐다. 그러나 그로 인해 발생할 외교적 어려움은 인도와 팔레스타인·이스라엘 문제로 가뜩이나 골치 아픈 판국에 감당하기 어려웠다.

이렇게 영국인들의 계산이 갈수록 복잡해지고 있을 때 아웅산의 계산은 오히려 단순했다. 오로지 독립을 향해 매진할 따름이었다. 달리 고려하거나 흥정할 것이 없었다. 바로 그 단순함으로 인해 그의 인기는 날이 갈수록 치솟았다. 가는 곳마다 수많은 군중이 뒤를 따랐다. 아웅산은 한마디로 영웅이었다. 그러나 계산은 단순했을지언정 입장은 단순한 것이 아니었다. 아웅산이 대표하는 세력은 복잡했다. 이념적 성향이 다양한 학생운동 시절 동료들, 일본군과 협력하며 키운 군부세력, 자신이 이끄는 사병, 뒷돈을 대주는 기업가 등. 다들 이익과 처지가 다르니 그들을 이끌고 영국과 맞서는 것이 얼마나 오래 가능할지 알 수 없었다. 그렇다면, 차라리 빨리 결판을 내는 것이 낫겠다고 아웅산은 생각했다.

자주 만나다 보니 아웅산과 도먼-스미스는 희한한 형태의 우정을 키웠다. 아웅산은 도먼-스미스와 만날 때면 가끔 외롭다, 우울하다는 개인적 고민을 실토했다. 믿고 의지할 친구가 없다, 새로운 친구를 사귀는 것도 불가능해졌다고 한탄했다.

도먼-스미스는 자기도 모르게 반문했다.

"당신은 지금 버마인의 우상이지 않소?"

아웅산이 말했다.

"내가 원한 것은 그따위가 아니요. 오로지 내 나라의 독립이요. 그런데 정말 외롭군요."

그러더니 갑자기 울음을 터뜨렸다. 도먼-스미스가 달래려고 애썼지만, 소용이 없었다.

"민족의 영웅이라고요? 그게 얼마나 오래 갈까요? 이 나라에서 영웅은 오래 가지 못하는 법이라오. 영웅이 되면 적이 너무 많이 생기기 때문에. ……나는 앞으로 기껏해야 18개월 이상 살기 어려울게요."[21]

영국이 마침내 물러서다

아웅산이 넘어야 할 심판이 마침내 다가왔다. 백서에 따른 입법위원회가 마침내 구성되고 그 첫 번째 회의가 열렸을 때, 그리고 온갖 정치세력이 각자의 입장을 놓고 떠들던 중에, 따킨 출신으로 아웅산과 함께 하이난섬에서 훈련 받은 30인 동지 중 하나가 폭탄 발언을 했다. 그의 상사였던 아웅산이 사실은 살인자라는 것이었다. 그의 증언에 따르면 사건은 이랬다. 아웅산이 일본군과 더불어 남쪽으로부터 진격해 올 때의 일이었다. 몰라먀잉 근처 한 동네에서 인도인 촌장이 영국군과 연락을 취하면서 저항운동을 시도하는 것이 발각됐다. 아웅산은 군사 법정을 열어 그에게 사형을 선고하고 그 사형을 직접 집행하겠다며 일본 군도로 그를 가격했다. 그러나 목을 자르는 데 실패하여 다른 병사에게 마무리 짓도록 했다.

이 발언이 언론을 타고 영국과 미얀마에 널리 알려졌다. 정식 수사가 불가피했다. 3월 27일 총독관저에서 도먼-스미스가 관련 회의를 열었는데 참석자들의 의견이 갈렸다. 총독보좌관 존 와이스 경은 공식적인 고발이 들어온다면 수사가 불가피하다는 의견이었다. 경찰청장은 자칫 대중봉기가 있을 수 있다는 의견이었다. 그리고 총독이 전시 범법행위는 모두 사면했다는 사실을 상기시켰다. 버마 주둔군 사령관은 아웅산을 체포하면 대중봉기가 문제가 아니라고 했다. 아마 군 내부에서 반란이 일어날 것이라고 말했다. 그러면 그것을 진압할 병력이 없다고 실토했다.

아웅산도 그 소식을 듣고 차라리 잘됐다고 생각했다. 그것을 계기로 영국이 과연 미얀마를 영구지배하려고 하는지를 알 수 있다고 봤기 때문이다. 그는 세계정세를 유심히 관찰하고 있었다. 바로 2주일 전 베트민 게릴라 지도자 호찌민이 월맹의 주석으로 선출됐다. 유고슬라비아에서도 게릴라 지도자 티토가 새 정부를 수립하고 수반이 됐다. 유엔 안전보장이사회가 처음 열렸고 클레멘트 애틀리 영국 총리는 새 헌법이 채택되면 즉시 인도를 독립시키겠다고 약속했다. 역사는 빠르게 움직이고 있었다. 늦으면 도태되는 시대였다.

다음 날 아웅산이 총독집무실로 찾아갔다. 정중하지만 단호한 태도로 살인에 관한 이야기는 사실이며 그에 대한 책임을 지겠다고 말했다. 총독은 그렇다면 체포하는 수밖에 없을지 모른다고 경고했다. 2주 후 런던에서 총독에게 체포 명령이 떨어졌고 총독은 경찰에게 그 명령을 집행하라고 지시했다. 경찰이 체포 명령을 수행하려고 출발하던 바로 그때 런던에서 새로운 지령이 내려왔다. 체포 명령을 취소하는 것이었다.

세계가 요동치고 있었다. 인도네시아에서 일본군에 밀려났던 네덜란드 동인도 회사가 돌아오자, 그 사이 내부에서 조직된 민족주의자들과 전투가 벌어져 수천 명이 죽었다. 영국이 아웅산을 체포하면 유사한 사태가 벌어질 가능성이 농후했다. 그러면 중국과 미국도 개입할 것이었다. 그래서 영국 당국이 생각을 바꿨다. 배짱 싸움에서 영국이 패했다.

도먼-스미스는 이 기회에 버마 정책을 마무리 짓고자 아웅산이 이끄는 과도 정부 외에는 내부 소요를 잠재울 방법이 없다고 본국에 보고했다. 그래서 조건 없는 독립을 전제로 총선거를 하루빨리 시행할 필요가 있다고 주장했다. 세계가 빠르게 변하고 있는데, 아웅산은 영리하게도 그 중원을 점거했다. 런던은 도먼-스미스를 소환했다. 클레먼트 애틀리 정권은 사실은 정권의 관심 부족으로 발생했던 버마의 모든 문제에 대한 책임을 물어 그를 해임했다. 휴버트 랜스 경(Sir Hubert Rance)을 후임으로 임명했지만, 영국은 버마를 포기할 참이었다.

정치인은 서로 싸우고, 시민은 시위에 나서고, 노동자는 파업하고, 경제부흥 정책은 실패를 거듭하고, 법과 질서는 무너지고 …… 미얀마는 한마디로 엉망이었다. 전쟁의 끝이니 발에 차이는 것이 총기였다. 그 총을 쏴 보지 않은 사람이 오히려 이상한 사회였다. 무장강도가 횡행했다. 삶의 질은 1920년대에 비해 크게 뒤떨어졌다. 쌀은 여전히 모자랐다. 정부에서 가격을 통제하고, 기근에 시달리는 인도로 보냈기 때문이다. 삼각주 지역의 고립된 도시를 이어주는 이라와디 기선회사가 안전을 이유로 운항을 중단했다. 기차와 버스, 여객선에 무장호위를 붙여야 했다. 6월 8일, <뉴욕타임스>도 미얀마에 혁명이 임박했다고 보도했다.

상황이 이러니 마침내 영국 하원에서도 미얀마 정책에 관한 토론이 시작됐다. 좌우 양방향에서 현 정부의 정책을 맹렬하게 비난했다. 여당인 노동당에서는 언론인 출신으로 좌파성향이 강해 심지어 공산주의 간첩이라는 의혹까지 받았던 톰 드리버그(Tom Driberg)가 나섰다. 진즉 아웅산 등 민족주의자들과 함께 협력했어야 했다고 주장하며, 도먼-스미스가 아닌 식민정부의 구태의연한 관료들과 바고 클럽에서 노닥거리는 영국인들을 비난했다. 그들은 타고난 배경과 받은 훈련으로 인해 미얀마에서 일어나는 새로운 일을 이해하지 못하고 군림하는 데 만족하고 있을 뿐이라고 비판했다. 반면 보수 쪽에서 레너드 개먼스(Leonard Gammans) 대위가 나와 아웅산을 반역자로 진즉 처벌하지 않은 것부터 실수였다고 주장했다. 하루라도 빨리, 필요하다면 무력을 사용해서라도 법과 질서를 회복하면 버마 인들이 영국의 통치에 대해 신뢰를 회복할 것이라고 주장했다. 대안은 없다고 했다. 영국이 철수하면 다른 나라가 들어올 것이라고 주장했다. 정부는 드리버그의 급진적 노선을 택하지는 않았지만, 대체로 그 방향으로 갔다. 아웅산과 협력하여 빨리 독립시키는 쪽으로 결론을 내린 것이다.

1946년 9월 2일, 뉴델리에서 네루가 이끄는 임시정부가 취임했다. 파키스탄의 분리문제가 초미의 관심사인 가운데 네루는 인도병력이 미얀마에 파견되는 일은 없을 것이라고 분명히 말했다. 휴버트 랜스 경이 새로운, 그러나 마지막 총독으로 취임했을 때 그를 맞은 것은 연쇄 파업이었다. 경찰을 선두로 공무원도 파업에 들어갔다. 철도와 유전에서 일하는 노동자들도 파업에 동참했다. 9월 말, 모든 산업과 행정이 멈추었다. 양곤에서 백서를 비난하는 대규모 시위가 일어났다. 아웅산은 승리를 예감하며 전국 규모의 총파업을 준비했다.

랜스 총독도 발 빠르게 움직였다. 9월 21일 '연맹'의 지도부와 만나 2주일 만에 새로운 합의를 했다. 그가 위원장을, 아웅산이 부위원장 겸 국방·외교담당 위원을 맡는 집행위원회를 구성하기로 했다. '연맹'이 다수이지만, 소수민족을 포함한 다른 정치집단도 참여하기로 했다. 아웅산이 사실상 임시정부의 수반이 됐다.

전국 총파업은 막았지만, 아웅산은 주도권을 놓치지 않았다. 11월 10일, 4개 항의 요구사항을 발표했다. 이듬해 1947년 4월에 고산지대를 포함한 전국 총선거, 1948년 1월 31일 미얀마의 독립, 영국기업의 역할을 포함하여 미얀마 경제건설계획에 대한 재검토 등이 포함됐다. 아웅산은 이제 영국이 큰 그림을 보기를 원했다. 무장봉기가 일어나면 모든 이들이 손해를 볼 것이었다. 소수민족, 특히 카렌족 문제를 고려해야 했다. 독립 후 어떤 차별도 없을 것이라고 확신시켜주어야 했다. 인도에서 일어나고 있는 일을 반면교사로 삼을 필요가 있었다. 인도에서는 독립을 앞둔 정치적 격변기를 맞아 인종 및 종교분규가 폭력으로 번지고 그 결과 인도와 파키스탄의 분리로 이어져 수백만의 난민과 수만 명의 사상자를 초래했던 것이었다. 미얀마에도 그 같은 일이 일어나지 말란 법이 없었다. 양곤의 거리에는 사병조직들이 무장을 한 채 시가행진했다. 파업과 시위도 끊어지지 않고 있었다. 시위가 하마터면 집행위원회 정부 건물에 대한 침범으로 이어질 뻔한 적도 있었다. 마침내 아웅산도 서아프리카 병력을 불러들여 양곤에 주둔시키자는 안에 동의할 수밖에 없었다. 그 조치가 효과를 봐서 시위는 잦아들었으나 안정과는 거리가 멀었다.

아웅산 런던에 가다

애틀리 총리는 무엇이든 수용할 자세였다. 버마가 독립하고 영연방에 가입하지 않겠다고 해도 좋았다. 12월 하순 의회에서 그는 이렇게 말했다.

"우리는 영연방이든 대영제국이든 원치 않는 나라를 강요할 의사가 없다. 자신의 미래를 결정하는 것은 버마인이다. …… 버마인을 위해서 절대적으로 중요한 것은 이 과정이, 물론 빠르면 좋겠지만, 반드시 질서 있게 진행돼야 한다는 것이다."

그리고 미얀마 대표단을 런던으로 초청하여 새로운 정책을 논의할 계획이라고 말했다. 아버지 랜돌프 처칠과 버마와의 인연 또는 악연을 알고 있던, 지금은 야당 지도자가 된 윈스턴 처칠은 정부가 "수 세대의 노고와 희생으로 성취한 것을 내팽개치고" 있으며 "우리는 도망치듯이 버마를 최종적으로 그리고 영원히 떠난다"라고 비판했다. 속도를 늦추어 버마에 있는 영국의 친구들이 주도권을 다시 장악할 기회를 주어야 한다는 것이 그의 주장이었다. 애틀리는 영국의 문제는 옳은 정책을 너무 늦게 시행하여 실패하는 것인데 인도와 아일랜드가 대표 사례라고 응수했다.22

아웅산과 그 일행이 비행기로 런던에 도착한 것은 추운 (1947년) 1월이었다. 케임브리지에서 학교에 다닌 틴툿(Tin Tut)과 같은 사람은 몰라도 영국을 처음 방문한 아웅산은 두꺼운 코트를 껴입고도 추위에 떨어야 했다. 틴툿은 그 시대 사람 중 가장 똑똑하다고 정평이 났는데 아웅산의 신임을 받아 미얀마 측 제2인자가 됐다. 그와 아웅산은 우호적인 분위기에서 영국과 협상을 벌여 1월 27일 합의에 도달했다. 미얀마 임시정부는 캐나다 및 호주와 동급의 연방정부로서 연합군이 철수하는 즉시 미얀마군에 대한 통제권을 갖기로 했다. 제헌의회를 하루빨리 구성하고 헌법안을 제출하여 영국 의회의 승인을 받기로 했다. 이 제헌의회가 미얀마가 독립 후 영연방의 일원으로 남을지를 결정하기로 했다. 재정문제 또 군사동맹 문제 등은 후일 따로 논의하기로 했다. 영국은 미얀마를 유엔의 정식 회원국으로 지명하기로 했다.

사실 아웅산에게 문제는 영국에 있는 것이 아니라 국내에 있었다. 그의 가장 절친한 동료였던 딴툰(Than Tun)은 '연맹'을 탈퇴하고 공산당 지도자가 됐다. 그리고 아웅산의 계획을 따르면 미얀마는 경제적으로는 영국에, 군사적으로는 미국과 영국에 예속되어 사이비 독립국이 될 뿐이라고 경고했다. 전쟁 전 총리를 지낸 우서(U Saw)와 같은 우파도 반대의 목소리를 높이기 시작했다. 몇 달 전, 우서는 암살시도를 당해 눈 하나를 잃었다. 그것이 '연맹'의 소행이라고 여기고 복수를 계획했다.

1월 29일 매우 추운 날 저녁, 아웅산은 도체스터 호텔에서 영국주재 외교관들과 의원의 일부를 초대하여 연회를 베풀었다. 호텔 밖 연못이 꽁꽁 얼 정도로 추운 날씨에 중앙난방이 되지 않아 띄엄띄엄 비치한 작은 전기난로로 추위를 녹여야 했다. 1874년 킨운이 이끈 미얀마 사절단이 템스강 선상에서 베푼 이후 처음 열린 미얀마 외교연회였다. 아웅산은 잘 다린 육군 중장 정복을 입고 대영제국을 해체한 젊은이가 누군지 궁금해하는 고관대작들을 정중하고 당당하게 맞이했다. 그를 아는 사람들은 그가 긴장을 풀고 웃는 모습은 처음 본다고 생각했다. 손님들은 그를 '각하'(Your Excellency)라고 불렀다. 그때 그의 나이 31세였다.[23]

아웅산에게 가장 시급한 일은 공산주의자와 같은 선동세력을 견제하는 동시에 고산지대 소수 인종이 이 새로운 조치에 동참하도록 설득하는 일이었다. 팡롱이라는, 샨 지역의 작은 도시에서 샨족의 여러 족장, 서브와들과 만나 상당한 정도의 자율권을 보유한 채 새로운 공화국에 동참하도록 설득하는 데 성공했다. 10년 후인 1958년, 그들이 연방을 탈퇴할 수 있도록 하는 유보조건을 달아, 미얀마는 영국식민지에서 독립하면서 해체의 가능성을 헌법에 명기한 유일한 나라가 됐다. 카렌족은 어떠한 조건에도 동의하지 않았다. 일본군이 진주한 후 버마족에게 당했던 유혈의 기억이 너무나 생생했고 영국과 미국에 대한 기대가 너무나 컸기 때문이었다. 그래서 독립된 카렌족 국가를 세워 영연방에 남겠다는 주장을 굽히지 않았다. 미얀마의 카렌족도 인도의 무슬림처럼 각지에 흩어져 살고 있었으나 파키스탄이 동서에 영토를 두고 독립한 것에 고무되어 주장을 굽히지 않았다.

   4월 7일 선거가 예정대로 치러졌다. 결과는 별로 좋지 않았다. 카렌족과 아웅산의 정적들은 선거를 거부했다. 자연히 '연맹'은 출마한 모든 후보가 당선하여 압도적인 다수의석을 차지했다. 새로 구성된 의회가 한 첫 번째 조치가 영연방에서 탈퇴하는 일이었다. 쉬운 결정은 아니었고 영국에게는 결정타를 먹인 셈이었지만, 당시에는 영연방의 일원이 된다는 것은 영국 왕실을 국가 원수로 인정하는 준(準)식민지처럼 여겨졌기 때문에 당연한 결정이었다. 인도가 영연방의 일원이되 공화국의 형태로 독립한 것은 훗날의 일이었다. 공산주의자들과 우서가 아웅산이 '사이비 독립'을 추진한다고 비판하는 마당에, 영연방의 일원으로 남겠다고 하는 것은 그들의 비판이 옳다고 인정하는 것이나 다름없었다.

아웅산이 이끄는 '집행위원회' 혹은 과도정부에는 촉망받는 새로운 지도자 대부분이 포함돼 있었다. 딴툰과 공산당은 참여를 거부했지만, 아웅산과 틴툿 외에도 아웅산이 애써 초빙한 카렌족 지도자 만바카잉, 샨족 족장 사오 쌈튼,* 만달레이의 무슬림 지도자 압둘 라자크도 포함됐다. 위원회는 대개 정부 청사에서 휴버트 경의 주재로 열렸는데, 7월 19일에는 위원회 사무국에서 열렸다. 권한이 얼마 남지 않은 총독이 굳이 참석해야 할 의제가 없었기 때문이었다.

    그 사무국 건물은 지금은 높은 담과 울타리로 둘러싸이고, 그 사이에는 철조망이 처져 있지만, 그때는 아무런 보호장치가 없었다. 오전 10시 30분이 조금 못 됐을 때, 자동차 한 대가 가랑비 속을 달려 달하우지 가를 향해 난 정문을 빠르게 지나 건물 앞에 멈추었다. 군 작업모를 쓴 몇 사람이 차에서 내렸다. 보초가 무심히 지켜보는 가운데 그중 셋이 총을 꺼내 들고 계단을 뛰어올라 회의실 앞을 지키고 있던 경비병을 사살했다. 그리고 회의실 문을 걷어차 열고 총을 난사했다. 총성이 울리고 문이 열리자 놀라 일어선 아웅산이 최초의 표적이 돼 가슴에 집중사격을 받고 쓰러졌다. 이어 좌우로 난사한 총탄에 4명

---

  * 사오(Sao)란 샨족에서 족장 또는 추장인 서브와, 즉 왕족에게 붙이는 호칭이다.

의 집행위원이 현장에서 숨지고 2명이 치명상을 입었다. 3명은 다행히 살아 남았지만, 아웅산은 불행히 숨진 쪽에 속했다.24

집행위원회가 붕괴하다시피 됐으니 공산당이 봉기하거나 군사쿠데타가 일어날지도 몰랐다. 영국이 배후에 있다는 소문이 돌았다. 집행위원 중 우누만이 회의에 불참하여 피격을 피했다. 암살범들은 우누의 집으로 달려갔으나 그곳에도 없어 살아남았다. 랜스 총독이 발 빠르게 우누에게 위원장을 맡아 새로운 집행위원회를 구성해 달라고 부탁하고 다음 날 새로운 집행위원회가 출범하여 파국을 면했다. 그런데 도대체 누구의 소행인가?

곧 아웅산의 정적, 한눈을 잃고 절치부심하던 우서가 주모자로 떠올랐다. 그런데 영국군 장교들도 개입되어 있다는 것이 드러나 영국 정부가 배후에 있는 것이 아니냐는 의혹도 돌았다. 그러나 그 영국군 장교들이 독자적으로 행동한 것이 확실해 졌다. 영국 정부는 아웅산을 공산당에 대적할 인물로 인정하고 있었기 때문에 굳이 그의 죽음을 바랄 이유가 없었다. 랜스 총독이 수사한 결과 6~7월 여전히 영국이 관리하고 있던 병기창으로부터 위조서류를 이용하여 총기가 반출돼 우서 측에 전달됐으며, 우서가 2명의 영국인 장교에게 직접 돈을 지급한 사실이 드러났다. 다른 한 장교가 상사에게 우서가 총기를 훔친 사실을 보고했으나, 상사는 보고서를 읽기만 했을 뿐 경찰에 통보하지는 않았다. 그 상사, 즉 병기창장은 그 사실을 까맣게 잊고 있었다고 증언했다. 우누는 이 모든 사실을 보고 받고 있었으나 공개하지 않기로 했다. 그랬다가는 흥분한 대중이 무슨 일을 벌일지 몰랐기 때문이었다.25 암살을 주도한 우서는 재판을 받았고, 영국 의회 상원에 항소했으나, 결국 교수형에 처해 졌다.

미얀마의 독립과정은 한 편의 드라마였지만 그 드라마는 더욱 큰 드라마의 한 부분이었다. 전 세계가 오랜 전쟁으로 파괴되고 탈진한 가운데 빠르게 변하고 있었다. 평화를 염원하며 유엔이 설립되었지만, 곧 또 하나의 전쟁, 곧 서방과 소련 사이의 냉전이 시작됐다. 1947년 5월 미국의 트루먼(Harry S. Truman) 대통령이 소위 '트루먼 독트린'을 발표했다. 미국이 공산주의 반란의 위협에 처한 나라를 돕겠다는 계획이었다. 터키와 이란의 반공세력에 대한 원조를 시발로 40년간의 봉쇄정책이 시작됐다.

세계는 눈코 뜰 새 없이 돌아가고 있어 미얀마 문제는 뒷전이었다. 1947년 11월 유엔총회에서 팔레스타인 지역을 나누어 유대인 국가, 즉 이스라엘을 설립하는 결의안을 통과됐다. 그러나 몇 달 뒤 6개 아랍국가가 이스라엘을 상대로 전쟁을 일으켰다. 인도 아대륙이 인도와 파키스탄으로 분리되면서 1백만 명이 사망하고 수백만 명의 난민이 발생했다. 10월 인도와 파키스탄은 카슈미르를 둘러싸고 제1차 인도-파키스탄 전쟁을 벌였다. 1948년 1월 30일 마하트마 간디가 암살됐다. 대영제국이 무너지고 있었다. 6월 24일 소련이 베를린을 봉쇄했다. 냉전이 열전, 그것도 핵전쟁이 될 수도 있었다.

미얀마가 독립하면 이런 국제정치 속으로 뛰어들게 될 것이었다. 안으로는 더욱 복잡했다. 폭넓은 지지를 누리던 민족지도자 아웅산과 그 주변의 인재들이 몰살됐다. 주요 소수민족인 카렌족은 여전히 독립국을 요구하고 있었다. 아웅산에 버금가는 민족지도자 딴툰은 공산혁명을 부르짖고 있었다. 결코, 좋은 출발은 아니었다.

11

서로 다른 꿈을 위해 총을 쏘다

신생 독립국 미얀마는
책임 있고 진보적인
국제사회의 일원을 꿈꾸다.

그러나,
나라 안의 내전과
나라 밖 외세의 침공으로
거대한 군부가 태동한다.

11

늘 무더운 양곤 날씨는 정장을 입고도 견딜만한 날이 며칠밖에 없지만, 그 며칠밖에 없는 날 중 하나가 왔다. 폭우를 퍼붓는 우기가 끝난 지도 수 주일이 지나 선선하고 구름 한 점 없는 날씨가 이어졌다. 특히 밤이 되면 코트를 걸쳐야 할 정도였다. 그래도 그렇지, 이 시간에 행사하는 건 도대체 뭐람? 휴버트 랜스 총독이 투덜거렸다. 꼭두새벽에 독립기념식을 하는 버마 사람들을 그는 도저히 이해할 수 없었다. 점성술에 심취한 버마 지도부가 현자들의 조언을 받아 1948년 1월 4일 새벽 4시 20분을 행사시간으로 결정한 것이다. 반대할 수 있는 분위기가 아니었다. 그래서 키가 크고 허리가 구부정한, 잿빛 콧수염을 풍성하게 기른 휴버트 경은 애써 일어나 정장을 걸치고 모자를 쓴 다음 차에 올라 어두침침한 거리로 나섰다.

거리의 분위기는 그의 기분과 정반대로 달랐다. 어마어마한 인파가 있었다. 다들 가장 좋은 옷을 입고 나왔다. 지나가는 차량은 경적을 울렸다. 한쪽에서는 음악을 연주하고, 한쪽에서는 폭죽을 터뜨리고, 일부는 음식을 먹기도 하며, 행복하게 웃고 떠들고 있었다. 밤새 이랬던 것 같았다. 제1차 영국-버마 전쟁부터 따지면 125년, 제2차 전쟁부터 따지면 93년, 나라를 완전히 잃은 제3

차 전쟁부터 따져도 62년간 외세의 지배를 받았다. 영원히 계속될 것 같았던 외세의 지배가 갑자기 끝났다. 자축의 순간인 동시에 자성의 순간이기도 했다.

휴버트 경이 탄, 지금은 미국 볼티모어의 수집가가 소장하고 있는, 롤스 로이스는 인파를 헤치고 천천히 움직여 스콧 시장, 성 트리니티 대성당, 그리고 역사적인 술레 파고다를 지나 피체 광장에 이르렀다. 여전히 칠흑처럼 어두운 하늘 아래 영국, 그리고 버마의 지도층 인사들이 모여 있었다. 몇 차례의 연설이 끝났다. 마침내 영국 국기가 내려지고 새로운 미얀마공화국 국기가 올라갔다. 젊은 버마 지도자들의 얼굴이 행복감과 성취감으로 달아올랐다. 총독은 이 신생 공화국의 초대대통령 및 총리와 악수를 하였다. 영국 측 고위 관리들의 부인인 영국 여성들이 조용히 눈물을 닦았다.

몇 시간 후 찬란한 아침 햇살이 강가 부두를 내리비출 때 영국 왕실 소유의 요크샤이어 경보병 대대, 버마에 주둔한 마지막 영국군대가 대기하고 있던 순양함 '버밍햄 함'에 올랐다. 군악대가 "올드 랭 자인"을 연주하는 가운데 휴버트 랜스 경은 62년 전 띠버 왕이 그랬듯이 부인과 일가족을 이끌고 갑판에 걸쳐진 판자를 건너 배에 올랐다. 함선이 물살을 가르며 떠났다. 그렇게 영국이 떠났다. 버마는, 아니 미얀마는 이제 독립국이었다. 그리고 미얀마는 이미 내전 중이었다.

그때부터 지금까지 미얀마는 내전 중이다. 세계에서 가장 오랜 내전이다.[1] 어떻게 보면 미얀마에는 2차대전이 아직 끝나지 않은 셈이다. 1941년 일본공군기가 양곤 상공에 폭탄을 투하한 이래 미얀마는 평화스러웠던 적이 없었다. 잠시, 즉 1945년 8월 세계적으로 포성이 멎고 1948년 1월 독립할 때까지의 2년 반의 기간을 제외하면, 여기 아니면 저기, 저기 아니면 여기서 총성이 들리지 않은 적이 없었다. 그러니 미얀마 정치에서 총이 빠진 적이 없었다. 1941년 이후 중앙정부가 국토 전역을 지배한 적도 없었다. 선거가 전국에서 치러진 적도 없고 모든 국민을 대상으로 인구동태 조사를 한 적도 없었다. 하지 않은 것이 아니라 못한 것이었다. 하나가 끝나면 새로운 전쟁이 일어나기를 반복한 그런 것이 아니었다. 같은 전쟁이 같은 구호 위에, 심지어 같은 구식 총으로 수십 년간 이어졌다. 마하트마 간디가 영국감방에 갇히고 조 루이스가 세계 헤비급 챔피언이던 1940년대에 총을 들고 싸움을 시작한 집단들이 아직도 서로 싸우고 있다. 1백만이 목숨을 잃었다. 수백만이 집을 잃었다. 경제는 도탄에 빠졌다. 나라 안의 적과 싸우느라 자라난 군대가 나라의 현대 역사를 지배했다.

1948년 1월 우누가 트리니다드 총독으로 옮겨간 랜스 휴버트 경으로부터 정부를 이양받았을 때 이미 나라는 두 개의 반란을 겪고 있었다. 하나는 소위 '적기(赤旗) 공산주의자'들의 반란이었다. 골수 스탈린주의자들로 구성되어 교장 선생님 출신 지도자 따킨 소에 충성하고 있었다. 다른 하나는 북부 라카인 지역의 무자헤딘 이슬람교 반군이었다. 그러나 이 둘은 다른 한 가지 반란에 비하면 차라리 작은 것이었다. 바로 '인민자원기구', 즉 PVO의 반란이었다. 버마 독립군(BIA)의 일원으로 2차 대전 중 일본군에 종군했던 제대군인으로 구성된 이 조직은 아웅산이 만들어 아웅산에 충성하며 나라의 독립만을 위해 싸웠다. 그러다가 아웅산이 죽고 나라가 독립되니 목표도 잃고 지도자도 잃고 말았다. 그래도 남은 것이 있었다. 싸우고자 하는 열정이었다. 나라에는 무기가 넘쳐나고 있었다. 싸움 외에 일이라곤 해본 일이 없는 젊은이들도 넘쳐나고 있었다. 정치가 막 재미있어지는데 그것을 포기할 이유가 없었다. 일본군·영국군·미국군·중국군이 바로 자신의 뒤뜰에서 싸우는 걸 보며 자

란 이들에게 전쟁보다 신나는 것은 없었다. 바로 이들이 신생 독립국 버마의 주역이 될 세대였다.²

이어 따킨 딴툰이 이끄는 '버마 공산당'(Communist Party of Burma; BCP)이 봉기했다. 정부가 가장 껄끄러워하는 존재가 바로 이들이었다. 대중에게 인기가 있고 무장이 잘 돼 있었으며 외국의 지원도 가능한 조직이었기 때문이다. 그들은 AFPFL '연맹'이 영국 제국주의의 주구에 지나지 않기 때문에 뒤집어엎고 진정한 인민의 정부를 새로 수립해야 한다고 주장했다. 당의 이념가 H. N. 고샬(Goshal)이 고안한 이 주장은 영국이 떠난 후 당 중앙위원회에서 공식적인 강령으로 채택됐다. 그에 따라 파업을 조직하고 폭력을 선동했다. 마지막 순간에 타협을 시도했지만 실패했다. 각종 민병대, 공산당의 여러 파벌 등 서로 다른 목소리가 너무나 많고 너무나 달랐다. 우누 총리가 자리에서 물러나겠다고 했다.

바로 그날 운집한 군중 앞에서 딴툰은 정부의 무능을 비웃고 인민 혁명을 선동한 후 측근과 더불어 정부의 체포를 피해 밤을 도와 달아나 양곤과 만달레이 중간지점에 있는 핀마나에 거점을 마련했다. 그리고 전국에 산재한 2만 명이 넘는 무장세력에게 행동을 명령했다. 수주일 안에 이라와디 분지의 여러 도시가 공산 반군의 수중에 떨어졌다. 4월 공산 반군은 경찰서를 점거하고 관청을 접수하고 비축미를 약탈하고 통신선을 차단했다. 정부군이 반격에 나서 수 주일 후 정상을 회복하는 듯했다. 그 시점에 우누가 다시 양보했다. 소위 '좌파연합' 안을 발표한 것이다. 산업을 국유화하고 마르크스주의를 강령으로 공산주의자와 사회주의자를 포괄하는 새로운 연맹을 구성하겠다는 안이었다. 영국과 미국의 기자들, 그리고 각국의 정보원들은 버마가 딴툰의 손에, 나아가 크렘린의 수중에 떨어지기 직전이라고 타전했다.

여름이 다가오고 소나기가 뿌려 찜통 속 같은 무더위를 식힐 무렵, 정규군마저 정부의 통제를 벗어나기 시작했다. 당시 미얀마군은 총 1만 5천 명 규모로 10개의 전투대대로 구성돼 있었다. 그중 반은 정치색채가 강한 버마족 대대로 이념적으로는 좌익이었지만, 그보다 극단적으로 호전적인 집단이었다. 이 중 하나 제6 버마 소총대대가 6월 16일 바고에서 반란을 일으켜 그 지휘부의 대부분이 공산당에 가담했다. 7월에는 PVO 산하 모든 전투병력이 무장봉기했다. 이어 따옛묘의 제1 버마 소총대대와 양곤 근처 민갈라돈 비행장에 주둔한 제3 버마 소총대대가 반란을 일으켰다. 이 두 대대의 대대장은 아웅산의 부관 출신으로 함께 양곤으로 진격할 계획을 세웠다. 8월 10일 영국-샨 혼혈 토미 클리프트가 이끄는 공군이 그들의 수송대열을 폭격함으로써 간신히 막을 수 있었다. 이번에는 연방헌병대가 반란을 일으켰다. 정치적으로 중립을 표방했지만, 정부에 대한 반감에서 정부 금고에서 현금을 털고 병기고에서 무기와 탄약을 털었다. 이제 나라의 반이 이 세력 아니면 저 세력이 지배하는 준 무정부 상태가 됐다. 열차를 포함한 모든 교통수단이 마비됐다. 곳곳에서 국가비상사태가 선언됐다. 인도군이 이미 상륙했다느니, 영국의 제14군이 곧 돌아온다느니 하는, 온갖 황당한 소문이 돌았다. 그런데 그런 소문 못지않게 황당한 일이 일어났다.[3]

그때까지 그나마 정부를 지탱해준 것이 미얀마 정규군 중 나머지 반, 주로 영국군에서 복무하던 카렌족과 카친족 대대였다. 바로 이들이 공산 반군 혹은 기타 반군이 점령했던 지역을 탈환했다. 총사령관은 카렌족 출신 스미스 던(Smith Dunn) 중장이었는데 지미 스튜어트(Jimmy Stewart)가 쓴 『스미스씨, 워싱턴에 가다』(Mr. Smith Goes to Washington)에 나온 인물을 따서 이름을 지었다. 부총사령관이자 육군 사령관은 소장 계급의 네윈이었다. 이들의 분투로 전황이 좋아졌다. 12월 공산 반군은 핀마나의 거점을 공격받고 무너졌다.

토웅우에서는 3천 명의 공산 반군이 항복했다. 모두 카렌 및 카친족 병사들의 공이었다. 그중에는 일본군과 싸우면서 영웅으로 부상한 너셍(Naw Seng) 대위가 이끄는 카친족 부대도 있었다.

그러는 가운데 카렌족 병사 중 도대체 자기들이 무엇을 하고 있는지 회의하는 사람들이 나왔다. 무능한 정부를 지키는 것이 옳은지 아니면 이 상황을 이용하여 그들의 이익을 도모하는 것인지를 따지기 시작한 것이다. 일부는 버마 영토 동쪽에 카렌 독립국을 세우자고 주장했다. 이 무렵, 양곤과 만달레이에 이어 제3의 도시인 몰라먀잉에서 불만을 가진 카렌족 병사들이 헌병을 몰아내고 도시를 점거했다. 일단 불이 붙으면 다른 곳에서도 반란이 일어날 것 같은 위험한 상황이었다. 서커스 출신으로 유명한 산포띤을 비롯한 카렌족 지도자들이 양곤 정부와 협상에 나섰다. 몰라먀잉을 반환하고 대신 새로 위원회를 결성하여 민족의 독립 또는 자립에 대해 논의하기로 했다. 위원회 자체는 대표성을 갖추었지만, 논의는 지지부진했다. 서로 다른 입장 사이에 타협점을 찾을 수 없었다. 카렌족을 싫어한 버마족 대표도 있었고 "라오스처럼" 카렌의 독립이 바로 눈앞에 있다고 생각하는 카렌족 대표도 있었다. 일부 영국인들이 이간질하기도 했다. 전시 영국 특수부대였던 136부대 출신 두 명이 버마로 무기를 밀반입하다가 적발되어 추방됐다. '카렌 민족 연합'(the Karen National Union; KNU)은 '카렌 민족 방위기구'(Karen National Defense Organization; KNDO)라는 자체 무장세력도 조직했다. 양곤 정부는 서둘러 수천 명의 민병대를 모집했다. 공산주의자들이 '노동자의 낙원'을 만든다며 사람들을 죽이고 있는 가운데 마침내 인종갈등이 그 막을 올렸다.

1948년 크리스마스이브, 버마족 병사들이 바닷가 도시인 메르귀의 여러 교회에 난입하여 교회별로 최소한 한 명, 모두 8명 이상의 카렌족 평민을 학살한 사건이 발생했다. 얼마 후 양곤 북쪽에 있는 카렌족 마을이 유명한 버마족 정치인이 이끄는 경찰의 공격을 받았다. 조준 사격으로 사망한 30여 명을 포함, 150명 이상이 살해됐다. KNDO는 양곤 외곽 인세인에 있는 병기창을 공격했고 버마족 군대로 구성된 제4 버마 소총대대는 마우빈에 있는 미국계 침례교회를 불태웠다. 삼각주 지역에 산재한 여러 마을이 버마족과 카렌족으로 나뉘어 싸우기 시작했다. 카렌족 목사들의 설교도 정치색을 띠었다. 이교도들의 손에서 신자들을 구해야 한다고 했다. KNDO가 항구도시인 파페인을 공격했다가 이틀간의 치열한 전투 끝에 물러났다. 1949년 1월 31일에는 양곤 초입에서 전투가 벌어졌다.

다음날 카렌족 출신 총사령관 스미스 던이 물러나고 일본군 출신이자 버마족 네윈이 대장으로 진급하여 총사령관에 올랐다. 양곤 서부 카렌족 거주지역이 성난 폭도에 의해 불탔다. 필사적으로 도주하던 카렌족 민간인들이 총탄에 쓰러졌다. 반면 양곤 북쪽에서는 KNDO가 인세인 외곽을 장악하고 민갈라돈의 병기창을 점령했다. 마침내 동족의 참상에 격노한, 미얀마군의 최정예 카렌족 대대가 이제 완전히 등을 돌리고 반란에 동참했다. 그들이 조금만 더 빨리 움직였더라면 수도를 탈취할 수 있을 수도 있었다. 그랬더라면 우누의 정부는 무너지고 미얀마의 역사는 전혀 달라질 수도 있었다. 그러나 그들은 망설였다. 격노했지만 계획이 없었다. 일부 병력은 도심에서 수 마일 거리까지 진격했으나 정부군을 공격해 들어가지는 않았다. 반면 다른 쪽에서는 제4 버마 소총부대를 인솔한 네윈이 헌병대와 서둘러 모집한 구르카 용병, 영국계 용병을 이끌고 전선을 지켜 영웅이 됐다. 카렌족 2개 대대가 양곤을 향해 진격해 오다가 따라와디에서 집중포격을 맞고 멈춰 섰다. 양곤 바로 외곽지대에 일종의 전선이 형성되어 진지를 구축하고 대치에 들어갔다.

그러는 가운데 이번에는 공무원들이 감봉에 항의하며 총파업에 들어갔다. 2월 중순 모든 정부 기관이 문을 닫고 업무를 중단했다. 양곤 시내에는 날마다 시위군중으로 넘쳤다. 여러 무장집단이 한데 뭉쳐 시내를 행진하면서 우누 정권의 타도를 외쳤다. 그 위에 기말시험을 앞두고 학생들이 등교 거부에 나섰다. 그러는 와중에도 의회는 회의를 열고 새로운 법을 통과시켰다. 영화관도 문을 열었고 양곤 경마장도 계속했다. 멀지 않은 곳에서 총성이 울려오고 있는 와중에 총사령관 네윈 장군은 주말마다 경마장에 나타났다. 약간의 돈을 내면 특별한 버스를 타고 전선으로 올라가 멀리 숨어 있는 카렌족 병사를 향해 총을 쏠 수도 있었다.

나라 다른 곳에도 상황은 좋지 못했다. 카친족의 전쟁영웅 너셍도 반기를 들고 제1 카친 소총부대가 카렌 반군과 동맹을 맺는다고 선언했다. 그리고 판나마에서 메이묘로 내려오면서 각 도시를 휩쓸었다. 3월 13일 치열한 전투 끝에 만달레이가 반군의 손에 들어갔다. 이라와디 서쪽에 있는 파코쿠에 주둔하고 있던 친족* 대대의 지휘관은 한동안 상부로부터 명령이 없자 정부가 무너졌다고 생각하고 병력을 이끌고 출신지인 북서부 산악지대로 귀향했다. 도대체 상상할 수도 믿을 수도 없는 혼란 상태였다. 만달레이를 카렌 반군과 공산 반군이 공동 통치하듯이 각종 반군세력이 제휴하여 지배하는 곳이 허다했다. 어떤 곳에서는 특정한 기치 없이 사병을 모아 지역을 지배하는 일종의 군벌이 형성되기도 했다. 이렇다 할 계획에 따라 움직이는 세력은 없었지만, 그렇더라도 타협할 생각을 하는 세력도 없었다. 2차 대전의 경험, 또 아웅산이 영국에 대해 전개한 전략처럼, 할 수 있는 한 많은 병력을 모아 강하게 나가는 것이 유일한 방법으로 여겨졌다. 모든 젊은이가 조국의 미래에 대해 서로 다른 꿈

---

* 친(Chin)족은 인도-미얀마 국경지대에 거주하는 고산족이다. 인도 쪽에서는 미조라고 불리며 독자적인 정부를 가지고 있다.

을 꾸고 있었고, 그 꿈을 위해 총을 쏘았다.

오늘날 세계적으로 악명높은 미얀마 군부의 출발은 이처럼 한심했다. 당시 모든 반군세력을 합치면 3만 명 정도로 추산됐다. 그들은 정예병이었다. 특히 영국군에서 훈련받고 복무한 카렌족, 카친족의 용맹은 매우 뛰어났다. 그에 맞서는 네윈의 병력은 2차대전 중 일본군의 훈련을 받고 네윈과 아웅산 지휘 하에서 싸운 3천여 명 정도에 불과했다. 슬림 장군의 영국 제14군이 버리고 간 폐품 더미에서 부품을 주위 모아 두 대의 탱크를 조립했다. 그런데 세계적 냉전이 부상하면서 네윈이 공산당에 맞설 유력한 인물이 되자 영국의 원조가 시작됐다. 소형화기와 탄환, 그리고 6대의 다코타 항공기를 지원받았다. 이 항공기는 영국의 민간조종사들이 계약을 통해 운항했는데 땅이 넓고 도로망이 부실한 이 나라의 각지를 연결하고 필요할 때 병력을 급파하는데 더없이 요긴했다. 미국산 카탈리나 비행정 즉 수상비행기도 요긴했다. 이착륙이 쉬운 데다 양쪽에 장착한 기관총탄을 적군의 집결지에 퍼붓는 공격용으로도 유용했다. 우누 총리도 미군인 체트 브라운 대위가 조종하는 카탈리나 항공기를 애용했다. 영국 정부는 직접 8백만 파운드를 원조하고 호주, 인도, 스리랑카를 설득하여 추가로 6백만 달러를 지원하도록 했다. 영국과 인도 등 여러 나라의 외교관들이 부산히 움직이면서 미얀마가 독립한 지 1년 만에 영연방으로 복귀할 것이라는 관측도 돌았다.[4]

    4월 너셍이 지휘하는 카친족 반군이 낡은 지프와 트럭을 타고 남쪽으로 진군하고 있었다. 5월 1일까지 양곤을 점령하는 것이 목표였으나 불과 1백 마일을 앞둔 지점에서 저지당했다. 그것이 양곤의 중앙정부에 대해 여러 반군이 펼치던 파상적인 공세의 마지막이었다. 이후 전세가 역전됐다. 정부군이 치열한 전투 끝에 만달레이를 탈환했다. 공무원의 파업도 끝났다. 카렌 반군도 패전을 거듭한 끝에 강을 건너 한때 포르투갈인들이 진을 쳤던 시리암, 지금의 딴륀으로 물러났다. 수주 후 반군지도자 소바우지가 매복한 정부군에 사살되고 토웅우가 탈환됐다. 1950년 여름 한국전쟁이 발발하자 반군 지도자들은 제2차 태평양전쟁이 났다고 생각했다. 그에 따라 중공의 지원, 또 중공군과의 공동작전을 기대하고 (과거 조지 오웰이 근무했던) 접경도시 카따에 병력을 집결했다. 그러나 네윈은 세력을 모아 몰아붙여 공산 반군의 본거지 "해바라기 캠프"를 점령했다. 이제 '인민군'은 조각 나서 게릴라로 전락했다. 이처럼 승기가 정부군에 쏠리자 공산 반군과 카렌 반군 사이에 분열이 생겼다. 정부와 타협하자는 목소리가 나오기 시작했다. 정부군은 차근차근 승세를 다지며 각지에서 정부가 정부답도록 만들었다.

　신생 공화국의 출범은 이처럼 고난의 연속이었다. 2차대전으로 거의 온 나라가 폐허가 된 위에 내전을 거듭하면서 입은 물질적 손해만 따져도 2억 5천만 파운드를 넘는 것으로 추산됐다. 지금의 물가로 따지면 50억 파운드, 또는 90억 달러를 넘는 것이다. 공산 치하로 떨어지거나 아니면 산산조각이 날 수도 있었던 위기에서 나라를 구한 두 사람이 영웅으로 부상했다. 총리 우누와 총사령관 네윈이었다. 이 두 사람이 전혀 다른 방향에서 향후 50년간 이 나라의 운명을 좌우할 것이었다.

우누의 생애와 치적

우누가 화제에 오르면 그를 기억하는 나이 든 사람들은 대개 미소를 띠고 좋게 이야기한다. 잘 생기고 매력적이지만 뭔가 우스꽝스러운 사람으로 기억한다. 늘 인생을 고민하며 나이 먹기를 거부하는 영원한 학생과 같았다. 나는 1980년대 우누를 여러 차례 만났다. 처음은 아직 망명 중이던 때 북버지니아의 한 미얀마인 집에서였고, 마지막은 양곤에 있는 그의 작은 저택에서였다. 처음 만나는 순간 그가 정치적으로 성공한 비결을 알 수 있었다. 친화력이 대단했다. 무거운 이야기를 할 때도 쾌활했다. 나이가 들었어도 온화하고 장난기가 넘쳤다. 그는 말하자면, 함께 여행하고 싶은 사람이었다. 가끔 어려운 일이 생기더라도 항상 재미있을 그런 사람이었다. 1986년 우누는 노던 일리노이 대학교에 교환 교수로 갔다. 무슨 사연인지 미국 중서부의 옥수수밭 속에 자리한 이 대학교에 '버마 연구 센터'가 설립된 것이었다. 우누는 미얀마의 불교에 대해 강의하기로 했다. 매일 연구소 직원이 강의실로 안내하겠다며 숙소를 찾아왔다. 그러나 우누는 항상 그 친절을 거절하고 혼자 가겠다고 고집을 부렸다. 그리고 날마다 길을 잃었다. 연구소 직원이 중서부의 평지에 특징 없이 늘어선 건물들 사이를 방황하고 있는 그를 찾아 강의실로 데리고 가면 늘 강의시간 30분이 지나간 다음이었다.

우누는 1907년 5월 양곤에서 50마일 정도 떨어진, 삼각주 지역에 있는 와케마라는 도시 출신이었다. 그곳은 20년 전만 해도 코끼리와 호랑이가 득실거리던 정글이었다. 이후 쌀 산지로 풍요해졌는데, 우누는 이 지역의 부유한 상인의 장남으로 태어났다. 그의 집안은 전형적인 버마족 불교도로 일대에 많은 토지를 소유하고 있었다. 고모가 영국의 복권에 당첨되어 큰 부자가 되도 했다.[5]

미얀마의 초대 총리는 어린 시절 본인도 인정한 '말썽꾸러기'였다. 일찍 술에 손대고 사고뭉치로 10대를 보냈다. 운동도 잘해 학창 시절 권투와 축구 선수로 유명했다. 여자와 정치가 그의 취미였다고 했다. 그런 말썽꾼이 또 독실한 불교 신자여서 종교에 대한 그의 신념이 인생에 큰 영향을 미쳤다.

1920년대 말 양곤대학교에 다닐 때 별명은 "철학자 누" 또는 "돈키호테"였다. 독특한 복장을 하고 다녔는데, 따르는 친구가 많았다. 역사를 전공하여 특히 영어가 뛰어나진 않았는데도 그의 꿈은 뛰어난 영어문필가가 되는 것이었다. 여러 차례 극본을 써서 영국의 문예지에 투고했다. 영국의 위대한 문호 조지 버나드 쇼에게도 한 편을 보낸 적이 있었고, 스스로 '버마의 조지 버나드 쇼'를 자처하고 다녔다. 어느 해 방학 때는 양곤 외곽에 작은 집을 짓고 홀로 거주하면서 집필에 몰두한 적도 있었다.

그런 괴짜니 친구들의 장난에 시달리는 것도 당연했다. 하루는 주빌리 홀*에 연극을 관람하러 갔다가 우연히 아름답고 우아한 파시교도† 여인의 옆자리에 앉게 되었다. 그녀의 옆에는 "마찬가지로 아름다운" 여동생이 있었고 그 옆으로 나이든 부모가 있었다. 그녀는 "키가 크고 날씬했는데 눈이 몹시 매혹적"이었으며 "세련되고 자유분방하고 친절한 스타일"이었다고 했다. 우누가 프로그램이 없는 걸 보더니 자신의 것을 주면서 자기는 여동생의 것을 같이 보면 된다고 했다. 그리고 그에게 『훌륭한 크라이튼』(*The Admirable Crighton*)의 이야기를 아는지 물었다.‡ 모른다고 솔직히 말하자 빠르게 그 내용을 요약해주었다. 우누는 그녀에게 반했다. "그 파시교도 소녀의 영어가 너무나 완벽하여" 평소 잘한다고 생각했던 영어로 말하기 부끄러웠다. 그냥 고개를 끄덕이고 미소를 지으며 듣기만 했다. 연극이 끝나지 않기를 바랐지만, 끝이 왔다. 연극이 끝나고 헤어지면서 그녀가 속삭였다. "크라이튼이 진정 훌륭하지 않았나요?"

"그녀의 향기를 느끼면서" 그녀가 탄 차가 사라질 때까지 눈을 떼지 못했다. "그녀를 생각하면, 그녀 몸의 굴곡, 눈빛이 전하는 말, 목소리의 울림을 생

---

* 주빌리 홀은 양곤대학교에서 길("대학로") 건너 있는 대강당으로 2014년 동아시아 정상회의 참석차 버마를 방문한 미국의 오바마 대통령이 연설한 곳이다 — 옮긴 이.

† 파시교도는 "8세기에 회교도의 박해를 피해 페르시아에서 인도로 도망간 조로아스터교도의 자손"을 말한다 — 옮긴 이.

‡ 『훌륭한 크라이튼』은 제임스 매튜 배리(James Matthew Barrie)가 쓴 희곡이다 — 옮긴 이.

각하면 온몸의 세포가 요동을 쳤다"라고 했다. 그녀를 위한 연시를 썼다. 그런데 어디로 보내지? 아니 누구에게 보내지? 이름도 묻지 못했다. 며칠간 속을 끓이다가 결국 친구들에게 고백했다. "이 바보야!" 양곤에 파시교도가 한둘이니? 친구들이 질책했다. 우누는 도시를 헤매고 다녔다. 영화관, 공원, 피체 광장 등 안 간 곳이 없을 정도였다. 양곤 체육클럽이 연습한 연극을 주빌리 홀에서 공연했을 때 혹시 그녀를 만날까 싶어 이틀 연속 관람했다. 한 달 후 한 친구가 "미스 호마스지"라고 적힌 주소를 건네주었다. 그 주소로 연시를 보냈다. 응답이 없었다. 친구들은 계속 보내라고 했다. 약간의 시차를 두고 세 차례를 더 보냈지만, 응답이 없었다. "찾아가자"라고 친구들에게 말했다. 친구들이 배꼽을 잡고 웃었다. 전화번호부를 뒤져 제일 먼저 나온 파시교도의 주소를 적었을 뿐이라고 실토했다.6

대학 졸업 후 우누는 고향에서 가까운 판타너의 한 사립학교에 교육감으로 파견됐다. 영어와 역사를 가르치며 식민주의를 비판하는 강의를 즐겨 했다. 대학 시절 절친한 친구였던 우딴이 같은 학교 교장으로 있었다. 20대 중반의 둘 사이에 우정이 깊어졌다. 그곳에서 우누는 두 번째 사랑에 빠졌다.

상대는 도 먀이(Daw Mya Yi)*라는 말수 적고 독실한 여성으로 학교 육성회장이자 방앗간을 운영하는 지역유지의 딸이었다. 유지 부친은 사윗감이 눈에 차지 않아 반대했지만, 눈에 깍지가 씐 먀이는 우누와 함께 모터보트를 타고 정글 속 작은 개울을 따라 야반도주를 감행했다. 판타너 사람들은 그 모터보트를 우딴이 마련해 주었다고 한다. 이 젊은 연인들은 양곤으로 가서 남의 눈을 피해 신혼생활을 즐겼다.

우누는 결국 장인의 마음을 얻는 데 실패하여 판타너로 돌아가지 못했다.

---

* 도(Daw)는 여성에게 붙이는 경칭으로 남성에게 붙이는 우(U)에 해당한다. [아직 미혼이었을 이 여성에게 "도"라는 경칭이 붙은 것은 상류 집안 출신임을 알 수 있다 — 옮긴 이].

그는 망설이다가 양곤대학교 법학대학원에 진학하고 곧 당시 대학가를 지배하던 민족주의 정치에 빠졌다. 타고난 정치가인 우누의 진가가 발휘되어 1936년 학생회장으로 선출됐다. 학생회의 주도권 장악을 노리던 아웅산과 그 친구들이 설득한 결과였다. 우누와 아웅산의 만남이 양곤대학교 학생회를 바꿨다. 친교 모임이나 학과 대항 운동회를 주최하던 조직이 갑자기 정치조직으로 바뀐 것이었다.

우누와 아웅산은 하나의 팀으로 움직였다. 1936년 양곤대학교 학생들의 수업 거부 운동은 바로 이 두 사람에 대한 퇴학 조치로 촉발됐다. 영국 당국은 둘을 떼어 놓고자, 혹은 우누를 현장에서 사라지게 하고자 장학금을 줄 테니 영국으로 유학 가라고 권했다. 우누는 그것을 거절하고 전국을 돌며 연설을 하고 박수를 받고 벅차 울먹이기도 했다. 그러나 정치에 골몰한 따킨이나 기타 운동권 학생과 마찬가지로 그의 생각은 아직 무르익지 않았다. 헨자다에서 한 연설에서 고등교육법을 맹비판하자 한 청중이 고등교육법이 구체적으로 뭐가 문제냐고 물었다. 갑자기 말문이 막힌 우누는 솔직히 잘 모른다고 하며 "모르는 게 없는" 친구 라시드에게 대답하라고 했다. 라시드가 그렇게 있는 대로 말하면 어떻게 하냐고 투덜거리자 이렇게 말했다.

"항상 정직해야지!"

우누는 공산주의에도 관심을 가졌다. 절친한 친구들이 아예 공산주의자를 자처하고 다녔기 때문이었다. 그들 중 둘, 따킨 딴툰과 따킨 소가 나중에 공산 반군 우두머리로 우누와 전장에서 마주 서게 된 것은 도대체 무슨 운명의 장난일까? 우누는 딴툰에게 "자네가 버마의 레닌이 되면, 나는 자네의 막심 고리키*가 되겠네"라고 말하곤 했다. 그러나 독실한 불교도였던 우누는 공산주의와 불교의 가르침 사이에서 합치점을 찾을 수 없어 결국 그에 이르지

---

* Maksim Gor'kii, 1868~1936; 러시아의 사회주의 혁명가이자 문학 작가 - 옮긴 이.

못하는 '사회주의자'를 자처하며 다녔다.

우누는 1947년 총리가 되고 나서도 절제된 생활을 했다. 집도 작았고 가구도 화려하지 않았다. 장식이라곤 가족사진 몇 장, 그 외 외국 지도자들과 찍은 사진이 전부였다. 총리공관의 본관 건물이 아니라 정원에 있는 작은 간이건물에서 잠을 잤다. 1948년, 부인과 여전히 관계가 좋았고 그사이에 여러 자식을 두었지만, 여자를 멀리하겠다고 선언했다. 1958년 퇴임했을 때 몇 벌의 의상을 제외하곤 모든 재산을 사회에 헌납했다.

총리일 때 우누는 한편으로는 개인의 종교적 신념으로 인해, 다른 한편으로 공산주의에 대한 이념적 방책(防柵)으로서 불교를 정책적으로 장려했다. 그의 불교는 요샛말로 하자면 하이브리드였다. 전통불교 사상에 버마의 전통 종교 '낫'을 결합하고 점성술에도 깊이 빠졌다. 본인이 독실한 불교도이면서 다른 모든 종교적 신념을 존중한 것은 1백 년 전의 민돈과 닮았다. 미얀마의 불교를 믿는 사람들은 우누가 전생에, 또 현생에 공덕을 많이 쌓았다고 믿었다. 우리 할머니는 비행기를 타는 것을 겁냈는데 우누와 함께라면 무섭지 않다고 했다. 그가 쌓은 공덕 때문에라도 사고가 나지 않을 거라고 믿었기 때문이다. 1954~56년 우누는 많은 승려와 불교학자를 초청하여 세계 불교대회를 개최했다. 결과적으로 그가 총리였던 1950년대 미얀마의 불교는 말하자면 르네상스를 맞았다. 많은 명상학교가 새로 설립됐고 불교 교단에는 기부금과 보조금이 답지했다.

우누는 시종일관 친구를 잘 사귀고 그들을 즐겁게 하는 탁월한 능력이 있었다. 인도 총리 자와할랄 네루는 이렇게 말했다.

"우누를 만나면 즉각 느끼고 감탄하는 게 하나 있다. 어디를 가더라도 쉽게 친구를 사귄다는 점이다."

미얀마의 민주주의 실험

미얀마에 대해 잘못 알려진, 그러면서도 고쳐지지 않는 사실이 하나 있다. '말아 먹은 부자 나라', 달리 말하면 식민지 시대에 잘 키워서 넘겨주었더니 군사정부가 망쳤다는 인식이다. "미얀마는 한국보다 훨씬 더 잘 살았다"라는 것이 그런 생각을 압축하여 표현한다. 군사정부가 망쳤다는 것은 부인할 여지가 없다. 그러나 독립 당시 미얀마가 아시아의 촉망받는 별이었다는 인식은 현실과 거리가 있다. 1950년 마침내 내전이 잔잔해졌을 때 미얀마는 한마디로 난장판이었다. 달리 표현하면 무정부 상태가 내전을 대신했다. 통신선은 곳곳에서 끊겨 있었고 철도와 여객선은 무장경호가 없으면 운행할 수 없었다. 지방으로 가면 여전히 반군이 설치는 지역과 정부의 통제가 통하는 지역으로 쪼깁기돼 있었다. 정부의 존재를 느낄 수 있는 곳은 마치 바닷속 외딴 섬처럼 띄엄띄엄 존재하고 있었다. 당시 내무장관 쩌녜인은 <타임>지와의 인터뷰에서 "무장병력 3백 명만 있으면 양곤 외 어떠한 곳도 점령할 수 있다"라고 말했다.7 식민지 시대 잘 나가던 광산과 유전, 정미소는 대부분 폐쇄됐다. 한때 3백만 톤에 달하던 연간 쌀수출액은 1백만 톤 이하로 떨어졌다. 모든 이의 삶이 고단했다.

예를 들면 우리 할아버지 우딴이 살던 판타너에서 멀지 않은 마우빈은 난민의 유입으로 전쟁 전에 9천 명이던 인구가 2만 명 이상으로 늘었다. 난민들은 강기슭에 헛간 같은 집을 짓고 살았다. 농토는 황무지가 됐고 사람들은 막노동하거나 아무거나 팔아서 근근이 생계를 유지했다. 전쟁 전 마우빈 지역에는 10명 남짓 경찰관으로 치안을 유지했다. 1949년에는 친족 소총대대 전병력이 주둔하고서야 치안의 흉내라도 낼 수 있었다. 읍내를 벗어나면 그야말로 무법천지였다. 카렌 반군과 하나도 아닌 여러 강도단이 틈만 나면 경찰 초소를 습격하고 창고를 털고 지나가는 여객선을 납치했다. 전국 곳곳의 상황이 이와 비슷했다.

이런 상황을 우누가 이끄는 정부가 감당하고 있었다. 우누는 당시 44세로 젊은 나이였으나 정부 내 다른 사람들에 비하면 한참 나이를 더 먹었다. 내각의 구성원 중에는 과거 학생회 간부, 따킨 민족주의자, 일본에 협력했던 사람 등이 고루 포함돼 있었는데, 30대 초반도 많았다. 정부의 운영에 대한 경험이나 지식도 없었다. 인도의 경우 판디트 네루와 그 외 지도자들은 고등교육을 받고 1930년대부터 고위직의 경험을 쌓은 사람들이었다. 그러나 미얀마의 경우 바머와 같은 1930년대의 지도자들은 온갖 오명을 쓰고 권력에서 밀려났다.

정부에서 그나마 경력과 경험이 있는 이는 과거 아웅산의 오른팔이었던 틴툿이 거의 유일했다. 틴툿은 케임브리지에서 교육받고 1차 대전 중 메소포타미아에서 종군했으며 영국에서 변호사 자격을 획득했다. 미얀마 사람 최초로 인도 고등문관시험에 합격하여 뉴델리 중앙사무국에서 수년간 일한 경험도 있었다. 미얀마 독립 이후 초대 외교부 장관으로 우누의 핵심 측근이 될 수도 있었다. 그런데 독립 후 9개월이 채 지나지 않은 1948년 9월 어느 대낮에, 틴툿이 타고 가던 차 안으로 수류탄이 투척 됐다. 틴툿은 그 자리에서 숨졌다. 암살범은 끝내 잡히지 않았고 기소된 사람도 없었다.

바로 이 무렵 우누는 우리 할아버지 우딴에게 도움을 청했다. 우딴은 1947년 아웅산과 우누의 반강요를 받고 판타너를 떠나 연맹의 선전부를 맡았다. 그의 직책은 당 주간지의 편집인 겸 연맹의 대변인이었다. 그는 또 익명으로 미얀마 주요 일간지에 사설을 썼는데 이후 수년간 거의 2천 편의 글을 썼다. 신문의 편집인과 우누 외에는 누구도 필자가 누구인지 알지 못했다.

우누는 우딴이 그 이상의 역할을 하길 원했다. 우딴이 외교관의 자질이 있다고 보고 자동차로 일선을 돌며 반군과의 휴전을 주선해 달라고 부탁했다. 그건 총탄 속으로 가라는 것이었다. 우딴의 부인 떼인틴도 크게 걱정했다. 그래도 애써 침착을 유지했으나 차를 운전할 기사의 부인은 차라리 이혼하고 가라고 울부짖었다. 어쨌거나 우딴은 겹겹이 방어벽을 친 KNDO 검문소에 임무를 설명하고 통과하여 KNU 본부에 도착했다. 그곳에서 우딴은 판타너에서의 어린 시절 친구 소 헌터 따 흠웨와, 같은 지역 내 학교 교장으로 친분을 쌓았던 소바우지와 반갑게 해후했다. 그들은 모두 KNU지도부에 속해 있었다. 그런 친분을 바탕으로 분위기는 부드러웠고 이야기도 잘 진행됐다. 그런데도 합의는 하지 못했다. 외교가 얼마나 어려운 일인지 우딴이 처음 실감하는 순간이었다.

사실 어린 시절 우딴의 꿈은 공무원이 되는 것이었다. 그 꿈은 부친이 급사하고 집안이 파산하여 가족생계를 책임져야 하는 부담으로 인해 접어야 했다. 그런데 무슨 운명의 장난인지 그는 갑자기 공무원, 그것도 고위 공무원이 됐다. 1950년에 정보 및 방송부 비서관이 된 것이다. 비서관이란 의원이 겸하는 장관의 바로 밑이니 말하자면 차관이었다. 우딴을 제외한 다른 비서관들은 모두 '금수저'를 물고 태어나 옥스퍼드나 케임브리지에서 교육받고 인도 또는 버마 식민정부에서 근무하던 인물이었다. 대표적인 인물이 영국계 버마인 제임스 배링턴으로 우누 정부에 투신하여 나라의 외교정책을 수립하는데 헌신했다. 그러니 우딴이 그런 자리를 차지한 것을 곱지 않은 눈으로 보는 이들이 많았다. 우딴은 미얀마 대학에서 2년제 과정을 졸업했을 뿐이었다.

1953년 4월 우누는 우딴을 총리실 비서관으로 임명했다. 총리부는 외교부와 더불어 구 식민정부 관리들이 자주 드나들던 프롬 로드 변 저택 가에 자리 잡고 있었다. 잘 꾸며진 총리집무실이 따로 있었으나 우누는 거의 출근하지 않고 자택에서 근무했다. 총리집무실 바로 옆에 내각 비서실이 있고 나름 실력자인 내각 비서관과 직원들이 차지하고 있었다. 우딴은 마땅히 일할 장소가 없었다. 그래서 우누는 그냥 총리집무실을 사용하라고 했다.

우딴이 총리집무실에 자리를 잡자 그에 대한 불만이 더욱 커졌다. 공무원 출신도 아니고 선출된 의원도 아닌 사람이 감히 총리집무실을 사용하다니?! 단둘이 만난 자리에서 우딴은 자신에 대한 불만을 우누에 말했다. 우누는 불같이 화를 내며 당장 그 이름을 대라고 했다. 우딴은 화제를 돌렸다.

매일 아침 두 사람은 총리관저 주변의 긴 산책로를 함께 걸었다. 과거를 추억하기도 하고 가족·친구·친지들을 떠올리기도 했다. 두 사람은 또래의 자식들이 있었고, 집안으로 먼 사돈 간이었으며, 카렌족의 봉기로 인해 전 집안이 모두 고향을 떠나 양곤에서 살고 있었기 때문에 공통된 화제가 많았다. 그래도 정책문제가 주된 화제였다. 전쟁으로 파탄이 난 나라를 어떻게 회생시킬 것인가? 정치적 자유가 회복되어 국민의 기대가 큰 한편 경제적, 사회적 삶은 식민지 때보다 더 못한 현실에서 어떻게 그들에게 희망을 주고 지지를 얻을 것인가? 그렇지 않다면 독립해서 좋은 게 무엇인가? 지금 그때 두 사람이 미얀마 정장을 하고 산책하는 모습을 찍은 컬러 사진이 몇 장 남아있다. 지팡이를 짚고 무게 있게 걸어가는 모습에는 경륜에서 우러난 권위가 엿보이지만, 사실 그때 그들은 둘 다 40대 초였다.

우누가 국가발전계획에 붙인 이름은 '피더따'(Pyidawtha)였는데 대체로 '행복 또는 기쁨의 땅'이라는 뜻이었다. '따'(-tha)라는 표현은 아름다운 경치를 보거나 잘 꾸며진 방을 보고 내뱉는 감탄사이니 기쁨이라고 해도 크게 틀린 말은 아니었다. 그 계획은 사회민주주의식 미래를 그렸다. 의회민주주의의 틀 속에서 정부가 개발을 관리하는 복지국가였다. 우누는 즉흥적이고 저돌적인 몽상가였다. 우딴은 신중하고 현실적이었다. 그래서 둘은 서로 잘 맞았다. 둘은 모두 민주주의자였다. 과거 다른 어떤 신념이 있었을지 몰라도 그것은 일제의 지배를 겪으면서 깡그리 사라졌다. 사회주의의 이념에 대해서는 동정적이었지만 미얀마의 좌파들은 경계했다.

1950년에 이르면서 우누는 정치적으로도 원숙해져 아웅산의 후계자로 모자람이 없음을 과시했다. 그가 이끄는 '연맹'은 다수당의 지위를 놓친 적이 없었다. 우누는 확실히 당시 미얀마가 필요로 하는 지도자였다. 소수의 처지도 이해했지만, 대중의 높은 지지를 바탕으로 급진적 또는 군사적 세력을 확실하게 견제했다. 물론 그의 계획에는 문제도 많았다. 그러나 그런 문제는 아시아와 아프리카의 신생 독립국 어디서나 볼 수 있었던 시대의 문제였지 그만의 문제가 아니었다. 토지개혁과 산업화와 같은 급속한 변화를 기획했고 그러기 위해서는 국가의 주도적 역할이 필요했다. 경제개발 5개년 계획을 세우고 정부 내 기획위원회를 설치하는 등 소련식 체제의 색채도 없지 않았다. 처음에는 큰 무리가 없어 보였다. 한국전쟁으로 세계 쌀 가격이 급등했고 그에 따라 경제도 잘 돌아갔다. 그러나 안타깝게도 '행복의 땅' 계획은 실천에 옮겨지지 못했다. 두 가지 이유가 있었다. 하나는 새로 닥친 전쟁 때문이었다. 다른 하나는 그 전쟁으로 덩치가 커진 군부 때문이었다.

중국이 돌아오다 — 1950년 국민당군의 침공

1949년 10월 1일 베이징의 자금성 앞, 마오쩌둥(毛澤東)이 중화인민공화국의 수립을 공식적으로 선포했다. 같은 무렵 베이징에서 남서쪽으로 수천 마일 떨어진 곳에 장제스의 국민당 패잔병들이 구름 높이로 치솟은 와(Wa) 산맥을 넘어 미얀마의 동쪽 끝에 있는 켄퉁이라는 작은 군주국으로 진입했다. 중국 제8군의 리미(李彌) 장군이 이끈 이 병력은 태국과의 국경에 면한 타칠렉이라는 작은 도시에 근거를 정했다. 2천 5백 명 정도의 이 병력은 그때까지만 해도 정규군으로서 기율이 있어서 큰 민폐를 끼치지는 않았다.

놀란 미얀마 정부는 1950년 7월 반군과 교전 중이던 병력 일부를 돌려 타칠렉을 재점령했다. 그러나 국민당군은 가까운 몽쌋에 자리 잡고 현지인들을 충원하여 병력을 더욱 늘렸다. 그들의 원래 목적은 1640년대 명나라 패잔병들처럼 미얀마에 자리 잡는 것이 아니라 미얀마에 기지를 두고 중국을 탈환하는 것이었다.

그런데 그들의 목적이 아예 영구거주로 바뀌었다. 1953년 그들이 현지에서 충원한 병력은 1만 2천 명에 달했다. 독자적으로 세금을 걷고 공항을 건설했다. 타이완의 국민당 정부와 연결하는 정기항로도 개설했다. 미국은 대량의 무기와 군수품을 공급하고 군사교관을 비롯하여 정부 관리를 파견했다. 국민당 세력은 곧 살윈강 동쪽의 미얀마 영토, 북으로는 카친주에 이르고 남으로는 카렌족 지배지역에 이르는 영토를 실효적으로 지배하게 됐다. 카렌 반군과는 전술적 동맹을 맺기도 했다. 1953년 3월, 국민당군은 샨 지방의 거의 모든 지역을 장악하고 주도(州都)인 타웅지를 지척에 두었다.

미얀마 정부가 볼 때 그것은 국민당과 미국의 전면적 침략이었다. 그 침략에 맞서기 위해서는 모든 방법을 아끼지 말아야 했다. 영국계 혼혈 지휘관 더글러스 블레이크가 3개의 최정예 여단을 이끌고 국민당군을 살윈강 너머 캔통 지역까지 격퇴했다. 도중에 그들은 미국이 개입한 증거로 세 구의 미국인 시체와 뉴욕과 워싱턴의 주소가 적힌 편지봉투를 발견했다.[8]

4월 미얀마 정부는 유엔총회에서 그 문제를 제기하여 국민당군이 타이완으로 철수할 것을 요구했다. 방콕에서 협상을 벌인 끝에 타이완은 2천 명의 병력을 철수하는 데 동의했다. 첸놀트 장군이 운영하는 공중수송회사의 항공기를 이용하여 2천 명이 타이완으로 이송됐다. 그러나 그것은 속임수였다. 이송한 2천 명의 대부분은 현지에서 뽑은 어린 소년들이었고 내놓은 무기는 쓸

모없는 폐품이었다. 미얀마인들은 크게 실망했다. 이젠 유엔도 믿을 수 없었다. 믿을 것이라고는 자신의 힘밖에 없었다. 더 크고 강한 군대가 필요했다.

독립 당시 미얀마의 군은 보잘것없었다. 반은 영국군이, 반은 일본군이 훈련한 복합군으로 파벌투쟁이 만연한 정치화된 군에 불과했다. 그런데 1950년대가 지나면서 군은 파벌을 극복하고 정예화된 병력으로 거듭났다. 이제는 독자적인 조직 정체성으로 뭉친, 오로지 자기가 믿는 바 국가이익과 조직이익에만 충성하는 조직이 됐다. 중국 국민당군이 침공한 결과 샨주에는 비상계엄령이 선포됐다. 그에 따라 곳곳에 군병력이 배치됐는데 뚜렷한 지휘체계가 없었다. 내전이며 외전이며 정신없이 바빴던 양곤의 전쟁국은 장기계획이나 군의 통수체계에 신경을 쓸 겨를이 없었다. 네윈 장군만 그 문제를 알고 있었고 그에 따른 대비를 했다. 1951년 네윈은 젊은 대령들로 구성된 군사기획팀을 휘하에 두었다. 국가가 거의 전면전 상태인데 정치인이 주도하는 개혁을 기다릴 여유가 없다는 이유에서였다. 그 젊은 대령들이 바로 행동에 나서 보고서를 마련했다.9

그 보고서는 주적을 중국(즉 당시에는 중공 — 옮긴 이)으로 봤다. 그래서 미국이 주도하는 유엔군이 개입할 때까지 최소한 중국의 침공을 저지할 전력이 필요하다고 주장했다. 국민당의 병력은 그 자체로서보다 중공군의 대규모 침공을 조장할 우려 때문에 위험했다. 그 보고서는 이렇게 주장했다.

"우누는 우리가 모든 나라와 우호 관계를 유지할 수 있다고 믿는다. ……그러나 그러기 위해서라도 우리는 큰 몽둥이가 필요하다."

큰 몽둥이가 아니더라도 맞으면 상당히 아플 그런 몽둥이가 필요했다. 영국군·미국군·인도군·소련군·호주군 등 세계 각국 군대의 전력과 편제를 분석하고 대안을 찾았다. 이 보고서는 곧 군 내부에 회람됐다. 연구팀이 이들

각국으로 파견됐고, 구매팀이 이스라엘과 유고슬라비아, 그리고 서유럽의 각국으로 파견되어 최신예 병기를 찾았다. 이스라엘에서 민방위 계획에 대한 아이디어를 얻었다. 영국·미국·프랑스·인도의 사관학교를 종합하여 메이묘에 사관학교를 세웠다. 냉전 중이라 조건이 좋았다. 모든 나라가 경쟁적으로 미얀마군에 도움을 주고 그를 통해 영향력을 구축하려고 했다. 심리전 부대가 창설됐다. 전쟁국이 국방부로 이름을 바꾸어 더욱 효율적인 조직이 됐다. 군에 대한 민간통제는 이름뿐이고 군은 안으로 뭉치고 밖으로는 독립적인 단위가 됐다.

그런 변화는 곧 효과를 발휘했다. 1954년에 들어오면서 미얀마군은 모든 전선에서 승기를 탔다. 국민당 병력은 여지없이 패퇴하여 메콩강까지 밀려났고, 거기서 타이완으로부터 증원을 받고서야 숨을 돌렸다. 카렌족도 전투에서 패배하여 태국과의 국경 지역으로 후퇴했다. 만달레이 남부에 있던 공산 반군, 라카인주의 이슬람 반군도 패퇴했다. 수개월 사이에 2만5천 명의 반군이 항복했다. 10월 우누는 "한때 미얀마를 삼켜버릴 것 같던 내전이 더는 국가의 일체성에 위협이 되지 않는다"라고 선언했다.[10] 놀라운 성과였다.

그 무렵 군부 내부에서 인적 쇄신이 일어나 네윈파 장교들이 다른 모든 파벌, 심지어 파벌이 없는 독자파도 몰아냈다. 영국군 출신 장교들은 모두 예편하고 일본군의 훈련을 받아 네윈이 지휘했던 제4 버마 소총대대 출신이 모든 주요 보직을 장악했다. 그 부대 출신이 국방 보급청을 설치하여 군수품의 보급을 독점하더니 그 사업영역을 넓혀 대기업이 됐다. 1950년대 말에 이르러 국방 보급청은 '파이브스타 해운', '에이야 은행'을 설립하고 자체 무역회사, 백화점 등을 차렸다. 이를 통해 국방부는 일선 지휘관에 대한 통제뿐만 아니라 정치인과 직업공무원에 대한 지배력을 강화하고 재정적으로도 독자적인 지위를 구축했다. 군부는 또 존경받던 언론인 세인 윈을 초빙하여 영어신문

<가디언>을 창간했다.

바로 이 무렵은 아시아 다른 신생국에서도 군부가 세력을 넓히고 있던 때였다. 한국과 타이완, 월남(=1974년 통일되기 전의 남베트남— 옮긴 이)에도 미국의 지원을 받아 군대가 규모를 키우고 있었다. 인도네시아에는 우익 장교들이 1956년 군의 '이중 기능'(dwifungsi)이라는 원칙을 내세워 정치개입을 정당화했다. 미얀마에는 군부가 자랄 수밖에 없는 제도적 공백이 있었다. 수 세기를 이어온 왕정체제가 갑자기 무너졌다. 영국의 식민당국은 그것을 대체할 지배체제 구축에 실패했다. 전쟁 중에는 국가의 통치랄 게 없었다. 그러던 중 영국이 갑자기 손을 떼고 물러났다. 이렇게 형성된 거대한 제도적 공백을 군이 채웠다. 그리고 그 군은 한 사람의 수중에 있었다. 바로 네윈 장군이었다.

중립외교

1955년 4월, 29개 아시아와 아프리카 국가의 대표들이 인도네시아 자바섬에 있는 고지대 휴양지 반둥에 모였다. 목표는 신생 독립국들이 서로 힘을 합쳐 미국 또는 소련의 세계 제패 기도에 대항하는 것이었다. 비서방 세계의 내로라 하는 지도자가 다 모였다. 인도의 네루, 인도네시아의 수카르노, 가나의 엔크루마, 이집트의 나세르, 중국의 저우언라이 등이 참가했다. 그 반열에 미얀마의 우누도 참가했다. 네덜란드인들이 지은 아름다운 건물에서 열린 회의는 7년 후 창설된 비동맹운동의 초석이 됐다. 그 모든 것을 위해 열심히 일한 사무총장이 바로 우딴이었다.

오늘날 미얀마가 국제사회에서 어떻게 인식되는지를 생각하면, 1950년대 같은 나라가 국제사회에서 차지했던 위상은 상상하기 어렵다. 당시 미얀마가 세계무대에서 매우 적극적으로 자국의 견해를 피력하고 세계 곳곳에 평화유지군을 파견하는 등 유엔 활동에 적극적이었던, 그야말로 '국제사회의 책임 있는 일원'이었음을 상상하기는 더욱 어렵다.11

가장 큰 역할을 한 것이 역시 우누였다. 우누는 우딴을 대동하고 전 세계를 누비고 다녔다. 동서냉전의 와중에서 중립을 유지하면서도 양측과 동시에 우호적인 관계를 유지하는 외교정책을 개발했다. 정확히 1백 년 전 민돈 왕이 미얀마 왕국을 국제사회의 일원으로 편입시키고 인정받고자 했던 바로 그 일을 우누가 한 것이다. 중국을 방문하여 자금성에서 마오쩌둥과 저우언라이와 회담했다. 이어 하노이를 방문하여 호찌민을 만났다. 네덜란드로부터 독립투쟁을 하던 인도네시아에 무기를 가득 실은 항공기를 대동한 내무장관을 파견했다. 당시 미얀마가 내전 중이었음을 고려하면 대단한 우호의 표시였다. 우누의 지시에 따라 우딴은 1954년 신생 인도네시아 정부에 대한 아시아인들의 지지를 표명할 국제회의를 조직했다. 인도네시아와 미얀마 외에도 인도, 파키스탄, 스리랑카가 대표단을 파견했다. 우누는 유대인이 나치 치하에서 겪은 박해와 미얀마가 일본 치하에서 겪은 박해가 닮았다고 생각하여 이스라엘에 매우 동정적이었다. 그래서 미얀마는 이스라엘의 건국을 가장 먼저 승인한 국가 중 하나가 됐다. 우딴은 자신이 조직한 인도네시아 지지 회의에 이스라엘도 초청했다. 이스라엘은 다른 나라들이 반대하여 끝내 오지 못했다.

이후 우누는, 여전히 우딴을 대동하고, 이스라엘, 유고슬라비아, 영국, 미국 등을 방문했다. 영국을 방문했을 때 두 사람은 80대의 노정객 윈스턴 처칠을 만났다. "과거의 적대감은 모두 땅에 묻어 버리세!"라고 띠버 왕을 폐위하고 그의 왕국을 해체했던 랜돌프 처칠 공의 아들이 말했다. 그리고 술이라고는 입에 대지도 않는 우누에 위스키를 권했다. 모스크바의 흐루쇼프도 방문했다. 이 모든 외교를 우누는 특유의 소탈하고 개방적인 태도로 성공적으로 치렀다. 그 옆에서 우딴은 늘 우누가 '오버'할까 봐 마음을 졸여야 했다.

모스크바를 방문했을 때의 일이다. 개인적으로 친구라고 불렀던 이스라엘의 모세 샤레트 총리가 소련의 총리 니콜라이 불가닌에 서한을 전해달라고 부탁했다. 한 나라의 정상이 그런 일을 하는 것은 극히 이례적이었지만, 우누는 소련에 사는 유대인들이 어려움을 겪고 있다는 호소에 마음이 약해져서 그러겠다고 약속했다. 그 사실을 미얀마 외교부에는 알리지 않았다. 그랬다간 온갖 구실로 결사반대할 것이 분명했기 때문이었다. 크렘린궁에서 불가닌과 상견례를 하고 의례적인 인사말을 교환한 즉시, 우누는 이스라엘 총리의 서한을 꺼내 내밀었다. 그리고 소련에 다수의 유대인이 살고 있고 그들이 이스라엘로 이주하기를 원한다는 사실을 알고 있는데, 불가닌이 정책을 바꾸어 그들의 이주를 허락해주었으면 좋겠다고 했다. 우누 자신의 표현에 따르면 "소련 사람들은 너무 놀라서 말을 하지 못했다." 모스크바 주재 이스라엘 대사관으로서는 중요한 일이라고 정중하게 말했다. 회담이 끝나고 모스크바 주재 미얀마 대사가 그러지 말았어야 했다고 지적하자, "나도 아네!"라고 했다. 그러나 다음 날도 계속했다. 소련의 제1인자 공산당 서기장 흐루쇼프와의 오찬에서 그는 미얀마의 공산 반군 문제에 대해 언급했다. 그리고 "모종의 외세"가 공산당의 반란을 부추겨 미얀마 정부가 하마터면 붕괴할 뻔했다고 했다. "그러나 우리는 싸워 이겼고 …… 공산주의자들은 도망쳤다!"라고 소련공산당 정치국 위원들 앞에서 말했다. 안절부절못하던 우딴이 숙소에 돌아와서 이렇게 말했다.

"각하께서 연설하실 때 흐루쇼프의 표정을 봤습니까?"

"왜? 당연히 봤소. 바로 맞은 편에 앉아 오찬을 했으니까."

"그렇다면 그의 표정이 변한 것도 보셨겠네요?"

"별로 그런 것 같지 않던데? 매우 차분해 보였는데."

다른 참석자들도 우딴과 같은 취지의 발언을 했다. 우누가 마침내 말했다.

"솔직히 나는 참을 수가 없었소. 이 빌어먹을 소련놈들 때문에 우리나라가 잿더미가 됐는데 …… 그들은 내가 더 직설적으로, '당신들이 미얀마에 공산주의 반란을 부추겼다'라고 말하지 않은 것을 고맙게 생각해야 할 거요."

다음 날 모스크바 시장이 주최한 만찬에서 연설이 예정돼 있었다. 그 연설에서도 우누는 공산주의를 비난했다. 다음 날 아침, 우누를 따라 모스크바에 와 있던 양곤주재 소련대사가 우딴을 찾아왔다. 저런 식의 연설이 계속되면 향후 소련-미얀마 관계에 도움이 되지 않는다고 정중한 어조로 말했다. 딴은 마침내 판타너 시절부터의 친구를 독대했다. 그리고 그날 모든 일정에 불참한 채 오랜 친구의 연설문을 새로 고쳐 썼다.[12]

이듬해 여름 우누와 우딴은 미국을 방문했다. 캘리포니아 애너하임에 디즈니랜드가 문을 열고 말론 브랜도가 <워터프론트>(*On the Waterfront*)로 오스카상을 받고 <왈가닥 루시>(*I Love Lucy*)가 방송 5년 차를 맞은 해였다. 미국이 모든 분야에서 세계를 이끌고 있었다. 한편 냉전도 절정에 달했다. 2차 대전에서 연합군 총사령관을 지낸 아이젠하워 대통령을 만난 자리에서 우누는 5천 달러 수표를 꺼내 전쟁 중 미얀마에서 전사한 미군 병사들의 가족을 위해 써달라고 했다.[13] "미얀마와 미국은 같은 배를 타고 있습니다. 우리는 같은 악과 싸우고 있기 때문입니다"라고 말했다. 또 베이징에서 마오쩌둥에게 미국인이 "용감하고 관대한 사람들"이라고 말했다고 전했다. 내셔널 프레스 클럽에서 열린 기자회견에서 우누는 미얀마의 '우호적 중립정책'에 대해 설명하며 외국과의 분쟁을 초래할 위험이 있는 동맹을 회피하라는 미국 초대대통령 조지 워싱턴의 고별연설을 인용했다. 미얀마와 미국은 민주주의라는 공통의 가치를 지향한다고도 말했다.

이어 아나폴리스에 있는 해군사관학교, 필라델피아에 있는 독립기념관을 거쳐 서해안으로 갔다. 캘리포니아주 패서디나에서 <국민은 이긴다>(*The People Win Through*)라는 제목의 연극공연을 관람했다. 우누가 젊은 시절에 쓴 극본이었다. 우누와 우딴은 새로운 초강대국 미국에 대해 깊은 감명을 받았다. 포드 자동차 공장에서 자동차 한 대를 조립하는 데 1분이 채 걸리지 않는 것을 보고 입을 딱 벌렸다. 테네시주 녹스빌의 한 호텔 식당에서 웨이터가 자신과 아내가 각자 자동차를 소유한다고 말하는 것을 듣고, 또 웨이터의 월급이 미얀마 총리의 월급보다 더 많다는 사실을 알고 깜짝 놀랐다. 독실한 불교도였던 우누가 무엇보다 감탄한 것은 미국인들의 자선 행위였다. 샌 프란시스코의 한 호텔에서 이발사가 6만 5천 달러를 모금해서 교회에 헌금했다는 말을 듣고 크게 감동했다. 그래서 즉석에서 개인 돈 1백 달러를 꺼내 그 모금에 보태라고 주었다.

이후로도 몇 년간 우딴은 우누의 보좌관으로 바쁘게 일했다. 우누의 연설문을 작성하고 미얀마어로 된 연설문을 영어로 번역하고, 찾아오는 귀빈을 대신 만나기도 하고 외국 언론인과 인터뷰도 했다. 또 당내 파벌 사이의 분규를 조정하기도 했는데, 그의 조정기술이 뛰어난 것을 본 우누가 그 일을 더 자주 해달라고 부탁했다. 그러나 우딴은 그 일은 정치인의 일이고 자신은 정치인이 아니라는 이유로 정중하게 사절했다. 그래도 일은 갈수록 많아졌다. 우누는 미얀마 독립 이후 역사를 써달라고까지 했다. 일이 넘쳐나자 건강이 나빠졌다. 자주 걷고 수영장도 찾는 등, 운동을 게을리하지 않았으나 불면증에 시달리며 체중이 빠졌다. 우누를 찾아가 사의를 밝혔지만 허락받지 못했다.

그러던 중 1957년 3월, 몹시 더운 토요일 오후 우누는 우딴에 뉴욕에 있는 유엔대사로 부임하는 게 어떠냐고 물었다. 우딴은 깜짝 놀랐다. 뉴욕에는 가본 적이 있었다. 1952년 미얀마 유엔대표단의 일원으로 갔던 것이었다. 또 외교 참모로서 유엔에서 일어나고 있는 일에서 눈을 떼지 않았다. 외교업무를 맡는다면 뉴욕과 유엔이 최우선 순위가 될 것은 확실했다. 그래도 망설였다.

망설인 이유의 하나는 부인 때문이었다. 부인이 집을 떠나 그처럼 멀리 가는 것을 좋아하지 않으리라고 생각했다. 그런데 놀랍게도 부인이 오히려 적극적이었다. 부인도 남편의 업무가 폭주하는 데 불만이었고, 무엇보다 여당 내부의 정치적 분열로 인해 남편이 곤경에 빠질까 봐 걱정했다. 우딴은 각 정파 사이에 중립적이고 우호적인 관계를 유지해 왔지만, 정쟁이 심해지면 어떻게 될지 알 수 없었다. "망설일 필요도 없고 망설여도 안 돼요" 하고 부인이 말했다.

"우누의 변덕은 당신도 알잖아요? 딴생각할 틈을 주지 말고 수락하세요."

다음날 우딴은 유엔에 가겠다고 말했다. 4년 후 우딴은 다그 함마슐트의 후임으로 유엔 사무총장이 되어 1971년까지 재임했다.

민주주의가 병 들다

미얀마 중산층에게 1950년대는 황금기로 기억된다. 자유를 누렸고 진보가 있었으며 무엇보다 미래에 대한 희망이 있었다. 한때 유럽인의 전유물이었던 정부 고위관리가 될 수 있었고, 유럽인들만 거주하던 고급주택지에서 살 수도 있었으며, 가끔 큰 사업계약을 맺은 후 중국인이나 인도인 사업 동반자와 함께 호화로운 파티를 즐길 수도 있었다. 그리고 언론의 황금기였다. 언론에 대한 제약이 전혀 없는 가운데 수백 개의 신문과 잡지가 출간됐다. 2차 대전

때 CIA의 전신 OSS를 위해 종사했던 윈난성 출신 노새 몰이꾼의 손자 에드워드 로-욘(Edward Law-Yone)이 세운 <네이션>(The Nation)도 그중 하나였다.

교육에도 큰 진보가 있었다. 1백 년 전 민돈왕이 그랬던 것처럼 우누 정부는 수백 명의 젊은이를 해외로 유학 보냈다. 대다수는 영국과 기타 영연방 국가로 갔지만 적지 않은 수가 미국으로도 갔다. 우딴의 사위가 된 우리 아버지 틴민-우(Tyn Myint-U)는 그때 미국을 택했던 국비유학생 중 한 사람이었다. 1885년 영국이 만달레이를 장악한 직후 왕실 재무관이었던 아버지의 증조부, 그러니까 나의 고조부는 대가족을 이끌고 아바 근교의 다베스웨이로 낙향했다. 왕실에서 근무했던 다른 많은 사람처럼 그도 과거를 그리워하고 영국을 미워하며 실의에 찬 세월을 보냈다.

왕궁에서 착용했던 관모나 궁정 정복 차림의 기념사진처럼 화려했던 궁정생활을 기념할 만한 것이 전혀 없는 것은 아니지만 우리 집안도 금방 평민에 동화됐다. 큰 집안이었다. 고조부의 아버지, 곧 나의 오대 조부는 9남 2녀의 막내였다. 1920년대 아버지의 종조부 중 한 분인 만달레이 바우는 <바호시>라는 민족주의적이고 왕정주의적인 논조의 신문을 창간하고 극우파 정당을 창건하여 의회에서 의석을 얻기도 했다. 아버지는 그 무렵 성장기를 보내면서 만달레이가 일본군의 포격으로 무너지는 것을 직접 목격했다. 놀란 가족이 우마차에 짐을 싣고 북쪽 산속으로 들어가 일본군이 물러날 때까지 숨어 살았던 기억도 생생하게 간직했다.

나라가 독립하고 우누 정부가 들어선 이후 양곤대학교에 수학하던 아버지는 넓은 세상에서 큰 꿈을 꾸는 다른 젊은이들과 함께 국비유학생 시험에 응시하여 합격했다. 처음에는 벨파스트에 있는 퀸스 대학교에 배정되었으나 영국 음식이 싫고 할리우드에 더 가까이 가고픈 욕망에서 다른 학생과 배정을 맞바꾸었다. 그래서 앤 아버에 있는 미시간 대학교 공과대학에 갔다. 1953년의 일이었다. 아버지는 그해 선발된 다른 많은 국비유학생과 함께 일단 배편으로 수에즈 운하를 지나 영국 런던으로 갔다. 그곳에서 항공편으로 뉴욕으로 갔는데, 사실이었는지 착각이었는지, 옆자리에 미녀 배우 엘리자베스 테일러가 타고 있었다. 뉴욕에서는 기차를 타고 애팔래치아 산맥을 넘고 오하이오 분지를 지나 마침내 바람이 거센 앤 아버에 도착했다. 참으로 먼 길이었지만, 그렇게 하여 젊은 전문가와 공무원 집단이 자라났다. 그러나 그들 중 그렇게 얻은 지식을 조국의 발전을 위해 사용할 기회를 가진 이는 많지 않았다.

외할아버지 우딴은 1957년 여름 미얀마를 떠나 뉴욕으로 갔다. 부인과 10대의 두 자녀가 동반했는데 그중 맏이인 에이에이딴이 나중 우리 어머니가 됐다. 우딴은 아직 설립되지 오래지 않은 유엔과 그곳에서 할 일에 대해 큰 기대를 하고 있었다. 그러나 내심으로는 갈수록 추악해지던 양곤의 정치무대를 벗어나고 싶은 욕구도 강했다. 부인도 그랬다. 부패는 항상 위로부터 시작했다. 선거에서 연승하며 장기집권의 길에 들어선 '연맹'(AFPFL)이 1950년대 중반 분열하기 시작했다. '연맹'은 처음부터 이해관계, 정치적 야망, 인맥 등이 뒤죽박죽으로 엉킨 난장판이었다. 최고위급, 곧 우누와 핵심참모들 사이의 연대만이 '연맹'을 하나로 유지할 수 있었다. 그런데 그 핵심참모, 특히 장관을 맡은 우 바수웨와 우 쩌녜인이 우누와 반목하기 시작했다. 이념 차이나 정책에 대한 의견 차이 때문이 아니었다. 그들은 오랜 친구요 동료였다. 함께 영국 식민지배를 경험하고 함께 전쟁을 치르고 함께 내전을 치렀다. 그 긴 세월 끝에 그냥 서로에게 지쳤다. 세 사람의 부인은 이제 더는 말도 나누지 않는 사이가 됐다. 부인들이 서로 외면하며 사는 것을 보고 사람들은 '연맹'이 와해할 날이 머지않았다며 수군거렸다.[14]

그런데도 연맹은 여전히 선거에서 이겼고 다수당의 지위를 유지했다. 자신감과 오만이 결국 분당으로 이어졌다. 1958년 6월 비바람이 치던 날의 일이었다. 이제 누구나 1930년대 양곤대학교 학생회관에서 시작됐던 한 시대가 막을 내리고 있다고 느꼈다. 우누가 지명한 장관들이 스스로 내각불신임안을 제출했다. 반정부, 친정부 쿠데타설이 무성했다. 의회에서 우누파와 반대파가 시끄럽게 돌아가는 선풍기 아래, 또 굽어보는 아웅산의 초상화 아래에서 설전을 벌이고 있는 동안 무장한 차량이 외부를 돌고 있었다. 설전 끝에 취해진 투표에서 우누가 간신히 이겨 불신임을 면했다. 그래도 당이 쪼개진 이상 내각을 새로 구성하려면 과반수 의석을 취합해야만 했다. 골수 좌파 정당과의 연합도 불가피했다. 그에 군부가 매우 놀라고 우려했다.

모든 것이 엉망이었다. 우누가 정권을 유지하기 위해 (지하투쟁을 벌이는 이들과는 다른) '지상파' 공산당원과 손을 잡으려 하자 군부가 놀라 그 반대파를 지원하려고 했다. 중앙정부의 분열이 지방정부에도 투영되어 모든 지방의회가 분열되고 치열한 정쟁의 소용돌이에 빠졌다. 정치가 분열되니 행정이 마비되어 각 지역의 군사령관들이 우려하기 시작했다. 우누의 지지세력이 군인들을 괴롭힌다고도 불평했다. 북부군 사령관 아웅슈웨 대령 (후일 아웅산 수치가 만든 '민주주의 국민연맹'[NLD]의 의장)이 이들을 조직하여 쿠데타를 기획한다는 소문이 돌았다. 우누가 지명한 내무장관의 지휘하에 있는 연방헌병대가 친위쿠데타로 양곤을 점령할 것이라는 소문도 돌았다.

9월 22일 (후일 NLD의 또 다른 의장이 될) 치마웅 대령이 이끄는 병력이 전쟁국 산하의 특전대와 함께 모든 정부 부처 건물, 그리고 장관 및 기타 고급공무원들의 관사가 있는 지역을 포위했다. 우누는 야전군 사령관들이 쿠데타를 기획하고 있으나 전쟁국과 네윈 장군의 사람들이 보호할 테니 걱정하지 말라는 말을 들었다. 그것은 국방부가 야전군의 쿠데타를 막기 위해 감행한 일종의 "선제적"(pre-emptive) 친위쿠데타였다.

4일 후, 우누는 '양곤 라디오' 방송을 통해 스스로 네윈 장군에게 "안보와 법과 질서와 관련한 특수한 상황에 따라 '위기관리'(caretaker) 정부를 구성하여 국정을 맡아 달라고 요청했다"라고 말했다. 새로운 선거가 시행될 때까지 한시적이라는 단서가 붙었지만, 어쨌거나 군부가 국정을 장악했다.

이후 들어선 위기관리 정부는 모든 점에서 미얀마 현대사에서 가장 효율적이고 효과적인 정부로 평가되기에 모자람이 없었다. 물론 군사정부답게 고압적이고 폭력적인 면이 없지 않았다. 정부 관료들의 부패상을 들추어내고 처벌했다. 그러나 언론과 법원에는 관여하지 않았다. 물가관리도 잘했고 유능한 관료들을 찾아 적재적소에 배치했다.

양곤은 완전히 새로운 모습으로 탈바꿈했다. 모든 건물과 주택은 페인트칠을 새로 했고 거리의 쓰레기는 깨끗이 치워졌다. 내전을 피해 도시로 몰려든, 16만 5천 명에 달하는 불법 이주자들은 교외에 위성도시를 건설하여 안주시켰다. 1958년 전의 양곤은 공터마다 난민 텐트가 지저분하게 널려져 있고 곳곳에 떠돌이 개들이 몰려다니는 난장과 다름없었다. 할 수 있다는 결의로 가득 찬 한 대령이 도시의 행정을 떠맡았다. 25주간 연속으로 매주 일요일 수만 명의 시민을 동원해 수만 톤의 쓰레기를 거두었다. 거리가 깨끗해지니 시내 중산층은 좋았다. 그러나 먼 거리를 걸어서 와야 하는 빈민들에게는 고역이었다. 지방에도 그와 유사한 동원과 행정이 있었다. '안보위원회'라는 이름으로 행정과 치안조직을 재편했다. 범죄율이 크게 떨어졌다. 강도나 좀도둑은 모두 잡아서 가두었다.

동시에 내전의 수행에도 더욱 적극적이었다. 사살되고 부상하고 사로잡힌 반군 인사들의 명단이 연일 발표되었다. 1950년대 공산 반군의 배후가 무너졌다면 이제 공산 반군의 본거지가 무너졌다. 기타 인종반란도 적극적인 진압에 나섰다. 독립 이후 처음으로 미얀마의 내전이 끝나는 듯 보였다. 양질의 종이를 사용하여 『이제는 믿을 수 있겠습니까?』라는 제목의 책자를 발행하여 군부의 치적을 선전했다.

위기관리 정부의 임기는 1960년 12월까지였다. 예정대로 총선거가 그때 열렸다. 그러나 위기관리 정부의 '치적'에도 불구하고 군부가 지지한 반 우누 세력에 대한 지지는 미약했다. 여전히 인기가 높은 우누와 그의 정당이 일방적인 승리를 거두고 복귀했다. 네윈은 아무 미련이 없는 것처럼 정권을 도로 이양했다. 그는 군인으로서 임무만도 벅찬데 턱없이 맡게 된 총리 직무대리의 직위를 전혀 좋아하지 않았던 것처럼, 그래서 다시는 맡지 않을 것처럼 행동했다. 양곤의 파티에 다시 나타나 난데없이 추가 임무를 수행하느라 골프도 치지 못했다고 투덜거렸다.15 또 대중의 인기에도 무관심했다. 단 한 차례 기자회견을 열었다. 그리고 기자들에게 뭐든 쓰고 싶은 대로 쓰라고 한 다음 그냥 자리를 떠버렸다. 그런데 이 모든 것이 계산된 행동이었다. 군이 정권을 내어놓기는 했지만, 사실은 나라를 장악하고 있었다. 전국의 모든 지역과 동네에 정당과 관료조직을 우회하는 사조직이 결성됐다. 군부가 하는 사업 규모는 그야말로 일취월장하여 서점에서 어업, 음료업까지 손대지 않는 것이 없었다. 군인들은 위기관리 정부를 통해 군인이야말로 다른 누구보다 나라를 잘 관리할 수 있다는 것을 보여 주었다고 믿었다. 그렇다면 다시 한번 기회가 있어야 했다. '2년간'이라는 제한이 없는 ……

1962년 쿠데타가 무르익다

19세기 말, 영국이 띠버의 왕국을 점령한 직후(미얀마에 축구를 소개한) 조지 스콧 경을 비롯한 영국대표단이 샨고원 지대의 족장들을 만나 영국이라는 새로운 지배세력을 수용하도록 설득하고, 안되면 겁박했다. 어려운 일은 아니었다. 식민지배라고 해도 비교적 가벼운 형태여서 과거와 큰 차이가 없었던 것이었다. 영국의 감독관이 타웅지에 상주하고 변경지역담당 관리들이 필요에 따라 족장들에게 자문하겠지만, 대체로 그들은 자주적이고 자율적이며, 세습의 전통과 권리도 인정받기로 했다. 1922년 영국인 관리를 위원장으로 하는 '족장위원회'가 설립되었지만 다른 어떠한 형태의 개혁도 강요받지 않아 샨 지역의 주민들은 저지대 미얀마의 혼란스러운 정치와 문제로부터 떨어져서 평온한 삶을 영위했다. 그리하여 꼰바웅 왕조가 몰락한 이후 한 세대가 지나도록 샨 지역은 전통을 유지했다. 만일 영국이 왕조를 아예 없애지 않고 보호령을 설치했더라면 상 미얀마의 모습이 이렇지 않았을까 하는 아쉬움을 느끼게 할 정도였다.

1950년대 샨의 족장 즉 서브와는 모두 영국 치하에서 성장한 인물들이었다. 거의 모두 타웅지에 있는 학교에서 영국인 교장의 관리 아래 엄격한 영국식 교육을 받았다. 이후 영국이나 미국에 있는 대학교로 진학한 이들도 있었다. 한 예로, 남투(Namtu)강 연안에 있는 고도 씨퍼(Hsipaw)의 족장 사오 짜썽은 미국 콜로라도의 한 대학교에서 공학을 공부했다. 그의 부친 사오 온짜는 옥스퍼드에서 공부했다. 영국인들도 이들을 동양 귀족의 고상함과 서양의 신사도를 고루 갖춘 신사로 대우했다. 이처럼 샨 지역은 수십 년간 목가적인 평화와 번영을 누렸다.16

사오 짜썽과 닮은 사람으로 차 산지로 유명한 몽밋의 서브와 사오 쿤키오를 꼽을 수 있다. 그는 50년대 초 케임브리지 대학교 학부 시절 개를 데리고 공원을 산책하던 중 마찬가지로 개를 데리고 산책 중이던 메이블을 만나 결혼했다. 메이블의 부모는 도시의 중산층으로 딸이 동양인과 결혼한다는데 아무런 거부감이 없었다. 물론 그 결혼이 딸의 삶을 어떻게 바꿀지는 전혀 상상하지 못했다. 두 사람은 곧 결혼식을 올렸고, 샨족 왕자는 부왕에게 그 사실을 알렸다. 부왕은 노발대발, 당장 돌아오지 않으면 모든 것을 잃게 될 것이라고 했다. 부왕의 허락 없이 만난 외국인 아내는 용납할 수 없다고 했다. 아내를 두고 떠날 수는 없었지만, 집안의 도움 없이 영국에서 생활할 수도 없었다. 케임브리지나 런던에서 직장을 얻을 생각도 해봤지만 결국 고향으로 돌아가 담판을 짓기로 했다.

부왕은 메이블이 첫아들, 곧 그의 손자를 낳았다는 말을 듣고도 완고했다. 그런데 그들 부부에게는 '다행히' 부왕이 승하하여 아들은 새로운 서브와가 됐고 메이블은 몽밋의 '마하데비' 즉 "대공녀"가 됐다. 부부는 한동안 그곳에서 자녀를 낳아 기르고 영국에서 데려온 개를 돌보며 넓은 차밭에서 나오는 공물로 행복하게 살았다. 몽밋은 중국과의 국경 근처에 있었고 루비 산지로 유명한 모곡에서 멀지 않았다. 후일 사오 쿤 키오는 우누 정부에서 외교부 장관, 이어 부총리 겸 샨주의 총독으로 화려한 경력을 쌓았다.

1962년 쿠데타 이후 쿤키오는 샨족의 다른 서브와와 마찬가지로 투옥됐다. 콜로라도 대학교를 나온 사오 짜썽도 투옥됐다가 행방불명됐다. 쿤키오는 몇 년 후 석방됐지만, 출국을 강요받고 다시는 돌아오지 못했다. 메이블과 함께 케임브리지로 돌아가 거기서 여생을 보냈다. 1991년 내가 트리니티 칼리지에서 박사학위 공부를 하러 케임브리지로 갔을 때 쿤키오는 막 별세한 직후였다. 수십 명의 미얀마 유학생이 케임브리지 버마 학생회를 결성했던 20세기 초와 달리 이 무렵 케임브리지의 미얀마 학생으로는 내가 아는 한 내가 유일했다. 단 한 사람, 후일 『녹색 유령의 땅』(From the Land of Green Ghosts)을 쓴 파스칼 쿠 뜨웨가 있었는데,[17] 그가 나를 이 불행한 서브와 가족에게 소개해 주었다. 내가 메이블을 찾아갔을 때 그녀는 '몽밋'이라는 문패를 단 집에서 홀로 쓸쓸히 살고 있었다.

이야기가 앞서갔다. 1950년대에는 몽밋의 서브와 사오 쿤키오와 씨퍼의 서브와 사오 짜썽은 우누를 비롯한 양곤의 주류와 친분을 유지한 채 샨의 정치를 이끄는 대표적 인물이었다. 1950년대 샨 지역의 가장 큰 문제는 당연히 중국 국민당 잔당의 침공, 그리고 그것을 진압하느라 진입해 온 미얀마군 병력의 횡포였다. 고립되고 자주적인 삶을 살던 샨족 사람들에게 미얀마군이나 국민당군이나 생소하긴 마찬가지였다. 그들에게 애국적 헌신이란 개념은 아예 존재하지 않았다. 충돌이 생기고 불만이 쌓이지 않을 수 없었다. 샨 지역에 계엄령이 선포되고 군정이 실시되자 차라리 독립하자는 목소리가 나오기 시작했다. 우누가 애써 말렸지만, 샨 지역의 젊은이들은 카렌족의 예를 들어 무장봉기까지 기획하기에 이르렀다. 1958년 소규모 샨 독립군이 태국과의 국경지대에서 조직됐다.

중국 국민당과 그 후원자들에게 이는 좋은 기회였다. 상당수의 국민당군이 타이완과 태국의 지원을 받아 활동하고 있었는데, 샨이 미얀마에서 독립한다면 그들의 존재가 더 큰 정당성을 얻게 될 것이기 때문이었다. 태국은 샨이 독립하면 숙적 미얀마와의 사이에 일종의 완충지대를 두게 되는 셈이었다. 게다가 아편 문제가 있었다. 전통적으로 아편 생산지였던 이란과 중국에서 양귀비재배가 금지됐다. 그 생산지가 미얀마-태국-라오스의 접경지대, 소위 '황금의 삼각지대'로 옮겨왔다. 방콕이 세계 마약 거래의 중심지로 떠올랐다. 돈이 꼬이면 권력도 꼬이는 법, 각국의 권력자들도 관심을 가지고 개입했다. 1957년, 태국에서 군부 실력자 사릿 따나랏이 쿠데타로 정권을 장악했다. 그리고 미국의 아이젠하워 대통령에게 태국이 "동아시아에서 공산세력의 확장을 막을 보루"가 될 것이라고 약속했다. 이후 태국이 미얀마의 반군을 지원하거나 마약 거래를 돕는 등의 행동은 모두 반공이라는 기치 아래 묶이게 되었다.[18]

북쪽에서도 카친족의 불만이 쌓이고 있었다. 양곤 정부가 중국과 국경을 획정하면서 3개의 카친족 마을을 중국에 넘겨주었다. 또 불교를 국교로 정하겠다는 우누의 말은 기독교도가 다수인 카친족으로서는 상상도 못 할 일이었다. 1961년 2월 5일, 미 101 특수부대 출신 전쟁영웅 자우 쎙을 지휘관으로 하는 '카친 독립군'(Kachin Independence Army; KIA)이 결성됐다. 샨 독립군이나 카친 독립군은 아직 작은 규모였다. 문제는 그것이 끝이 아니라 시작이라는 점이었다. 언제든지 큰 문제가 될 수 있는 잠재성을 안고 있었다.

그 무렵 중국인민해방군, 곧 중공군 2만여 명이 샨주 국경을 넘어 쳐들어왔다. 목표는 국민당군이었다. 남쪽으로 패주하던 국민당군은 미얀마군 제9 여단의 공격을 다시 받았다. 다수의 기지가 함락되고 많은 양의 미국제 무기와 군수품이 발견됐다.19 이후 많은 수의 국민당군이 타이완으로 이송됐지만, 더 많은 병력은 미얀마, 태국, 라오스에 남았다. 일부는 라오스 정부군에 뽑혀 파떼트 라오 공산반군과의 내전에 동원됐다.

나라가 결정적인 분기점에 처했다는 인식이 커졌다. 경제는 나쁘지 않았지만, 독립 후 거의 15년이 지났는데 독립 당시 꿈꾸었던 것과는 거리가 멀었다. 바로 이웃한 태국이 앞지르기 시작했다. 뒤늦게 독립한 남쪽의 말레이시아와 싱가포르는 더욱 빨리 달려 훌쩍 앞섰다. 그래도 문제는 경제가 아니라 정치였다. 우선 인종갈등이 있었다. 그 갈등은 단순히 정서의 문제가 아니라 무장폭동의 가능성을 내포하고 있었다. 영국의 식민당국은 미얀마의 다양한 인종을 하나로 묶기는커녕 그들 사이에 불신만 키워놓았다. 다수인 버마족 지도층에게 미얀마가 불교를 믿고 미얀마어를 말하는 사람만 사는 곳이 아니라 다른 인종, 다른 문화가 공존하는 곳이라는 인식을 심어주지 못했다. 어쩌면, 아! 이 땅에 우리 말고 '소수 인종', '외국인'이 있구나라는 현실을 인정하게 했을지도 모른다. 그러나 다른 인종에게는 턱도 없는 소리였다. 대대로 나서 자라고 살아온 땅에서 우리가 '소수'라니, 우리가 '외국인'이라니!

또 외세의 거듭되는 개입이 있었다. 미국이 개입하고 태국이 개입했다. 중국은 국민당과 공산당이 돌아가며, 때로는 동시에 개입했다. 소련도 개입했다. 타는 불에 계속해서 기름을 끼얹는 격이니, 내전은 자체적으로 해결되기는커녕 갈수록 심해졌다. 거기에 미얀마의 군부가 있었다. 군부는 영국이 갑자기 철수하고 독립 정부가 붕괴 직전에 몰리면서 생겨난 힘의 공백을 교묘하게 채우고 들어오는 데 성공했다. 군부는 일종의 그림자 국가를 건설했다. 그리고 국가가 붕괴 지경에 이르자 그림자가 본체가 됐다.

우누의 치하에 미얀마는 아시아에서는 가장 높은 수준의 언론 자유와 인권을 자랑한 민주주의가 꽃핀 나라였다. 그런데 1958년의 쿠데타는 그 이력에 씻을 수 없는 상처를 남겼다. 더욱 큰 것은 그 상처를 남긴 군부의 힘이 상승일로를 걷고 있었다는 점이었다. 1961년 여름 샨족 추장들이 타웅지에 모여 나라의 인종 문제를 해결하려면 새로운 연방제가 필요하다는 데 의견을 모았다. 1947년 팡롱 회의의 합의에 기초하여 제정된 제헌헌법에 따르면 샨주는 분리독립을 선언할 권리가 있었다. 군이 그 권리를 사용하지는 않겠지만 적어도 그것을 사용하여 새로운 체제를 협상할 수는 있다고 생각했다. 우누도 그 제안이 나쁘지 않다고 생각하여 샨족, 기타 인종 지도부와 함께 논의하겠다고 약속했다. 1962년 초, 우누는 그 문제를 포함한 정치적 문제를 논의하기 위해 양곤에서 '민족문제 세미나'를 소집했다. 그러나 네윈 장군이 이끄는 군부는 전혀 다른 생각을 하고 있었다.

12

호랑이 꼬리를 잡다

그들의 신념에 따라 행동했다.
군인이 정권을 잡고
인도인을 추방하고
경제를 국유화하고,
나라 문을 닫아 걸었다.

1970년대 뉴욕에서 자리를 함께한 지은이의 어머니와 아웅산 수치 (오른쪽)

12

1962년 3월 2일 새벽, 탱크를 앞세운 기갑부대 병력이 양곤 시내로 진입하여 정부 청사, 의회, 법원, 기타 중요한 건물을 장악했다. 일군의 병력은 나무가 울창한 인야 호숫가 고급주택가를 휩쓸고 들어가 고위지도자 대부분을 체포했다. 우 누 총리와 5개 부처 장관, 그리고 대법원장이 체포되어 모종의 장소로 연행됐다. 회의차 양곤에 와있던 30명의 샨 및 카렌족 지도자도 함께 연행됐다. 미얀마 초대 연방 대통령을 지낸 야웅훼의 서브와 사오 슈웨 따이크도 군부에 의해 감금됐다가 그해 사망했다. 그때 17세 그의 아들이 아버지를 보호하려다 사살됐다. 그 사건이 없었더라면 완벽한 무혈쿠데타로 기록되었을 것이다.

전날 밤, 네윈 장군은 중국의 발레단 공연을 관람했다. 밤늦게 공연이 끝난 후 수석 발레리나와 악수를 하고 조용히 사라졌다. 이후 그가 어디에 있었는지, 한숨이라도 잤는지 아무도 몰랐다. 좌우간 오전 8시 50분, 네윈은 라디오 방송을 통해 "(미얀마) 연방의 상황이 크게 악화"했기 때문에 군부가 정권을 장악했다고 발표했다. 다음 날 의회가 해산되고 헌법의 효력이 정지됐다. 제4 버마 소총부대에서 네윈 장군을 모셨던 장성들을 위주로 '혁명위원회'(The

Revolutionary Council)가 구성되어 어떠한 제약도 없이 나라를 통치하게 됐다. 네윈은 대통령을 자임하는 동시에 국방부와 재무부, 국세청 장관을 겸임했다. 지방마다 장교들이 지도하는 혁명위원회가 지방정부를 감독하고, 군법회의가 법원을 대신했다. 4년 전과 달리 언제 선거를 통해 민정에 이양하겠다는 약속도 하지 않았다. 대신 과거와는 전혀 다른 새로운 노선을 따를 것이라고 했다. 며칠 후 기자들을 만난 미얀마의 새로운 독재자는 민주주의와 사회주의, 그리고 "건강한 정치"를 신봉한다고 말했다. 다음 달, 언론위원회가 설립되어 미얀마어와 영어 등 여러 언어를 사용하며 활발하게 활동하던 언론에 재갈을 물렸다. 앞으로 다가올 것에 비하면 그건 약과였다.

쿠데타 세력은 새 정권의 이념을 도대체 무슨 소린지 모를, 마치 조지 오웰의 『1984년』에나 나옴 직한 내용을 담은 두 건의 문서로 공표했다. 하나는 「버마식 사회주의」(Burmese Way to Socialism)라는 제목이었다. 다른 하나는 「인간과 환경의 상관체계」(System of Correlation of Man and His Environment)라는 제목으로 더욱 황당한 내용이었다. 굳이 좋게 생각하자면, 미얀마의 정치를 관통하는 여러 사조, 특히 사회주의와 불교를 종합하려는 진지한 노력이었다. 정확하게 말하면, 엉터리 학자들이 네윈 장군의 외국인 혐오증과 권력욕을 미화하려고 한 어설픈 시도에 지나지 않았다.

1958~60년간의 '위기관리' 군사정권을 겪었던, 그래서 뭔가 기대하는 바가 있었던 사람들에게 새로운 군사정권이 취한 조치는 황당할 따름이었다. 제1기 군사정권은 공무원이나 원로학자 등 전문가들의 자문을 구하여 효과적이고 효율적으로 정책에 반영했다. 새로운 군사정권은 정반대로 행동했다. 고등교육을 받은 전문가라면 무조건 백안시했다. 식민시대 정부에서 근무했던 이들은 물론이고 그 외 수십 명의 유능한 관료들이 해고당했다. 어느

정부에서도 능력을 발휘했을 그들 중 다수는 나중에 외국으로 가서 출세했다. 미얀마처럼 작은 신생 독립국이 그처럼 유능한 인재들을 한꺼번에 버리는 것은 극심한 자해행위와 다름없었다.

서방의 원조 기관과 고문단도 추방했다. '포드 재단'과 '아시아재단'은 두말없이 양곤을 떠나야 했다. 수백 명의 미얀마 젊은이를 미국 등 외국에 보내 교육했던 풀브라이트 등 장학프로그램은 중단됐다. 지금 워싱턴, 이탈리아 볼로냐, 중국 난징에 캠퍼스를 둔 존스 홉킨스 대학교의 국제대학원(SAIS)은 그때 양곤에도 캠퍼스가 있었다. 그 대학의 선생들은 세계수준의 차세대 외교관을 양성하겠다던 꿈과 함께 짐을 싸서 떠나야 했다. 영국인이나 미국인이 운영하던 영어교육센터도 폐쇄됐다. 군사적 결벽주의가 문화에도 적용돼 서양식 댄스, 경마장, 미인대회는 금지되고 몇 안 되던 나이트클럽도 폐쇄됐다. 이제 삶의 즐거움은 딴 데서 찾아야 했다. 1963년 말, 보이스카우트와 '버마 자동차 협회'가 국유화됐다. 외국인의 입국은 금지됐다. 예외적으로 입국이 허락되더라도 체류 기간은 24시간에 한정됐다. 그때까지 양곤은 동남아 항공노선의 허브였다. 미국과 유럽의 부유한 승객들이 '팬암', '대영 해외항공공사(BOAC)', '노스웨스트', '에어 프랑스', KLM 등 항공사의 제트기를 이용하여 동남아를 찾았다. 양곤은 태국이나 싱가포르 등으로 가는 노선의 중간기착지였다. 이제 방콕으로 취항하는 '버마 국영항공사'의 냄새나고 낡은 프로펠러 항공기가 미얀마를 바깥 세계와 연결하는 유일한 수단이 됐다.

세계는 바야흐로 1960년대의 격변기를 맞고 있었다. 극심한 사회적 혼란의 와중에 엄청난 창조성을 발휘한 대단한 시기였다. 그러한 시기에 네윈을 비롯한 장군들은 '방해하지 마시오'라는 간판을 크게 내걸었다. 1960년대는 미얀마를 외면하고 지나갔다.

군부만이 할 수 있다는 식의 현상이 나타난 것은 미얀마 만이 아니었다.

한국에는 향후 26년간 계속될 박정희 장군—과 전두환(옮긴 이)—의 독재가 막 시작됐다. 그러나 미얀마와는 크게 달랐고 경제적으로는 좋은 결과를 가져왔다. (방글라데시와 분리되기 전이어서 미얀마와 국경을 접하고 있던) 파키스탄에는 아유브 칸 원수의 정권이 교육 및 토지개혁을 강행하며 신수도를 건설했다. 가까운 이웃 태국에는 사릿 따나랏 원수의 정부가 이미 장기집권 중이었다. 사실 그때 아시아에서 민주주의는 예외적이었고 별 부러움의 대상도 아니었다.

군사정권에 대한 어떠한 반대도 단호히 진압됐다. 1962년 7월 7일, 수백 명의 학생이 모여 민간정부의 복귀를 요구하는 시위를 벌이던 현장에 군병력이 진입했다. 시위가 폭동으로 변하여 도시 곳곳으로 퍼져 나갔다. 군사정부가 모든 학생이 저녁 8시 이후 기숙사를 떠나지 못하도록 한 데 대한 반발로 시작됐지만, 다당제를 폐지하고 일당독재체제를 수립한다는 발표가 나오자 시위와 폭동은 수 주간 계속됐다. 그 과정에서 최소 15명의 학생이 사망하고 훨씬 더 많은 수의 학생이 다쳤다. 향후 수십 년간 미얀마 정치의 특징이 된 젊은 학생과 군인 사이의 투쟁이 그렇게 시작했다. 바로 그다음 날 아침, 폭파부대가 양곤대학교로 진입하여 1920년대 이래 독립투쟁의 상징이요 아웅산, 우 누, 우 딴 등이 연설했던 학생회관 건물을 산산조각으로 날렸다. 가뜩이나 폭력으로 얼룩진 미얀마 정치사에서도 이 사건은 특히 큰 상처로 기억됐다. 그로부터 26년이 지난 후 1988년 네윈이 마지막이 된 공식연설에서 그 일을 언급하며 자신은 책임이 없다고 변명할 정도였다.

더 심각한 것은 경제였다. 쿠데타와 섣부른 조치가 아니더라도 이미 어려운 경제였다. 그 전해, 홍수로 인해 수백만 에이커의 논이 침수되어 새로운 경제개발계획을 시작하려던 우 누 정부에 타격을 주었다. 1기 군사정권이 경제계와 밀접하게 협력했었으므로 2기 군사정권도 그럴지 모른다는 기대가 없지 않았다. 그러나 혁명위원회는 경제정책에서도 전혀 새로운 방향으로 나아갔다. 1기 군사정권을 주도하고 네윈의 오른팔로 인정되던, 또 경제계와 잘 알고 지내던 아웅지 준장이 해고됐다. 아웅지는 진즉부터 네윈의 후계자로 주목받았고 이번 쿠데타도 그가 주도한 것으로 생각했기 때문에 다들 놀랐다. 네윈은 후일 아웅지가 바로 학생회관 폭파의 주범이라고 책임을 돌렸다. 아웅지는 변명하지 않고 조용히 물러나 멀리 떨어진 곳의 한 사원에서 조용히 지내다가 사업가로 변신해 제과점 체인을 운영해 성공했다. 이후 1988년 다시 정치무대에 나타나 아웅산 수치가 설립하고 사무총장을 맡은 '민주주의 국민연맹'(NLD)의 의장이 됐다.

아웅지가 해고된 지 1주일이 채 지나지 않아 정부는 모든 산업과 기업을 국유화한다고 선포했다. 어떠한 사기업도 허용되지 않았다. 어느 토요일 오후 외국계를 포함한 총 24개의 은행이 국유화됐다. 영국계 로이드 은행의 미얀마 지점은 '인민은행 19호'로 이름이 바뀌었다. 국방색과 흰색이 섞인 간판에 '인민 상점'이라고 쓴 점포가 전국 각지에 세워졌다. 국영기업은 원자재에 대한 독점적 사용권이 있고 노동분규가 허용되지 않았으므로 일부 사기업은 자진해서 국영화를 원하는 청원서를 내기도 했다. 그러나 정부는 그런 기업을 운영할 사람이 없었다. 이런 무모한 조치가 가져온 결과는 엄청났다. 혁명 후 5개월 만인 8월 산업생산이 40% 감소했고 실업률은 급증했다. 12개월 후 지하경제를 끌어내겠다는 뜻으로 단행한 화폐개혁으로 인해 사람들이 모아뒀던 돈이 종잇장이 됐다.

경마장은 폐쇄되고 미인대회는 금지되고 일자리는 줄어들고 장학금 기회는 사라졌으니 할 일이라곤 '인민 주조회사'에서 생산하는 맥주를 마시는 일밖에 남지 않았다. 마치 누군가, 시끄럽고 어느 정도 부패하고 그런데도 활기

차고 경쟁적이던 미얀마 사회를 밝히던 모든 등불을 갑자기 꺼버린 것과 같았다. 그리고는

"조용!"

"밝은 곳으로 안내할 테니 뒤를 따라라!"

라고 외치는 듯했다. 독립 후 불과 14년이 지난 신생국가, 2차 대전 중 두 차례에 걸쳐 철저히 파괴된 지 20년도 지나지 않은 나라에 그런 조치는 치명적인 결과를 낳았다.[1]

미얀마라는 나라를 철저히 망친 사람, 네윈 장군은 누구인가? 폭군이라는 사실은 전 세계가 아는 사실이지만, 바람둥이라는 것은 아마 미얀마 사람만 아는 사실일지 모른다. 수비학(數秘學)에 빠져있었다는 것은 측근만 아는 것이고, 한때 우체국에서 근무했었다는 것은 가족이나 친한 친구밖에 모르는 비밀일 수도 있었다. 좌우간 네윈은 자기 나라 국민의 심리를 잘 알고 이용하여 30년 동안 철권통치를 유지한 비상한 인물이었다. 1911년생으로 그 시대 많은 정치인이 그랬듯이 소도시의 중산층 출신이었다. 부친은 파웅데일이라는 소도시 하급 관리였는데 어린 시절 학업성적이 뛰어난 네윈을 프롬 근교에 있는 국립고등학교로 보냈다. 프롬은 양곤발 철도의 북쪽 종점으로 그곳에서 기차를 내린 승객들이 만달레이행 기선을 타기 위해 몇 시간, 때로는 하룻밤을 보내야 하는 교통의 요지였다. 1920년대에는 잘 갖추어진 가로수에 깨끗한 주택, 그리고 상당수의 유럽인이 거주하던 활기찬 도시였다.[2]

네윈은 고등학교에서도 뛰어난 성적을 보여 1929년 양곤의 유니버시티 칼리지 자연과학부에 합격했다. 그의 희망은 의사가 되는 것이었는데, 제대로 되었더라면 많은 생명을 구한 네윈 선생님이 될 수 있었을지 모른다. 그러나 운명의 신은 그를 수많은 생명을 앗아간 군인이자 정치인의 길로 이끌었다.

2년의 예과과정을 마친 후 네윈은 본과진입에 실패하여 학교를 떠났다. 21살의 낙제생은 막 미얀마를 강타하기 시작한 대공황의 와중에, 그리고 마침내 폭력적으로 전개되기 시작한 인종분규의 와중에 일자리 또는 일거리를 찾아야 했다. 처음 그가 주목한 것은 석탄이었다. 고향 프롬에는 탄맥이 있어 양곤보다 석탄이 매우 저렴했다. 그래서 프롬에서 사서 양곤에서 파는 석탄거래를 시작했는데 금방 파산했다. 석탄 시장은 이미 인도 상인들이 장악하고 있어서 그와 같은 풋내기 상인이 뚫고 들어갈 정도로 만만하지 않았던 것이었다. 쓰라린 경험이었다. 네윈이 후일 인도인을 극도로 싫어한 것은 아마 이 실패의 경험 때문이 아니었을까?

파산하고 실의에 차서 방황하던 그는 결국 우체국 직원으로 자리 잡았다. 그러면서 친구를 사귀었다. 그 무렵 아웅산이 학생회관 정치에 몰두하고 있었는데 네윈은 그 부류와 어울리기 시작했다. 함께 나의 작은할아버지가 운영하던 '좌파 독서클럽'에서 노닥거렸다. 그 친구 중엔 공산주의자를 자처하는 이들도 많았다. 네윈은 업무가 없는 날이면 그들을 도와 (마르크스와 엥겔스가 쓴)『공산당 선언』을 번역했다.

그렇지만 당시 많은 젊은이가 그랬듯이 네윈은 확신에 찬 공산주의자는 아니었고 자극적인 일이라면 무엇이라도 하려고 했다. 그래서 아웅산이 일본과 접촉하고 돌아와 친구들을 모았을 때 기꺼이 동참하여 일본으로 갔다. 곧 아웅산의 오른팔이 되어 하이난섬에서 집중훈련을 받고 30인 동지 중 지도부 3인에 속하게 됐다. 사업에 실패하고 우체국에서 소인을 찍는 따분한 일을 하던, 그리고 젊은 몽상가들이 하던 공허한 논쟁에 지친 네윈에 일본 군국주의식 훈련은 적성에 맞았다. 그의 본명은 슈마웅이었고 ("빛나는 태양"이라는 뜻의) 네윈은 군대 별명이었다. 네윈은 타고난 군인이었다. 30인 동지의 돌격대장에서 시작하여 군사령관으로 승진하여 내전을 승리로 장식하고 1962년 쿠데타에 성공할 때까지 군 내부에서 그의 지위는 누구도 넘보지 못했다. 카렌 반군으로부터 양곤을 지키고 각지의 공산 반군, 인종 반군을 제압하고 국경을 넘어온 국민당군을 맞아 싸운 '전쟁 기계' 즉 군대를 그가 키웠다. 그리고 그 기계는 그때마다 더 커지고 더 유능해졌다. 물론 군대 안에 네윈에 못지않은 능력자가 없는 것은 아니었다. 그러나 그는 정치적 술수에도 능해 모든 경쟁자를 물리치고 마침내 민간정부를 무너뜨렸다. 이제 네윈을 견제할 사람이나 세력은 아무 데도 없었다.

그런데 놀라운 것은 네윈이 그토록 막강한 힘을 쌓아가고 있었는데도 그의 정치적 야망을 눈치채고 견제한 사람이 없었다는 점이다. 휘하의 대령들이 쿠데타를 기획했을 때, 또 그렇다는 소문이 났을 때 네윈은 모든 것에 초연한 듯했다. 권력이 아니라 다른 것이 관심이 많은 것처럼 보였다. 1962년 당시 네윈은 키티 바딴이라는 여성과 결혼한 상태였고 부부 사이가 좋기로 소문났다. (키티 바딴은 공식적으로는 4명, 비공식적으로는 몇 명인지 알 수 없는 부인 중 두 번째였다). 그런데도 네윈은 밤의 사나이였다. 화려한 파티를 찾아다니거나 열었고 그럴 때마다 새로운 여인을 안았다. 그런데 1962년이 되자 이 모든 것이 바뀌었다. 네윈은 양곤의 밤을 떠났다. 그리고 누구도 그 밤을 즐기지 못하게 했다.

그렇게 쟁취한 권력으로 무엇을 할 것인가? 타고난 군인이라서였는지, 젊은 시절 한때 심취했던 공산주의, 레닌주의의 영향이었는지, 아니면 일본식 군국주의의 영향인지 몰라도 네윈은 정당정치를 쓰레기 보듯 싫어했다. 또 젊은 시절 석탄사업을 시작했다가 인도인의 장벽에 막혀 실패한 경험에서인지 몰라도 미얀마에서 외국인이 활보하는 것을 싫어했다. 특히 인도계라면 치를 떨었다.

한때 양곤 주민의 3분의 2를 넘던 인도계 인구는 20세기 초를 정점으로 점차 감소하기 시작했다. 1942년 일본군이 진격해 올 때 죽은 사람도 많았고 피난 갔다가 돌아오지 않은 사람도 많았다. 1948년 미얀마 독립 때도 그랬다. 그리하여 1950년대 양곤 주민의 절반 이상이 미얀마계가 됐다. 그래도 여전히 인도계는 많았고 특히 전문직종과 재계에는 인도인이 다수였다. 1964년부터 네윈의 특별명령에 따라 인도인 남녀노소 수십만 명이 미얀마에서 축출되어 인도나 파키스탄으로 갔다. 그때 인도의 네루 총리는 노쇠하여 말년기를 맞고 있었는데, 네윈의 요구를 두말없이 받아들여 선박과 항공기를 보내 인도인들을 '집'으로 실어 날랐다. 그런데 '집'으로 돌아가는 것이 아니라 낯선 곳에서 난민처럼 새로운 삶을 시작해야 하는 이도 많았다. 평생 미얀마를 벗어난 적이 없는 사람, 미얀마에서 수 세대를 살아온 집안의 사람, 미얀마어밖에는 할 줄 모르는 사람도 있었다. 미얀마 속 인도인의 지위를 반영하듯 의사, 변호사, 언론인, 사업가, 교사 등 전문직도 많았다. 다들 등짐에 싼 옷가지 외에는 땡전 한 푼 없었다. 집과 가재도구, 그리고 미얀마에서 가장 큰 기업에 속했던 사업체, 심지어 시계나 반지 같은 장신구도 가지고 갈 수 없었다. 한 푼의 보상도 받지 못했다.

    8년 후 우간다의 독재자 이디 아민이 6만 명이 넘는 아시아인을 비슷한 방식으로 추방하여 다수가 영국에 정착했다. 총 40만 명이 넘는 미얀마의 추방은 규모도 훨씬 컸고 결과가 비참하기는 마찬가지였지만 그래도 우간다보다 덜 알려졌다.[3] 우간다처럼 미얀마도 하나의 인종 공동체를 통째로 추방함으로써 나라의 살점이 통째로 날아간 것과 같은 상처를 입었고, 문화적으로도 빈곤해졌다. 말레이시아에서는 인도계와 중국계 인구가 다양한 탈식민지 사회의 역동적이고 핵심적인 일부가 되어 나라의 발전에 크게 이바지했다. 미얀마에서는 그처럼 다양한 공동체를 새로운 민족 정체성에 포함하려는 시도

조차 없었다.

네윈은 또 반군 문제에 주목했다. 여전히 두 종류의 공산 반군이 활동하고 있었다. 하나는 '버마 공산당' 주류였고, 다른 하나는 따킨 소가 이끄는 더 급진적인 '적기(赤旗) 공산당'이었다. 네윈은 여러 반군 세력에게 대화를 제안했고 따킨 소가 제일 먼저 수락했다. 1963년 여름 따킨 소는 피신처를 벗어나 정부가 제공한 항공기로 양곤에 왔다. 따킨 소도 소문난 호색가로, 후일 리비아의 무아마르 카다피처럼, 아름다운 여인들에게 베이지색 제복을 입혀 수행하게 하는 것으로 유명했다. 따킨 소는 소련공산당 서기장 흐루쇼프의 '수정주의 노선'을 맹렬히 비난하기도 했다. 그는 네윈을 만나 휴전을 전제로 자신의 영역에서 정부군을 철수하고 모든 정치집단이 함께 모여 새 정부를 구성해야 한다고 요구했다. 네윈은 따킨 소가 '성의가 없다'라며 무시했다. 굳이 잡아 가두지는 않겠지만, 7일 안에 정글 속 그의 본거지로 돌아가라고 했다.

공산 반군의 주류는 정글 속 주둔지와 중국의 망명지 두 곳에서 대표를 보냈다. 그중 한 사람, 보 제야는 아웅산과 네윈과 함께 30인의 동지 지도부의 하나로 내전이 발발한 1948년 이후 양곤에 두고 떠난 가족을 만나지 못했다. 그 외에도 인종을 기반으로 한 반군대표도 만났다. 샨족과 카친족은 더 많은 자치권과 연방제 정부를 요구했다. 라카인의 공산 반군집단은 독립 '라카인 공화국'을 요구했다. 그러나 마음을 터놓고 만나지 않았으니 제대로 된 논의가 있을 리 없었다. 그 만남이 단지 쇼에 불과했는지, 아니면 진심이었는지는 중요하지 않게 됐다. 네윈이 오로지 군사적 해결밖에 없다는 결론을 내렸기 때문이었다. 1천 명이 넘는 인원이 공산주의자, 혹은 공산주의 동조자라는 혐의로 체포됐다. 군사정부를 견제할 제도적 장치가 아무것도 없는 상태에서 내전은 유혈을 예고했다.[4]

지미 양의 세상

저 멀리 윈난성과의 접경지역, 검푸른 숲과 새하얀 얼음이 섞여 덮고 있는 코캉(Kokang)의 고원에 지미 양(Jimmy Yang)이 이끄는 코캉 혁명군이 샨 지역의 다른 반군세력과 힘을 합쳐 새로 들어선 군사정권과 결전을 준비하고 있었다. 동남아에서 가장 질이 좋은 차와 아편의 산지로 유명한 코캉은 지미 양(Jimmy Yang)의 집안이 대를 이어 지배했다.

양(楊)씨 집안은 원래 난징(南京) 출신으로 17세기 명나라가 망할 때 망명해 왔다. 처음에는 윈난의 다리(大理)에 정착하여 그 지역 부유한 상인의 딸과 결혼했다가 함께 코캉으로 이주했다. 원래 무관 출신으로 산적과 강도에 시달리던 주민을 보호하여 신망과 지위를 얻었다. 이후 이 집안은 주변의 다른 세력을 무력으로 겁박하기도 하고 혼인으로 회유하기도 하며 차츰 세력을 키워 나가 18세기 말에는 '헹'(heng)이라고 불리는 세습 족장의 지위를 공인받았다. 19세기 말 꼰바웅 왕조가 멸망하고 영국이 중국과 더불어 국경 획정에 나섰을 때 코캉은 영국 측 버마 영역에 속했다. 코캉은 쎈위 현(縣)의 속읍(屬邑)으로 분류됐는데, 그에 따라 코캉의 '헹'은 쎈위의 '서브와'에 복속하게 됐다.5

제2차 세계대전 중 양가(楊家)는 영미 연합국 편에 섰고 그 보상으로 속읍의 지위를 벗어나 독자적인 영주로 인정받았다. 미얀마가 독립하기 직전의 일이었다. 그리하여 코캉은 샨주의 한 현의 지위로, 그리고 그 지배자의 지위는 헹에서 서브와로 지위가 올라갔다. 초대 서브와는 9남 6녀를 두었는데, 1949년 그가 사망하면서 아들 중 하나인 사오 양 체인, 또는 에드워드 양이 서브와의 지위를 계승했다. 지미 양은 에드워드 양의 동생으로 타웅지에 있는 서브와 전용 영어학교에서 공부하고 양곤대학교로 진학했다. 중국에서도 공부하여

2차대전 중 중국 국민당군에서 대위로 복무하기도 했다. 우 누 정부에서 코캉을 대표하는 의원을 지내면서 동시에 태국 북부지역에 있는 린컴 호텔의 매니저도 지냈다. 코캉이 네윈 정권에 반대하여 봉기한 이후 프랑스 등에서 망명생활을 하다가 1981년 일반사면이 시행됐을 때 양곤으로 돌아와 정착했다.

지미 양의 이복여동생은 양뤼수이, 혹은 올리브 양이라는 이름을 가진 호전적이고 남성적인 여인이었다. 샨주 북부도시 라시오에서 여학교를 다닐 때부터 폭력적이고 강인하기로 소문이 났다. 가방 속에 권총을 넣고 다닌다는 소문도 돌았다. 그래서 미얀마 내전 때 빠지지 않고 거론되는 여전사가 됐다. 1951년 중국 국민당군이 코캉으로 진입했을 때 그녀에게 접근했고 행동하지 못해 안달이던 그녀는 기꺼이 벨기에 군복을 입고 허리춤에 두 자루 권총을 단 채 일당을 모아 동참했다.

올리브는 결국 미얀마의 교도소에 갇혔다. 1960년대 중반 지미 양이 이끄는 민병대는 샨주의 다른 반군과 힘을 합쳐 네윈에 저항했다. 총 병력 5만의 미얀마 정부군은 전선이 확대되어 병력수급에 어려움을 느끼게 되자 샨 지역의 다른 무장세력을 부추겨 그들이 서로 싸우게 하는 이간책을 썼다. 그중 하나가 원래 양씨 집안에 고용됐다가 독립하여 원수가 된 로씽한이었다. 중앙정부와 손을 잡은 로씽한은 마음 놓고 아편 거래에 나서 국제 아편 시장에서 큰손으로 성장했다.

한편, 1960년대 중반 중국이 문화혁명의 소용돌이에 휩쓸리면서 '버마 공산당'에 대한 지원을 강화했다. 북쪽에서는 카친 독립군 KIA가 북부 산악지역을 대부분 장악했다.

태국도 미얀마 정치에 영향을 미쳤다. 안으로 공산당 및 기타 좌파와 내전 중이던 태국은 미국의 동맹국이었고, 그 나라의 군사독재자는 반공을 명분으로 독재를 정당화하고 있었다. 반공이라는 이름으로 무엇이든 할 용의가 있어서 그래서 태국국경 지역의 카렌족 반군이 반공을 표방하자 지원을 아끼지 않았다. 태국의 수드사이 "붉은 황소" 하스딘 장군이 민병대를 창설하여 국경 순찰대와 함께 수십 년간 미얀마 반군을 지원하는 역사가 그렇게 만들어졌다. 이처럼 태국이 미얀마의 내전에 관여한 것은 네윈 정권뿐만 아니라 군사 정권에 반대한 사람들도 두고두고 유감스럽게 생각했다.

그는 경제에 대해 잘 알지 못한다고 인정했다. 그런데 만나는 경제학자마다 서로 다른 소리를 하니 도대체 어떻게 해야 할지 갈피를 잡지 못하겠다고도 했다.
— 전 미얀마 주재 미국대사 헨리 바이로드가 네윈과의 대화를 회상하며 기록[6]

1965년 크리스마스 무렵 네윈 장군은 일이 제대로 돌아가지 않고 있다고 인정하지 않을 수 없었다. 그 사이 네윈은 미얀마의 유일한 정당으로 '버마 사회주의 프로그램당'(Burmese Socialist Program Party; BSPP)를 창당했다. 당원은 그가 신뢰한 몇 명의 민간인 사회주의자를 제외하면 모두 전·현직 군인이었다. '버마식 사회주의'의 첨병인 그들이 모인 연례 세미나에서 국유화 조치 이후 모든 것이 엉망이 됐다고 솔직히 인정한 것이다. 혁명위원회 의장은 이렇게 말했다.

"미얀마가 식량이 풍족한 나라가 아니었더라면 우린 모두 굶어 죽었을 거요."[7]

식량이 풍족했던 이유는 그나마 농업은 국유화되지 않았고 지난 몇 년간 작황이 괜찮았기 때문이었다. 그 외 모든 것, 심지어 소금과 식용유의 유통도 인도인이 운영하던 가게에 "인민 상점"이라고 간판을 바꾸어 단 곳에서 배급을 통해 이루어졌다. 양곤에서 사람들은 해뜨기 전부터 배급카드를 들고 상점 앞에 줄을 서서 약간의 쌀, 비누, 천을 사려고 기다렸다. 배급제가 시행된다는 것은 곧 암시장이 활개를 친다는 말과 다름없었다. 이라와디강 변에는 이라와디 기선회사 소속 여객선의 3분의 1 이상이 운행을 멈춘 채 정박해 있었다. 수리할 부품이 없어서였다. 어떻게 할 것인가? 군사정권이 실패를 인정하고 민정을 이양한 후 본업으로 돌아가는 것이 가장 좋은 방법일 것이었다. 물론 네윈 장군이 보기에는 가장 나쁜 방법이었다.

네윈은 적이 많았다. 또는 적이 많다고 생각했다. 그 무렵 싱가포르의 리콴유 총리가 방문하여 함께 골프를 쳤다. 그런데 골프장 곳곳에, 심지어 페어웨이에도 무장병력이 둘러싸고 지키고 있었다. 네윈 장군은 스윙할 때를 제외하곤 항상 철모를 쓰고 있었다. "언제 암살당할지 몰라서……"라며 독재자는 쑥스러운 듯 말했다. 과연 그는 신경과민이었다. 그가 신경과민이면, 뭔가 사고를 쳤다.[8]

기자들을 만난 네윈은 그의 정책이 제대로 돌아가지 않는다는 점을 시인했다. 그렇지만 이렇게 말했다.

"이제 우리는 마치 호랑이 꼬리를 잡은 것 같아서 죽자고 매달리는 것 외에는 방법이 없다."

대안이 없었다. 굳이 좋게 보자면 적어도 법과 질서는 회복됐다. 내전은 어차피 악화할 것이었다. 그나마 내버려 두었더라면 민간인들의 공작으로 분열되었을 군이 확고히 나라를 지키고 있다. 가장 좋은 것은 밉살스러운 인도인들을 몰아내서 미얀마인이 주인이 된 것이다. 외국인 고문을 추방하여 미얀마인이 스스로 뭔가를 하지 않을 수 없게 된 것이다. 길게 보아 좋은 것 아니냐. 영국놈들이 미얀마인들을 약하고 게으르고 방만하게 만들었다. 이젠 변해야 한다. 어차피 변해야 하는 것, 힘들수록 강해질 테니 힘들수록 좋다. 게다가 국제정세를 봐라. 문화혁명 이후 중국은 도대체 짐작할 수 없는 나라가 됐다. 월남전을 봐라. 갈수록 커지고 위험해지고 있지 않나. 그럴 때 문을 닫아걸고 칩거하는 것, 나쁘지 않다. 이렇게 믿고 자위했다. 1968년 동남아에 파병된 미군의 수는 70만 명에 달했다. 그 속에서 미얀마는 어떻게 해야 하나?

"방해하지 마시오"라는 팻말을 더 오래 걸어두어야 했다.

네윈, 워싱턴에 가다

네윈은 미국과는 늘 거리를 두려고 했다. 1962년 이후 소련의 원조는 받았지만, 미국의 원조는 거의 중단됐다. 1960년 총리직무대리 시절 중국과 국경협정을 맺은 것을 자랑하고 다녔다. 실제로 네윈은 중국과의 관계를 중시했다. 그에게 중국인 피가 섞여서 그렇다는 말도 있었지만, 탈식민지 시대 중국과 미얀마가 일종의 공동운명체를 이루고 있다는 것을 본능적으로 느끼고 있었다는 것이 옳을 것 같다. 그렇다면 미국은 어떤가? 네윈은 미국이 —사실은 국내 공산 반군 등 좌파를 선제적으로 견제하기 위한— '버마식 사회주의'를 지나치게 좌파적으로 볼까 봐 걱정했다. 그는 미국이 겁났다. 1963년 11월, 미국이 지원한 쿠데타로 실각한 남베트남의 대통령 응오딘디엠이 살해당했다. 1970년 3월 미국이 지원한 쿠데타로 캄보디아의 시하누크가 실각하고 론놀 장군이 집권했다. 미국의 CIA는 불과 몇 년 전까지 미얀마로 진공한 중국 국민당군을 지원했었다. 골프장에 가면서 철모를 쓴 것도 이해할 만도 할 상황이었다. 그런데 피해망상적 과잉반응이었다. 실제로 미국은 네윈을 배척하지 않고 포용하려고 생각했던 것이었다.

당시 미얀마 주재 미국대사는 직업외교관 출신으로 2차대전 중 미얀마에 근무했던 헨리 바이로드(Henry Byroade)였다. 네윈은 그를 좋아했다. 그때까지 미얀마 주재 미국대사들은 1950년대 국민당군을 지원한 적이 없다고 뻔한 거짓말을 했다. 그러나 바이로드는 그와 달리 솔직히 인정했다. 네윈은 늘 자신은 화통하고 직설적인 사람이라고 주장했다. 그렇게 접점이 마련돼 양국 사이의 우호적인 관계의 필요성에 대한 상호양해가 이루어졌다.

1966년 9월 네윈 장군이 미국을 국빈방문했다. 헬리콥터로 백악관 남쪽 잔디광장에 내려 해병의장대의 사열을 받고, 함박웃음을 지은 존슨 대통령과 악수했다. 통상 국빈방문이라면 화려한 수사로 가득 찬 연설, 온갖 미사여구로 장식된 건배사를 주고받는 법인데, 이 미얀마의 장군을 그런 걸 모르거나 좋아하지 않았다. 네윈은 건배사에서 "이렇게 만난 것이 서로 잘 알게 되는 계기가 되길 바란다"라고 짧게 말했다.9 아마 백악관 역사상 가장 짧은 건배사로 기록될 것이었다. 그런 건 중요하지 않았다. 회담을 기획한 미국이 볼 때 중요한 것은 네윈이 미국을 편하게 느끼고 존슨과의 관계에서 서로 인간적인 친밀감을 느끼는 것이었다. 미국은 미얀마가 중립을 지키는 것이 자국에 입장에서 최선이라고 생각했다. 미얀마 국내정치 따위는 아무래도 상관이 없었다.

한 시간 동안의 단독회담을 포함한, 이틀간의 국빈방문 일정이 끝난 후 네윈은 기자회견도 하지 않고 워싱턴을 떠나 뉴욕으로 가서 유엔본부에서 사무총장 우딴을 만났다. 그리고 11일에 걸쳐 미국 전역을 돌았다. 국빈방문의 자격으로는 처음이었지만, 네윈은 미국을 처음 온 게 아니었다. 그 전에 다섯 번이나 방문했었다. 그리고 직전의 방문은 악몽이었다. 1960년 총리 직무대리의 자격이었는데, 그때 그는 공항 세관에서 가방을 검색당하고 국방성을 방문했을 때 오래 기다려야 하는 결례를 겪었다. 그 부인은 미국 영부인 아이젠하워 여사가 그녀에 대해 흉을 보는 것을 엿들었다. 미국 측은 이번에는 그런 일이 되풀이되지 않도록 세심하게 배려했다. 네윈이 무엇을 원하든 다 들어줬다. 그래서 네윈이 "공장을 방문하는 따위에 시간을 낭비하지 말고 마우이 섬에 가서 골프나 치자"고 하자, 바로 일정을 조정하여 나머지 일정을 하와이에서 보내도록 배려했다.10

이처럼 미국과 미얀마 관계가 개선된 것은 결과적으로 시의적절했다. 네윈이 좋은 관계를 원했던 중국과의 관계가 나빠지기 시작했기 때문이었다.

홍위병(紅衛兵)의 침공

오랫동안 중국 정치사의 굴곡은 그 서남방에 있는 작은 나라, 미얀마에 큰 영향을 미쳤다. 13세기 몽골의 쿠빌라이 칸이 남송을 정벌하는 과정에서 몽골 소속 터키 기병이 미얀마를 쳐들어와 미얀마 최초 통일왕조 바간이 멸망했다. 4백 년 후 명나라가 패망한 여파로 미얀마가 중국군의 말발굽에 짓밟혔다. 18세기 청나라의 침공이 꼰바웅 왕조를 멸망시킬 뻔했고 그 침공을 물리친 이후의 자신감으로 말미암아 영국과의 무모한 충돌이 빚어졌다. 2차 대전 때 인도로 진격하기 위한다는 명목으로 단행한 일본군의 침공도 사실은 중국의 배후를 차단하기 위한 전략적 고려에서 나온 일이었다. 독립 이후 중국에서 공산혁명이 성공함에 따라 미얀마의 공산당이 용기를 얻어 내전이 빚어졌다. 그런데 중국에서 또 다른 격변이 일어나 가뜩이나 어려운 미얀마의 처지를 더욱 어렵게 만들었다.

1950년대 말 급속한 산업화를 위해 무리하게 추진된 '대약진운동'으로 인해 중국 경제가 큰 혼란에 빠졌다. 근 2천만 명에 달하는 사람들이 아사했다. 1960년대 초 류사오치(劉少奇)와 덩샤오핑(鄧小平)과 같은 실용파가 잠시 득세했지만, 1966년 새로운 광풍이 중국을 휩쓸었다. 바로 '프롤레타리아 문화대혁명'이었다. 소위 4인방과 수십만 명의 민간인 홍위병이 앞장서서 10년간 중국은 아수라장이 됐다. 수백만 명의 시민이 길거리로 나섰고 지도부 대부분이 숙청됐다. 1967년 류사오치도 연금상태에서 굶어 죽었다. 마오쩌둥의 우상화, 신격화 작업이 진행됐다. 전국적인 아수라장은 인민해방군도 어쩌지 못했다.

전 세계적으로 1968년은 대격변의 한해였다. 미국에서는 마틴 루서 킹 목사와 대선후보 로버트 케네디가 암살됐다. 전국적으로 대학생 시위가 일어났다. 소련군 탱크가 체코슬로바키아 국경을 넘어 '프라하의 봄'을 짓밟았다. 학생과 노동자의 시위로 프랑스의 제4공화국이 무너졌다. 베트남전과 반전 시위로 존슨 대통령이 대선 불출마를 선언했다. 그러나 이 모든 격변과 혼란 속에서도 중국의 혼란은 그 격을 달리했다. 그리고 곧 남쪽으로 번져 미얀마에도 직접적인 충격을 주었다.

몇 년 전 수십만 명의 인도인을 추방했던 외국인 추방령은 중국인에게는 적용되지 않았다. 전 세계에 걸쳐 퍼져 있는 다수의 중국인이 그렇듯이 미얀마의 중국인도 대부분 중국 광둥성(廣東省) 타이산현(台山縣)에서 왔다. 믿어지지 않겠지만 1965년 이전까지 미국으로 이주한 중국인의 절반 이상이 이 작은 현 출신이었다. 미얀마의 중국인도 이와 비슷했다. 나머지 대부분은 타이완을 마주 보는 푸젠성(福建省)에서 왔다. 동남아의 화교는 모두 그랬다.

1962년까지 중국인들은 자체의 학교가 있었다. 쿠데타 이후 중국인 학교도 국유화되었지만, 여전히 중국인 선생들이 학생들을 가르쳤다. 중국이 본토와 타이완으로 분열되면서 미얀마의 중국인 사회도 분열되었으나 본토에 기운 사람이 더 많았다. 중국에서 문화혁명의 광풍이 불자 그 여파가 양곤에도 미쳤다. 양곤에 거주하는 중국인들이 마오쩌둥의 배지를 달고 문화혁명의 구호를 외치며 양곤 거리를 행진한 것이었다. 양곤주재 중국대사관이 암묵적으로 후원했다. 문제는 그들이 구호를 외치며 행진한 곳이 시안(西安)의 먼지 투성이 도로나 하얼빈(哈爾濱)의 꽁꽁 언 땅이 아니라 미얀마의 중심도시였다는 점이다. 그리고 그것을 지켜본 사람들이 그들과 같은 깃발을 휘두르고 같은 구호를 외친 중국인이 아니라 군부 지배하의 불교도였다는 점이다. 경제는 엉망이고 직장은 잡을 도리가 없고 이제는 약탈할 인도인 상점도 거의 없는 판에 '남의 땅'에서 '자기 나랏일'로 시위하는 중국인들은 불만을 풀기에 딱 알맞은 표적이었다. 남의 땅에서 설치는 모택동주의자들에게 이제 진절머리가 났다.

1967년 6월 26일, 대규모 군중이 두 개의 중국인 학교를 에워쌌다. 다음날 중국인 점포가 털리고 파괴됐다. 수십 명의 중국인이 집단폭행을 당해 다수가 숨졌다. 경찰이 수수방관하는 가운데 광기에 찬 폭력은 계속되어 결국 중국대사관이 공격당하고 '중국 교사연맹' 건물이 불탔다.

경찰이 수수방관한 이유 중 하나는 그런 식의 광기와 폭력이 경제난에 대한 불만을 조금이나마 잠재울 수 있다는 정부의 계산 때문이었다. 게다가 군사정부는 중국에, 양곤에 사는 애먼 중국인이 아니라, 베이징에 있는 중국 정부에 화가 났다. 중국 정부가 미얀마 공산 반군에 대한 지원을 강화했기 때문이다. 1940년대 말 기세를 떨쳤던 공산 반군은 이제 기세를 잃고 있었다. 지도부의 다수는 중국으로 망명했고 나머지는 이라와디강과 나란히 뻗은 바고산맥의 깊은 숲에 땅굴을 파서 지내고 있었다. 군사정부가 이번 기회에 공산 반군을 아예 끝장낼 작정을 하고 있던 차에, 중국이 그들에 대한 지원을 강화하고 나선 것이었다.

1967년 7월 중국이 타림 분지에서 최초로 수소폭탄 실험을 했다. 며칠 후 베이징의 라디오 방송은 네윈의 '파시스트 정권'에 대한 '인민봉기'를 주문하고 '미얀마의 장제스'가 죽을 때까지 싸우라고 응원했다. 마오 주석의 지원을 기대한 5천 명 정도 규모의 공산 반군이 총공세에 나서 양곤 북쪽에 있는 도시들을 점령하고 약탈했다. 10월에는 만달레이를 향하는 기차를 폭파해 30명의 사망자를 냈다. 그러나 한계가 있었다. 반군이 근거지로 삼은 바고산맥은 양곤에서 너무 가까운 한편 중국과는 직접 연락할 길이 없었다. 중국이 무기와 탄약을 제대로 지원할 수 없었던 것이었다.

이때 중국의 미얀마 정책을 주도한 사람은 젊은 시절 마오쩌둥의 아내 장칭(江靑)의 애인이었다는 소문의 주인공으로 당시 베이징의 정치를 주무르던 음험한 안경쟁이 캉성(康生)이었다. 캉성은 후일 폴포트가 이끄는 크메르루주 정권을 적극 지지했는데, 이때는 중국의 문화혁명을 위해서 '버마 공산당'을 지지해야 한다고 생각했다. 일단 미얀마 영토 내부에 일종의 교두보가 필요했고 그러려면 국경 지역에 거주하는 샨족과 카친족의 도움이 있어야 했다. 그런데 완벽한 카드가 있었다. 영국에서 훈련받아 카친 소총부대를 이끌고 2차대전의 영웅이 된 너셍(Naw Seng)이었다. 너셍은 1949년 반군에 가담했다가 상황이 여의치 않자 무리를 이끌고 중국으로 망명하여 근 20년간 조용히 지내고 있었다. 그 너셍이 캉성의 명령을 받고 다시 전면에 나섰다. 중국인, 국경 지역의 소수민족, 버마 공산 반군이 모여 대규모 병력을 이루었다. '미얀마 인민공화국'을 수립하기 위한 제1보였다.

1968년 1월 1일 이른 아침, 베트콩의 '구정 대공세'로 사이공이 점령당할 뻔했던 바로 그 순간에 수백 명의 중국인 및 중국이 지원하는 공산당 세력이 미얀마와 중국을 나누는 작은 강을 건너 몽코라는 작은 마을에 주둔한 국경수비대를 공격했다. 마을 주민들은 술과 음식, 음악으로 새해를 축하하고 있었다. 국경수비대에는 기껏 2~30정의 소총이 있었을 뿐이니 수백 명의 침입자를 감당할 수 없었다.[11]

며칠 후 또 다른 공산세력이 지미 양의 땅 코캉으로 진입했다. 다수는 인민해방군 교관이 이끄는 홍위병 부대였다. 미얀마 정부군은 지리멸렬 패퇴했다. 2월에는 또 하나의 세력이 슈웰리강 계곡을 넘어 들어왔다. 전투가 벌어졌고, 증원군이 도착했으나 미리 매복하고 있던 공산 반군의 공격을 받았다. 후퇴할 교량이 폭파되어 정부군은 포위되어 전멸했다. 이렇게 하여 여름까지 공산 반군은 3천 제곱킬로미터에 달하는 지역을 통제하기에 이르렀다. 중국이 직접 지원하는 공산 반군이 국경 지역을 장악하면 어떻게 하나라고 우려해 왔던 미얀마 군부의 악몽이 바로 현실로 나타난 것이었다.

네윈과 참모들은 큰 충격을 받았다. 그들이 생각한 최악의 상황이 현실로 나타날 수 있게 됐다. 최악의 상황이란 다름 아닌 이 침입자들이 바고산맥에 진을 치고 있는 공산 반군과 세력을 합치는 것이었다. 양곤에서 긴급 '전군 지휘관 회의'가 열리고 네윈은 열정적인 목소리로 저항을 외쳤다. 이제는 중립 따위의 외교원칙을 고집할 때가 아니었다. 세계 모든 나라의 지원을 구했다. 소련의 사절단이 찾아와 지원을 논의했다. 일본의 사토 에이사쿠(佐藤栄作) 총리, 독일의 쿠르트 키징거(Kurt Kiesinger) 총리도 초청하여 경제적 지원을 요청했다. 무엇보다 찔끔찔끔 들어오던 미국의 원조가 늘었다. 무기와 장비를 공급하고 보잘것없던 미얀마 공군을 위한 교관을 파견했다.

최악을 피하고 반격의 실마리를 풀기 위해 우선 약한 곳을 먼저 공격하기로 했다. 북쪽에 새로 일어난 반군은 일단 제쳐놓고 바고산맥의 공산 반군이 제1차적 표적이 됐다. 전군 지휘관 회의가 끝난 며칠 후 비밀공작원이 정글 속 반군본부에 잠입하여 막 숙소를 나서던, 한때 아웅산의 부관이었다가 공산당 위원장이 된 따킨 탄툰을 암살했다. 육군의 정예부대 제77 경보병 사단이 혼란에 빠진 반군본부를 덮쳤다.

산의 고원지대에는 그런 식의 전격작전이 불가능했다. 그래서 네윈은 우호세력을 키워서 적군을 견제하기로 했다. 아편 군벌 로씽한 및 쿤사와 상호 지원을 약속했다. 이들은 샨에 남아있던 중국 국민당의 잔당, 나아가 타이완의 국민당 정부와 오랜 친분이 있었으니, 과연 적의 적은 친구였다. 또 1876년 다리에서 일어난 판데의 난을 피해 내려와 팡롱에 자리 잡았던 판데족이 노새를 이끌고 태국으로 가서 미제 M-16 소총, M-60 유탄발사기, 57mm, 75mm 무반동총을 싣고 왔다.

이처럼 미얀마의 북동지방에 20년 전 끝난 중국의 국공내전이 새로 시작됐다. 홍위병 및 '버마 공산당'을 한편으로 하고 리미 장군이 이끄는 국민당 잔당과 마약세력을 다른 편으로 한 전투는 규모는 과거의 국공내전보다 작았지만 치열했고 또 오래 갔다.

처음에는 공산세력이 유리해 보였다. 1971년에 이르러 공산세력은 와(Wa) 고원지대 대부분을 장악하고 남쪽으로 진격해 샨주의 주요 도시를 넘보기에 이르렀다. 한 부대는 옛날 버마 로드를 따라와 만달레이를 내려다보는 메이묘까지 진격했다. 정부군이 치열하게 싸워 겨우 막았다. 웨일스인의 피가 섞인 마이크 데이비스가 포함된 수천 명 규모의 다른 부대는 더 남쪽으로 와서 몽양의 전략거점을 점령한 후 태국-라오스와 접하는 큰 도시 켄퉁을 위협했다. 이 지역 정부군의 지휘관은 키가 작고 머리가 벗어져 '나폴레옹'이라는 별명을 가진 툰이 중령이었다. 미얀마의 '나폴레옹'은 20개 대대 병력을 지휘하여 침략군을 켄퉁에서 방어하고 나아가 몽양으로 패퇴시켰다.12 이로써 위기는 진정되었으나 전쟁이 끝난 것은 아니었다. 공산세력은 샨의 동부지역을 포함한 메콩강 유역에 항구적인 요새를 구축하여 사실상의 지배자가 됐다. 이처럼 국가인지 아닌지 모를, 전쟁인지 평화인지 모를, 이상한 상태가 1989년 이상한 사태가 일어날 때까지 계속됐다.

끝나지 않는 전쟁

그런데 전혀 생각지 않았던 반군세력이 등장해 이처럼 복잡한 상황을 더욱 복잡하게 만들었다. 다름 아닌 전 총리 우누가 태국의 지원을 받아 봉기한 것이었다.

쿠데타로 체포 감금됐던 우누 전 총리는 1966년 석방됐다. 2년 후 중국이 총공세를 취하자 네윈은 우누를 비롯한 구정치인들을 초청하여 해법을 물었다. 이후 수개월 동안 이들은 논쟁을 거듭하여 결국 의회 민주주의로 돌아가야 한다는 결론을 도출했다. 네윈은 당연히 거부했다. 1968년 봄, 우누는 신병 치료를 이유로 출국을 요청했고 네윈이 허락했다. 우누는 그길로 바로 런던으로 가서 혁명위원회 정권을 무력으로 몰아내기 위한 새로운 운동을 시작한다고 선언했다. 그렇게 하도록 부추기고 열심히 조언하고 지원한 사람이 바로 <네이션>의 편집장을 지낸 유력언론인 에드워드 로-욘(Edward Law-Yone)이었다.

우누와 로-욘의 계획은 일단 태국에 근거지를 구축하고 미국과 기타 서방 국가들의 지원을 얻어 미얀마 내부에 무장저항세력을 만든다는 것이었다. 실제로 그 무렵 구정치인들은 네윈의 정권에서 철저히 소외되어 로-욘이 방콕 룸피니 공원 근교에 마련한 임대주택으로 몰려들고 있었다. 그들의 명단은 1950년대 내로라하던 사람들을 망라하고 있었다. '30인의 동지' 중 4명이 포함됐고 1963년까지 공군참모총장을 지낸 영국계 샨족 토미 클리프트도 포함됐다. 코캉의 지미 양도 있었고 초대 대통령의 부인이자 현재 샨주 반란군을 이끄는 야응훼의 마하데비도 있었다.[13]

태국 정보당국은 이들 망명 인사와 미얀마 내부에서 태국의 지원을 받고 있던 카렌족, 몬족 반군과 연결해 주었다. 그런데 진짜 중요한 지원, 즉 미국 또는 기타 서방국가의 지원은 없었다. 캐나다의 한 석유회사가 후일 미얀마의 석유탐사권을 독점한다는 조건으로 수백만 달러를 지원했지만 그게 전부였다. 우누는 소규모의 병력을 편성했지만, 국경에서 몇 마일도 진격하지 못했다. 위험을 무릅쓰고 비행기를 몰아 양곤 상공에 봉기를 호소하는 내용의 전단을 살포했지만 아무런 일도 일어나지 않았다. 네윈이 워싱턴을 찾아갔던 것이 효과를 발휘한 것이었다. 중국공산당의 위협이 커짐에 따라 서방의 군사전문가들은 그 시점에 우누를 지원하면 네윈이 약해지고 결국 중국만 유리해진다고 결론지었다. 그런데 우누의 행동이 반향을 얻지 못한 가장 큰 이유는 미얀마의 국민이 굶주리고 절망한 나머지 정치에 관심을 가질 여력이 없었기 때문이었다.

그래서 '혁명위원회'의 '버마식 사회주의'는 계속됐다. 네윈은 진즉부터 바꿔야 한다고 생각했지만, 그때마다 새로운 일이 생겨 결심하지 못했다. 그러다가 중국이 침공하고 미국이 호의적으로 나오자 마침내 결심했다. 곧 '혁명위원회'를 해체하고 새로운 헌법을 채택한 것이다. 1974년의 일이었다.* 신헌법에는 '버마 사회주의 프로그램당'(BSPP)이 유일한 합법 정당으로 명시됐다. 그리고 온갖 종류의 인민위원회를 만들었다. 그러나 그 모든 것은 허울이었고 네윈의 일인 독재였다. 전에는 혁명'위원회'라도 있었지만, 이제는 글자 그대로 '일인' 독재였다. 63세가 된 네윈은 전혀 바뀌지 않았다. 바꿀 생각이 없었다.

샨, 카렌, 카친의 고산지대에 살던 사람들에게 내전은 아무런 의미가 없는 고통의 연속일 뿐이었다. 게다가 폭력이 폭력을 낳아 그 잔혹함은 더욱 커져

---

* 1962년에 쿠데타로 헌법의 효력이 정지됐으니, 12년 만에 헌정(憲政), 즉 헌법에 따른 정치가 회복된 것이다 — 옮긴 이.

만 갔다. 미얀마 군부는 소위 4대 차단전략을 추진했다. 즉 반군에게 음식과 돈과 정보와 병력 충원을 차단한다는 것이었다. 1880년대 영국군이 미얀마 반란을 진압하기 위해 그랬듯이, 또 월남전에서 미국군대가 전략적 거점을 장악하기 위해 그랬듯이, 미얀마군대는 반군을 고립시키기 위해 주변의 민간인들을 소개하고 마을을 불태웠다. 그럼으로써 원주민들이 입은 고통은 이루 말할 수 없었다. 그러는 과정에서 군부 내부에 새로운 세대가 성장했다. 독립투쟁에 참여하고 민간정부에서 복무했던, 30인의 동지로 상징되는 네윈 세대의 군부가 물러나고, 피아 식별이 어려운 정글 속에서 반군과 싸우며 살아남고 성장한 새로운 세대의 군부가 1988년 이후 실세로 등장할 것이었다. 그리고 나라의 구세주를 자처한 군이 실제로는 나라를 망치는 세력으로 변모하고 있었다.

우딴 유엔 사무총장의 사망

바로 이 무렵 나는 태어난 후 처음 미얀마를 방문했다. 뉴욕에서 우딴 할아버지를 포함한 대가족 속에서 자라 8살이 됐을 때였다. 우딴 할아버지는 과중한 업무에 지치고 위궤양 등 스트레스성 질환에 시달린 끝에 1971년, 두 번의 임기, 10년 동안 봉직하던 유엔 사무총장 자리에서 물러났다. 첫 번째 임기는 화려했다. 세계를 핵전쟁의 공포에 떨게 했던 쿠바 미사일 위기 때 중요한 역할을 했다. 콩고 내전의 종전을 주선했고, 이제는 유엔의 통상적 업무가 된 인도적 지원, 개발, 환경 문제를 새로 시작했다. 드러나지는 않았으나 예멘과 바레인 내전의 종식에도 관여했다. 미얀마에서 경험했던 일이 유엔 사무총장으로 임무 수행에도 큰 영향을 미쳤다. 우딴은 철저한 반식민주의자였고 아시아, 아프리카 신생 독립국들의 문제에 지대한 관심을 보였다. 남아공의 인종차별에도 늘 확고한 입장을 견지했다. 우누의 대변인을 지낸 덕분에 언론과 좋은 관계를 유지할 줄 알았다. 역대 사무총장 중 매주 기자회견을 한 사람은 그가 유일했다. 그러나 놀라고 당황스러웠던 순간도 많았다. 판타너라는 시골 도시의 교장 선생님이었다가 양곤으로 불려간 지 불과 12년 만이었으니, 넓디 넓은 세상의 많고 많은 사연에 어찌 놀라지 않았겠는가?

우딴의 두 번째 임기는 힘들었다. 처음부터 월남전에 반대하는 의견을 밝혀 미국과 거리가 멀어졌다. 1967년 아랍-이스라엘 사이 '6일 전쟁'의 발발에 대한 책임을 뒤집어썼다. 유엔평화유지군을 시나이반도에서 철수하라는 이집트 대통령 나세르의 요구를 섣불리 받아들여 전쟁을 촉발했다는 비난이었는데, 사실 억울하기 짝이 없었다. 나세르가 요구하고 우딴이 수락한 것은 가장 많은 수의 평화유지군을 파견한 두 나라, 인도와 유고슬라비아가 철군하기로 결정을 내린 다음이었다. 그리고 그때는 이미 탱크를 앞세운 이집트의 군대가 고립된 평화유지군 진영을 지나고 있을 때였다. 유엔 안전보장이사회의 강대국들은 아무 일도 하지 않았다. 사무총장 우딴만이 고군분투하며 이집트를 찾아가 나세르를 만나기도 했다. 실패로 끝났지만, 그나마 중재를 하려고 노력했던 것은 그가 유일했다. 그런데도 온갖 비난을 뒤집어썼다. 이런 저런 일로 시름시름 앓기 시작했다. 퇴임 후 2년 후 폐암 판정을 받았다. 미얀마산 담배를 쿠바의 피델 카스트로가 선물한 시가 보관함에 넣어두고 끊임없이 피워댔기 때문이었다.

할아버지가 별세한 날은 목요일이었다. 그것을 기억하는 것은 목요일마다 바이올린 수업이 있었고 교장실 비서가 찾아와 차가 와서 기다린다고 했을 때 나는 바이올린 수업 중이었기 때문이다. 나가보니 운전기사 윌리엄 이건 아저씨가 할아버지의 검은색 캐딜락과 함께 기다리고 있었다. 뒷좌석엔 여동생이 바나나를 먹으며 앉아 있었다. 집에 도착했을 때 이미 많은 미얀마 사람이 모여 웅성거리고 있었다. 나는 부모에게 인사한 후 그들을 피해 밖으로 나갔다. 다음 날 아침 할아버지가 즐겨 읽던 신문들이 할아버지의 혼들의자 위에 쌓여 있었다. 맨 위에 놓인 <뉴욕타임스>의 1면 제목은 이랬다.

"우딴, 65세의 나이로 별세."

그날인지 다음날인지 확실치는 않지만 나도 부모와 함께 미얀마로 가서 장례식에 참석하기로 결정됐다. 건강이 좋지 않아 긴 여행이 무리였던 할머니가 내가 대신 가기를 원했기 때문이었다. 그 장례식 길이 그처럼 소란스럽고 혼란스러울 것이라고 내다 본 사람은 거의 없었다. 그리고 그것이 할아버지에 대한 네윈의 적대감 때문이라는 것은 아무도 알지 못했다.

표면적으로 네윈이 할아버지를 미워한 이유는 1969년에 일어난 한 사건 때문이었다. 그때 네윈에 대한 반대 운동을 막 시작한 우누가 국제적 지지를 동원하기 위해 뉴욕을 방문했다. 할아버지는 아프리카에 출장 중이어서 직접 만나지 못했지만, 아버지를 공항으로 마중 보내 옛친구 겸 상전에 대한 성의를 보였다. 그런데 (적어도 우리 가족에게는) 전혀 뜻밖으로 우누가 유엔 출입 기자단에게 사전에 연락을 취하고 유엔본부 안에서 기자회견을 열어 네윈 정권을 맹비난하고 미얀마인들의 봉기를 촉구한 것이었다. 유엔본부 건물에서 유엔회원국 정권의 전복을 주장하는 것은 전례가 없는 일이었다. 나중에 할아버지는 우누에 전화를 걸어 그 행동이 적절하지 못했다고 지적했고 우누는 자신의 경솔함에 대해 사과했다.

그러나 네윈은 우누와 우딴이 작당했다고 보고 분노했다. 주위 사람들에게 우딴이 국가의 적이라 선언했다. 이듬해 우딴이 개인적인 일로 미얀마를 방문했을 때 네윈은 만나지 않겠다고 했고, 유엔 사무총장은 여권을 갱신하는 데 어려움을 겪어야 했다. 그러나 둘 사이의 관계는 1969년 이전부터 좋지 않았다. 우선 둘은 성격이나 생각이 너무 달랐다. 또 우딴은 우누 정권에서 근무했던 고위직 중 1962년 쿠데타 이후 체포를 면한 유일한 인물이었다. 그러니 우딴이 사망했다고 해서 특별한 의미를 부여하고 그에 맞는 장례절차를 갖추어야 한다는 생각은 이 늙은 장군의 마음속에 티끌만큼도 없었다.

할아버지의 관은 하루 동안 유엔본부 건물 입구에 안치됐다. 각국 외교관들, 그리고 할아버지의 후임 쿠르트 발트하임이 경의를 표했다. 나는 하늘색 저고리에 감색 바지 차림의 제복을 입은 유엔의 경비병들이 할아버지의 관을 들어 올리고, 그에 대해 발트하임 사무총장이 모자를 벗으며 "안녕히 가시오"라고 인사하던 장면을 잊지 못한다.

11월 29일, 부모님과 나는 유엔본부 의전장과 더불어 존 F. 케네디 국제공항에서 팬 아메리카 항공편으로 방콕으로 향했다. 지금은 19시간이 걸리더라도 직항이 있지만, 그때는 적어도 여섯 번은 기착해야 했다. 일등석은 지금보다 더욱 넓었는데, 불과 8살짜리 꼬맹이에게는 더욱 넓어 보였다. 방콕에서 우리는 승무원 외에는 텅 빈 전세기 편으로 양곤으로 갔다.

방콕에서 해안을 따라 날다가 양곤 외곽 민갈라돈 공항에 도착하면서 내가 처음 본 미얀마의 모습은 솜덩이처럼 포근해 보이는, 그러나 녹색이 충만한 논이었다. 또 멀지 않은 곳에서 군인들이 낮은 가로수 길을 따라 행진하는 모습도 있었다.

많은 사람이 기다리고 있었다. 친척도 많았는데 대부분 처음 보는 사람들이었다. 그중 한 사람이 나의 손을 잡고 안내했다. 그런데 정부에서 나온 사람은 아무도 없었다. 관을 운송할 정부 차량도 없었다. 그 지역 적십자사 지부에서 보낸 칠이 벗겨진 폭스바겐이 기다리고 있을 뿐이었다. 할아버지의 관은 과거 경마장이 있던 메이단으로 가서 노제를 지내게 되었다.

네윈의 입장은 너무나 분명하고 단호했다. 교육부 차관이던 우 아웅틴은 할아버지가 교장이던 시절 제자였는데 스승에 대한 예우로 공항에 나왔다.

그리고 내각회의에서 장례식날을 공휴일로 하자고 제안했다가 그 자리에서 바로 해임됐다. 그러니 장·차관들은 감히 다른 말을 할 엄두를 내지 못했다. 경마장에 안치된 할아버지의 관 앞에 놓인 한 화환에는 이렇게 적혀 있었다.

"불가피하게 이름을 밝힐 수 없는 공무원 17인 일동."

나는 그날 나무 의자에 걸터앉아, 과거 경마장으로 쓰이던 넓은 공터에 많은 사람이 줄을 서기도 하고 새치기도 하던 모습을 보았다. 그리고 차례가 되면 대형텐트 아래 놓인 할아버지의 관과 초상화 앞에 절을 하는 모습, 그리고 그 옆에 꽃다발이 산처럼 쌓여가는 것을 지켜보았다. 날이 저물자 모기가 앵앵거렸다. 저 멀리 떨어지는 해를 배경으로 우뚝 솟은 쉐다곤 파고다가 조명등을 받아 차츰 빛나던 모습을 바라보았다. 잊을 수가 없다.

다음날, 네윈의 분노가 다른 형태로 터져 나왔다. 국영방송은 우리 부모가 허락 없이 우딴의 시신을 반입함으로써 법을 어겼고 그에 따라 처벌될 것이라고 방송했다. 매장허가가 떨어지길 기다리는 동안, 즉 온갖 관료적 절차와 서류작업이 진행 중인 동안, 할아버지의 관은 경마장 잡초 위에 놓여 있었고 갈수록 많은 사람이 형형색색의 론지를 입고 모여들고 있었다. 마침내 허락이 떨어졌다. 그런데 장지는 국립묘지처럼 특별한 곳이 아니라 민간이 관리하는 소규모 공동묘지였다. 가족으로서 실망스러운 조치였지만, 어쩔 수 없었다.

뭔가 조짐을 느꼈는지 부모님은 그날 나를 장례식에 데려가지 않고 작은 할아버지 한 분이 소유한 큰 저택에서 사촌·육촌들과 놀도록 했다. (나는 못 봤지만) 경마장 터에서 불교식 의식을 따른 장례절차가 마무리되고 차량 행렬이 장지를 향해 출발했을 때였다. 다수의 학생이 영구차를 멈추게 했다. 다수란 수십 명이 아니라 수천 명이었다. 수천 명이 더 몰려들고 있었다. 여러 대의 지프에 설치된 스피커를 통해 학생들이 소리쳤다.

"우리는 사랑하는 평화의 사도 우딴의 마지막 길을 전송하고자 한다."

작은할아버지가 가족끼리 조용히 상을 치르게 해달라고 말했지만 소용없었다. 학생들은 관을 탈취하여 트럭에 싣고 양곤대학교로 달려갔다. 할아버지의 죽음을 애도하고자 하는 그들의 마음은 고마웠으나 그들의 행동은 당혹스러웠다.

양곤대학교에 도착한 관은 학교의 대표적인 건물인 대강당 단상에 놓였다. 천장에 매달린 선풍기 몇 대가 찌는 듯한 더위를 식히는 가운데 스님들이 염불하고 학생들은 밤낮을 가리지 않고 보초를 섰다. 곧 수많은 사람이 모여 교정을 가득 채웠다. 장례식이 정치집회로 변질하기 시작했다. 추도사가 정부에 대한 성토와 변화에 대한 요구로 바뀌었다. 다음날 학생대표단은 정부에 문서를 보내 장례를 국장으로 치를 것을 요구했다. 정부가 나서지 않으면 그들이 고인의 위상에 걸맞은 장례를 치르겠다고 했다. 그들의 계획에 따르면 장지는 과거 학생회관이 있던 자리였다. 학생회장에 출마한 우누가 처음으로 연설을 하고, 1930년대 아웅산이 학생회를 독립운동조직으로 만들었으며, 1962년 네윈이 폭파한 바로 그 학생회관 자리였다. 추도사를 빙자한 연설이 이어졌고, 더 많은 사람이 모였고, 요구조건은 갈수록 커지고 많아졌다.

12월 7일, 정부에서 타협안을 내놨다. 장지는 쉐다곤 파고다 아래 특별히 마련될 것이지만 국장은 없다고 했다. 학생들은 바로 거부하려고 했지만, 아버지와 작은할아버지들이 달랬다. 이렇게 여러분들이 사회장으로 모셔주는 것이 군사독재정권이 치르는 국장보다 더 큰 명예라고 했다. 학생들의 안위도 걱정됐다. 그래서 고인의 가족, 학생 대표, 승려들이 모여 의논한 결과 정부의 제안을 받아들이기로 했다.

그래서 다음 날 두 번째 매장이 시도됐다. 할아버지의 관은 그를 학생회관 자리에 안치해야 한다는 학생들의 주장을 일부 반영하여 학생회관 터에 잠시 놓였다. 부모님이 엎드려 곡하고 수많은 남녀 학생이 같이 엎드려 눈물을 흘렸다. 양곤대학교에서 쉐다곤 파고다 옆 장지로 이르는 2마일 거리의 대로가 가득 찼다. 마지막 순간, 일부 과격한 학생들이 관을 차지하고 무슨 일이 있어도 이 자리에 매장해야 한다고 주장해서 장례식은 다시 중단됐다.

그렇게 사흘이 흘러갔다. 누구도 어떻게 해야 할지 몰랐다. 학생들은 여전히 캠퍼스에 모여 떠나지 않았고 할아버지의 시신은 여전히 학생들이 세운 '평화의 무덤'이라고 쓰인 팻말 앞에 놓여있었다. 그런데 12월 11일 새벽 2시, 대략 15개 조의 폭동진압 경찰이 1천 군병력을 이끌고 교정으로 난입했다. 관 주변을 지키던 학생과 승려들이 급히 막아서며 군인들에게 함께 네윈 정권에 맞서 싸우자고 소리쳤다. 한 시간 후 상황이 정리됐다. 끝까지 관을 지키던 학생 수십 명이 살해됐다고 하는데 정확히 얼마나 많은 희생자가 나왔는지는 아무도 몰랐다. 수백 명이 체포되고 그중 일부가 장기간 복역했다는 것은 사실이었다. 장갑차가 사방을 포위한 가운데 비무장 남녀에게 기관총이 난사됐다는 것도 사실이었다. 전직 교장 선생님이자 유엔 사무총장의 유해는 그렇게 서둘러 장지로 운구됐다. 양곤 곳곳에서 폭력시위가 발생했다. 수천 명의 성난 군중이 경찰서를 파괴하고 정부 청사와 극장을 부쉈다. 군이 다시 발포하여 더 많은 사람이 살해됐다. 병원은 부상자로 넘쳤다. 계엄령이 선포되고 완전무장한 병력이 거리를 지켰다.

그날 아침 6시경 우리는 묵고 있던 호텔 로비에서 걸려온 전화를 받고 깼다. 정부 공무원이라고만 신원을 밝힌 사람은 우딴의 시신이 학교 교정에서 회수되어 쉐다곤 파고다 근처 군부대에 있다고 밝혔다. 폭력은 없었고 최루탄만 사용됐다고 했다. 가족만 마지막으로 할아버지께 인사할 기회를 받았다. 우리는 출국하라는 명을 받았고 일주일 후 뉴욕으로 돌아갔다. 한참이 지난 후에야 그날 진정 무슨 일이 일어났는지 알게 됐다.

나는 그때 일어난 일 전부를 소화하지는 못했다. 그때 나는 3주 이상 학교를 빼먹은 것이 불안했고 크리스마스를 놓친 것이 억울한 8살배기에 불과했다. 나는 그 폭력현장을 직접 목격하지 못했다. 다만 구호를 외치면서 우리가 탄 자동차 옆을 지나가던 학생들의 결의에 찬 얼굴이 기억난다. 맞지 않은 군복에 반짝거리게 닦은 군화, 그리고 총검을 들고 달려가던 어린 병사들의 여윈 얼굴도 기억이 난다. 그리고, 외증조할머니, 즉 외할아버지의 어머니를 만났다. 그때 아흔이 넘으셨다. 또 작은할아버지 집 뒤뜰에서 사촌·육촌들과 놀면서 미얀마 아이들이 하는 놀이도 익혔다. 뉴욕 근교의 익숙하던 모습과 달리 느끼던 그 생소함이란. 또 기억나는 것이 있다. 우리가 묵던, 소련이 지어준 호텔에서 먹은 달콤한 바닐라 아이스크림, 그리고 밍밍한 맛의 샌드위치. 그때 내가 본 미얀마는 네윈이 내세운 '버마식 사회주의'가 절정에 이르렀을 때였다. 거리에 차는 드물었고 식민지 시대 건물은 조용히 무너져 내리고 있었다. 곰팡내 나는 가게 진열장은 텅 비어 팔 것도 살 것도 없었다. 8살배기 아이의 눈에도 과거가 더 좋았던 것으로 보였다.

그리고! 바로 그 여행 중, 정확히 언제인지는 몰라도 부모를 따라 예비역 공군 장교댁으로 점심 초대를 받아 간 적이 있었다. 어른들이 차를 마시는 동안 나는 그 집 아이들과 밖에서 놀고 있었다. 고급주택가였는데 인적이 드문 골목길에 제복을 멋지게 뽑아입은 헌병이 모터사이클을 점검하고 있었다. 갑자기 그가 일어나 부동자세를 취했다. 두 대의 선도차를 앞세운 검은색 리무진이 우리 앞을 지나갔다. 아이들이 손을 흔들자 뒷자리에서 미소지으며 손을 흔드는 사람이 있었다. 네윈 장군이었다.

1970년대 중반 네윈이 만든 한심한 현실에 대한 도전은 또 있었다. 대표적으로 중급장교들이 쿠데타를 도모했다가 체포되어 처형된 일. 그리고 육군참모총장 틴우가 투옥된 일이었다. 틴우는 후일 반체제 인사로 변신하여 아웅산 수치가 만든 NLD의 의장을 지냈다. 우딴 장례식 때만 해도 여전히 네윈에 충성하고 있었는데 네윈에 대한 암살 기도를 알고도 방조했다는 혐의를 받고 투옥된 것이었다.

이후 1988년 대봉기가 있을 때까지 미얀마는 바닥을 치고 조금씩 올라왔다. 별다른 소요는 없었다. 경제는 조금 좋아졌다. 서방국가들과 유엔이 새로 원조를 했다. 내전은 여전히 불꽃을 튀기며 타고 있었지만 대체로 국경 지역에 한정되었다. 네윈이 늙어감에 따라 사람들은 그의 사후를 내다보며 희망을 키웠다.

경제가 어려울 때 정권이 국민의 애국심에 호소하거나 모종의 행사를 마련하여 국민의 관심을 딴 데로 돌리는 것은 흔히 있는 현상이었다. 네윈은 그런 것 따위는 아랑곳하지 않았다. 대중의 눈앞에 거의 나타나지 않았으니 대국민 연설을 한다거나 대규모 열병식을 한다거나 하는 일도 없었다. 1960년대 네윈은 정기적으로 오스트리아의 빈으로 가서 유명한 정신과 의사 한스 호프 박사의 상담 치료를 받았다. 런던과 제네바에서 쇼핑을 즐기는 동안 짬을 내서 한 일이었다. 그가 정신과 의사와 한 대화록은 오스트리아의 한 사무실에 깊이 잠겨 있어 꺼내 볼 수 없다. 1970년대 들어와 네윈은 그 치료를 중단했다. 그 무렵 부인이 사망하여 큰 충격을 받았다. 이후 네윈은 준 로즈 벨라미로 알려진 야다나 낫 메이와 재혼했다. 구 왕실의 공주를 어머니로, 호주 상인을 아버지로 한 그녀는 진즉부터 네윈과 안면이 있었다. 네윈의 부인이 돌아간 후 두 사람은 결혼식을 올렸으나 그 결혼은 불과 몇 주일을 가지 못하고 파탄이 났다. 이후 네윈은 더욱 갇혀 지내다시피 했다. 직계가족을 제외하면 그의 사생활을 아는 사람은 거의 없었다. 그래도 두 가지 소문이 돌았다. 하나는 그의 불같은 성격이었다. 다른 하나는 그것이 갈수록 심해지고 있다는 것이었다.

네윈의 열화같은 성격은 유명했다. 어쩌면 그 덕분에 강력한 군 지휘관으로 성공했는지도 모른다. 1976년 양곤의 외교사절단이 그 성격을 직접 경험할 기회가 있었다. 연말연시를 맞이하여 양곤 시내 북쪽에 있는 호수 옆 '인야 레이크 호텔'에서 외교단 연말 파티가 있었다. 그 호텔과 호수를 사이에 두고 고급주택가가 있는데 네윈의 저택도 그곳에 있었다. 파티 소음을 참지 못한 네윈은 직접 보트를 타고 노를 저어 그곳으로 갔다. 파티장을 박차고 들어가 드럼을 걷어차고 드럼연주자를 두들겨 팼다. 그리고 마침 옆에 있던 노르웨이 외교관에게 주먹을 날렸다. 그를 둘러싼 소문의 또 하나는 그가 마술을 좋아하고 수비학(數秘學)에 빠져있으며 9라는 숫자에 집착한다는 것이었다. 소문은 소문일 뿐이지만 한 가지 역사적 사실이 있다. 1986년 미얀마는 갑자기 지폐 단위를 십진법(十進法)에서 구진법(九進法)으로 바꾸어 10, 50, 100짯*짜리 지폐를 없애고 9, 45, 90 등 9로 나누어떨어지는 액수의 지폐를 새로 발행했다. 시장을 보려면 수학을 잘해야 했다.

빵이 모자라 사람들은 굶주렸다. 그러나 약간의 유흥은 있었다. 한동안 미얀마 축구가 아시아를 지배했다. 미얀마 축구는 1965년부터 1973년까지 2년마다 열리는 동남아시아 게임을 5연패(連覇) 했다. 4년마다 열리는 아시안 게임에서도 1966년과 1970년 연속 우승했다. 그러나 한번 내리막길을 타더니 다시는 일어나지 못했다. 1970년대 말이 되자 축구건 무엇이건 국제스포츠 무대에서 국가대표팀을 응원할 거리가 없어졌다. 그런데 큰 변화가 왔다. 텔레비전과 비디오였다.

유흥거리를 갈망하는 미얀마 사람들에게 TV가 처음 소개된 것은 1979년의 일이었다. 미얀마에서 영화는 늘 인기가 높았다. 그러나 외화를 볼 기회는 많지 않았다. 정치적 이유라기보다 외화를 수입할 돈이 없어서였다. 예외가

* 짯(Kyat): 미얀마의 화폐단위 — 옮긴 이.

있다면 제임스 본드의 007시리즈 영화였는데 양곤의 젊은 세대는 숀 코너리에서 로저 무어로 넘어가는 007시리즈를 다른 나라 사람들 못지않게 꿰고 있었다. 그런데 이제야 TV가 들어온 것이었다. 채널은 하나밖에 없었고 내용에 대한 정부의 통제도 심해 선별된 뉴스, 고리타분한 전통음악, 오래된 국산영화가 전부였다. 그래도 없는 것보다는 나았다. 방송시간도 하루 몇 시간에 불과했지만, 이 새로운 미디어는 보이지 않는 가운데 사람들의 기대수준을 혁명적으로 바꾸고 있었다. 처음에는 미국 TV 시리즈 몇 개를 초저녁에 보여주었다. 그러다가 <러브보트>(*The Love Boat*)가 방영되면서 선풍적인 인기를 끌었다. 완전히 별세계의 이야기처럼 보였지만, 서양세계에서 사람들이 얼마나 잘살고 있는지를 느끼기에는 모자람이 없었다.

그러다가 1980년대 초 VCR 또는 VTR이 들어왔다.* 불법복제 테이프가 태국에서 타닌따리 산맥을 넘어 마구 들어왔다. 1980년대 중반 나는 여름휴가를 양곤에서 보내곤 했는데, 골목에 있는 비디오 가게에 갔다가 쌓여있는 영화가 생각 밖으로 많은 것을 보고 깜짝 놀랐다. 특히 유혈이 낭자한 B급 액션물이 많았다. 양곤만 그런 것이 아니었다. TV와 VCR은 아무나 살 수 없는 사치품이었지만, 지방 소도시에서도 동네 다방에 가면 TV를 통해 영화를 볼 수 있었다. 이렇게 하여 미얀마 사람들은 폐쇄적이고 금욕적인 정권 아래 살면서 놓친 것을 생생한 컬러화면으로 보고 차츰 알 수 있게 되었다.

---

* Video Cassette Recorder; Video Tape Recorder.

카친 산속의 성탄절

1991년에서 1992년으로 넘어가는 추운 겨울날, 나는 윈난성 서쪽을 여행했다. 다리(大理)에서 출발하여 옛날 '버마 로드'를 따라 살윈강을 건너서 카친의 산속으로 들어갔다. 불법이었다. 당시 중국 정부는 윈난성의 일부, 정확히 내가 여행한 쪽으로 외국인의 접근을 금지했던 것이었다. 다행히 좋은 안내인을 만나 걸리지 않고 갔다. 그 안내인은 다름 아닌 카친 반정부군 '카친 독립군'(KIA)의 정치조직 '카친독립기구'(KIO)가 보낸 대표였다. 그렇게 지나간 길은 세계에서 보기 드문 절경을 자랑했다. 아찔한 절벽을 따라 눈 덮인 산에서 굽어본, 때로는 넓은 잔디밭, 때로는 울창한 삼림은 지금도 잊을 수 없다. 세계에서 가장 긴 강 중 셋, 즉 히말라야에서 발원하여 동, 남, 서쪽으로 각기 흘러가는 양쯔강, 메콩강, 브라마푸트라강이 그곳에서는 불과 1백 킬로미터 정도밖에 서로 떨어져 있지 않았다. 이 강들은 그로부터 수천 마일을 흘러 상하이, 사이공, 캘커타에서 바다를 만나게 된다. 이 지역은 9세기 난자오(南詔) 제국의 본거지요 미얀마어가 유래된 곳이었다. 지금은 국경에 의해 중국과 미얀마로 나뉘지만 같은 카친족이 양국에 걸쳐 거주하고 있었다. 같은 카친족이라고 해도 문화도 다르고 말도 잘 통하지 않지만, 적어도 언어 구조상으로는 버마-티베트어와 유사한 언어를 사용했다.

카친족은 1960년대 중반에 양곤에 반기를 들고 근 25년째 투쟁하고 있었다. 1994년에야 정부군과 휴전에 합의했다. 파자우에 있는 KIO의 본부는 대나무와 풀잎으로 엮은 건물이었다. 산을 깎아낸 맨땅에 지은 그 건물은 <매시>(*M*A*S*H*)와 <길리건의 섬>(*Gilligan's Island*)을 반씩 섞은 것 같은 모습이었다.* KIA는 산 아래의 도시를 점거하지는 못했지만 반대로 정부군이 산으로 진격하지도 못하게 함으로써 광대한 산악지역을 독자적으로 통치하고 있었다. 엄청난 대가를 치러야 했다. 수천 명이 죽고 마을은 불탔다. 수만, 어쩌면 수십만이 집을 잃고 고향을 떠나야 했다. 카친족의 인구는 모두 합쳐봤자 백만이 못되었다.

카친족 전사들은 모두 중국제 국방색 외투를 입고 있었다. 나도 오는 길에 윈난성 서남부지방의 한 시장에서 그나마 나은 것으로 하나 사서 입었다. 낮에는 구름 한 점 없이 청명한 하늘에 해가 나서 온도가 10도를 넘었지만, 밤이 되면 영하로 떨어져 살을 엘 듯 추웠다. 손님 접대용이라고 해서 비교적 넓고 깨끗했으나 여전히 풀잎으로 엮은 오두막에서 나는 불을 피워 연기를 마시며 잘 것인지, 아니면 얼음이 버석거리는 침대에서 자다가 중간에 깨야 할지를 선택해야 했다. 카친 지도부는 나를 만나자마자, 지금은 양귀비재배를 중단하고 감자 농사를 시작하고 있다며 '정상적인' 모습을 내게 보여 주려고 애썼다. 그러면서 감자튀김을 대접했는데 내가 그것을 잘 먹는 것을 보고 거의 매 끼를 그것으로 대접했다.

그곳은 전혀 전쟁터 같지 않았다. 미얀마 정부군과의 사이에 형성된 전선은 불과 2~30마일밖에 떨어져 있지 않았지만 파자우는 안정돼 보였다. KIO는 잘 조직돼 있었고 산하의 조직들은 독자적인 건물, 사실은 오두막을 가지고 있었으며 별도의 오두막에서는 단파 라디오를 통해 BBC, <미국의 소리>, <전 인도 라디오> 방송 등을 들을 수 있었다. 뜨개질한 셔츠에 솜을 넣은 외투를 입은 아이들이 여럿 있었고, 그들을 가르치는 유치원, 학교가 산기슭에 지어져 있었다. 그 산기슭 너머는 중국 땅이었고, 저 아래 어딘가에 이라와디강이 흐르고 있었다.

---

* M*A*S*H는 한국전 당시 미군 부대를 소재로 한 드라마, *Gilligan's Island*는 태평양상 무인도에 표류한 미국인들을 소재로 한 드라마다 — 옮긴 이.

나는 신입 대원 몇 명과 이야기를 나눴다. 10대 후반, 20대 초반으로 보이는 청년들이었는데 다들 현재 정부군이 장악하고 있는 미치나, 바모 등 도시에서 고등학교를 졸업하고 자원해서 왔다고 했다. 왜냐고 물으면서 나는 카친 민족주의에 대한 열정적인 웅변을 기대했다. 그러나 그들의 대답은 절제되고 논리적이었다. 세계 속에서 그들 민족이 차지한 안타까운 위상을 설명하고 동족의 비참한 생활 수준을 향상하기 위해 뭔가를 하고 싶다는 의지를 밝혔다. 그들이 교육받은 교육제도와 보건의료체계를 비판하고, 하수처리 체계처럼 구체적인 문제도 지적했다. 그것과 세계적 표준을 비교하면서 그들이 원하는 것은 카친족이 다른 사람들과 동등한 대우를 받아 지금보다 더 나은 삶을 사는 것 이상이 아니라고 했다.

그곳에서 크리스마스를 보냈는데 카친족에도 크리스마스는 명절이었다. 침례교, 영국 성공회, 로마 가톨릭 등 종파는 다양했지만, 그들은 대부분 기독교도였던 것이었다. 한 사람이 자신들의 종교에 대해서 이렇게 설명했다. 20세기 초 그들의 선조는 근대의 조류를 따라가려면 전통적으로 믿던 토속신앙을 버리고 기독교나 불교 등 주류 종교로 개종할 필요가 있다고 느꼈다. 그러나 수렵민족인 카친족의 특성상 살생을 금지하는 불교 대신 기독교를 택했다는 것이었다. 나는 동네 사람이 대부분 모인 큰 파티에 초대를 받았다. 카친어로 연극공연을 했다. 내 옆에 앉은 사람이 한마디 한마디 속삭이며 통역했다.

"동정녀는 아기를 가지게 되고 …… 태어난 아기는 구유에서 잠들고 ……."

캐럴도 불렀다.

"고요한 밤, 거룩한 밤 ……"

동네 사람들이 성가대를 만들어 집집이 돌며 노래를 하고 꼭 이렇게 외쳤다.

"메리 크리스마스!"

캐럴을 부르는 성가대 일부는 버마족 대학생이었다. 1988년대 봉기 이후 만달레이에서 피신해 왔다고 했다. 일부는 집에 돌아가고 싶다고 했다. 다른 일부는 군사훈련을 받고 총을 들어 군사정권과 투쟁하겠다고도 했다. 그러나 캐럴을 부르며 크리스마스 파티를 즐기는 그들에게서 결의에 찬 혁명전사의 모습은 찾기 어려웠다. 그들의 대화는 아웅산 수치가 노벨평화상을 받은 것으로 옮겨가면서 열기를 띠기 시작했다. 그런데 적어도 두 사람 이상이 아웅산 수치가 받은 상을 이야기하면서 계속 오스카상이라고 했다. 이 깊은 산 속에서도 오스카상은 유명한 모양이었다.

1988년 외국 원조가 늘어나면서 미얀마의 경제는 나아졌고 정부의 통제도 조금은 느슨해졌다. 새로운 기대가 생기기 시작했다. 우누를 비롯한 정치적 망명자들이 사면을 받아 돌아왔고 투옥됐던 정치범들도 석방됐다. 네윈도 현저하게 나이 든 모습을 보였다. 그 무렵 모든 사람이 간절하게 바란 것은 '정상'으로 돌아가는 것이었다. 미얀마가 다시 세상 속으로 돌아가는 것이었다. 마침내 네윈이 민주주의의 복구를 약속하는 연설을 했다. 수천 명이 길거리로 나서 군정 종식을 요구했다. 양곤과 같은 대도시 만이 아니었다. 산속 깊숙이에서도 그런 변화가 일어나고 있었다.

13

마무리하는 글

미얀마를 제대로 알려면……。

13

루터와 자니 투(Htoo)는 글자를 못 읽고 이가 득실거리는 12살배기 쌍둥이 형제였다. 믿거나 말거나, 이 형제는 미얀마-태국국경 지역에서 2백여 명의 카렌족 전사로 구성된 기독교 계열의 '신병'(神兵)을 이끄는 지휘관이었다. 형제는 '하나님의 산'이라는 뜻을 가진 커시더 마을의 엉성한 풀잎 오두막에 함께 살고 있었다. (미얀마와 태국을 나누는) 도나 산맥의 열대우림 속에 있는 이 마을은 방콕에서 자동차로 불과 하루 거리에 있었지만 21세기의 문명과는 지구를 한 바퀴 도는 것 이상의 거리 차가 있었다. 수도나 전기는 본 적도 없는 이곳의 전사들은 별로 전사처럼 보이지 않는 이 어린 형제를 구세주로 믿고 따랐다. 그런데 2000년 초의 어느 날, 이들 중 10명이 숲을 떠나 태국의 랏차부리 종합병원을 습격, 5백 명이 넘는 의사와 간호사, 환자들을 인질로 잡았다. 태국군이 일전에 한 습격에 대한 보복이었다. 화가 난 태국 정부는 본때를 보여주겠다며 특수부대를 파견하여 병원을 덮쳤다. 인질은 풀려나고 10명의 전사는 현장에서 사살되거나 후일 처형됐다.[1]

그로부터 3년 전, 미얀마 정부군이 카렌족 반군의 일선 기지를 공격했다. 그때 일부 10대 전사들이 미얀마군의 포위망을 뚫고 살아남았다. 바로 이 형제가 그들을 지휘했고 성령의 군대가 강림하여 그들을 보호한 덕분이라는 이야기가 돌았다. 이후 추종자가 늘어나면서 이 집단은 카렌 반군 본부에서 독립하여 루터와 자니를 지휘관으로 옹립했다. 이 형제는 총알을 맞아도 죽지 않고 지뢰밭 위를 마음대로 걸어 다녔다고 한다. 형제는 율법도 공포했다. 돼지고기와 알, 술은 절대 먹거나 마셔서는 안 된다고 했다. 그래도 형제는 개와 고양이를 좋아하고 나무를 오르내리며 노는 어린이였다. 미스터 데이비드라고만 알려진 난쟁이가 이들의 참모였는데, 어쩌면 그가 사실상 지휘관일 수도 있었다. 침례교도라고 주장한 이들은 1998년 대규모의 축제를 열어 손님들을 초대하고 대형 도마뱀, 원숭이, 사슴, 산나물을 요리하여 대접했다. 밤새도록 노래하고 춤췄다.

 종합병원 습격 사건 이후 이들은 집중적인 공격을 받았다. 견디다 못한 루터와 자니는 총을 내려놓고 태국군에 항복했다. 태국에서 새 삶이 시작됐다. 루터는 19세의 연상녀와 사랑에 빠져 결혼하고 아버지가 됐다. 자니와 더불어 기타를 배우더니 곧 매료됐다. 여전히 카렌족 사람들의 삶을 개선하기 위해 헌신하겠다고 하지만, 당장은 장학금을 받아 음악학교에 진학하는 것이 가장 큰 희망이 됐다.

외국 사람들에게 미얀마의 내전은 미스터리와 같다. 그것에 관해 조금이라도 들어본 적이 있으면 더욱 그렇다. 지구상 어딘가에 있다는 아편 거래와 마약왕, 자기 키만 한 소총을 쏘는 소년 병사, 베트남전 영화에서 보는 짙은 정글, 시작도 끝도 없는 전쟁 등. 미얀마의 내전은 그나마 이해할 수 있는 아웅산 수치와 군부 사이의 다툼에 양념처럼 전해지는 이야기에 지나지 않는다. 루터와 자니의 이야기는 지난 수년간 서방 언론을 통해 전해진, 미얀마 내전에 관한 유일한 이야기다. 그 이야기는 아, 그 나라의 내전이라는 게 그런 거구나,

아프가니스탄이나 아프리카의 내전에 비하면 뭔가 낭만이 있네! 라는 식의 관념을 대변하는 것에 불과하다. 카렌족과의 내전은 에어컨으로 대표되는 현대문명 속에서 사는 방콕과 지리적으로 가까워서, 또 수십 년에 걸쳐 카렌족을 도와 오면서 이제는 하나의 직업처럼 된 서방 원조집단에서 흘러나오는 이야기를 통해 그나마 그러한 모습으로 바깥세상에 알려졌다. 그러나 다른 곳의 내전은 전혀 그런 식이 아니었다. 그리고, 기자들이 외면하고 TV 카메라에 등장하지 않았지만, 희한한 일이 일어났다. 그리하여 70년 가까이 계속되면서 지구상에서 가장 오래된 미얀마의 내전의 전장에서 총성이 멈추었다. 이후 이 오랜 전쟁은 끝날 듯 말 듯이 애태우는 단계에 와 있다.

1989년 3월 이른 봄날, 코캉의 청록색 산에는 여전히 바람이 차고 서리가 내렸다. 그때 펑짜신이 이끄는 일단의 중국계 전사들이 '버마 공산당' 지도부에 공개적으로 도전장을 내밀었다. 1960년대 말 이래 공산 반군이 코캉 지역을 지배해왔고, 펑짜신의 병력도 다양한 인종으로 구성된 반군의 한 부분이었다. 그런데 그들이 반기를 들자 곳곳에서 그 뒤를 따랐다. 결국 '버마 공산당' 은 그 하부조직에 의해 붕괴했다. 4월 16일 제12 여단의 병력이 (중국과의 접경 지역에 있는 샨주의 도시) 팡상에 있는 공산당 본부를 공격하여 마르크스와 엥겔스, 레닌의 초상화를 불태우고 쌓아둔 무기와 탄약을 압수했다. 수십 년 동안 정글 속에서 프롤레타리아 낙원을 꿈꾸던 늙은 공산당 지도부는 황급히 윈난 지방으로 도주하여 역사의 쓰레기통 속으로 사라졌다. 거의 40년 동안 지속해 온 미얀마의 공산 반란이 갑자기 끝났다. 미국의 현대식 무기나 미얀마 정부군의 탁월한 전술 때문이 아니었다. 수십 년 동안 이념 투쟁의 부담을 견뎌온 토착민들이 더는 참을 수 없게 되었기 때문이었다.[2]

덩샤오핑이 중국을 개방하고 서방 세계와 관계를 개선하여 급속한 경제성장 노선을 택한 지 이미 10년이 지났다. 중국은 크메르루주에 대한 지원을 중단하고 미얀마 네윈 정권과의 관계도 정상화할 계획이었다. 그런데도 이젠 70대 노인이 된, 양곤에서 온 마르크스주의자들은 여전히 인민 전쟁을 고집하여 동네 주민들을 절대 일어나지 않을 혁명의 총알받이로 내몰고 있었다. 마침내 그 주민들이 당의 굴레를 떨치고 일어난 것이었다. 그런데, 문제는 그들 손에는 여전히 총이 들려 있다는 점이었다. 이제 어떻게 하지?

공산당에 반기를 든 사람 중 불교를 믿고 미얀마어를 말하는 주류 미얀마인은 거의 없었다. 일부는 중국계였다. 코캉에 살던 이들도 있고 국경 넘어 중국 땅에 살던 사람도 있고 1960년대 홍위병으로 왔다가 눌러앉은 사람도 있었다. 나머지는 대부분 '와'(Wa)족이었다. 별로 알려지진 않았으나 그 지역의 산악지대에는 상당히 널리 퍼져있는 인종이었다. 공산 반군이 미얀마 정부군을 상대로 펼친 마오쩌둥식의 인해전술에서 총알받이로 나서 죽어간 사람들이 바로 와족이었다. 그들은 무지렁이에다 가난뱅이였지만 이제 적어도 자신을 지킬 정도는 됐다. 공산당조직이 무너진 다음 그 조직은 바로 인종을 기준으로 재편됐다. '와주 연합군'(United Wa State Army; UWSA)이 그렇게 생겨서 한때 위세를 떨치던 공산 반군의 후계자로 떠올랐다.

와족은 남북으로 길게 뻗은 산맥의 양쪽에서 거주한다. 산 아래로 1천 미터 높이의 절벽과 벼랑이 있는 아찔한 산악지대다. 미얀마 쪽 영토에 70만 명 정도, 중국 쪽 영토에 30만 명 정도 거주한다. 합쳐서 1백만 정도의 와족 중 다수는 물결이 거친 살윈강을 따라, 메콩강 쪽으로 50마일에 걸친 지역에 거주한다. 높은 산 속 깊은 계곡에 형성된 와족의 마을은 외부에서 접근하기가 거의 불가능하다. 모르는 사람은 입구를 찾을 수 없는 긴 동굴을 통해서만 접근할 수 있다. 1백 년 전 미국의 침례교 선교사들이 그곳을 찾아 포교하기 전에는 모두 애니미즘을 믿었다. 조상은 산속 전설상의 연못에 살던 올챙이이며, 대대손손 그 땅에서 살아왔다고 믿는다.3 그런데 밖에 알려진 그들은 사람의 두개골 혹은 해골을 수집하는 잔인한 미개인이다.

> 마을의 외곽에는 절벽을 따라 가로수 길이 있다. 사실 숲의 일부를 잘라내 길을 만들었기 때문에 수령 수백 년의 나무들이 자연스럽게 가로수가 됐다. 멀리서 보면 그 길은 대도시의 대로처럼 보이는데 짧게는 1백 미터, 길게는 마을과 마을을 연결하여 수 킬로미터에 달한다. 그 길은 해골 길이다. ……4

식민시대 이 지역을 찾았던 영국 관리들은 마을 어귀에 수십 개의 인두가 걸려 있었다느니, 어느 동네에는 수백 개의 인두가 여전히 피를 흘리는 것부터 썩어서 해골만 남은 것까지 온갖 형태로 있다느니 하는 식으로 말했다. 그 인두와 해골은 악령으로부터 마을을 지켜주는 수호신이었다. 망자의 유령이, 마을의 주민을 위해서가 아니라, 자신의 영역을 지키기 위해 노력하기 때문에 악령이 범접하지 못한다는 믿음에서 유래됐다. 버마족이나 샨족은 와족이 식인종이라고 말하기도 하는데 와족은 펄쩍 뛴다. '좋은' 두개골을 한두 개 보유하면 조 농사와 개 사육이 잘되고 좋은 술을 빚을 수 있기 때문이라고 주장한다. 그들은 개고기가 주식의 하나인 것이었다.

인두와 두개골이 수집의 대상이 되면 자연히 특이한 인두 또는 특이한 사람의 인두에 집착하기 마련인 모양이었다. 식민시대 누군가는 그들의 인두수집이 '예술품 고르듯' 했다고 기록했지만, 인두수집에도 모종의 규칙이 있었다. 예컨대 기한이 정해져서 3월과 4월 중에만 허용됐다. 그 같은 풍습은 1930년대 혹은 그 이후까지 지속한 듯하다. 1930년대 인도 시크족의 한 의사가 그 지방을 여행하다가, 와족 인두 사냥꾼들이 서로 턱수염을 기르고 터번을 쓴 그의 머리를 탐하는 바람에 엄중한 호위 속에 그 지역을 벗어나야 했다고 한다. 그런 야만스러운 풍습에 대한 평판은 그들의 의상 때문에 더욱 나빠졌는데, 더운 날이면 남녀를 막론하고 아예 나체였다는 것이다.5

1989년 40년간 미얀마를 괴롭히던 '버마 공산당'이 붕괴하면서 그 조직이 대부분 이 야만스러운 부족의 손에 들어갔다. 게다가 중국제 첨단무기로 무장하고, 거주지 자체가 난공불락의 요새인 부족이었다. 갑자기 생긴 엄청난 힘을 가진 이들은 누가 친구고 누가 적인지를 따지기 시작했다.

와족, 그리고 기타 공산당에서 떨어져 나온 조직이 우선 생각할 수 있는 대안은 다른 인종 반군과 손을 잡고 양곤에 대항하는 것이었다. 북으로는 카친족이 남으로는 카렌족이 여전히 막강한 위세를 자랑하고 있었다. 실제로 공산당조직이 와해한 지 몇 주 후, '카렌민족연합'과 태국국경 지역의 몇 개의 반군 대표가 회담하기도 했다. 그러나 양곤의 정부군도 허수아비가 아니어서 빠르게 그 공백을 치고 들어왔다. 미얀마 정부는 상황이 결정적인 전기를 맞고 있음을 알고 있었다. 40년간 정부를 괴롭힌 공산 반군을 결정적으로 분쇄할 기회였지만, 반대로 이념조직이 인종조직으로 변신하면서 미얀마 내전의 또 다른 축, 즉 인종반란과 결합하여 더욱 위험하게 변할 수도 있었다. 게다가 당시는 1988년 민주화 대봉기가 끝난 지 얼마 되지 않았을 때였다. 미얀마 군부의 입장에서 최악의 시나리오는 이념 반군이 인종 반군과 합쳐 더 커지고 그것이 민주화 세력과 손을 잡으면서 산을 벗어나 시내까지 진출하는 것이었다. 그건 막아야 했다. 협상이 필요했다.

상황이 그러니 미얀마 군부가 반군세력과 협상하겠다고 나선 것은 충분히 이해가 가지만, 그래도 전례가 없던 일이었다. 그때까지는 오로지 힘을 통한 평화, 무력 진압 밖에는 생각지 않았다. 이제 생각을 바꿔, 저절로 지리멸렬해진 공산 반군의 잔당과 협상하면 나라 안에 새로 등장한 위협, 즉 민주화

세력에 대응할 여유가 생길 것이었다. 그래서 반세기를 끌어온 미얀마의 내전의 끝이 마침내, 그리고 갑자기 시야에 들어오기 시작했다.

그리하여 1989년 가을, 전혀 어울리지 않는 세 사람이 함께 팡상을 찾았다. 한 사람은 과거의 마약 군벌로 이제 나이든 로싱한이었다. 다른 한 사람은 코캉의 여전사 올리브 양으로 그 또한 나이가 들었다. 나머지 한 사람은 (1958년 위기관리 정부를 잘 이끌었다가 1962년 쿠데타 이후 숙청되고 1988년 민주화 시위 때 아웅산 수치와 손을 잡고 표면에 등장했던) 아웅지 예비역 준장이었다. 그러나 이 모든 판세를 읽고 전이라면 생각도 못 했을 반군과의 대화를 생각해 내고 마약왕, 여전사, 네윈의 참모였다가 아웅산 수치의 동료가 된 퇴역 장군의 조합을 만들어낸 모사(謀士)는 바로 군 정보조직을 장악하고 있던 킨뉸(Khin Nyunt)이었다. 킨뉸은 헬리콥터를 타고 산을 넘어가면서 와족 지도자들에게 군부의 핵심인물과의 회담을 제안했다. 이 제안이 통해 회담이 이루어졌다. 양곤의 정부는 가난한 나라 미얀마에서 가장 가난한 와 지역에 도로와 다리를 놓고 학교를 지어주겠다고 약속했다. 그건 중요한 것이 아니었다. 정부 측은 최종의 평화협정이 맺어질 때까지 와 조직이 무장을 계속해도 좋으며 그 지방에 사실상의 정부조직을 갖추어도 허용하겠다고 했다. 그리고 지금까지 호구수단으로 해오던 양귀비의 재배와 거래를 허용할 뿐만 아니라 장려하겠다고까지 했다. 즉 현재 정부가 관장하는 도로를 통해 아편을 거래하고 그렇게 번 돈을 곧 자유화될 경제에 투자하도록 용인하겠다고 한 것이다. 그 사실을 공표하면서 와족 및 구 공산당 반군조직의 지도자들을 '(미얀마) 민족 내부의 인종'(national races)의 영웅으로 크게 띄웠다.

1989년 3월부터 1990년 말까지 킨뉸 장군은 공산당조직에서 떨어져 나온 모든 인종조직과 휴전에 합의했다. 코캉의 중국계는 '미얀마 국민 민주 동맹군'(MNDAA)을 구성하여 그 지역의 산악지대를 지배하기로 했다. 한때 '공산

군 815 전쟁지역'이라고 불렸던 메콩강 유역의 양귀비재배 지역에는 문화혁명 홍위병 출신들이 새로운 '국민 민주 동맹군'(NDAA)을 세우기로 했다. 특히 이제 2만 명의 병력을 자랑하는 '와주 연합군'(UWSA)이 과거 공산 반군의 본부가 있던 팡상에 무장을 하고 자리 잡게 되었다.

이렇게 형성된 각종 조직은 마르크스주의 이념이나 소수민족의 민족주의와 상관없이 돈벌이에 뛰어들었다. 곧 아편을 비롯한 마약의 생산과 유통이었다. 과거 공산 반군조직은 중국으로부터 지원이 줄어들면서 궁여지책으로 양귀비의 재배와 유통을 허락하고 거기에서 나오는 세금으로 조직을 유지했었다. 그런데 이제는 본말이 전도되어 마약 사업이 주가 됐다. 와족을 비롯한 여러 조직은 아편을 정제해 헤로인을 만들기 시작하여 1989~91년 사이에 무려 23개의 정제소를 지었다. 엄청난 황금에 눈이 뒤집힌 양씨(楊氏) 집안이 새로 뛰어들었다. 1992년 킨늇이 직접 날아가서야 양씨 집안과 기타 조직 사이의 경쟁이 전쟁이 되는 것을 막을 수 있었다.

　와족 영역의 헤로인 정제와 유통은 과거 국민당에서 남은 세력으로 태국과 연계된 중국계가 장악했다. 1990년대 들어와 돈맛을 안 와족이 직접 정제 산업에 뛰어들었다. 최근에 들어와 아편의 생산은 줄어들고 히로뽕의 생산이 크게 늘어 태국 시장으로 팔려나갔다. 태국에서는 수백만 정이 팔린 그것을 '야바' 곧 미친 약으로 불렀다.

　돈을 버는 방법은 마약 말고도 많았다. '버마식 사회주의'가 외부에 문을 닫아걸었다면 '미얀마식 자본주의'는 연줄이 있는 사람이 큰돈을 쉽게 벌 수 있는 문을 열어주었다. 외환 정책이 자유화됐다. 은행은 정부에 세금을 내는 한 '출처가 불확실한' 돈도 받을 수 있게 됐다. 1994년 양곤과 만달레이의 집값이 치솟았다. 좋은 동네 방 4개짜리 집은 1백만 달러를 호가했다. 물론 현금가였다. 그 무렵 와족 조직은 양곤에 상가, 부동산, 광산, 호텔, 관광, 식당, 운송업체를 설립하고 태국과 홍콩 등지에 지점을 열었다. 은행도 설립하려고 했는데, 마약밀매 조직이 은행까지 여는 것은 미얀마의 군사정권이 보기에도 지나치게 보였는지, 없던 일이 됐다. 인두사냥꾼과 그들의 중국계 동료가 이제 미얀마에서 가장 잘 나가는 재벌이 됐다. 코캉의 중국계도 잘 나가고 있다. 미쓰비시 상품에 대한 독점권과 미얀마 럼주, 미얀마 드라이 진을 생산 판매한다. 로싱한은 '아시아 월드'라는 재벌그룹의 회장이 됐고 과거 몽타이군을 거느리고 마약왕으로 유명했던 쿤사도 미얀마의 재벌 반열에 올랐다.

이런 모든 것은 신군부가 30년간의 자기 폐쇄와 경제난을 타파하기 위해 취한 전반적인 자유화의 맥락 속에서 일어났다.6 1988년 미얀마군 장교들은 경제를 다른 나라처럼 자유화하고 싶었다. 이웃 나라 태국에서 군부독재 아래 시장경제가 성장하고 군부가 그 성장의 이득을 한몫 챙기는 것을 보고 부러워했다. 그 일 년 전 1987년 나는 양곤 시내에 있는 유명한 스트랜드 호텔에서 어느 장교와 커피를 했다. 그는 네윈의 버마식 사회주의를 좋아하는 사람은 아무도 없다며 변화의 필요성을 역설했다.

"우리가 진실로 원하는 것은 고립된 좌익 군부독재가 아니라 친미 우익 군부독재요."

그렇게 말하며 그는 눈동자를 불안하게 굴리며 주위를 살폈다. 이제 그들이 원하는 기회가 온 것이었다.

1988년의 민주화 시위가 진압된 직후 그해 말에 이르면서 미얀마의 보유 외환이 바닥났다. 군부가 군부로 기능하기 위해서 최소한 휘발유와 부품과 탄약은 있어야 했는데 그것을 사려면 외화가 필요했다. 60억 달러에 이른 외채는 일 년에 갚아야 할 이자만도 2억 달러에 달했다. 그동안 연간 5억 달러 상당의 해외 원조를 받고 있었는데 그것이 거의 완전히 끊겼다. 그간 서독, 일본, 미국의 원조가 나라의 외화수입 90%를 차지했었다.7 이제 정부는 무릎을 꿇고 뭔가 타협을 해야 하는 궁지에 몰린 것처럼 보였다.

그런데 그때 태국이 개입했다. 1988년 12월 태국군 총사령관 차오발릿 용차이유드가 날아와 티크 벌목을 포함하여 상당한 이권을 챙겨갔다. 군부의 특혜를 받은 태국기업은 떼돈을 벌고 미얀마의 군부는 숨통이 트이고 산은 벌거벗었다.8 1년 후 은행 잔액이 1억 달러로 늘었다. 벌목 다음엔 석유였다. 석유탐사 및 채굴 계약이 줄을 이었다. 가장 손쉬운 현금확보 수단은 부동산 매각이었다. 2차 대전 중 바머 괴뢰정부 시절 일본은 '우호'의 표시로 도쿄에 미얀마 대사관 용지로 땅을 넉넉히 주었었다. 도쿄의 부동산값과 엔화의 가치가 천정부지로 치솟았다. 대사관 용지 일부를 현금 2억 달러에 팔았다.9

그러나 신정부는 단지 현금 마련에만 급급한 것이 아니었다. 그들은 진정 과거의 폐쇄정책에서 벗어나길 원했다. 경제를 담당한 군인들은 민주주의자는 아니었지만 그래도 지난 4반세기 간의 고립정책의 재앙을 떨치고 경제를 진보시키고자 노력했다. 그러나 어떻게 해야 하나? 경제정책에 대해 교육과 훈련을 받거나, 경험이 있는 사람이 없었다. 이제 서방이 경제제재를 단행하면서 외국인 경제고문, 국제은행, 그 은행이 제공할 수 있는 원조나 차관은 모두 사라졌다. 게다가 군인들은 겁이 났다. 대중혁명이 거의 성공 직전까지 갔었다. 그것이 성공했더라면 그들은 체포되고 구금되고, 어쩌면 그 이상까지 갈 수도 있었다. 그러니 그들이 하는 개혁이란, 언제든지 발을 뺄 수 있도록 잠정적일 수밖에 없었다.

1990년대 초, 사회문화적 개방도 있었다. 전에는 나라 안에서 여행하려고 해도 허가가 필요했는데 이제 필요 없어졌다. 여권을 발급받기도 쉬워졌다. 정치적 망명자의 귀국도 허용됐다. 관광을 장려했다. 외국인에 대한 비자발

급도 쉬워졌을뿐더러 전에는 양곤과 만달레이, 바간, 인레호수에 한정됐던 관광지도 다른 지방으로 확대됐다. 미얀마의 시골 사람들은 한 세대 만에 처음으로 서양사람의 실물을 볼 수 있게 됐다. 스포츠도 장려하여 6백 개의 축구 클럽이 생기고 2만 명의 선수가 참여했다. 과거 환락 도시였던 양곤이 되살아난 듯 나이트클럽과 가라오케 바가 생겼는데, 노래하는 것 이상이 가능한 곳도 있었다. 록 콘서트도 열려 '엠파이어'니 '아이언 크로스'와 같은 밴드가 청중을 열광시켰다.

양곤의 중심부도 크게 변모했다. 30년 만에 사기업을 허용하고 외국인 투자를 유치하기 위한 노력을 배가했다. 호화로운 수영장을 갖춘 4성급, 5성급 호텔이 줄줄이 들어섰다. 외국 호텔 체인이 스트랜드 호텔을 넘겨받아 과거의 모습을 되찾았다. 식민지 시대 지은 낡은 건물을 개조하여 명품매장이나 고급레스토랑으로 바꾸었다. 한국 음식에서 이탈리아 음식까지 온갖 나라 음식을 취급했다. 국유화했던 기업을 다시 민간에 매각했다. 자동차가 들어오면서 교통체증이 시작되고 극장들이 새로 문을 열었다. 미얀마 최초의 쇼핑몰이 개장하여 1백 달러짜리 리바이스 청바지를 입은 10대들이 몰려와 놀았다. 외국인이 운영하는 영어신문 <미얀마 타임스>(*Myanmar Times*)는 칵테일 파티나 패션쇼와 같은 소식을 사회면에서 전했다. 위성TV가 생겨 CNN과 MTV를 볼 수 있게 됐으며 인터넷 접속도 가능해졌다. 그러나 많은 사람에게 삶은 여전히 어려웠다. 물가가 오르고 특히 시내 집값이 오르면서 빈민층은 도시 외곽으로 밀려났다. 그러나 일부 중산층은 오랫동안 맛보지 못했던 달콤씁쓸한 맛, 그리고 조심스러우나마 새로운 가능성을 맛볼 수 있었다.

정부에게 개발이란 주로 도로, 교량, 공항, 댐 등과 같은 인프라 건설을 의미했다. 군사정부는 군인다운 우직함으로 수십 건의 인프라 사업을 밀어붙였다. 아바 근교에 보잉747이 기착할 수 있는 대규모 공항이 건설됐다. 정부 홍보지 <미얀마의 새로운 등불>(The New Light of Myanmar)을 매일 군지휘관이 진지한 모습으로 인프라 사업을 돌아보고 지시하는 모습의 사진을 실었다. 장군들에게 더 나은 삶이란 더 좋은 골프코스를 의미했다. 골프는 식민지 시절 스코틀랜드 사람들이 남기고 간 유산인데, 그때 지었던 '버마 골프클럽'이 '미얀마 골프클럽'으로 새 단장을 했고 새로운 골프코스가 양곤 근교에 지어졌다. 골프장 소식도 일간지를 장식했다. 예로, 2005년 4월 29일 자 신문에는 이런 기사가 실렸다:

"우 뉴에이가 시영 골프리조트에서 홀인원 기록. 동반자 우 세인딴, 우 떼인토. 파3 16번 홀. 167야드. 사용클럽. 캘러웨이 3번 우드."

그러나 평등한 성장은커녕 지속 가능한 성장도 어려웠다. 정부는 어려운 결정은 회피했다. 부패가 만연했다. 외국인도 사업을 할 수 있었으나 현지 파트너가 필요했다. 정확히 말하면 권력에 줄을 댄 현지 파트너가 필요했다. 쌀과 티크, 지하자원은 여전히 정부가 독점했다. 국가 경제의 반을 차지하는 농업은 여전히 자유화되지 않았다. 외환시장은 자유화되었으나 정부 통제가 여전하여 공식환율과 시장환율 사이에 큰 차이가 있었다. 교육과 보건분야에는 여전히 돈도 없고 사람도 없었다. 가장 근본적인 문제는 전문가라면 질색하는 군인들이 경제를 운영했고, 최고위층의 장군들은 경제에는 완전히 문외한이라는 점이었다. 1990년 말에 접어들어 미국의 경제제재가 강화돼 신규투자가 금지되고 국제금융기구를 통한 차관이 불허됨에 따라 성장의 바퀴가 속도를 줄이기 시작했다.

그래도 큰 변화가 있는 곳이 있었다. 바로 군대였다. 거의 전부가 육군으로 구성된 군 총병력의 수는 1988년의 18만 명에서 1996년 40만으로 늘어났다. 수억 달러의 외화가 전투기와 군함, 탱크와 장갑차를 사는 데 사용됐다. 무기

와 탄약공장이 세워졌고 군인과 그 가족의 복지가 크게 좋아졌다.10

이처럼 군이 병력과 장비에서 막강해지니 힘의 균형은 중앙정부로 확실히 넘어갔다. 공산 반군의 잔당과 휴전에 합의한 전례를 활용하여 나머지 인종 반군에게 유사한 합의를 하도록 압력을 가하거나 회유했다. 모두 17개 단체가 휴전에 합의했는데 그중에는 1960년대 초부터 반기를 들었던 '카친독립기구'(KIO)도 있었다. 끝까지 항거하던 조직, 예컨대 카렌족은 미얀마 내 근거지를 모두 잃고 태국 근처까지 몰린 끝에 결국 1990년대 말 휴전에 합의했다. 1990년대 중반에 이르러 전반적인 휴전이 이루어져 산악지대에 피해 살던 수백만의 인구가 마침내, 많은 이들에게는 생전 처음으로, 숨을 제대로 쉬며 살 수 있게 됐다. 그것이 얼마나 갈지는 몰라도.

동시에 와족을 포함한 구 공산 반군세력은 이념이나 독립이 아니라 금전을 추구하는 방향으로 전환을 확실히 했다. 미얀마와 중국이 국경을 열고 무역을 시작했다. 그때까지 산악지대 사람들은 삼중고를 겪고 있었다. 첫째, 산에는 워낙 먹을 게 적었다. 둘째, 공산 반군이 지배하고 착취했다. 셋째, 이웃한 중국도 문화혁명의 여파로 가난했고 폐쇄적이었다. 이 모든 것이 하루아침에 변했다. 가난한 산악도시들이 미래의 초강대국과의 관문이 됐다. 하루에도 수십 대의 트럭이 원목, 기타 원자재를 싣고 국경을 넘어 중국으로 갔다. 같은 수의 트럭이 '중국 산업혁명'의 산물, 즉 소비재를 싣고 국경을 넘어 미얀마로 왔다. 그들이 먹고 쉬고 놀기 위한 시설이 필요했고 그렇게 돈이 뿌려졌다.

코캉과 마주 보고 있는 루이리 시(瑞丽市)에는 은행과 식당이 밤늦게까지 문을 열고 불과 몇 년 전까지 들어보지도 못했던 디스코텍에는 거의 아침까지 손님이 놀다 간다. 또 다른 국경도시 몽글라는 섹스 천국이다. 동성애자, 양성애자, 성전환자가 중국내륙 깊숙이에서, 심지어 한국에서까지 찾아온다. 러시아와 우크라이나 여성이 몸을 판다. 그러니 폭력조직이 안 꼬일 리 없다. 푸젠성에서 몰려온 조직폭력배 일당이 1930년대 두유이성(杜月生)과 청방(靑幇)이 상하이를 주름잡던 시절 이후 최대의 성세를 누리고 있다.11

그러나 국제사회는 관심이 없다. 휴전에 합의했다고 축하하는 이도 없다. 항구적인 평화를 중재하겠다고 나서는 이는커녕 그렇게 하라고 촉구하는 이도 없다. 현대사에서 가장 오래 계속되고 있는 이 분쟁에 대한 진정한 관심은 어디에도 없다. 그것이 잘못되어 또다시 수백만이 도탄에 빠질지 모른다고 걱정하는 이도 없다. 그냥 침묵할 따름이다. 그렇다고 미얀마를 모르는 것은 아니다. 아니 너무나 잘 알고 있다. 1990년대 미얀마는 아웅산 수치와 군부 사이의 대결로 너무나 유명했기 때문이다.

아웅산의 딸

미얀마의 4월은 몹시 더워 아침부터 숨이 턱턱 막힌다. 1989년 4월의 어느 무더운 아침, 아웅산 수치와 일단의 지지자들이 이라와디 분지를 향해 출발했다. 목적은 물론 지지를 호소하기 위해서였지만, 간디식 비폭력저항에 군부가 어디까지 인내하는지를 떠보기 위한 목적도 있었다. 이틀째 그들은 배를 타고 다누뷰라는 도시에 도착했다. 미얀마 역사에서 다누뷰는 유명한 곳이었다. 제1차 영국-버마 전쟁에서 양곤에서 후퇴한 따도 마하 반둘라가 아치볼드 캠벨 장군이 이끄는 영국군의 로켓포와 군함에 대해 최후의 저항을 한 곳이었다. 이제 그곳은 다른 저항으로 다시 유명해질 것이었다. 배에서 내린 아웅산 수치와 젊은 지지자들은 큰길을 따라 그 지역 NLD 사무실을 향해 걸어가고 있었다. 그런데 일단의 병력이 그들을 막아섰다. 단순히 막은 것이 아니라 무릎쏴 자세로 그들에게 총을 겨누고 있었다. 아웅산 수치는 일행에게 계속 걸어가라고 했다. 지휘관 대위가 멈추지 않으면 쏜다고 외쳤다. 수치는 그냥 조용히 지나가게 해달라고 차분한 목소리로 말했다. 그러면서 계속 걸었다. 거의 울부짖음에 가까운 대위의 "멈춰"라는 소리가 "발사"로 바뀌기 직전 그의 상관이 도착하여 상황을 진정시켰다. 용기가 억압을 이기는 순간이었다. 아웅산 수치의 명성은 순식간에 세계로 퍼졌다.

아마 그녀는 그와 같은 상황이 전국에 발생하고 그녀가 '독립을 위한 제2의 투쟁'이라고 말한 것이 시작되길 바랐을지 모른다. NLD는 평화적으로 그러나 단호하게 밀고 나갈 것이고 그러면 군부는 기적처럼 물러설 것이다. 그러나 그런 기적 같은 일은 일어나지 않았다. 그와는 반대로 향후 17년 동안 NLD는 거의 해체에 가까운 수준으로 축소되고 거의 모든 당 지도부가 투옥되거나 가택연금 상태에 처했다. 미얀마의 민주주의는 그 뜨거운 봄날 다누뷰에서나 오늘날 양곤에서나 크게 나아지지 않았다. 뭐가 잘못되었던가? 달리 무슨 방법이 있었던가?

아웅산 수치는 1945년 6월 19일 양곤에서 태어났다. 아웅산 장군과 그의 부인 도 킨지의 셋째 아이였다. 바로 영국의 제16군이 양곤을 재탈환하고 마운트배튼이 미얀마 젊은 정치인들이 만든 '반파시스트 인민자유연맹'(AFPFL) 지도부와 대화를 시작하려던 참이었다. 수치의 큰 오빠는 어린 나이에 익사하고 둘째 오빠는 엔지니어가 되어 미국 캘리포니아주 샌디에이고에서 살았다. 아버지가 암살됐을 때 그녀는 갓 두 살이었다.

수치의 나이 14세 때 우누 총리는 간호사였던 모친을 주인도 미얀마대사로 임명했다. 수치는 그 후 30년 동안 고국 땅을 밟지 못할 것을 알지 못한 채 어머니를 따라 미얀마를 떠났다. 뉴델리에서 공부한 후 옥스퍼드의 세인트 휴스 칼리지로 진학하여 철학, 정치학, 경제학을 전공했다. 친구의 소개로 티베트 어문학을 전공하던 마이클 에이리스(Michael Aris)를 만났다. 자상하고 헌신적인 성격의 에이리스는 아름답고 이국적인 미얀마 여성과 사랑에 빠졌다.

결혼생활을 시작하기 전 수치는 뉴욕에 잠시 거주했다. 1969년의 일이었다. 그러나 수치는 '춤추는 60년대'(Swinging Sixties)로 알려진, 그 열정의 60년대, 대변화의 60년대에 무관심했다. 젊은이들이 빠졌던 록 음악에도 베트남 반전 데모에도 관심이 없었다. 대신 유엔의 '행정 및 재정에 관한 자문위원회'의 직원—이름처럼 끔찍하게 따분한 일이다—으로 취직했다. 혼자 살기 뭐해서 '비상시 이모'라고 부른 도 딴이라는 나이든 미얀마 여성과 아파트를 같이 썼다. 사실 도 딴이는 1930~40년대 미얀마의 유명한 가수였다. 그러나 수치는 파티나 콘서트에 관심이 없고 저녁이나 주말에 병원에서 자원봉사 활동을 하고, 가끔 리버데일에 있는 우리 집을 방문하곤 했다.

그래도 마이클 에이리스와는 꾸준히 연락을 주고받았다. 마침내 그녀가 결혼에 동의하자 함께 히말라야산맥에 있는 부탄으로 가서 살림을 차렸다. 에이리스는 그곳에서 본인의 박사학위 논문을 준비하는 한편 부탄 왕실의 가정교사를 하며 후일 부탄왕국의 국왕이 된 지그미 왕추크를 가르쳤다. 아웅산 수치는 부탄왕국에 새로 설립된 작은 외교부에서 일했다.

수치는 후일 모종의 민족적 소명이 가정생활을 포기하도록 할 것이라는 예감이 있었다. 그녀가 남편에게 보냈던 2백여 통의 편지에서 그녀가 아마 미얀마로 돌아가야 할 것이라고 분명히 썼다.

"만일 우리나라 사람들이 나를 원한다면, 당신은 내가 그 의무를 다하도록 도와줘야 해요."

그러나 그때 이 젊은 부부는 두 아들을 기르느라 바빴다. 부탄에서 꿈같은 신혼생활을 몇 년 보낸 후 그들은 함께 옥스퍼드로 돌아갔다. 에이리스는 연구 활동을 계속하고 수치는 자신의 아버지와 미얀마 역사에 관한 연구를 시작했다. 그 무렵, 즉 1984년 여름, 나는 벤버리 로드에 있는 그들의 타운하우스를 방문했었다. 따뜻하고 햇살이 좋은 날이었는데 담으로 둘러싸인 정원은 꽃이 만발해 있었다. (비상시 이모) 도 딴이도 함께 있었다. 우리는 대영제국에 관한 영화, 예컨대 이스마일 머천트(Ismail Merchant)가 제작하고 제임스 아이보리(James Ivory)가 감독한 <더위와 먼지>(*Heat and Dust*, 1983), 데이비드 린(David Lean)이 제작 감독한 <인도로 가는 길>(*A Passage to India, 1984*) 등으로 이야기 꽃을 피웠다. 마이클은 조용히 의자에 앉아 파이프 담배를 피웠고 아이들은 다른 방에서 함께 놀고 있었다. 그녀의 말투는 언제나 겸손했지만 타이르는 듯한 어조도 있었는데, 바로 그런 어조로 내게 영국으로 와서 박사과정을 하고, 또 미얀마 역사를 공부하라고 조언했다. 후일 나는 그녀와 마이클이 포기해야 했던 그 행복한 순간을 떠올리고 마음 아파하곤 했다.

1988년 학생시위가 거의 군사정권을 무너뜨릴 뻔했던 바로 그때 아웅산 수치가 미얀마에 체류하고 있었던 것은 순전히 우연이었다. 어머니가 뇌졸중으로 쓰러져서 입원했기 때문이었다. 마이클 에이리스는 아내에 관해 쓴 수필집 서문에서 이렇게 썼다.

"그때 나는 우리의 삶이 영원히 바뀔 거라는 예감이 들었다."[12]

학생시위가 한창일 때 양곤 시내 인야호수 옆에 있는 수치의 집은 그녀의 동참을 원하는 학생들로 둘러싸여 있었다. 그녀는 수천 명의 인파가 아버지의 초상화를 들고 행진하는 모습, 그리고 총을 맞고 쓰러지는 모습에 깊은 감동과 회한을 느꼈다. 몇 주간의 숙고 끝에 그녀는 마침내 결심했다. 그리고 8월 하순 첫 연설을 하여 온 나라를 열광시켰다. 딸 아웅산 수치는 아버지 아웅산에 못지않은 화려한 수사로 '단결'과 '절제'를 외쳤다.

그 시위가 무력으로 진압된 이후 아웅산 수치는 몇 명의 전직 장성·장교들과 함께 민주주의 국민연맹, 즉 NLD를 창건했다. 1962년 네윈의 쿠데타를 주도했던 아웅지 준장이 초대 위원장이 됐다. 부위원장은 1970년대 군참모총장을 지내다가 1975년 쿠데타 모의를 방조했다는 혐의로 투옥됐던 틴우 장군이 맡았다. 또 1962년 네윈의 혁명위원회 위원을 지낸 찌마웅, 1958년 친위쿠데타가 아닌 진짜 쿠데타를 할 뻔했던 아웅슈웨 준장도 포함됐다. 모두 일본군의 훈련을 받고 아웅산 휘하에 있었던 미얀마 독립군(BIA) 멤버였고 네윈의 오늘이 있게 만든 제4 소총부대 출신으로 1950년대 미얀마군 지휘부를 구성했던 사람이었다. 그들이 이제 권력에서 떨어져 아웅산의 딸과 함께 정권반대 운동을 하고 있었다. 적과 친구가 따로 없는 정치의 현실이자 미얀마의 역사였다.

1989년 7월 20일 군부는 아웅산 수치를 가택연금에 처했다. 나머지는 모두 감방에 투옥됐으니 그나마 대우를 받았다고 할까. 군부는 원래 NLD의 출범을 허용했었다. 그러다가 아웅산 수치의 인기와 결기에 놀라 탄압으로 정책을 바꿨다. 연금 중 수치는 매우 절제된 모습을 보였다. 명상과 라디오 뉴스 청취, 가벼운 운동과 독서로 소일했다. 남편의 방문은 가끔 허용됐다. '국가 법 및 질서 회복 위원회'(SLORC)는 NLD가 공산당과 공모했다고 비난하고, 동시에 외국의 '우익' 세력 음모의 한 부분이라고 비난했다. 그런 주장을 담은 『미얀마 국가 내부의 반역 앞잡이와 외국에 있는 그들의 동조 반역자』라는 책자를 발간했다.

 군사정부는 반대세력을 그처럼 억압하고 체포했지만, 또한 누구도 기대하지 않았고 이후 누구도 설명하지 못한 행동을 취했다. 1990년 5월, 네윈이 1988년에 약속했던 다당제 민주주의를 위한 선거를 상당히 자유롭고 공정하게 실시한 것이다. 물론 문제가 없는 것은 아니었다. 선거운동은 제약이 많았고 산악지역은 내전으로 인해 선거를 치를 수 없었다. 그래도 선거 자체는

1940~50년대에 비해 파행이 적었다. 그 결과는 군부를 충격에 빠뜨렸다. 약 3분의 2, 즉 66%의 투표율을 보인 가운데 NLD가 총 유효투표의 근 60%, 492개 의석 중 392석을 가져간 것이었다. 군부가 내세운 당은 '버마 사회주의 프로그램당'(BSPP)의 후신 '국민단결당'(National Unity Party)이었는데 불과 21%의 득표율에 10석만 획득했다. 나머지는 인종에 기반을 둔 여러 정당이 나눠 가졌다. 군부는 정말이지 너무나 국민의 분위기를 몰랐다.

어떻게 하지? 군부는 거의 공황상태에 빠졌다. 한 가지 방법은 1959~60년의 전례를 따르는 것이었다. 그때 군부는 위기관리 정부를 세우고, 억압적인 면이 없지 않았지만, 효과적이고 효율적인 통치로 박수를 받았다. 그리고 약속대로 깨끗이 민간정부에 정권을 이양함으로써 더욱 큰 박수를 받았다. 그때처럼 남은 임기 동안 슬럼가를 정리하고 도로를 포장하는 등 군부다운 활동을 하고 깨끗이 NLD에 정권을 이양할 수 있을 것이었다. 그러나 1960년의 민정 이양은 실패작이었다. 새로운 민간정부는 여전히 무능하고 정치는 혼란스러워 결국 1962년의 쿠데타를 초래했다. 그냥 권력을 넘겨줄 것이 아니라 군부의 치적을 유지, 발전시킬 정부가 필요했다. 아웅산 수치는 어떤가? 그녀에 발포할 뻔했고, 가택에 연금하고 지지자들을 투옥하지 않았던가? 그런 그녀에게 투표한 60%의 민심은? 그 속에 숨어 있는, 아니 표출된 열정과 분노가 어디로 향할 것인가? 군부라는 조직, 그 군부를 지탱한 인물들이 무사할 것인가? 1960년과는 전혀 다른 상황이었다. 7월 28일 NLD는 양곤의 간디홀에서 총회를 열고 SLORC가 퇴진하고 선거결과에 따라, 즉 NLD에게 정권을 이양하라고 촉구하는 결의안을 채택했다. '인류에 반한 범죄'로 재판을 해야 한다는 소리도 들렸다. 전 세계가 미얀마 군부에 퇴진을 요구하고 있었다. 망설이던 군부는 입장을 번복했다. 그리고 그에 따라 사태를 꾸미고 밀고 나갔다.

1995년 7월 아웅산 수치는 6년간의 가택연금에서 해제됐다. 그러나 여전히 허락 없이 양곤을 벗어날 수 없었다. 매주 토요일 오후 4시, 그녀는 작은 연단을 쌓아 닫힌 대문 위로 얼굴을 내밀고 연설했다. 그때마다 사람들이 이야기를 듣고 질문을 하려고 몰려들었다. 그러나 민주주의 개혁의 조짐은 어디에도 보이지 않았다. 정권과 정당이 가끔 대화를 시도했으나 워낙 견해 차이가 큰 만큼 합의가 도출될 리 없었다. 비폭력적 저항으로 돌아선 수치는 다시 한번 군부를 건드려 그 한계를 시험해보기로 했다. 곧 군부가 내린 제약을 무시하기로 한 것이었다. 그러나 그녀의 상대는 1930년대 인도의 영국 식민당국이 아니었다. 1960년대 미국의 존슨행정부가 아니었다. 네윈의 뒤를 이은 미얀마의 군부였다. 2000년 아웅산 수치는 다시 가택연금에 처해졌다. 이번에는 2년 남짓 계속됐다.

그녀에 대한 군부의 반감은 나름대로 이유가 있었다. 바로 '외래성' 때문이었다. 외국에서 오래 살고 외국인과 결혼하고 외국인 아들을 낳았다. 그러나, 누가 뭐래도 그녀는 아웅산의 딸이었다. 용기, 철석같은 의지, 그리고 직설적인 화법은 아웅산의 상징이었고 그로써 미얀마의 영웅으로 기억됐다. 그의 딸 아웅산 수치는 아버지의 상표를 물려받았다. 게다가 그녀는 살아있는 영웅이었다. 그러나 아웅산의 그러한 기질 덕분에 미얀마가 독립됐다고 믿으면 너무 순진하다. 1940년대의 교훈을 잘못 읽은 것이다. 영국이 미얀마에서 철수한 것은 아웅산 덕분이 아니라 영국이 인도, 곧 아시아에서 철수하기로 결정을 내렸기 때문이었다. 문제는 탈식민지의 속도와 시기였다. 영국인들과 달리 미얀마의 장군들은 미얀마를 떠날 생각이 전혀 없었다. 문제는 결코 속도와 시기가 아니었다. 그래서 군부는 전혀 다른 방향을 생각하고 있었다.

1990년대 말, 민주주의와 독재를 놓고 밀고 당길 때 미얀마 사회는 빠르게 변화하고 있었다. 인구가 급속히 증가하여 2006년 5천 3백만 명에 이르렀다. 그 인구의 다수는 1988년 이후에 태어난 젊은이들이었다. 증가하는 인구로 도시는 복작거리는데 의사며, 교사며, 전기를 포함한 모든 인프라 시설이 부족했다. 지방에도 인구는 증가하는데 농부들은 여전히 작은 땅덩어리로 늘어난 인구를 부양하느라 허덕이고 있었다. 많은 사람이 북쪽으로 올라가 번성하는 중국과의 접경지대에서 허드렛일을 하며 살거나 보석광산에서 일했다. 또 다수는 남쪽으로 내려가 태국과의 국경을 넘어 불법으로 체류하면서 건설노동자로, 거리 청소부로, 하녀로, 창녀로 일했다. 마약사용이 증가하고 지난 50년간 가족계획이라곤 몰랐고, 따라서 콘돔 따위를 써본 적이 없는 나라에 HIV/AIDS가 빠르게 퍼졌다. 다가오는, 아니 이미 현존하는 인도적 위기에 대한 경고가 쏟아졌다. 수백만 명의 최빈곤층이 아파도 약이 없고 배가 고파도 먹을 게 없는 그런 위험한 삶에 빠질 위험이 있었다.

정치적 변화도 있었다. 군사정부는 '국민회의'(National Convention)를 소집하여 신헌법을 논의하기로 했다. 한 위원회의 위원장은 우 제임스 본드라는 장난스러운 이름을 쓰기도 했다. 그 국민회의가 1990년 선거와 NLD의 정권 이양 요구에 대한 정부의 응답이었다. 처음에는 1990년 선거에서 뽑힌 NLD 및 기타 정당 대표를 주로 하고, 기타 인종대표나 마음대로 뽑은 국민대표를 더한 형식이었지만 그나마 곧 바뀌었다. 처음부터 제대로 된 토론이 이루어질 리 없었다. 정부 측의 의도는 분명했다. 어떻게든 군부의 특수한 역할을 명기한 헌법을 도출하고자 했다. 군부의 독립적인 지위를 명기하고 의회의 상당수 의석을 군부에 할당했던 이웃 나라 태국과 인도네시아의 예를 염두에 둔 듯했다. 또 조금은 뜬금없지만 그리고 인정하지도 않았지만 1920~30년대 미얀마의 역사를 염두에 둔 듯도 했다. 그때 영국 식민당국이 서서히 선출된 미얀마 정치인에게 행정을 이양하되 비상대권, 산악지대에 대한 직접 통치권 등을 장악하여 사실상, 그리고 확고한 권력을 유지했던 것처럼, 군부도 그와 같은 위치를 점하고자 했다.

　NLD의 견지에서 그것은 수락할 수 없는 정도를 넘어 황당한 것이었다. NLD의원들은 절차의 개선부터 요구했다. 특히 '국민회의'에서 심의하는 중에 군부를 비판하면 중죄로 처벌한다는 규정을 폐기하라고 요구했다. 물론 거부됐다. 1995년 11월, 여전히 비가 내리는 날 열린 국민회의에서 NLD의 86명 위원은 참가를 거부했다. 이틀이 지나고 사흘째가 되자 정부는 그들을 국민회의에서 아예 축출해 버렸다. 선거에서 이긴 NLD와 신헌법을 논의하기로 한 국민회의에 NLD의 존재가 없어진 것이었다. 그리고 국민회의는 언제 재개될지 모른 채 휴회로 들어갔다.

　그렇게 한동안 아무런 변화가 없는 채 시간이 흘렀다. 그러다가 2000년 새로운 에너지, 새로운 동력이 생겼다. '국민회의'가 다시 소집되고 거기서 헌법을 채택하고 새로 선거를 하여 민간정부를 수립하겠다는 방침이 세워졌다. 군사정부는 또 각 인종단체와 회의를 하여 지도를 새로 그리고 그에 따라 상당 수준의 자치를 허용하는 방안을 검토했다. 그런 움직임 속에서 2003년 개각을 통해 군 정보 사령관 출신인 킨뉸 장군이 새로 총리로 취임하여 '민주주의로의 7단계 로드맵'(Seven Step Road Map to Democracy)을 발표했다. 동시에 개방을 위한 진보적 정책을 시행했다. 국제적십자사가 주기적으로 교도소를 방문하여 인권상황을 점검하는 것이 사상 처음으로 허용됐다. 그동안 부인하던 HIV/AIDS 감염 실태를 인정하고 국제적인 원조를 요청했다. 아웅산 수치와 정부 대표 사이에 비밀, 나아가 공개대화가 이루어졌다. 유엔이 지명한 중재자가 양측을 바쁘게 오갔다. 마침내 돌파구가 열릴 것 같았다.

　과연 그럴까? 도대체 네윈 장군은 지난 15년간 뭘 하고 있었을까?

하이난으로부터의 먼 길

수십 년 동안 미얀마의 개혁을 원하는 사람들은 네윈 장군이 어떻게든 사라지기를 기다리고 기다렸다. 1911년생인 네윈은 민주화 대봉기가 일어난 1988년 77세로 이미 노인이었다. 바로 그해 그는 공식적으로 은퇴하고 거의 얼굴을 비치지 않았다. 그래도 실권을 내놓았다고 믿는 사람은 없었다. 네윈은 여전히 인야 호숫가에 있는 저택에서 삼엄한 경비 속에서 살고 있었다. 그가 여전히 모든 일을 조종하고 있다는 것이 사람들의 지배적인 생각이었다. 그가 죽으면 세상이 좋아질 것이라는, 25년 된 희망은 여전히 살아있었다.

그런 그가 죽었다. 2002년 12월의 일이었다. 향년 91세였다. 나라를 그토록 망친 사람치곤 너무 평온하게 침대에서 죽었다. 돌이켜 보니 그가 은퇴한 게 맞았다. 1988년 즉시는 아니더라도 그 이후 곧 은퇴했던 모양이었다. 군부 고위층에서 분규가 있으면 조정하는 역할을 했겠지만 그래도 전체적으로는 그냥 개인적인 삶 속으로 사라졌던 게 맞았다. 독재자가 집권 중에 사망하면 그 정권도 같이 무너지는 게 상례였다. 그러나 네윈이 서서히 사라지면서 후임자들이 권력을 굳힐 시간을 벌어준 덕에 그런 일은 일어나지 않았다. 다만 말년의 네윈은 모든 일에 흥미를 잃었다. 1990년대 싱가포르의 전 총리 리콴유가 그를 두어 번 찾았다. 첫 번째는 1994년이었다. 그때 병색이 완연한 네윈은 1988년의 시위를 진압한 이후 고통의 세월을 살아왔다고 했다. 어떻게 해야 할지에 대해 "괴롭고 불안하다"라고 했다. 3년 후 리콴유가 다시 그를 찾았을 때 이 노병(老兵)은 한결 건강하고 편안해 보였다. 네윈은 정치 이야기는 하지 않고 명상에 관해서만 이야기했다. 리콴유에게도 아침저녁으로 두 차례, 많은 시간 명상을 하라고 권하기도 했다.

"이제 나는 아무런 걱정이 없소. 친구든, 가족이든, 나라든."

가끔 장군들이 의견을 물으러 오지만 그냥 돌려보낸다고 했다.13

네윈이 마침내 사망했을 때, 고립과 가난으로 나라를 망친 이 독재자를 추도하는 이는 없었다. 사망을 몇 달 앞두고 그가 키운 장군들이 사위와 외손자를 체포하고 딸을 가택연금에 처한 후, 집안에서 운영하던 부패한 사업을 청산했다. 네윈의 시대는 끝났다. 그러나 그 시대가 끝나기 전, 새로운 군사독재자의 시대가 이미 시작됐다.

미얀마의 군부는 폭우가 쏟아지는 하이난섬의 일본군 훈련소에서 시작했다. 그곳에서 그들이 배운 것은 전투기술만이 아니었다. 무조건적 복종, 한점 흔들림이 없는 충성심이 더욱 중요한 가르침이었다. 그리고 그 충성의 대상은 나라나 상관이 아니라 군 그 자체였다. 그 가르침은 정열에 넘치는 젊은 민족주의자들의 가슴에, 핏속에, 뼛속에 깊이 새겨졌다. 그로부터 60여 년이 지났다. 군은 참으로 많은 일을 겪고 참으로 많은 적과 싸웠다. 벵골 접경지역에서 영국군과 또 일본군과 싸웠다. 히말라야산맥 아래서 공산 반군과도 싸웠다. 그러면서 군은 진화했다. 소총 몇 자루를 들고 항상 더 많은 적국과 싸워야 했던 비참했던 시절에서 현대식 무기를 갖춘 세계에서 몇 안 되는 막강한 군대로. 그리고 무엇보다, 한 나라의 경제와 행정의 전 분야를 책임진 유례없는 존재로. 미얀마의 군부독재는 전 세계에서 가장 오래가고 가장 순순한 형태의 군부독재로 기록된다. 민간인 공무원들로 구성된 정부 위에 군림하는 그런 군부독재가 아니었다. 1990년에 이르면서 군부가 국가 그 자체가 되었다. 군의 장교가 모든 일을 했다. 통상적인 의미의 정부는 사라졌다.

군부의 생각은 달랐다. 과거를 돌이켜봤을 때 나라는 항상 쪼개지기 직전이었다. 군사력이 쪼개지는 나라를 하나로 묶는 유일한 수단이었다. 군부는 통일제국을 이루고 지킨 아너라따, 베인나웅, 알라웅파야 대왕의 계보를 이었다. 이제 군부의 가장 큰 적이었던 공산 반군이 무너졌다. 기타 인종 반군도 지리멸렬해졌다. 마침내 새로운 미얀마의 최정상에 우뚝 섰다. 그래도 남은 일이 있다. 민족을 건설하고 새로운 '미얀마' 정체성을 창조하고 고양하는 일이다. 새로운 정체성은 치욕스러운 식민지배에도 굴하지 않은 불교와 전통문화 위에 구축될 것이다. 그건 '군'의 정체성처럼 분명하고 간명한 것이다. 그 군을 채운 사람들은 군밖에 모르는 사람들이다. 10대에 군에 들어와 한 번도 군문을 벗어나지 않았다. 수년간 산에서 또 정글에서 싸움만 했다. 적을 죽이고 전우가 바로 옆에서 죽어가는 모습을 지켜보았다. 그들은 미얀마인이되 미얀마 사회를 몰랐다. 그들은 군이라는 판타지 속 세상에서 살았다. 그 속에는 적이 아니면 우군밖에 없었다. 하는 일은 전쟁이 전부였다. 아! 다른 사람이 있었나? 그렇다면 그들은 칭기즈칸을 따르던 보급병처럼, 전쟁을 위한 보조물이었다. 그들 중에는 민주주의가 좋다고 생각하는 사람도 없지 않을 것이었다. 그런데 대부분에게 민주주의란 마치 계급장을 뗀 내무반처럼 생소한 것이었다. 그들이 사는 판타지 속 세상에는 민주주의가 설 자리가 없었다.

또 그들 중에는 미얀마가 처한 고립이 문제가 있다고 생각하는 사람이 분명 있을 것이다. 외부세계와 교류를 늘려야 한다. 미얀마는 이웃인 중국, 인도, 태국 보다 너무 뒤떨어졌다. 빨리 따라잡아야 한다. 전 세계가 아시아의 기적에 박수를 보내고 있지 않나? 우리도 아시아 사람인데? 네윈의 버마식 사회주의는 실수였고 실패였다. 세상이 바뀌었다. 우리 정책도 바꿔야 한다. 그런데 어떻게? 아무도 아는 사람이 없었다. 아웅산 수치, 또 산악에 칩거하는 반군세력과 타협을 할 수 있고 바람직하다고 생각하는 사람도 분명 있었다. 그래서 2000년에 진지한 개혁이 시작됐다. 2003년 아웅산 수치가 이끄는 NLD 행렬이 정부가 지원하는 폭도의 공격을 받은 일이 있었다. 그게 군부였다. 그래도 수치와의 대화는 계속됐다. 달리 생각하는 사람, 시간이 없다고 생각하는 사람이 있다는 증거였다. 그런데 갑자기 모든 게 무너졌다. 2004년에 석방될 거라고 생각됐던 아웅산 수치는 석방되지 않았다. 대신 이 모든 변화를 주도하던 킨뉸 장군이 그해 10월 해고되고 투옥됐다. 그들 돕던 수십 명의 인사도 함께 해고되고 투옥됐다.

최정상에 있는 딴슈웨 장군과 주변의 전투병과 출신 장군들에게 타협이란 곧 위험이었다. 1988년에 정권이 하마터면 무너질 뻔했다. 그랬더라면 그들은 투옥되고, 어쩌면 처형됐을지도 몰랐다. 그런 위험을 다시는 감수할 수 없었다. 게다가 외세가 그들을 구석으로 몰고 있다는 인식은 여전했다. 그리고 그 외세의 적대적 의도는 그들이 어떻게 하든 변함이 없다고 생각했다. 아웅산 수치, 그리고 반군조직과의 대화가 진행 중일 때 미국은 새로운 경제제재를 가했다. 많은 이들이 다들 다시 문을 닫는 것이 더 안전할 거라고 믿었다. 경제적 욕심이 없는 것은 아니었지만, 현실에 안주하고, 자기들이 이룬 것에 스스로 만족하고, 그것도 아니라면 그냥 다른 그림을 그릴 수 없어서 보수적인 장교들이 군부의 대다수, 특히 상층부의 거의 전부를 차지하고 있었다.

이 모든 것이 결국은 1962년 이래 지속한 오랜 고립의 결과였다. 그건 이념이 아니라 신념이었다. 머릿속 생각이 아니라 몸에 밴 체질이었다. 그런 속에서 새로운 생각을 한다는 것은 위험했다. 현상은 더욱 굳어졌다. 울고 싶은데 뺨 때려 주는 격으로, 안 그래도 고립으로 선회하려는 판에, 서방은 미얀마를 고립시키는 정책을 더욱 강화했다.

사실 1988년의 대 봉기가 기폭제가 되어 미얀마에 대한, 미얀마 사람들이 겪는 고통에 관한 관심이 급증했다. 이제 많은 사람이 아웅산 수치의 이름을 기억하게 됐다. 일부는 군부가 수치가 가져야 할 권력을 내놓지 않고 있다는 것까지 알게 됐다. 그런데 미얀마가 전 세계에서 가장 오랫동안 내전을 수행하고 있다는 사실, 그리고 미얀마의 군부가 어떻게 그렇게 강해지고 그렇게 고집스러워졌는지, 그리고 그 나라가 왜 그토록 고립적으로 살고 있는지를 알고 있는 이는 거의 없었다. 그런 의문을 가진 사람도 거의 없었다. 미얀마를 생각할 때 제일 먼저 떠오르는 것은, 다시 말해 미얀마에 대한 패러다임은 '정권교체'였다. 그리고 자연히 제재로 이어졌다. 제재를 가하고 거부하고 고립시키면 군사정권이 굴복할 것이라고 봤다. 그런데 고립이 굴복시킨다는 명제는 틀렸다. 아니 정반대의 명제가 옳았다. 미얀마의 다른 부분은 몰라도 군부만큼은 향후 40년 동안 고립돼도 아무런 문제가 없었다.

1991년 아웅산 수치가 노벨평화상을 받았다. 그러면서 그녀의 세계적 위상은 엄청나게 높아졌고 런던, 워싱턴, 기타 세계 각지의 미얀마 민주화운동 세력은 큰 힘을 얻었다. 그 운동세력의 일부는 오래됐다. 우 누 정권 시절에 잘 나가다가 네윈의 쿠데타로 망명길에 나선 정·재계 인사, 그리고 그 후손이었다. 그러나 그보다 많은 것이 1988년의 대봉기 이후 나라를 탈출하여 태국, 인도 등을 떠돌다가 호주나 미국에 정착한 사람들이었다.

그런 사람들이 모여 점점 세력을 키웠다. 그들이 주로 모인 곳은, 미국의 경우 뉴욕, 워싱턴, 캘리포니아 등의 대도시도 있었지만, 인디애나 주의 포트웨인과 같은 작은 도시도 있었다. '인디애나주의 가장 큰 쇼핑몰'이 있는 글렌브룩 광장과 '지중해풍의 음식점이 모여있는' 제퍼슨 포인트가 자랑인, 인구 20만의 작은 중서부 도시 포트웨인에는 버마족, 몬족, 카렌족을 막론한 3천여 명의 난민이 살고 있었다. 그곳에는 불교 사원이 4곳, 미얀마어로 예배를 보는 루터교회와 침례교회가 있었다. 사우스 라파예트 거리에 형성된 미얀마 타운에는 절인 찻잎과 샨주의 찹쌀을 파는 미얀마 식품점도 있었다.

1990년대 말 모든 운동가가 그랬듯이 그들도 인터넷 공간을 적극적으로 활용했다. 미얀마 정치 관련 사이트를 만들고 채팅방을 만들고 인터넷 신문을 발행하고 메시지 보드를 운영했다. 미국인, 호주인, 영국인, 스칸디나비아인 등 외국인들이 그들의 활동에 적극적으로 동참했다. 그럼으로써 막강한 미얀마 로비 단체가 만들어졌다. 모든 단체가 그렇듯이 전략과 전술을 둘러싼 이견이 없는 것은 아니었지만, 이 단체는 한 가지 분명한 메시지를 만들고 지속해서 전파했다. 미얀마 군사정권은 악이다; 아웅산 수치는 선이다; 국제사회는 양곤의 군사정권에 지속해서 압력을 가해야 한다; 그 압력이란 곧 원조의 중단, 무역제재, 그리고 고립화다.

1988년 이후 대부분의 원조는 중단됐지만, 경제의 흐름에 따라 미얀마에 투자한 기업은 상당수 있었다. 1990년대 후반이 이르러 이들이 운동세력의 압력을 견디지 못하고 철수하기 시작했다. 미국의 경우 월마트, 케니스 콜, 토미 힐피거, 존스 뉴욕, 매시 백화점, 펩시콜라, 아마코 정유회사, 레비 슈트라우스, 리즈 클레본, 에디 바우어 등이 미얀마에서 철수했다. 1998년 미국 정부는 미얀마에 대한 신규투자를 전면 금지했다. 미얀마 관광을 거부하자는 운동도 배가됐다. 미얀마 정부는 '미얀마 방문의 해'를 지정하고 관광객 유치에 나섰지만 큰 성공을 거두지 못했다. 관광회사는 미얀마 상품을 중단하고 1990년대 초 큰 기대를 걸고 지었던 호텔, 여관, 게스트하우스의 객실은 텅텅 비었다. 기타 외부와의 접촉도 제한됐다. 미얀마 고위인사에 대한 비자발급이 제한되어 그들은 서방국가를 방문할 수 없었다. 장학금, 기타 대학 간의 교류는 거의 없어졌다. 가장 큰 타격은 세계은행과 같은 국제금융기관과 기타 원조기관의 활동이 금지되어 그 자금과 전문성을 이용할 수 없게 됐다는 점이었다. 심지어 재난이 닥쳐도 인도적 원조를 주는 것조차 어려워졌다.

2004년 새로운 법안이 통과되어 미얀마산 상품의 대미수출이 전면 중단되고, 미얀마로의 어떠한 형태의 송금도 금지됐다. 섬유산업이 직격탄을 맞았다. 개혁을 통해 제재를 완화할 수 있다고 주장하던 사람의 목소리가 완전히 사라졌다. 미얀마는 북한, 이란과 더불어 '폭정의 전초기지'(outpost of tyranny)라는 낙인이 찍혔다.

2005년 HIV/AIDS, 결핵, 말라리아 퇴치 운동을 벌이던 '글로벌 펀드'도 민주화운동세력의 성화를 이기지 못하고 철수했다.

양곤의 국방부 전쟁국 회의실에서 강경파가 득세했다. 그들이 가졌던 우려가 현실로 나타나 그들의 폐쇄적 주장이 힘을 얻었다. 그런데, 미국과 유럽연합이 원조를 중단하고 제재를 가하는 뒤쪽에서 미얀마 군사정권이 생각지도 못했던 대박이 터졌다. 사실 경제는 어려웠다. 한동안 아시아 지역에서 투자가 들어왔으나 곧 중단됐다. 1997년의 아시아 금융위기의 여파도 있었지만, 미얀마의 열악한 투자환경이 더 큰 이유였다. 그런데 이 모든 것이 무색하게 1990년대 말 매장량 규모로 수백억 달러에 달하는 해상 가스전이 발견돼 채굴에 성공했다. 그에게서 들어올 외화는 군사정권을 유지하는 데 큰 도움이 됐다. 시장개혁을 해야 한다는 목소리가 쑥 들어갔다. 서방의 제재는 중산층을 양성하고 그로부터 긍정적인 변화를 기대할 수 있는 것과 정반대되는 경제체제를 미얀마에 심었다.

군사정권이 스스로 고립을 택하고 그 속에서 적응해 온, 가뜩이나 고립된 나라를 더욱 고립시키는 정책은 거의 모든 점에서 비생산적일 뿐만 아니라 위험한 정책이다.

미얀마에 민주 정부를 수립하는 것이 정책 목표가 돼야 한다는 것은 누구도 부인하지 않는다. 특히 미얀마처럼 인종적으로 언어적으로 문화적으로 다양한 나라일수록 자유민주주의만이 항구적인 안정과 진정한 번영을 가져다줄 수 있다. 문제는 방법론에 있다. 이렇게 물어야 한다. 어떠한 경로를 통해 민주주의를 달성할 수 있을 것이며, 그 경로에 놓인 장애물은 무엇이며, 그것을 위한 최선의 정책은 무엇인가?

민주주의로의 이행은 항상 어렵다. 세계 곳곳에서 독재체제가 민주주의로 이행하는 과정에서 새로운 문제, 예컨대 인종분규나 내전을 초래한 사례가 있었다. 미얀마의 경우는 특히 어렵다. 이 나라는 이미 60년간 내전을 수행해 온 나라다. 그 내전은 아직 끝나지 않았다. 수백 개의 서로 다른 언어를 쓰는 인종이 높은 산과 깊은 계곡에 흩어져 사는 나라다. 빈곤이 일상화되어 언제 인도적 위기가 닥칠지 모를 나라다. 내전으로 인해 수십 만의 인구가 집을 잃었고 수만 명의 인구가 여전히 난민으로 떠돌고 있는 나라다. 마약의 생산과 거래가 경제의 일부가 된 나라고, 민주주의에서 가장 중요한 역할을 해야 할 부유층이 바로 마약 사업으로 부를 축적한 나라다. 그런데 이 모든 것보다 더욱 미얀마의 민주화를 어렵게 만드는 두 가지 요소가 있다. 모두 미얀마 역사의 유산이다.

첫째는 오랜 역사에도 불구하고 국가형성에 성공하지 못했다는 점이다. 19세기의 두 왕, 민돈과 띠버는 빠르게 변하는 세계에 적응하기 위해 전통적인 제도를 개조하여 새로운 국가를 만들고자 했지만, 영국 제국주의에 의해 좌절하고 말았다. 전통적 질서는 깡그리 무너졌다. 영국은 인도의 경험을 반영하여 그들에게 익숙한 제도―민간 공무원, 사법제도, 직업 경찰과 군대, 그리고 궁극적으로는 선거를 통한 의회―를 이식하고자 했지만, 토양이 맞지 않았다. 그나마 버텨주던 식민지배가 갑자기 끝나면서 곧 고사할 운명이었다. 우누 정권 시절, 민주국가를 만들어보려고 노력했지만, 내전, 중국의 침공, 그 내우외환의 과정에서 자라난 네윈의 군부에 의해 결국 좌절했다. 그 군부만이 우뚝 서 있고 나머지 모든 국가 제도는 허수아비와 같아졌다. 미얀마의 군부를 제거한다고 될 일이 아니다. 그 군사국가를 대체할 새로운 국가 제도가 동시에 형성돼야 한다.

둘째는 사상과 사고의 문제다. 띠버가 축출당하고 왕정이 무너졌다는 것은 수 세기 동안 내려오던 왕에 대한 관념, 그리고 정부와 사회 사이의 관계에 대한 사고가 무너졌다는 것을 의미했다. 수 세기 동안 궁정에서, 수도원에서 전승돼 오던 미묘하고 복합적인 교육체계 또한 완전히 무너졌다. 그 자리를 파고든 것이 호전적 민족주의였다. 그 민족주의의 내용을 채운 것은 많고 다양하고, 그래서 서로 충돌하는 미래에 대한 이상이었다. 그 이상들이, 누구에게는 공산주의, 누구에게는 사회주의, 누구에게는 민주주의가, 학생회관에서의 끊임없고, 결론 없고, 구체성 없는 토론을 통해 공허한 이상론으로 자리 잡았다. 경제, 금융, 보건, 교육과 같은 실용적이고 실천적인 정책문제, 소수자의 권리라든가 대(大)미얀마의 정체성과 같이 추상적이지만 중요하고 현실적인 문제에 관한 토론과 고민은 전혀 없었다.

물론 하루아침에 개선될 수 있는 일도 있다. 예컨대 (천 명이 넘는 것으로 추산되는) 정치범을 일시에 석방한다거나 언론에 대한 규제를 대폭 완화한다거나 하는 일은 정권에 대한 큰 위험 부담 없이 할 수 있는 일이다. 심지어 새로 선거를 하는 일도 불가능하지는 않다. 그런데, 그다음엔? 이 모든 것이 1962년의 쿠데타 같은 것에 의해 하루아침에 무효가 될 수 있다. 군은 여전히 기회를 엿볼 것이다. 미얀마를 동유럽 스타일의 실패한 혁명처럼 생각하는 이들이 있다. 그들이 보기에 필요한 것은 다시 한번 대중의 에너지와 열정을 결집하여 1988년과 같은 혁명이 일으키는 것이다. 그러나 굳이 비유하자면 동유럽이 아니라 전쟁의 후유증에 시달리는 캄보디아나 아프가니스탄이 더 적절하다. 그곳에 필요한 것은 미얀마와 마찬가지로 다양한 경로로 제도를 구축하고 사회변화를 유도하고 경제발전을 이룩하는 것이다. 그때야 오랜 세월 동안 쌓인 고통을 씻을 수 있을 것이다. 미얀마의 경우 이 접근법의 첫 출발점은 고립을 탈피하는 것이다. 외부세계와 다시 연결하고 새로운 아이디어를 받아들이고 정체된 정치적 분위기에 신선한 공기를 주입하고, 그러면서 오랫동안 곪은 마음의 상처를 치유해나가는 것이다.

미얀마가 집권자들이 외부세계와의 연결을 간절히 원하거나 고립으로 잃을 것이 많은 나라라면 제재가 통할지 모른다. 만일 미얀마의 집권자들이 외부세계와의 통상과 교류가 가져다줄 이익을 깨닫고 원한다면 제재가 하나의 압력으로 작용할지도 모른다. 그러나 그 어느 것도 아니다. 1988년 대봉기 이후 신군부가 경제를 자유화하고 고립에서 벗어나려고 했을 때도 전적으로 내켜서 한 것은 아니었다. 많은 군인은 서방세계와 거리를 유지한 채 중국, 그리고 몇몇 이웃 나라와만 교류하기를 원했다. 외국의 투자자, 관광객이 대규모로 들어와 지상에 새로운 현상을 만들면 그들이 특권을 누려온 현상이 위험해진다는 것을 본능적으로 알고 있었기 때문이다.

외부의 사람들이 종종 놓치는 것은 40년간의 고립이, 특히 서방세계 그리고 국제무대로부터의 고립이 그 안에 갇힌 사람들에게 얼마나 큰 상처를 주었는지다. 중국, 그리고 기타 여전히 개발도상에 머무르고 있는 이웃 국가와의 무역은 전 세계의 여러 나라와의 교류를 절대 대신할 수 없다. 미얀마를 이토록 가난하게 만든 것이 바로 고립이다. 긍정적이고 건설적인 민족주의가 아니라 부정적이고 외국인 공포증에 가까운 민족주의가 자라게 만든 것이 바로 고립이다. 미얀마의 군이 모든 것을 제로섬의 시각에서 보고 변화는 곧 위험이라고 인식하게 만든 것도 바로 고립이다. 휴전은 항상 잠정적이고 서로 간의 차이만 굳혀준다고 생각하게 만든 것도 고립이다. 그리고 민주주의로 나아가려면 필요불가결한 국가의 제도를 거의 붕괴시킨 것도 고립이다. 고립이 아니라면 지금의 현상은 지탱할 수 없다. 물론 고립을 벗어난다고 모든 일이 하루아침에 해결되지는 않을 것이다. 다만, 고립을 벗어나면 지금은 그처럼 막연하게 보이는 해결책이 더욱 분명해지고 달성하기도 쉬워질 것이다.

고립된 상태에서도 군부는 여전히 단호하게 또 자신 있게 그들의 생각을 밀고 나갈 것이다. 군부가 지배하는 신헌법이 채택될 것이다. 그리고 군부가 지배하는 정부가 들어설 것이다. 역사 속 장군들의 동상은 여기저기 세워질 것이며 반대세력은 거의 사라질 것이다. 산악지대의 반군세력은 무장해제되어 새로운 질서를 강요받을 것이다. 그러나 그것으로 끝나지 않을 것이다. 불만은 눈에 띄는 대신 안으로 곪을 것이다. 그나마 다행스럽게도 미얀마 정치에 거의 나타나지 않았던 테러리즘이 새로운 정치투쟁의 도구로 등장할지도 모른다. 군부를 제외한 모든 국가 제도는 외국에서 교육받은 마지막 세대처럼 늙고 쇠약해질 것이다.

1962년 네윈이 쿠데타로 정권을 잡았을 때 그와 유사한 군사정권이 아시아 곳곳에 있었다. 한국, 태국, 인도네시아가 다 그랬다. 이들과 미얀마가 다른 점은 미얀마의 군부정권이 더 억압적이었다는 점이 아니다. 네윈과 달리 그들 나라의 군사독재자는 전문가와 직업 관료의 조언에 귀를 기울이고 장기적인 경제발전을 염두에 두고 추진했으며, 궁극적으로 건강한 시민사회가 자라도록 했다. 이 모든 것이 가능했던 이유는 이들 나라는 국제사회로부터 고립되지 않았고 무역과 관광이 궁극적으로 정치적 변화를 원한 사람들의 입지를 키워줬기 때문이었다. 태국과 인도네시아가 지난 20년간 미국과 유럽의 경제제재 속에 있었더라면 민주주의의 싹은 찾아볼 수 없었을 것이다. 만일 중국이 1989년의 천안문 사태 이후 자의로든 타의로든 고립되었더라면 지금쯤 어떻게 되었을까?

무조건 개방과 교류를 주장하는 것은 물론 아니다. 무역과 투자에서 세계적으로 통용되는 윤리적 기준은 준수돼야 마땅하다. 그러나 기업에 독재국가와 사업을 하여 기업 이미지를 망치지 말라고 충고하는 것과 경제에 제재를 가하면 정치적 변화가 올 것이라고 말하는 것은 전혀 별개의 일이다.

이제 미래를 생각하자. 쉬운 대안도 없고 빠른 해결책도 없다. 하루아침에, 또는 수년에 걸쳐서라도 미얀마에 민주주의를 정착시킬 요술 방망이는 없다. 미얀마가 고립을 줄이면 무역이 늘어날 것이다. 외국과의 교류, 특히 관광이 늘어날 것이다. 그런 정치 외적인 변화가 경제를 개혁하고 국가 제도를 재건하려는 정부를 만나고 시민사회가 활동할 공간을 마련한다면 향후 10~20년 안에 정치적 변화의 기틀이 마련될지 모른다. 별로 고무적인 전망은 아니고 급진적인 변화를 원하는 사람들은 실망하겠지만 이것이 현실적인 전망이다.

이 보다 더 암담하고 절망적인 전망도 해볼 수 있다. 외부에서 미얀마에 대한 제재를 주장하는 목소리와 내부에서 고립을 주장하는 목소리가 뜻하지 않게 공명할 때 미얀마의 고립은 더욱 깊어지고 정부의 제도는 더욱 무력해질 것이며 다음 세대는 제대로 된 영양과 교육을 공급받지 못한 채 자라게 될 것이다. 그러면 향후 10~20년이 지나면 세계는 민주적 변화는커녕 군부조차도 통제력을 상실한 또 하나의 '실패한 국가'를 목격하게 될 것이다. 그러면 이 나라는 1948년 무정부 상태로 돌아갈 것이며, 더 많은 사람이 더 많은 무기를 들고 서로 싸우게 될 것이다. 강해지고 자신감에 넘친 이웃 국가들이 가만 보고만 있을까? 그런 일이 일어난다면 21세기의 남은, 향후 90년도 미얀마가 다시 일어서기에는 충분치 않은 세월일지도 모른다.

덧붙이는 글

2007년 9월, 참으로 오랜만에, 어쩌면 사상 처음으로, 미얀마가 국제적인 스포 트라이트를 받았다. 전 세계의 TV 화면은 적갈색 승복을 입은 승려들이 그리 고 론지를 입은 수만 명의 평민이 장맛비로 질척거리는 거리를 걸으며 더 나은 삶, 더 많은 자유를 외치며 행진하는 장면을 비추었다. 전 세계 수백 만의 시청 자가 철모를 쓴 젊은 군인들과 전투경찰들이 트럭에서 뛰어내려 소총과 곤봉 을 휘두르며 달려가는 모습도 아울러 보았다. 기자들은 멀리 떨어진 정글 속 에 설치한 카메라 앞에서 장군들의 이름을 언급하고, 과연 이번에는 군사정 권이 무너질지에 대해 목소리를 높이고 있었다. 가끔 아웅산 수치의 모습도 비쳤다. 여전히 대학로 변에 있는 저택 안에 갇혀 밖에서 조용히 염불하는 승 려들에게 합장해 보이는 모습이었다. 서방의 사람들은 케이블 방송을 통해서 아니면 인터넷을 통해서 감도는 긴장감을 느낄 수 있었다. 그리고 선과 악이 대결을 벌이고 있으며 조만간 선이 이겨 아시아에서 새로운 혁명이 성공할 것이라는 희망도 감지할 수 있었다.

시기가 절묘했다. 1988년의 대봉기는 여름 휴가 중에 일어났지만, 이번에 는 정확히 유엔총회의 개막과 때를 맞추었다. 달리 시선을 끌 위기도 없었다.

유엔총회 연설에서 조지 W. 부시 미국 대통령은 미얀마에 초점을 두었다. "변화를 갈망하는 인민의 뜻은 한 점 의심의 여지가 없다"라고 말했다. 평소라면 미얀마는 유엔총회를 계기로 열린 여러 양자 정상회담에서 단지 몇 곳에서 잠시 언급하는 주제에 불과했을 것이다. 그러나 이번에는 달랐다. 많은 정상회담에서 제1 의제가 됐다. 각국의 정상은 서둘러 우려하는 내용의 성명을 발표했고 각국 외교관들은 서로 전화하기에 바빴다. 영화배우 짐 캐리는 유튜브를 통해 반기문 유엔 사무총장에게 호소했다.

화면만으로 충분했다. 외부 사람들에게 그 시위가 미얀마의 역사적 공간에서 어떠한 의미를 지니는지는 전혀 중요하지 않았다. TV에 잡힌 화면 대부분은 양곤의 도심 그 자체를 의미하는 술레 파고다 부근을 잡고 있었다. 근 2세기 전, 바로 여기서 따도 마하 반둘라가 코끼리 부대를 이끌고 동인도 회사의 아치볼드 캠벨 장군의 병력을 맞아 싸웠다. 바로 여기가 19세기 말 20세기 초 수십 만의 인도인들이 들어와 두 세대 후 인도로 추방당할 때까지 고향으로 삼고 살았던 곳이었다. 술레 파고다 로드가 아웅산이 민족주의 시위를 이끌던 곳이며, 대규모 공산당원들이 시위를 벌였던 곳이며, 1946년 클레먼트 애틀리 총리가 서아프리카 소총부대를 보내 양곤의 질서를 회복했던 곳이었다.

이곳은 또한 1988년 마지막 대규모 시위가 있었던 곳이었다. 국제적인 맥락은 달랐지만, 안으로 이번 시위와 1988년의 시위는 틀로 찍은 듯 닮았다. 비에 씻겨나간 도로, 칙칙한 건물, 결의에 찬 젊은 시위자들, 께름칙한 군부의 침묵, 그리고 조만간 진압군이 올 거라는 느낌. 같은 연극의 재연이었다. 규모는 작았지만, 승려들이 앞장서서 배역이 화려해졌다. 그리고 무엇보다 청중이 더욱 집중해서 관람하고 있었다.

그러나 나는 그때와 다른 결말을 기대할 수 없었다. 사실 1988년 시위가 시작됐을 때 나는 루가노호숫가에 있는 피터 스미더 경(Sir Peter Smither)의 집에 있었다. 그는 원예가로 잘 알려졌지만 원래 외교관이자 스파이였다. 007 시리즈를 쓴 이안 플레밍의 친구로 주인공 제임스 본드의 모델이었다. 우리는 함께 BBC 뉴스를 들었다. 피터 경이 너무 기대하지 말라고 경고했지만 나는 흥분했다. 혁명의 열기가 넘쳐 민주화와 독립을 가져오기를 바랐고 바라는 만큼 그렇게 될 거라고 믿었다. 군사정부가 그냥 시위를 진압하고 별것 아닌 것처럼 호도하는 일은 불가능하다고 생각했다. 며칠 후 나는 방콕으로 갔다. 한 외국 기자가 군부가 여전히 치고 나올 수 있다고 말하는 것을 보고 짜증이 났다. 시위가 진압된 이후에도 한국 외교관이 내게 미얀마의 민주화는 "앞으로 20년"을 기다려야 한다고 말했을 때 화가 났다. 민주주의가 바로 저기에 있는데! 그때 내 생각이었다.

 이번에는 그렇지 않았다. 조만간 많은 사람이 목숨을 잃게 될 것이라는 끔찍한 생각뿐이었다. 이 시위는 변화의 조짐이 아니라 좌절의 조짐이었다. 시위는 정부가 갑자기 유류값을 인상하면서 시작됐다. 하루 1달러도 안 되는 돈으로 근근이 연명하는 도시근로자들이 절망하고 아우성치기에 충분한 일이었다. 보다 못한 승려들이 거들고 나왔고, 파코쿠라는 도시에서 정부가 이들을 무참하게 폭행했을 때 시위군중은 순식간에 불어났다. 승려들은 정부의 사과를 요구했고 군중은 더 나은 삶을 요구했다. 나는 내 비관론이 틀렸기를 바랐지만, 그때 미얀마의 시위군중 중에도 1988년처럼 정부가 병력을 파견하여 총탄을 발사하고 통금을 실시하고 체포에 나설 것이라는 것을 의심하는 이는 별로 없었다. 이것은 뭔가를 바라고 한 일이 아니라 그냥 터져 나온 아우성이었다.

 그런데 1988년과 달리 국제적인 반응은 빠르고 뜨거웠다. 싱가포르 정부는 아세안의 이름으로 최근의 사태에 대해 '극도의 우려'를 금할 길이 없다는 내용의 성명을 발표했다. 프랑스의 외교장관 베르나르 쿠슈너는 각국의 비난

성명이 적절한 '자극'이 될 것이라며 환영했다. 미국의 전 퍼스트레이디 로라 부시 여사는 <월 스트리트 저널>에 칼럼을 기고했다. 페이스북에 '버마 승려의 항의를 지원하자'(Support the Monks' Protest in Burma)라는 페이지가 개설되자 근 50만 명이 친구신청을 했다. 유엔 안전보장이사회가 소집돼 위기에 대해 논의하고 사무총장의 특별보좌관, 나이지리아의 외교장관을 지낸 이브라힘 감바리 교수가 급히 현지로 파견됐다.

10월 초가 되자 뉴스 사이클이 바뀌었다. 미얀마 이야기는 1면에서 밀려났다. 우기가 끝나면서 양곤의 하늘은 맑게 개었지만 도시 자체는 잿빛으로 다시 암울하게 가라앉았다.

나는 거리의 시위를 통해 미얀마의 군부 통치를 끝내는 일이 불가능하다고 생각하지는 않는다. 다만 그럴 가능성이 작다고 생각할 따름이다. 정권교체 시나리오는 대부분 군부 내부의 분열로 파벌이 형성되고 한 파벌이 쿠데타를 일으켜 다른 파벌의 정권을 타도하는 것을 전제로 한다. 그런데 군대란 정확히 그런 내부적 분열과 도전을 막도록 고안되고 조직된 조직이다. 또 다른 시나리오는 군부 전체의 '개과천선'을 전제로 한다. 즉 길거리에서 엄청난 참상을 보거나 그 가능성을 염두에 둔 군부가 아웅산 수치에게 양보하여 민주화의 길이 열린다는 식이다. 미얀마의 역사를 보면 그런 기대가 얼마나 순진한지 알 수 있다.

그러면 다시금 같은 질문을 하게 된다 — 미얀마를 어떻게 하면 좋을까? 이 책에서 내가 수차 주장했듯이 이에 대한 대답을 찾으려면 일단 미얀마를 다른 각도에서 보아야 한다. 정치에만 초점을 두면, 비난하고 제재하면서 어떻게든 달라지길 바라는 소극적 태도로 귀결한다. 시야를 확대할 필요가 있다.

미얀마를 둘러싼 논쟁이 절정에 달했을 때도 내전에 대해 언급한 사람이 거의 없었다는 사실은 충격적이다. 환갑을 맞은 이 전쟁은 이제 분수령에 이르렀다. 정부와 반군 사이의 휴전협정은 여전히 유효하지만, 정부가 신헌법을 채택하여 반군 혹은 소수인종에 아주 제한적인 자치를 부여하고 그 대신 반군의 완전한 무장해제를 추진하면서 새로운 긴장이 조성되고 있다. 완전한 평화는 여전히 멀어 보이는데, 폭력적 갈등이 재현할 조짐은 점점 커지고 있다. 그것이 어떻게 전개되고 어떻게 귀결되든 군부와 기타 인종 반군 사이의 관계가 미얀마의 미래에 결정적인 영향을 미칠 것은 의심의 여지가 없다.

또 경제가 있다. 2007년의 시위를 촉발한 것은 정치가 아니라 경제였다. 지난 몇 년간 정부는 경제가 좋아졌다고 자랑했다. 천연가스의 채굴과 판매 덕분이었다. 그런데 정확히 그 매장량이 얼마나 되는지는 아무로 모른다. 어쩌면 전 세계에서 가장 큰 가스전으로 수천억 달러의 가치가 될 수도 있다. 현재 천연가스는 태국으로 팔려 방콕의 밤을 밝히면서 미얀마에 연간 2백억 달러의 외화를 벌어주고 있다. 그 위에 대규모 사업이 진행 중이다. 중국은 인도양과 윈난성을 연결하는 파이프라인을 건설하여 중동에서 수입하는 석유를 위험한 믈라카해협을 통과하지 않고 수송하려고 한다. 파이프라인이 건설되면 그것을 따라 도로와 철도도 건설될 것이니 미얀마는 중국이라는 거대한 산업단지에 더욱 가까워지게 될 것이다.

그러나 그것으로부터 이익을 얻는 미얀마 사람은 많지 않을 것이다. 정확히 '수도'(首都)라는 뜻을 가진 신수도 네피더(Nay Pyi Taw)를 양곤과 만달레이 중간지점에 건설하면서 엄청난 공공자원이 투입됐다. 이처럼 소모적인 사업, 고질적인 경제관리의 실패, 서방의 경제제재가 함께 어울리면서 독특한 정치·경제적 현상이 생겨났다. 설사 제대로 된 경제정책을 시행하더라도 서방의 경제제재가 진행 중인 한, 미얀마는 중국이나 베트남, 기타 어떤 나라와도 경쟁할 수 없다. 섬유산업이나 관광산업 등 미얀마가 불리할 것이 없는 분야도 그렇다. 그러니 지역 내 수요가 많고 정부재정에 직접 도움이 되는 에너지 자원과 같은 채굴산업에 관심이 집중될 수밖에 없다.

천연가스로 국고가 넉넉해지든 말든 사람들은 갈수록 빈곤해지고 있다. 인구의 상당수가 지금 빈곤선 아래에서 살고 있다. 보건 및 교육체계는 무너지고 있다. 유엔기구와 비정부단체를 통한 원조는 증가추세에 있지만, 그 공간은 크지 않다. 외국인들은 독재정권과는 협력할 수 없다며, 예컨대 필요한 보건 관련 부처와 함께 일하기를 거부하고, 정부는 정부대로 원조를 빙자한 정권교체 음모를 의심하고 있다.

최악의 시나리오는, 안으로 억압되고 밖으로 비난받고 제재받는 가운데 다수의 희생 위에 일부만 이득을 보는 정치·경제적 왜곡이 더욱 심해지는 것이다. 보건과 교육이 무너지고 민생이 도탄에 빠지면, '민주주의'가 무슨 구원이 될 것인가?

물론 모든 것이 이처럼 암담한 것은 아니다. 나는 2006~2007년 연말연시에 몇 주간 미얀마에서 체류했다. 양곤의 민갈라돈 공항에서 짐을 기다리면서 한 집단의 젊은이들과 함께 서 있었다. 그들의 짐에 붙은 물표를 보니 '슈웨보 무슬림 협회' 소속이었다. 그들은 전세기를 타고 막 메카의 성지순례를 다녀오는 길이라고 했다. 다들 들떠 있었다. 또 호텔에 체류하는 동안 거의 날마다 잘 차려입은 20대 젊은이들이 이력서를 손에 들고 채용 인터뷰를 기다리고 있는 것을 보았다. 카타르의 도하나 싱가포르에 진출할 기회인 것 같았다. 한 젊은이는 피자 요리사 자격증을 땄다고 자랑했는데, 그냥 피자가 좋아서 그랬다고 했다. 내가 떠날 무렵 큰 콘서트홀에서 전국 힙합 경연대회가 열렸다. 근처에 있는 인터넷 카페를 갔는데 거의 모든 웹사이트에 제한 없이 접속할 수 있었다. 가는 곳마다 사람들은 한국 드라마나 영국 프리미어리그 축구를 방송하는 TV에서 눈을 떼지 못하고 있었다. 신문 가판대에는 정부 기관지도 있었지만 브래드 피트와 앤젤리나 졸리가 아이를 입양했다는 뉴스를 전면에 실은 대중지도 있었다.

정치가 중요하지 않다거나, 군부독재가 아니라 이런 모습이 '진짜 미얀마'라고 주장하려고 이 말을 하는 것이 아니다. 이런 작은 이야기를 하고, 이 책에서 계속 무장반군 이야기를 하고 경제적 측면을 강조하는 이유는 미얀마가 복합적인 국가라는 것을 이야기하기 위해서다. 그 복합성을 이해하지 못하면 국제사회는 여전히 원하는 것을 얻지 못할 것이라고 말하기 위해서다.

이것은 비난하고 제재하고 혁명적 변화를 부추기는 서방의 정책에만 해당하는 것이 아니다. 아세안 국가들이 추진해 온 소위 '건설적 관여' 정책도 마찬가지다. 이 두 가지 정책은 모두 정치에만 초점을 둔다. 차이는 단지 설득이냐 압력이냐의 방법론에만 있다. 그러나 이들은 미얀마 정권의 성격을 전혀 이해하지 못한다. 미얀마 군부의 존재 이유는 적이 누군지 찾아내어, 방어하거나 격멸하는 것이다. 그 군부를 지배하는 사람은 군인이지 정치가가 아니다. 사업가는 더욱 아니다.

변화가 온다면 그건 정문을 통해서가 아니라 뒷문을 통해서, 정치가 아니라 경제적·사회적 변화를 통해서 올 것이다. 시간이 흐르면 세대는 바뀌기 마련이다. 사회만 그런 게 아니라 군도 그렇다. 이 시간의 흐름과 세대의 교체가 어디로 향할지는 국제환경에 의해 크게 좌우될 것이다. 신세대 장군들이 전진을 택할 것인가, 아니면 과거의 고립으로 회귀할 것인가? 국제사회가 2007년의 시위가 경제적 이유 때문이었다는 것을 이해하고, 인도적 지원을 확대하고 빈곤을 퇴치할 방법을 찾아낼 것인가? 국제사회가 내전의 중요성을 이해하고, 정의롭고 지속적인 평화의 모색하는 데 우선순위를 둘 것인가? 국제사회의 정책이 군부의 외국인 기피증을 더욱 심하게 만들 것인가, 아니면 미얀마를 국제사회의 책임 있는 일원으로 이끌 것인가? 더 많이 개방하고 더 많이 연결하고 더 많이 노출되는 것이 현상을 개선하는데 가장 좋은 방법이라는 것을, 국민이 이해할 것인가?

    띠버 왕이 랜돌프 처칠 공의 최후통첩을 거부하고 나라가 오로지 갈등의 늪에 빠진 이래 백 년이 넘는 세월 동안, 미얀마는 정말 운이 없었다. 역사의 갈림길마다 거의 항상 나쁜 쪽으로만 갔다. 그러나 운이 항상 한쪽으로 작용하는 법은 없다. 음지가 있으면 양지도 있는 법, 미얀마의 운명도 조만간 바뀔 것이다. 아직도 늦지 않았다.

감사의 글

Farrar, Straus and Giroux 출판사의 Jane Elias, Kevin Doughten, Cara Spitalewitz 및 기타 그들의 동료가 이 책의 제작 전 과정을 맡아 주었다. 그들의 뛰어난 작업에 감사한다. Faber and Faber의 Walter Donohue의 통찰력 있는 조언을 해주어 고맙다. 또 Sofia Busch와 David Harland는 이 책 몇 장의 초본을 세세하게 읽고 사려 깊고 건설적인 도움말을 주었다. 감사하지 않을 수 없다.

또 부모님, 즉 틴 민-우 박사 부처, 그리고 기타 미얀마에 사는 친척, 친구에게도 감사드린다. 그들의 이야기, 또 우리 가족의 이야기를 해주시어 본문에 충실하게 반영했다.

특히 내 대리인 Clare Alexander에게 특히 감사한다. 그녀가 아니었더라면 이 책을 쓸 생각도 하지 못했을 것이다. 또 집필 전 과정을 통해 많은 도움을 주었다. 또 편집을 맡아 준 Paul Elie에게도 특별한 감사의 말을 하지 않을 수 없다. 그가 인내하며 차근차근 이끌어 준 덕분에 이 책이 훨씬 좋은 책이 됐다.

황금의 나라 미얀마

옮긴 이의 글

인구 5백만, 미얀마 제1의 도시 양곤 국제공항에서 시내로 접어들면 높이 걸린 대형 전광판이 맞이한다. 이렇게 쓰여있다.

"황금의 나라에 오신 것을 환영합니다" (Welcome to the Golden Land)

양곤 시내로 들어가면 미얀마 사람들이 가장 자랑스럽게 생각하는 쉐다곤 파고다가 웅장한 황금빛 모습을 드러낸다. 빛깔만이 아니다. 첨탑은 순금으로 이루어져 있다. 이 사탑에 있는 금을 다 합치면 60톤이 넘는다고 한다. 식민지 시절 미얀마인들은 쉐다곤 파고다의 금이 "대영제국은행의 금고에 있는 것보다 많다"라며 그나마 자존심을 내세우곤 했다. 게다가 첨탑 부분은 다이아몬드·루비·사파이어·에메랄드 등 총 2천 캐럿이 넘는 보석으로 장식돼 있다.

지금은 세계에서 일인당 국민소득이 가장 낮은 나라 중 하나지만 미얀마는 원래 가난한 나라가 아니다. 우리나라 일인당 소득이 100달러에도 미치지 못했던 1960년 태국은 210달러, 미얀마는 670달러였다. 양곤 주변 이라와디 삼각주는 삼각주 특유의 비옥한 농토와 4모작이 가능한 기후 덕분에 세계 제1의 쌀 산지였다. 산악지대에는 고급목재인 티크 나무가 무성했고 세계 굴지의 석유회사인 BP가 원래 Burma Petroleum의 약자였을 정도의 산유국이었다. 1962년 쿠데타로 집권한 독재자 네윈이 바로 그 풍부한 자원을 믿고 나라 문을 닫아걸었다가 지금과 같은 경제적 어려움을 자초했다.

그런 미얀마가 달라졌다. 2011년 헌정복구 후 미얀마는 미국을 비롯한 서방 세계와 관계를 개선하고 국제사회의 일원으로 복귀했다. 2016년 미얀마가 세계로부터 외면을 당한 이유였던 아웅산 수치가 이끄는 '민주주의 국민연맹'(NLD)이 선거를 통해 집권했다. 비록 소위 '로힌자'* 소수민족 문제로 다시 국제사회와 갈등을 빚고 있으나 미얀마가 국제사회로 복귀한 것은 분명하다. 복귀한 미얀마는 동남아의 황금이자 보석이다.

강대국 사이에 끼이고 치인 한국이 동남아를 탈출구로 삼고 소위 '신남방정책'을 추진하는 것은 늦은 감이 있으나 논리적 귀결이다. 2019년 11월 하순 한국은 신남방정책의 목적으로 한-아세안 관계 30주년을 기념하는 특별정상회의, 이어 한-메콩 정상회의를 연이어 열었다. 메콩은 곧 메콩강을 말하는 것으로 그 유역에 있는 캄보디아, 라오스, 미얀마, 태국, 베트남을 포괄하는데 이들은 곧 아세안 10개국 중 아시아 대륙에 있는 5개국이다.†

지리전략적으로 보아 동남아의 핵심은 인도와 중국 사이에 위치하여 이름도 인도차이나인 메콩강 유역 5개국이다. 그중 중심은 오랫동안 태국이었지만, 지금 그 중심이 베트남으로 이동하며 삼성전자와 박항서 감독이 한국

---

* Rohingya의 미얀마식 발음은 Ro·hin·gya로 끊어서 읽기 때문에 Ro·hing·ya로 끊어서 읽은 '로힝야'가 아니라 '로힌자'로 읽는 게 맞다.

† 잘 알다시피 아세안 회원국은 10개국이다. 그 중 필리핀, 인도네시아는 많은 섬으로 구성돼 있고, 브루나이는 보르네오 섬에 있는 작은 나라이고, 말레이시아는 대륙에 반쯤 걸친 말레이 반도와 보르네오섬으로 구성되며 싱가포르는 말레이 반도 끝에 있는 작은 섬이다.

의 대단함을 상징하고 있다. 이제 그 중심이 미얀마로 확장하고 이동하고 있다. 인도차이나반도에서 가장 큰 나라가 미얀마인 것이다. 그리고 중국과 인도라는 거대시장에 직접 접하고 있다. 이처럼 베트남에 이어 미얀마가 한국이 도약할 기회를 제공하고 있다. 그런데 그 기회를 잡을 태세가 돼 있는가?

옮긴 이와 미얀마의 인연은 이제 7년을 넘어 8년째를 맞고 있다. 2013년 초부터 지금까지 방학 때마다 미얀마를 찾아 양곤대학교에서 교수, 학생을 상대로 강의를 해왔다. 강의하면서 미얀마를 공부할 필요를 느꼈다. 그래서 이 책을 잡고 건성으로 읽었다. 건성이었지만 큰 재미를 느끼고 깊이 감동을 하였다.

미얀마를 방문하는 횟수가 늘어날수록, 미얀마를 찾은 사람들, 미얀마에 관심이 있는 사람들을 만날수록 미얀마에 대한 우리의 생각이 겉돌고 있다는 생각을 지울 수 없었다. 국가·정부 사이를 조율하는 외교관, 개발 협력에 참여하는 정부 기관이나 민간단체, '황금의 땅' 미얀마에서 기회를 찾는 상사 주재원이나 사업가들 사이에 형성된 미얀마에 대한 관념과 그 관념에서 출발한 담론이나 대화가 자못 피상적이라는 생각이 들었다.

그래서는, 한국의 드라마에 푹 빠지고, K-Pop에 열광하고, 그런 만큼 한국을 좋아하는 미얀마 사람들의 애정과 기대에 부응하지 못한다. 미얀마 역사와 사회를 알고, 그 속에서 살아온 사람들의 희망과 고민을 이해하지 못하면 양국 정상이 환히 웃으며 악수하고 외교관들이 양곤과 네피더를 부지런히 오가고, 민간단체가 국민의 세금으로 조성된 개발 협력 기금으로 열심히 뛰어도 세금값을 하기 어려울 것이다. 상사 주재원이 숨이 턱턱 막히는 더위 속에서, 그칠 줄 모르는 몬순의 빗속에서 뛰어도 이윤은 기대에 못 미칠 것이다.

그래서 이 책을 번역하기로 했다. 번역하면서, 지은 이의 생각에 공감하면서 잘 생각했다고 스스로 위로했다. 이 책을 사서 읽을 사람이 과연 얼마나 될지는 알 수 없다. 아마 미얀마와 '직접' 관련된 사람들의 '일부'일 가능성이 크다. 그들의 '전부', 그리고 미얀마와 '간접' 관련된 사람들의 일부, 나아가 지적 호기심이 넘치는 사람들이 읽고 나서, 내가 번역하기를 잘했다고 생각했듯이, 읽기를 잘했다고 생각하면 좋겠다. 특히 번역하면서 '미얀마'를 '북한'으로 바꿔 읽어도 딱 바르다고 느낀 부분이 자주 있다. 그렇게 비교적인 시야를 키우고, 또 타산지석으로 우리의 문제를 이해하고 해결하는 데도 도움이 되는 독서가 되면 좋겠다.

이 책은 출판된 지 10년이 지나 그간 있었던 변화를 반영하지 않고 있다. 2008년에 신헌법이 국민투표로 채택됐다; 2010년 신헌법에 따른 선거가 시행되어 2011년 봄, 마침내 '국가 평화 및 발전 위원회'(SPDC)가 해체되고 헌정이 회복됐다; 2012년 미국과 관계를 정상화하여 국제사회의 일원으로 복귀했다. 2015년 선거에서 아웅산 수치가 이끄는 '민주주의 국민연맹', 즉 NLD가 압도적인 지지를 얻어 2016년 봄 평화적인 정권교체가 있었다.

그사이 사회경제적으로도 미얀마에는 많은 변화가 있었다. 미국을 비롯한 서방의 경제제재가 해제되면서 외국인 투자가 밀려 들어오고 외국인 체류자의 숫자가 크게 늘었다. 인야 호숫가 전망 좋은 곳에 대우-포스코가 짓고 롯데가 운영하는 롯데호텔이 양곤의 상징건물처럼 우뚝 솟았다. 거리에 자동차가 많아졌으나 도로 사정과 신호체계가 개선돼 교통체증이 전보다 한결 덜하다. 가끔 한 번씩 방문하는 사람에게는 그런 것이 크게 눈에 들어온다.

반면 그곳에 사는 사람들은 변화를 실감하지 못한다. 정부의 행정은 여전히 규제가 많고 느리고 답답하다. 투명하지 않은 정책이 시행되어 국민이 무력감을 느끼게 만든다. 군부의 압도적인 지위는 여전하다. 아웅산 수치 여사가 '국가자문역'이라는, 헌법에 없는 자리에 앉아 사실상 국가원수 역할을 하는 것도 솔직히 부끄럽다. 근년에는 소위 '로힌자' 문제로 미얀마에 대한 국제적 비난이 새로 시작됐다. 아웅산 수치의 노벨평화상을 박탈해야 한다는 소리가 들리면 나라 안팎에 괜히 원망스러운 사람이 많아진다.

미얀마 군부의 미래에 대해서는 본문에서 지은 이가 설명한 이상을 말할 능력이 없다. 다만 한 가지 확실한 것이 있다. 2020년에 세 번째 선거가 치러지고 어떤 형태로든 정권과 정부가 심판을 받으면 미얀마의 민주주의는 공고화될 것이라는 점이다. 양곤대학교에서 5년째 만나는, 교수보다 영어를 더 잘하고, 내게 한국어로 말하고 싶어서 안달하는 어리고 젊은 학생들을 보면 아무리 기복이 있어도 역사는 결국 앞으로 나아간다는 생각을 다시금 하게 된다.

옮긴 이와 미얀마 사업을 함께 하며 고생한, 그러면서 이 책의 번역을 강권한 권소정 양과 이지선 양의 노고와 격려에 감사한다. 중앙대학교 국제대학원 통번역학과 학생들이 감수를 도와주었다. 고맙게 생각한다.

2019년 8월 양곤에서
옮긴 이

주석

1. 왕국의 멸망

1. Henry Yule, *A Narrative of the Mission to the Court of Ava in 1855* (Kuala Lumpur: Oxford University Press, 1968), 139.
2. A. T. Q. Stewart, *The Pagoda War: Lord Dufferin and the Fall of the Kingdom of Ava, 1885-86* (London: Faber and Faber, 1972), 76-79.
3. H. Maxim, *My Life* (London: Methuen & Co., 1915).
4. Archibald Colquhoun, *English Policy in the Far East: Being The Times Special Correspondence* (London: Field & Tuer, The Leadenhall Press, 1885), and *Burma and the Burmans: Or, "The Best Unopened Market in the World"* (London: Field and Tuer, The Leadenhall Press, 1885).
5. Htin Aung, *Lord Randolph Churchill and the Dancing Peacock: British Conquest of Burma 1885* (New Delhi: Manohar, 1990).
6. Mike Davis, *Late Victorian Holocausts: El Niño Famines and the Making of the Third World* (New York: Verso, 2001).
7. 이 이야기는 20세기 초 논픽션 소설로 출간되었다. F. Tennyson Jesse, *The Lacquer Lady* (London: W. Heinemann, 1929). 또한 Htin Aung, *Lord Randall Chrchill*, 제12장 참조.
8. Htin Aung, *Lord Randolph Churchill*, 171-72.

9. 전쟁의 경과에 대해서는 Stewart, *The Pagoda War*를 주로 참고했다. 그 외 Tin, *The Royal Administration of Burma*, trans. L. E. Bagswe (Bangkok: Ava Publishing House, 2001), 276; Tin, *Konbaungzet Maha Yazawindaw-gyi* (repr., Rangoon, 1968), 707-27; 그리고 Thant Myint-U, *The Making of Modern Burma* (Cambridge: Cambridge University Press, 2001) 참조.
10. Maung Maung Tin, *Kinwun Mingyi Thamaing* (Rangoon: Burma Research Society Text Series No. 38, n.d. [1930s?]), 123-39; 이 책을 알려주고 사본을 준 L. E. Bagshawe에 감사한다.
11. Stewart, *The Pagoda War*, 94-95.
12. Ibid., 96.
13. Ibid., 97.
14. 상 미얀마의 행정장관이 미얀마 집정관을 통해 인도 총독 비서에게 보냄. Home Document, 19 October 1886, *History of the Third Burmese War (1885, 1886, 1887), Period One* (Calcutta, 1887)에서 재인용.
15. Stewart, *The Pagoda War*, 21-22.
16. Ni Ni Myint, *Burma's Struggle Against British Imperialism, 1885-1895* (Rangoon: Universities Press, 1983), 42에서 재인용.
17. Ibid, 33-68.
18. Stewart, *The Pagoda War*, 132-39.
19. Charles Crosthwaite, *The Pacification of Burma* (London: E. Arnold, 1912).
20. 저항과 탄압이 미얀마 사회에 미친 영향에 대해서는 Myint-U, *The Making of Modern Burma*, chapter 8 참조.

2. 미얀마를 어떻게 하면 좋을까?

1. 1988년, 소위 8888봉기에 대해서는 Bertil Lintner, *Outrage: Burma's Struggle for Democracy* (Hongkong, 1989); Maung Maung, *The 1988 Uprising in Burma* (New Haven: Yale University Southeast Asia Studies, 1999) 참조.

3. 미얀마의 뿌리

1. Pe Maung Tin, *The Glass Palace Chronicle of the Burmese kings*, G. H. Luce trans. (Rangoon: Rangoon University Press, 1960).

2. Aldous Huxley, *Jesting Pilate: The Diary of a Journey* (London: Flamingo, 1999), 118-20.
3. Bob Hudson, "A Pyu Homeland in the Samon Valley: A New Theory of the Origins of Myanmar's Early Urban System," *Proceedings of the Myanmar Historical Commission Golden Jubilee International Conference*, January 2005; Bob Hudson, "Thoughts on Some Chronological Markers of Myanmar Archaeology in the Pre-urban Period," *Journal of the Yangon University Archaeology Department*, Rangoon. On Bronze Age Souteast Asia, See Charles Higham, *The Bronze Age of Southeast Asia* (Cambridge: Cambridge University P:ress, 1996).
4. Fan Chuo, *Manshu: Book of the Southern Bararians*, trans. Gordon Luce. Cornell Data Paper Number 44, Southeast Asia Program, Department of Far Eastern Studies, Cornell University (Ithaca, N.Y.: December 1961), 90-91.
5. Bo Wen et al., "Analyses of Genetic Structure of Tibeto-Burman Populations Reveals Sex-Biased Admixture in Southern Tibeto Burmans," *American Journal of Human Genetics* 74: 856-65 (2004).
6. Jacques Gernet, *A History of Chinese Civilization* (Cambridge: Cambridge University Press, 1999), 119-20; Nicola di Cosmo, *Ancient China and Its Enemies: The Rise of Nomadic Power in East Asian History* (Cambridge: Cambridge University Press, 2004), 197-98.
7. Bin Yang, "Horses, Silver, and Cowries: Yunnan in Global Perspective," *Journal of World History* 15:3 (September 2004).
8. G. H. Luce, "The Tan (A.D. 97-132) and the Ngai-lao," *Journal of the Burma Research Society* 14:2, 100-103;
9. Romila Thapar, *Early India: From Origins to A.D. 1300* (Berkeley: University of California Press, 2004), 174-84.
10. 불교의 역사에 대해서는 특히 Richard H. Robinson and Willard L. Johnson, *The Buddhist Religion: A Historical Introduction* (Belmont, Calif.: Wadsworth, 1997) 참조.
11. Janice Stargardt, *The Ancient Pyu of Burma*, vol. 1, *Early Pyu Cities in a Man-Made Landscape* (Cambridge: PACSEA, Cambridge, in association with the Institute of Southeast Asian Studies, Singapore, 1990), chapter 7. 또한 Burton Stein, *A History*

of India (Oxford: Blackwell, 1998), 100-104, 127-28 참조.

12. Tansen Sen, *Buddhism, Diplomacy, and Trade* (Honolulu: University of Hawaii Press, 2003), 150-51, 174.
13. Luce, "The Ancient Pyu," *Journal of the Burma Research Society* 27:3 (1937)에 있는 구당 역사에서 재인용.
14. G. H. Luce, *Phases of Pre-Pagan Burma: Languages and History*, 2 vols. (Oxford: Oxford University Press, 1985); Stargardt, *The Ancient Pyu of Burma*, vol. 1.
15. 난자오에 대해서는 Charles Backus, *The Nan-chao Kingdom and Tang China's Southwestern Frontier* (Cambridge: Cambridge University Press, 1981) 참조. 또 Christopher Beckwith, *The Tibetan Empire in Central Asia* (Princeton: Princeton University Press, 1987) 제6장 참조.
16. Fan Chuo, *Manshu*, 28.
17. Beckwith, *The Tibetan Empire*, 157.
18. Fan Chuo, *Manshu*, 91.
19. Michael Aung-Thwin, *Pagan: The Origins of Modern Burma* (Honolulu: University of Hawaii Press, 1985); Htin Aung, *Burmese History Before 1287: A Defense of the Chronicles* (Oxford: Akoka Society, 1970).
20. Bob Hudson, "The King of 'Free Rabbit' Island: A G.I.S.-Based Archeological Approach to Myanmar's Medieval Capital, Bagan," *Proceedings of the Myanmar Two Millenium Conference*, 15-17 December 1999 (Rangoon, 2000).
21. 아너라따에 대해서는 G. E. Harvey, *History of Burma from the Earliest Times to 10 March 1824 — The Beginning of the English Conquest* (1925; repr., New York: Octagon Books, 1967), 18-36; G. H. Luce, *Old Burma Early Bagan*, 3 vol. (Locust Valley, N.Y.: Artibus Asiae, 1969) 참조; Tin, *The Glass Palace Chronicles*, 64-71. 바간 왕국에 대한 일반적인 소개는 Michael Aung-Thwin, *Pagan: The Origins of Modern Burma* and Victor Lieberman, *Strange Parallels: Southeast Asia in Global Context c. 800-1830* (Cambridge: Cambridge University Press, 2003), 85-123 참조.
22. *The Sung History*, chapter 489, Luce, *Old Burma Early Pagan*, 58-59에서 재인용.
23. Harvey, *History of Burma*, 48.
24. Paul Bennett, "The 'Fall of Pagan': Continuity and Change in 14th Century Burma,"

in *Conference Under the Tamarind Tree: Three Essays in Burmese History*, ed. Paul Bennett (New Haven: Yale University Southeast Asia Studies, 1971).
25. 몽골과의 전투에 대해서는 Aung-Thwin, *Myth and History in the Historiography of Early Burma: Paradigms, Primary Sources, and Prejudices* (Singapore: Institute of Southeast Asian Studies, 1998); Harvey, *History of Burma*, 64-70; Htin Aung, *History of Burma* (New York: Columbia University Press, 1967), 69-83 참조.

4. 뱅골만의 해적과 군주들

1. Caesar Frederick of Venice, *Account of Venice*, trans. Master Thomas Hickock, reproduced in *SOAS Bulletin of Burma Research* 2:2 (Autumn 2004).
2. 베인나웅을 보는 여러 시각에 대해서는 Sunait Chutinaranond, "King Bayinnaung as Historical Hero in Thai Perspective," *Comparative Studies on Literature and History of Thailand and Myanmar* (Bangkok: Institute of Asian Studies, Chulalongkorn University, 1997); Kyaw Win, "King Bayinnaung as a Historical Hero in Myanmar Perspective," ibid., 1-7.
3. Than Tun, "History of Burma, a.d. 1300-1400," *Journal of the Burma Research Society* 42:2 (1959), 135-91; Than Hla Thaw, "History of Burma, a.d. 1400-1500," *Journal of the Burma Research Society* 42:2 (1959), 135-51.
4. 뱅골만 지역의 근대 초기 무역에 대해서는, Om Prakash, "Coastal Burma and the Trading World of the Bay of Bengal, 1500-1680," in Jos Gommans and Jacques Leider, eds., *The Maritime Frontier of Burma: Exploring Political, Cultural, and Commercial Interaction in the Indian Ocean World, 1200-1800* (Leiden: KITLV Press, 2002) 참조.
5. Jon Fernquist, "Min-gyi-nyo, the Shan Invasions of Ava (1524-27), and the Beginnings of Expansionary Warfare in Toungoo Burma: 1486-1539," *SOAS Bulletin of Burma Research* 3 (Autumn 2005).
6. John King Fairbank, *China: A New History* (Cambridge, Mass.: Harvard University Press, 1992), 128-40.
7. Louise Levathes, *When China Ruled the Seas: The Treasure Fleet of the Dragon Throne* (New York: Oxford University Press, 1994).
8. 베인나웅의 정복 행보에 대해서는 Htin Aung, *History of Burma*, 102-27; Victor

Lieberman, *Burmese Administrative Cycles: Anarchy and Conquest, c. 1580-1760* (Princeton: Princeton University Press, 1994).

9. Sanjay Subrahmanyam, *The Portuguese Empire in Asia: A Political and Economic History* (London: Longman, 1993), chapter 4.
10. Harvey, *History of Burma*, 160-62.
11. 라카인의 역사에 대해서는 Michael Charney, "Arakan, Min Yazagyi and the Portuguese: The Relationship Between the Growth of Arakanese Imperial Power and Portuguese Mercenaries on the Fringe of Southeast Asia," *SOAS Bulletin of Burma Research* 3:2 (2005); Richard Eaton, "Locating Arakan and Time, Space and Historical Scholarship," in Gommans and Leider, *The Maritime Frontier of Burma: Splendours of Arakan* (Bangkok: Orchid Press, 2001); Sanjay Subrahmanyam, "And a River Runs Through It: The Mrauk-U Kingdom and Its Bay of Bengal Context," in Gommans and Leider, *The Maritime Frontier of Burma*.
12. Father A. Farinha, "Journey of Father A. Farinha, S.J., from Diego to Arakan, 1639-40," in Sebastião Manrique, *Travels of Fray Sebastien Manrique, 1692-1643* (Oxford: Printed for Hakluyt Society, 1927), 172-75.
13. G. E. Harvey, "Bayinnaung's Living Descendent: The Magh Bohmong," *Journal of the Burma Research Society* 44:1 (1961), 35-42.
14. Duarte Barbosa, *A Description of the Coasts of East Africa and Malabar in the Beginning of the Sixteenth Century*, trans. from an early Spanish manuscript by Henry E. J. Stanley (1866; repr., New Delhi: Asian Education Services, 1995), 182-83.
15. François Bernier, *Travels in the Mogul Empire* (London: W. Pickering, 1826), 175.
16. D. G. E. Hall, "Studies in Dutch Relations with Arakan," *Journal of the Burma Research Society* 26 (1936), 1-31.
17. ARA, Letter from Governor-General Coen and Council at Batavia to Andries Soury and Abraham van Uffelen at Masulipatam, 8 May 1622, VOC 1076, ff. 76-78, Om Prakash, "Coastal Burma and the Trading World," in Gommans and Leider, *The Maritime Frontier of Burma*, 98에서 재인용.
18. Alexander Hamilton, *New Account of the East Indies* (Edinburgh: J. Mosman, 1727), Henry Yule, *Narrative of the Mission to the Court of Ava in 1855* (repr., London: Oxford University Press, 1968), 110에서 재인용.

19. 데 브리토의 생애에 대해서는 Harvey, *History of Burma*, 185-89; Htin Aung, *A History of Burma*, 134-44 참조.
20. Harvey, *History of Burma*, 187.
21. Htin Aung, *A History of Burma*, 137.
22. Ibid., 140.
23. Paul Ambroise Bigandet, *An Outline of the History of the Catholic Burmese Mission from the Year 1730 to 1887* (Rangoon: Hanthawaddy Press, 1887), 11.
24. G. E. Harvey, "The Fate of Shah Shuja 1661," *Journal of the Burma Research Society* 12 (1922), 107-15.
25. Harvey, *History of Burma*, 146-48.
26. Jonathan D. Spence, *The Search for Modern China* (New York: W.W. Norton, 1990), 26-48.
27. Ibid., 37.
28. Fernquist, "Min-gyi-nyo, the Shan Invasions of Ava."
29. Harvey, *History of Burma*, 196-201, 352-53.
30. 19세기 초까지 미얀마 국가형성과정에 대한 포괄적인 연구는 Lieberman, *Strange Parallels*, chapter 2 참조.

5. 애국심의 결과

1. *Burma Gazetteer - Shwebo District*, vol. A (Rangoon: Supt., Govt. Print. and Stationary, 1929), 1-10.
2. 꼰바웅 왕조의 초기시절에 대해서는 Htin Aung, *A History of Burma*, 157-93; William J. Koenig, *The Burmese Polity 1752-1819: Politics, Administration, and Social Organization in the Early Konbaung Period* (Ann Arbor: Center for South and Southeast Asian Studies, University of Michigan, 1990); Harvey, *History of Burma*, 219-305.
3. Proceedings of an Embassy to the King of Ava, Pegu & in 1757, Alexander Dalrymple, *Oriental Repertory* (London: W. Ballintine, 1808), *SOAS Bulletin of Burma Research* 3:1 (Spring 2005)에서 재인용.
4. Robert Lester, "Proceedings of an Embassy to the King of Ava, Pegu, &C in 1757"; *SOAS Bulletin of Burma Research* 3:1 (2005).

5. 버마족 대 몬족 사이의 갈등으로 보긴 어렵지만, Victor Lieberman, "Ethnic Politics in Eighteenth Century Burma," *Modern Asian Studies* 12:3 (1978) 참조.
6. D. G. E. Hall, *Europe and Burma* (London: Oxford University Press, 1945), 66-67.
7. 나중에 네그레이스 섬은 정복되고 그곳 영국인은 학살됐다. J. S. Furnivall, "The Tragedy of Negrais," *Journal of the Burma Research Society* 21:3 (1931), 1-133.
8. Harvey, *History of Burma*, 229-31.
9. Sayadaw Athwa III, 148, Harvey, *History of Burma*, 235에서 재인용.
10. Tin, *Konbaungzet Maha Yazawindaw-gyi*, vol. 1, 182.
11. Spence, *The Search for Modern China*, 90-116.
12. 1760년대 청나라의 침공에 관해서 Yingcong Dai, "A Disguised Defeat: The Myanmar Campaign of the Qing Dynasty," *Modern Asian Studies* 38:1 (2004), 145-89를 참고했다. 또한, Harvey, *History of Burma*, 253-58, 355-56; Htin Aung, *A History of Burma*, 175-83.
13. Yingcong Dai, "A Disguised Defeat," 157에서 재인용.
14. Ibid., 166.
15. 보다파야 왕의 치세에 대해서는 Myint-U, *The Making of Modern Burma*, 13-17 참조.

6. 영국-버마 전쟁

1. Myint-U, *The Making of Modern Burma*, 13-15.
2. 마니푸르와 아삼의 전투에 대해서는 Gangmumei Kabui, *History of Manipur*, vol. 1, *Precolonial Period* (New Delhi, 1991), 194-291; S. L. Baruah, *A Comprehensive History of Assam* (New Delhi: Munshiram Manoharlal Publishers, 1985), 220-369 참조.
3. Dorothy Woodman, *The Making of Burma* (London: Gresset Press, 1962), 62에서 재인용.
4. Political and Secret Correspondence with India, Bengal: Secret and Political (341), India Office Records, the British Library, 5 August 1826.
5. 제1차 영국-버마 전쟁에 대해서는 특히 J. J. Snodgrass, *The Burmese War* (London: J. Murray, 1827)이 도움이 된다. 또한 Anna Allott, *The End of the First Anglo-Burmese War: The Burmese Chronicle Account of How the 1826 Treaty*

of Yandabo Was Negotiated (Bangkok: Chulalongkorn University Press, 1994); George Ludgate Bruce, *The Burma Wars 1824-1884* (London: Hart Davis, MacGibbon, 1973); W. S. Desai, "Events at the Court and Capital of Ava During the First Anglo-Burmese War," *Journal of the Burma Research Society* 27:1 (1937), 1-14; C. M. Enriquez, "Bandula - A Burmese Soldier," *Journal of the Burma Research Society* 1:1 (1921), 158-62 참조.

6. Chris Bayly, *Empire and Information: Intelligence Gathering and Social Communication in India, 1780-1870* (Cambridge: Cambridge University Press, 1997), chapter 3.
7. Snodgrass, *The Burmese War*, 16.
8. Ibid., 102-103.
9. Maj. Enriquez, "Bandula - A Burmese Soldier," 158-62.
10. *The Lonely Planet Guide to Myanmar (Burma)* (Victoria, Australia: Lonely Planet Publications, 2002), 245.
11. Yule, *Narrative of the Mission to the Court of Ava*, 151. 그는 그 몇 년 후의 아마라푸라에 대해 쓰고 있다. 그런데 아바의 전체 인구가 신수도로 옮겨갔기 때문에 그가 9천 명 정도로 추산한 아마라푸라의 무슬림 인구도 대체로 같았을 것이다.
12. V. C. Scott O'Connor, *Mandalay and Other Cities of the Past in Burma* (London: Hutchinson & Co., 1907), 110.

7. 만달레이

1. Aung Myint, *Ancient Myanmar Cities in Aerial Photos* (Rangoon: Ministry of Culture, 1999).
2. Thaung Blackmore, "The Founding of the City of Mandalay by King Mindon," *Journal of Oriental Studies* 5 (1959-60), 82-97.
3. Oliver Pollak, "A Mid-Victorian Coverup: The Case of the 'Combustible Commodore' and the Second Anglo-Burmese War," *Albion* X (1978), 171-83.
4. Henry Burney, "On the Population of the Burman Empire," *Journal of the Burma Research Society* 3 (1941), 155.
5. Ibid., 97-98.
6. 민돈왕과 그의 치세에 대해서는 William Barretto, *King Mindon* (Rangoon: New

Light of Burma Press, 1935); Kyan, "King Mindon's Councillors," *Journal of the Burma Research Society* 44 (1961), 43-60; Myo Myint, "The Politics of Survival in Burma: Diplomacy and Statecraft in the Reign of King Mindon 1953-1878," unpublished Ph.D. dissertation, Cornell University 1987; Oliver B. Pollak, *Empires in Collision: Anglo-Burmese Relations in the Mid-Nineteenth Century* (Westport, Conn.: Greenwood Press, 1979); Thaung, "Burmese Kinship in Theory and Practice Under the Reign of King Mindon," *Journal of the Burma Research Society* 42 (1959), 171-84.

7. 민돈의 개혁에 대해서는 Myint-U, *The Making of Modern Burma*, chapter 5 and 6 참조.
8. Langham Carter, "The Burmese Army," *Journal of the Burma Research Society* 27 (1937), 254-76.
9. Yule, *Narrative to the Mission to the Court of Ava*, xxxvii.
10. Ibid., 111.
11. Ibid., 107.
12. James Lee, "Food Supply and Population Growth in Southwest China, 1250-1850," *Journal of Asian Studies* 41:4 (1982), 729.
13. 판데의 반란에 대해서는 주로 David Atwill, "Blinkered Visions: Islamic Identity, Hui Ethnicity, and the Panthay Rebellion in Southwest China, 1856-1873," *Journal of Asian Studies* 62:4 (2003)을 참조했다. 또한 C. Pat Giersch, "A Motley Throng, Social Change on Southwest China's Early Modern Frontier, 1700-1880," *Journal of Asian Studies* 60:1 (2001) 참조.
14. Spence, *The Search for Modern China*, chapter 8.
15. 이 여행과 이 시기 영국-미얀마 관계에 대해서는 Htin Aung, *The Stricken Peacock: Anglo-Burmese Relations, 1752-1948* (The Hague: M. Nijhoff, 1965); Htin Aung, "First Burmese Mission to the Court of St. James: Kunwun Mingyi's Diaries 1872-1874," *Journal of the Burma Research Society* (December 1974) 참조. L. E. Bagshawe, *Kinwun Mingyi's London Diary: The First Mission of a Burmese Minister in Britain, 1872* (Bangkok: Oxford Press, 2006)에도 번역이 실렸는데 그건 참고하지 못했다.
16. Htin Aung, "First Burmese Mission," 4-13.

17. Ibid., 76-77.
18. Tin, *The Royal Administration of Burma*, 251.
19. Paul Bennett, "The Conference Under the Tamarind Tree: Burmese Politics and the Ascension of King Thibaw, 1878-1882," in Bennett, *Conference Under the Tamarind Three*.
20. John Ebenezer Marks, *Forty Years in Burma* (London: Hutchinson and Co., 1917), chapters 15 and 18.
21. 띠버의 정부와 개혁에 대해서는 Myint-U, *The Making of Modern Burma*, chapter 7.
22. Po Hlaing, the lord of Yaw, "Rajadhammasangaha," *SOAS Bulletin of Burma Research* 2:2 (2004).
23. 야나웅에 대해서는 Tin, *The Royal Administration of Burma*, 250-76 참조.
24. Ibid., 271.
25. Ibid.
26. Htin Aung, *Lord Randolph Churchill*, 65-73.

8. 전환시대

1. Paul Edmonds, *Peacocks and Pagodas* (London: George Routledge and Sons, 1924), 96-100.
2. 우딴의 생애와 기타 이야기에 대해서는 집안에 전해 오는 이야기, 그리고 1974년 그의 별세 직전에 쓴 미출간 자전 논문에 의지했다. 또한 Thant, *View from the UN: The Memoirs of U Thant* (1978; repr. Englewood Cliffs, N.J.: Prentice Hall, 2005); June Bingham, *U Thant: The Search for Peace* (New York: Knopf, 1966); Ramses Nassif, *U Thant in New York 1961-71: A Portrait of the Third UN Secretary-General* (New York: St. Martin's Press, 1988); Kaba Sein Tin, *Nyeinchanyay Bithuka U Thant* (Rangoon: Tagaung Press, 1967); Brian Urquhart, *A Life in War and Peace* (New York: Harper & Row, 1987), chapters 15 & 16 등 참조.
3. *Imperial Gazetteer of India* 19 (Oxford: Clarendon Press, 1908), 403.
4. Michael Adas, *The Burma Delta: Economic Development and Social Change on an Asian Rice Frontier, 1852-1941* (Madison: University of Wisconsin Press, 1974).

5. 과거 화폐의 현재 가치를 측정할 공인된 방법이 없으므로 기준을 무엇으로 하는지에 따라 추산된 현재 가치는 크게 달라진다. 여기서는 3백만 파운드가 조금 넘는 가치를 2천 3백만 파운드로 추산했다. Lawrence H. Officer, "What Is Its Relative Value in UK Pounds?" *Economic History Services*, 30 October 2004, http://www.eh.net.
6. *Rangoon Times*, 3 January 1928; Pantanaw U Thant, "We Burmans," *New Burma*, 8 September 1939.
7. J. S. Furnivall, *Colonial Policy and Practice: A Comparative Study of Burma and Netherlands India* (Cambridge: Cambridge University Press, 1948).
8. Harvey, *History of Burma*, 85-86.
9. 망명 시대 띠버에 대해, W. S. Desai, *Deposed King Thibaw of Burma in India, 1885-1916* (Bombay: Bharatiya Vidya Bhavan, 1967).
10. Normal Lewis, G*olden Earth: Travels in Burma* (London: Cape, 1952), 100.
11. Kaung, "A Survey of the History of Education in Burma Before the British Conquest and After," *Journal of the Burma Research Society* 46:2 (1963), 1-124.
12. N. R. Chakravarti, *The Indian Minority in Burma* (London: Oxford University Press for the Institute of Race Relations, 1971).
13. Sean Turnell, "The Chettiars in Burma," *Macquarie Economics Research Papers*, no. 12·2005 (July 2005).
14. Rudyard Kipling, *From Sea to Sea and Other Sketches: Letters of Travel* (1889), vol. 1, no. 2 (New York: Doubleday, 1914).
15. John Cady, *A History of Modern Burma* (Ithaca, N. Y.: Cornell University Press, 1958); F. S. V. Donnison, *Public Administration in Burma: A Study of Development During the British Connexion* (London: Royal Institute of International Affairs, 1953); G. E. Harvey, *British Rule in Burma, 1824-42* (London: Faber and Faber, 1946); A. Ireland, *The Province of Burma*, 2 vols. (Boston: Houghton, Mifflin and Co., 1907).
16. Bernard Crick, *George Orwell: A Life* (London: Secker & Warburg, 1980), chapter 5.
17. 식민지 말기 시절 영국 공무원의 삶에 대해서는 Maurice Collis, *Trials in Burma* (London: Faber, 1938); Leslie Glass, *The Changing of the Kings: Memories of Burma 1934-1949* (London: Owen, 1985) 참조.

18. Alister McCrae, *Scots in Burma: Golden Times in a Golden Land* (Edinburgh: Kiscadale, 1995), 109.
19. 식민지 시대 미얀마에 산 영국인들의 삶에 대해서는 B. R. Pearn, *A History of Rangoon* (Rangoon: American Baptist Mission Press, 1939); James George Scott, *Burma, A Handbook of Practical Information* (London: Daniel O'Conner, 1906) 참조.
20. Noel F. Singer, *Old Rangoon: City of the Shwedagon* (Gartmore, Scotland: Kiscadale, 1995), 109.
21. Maung Htin Aung, "George Owell and Burma," in *The World of George Owell*, ed. Miriam Gross (London: Weidenfeld and Nicolson, 1971), 26-27.
22. H. Fielding Hall, *A People at School* (London: Macmillan, 1906), 22-23.
23. Joseph Dautremer, *Burma Under British Rule*, trans. George Scott (London: T. F. Unwin, 1913), 78.
24. Herbert Thirkell White, *A Civil Servant in Burma* (London: E. Arnold, 1913), 129.
25. H. H. Risely and E. A. Gait, *Census of India 1901*, vol. 1, part 1 (General Report) (Calcutta; Government of India, 1903).
26. Scott, *Burma: A Handbook of Practical Information*, 61-62.

9. 극단의 시대

1. Harvey, *British Rule in Burma*, 28.
2. Joint Committee on Indian Constitutional Reform, 22 April 1918, Cady, *A History of Modern Burma*, 201에서 재인용.
3. Ba U, *My Burma: The Autobiography of a President* (New York: Taplinger, 1958).
4. U May Oung, "The Modern Burmans," *Rangoon Gazette*, 10 August 1908.
5. 1차대전 이후 독립까지 민족주의 운동에 대해서는 Maung Maung, *Burmese Nationalist Movements 1940-48* (Honolulu: University of Hawaii Press, 1989); Maung Maung Pye, *Burma in the Crucible* (Rangoon: Khittaya, 1951); Josef Silverstein, *Burmese Politics: The Dilemma of National Unity* (New Brunswick, N.J.: Rutgers University Press, 1980).
6. George Brown, *Burma as I See It, 1889-1917* (New York Frederick and Stokes, 1925).

7. Donald M. Goldstein and Katherine V. Dillon, *Amelia: A Life of the Aviation Legend* (Dulles, VA: Potomac Books, 1999), 210.
8. S. R. Chakravorty, "Bengal Revolutionaries in Burma," *Quarterly Review of Historical Studies* 19:1-2 (1979-80), 42-49.
9. Cady, *A History of Modern Burma*, 290에서 재인용.
10. Ian Brown, *A Colonial Economy in Crisis: Burma''s Rice Cultivators and the World Depression of the 1930s* (London: Routledge Curzon, 2005).
11. Bertie Reginald Pearn, *Judson of Burma* (London: Edinburgh House, 1962).
12. 아웅산에 대해서는 Aung San Suu Kyi, *Aung San* (St. Lucia, Queensland, Australia: University of Queensland Press, 1984); Maung Maung, *Aung San of Burma* (The Hague: M. Nijhoff, 1962) 참조.
13. Maung, *Aung San of Burma*.
14. Bingham, *U Thant: The Search for Peace*, 128-29.
15. Khin Yi, *The Dobama Movement in Burma (1930-1938)* (Ithaca, N.Y.: Southeast Asia Program, Cornell University, 1988).
16. 바 머가 본 이 시대와 전쟁에 대해서는 Ba Maw, *Breakthrough in Burma: Memoirs of a Revolution 1939-46* (New Haven: Yale University Press, 1967) 참조.
17. Pantanaw U Thant, "We Burmans."
18. Chris Bayly and Tim Harper, *Forgotten Armies: The Fall of British Asia 1941-45* (Cambridge, Mass.: Belknap Press of Harvard University Press, 2005), 4.
19. Stephen Mercado, *Shadow Warriors of Nakano: A History of the Imperial Japanese Army's Elite Intelligence School* (Washington, DC.: Brassey's, 2003).
20. 전쟁 중 및 전쟁 직후 미얀마 정치에 대해서는 Bayly and Harper, *Forgotten Armies* 참조.

10. 전장과 난장

1. 전쟁에 대해서는 Louis Allen, *Burma, the Longest War, 1941-45* (London: J. M. Dent & Sons, 1984); Maurice Collis, *Last and First in Burma* (London: Faber and Faber, 1956); Viscount William Slim, *Defeat into Victory* (London: Cassell, 1956) 등을 참조했다.
2. Collis, *Last and First in Burma*, 40-42.

3. Bayly and Harper, *Forgotten Armies*, 86.
4. Collins, *Last and First in Burma*, 104-105.
5. Ibid., 158-67.
6. Ibid., 178.
7. Donald M. Seekins, "Burma's Japanese Interlude, 1941-45: Did Japan Liberate Burma?" Japan Policy Research Institute Working Paper No. 87 (August 2002); 아웅산의 정치적 견해에 대해서는 Clive Christie, *Ideology and Revolution in Southeast Asia, 1900-1975* (London: Routledge Curzon, 2000), 102-104 참조.
8. Ba Maw, *Breakthrough in Burma*, 127에서 재인용.
9. Mercado, *Shadow Warriors of Nakano*, 238.
10. 바머 정권 시기의 삶에 대해서는 Thakin Nu, *Burma Under the Japanese* (London: Macmillan, 1954) 참조.
11. Bayly and Harper, *Forgotten Armies*, 360.
12. Slim, *Defeat into Victory*, 517-19.
13. 미얀마 관료들의 보수성에 대해서는 Kyaw Min, *The Burma We Love* (Calcutta: Bharati Bhavan, 1945) 참조.
14. 당시 주요 공식문서에 대해서는 Hugh Tinker, ed., *Burma: The Struggle for Independence 1944-48*, 2 vols. (London: HM Stationary Office, 1983) 참조.
15. Collis, *Last and First in Burma*, 253B에서 재인용.
16. Bayly and Harper, *Forgotten Armies*, 438.
17. Philip Plumb in Derek Brooke-Wavell, ed., *Lines from a Shining Land* (London: Britain-Burma Society, 1998), 153-54.
18. 이 기간 도먼-스미스의 행적과 역할에 대해서는 Collis, *Last and First in Burma*, 261-82 참조. 또한 Cady, *A History of Modern Burma*, 522-35; Maung Maung Pye, *Burma in the Crucible*, 88-145 참조.
19. Collis, *Last and First in Burma*, 270-71.
20. 군대 내부 양 파벌 사이 균형에 대해서는 J. H. McEnery, *Epilogue in Burma, 1945-48: The Military Dimension of British Withdrawal* (Tunbridge Wells: Spellmount, 1990) 참조.
21. Collis, *Last and First in Burma*, 270.
22. Cady, *A History of Modern Burma*, 539-41.

23. Ibid., 287.
24. Kin Oung, *Who Killed Aung San?* (Bangkok: White Lotus, 1993); Maung Maung, *A Trial in Burma: The Assassination of Aung San* (The Hague: M. Nijhoff, 1962).
25. *Memoirs of the Earl of Listowel*, ch. 10. [www.redrice.com·listowel·index.html]

11. 서로 다른 꿈을 위해 총을 쏘다

1. Human Security Centre, *The Human Security Report 2005* (Vancouver: The Liu Institute for Global Issues, 2005).
2. J. S. Furnivall, "Independence and After," *Pacific Affairs* (June 1949).
3. 독립초기 내전에 대해서는 Hugh Tinker, *The Union of Burma: A Study of the First Years of Independence* (London: Oxford University Press, 1961); Frank Trager, *Burma from Kingdom to Republic: A Historical and Political Analysis* (London: Pall Mall, 1966); Cady, *A History of Modern Burma*, 528-624 참조.
4. Cady, *A History of Modern Burma*, 398-99.
5. 우누에 대해서는 본인의 자서전 *U Nu, Saturday's Son*, trans. Law-Yone Nu, ed. Kyaw Win (New Haven: Yale University Press, 1975)와 Richard Butwell, *U Nu of Burma* (Stanford: Stanford University Press, 1963) 참조.
6. Nu, *U Nu, Saturday's Son*, 37-38.
7. "Burma's Mess and Ne Win's Plans for an Anti-Guerrilla Army," *Time*, 7 November 1949.
8. Bertil Lintner, *Burma in Revolt: Opium and Insurgency Since 1948* (Boulder, Colo.: Westview Press, 1990), 113. 국민당군에 대한 미국의 지원에 대해서는 Robert H. Taylor, *Foreign and Domestic Consequences of the KMT Intervention in Burma* (Ithaca, N.Y.: Southeast Asia Program, Dept. of Asian Studies, Cornell University, 1973).
9. 독립 후 15년간 미얀마군의 성장에 대해서는 Mary Callahan, *Making Enemies: War and State-building in Burma* (Ithaca, N.Y.: Cornell University Press, 2003), chapters 6 & 7에 의지했다.
10. Callahan, *Making Enemies*, 162.
11. 1950년대 미얀마의 외교정책에 대해서는 William C. Johnston, *Burma's Foreign Policy: A Study in Neutralism* (Cambridge: Harvard University Press, 1963) 참조.

12. Nu, *U Nu, Saturday's Son*, 276-78.
13. "U Nu Visits Eisenhower," *Time*, 11 July 1955; "U Nu in America," *Time*, 8 August 1955.
14. 1950년대 미얀마 정치에 대해서는 Cady, *A History of Modern Burma*, 625-42; Tinker, *The Union of Burma*, 34-128, 379-88; Trager, *Burma from Kingdom to Republic*, part 2 참조.
15. "The Caretaker Government and the 1960 Elections," *Time*, 15 February 1960.
16. 샨족 추장, 즉 서브와의 삶에 대해서는 Maurice Collis, *Lords of the Sunset* (Faber, 1938); C. Y. Lee, *The Sawbwa and His Secretary: My Burmese Reminiscences* (New York: Farrar, Strauss & Cudahy, 1958); and Inge Sargent, *Twilight over Burma: My Life as a Shan Princess* (Honolulu: University of Hawaii Press, 1994).
17. Pascal Khoo Thwe, *From the Land of Green Ghosts: A Burmese Odyssey* (New York: Harper Collins, 2002).
18. Lintner, *Burma in Revolt*, 157.
19. Josef Silverstein, *Burma: Military Rule and the Politics of Stagnation* (Ithaca, N.Y.: Cornell University Press, 1977), 175; Lintner, *Burma in Revolt*, 165.

12. 호랑이 꼬리를 잡다

1. 사회주의 시대에 대해서는 David Steinberg, *Burma: A Socialist Nation of Southeast Asia* (Boulder, Colo.: Westview Press, 1982); Robert H. Taylor, *The State in Burma* (London: C. Hurst & Co., 1987) 참조.
2. 네윈에 대해서는 Maung Maung, *Burma and General Ne Win* (London: Asia Publishing House, 1969) 참조. 네윈 통치 기간 일반에 대해서는 Silverstein, *Burma: Military Rule and the Politics of Stagnation*; David Steinberg, *Burma's Road toward Development: Growth and Ideology Under Military Rule* (Boulder, Colo.: Westview Press, 1981); Taylor, *The State in Burma* 참조.
3. 바고 지역 행정관을 지냈던 이가 추방 당시 개인적 기록을 남겼다. Balwant Singh, *Burma's Democratic Decade 1952-1962: Prelude to Dictatorship* (Tempe, Ariz.: Arizona State University Program for Southeast Asian Studies Monograph Series Press, 2001). 또 Mira Kamdar, *Motiba's Tattoos* (New York: Public Affairs, 2000) 참조.

4. 네윈 시대 내전에 대해서는 Bertil Lintner, *The Rise and Fall of the Communist Party of Burma (CPB)* (Ithaca, N.Y.: Southeast Asia Program, Cornell University, 1990); Lintner, *Burma in Revolt*; Martin Smith, *Burma: Insurgency and the Politics of Ethnicity* (London: Zed Books, 1991) 등을 참고했다.
5. *Chiefs and Leading Families of the Shan States and Karenni*, 2nd ed. (Rangoon: Government of Burma, 1919); Jackie Yang Li, *The House of Yang, Guardian of an Unknown Frontier* (Sydney: Bookpress, 1977). 양씨 집안의 족보에 대해서는 Christopher Buyers at www.4dw.net·royalark·Burma·kokang2 .htm 참조.
6. 헨리 바이로드와의 인터뷰(메릴랜드주 포도맥에서 1988년 19일과 21일 트루먼 도서관에서 근무하는 M. 존슨이 실행함.)
7. "Grinding to a Halt," *Time*, 24 December 1965.
8. Lee Kuan Yew, *From Third World to the First: The Singapore Story, 1965-2000* (New York: Harper Collins, 2000), 321.
9. "The 200% Neutral," *Time*, 16 September 1066.
10. 헨리 바이로드와의 인터뷰.
11. Lintner, *Burma in Revolt*, 201-209; Smith, *Burma: Insurgency and the Politics of Ethnicity*, 219-46.
12. Lintner, *Burma in Revolt*, 211-34.
13. Ibid., 209-10.

13. 마무리하는 글

1. Terry McCarthy, "The Twin Terrors," *Times Asia*, 7 February 2000.
2. Lintner, *The Rise and Fall of the Communist Party of Burma*, 39-46.
3. James George Scott, *Gazetteer of Upper Burma and the Shan States*, vol. 1 (Rangoon: Printed by the Superintendent, Government Printing Burma, 1900), part 1, 496.
4. Ibid., 499-500.
5. Ibid., 500.
6. 1990년대 미얀마 상황에 대해서는 David Steinberg, *The Future of Burma: Crisis and Choice in Myanmar* (New York: Asia Society, 1990) 참조.
7. *Financial Times*, 9 November 1989, 6; *Far Eastern Economic Review*, 21 December 1989, 22.

8. *Financial Times*, 21 June 1990, 6.
9. *Far Eastern Economic Review*, 21 December 1989, 22; *Financial Times*, 9 November 1989
10. Andrew Selth, *Burma's Order of Battle: An Interim Assessment* (Canberra, Australia: Strategic and Defence Studies Centre, Australian National University, 2000).
11. Anthony Davis, "Law and Disorder: A Growing Torrent of Guns and Narcotics Overwhelms China," *Asiaweek*, 25 August 1995.
12. Aung San Suu Kyi, *Freedom from Fear and Other Writings*, ed. Michael Aris (New York: Penguin Books, 1991).
13. Yew, *From Third World to First*, 323.

색 인

「버마 사람들의 기원과 특징」, 274
「올바른 정부에 관한 연구」, 222

『공산당 선언』, 403
『왕과 나』, 200, 224
『유리 궁전 연대기』, 75, 76, 189, 204
『젊은이를 위한 국제연맹 이야기』, 245
『책의 세계』, 243, 245, 298
『천일야화』, 88, 105

<25세기의 벅 로저스>, 293
<가디언>, 377
<길리건의 섬>, 432
<네이션>, 383, 419
<뉴버마>, 325
<뉴욕타임스>, 345, 423
<더위와 먼지>, 455
<러브보트>, 431
<런던타임스>, 222
<매시>, 432
<미국의 소리>, 433
<미얀마의 새로운 등불>, 449
<미얀마타임스>, 499
<바호시>, 384
<썬>, 239, 245, 294, 303
<알라하바드 파이오니어>, 245

<왈가닥 루시>, 381
<워터프론트>, 381
<월 스트리트 저널>, 476
<인도로 가는 길>, 455
<일러스트레이티드 런던>, 43
<잔지바르로 가는 길>, 312
<전인도 라디오>, 433
<캘커타 스테이츠먼>, 227
<타임>, 370
<타임스>, 30, 43

30인의 동지, 319-21, 332, 343, 403, 406, 419, 421
7년 전쟁, 142, 143-7
A. P. 웨이블, 311
BBC, 57, 66, 433, 475
H. G. 웰스, 243
H. N. 고샬, 358
HIV/AIDS, 459, 460, 467

(ㄱ)

가나, 378
가리브 네와즈, 마니푸르 왕, 135
가말 압둘 나세르, 378, 422
가즈니의 마무드, 93
개혁법, 1884년, 24

건륭제(乾隆帝), 32, 150, 152, 154
게르트 폰 룬드슈테트, 302
게릴라전, 50, 179, 226, 235, 286, 296, 330, 344, 364
계왕/영력제, 127-30
고등교육법, 368
고아, 106, 108, 117, 118, 119, 121, 183, 249, 282
공산주의자, 61, 69, 301, 303, 330, 331, 349, 357, 358, 360, 368, 380, 403, 406
관개시설, 77
교육, 244, 272, 383-4; 영국의 교육, 282; 선교사와 교육, 199, 223; 불교사원과 교육, 47, 256, 296-7; 샨족 지도자와 교육, 389;
알렉산더 4세, 교황, 106
구르카, 247, 273, 341, 361
국가 법 및 질서 회복 위원회(SLORC), 63, 456-7
국무위원회, 바마, 29
국민당, 중국, 304, 374-7, 391-2, 403, 408, 411, 417-8, 446
국민회의, 미얀마, 460
국제연맹, 245-6, 287, 292, 310
그리스, 82, 83, 84, 162
글래스고, 210, 216, 222, 317
기독교, 81, 122-23, 162; 일본 기독교도, 162; 카렌족과 기독교, 238, 294-5, 439; 카친족과 기독교, 273, 392, 434
기선, 19, 31-3, 38, 42, 177, 182, 200, 203, 206, 210, 225, 239, 258, 265, 345, 402, 410
꼰바웅 왕조, 12, 35, 43, 148, 151, 156-7, 167, 195, 218, 226, 229, 235, 246, 248, 251, 255, 275, 381, 407, 413

(ㄴ)

나가르주나/용수(龍樹), 83
나가사키, 97, 114, 336
나라미뜰라, 라카인 왕, 113-4
나스루딘, 95
나폴레옹, 31, 168, 212

난따웅, 저자의 증조모, 241
난민, 26, 230, 346, 352; 미얀마 난민, 465-6; 전쟁 피난민, 309, 313, 316-8, 335
난자오(南詔), 85-89, 90-92, 96, 208, 432
난징, 303, 399, 407
남북전쟁, 미국, 202, 204, 238
남아프리카, 25, 226, 287, 292
낫신나웅, 119-21
내셔널 프레스 클럽, 381
냉전(冷戰), 64, 351-2, 363, 377, 381
냐웅잔 왕자, 33, 44, 218, 225, 226
냐웅-우, 96
너셍, 360, 362-3, 416
네그레이스 섬, 141-2, 144-5
네덜란드 동인도 회사, 116-7, 344
네덜란드, 114, 116, 117, 122-4, 126, 378-9
네윈, 428; BIA, 320-2, 330; 1차 쿠데타, 386-7; 2차 쿠데타, 393, 397-400; 1988년 민주화 운동, 57-8, 62-3; 권력 장악, 376-8; 결혼, 404, 429; 나이트클럽 폐쇄, 399; 내란 진압, 359-62, 364; 독재, 58-59, 67, 409-11; 미국 방문, 411-3; 민주화 운동, 400; 민주화 선언, 58; 배경과 성격, 296, 402-4; 사망, 461-2; 외국 공포증과 고립정책, 398-9; 우딴의 장례식, 423-8; 일당독재, 409; 일본과의 협력, 403; 학생회관 폭파, 400-1
네이묘 떼디 쩌틴, 29
네이묘 띠리 쩌틴 너라타, 33
네이묘 띠하파티, 148, 149
네이묘 민딘 뚜레인, 212
네팔, 44, 163, 251, 253, 273, 341
노던 일리노이 대학교 버마연구센터, 365
노동당, 영국, 43, 289, 335, 345
노로돔 시하누크, 411
노먼 루이스, 254
노벨평화상, 68, 453, 465
노예/노예무역, 115-7, 126, 131, 135, 147
녹영병(綠營兵), 152-53
뉴델리, 346, 371, 453

뉴질랜드, 292
뉴캐슬, 216
뉴펀들랜드, 292
니체, 299
니콜라이 불가닌, 380
니키타 흐루쇼프, 379-80, 406

(ㄷ)

다그 함마르셸드, 64, 383
다누뷰, 142, 175, 177, 178, 452, 453
다리(大理), 86, 208, 209, 210, 407, 418, 431
다베스웨이, 186, 187, 188, 205, 256, 384
다비드 소파에르, 262
다사라자, 라카인 왕, 226
다울랏 카지, 115
다웨이/타보이, 149, 173, 223, 225, 249, 253, 314
다카, 115, 124, 126
대공황, 246, 292-6, 301, 305, 402, 461
대동아공영권, 310, 325
대영 석유회사(BP), 265
대한민국/한국, 81, 198, 370, 378, 400, 449, 451, 471, 475, 478
달하우지, 196
더글라스 블레이크, 375
덩샤오핑, 413, 441
데라우치 히사이치(寺内寿一), 336
덴마크, 174
델리, 104, 123, 124, 125, 258, 264, 280, 291, 323, 346, 371, 453
도냐 루이사 데 살다냐, 119
도요토미 히데요시(豊臣秀吉), 114
도쿄, 304, 320, 328, 448
도쿠가와 바쿠후(德川幕府), 200, 309
독일, 22, 31, 37, 60, 63, 69, 195, 200, 245, 297, 302, 310, 311, 320, 323, 328, 417
동남아시아 전역(戰域), 331
동남아시아, 13, 82-3, 90, 101, 108, 128, 130, 208, 273, 304, 310, 331n, 399, 407, 11, 414, 430

두원슈(杜文秀), 209-10, 259
두유이성(杜月生), 451
듀퍼린 여사, 48-51
듀퍼린 요새, 52, 256, 329
듀퍼린, 프레데릭 템플
  해밀튼-템플-블랙우드, 46, 48-51, 53, 249, 329
드와라와디 왕자, 171, 177
드와이트 아이젠하워, 381, 391
디에고 소아레즈 데 멜로, 108-9
따도 띠리 마하 우자나, 파칸 영주, 167
따도 마하 반둘라, 167, 452, 474,
따도 민서 왕자, 164
따도 민지 민 마하, 172
따옛묘, 32, 359
따킨 딴툰, 358, 368
따킨 소, 62, 330, 357, 368, 406
따킨 운동/운동가, 298-9, 301-3, 304-5
따킨 코더 흐마잉, 47
따킨 페민, 330
따톤 왕, 91, 96
딸룬 왕, 226
떼인틴, 245, 372, 383
똥제 왕자, 218, 220
띠버 왕, 31, 34, 36, 44, 220, 224; 영국의 침공, 19-20; 왕위경쟁 이복형제, 27, 33, 44, 225; 유럽의 오해, 25-6, 226; 프랑스의 배신, 30; 일처주의, 227, 229; 개혁, 221-2; 항복과 망명, 41-2, 47, 249-52

(ㄹ)

라나우크 자마니 베굼 공주, 259
라오스, 28, 109, 111, 154, 274, 331n, 360, 392, 418
라왈핀디, 279
라자 다투 칼라야니, 119
라차부리 종합병원, 439-40
라트나기리, 249
랄프 피치, 161

랜돌프 처칠, 22-30, 33, 42-43, 46, 69, 248, 252, 264, 480
러시아, 22, 46, 95, 203, 244, 451; 러일전쟁, 309; 러시아 혁명, 281, 287, 309
러크나우, 48, 195, 281
런던, 213-5, 343, 347-9
레너드 개먼스, 345
레지널드 다이어, 288
레지널드 도먼-스미스, 264, 313-318, 334, 337-344, 345
로마 가톨릭교, 29, 106, 121, 123, 130, 146, 229, 434
로마 제국, 78, 80
로버트 브룩-포팜, 311
로버트 클라이브, 147, 264
로싱한, 417, 445, 447
로켓, 174, 176-8, 181-2, 432
론놀, 411
루디어드 키플링, 34, 253, 263, 270
루앙 프라방 왕, 149
루이 14세, 프랑스 왕, 149
루이 15세, 프랑스 왕, 142
루이스 마운트배튼, 242, 331-2, 336, 339, 453
루이스 카바냐리, 326
루터 투, 439-40
리미(李彌), 374, 418
리스본, 97, 106, 107, 303
리콴유, 410, 461
리폰 후작, 46, 229-30
린든 B. 존슨, 412, 414, 458

(ㅁ)

마니푸르, 181, 179; 181, 182, 184, 197, 323, 328; 미얀마 침공, 109, 135-6; 미얀마의 정복, 144-148, 165
마다가스카르, 84
마드라스/첸나이, 20, 21, 140, 144, 168, 171, 172, 173, 249, 250, 260, 261, 272, 279, 313
마르코 폴로, 95, 217

마르타반/모타마, 106-7, 115, 119, 136, 149, 180
마야, 391, 418, 440, 445, 447, 459, 468
마오쩌둥(毛澤東), 374, 379, 381, 413-4
마우빈, 283, 361, 380
마이소르 왕국, 163, 174
마이크 데이비스, 418
마이클 에이리스, 453-455
마케르티치, 203
마티 칼로그리디, 28-29
마하 너라타, 149
마하 네이묘, 181
마하 따라푸, 135
마하 띠하 뚜라, 153, 155
마하 민딘 띤카야, 188, 205
마하 민딘 민쩌 라자, 212, 255
마하 민홀라 라자, 175
마하 민홀라 쩌틴, 211
마하 시뚜, 153
만달레이 바우, 384
만달레이, 12, 19-25, 28. 30, 32, 49, 51-2, 61, 96, 183, 199-202, 226, 246, 269, 288; 천도, 193-5; 함락, 39-41; 2차대전의 파괴 317, 329
만주족, 150, 152, 155, 210
말라리아, 11, 66, 152, 171, 173, 182, 229, 319, 467
말레이반도, 84, 92, 106, 109, 118, 164, 261, 268, 311, 312, 313, 314, 323, 333
말레이시아, 84, 238, 331ㄱ, 392, 405
말보로 제7공작, 24
말와리스족, 262
먀세인, 291
먀욱-우, 112-7, 125-7, 157, 164-5, 261
먀이, 367
먀잇/마하 민딘 띤카야, 188, 205
메르귀, 148, 173, 314, 360
메스포타미아, 79, 280, 371
메이 오웅, 286, 291
메이묘, 36, 247, 317-8, 362, 377, 418

메이지유신, 일본, 200, 309
메이크틸라, 329, 336, 341
메카, 124, 199, 258, 478
메카야, 족장, 48; 영주, 186; 왕자, 198, 205
메콩강, 25, 28, 30, 109, 151, 164, 377, 418, 432, 442, 445
메흐메트 알리, 200
면화, 186, 200, 202, 204, 208
메두 왕, 150-4
모가웅, 36, 110, 137, 155, 166, 336
모로코, 116
모세 샤레트, 380
모잠비크, 105, 109
모하메드 알리 진나, 291
모한다스 (마하트마) 간디, 23, 279, 287, 289, 352, 357, 452
목소보, 135, 138-9, 143
몬민족해방군, 275
몬어, 103, 136, 237, 238, 274
몬족, 120, 136-47, 157, 165, 237, 420, 465
몬-크메르족, 275
몰메인/몰라먀잉, 248, 253, 259, 265, 279, 315, 343, 360
몽고, 몽골족, 90, 94-96, 102, 150, 194, 205, 275, 413
몽구트, 태국 왕, 220
몽나이, 129, 229
몽밋 왕자, 155
몽밋, 102, 389, 390
몽시 영주, 129-30
몽코, 416
묘띳 영주, 28, 38-9
무강, 122, 137-8
무굴제국, 104, 115, 123-7, 165, 195, 203, 257-60, 280
무스메아 예수아 사나고그, 262
무슬림 연맹, 281. 291, 323
무역, 26, 68, 79, 83, 91, 103, 106-7, 112, 116-7, 126, 140, 156, 161-2, 164, 202, 204, 207-9, 215, 222, 261, 451, 466, 470-4
무하마드 바크티야르, 114
문화혁명, 중국, 408, 410, 414, 416, 445-6, 451
뭄타지 마할, 123
믈라카 해협, 80, 90-1
믈라카, 80, 90, 91, 106, 117-8, 123, 238, 477
미국 선교사, 198, 211, 238, 244, 256, 273, 294, 442
미국 중앙정보국 (CIA), 327, 383, 411
미국 침례교 선교사, 238, 259, 294-95, 361, 442
미국, 63, 68, 46-7, 193, 195, 202-4, 238, 246, 266, 287, 292-3, 304, 310-2, 316, 323, 328, 334, 341, 351, 363, 365, 378, 381-2, 391, 397; 국민당군의 지원, 375-6, 392; 미국내 미얀마 난민, 465-7.
미르 주믈라, 124
미르자 자완 바크트, 258, 259
미르자 잠셰드 바크트, 258, 259
미얀마 국민민주동맹군, 445
미얀마/버마, 버마/미얀마 참조
미얀마력(曆), 39
미얀마족, 281, 281n
미치나, 318, 433
미킨지, 227-8
민갈라돈 공군기지, 312, 359
민갈라돈 공항, 59, 424, 478
민군 왕자, 33, 204, 206
민돈왕, 26, 35, 195, 197, 321, 369, 379, 383, 468; 개혁, 198-202, 203, 229, 255; 후계자, 205-6, 217-8, 220, 225, 254
민병대, 111, 136, 207, 208, 301, 358, 360, 408, 409
민자잉 왕자, 51
민주주의 국민연맹 (NLD), 61, 306, 401, 455
민주주의, 58, 67, 271, 297, 300, 324, 370-72, 393, 419, 435, 448, 456, 460-69
민지 따리 마하 제야 쩌딘, 32
민지 마하 민카웅 너라타, 32
민지 마하 민카웅, 172

민지 마하 민흘라 라자, 175
민지 마하 민흘라 민카웅, 197
민지 마하 민흘라 제야뚜, 175
민지 민카웅 민딘 라자, 32
민쩌 제야 뚜라, 182
민콘다잉 왕자, 204
민흘라 민가웅 쩌, 144
밍루이(明瑞), 153

(ㅂ)

바가야 사원, 184, 211, 221
바간, 34, 36, 136, 138, 182, 307, 448; 제국, 90-96, 112-3; 중세유적, 94-95
바고, 102-3, 106, 109-11, 115, 117, 119, 136-41, 143-4, 146-7, 194, 196, 237, 274, 292, 359; 바고왕국, 102-3
바고산맥, 336, 415-7
바고클럽, 266, 299, 325, 337, 345
바그다드, 80, 93, 96, 261, 266
바나라시, 93, 114
바레인, 421
바머, 300-303, 324-325, 329, 371, 448
바모, 152, 155, 273, 453
바부르, 104, 123, 259
바세인/파떼인, 102, 164, 177, 320, 322, 336, 361
바실 해밀턴-템플 블랙우드, 329-30\
바우, 282-285
바이수, 251-52
바지더 왕, 167, 294
바하두르 샤 자파르, 257-260
박정희, 460
반냐달라, 136-141, 146
반둘라 장군, 167-68, 172-78, 179, 196
반둥 회의, 378
반식민주의, 421
반파시스트인민자유연맹(AFPFL), 330-339, 346, 349, 358, 371, 374, 385
방글라데시, 115

방콕, 12, 33, 66, 163, 321, 391, 399, 419, 424, 439, 441, 475, 477
버마 공산당, 358, 406, 408, 416, 418, 441, 444
버마 귀족층의 몰락, 52-53, 255-256
버마 독립군(BIA), 321-22, 331, 356
버마 방위법, 1941년, 303
버마 백서, 333-4, 337-40, 343
버마 사회당, 358
버마 사회주의 프로그램당(BSPP), 58, 409, 420, 457
버마 석유회사, 265
버마 임시정부, 333, 346-8
버마/미얀마 공군, 358, 417, 419
버마/미얀마 육군/군부, 200, 273, 336-7, 339-40, 341, 386-8, 390, 461-4, 467, 471; 1990년 선거, 456-7; 군부내 반란, 258-60; 제2차 쿠데타, 397-8
버마/미얀마, 111; 고대사, 74-8; 국호변경, 463; 군부독재, 57-69.397-435, 447-50, 456-64, 467-72; 내전, 141, 205-7, 322-3, 356-8, 364; 민족주의/운동, 69, 102, 145, 185, 231, 242, 254, 269, 273, 276, 286-9, 294, 295-6, 301-4, 320-3; 민주화/민주주의, 59-63, 452-460; 인종갈등, 322, 334, 362, 391-3, 406-8; 영국의 침공과 지배, 23-7, 43-53, 249-57, 263-76, 293, 298-9; 일본의 침공과 점령, 323-7; 제국으로서 미얀마, 90-94, 101-11, 148-50, 161-7; 중국의 침공과 개입, 104-5, 150-6; 374-7, 391-2, 408, 410, 413, 416, 418, 442, 446; 헌법, 58, 63, 299, 334, 348-9, 392, 397, 420, 459-60, 476
버마 로드, 304, 310, 431
버마식 사회주의, 398, 409, 411, 420, 428, 446, 447, 463
버마어, 89, 98, 274
버마족, 95, 322, 337, 358, 360-61
버트런드 러셀, 243
베니토 후아레즈, 298
베르트랑 프랑수아 마에 라 부르도네, 140

베를린, 23, 57, 352
베이징, 208, 210, 374, 381, 415, 416
베인나웅 왕, 101-102, 103, 105, 108-111, 118, 131, 135, 145, 147, 223, 463
베트남 전쟁, 414, 440
베트남, 64
베트민, 344
벵골만, 21, 81, 84, 106, 112, 116, 147, 167, 196, 260, 261
보더파야 왕, 156-7, 166, 225
보르네오, 84
보수당, 영국, 24, 42-43, 248
보어 전쟁, 34, 311
보이스카우트의 국유화, 399
보초, 52
봄베이/뭄바이, 23, 252, 266, 272, 279, 282
봄베이 버마 상사, 29, 30, 247, 265
부주르그 우미드 칸, 126
부탄, 251, 454
북아프리카, 88, 200, 311, 323, 330
불교 승려, 47, 61, 134, 147, 156, 189, 199, 207, 256, 287, 301, 364, 426, 473-75
불교, 39, 47, 65, 80-85, 90, 92-4, 96, 199, 256, 269, 294; 금강승 불교, 89, 92; 대승불교, 81, 89, 92, 113; 소승불교, 81, 82, 102, 113; 우누와 불교, 365, 369.
불교청년회(YMBA), 286, 291
브라만, 136, 157
브라질, 106
비간데 주교, 123
비동맹운동, 378
비자푸르 술탄, 106
비하르, 93, 114
빅토르 엠마누엘, 이탈리아 왕, 212
빅토리아 여왕, 210-7

(ㅅ)

사마르칸드, 88, 193
사오 삼툰, 350

사오 온짜, 389
사오 짜쎙, 389, 390
사오 쿤 키오, 389-90
사이공, 27, 321, 416, 432
사이먼 위원회, 242
사키야 일족, 75-76, 90
사토 에이사쿠(佐藤栄作), 417
사회주의/사회주의자, 244, 299, 300, 323, 330, 358, 369, 373, 398, 409, 469
산 C. 포, 295, 322
산다 뚜담마, 라카인 왕, 124-6
산스크리트, 92, 157, 274
산페트 프라사트, 99
산포띤, 360
살레이 영주, 32, 35-6
살린, 139
살바도르 리베이로, 118
살윈강, 315, 336, 375, 431, 442
상 버마/상 미얀마, 30, 42, 44, 222, 226, 230, 255-6, 265, 271, 297, 389
새뮤얼 존슨, 198
새야 산, 293, 295, 300
샤 슈자, 123-5
샤 자한, 123
샤이스타 칸, 126
샨 족장학교,
샨고원, 148, 151-2, 171, 177, 206, 210, 229, 293, 310, 329, 375, 391-2, 417
샨어, 294
샨족, 151, 181, 206, 229, 273-4, 349, 416; 영국인의 샨지배, 290, 300, 388-90; 집행위원회 참여, 350, 390; 샨족의 봉기, 391-3, 406-8, 420
샨주, 376
샴/태국, 11, 26, 32, 63, 65-7, 81, 83, 110, 116, 119, 144, 147, 148-50, 153-4, 157, 157, 163-4, 198, 200, 224, 254, 256, 284, 431, 439-40, 444, 446, 448, 471
서아프리카, 329, 341, 347, 474

석가모니, 75, 81, 82, 83, 93
석유, 23, 215, 219, 265, 310, 420, 448
성공회, 119, 221, 325
세계은행, 68, 466
세바스찬 로드리게즈, 120
세인 르윈, 58
세인트 조지 요새, 20-1, 140, 157, 168, 213
세포이 대항쟁/반란(1857), 21, 195, 반란군58, 279
셀레우코스 니카토르, 80
셰르 알리, 226
소련, 64, 323, 328, 351-2, 374, 380-1; 미얀마에 대한 원조, 411, 417, 428; 미얀마 내전 개입, 393
소바우지, 364, 372
솔로몬 가브리엘, 261-2
솔로몬 왕, 83
솔즈베리 백작, 24-5, 43
솜 전투, 281
수니파 무슬림, 184
수단, 23-4
수드사이 "붉은 황소" 하스딘, 409
수라티 시장, 259
수리야마린 왕, 149
수마트라, 83, 92-4, 107
수에즈 운하, 212, 238, 282, 384
수카르노, 378
수파얄랏 왕비, 37, 40, 220-1, 224-5, 227-8, 246, 249-52
술레 파고다, 169, 474
술레이만 대제, 104
쉐다곤 파고다, 60, 61, 82, 103, 121, 142, 155, 170-2, 175-6, 258, 284, 288, 316, 425-6
슈웨킨, 236, 240-1
스리랑카/실론, 81, 82, 91, 92, 93, 103, 105, 113, 116, 118, 212, 253, 261, 284, 289, 291, 336, 363, 379
스리비자야 왕국, 92
스미스 던, 359, 361

스밈터, 바고 왕, 109
스웨덴, 142
스즈키 케이지(鈴木敬司), 304-5, 320-1
스코틀랜드/스코틀랜드인, 27, 30, 51, 168, 203, 210, 216, 229, 257, 265, 283, 299, 322, 334, 450
스탈린그라드, 324
스태포드 크립스, 244, 245, 323
스트랜드 호텔, 169, 266, 447, 449
스페인 내전, 297, 310,
스페인, 86, 106, 118, 142, 162, 185; 스페인 용병, 118
시드니 웹/베아트리스 웹, 243
시드니 자작, 214
시리암/딴륀, 118, 121, 143-6, 162, 363
시베리아, 94, 321
시안, 414
시크교도, 32, 441
신 페인, 286, 297
신병(神兵), 439
신예따 (가난한 사람의 정당), 300
실크로드/비단길, 79
심라, 230, 334
싱가포르, 224, 238, 264, 311-4, 323, 331n, 333, 336, 392, 399, 410, 461, 475, 478
싱구 왕자, 186
싱구, 153
싱구타라 언덕, 171, 173, 175-6
싱할족, 237
쌀(米穀), 202, 236, 238-9, 292, 330, 345, 365, 370, 374, 450
쎈위, 407
쓰촨(四川), 79, 208, 304, 310
씨외 드 브뤼노, 140-41, 143-6
씨퍼, 389, 390

(ㅇ)

아나욱페틀룬 왕, 119
아너라따 왕, 91-92, 96

아돌프 히틀러, 245, 297, 332
아라칸/라카인, 13, 76, 112-17, 123-27, 156, 173, 175, 180, 182, 226, 261, 329; 라카인 침공, 164-65; 라카인의 회교반군, 357
아랍-이스라엘 전쟁(1967), 422
아랍인, 88, 103, 162, 274
아르메니아인, 103, 145, 152, 203
아마라푸라, 157, 164, 168, 172, 183, 203, 211, 294, 316
아멜리아 에어하트, 288
아모이, 205, 319
아미나 공주, 125
아바, 48, 49, 77, 102, 107, 117, 120-21, 129; 아바 왕국, 113, 114; 아바의 궁정, 26, 28, 31, 33, 38, 49, 128, 161, 173, 180, 182, 196, 200, 203, 208, 219, 228, 274, 293
아바스 왕조, 88
아브히라자 왕자, 75-76, 78
아삼, 32, 168, 175-79, 181, 192, 197, 256, 312, 319, 328
아서 웰슬리 웰링턴, 168, 174,
아서 파이어, 203-4
아서 퍼시벌, 314
아소카 대왕, 81-82
아우랑제브 무굴 황제, 124-25
아웅산 수치, 61, 68, 290, 386, 401, 428, 435, 440, 445, 452-58, 463-64; 노벨상 수상, 69, 445, 465
아웅산, 51, 61, 305, '연맹'의 결성과 BIA; 319-322, 324, 330; '연맹'과 아웅산, 331-33, 338-45, 346-49, 357; 우누와의 인연, 368; 네윈과의 인연, 401; 암살, 350-51; 학생회; 296, 297, 303
아웅슈웨, 386, 456
아웅지, 61, 62, 401, 445, 455
아유타야, 110, 146, 148-50, 157, 163
아일랜드 공화국군, 286, 297
아일랜드 자유국가, 286
아일랜드, 24, 43, 116, 195, 216, 285, 286-7, 296-7
아차브/시트웨, 112
아치볼드 캠벨, 110, 171, 172, 175, 178-79, 182-83, 452, 474
아치볼드 컬큔, 25
아편, 391, 407-8, 417, 440, 445-6
아프가니스탄, 65, 82, 93, 273, 441, 469
아프가니스탄의 왕, 31
아프리카, 23, 64, 84, 88, 106, 118
아홈 왕조, 165, 166
안나 레온오웬스, 224
안남, 27, 93
안다만제도, 258
안다만해, 11, 73, 88
알라웅파야/아웅제야, 135, 138-39, 141-147, 148, 162; 영국 왕에게 보낸 편지, 144, 162; 후계자, 150, 156, 167
알라하바드, 253
알렉산드로스 대왕, 80, 82
알렉산드리아, 107
알론, 167, 211, 219
알루딘 리아얏 샤 알-카하르, 아체 술탄, 107
알폰소 데 알부케르케, 106
암리차르 대학살, 288
압둘 라자크, 350
앙골라, 116, 117
애도니럼 저드슨, 198, 294-5
앨두스 헉슬리, 76
야나다 낫 마이/준 로스 벨라미, 429
야마시타 도모유키(山下奉文), 314
야메띤 영주, 48
야웅훼, 206, 397, 419
얀뉴, 48
양(楊)씨 집안, 407, 446
양곤 체육(짐카나)클럽, 266, 269, 367
양곤/랭군, 20, 26-28; 81-2, 142, 196, 206, 258-9, 446, 449; 2차대전, 312-3, 315-6, 330, 332, 335; 내전, 361-4; 민족주의 운동, 287-8, 301, 346; 민주화 시위, 59-63, 474-5; 영국의 양곤

공격, 168-76; 영국의 양곤 지배, 202, 206, 238, 260-6; 위기관리정부, 387; 인종갈등과 폭동, 293-4, 414-5
양곤공과대학, 57
양곤대학교, 57, 242, 283, 288, 296, 297, 325, 365, 368, 384-5, 400, 407; 우딴의 장례식, 426-7
양잉주(楊應琚), 152
양쯔강, 127, 432
언론, 13, 23, 61, 224, 377, 419, 440, 473-4; 미얀마의 언론자유, 382-3, 392; 탄압, 303, 398
에드먼드 존스, 212-3
에드워드 8세, 영국 왕, 242
에드워드 로-온, 383, 419
에드워드 슬레이든, 39-41, 206, 264
에드워드 양, 407
에드워드 엘가, 280
에드윈 몬터규, 281, 287, 289
에르빈 롬멜, 311
에블린 워, 329
에이브러햄 리스, 198
영국 동인도 회사, 13, 116, 131, 139-40, 144, 147, 157, 161, 163-8, 170-73, 183, 195, 198, 258, 279, 344, 474
영국 버마 야전군, 21
영국, 150, 190, 379; 미얀마 점령과 통치, 23-7, 43-53, 249-57, 263-76, 293, 298-9; 미얀마의 불신, 144-5, 161-4, 167; 미얀마 유학생 차별대우, 282-4; 1885년 총선, 25-7, 33, 42-3, 248, 264; 1945년 총선, 335; 프랑스와 전쟁, 142-7; 제국주의, 23-4, 43-52, 356; 인도식민지배, 20-1, 44, 147, 157-8, 161-3, 182-3, 195-6, 204, 226, 229-30, 288-92, 323, 328; 킨운민지의 방문, 210-217; 네윈에 대한 군사원조, 363; 버마침공 명분, 27-8, 226; 인종이론, 273-4; 버마백서, 333-5, 337-40; 2차대전, 302-3, 311-23, 327-32
영국계 혼혈 미얀마인, 268, 372, 375
영국계 혼혈 인도인, 268-69
영국-버마 전쟁(1824-26), 69, 167-189
영국-버마 전쟁(1852), 69, 196-97
영국-버마 전쟁(1885), 19-53, 69, 388
영국-페르시아 석유회사, 265
영연방, 267, 334, 347-9, 363, 384
예멘, 421
오르드 윈게이트, 327-9
오스만 제국, 46, 104, 203
오스트리아 왕위계승 전쟁, 139
옥스퍼드 대학교, 372, 389, 453-4
올리브 양, 408, 445,
와족, 442-4, 446, 451
와주 연합군(UWSA), 446
요 영주, 222
우간다, 405
우누, 61, 62, 243-4, 249, 296, 298, 303, 326, 350-1; 배경과 성격, 364-9; 공산주의자의 반란, 357-8; 우누 시대 민주주의, 372, 383-5; 강제사임, 386-7, 397; 독립운동, 296-7; 우누의 반란, 419-20; 외교활동, 378-83; 총리, 243, 358, 361-62; 재집권, 388; 사회주의, 358, 369, 372; 우딴과의 우정, 242, 244, 367, 372-3
우드로 윌슨, 287
우딴, 268-9, 296, 298, 370-2; 배경과 교육, 235-6, 242-4, ; 유엔대사, 382, 385; 사망과 장례식, 422-8; 외교, 378-82; 일본에 대한 불신, 326; 언론인 우딴, 244, 298, 302, 325; 폐암, 422; 결혼과 자식, 245; 일본치하, 326, 330-1; 총리 비서, 372-3; 유엔 사무총장, 64-5, 412, 421-2; 우누와의 우정, 242, 244, 367, 372-3
우만(烏蠻)족, 87
우서, 294, 303, 348-9, 351
우크라이나, 328, 451
운또, 36, 48, 167
원조, 63, 351, 363, 399, 411, 417, 429, 435, 441, 447-8, 460, 466-7

월남/남베트남, 378
윌리 리치먼드, 316
웻마숫 영주, 38, 42
위기관리 정부, 386-8, 398, 445, 457
윈난(雲南), 36, 78, 86, 88, 95, 104-5, 130, 151-4, 155-6, 164, 207-9, 259, 312, 318, 383, 407, 431-3, 441, 477
윈스턴 처칠, 303, 311, 315, 318, 323, 347, 379
윌리엄 글래드스턴, 23, 25, 43, 229
윌리엄 스트랭 스틸, 265
윌리엄 슬림, 328-9. 333, 363
윌리엄 애머스트 공, 168
윌리엄 윌러스, 265
윌리엄 이건, 422
윌리엄 존스, 274
유고슬라비아, 344, 376, 379, 422
유대인, 103, 162, 207, 261-2, 327, 379, 380
유럽연합(EU), 467
유리궁전, 189, 220
유엔, 334, 341, 344, 348, 351-2, 375, 379, 382-3, 385, 412, 421-3, 424, 429, 454, 460, 473-4, 476, 478
웅오딘디엠, 411
이디 아민, 405
이라와디 강, 31, 34, 38, 73, 90-2, 94, 120, 135, 140, 155, 172, 182, 193, 197, 207, 225, 317, 329, 415, 433
이라와디 기선회사, 29, 265, 345, 410
이라와디 분지, 51, 73, 75, 77-80, 82-4, 88-9, 91, 96, 101, 109, 118-9, 148, `53, `57, 230-1, 272, 290, 317, 358, 452
이라와디 삼각주, 29, 73, 103, 121, 142, 171, 236, 238-9, 245-6, 255, 261, 283, 292, 295, 321-2
이라크, 43, 45, 312
이란, 351, 301, 467
이베리아반도 전쟁 (1808~14), 168
이브라힘 감바리, 476
이스라엘, 64, 335, 342, 352, 376, 377, 379-80, 422
이스마일 1세, 페르시아 왕, 104
이스파한, 115, 261
이슬람, 86, 104, 107, 113, 125, 162, 184, 188, 199, 209, 238, 258, 377; 이슬람의 인도침공, 92-3, 114; 수니파, 184, 시아파, 184, 수피성자, 187
이이다 쇼지로(飯田 祥二郎), 309
이집트, 24, 50, 77, 105, 200, 202, 212, 217, 315, 378, 422
이탈리아, 29, 34, 37, 88, 111, 185, 200, 212, 222, 297, 301, 399, 449
인도 국민회의, 23, 279, 281, 287, 323
인도 및 버마 정부 법(1935년), 291
인도, 23, 78-9, ; 무굴왕조, 104, 123; 미얀마에 대한 원조, 363; 인도와 영국, 44, 162, 195-6, ; 불교, 81-2, ; 인도와 미얀마, 83-5, 92-4; 띠버와 인도, 235, 249-51 ; 마우리아 제국, 78, 80, ; 남인도, 82-83; 인도인의 도래, 257-61
인도군대, 314, 329, 359, 376
인도네시아, 84, 243, 344, 378-9, 459, 471
인도법 (1935년), 299
인도양, 91, 103, 107, 112, 118, 140, 152, 210, 212, 236, 238, 310, 314
인도인/인도계, 235, 238, 257-63, 265, 276; 2차대전, 313, 316-9; 미얀마인과의 인종갈등, 293-4; 추방, 404-5, 410
인도-파키스탄 전쟁, 352
인민자원기구 (PVO), 340, 357, 359
인민해방군, 중국, 392, 414, 416
인종이론, 273-4
일본, 13, 49. 63, 67, 81, 114, 116, 198, 200, 245, 252, 254, 264, 303-5, ; 일본의 침공과 점령, 323-7; 버마 민족주의자와 일본의 협력, 303-5, 319-322; 중국침공, 309, 310; 일본기독교도, 114, 162; 일본의 제국적 야망, 309; 러일전쟁, 309; 제2차 세계대전, 309-17, 320, 326-330, 336

임팔, 328-30
입법위원회, 식민지 시대 버마, 289, 343

(ㅈ)

자니 투, 439-40
자바, 83, 84, 94, 197, 224, 261, 378
자본주의
자와할랄 네루, 23, 253, 279, 291, 346, 369, 371, 378, 405
자우 쎙, 392
자유당, 영국, 23-4, 290
자인티아, 167, 173, 182
자카르타, 116
작은 강/몃응에, 183, 186
장건(張騫), 79-80
장제스(蔣介石), 244, 310, 312, 316, 374, 415
장칭(江靑), 416
저우언라이(周恩來), 378, 379
적군(赤軍), 328
적기(赤旗) 공산당, 406
전 미얀마 가정주부 협회, 61
전군 지후 관 회의, 417
전쟁국, 미얀마, 376-7, 386, 467
정부청사, 316, 350, 397, 427
제1차 세계대전, 142, 247, 252, 269, 280, 282, 285, 287, 309
제2차 세계대전, 254, 310, 407
제4 버마 소총부대, 361, 397, 456
제임스 베링턴, 372
제임스 스콧, 275
제임스 울프, 147
조제프 앙리 드 파씨외, 31
조제프 프랑스와 듀플렉스, 139-142, 228
조지 2세, 영국 왕, 144, 162
조지 램버트, 196
조지 맥카트니, 150
조지 버나드 쇼, 366
조지 베이커, 143, 144
조지 스콧, 388

조지 스튜어트 화이트, 21, 34, 38
조지 오웰, 245, 264-5, 267, 363, 398
조지 워싱턴, 136, 381
조지 제임스 스완, 265
조지 커즌, 52, 280
조지프 "비니거 조" 스틸웰, 216
조지프 브로즈 티토, 344
조지프 아우구스투스 마웅지, 293
존 S. 퍼니벌, 243, 245
존 반 쿠렌 "스카스데일 잭" 뉴커크, 315
존 사이먼, 290
존 스트래치, 245
존 와이스, 343
존 질구드, 335
존 커틴, 315
준 로즈 벨라미/야다나 낫 메이, 429
줄루족, 226, 229
줄르 페리, 29
중국, 13, 25-6, 31, 36-7, 81, 86, 91-3, 127-30, 204, 215, 304, 319, 374, 376, 379, 390, 392, 407; 명나라, 104-5; 미얀마 공산당 지원, 408, 410, 413, 416, 418, 442, 446; 양곤폭동, 415; 중일전쟁과 2차대전, 304, 310, 312; 청나라, 150-6; 태평천국의 난, 23, 209; 판데의 난, 207-10, 259; 한나라, 78-80
중국계 미얀마인, 405, 441, 445
중국-미얀마 국경협정 (1960년), 411
중궁왕비, 220
지미 양, 407, 408, 416, 419
진주만 공격, 310-12, 321
집행위원회 (버마 임시정부), 346
짜욱먀웅, 230
쩌녜인, 370
쩌잔, 186, 188
쭐라롱콘, 태국 왕, 223
찌마웅, 386, 456

(ㅊ)

찬드라칸타 싱, 166

찰스 "차이니즈" 고든, 23
찰스 버나드 경, 25
찰스 스튜어트 파넬, 24, 43
찰스 크래독, 289
찰스 크로스웨이트, 50, 267
천안문 광장, 63, 471
철도, 23, 195, 216, 268
체코슬로바키아, 64
첸나이/마드라스, 20, 21, 140, 144, 168, 171, 172, 173, 249, 250, 260, 261, 272, 279, 313
쳇티야르 고리대금업자, 238, 260, 261
추축국, 319, 320, 325
축구, 122, 248, 257, 388, 430, 449, 478
충칭(重慶), 304, 310
치앙마이, 109, 110, 128, 148
치타공, 115, 126, 165, 261
친드윈강, 211, 328-9
친족, 336, 362
칫 흘라잉, 290
칭기즈칸, 94, 95, 104, 123, 258, 463

(ㅋ)

카나웅 왕자, 왕세제, 197, 199-200, 204-6, 211, 225, 253
카렌 민족연합(KNU), 295, 360, 444
카렌방위기구(KNDO), 360
카렌족, 238, 275, 294-5, 334, 346, 349, 350; 기독교, 264-5; 민족주의, 294; 반군, 352, 361-4, 371, 373, 377, 409, 420, 439-41, 451; 버마족과의 인종갈등, 322, 361; 카렌족 부대, 359-60; 카친족의 학살, 360-61
카마루파 왕국, 124
카만족, 126
카이버 회랑, 271
카자흐스탄, 153
카차르, 166-7, 173, 179, 182
카친고원, 318, 431
카친독립군, 392, 408, 420, 431-4
카친독립기구, 431

카친족, 327, 334, 337, 341, 359-60, 362, 363, 391, 406, 416, 432-4; 카친족과 기독교, 273, 392, 434
캄보디아, 28, 83, 90, 93-94, 101, 103, 118, 164, 274, 331ㄱ, 411, 469
캉성(康生), 416
캐나다, 46, 48, 147, 183, 286, 292, 315, 348, 423
캘커타/콜카타, 28, 33, 44, 165-6, 168, 183, 202, 225, 226, 230, 236, 238, 253, 259, 264, 274, 282, 313, 318, 432
케냐, 311
케이시 기병대, 165, 212
케임브리지 대학, 65, 265, 269, 282, 284, 286, 300, 348, 371, 389-90
케임브리지 버마 학생회, 283, 285
케츠와요 왕, 226
켄퉁, 128, 151, 374, 418
코끼리, 14, 26, 37, 39, 88, 91, 110, 113, 147, 167, 177, 189, 221, 225, 265, 328, 474; 전상(戰象), 95, 101, 109, 110, 207; 백상(白象), 45, 108, 110, 237
코살라, 75
코친 (인도 토후국), 279
코캉 혁명군, 407
코캉, 407-8, 416, 419, 441-2, 445, 451
코히마, 328, 330
콘돌리자 라이스, 68
쿠르트 발트하임, 424
쿠르트 키징거, 417
쿠릴열도, 310
쿠바 미사일 위기, 64, 421
쿠빌라이 칸, 95-6, 413
쿤밍(昆明), 78, 104, 130, 151, 207-8
쿤사, 417, 447
퀘벡, 48, 147
크리스토퍼 콜럼버스, 105, 106
크메르루주, 416, 442
크와메 엔크루마, 378
클레먼트 애틀리, 335, 344, 347

킨늉, 445-46, 460, 464
킨마웅지, 251-2
킨운 민지, 35-37, 40, 41, 46, 47, 49, 53, 348; 영국 방문, 210-217; 띠버의 옹립, 219-220; 근대화, 221-4, 228

(ㅌ)

타가웅, 74, 88, 90, 95, 96, 137, 260
타다-우, 129. 185-6
타밀인/족, 103, 162, 261
타베 영주, 155
타보이/다웨이, 149, 173, 223, 225, 249, 253, 314
타빈슈웨티, 103-108, 147,
타웅지, 407
타잉다 영주, 34, 37, 41, 46, 224
타지 마할 베굼, 258,
태국/샴, 11, 26, 32, 63, 65-7, 81, 83, 110, 116, 119, 144, 147, 148-50, 153-4, 157, 157, 163-4, 198, 200, 224, 254, 256, 284, 431, 439-40, 444, 446, 448, 471
태평천국의 난, 23, 209
터키, 95, 104, 114, 150, 247, 351, 413
테나세림/타닌따리 해안, 91, 110,
테나세림/타닌따리, 73, 173, 181, 185, 261, 290, 292, 295
테베트/토번(吐藩), 13, 78, 81, 85, 86-8, 90, 93, 113, 165-6, 208, 275, 319; 티베트 불교, 81, 92
테워드로스, 에티오피아 황제, 21
테이킨 터 파야 왕자, 245-9, 252
텔레비전, 61, 63, 430
토니 블레어, 68
토마스 스페어스, 203
토마스 프렌더개스트, 21
토머스 후드, 254
토미 클리프트, 359, 419
토웅우, 32, 102-3, 105-6, 118, 130, 135-6, 138, 167, 317, 359, 364
톰 드리버그, 345

통킹, 27, 30,
티무르, 104, 123, 258
티베트-버마 언어군, 274, 432
티푸 술탄, 163, 174
틴 민-우, 384
틴우, 428, 456
틴툿, 269, 348, 350, 371

(ㅍ)

파딴족, 273
파떼트 라오, 392
파리, 22, 37, 150, 211, 212, 217, 268
파미르고원, 275
파스칼 쿠 뜨웨, 390
파시즘, 302, 320, 324, 330, 332, 337
파업, 57, 59, 62, 288-9, 293, 345-7, 358; 공무원 파업, 361, 363
파올로 세익사스, 106
파욱먀잉 영주, 41
파칸 영주, 167
파키스탄, 260, 346, 349, 352, 379, 400, 405
판데의 난, 207-10, 259
판데족, 207-210, 259, 418
판찰라 왕, 175
판춰(樊綽), 87
판타너 민족학교, 244
판타너, 108, 235-9, 242, 243-6, 268, 275, 326, 330-1, 367-8, 370-2, 381, 422
팔레스타인, 327, 342, 352
팔리(Pali)어, 92, 115, 221, 222, 255
팡롱, 349, 393, 418, 441, 445-6
팡사우회랑, 319
팡상, 441, 445, 446
패트릭 피어스, 285
펀자브, 32, 288
펑짜신, 323, 441
페렝히, 106, 107, 121, 122, 126, 146, 162
페로몬, 115
페르시아, 13, 78, 79, 82, 94, 102, 104, 107, 111,

114, 120, 124, 126, 152, 184, 203, 274
포 흐닛, 216, 239, 240-1
포르투갈, 13, 102, 106-7, 108-9, 115-6, 117-21,
　122-3, 146, 162, 186, 212, 363; 용병, 106,
　108-9, 122, 126, 129
포트웨인, 인디애나주, 465
폰디체리, 140, 145-6
푸얼(普洱)현, 151
푸젠성(福建省), 155, 414, 451
푸켓, 92
푸헝(傅恒), 154-5
프란시스코 프랑코, 297
프랑스, 27-30, 37, 44, 122, 139-46, 147, 155,
　176, 414
프랑스령 인도차이나, 311
프랭크 킹던 워드, 319
프랭클린 D. 루스벨트, 246
프레데릭 대제, 142
프레데릭 하스, 37
프롬/삐, 76, 84-6, 91, 96, 102, 112, 131, 136, 141,
　164, 178, 179, 181, 226, 317, 336, 402-3
프롬 왕자, 129-30
플라잉 타이거스, 312, 315
피더따 (행복의 땅), 373-4
피델 카스트로, 422
피분 송크람, 321
피에르 드 밀라르, 146, 155
피에르 봉빌랭, 28-9,
핀달레이 영주, 42
핀달레이 왕, 128-9
핀마나 왕자, 44, 53, 219, 254, 367
핀마나, 358, 359
필딩 홀, 270
필리페 데 브리토 에 니코테, 117-121, 126
필리핀, 312, 331n

(ㅎ)
하 버마/ 하 미얀마, 28, 230, 238, 255, 283, 295
하노이, 379
하얼빈, 414
하이난(海南), 320, 343, 403, 461-2
하이데라바드, 44
하이데르 알리, 174
하이람 맥심, 22
하코트 스펜서 버틀러 경, 288
하피즈 모하메드 이브라힘, 258
학생운동/봉기,
학생회, 298; 학생회관 폭파, 400, 426;
　집행위원회, 298
학생회/학생회관, 298, 305, 332, 368, 371, 385,
　400-1, 403, 426, 469; 학생회관 폭파, 400
한국/대한민국, 81, 198, 370, 378, 449, 451, 471,
　475, 478
한국전쟁, 364, 374
한스 호프, 429
해롤드 라스키, 243
해롤드 알렉산더, 316-18
해리 S. 트루먼, 351
해리 노스 달림플 프렌더개스트, 20-2,
　33-4, 37-42, 44, 46, 57, 199, 255, 309
해협 식민지, 238-9
헌법, 58, 63, 334, 348-9, 393, 397, 420, 459-60,
　471, 477, 485
헨리 바이로드, 409, 411
헨리 버니, 198
헨리 율, 19, 185
헨리 푸이(溥儀), 청조 마지막 황제, 254, 310,
　324
헨자다, 129, 136, 282-3, 368
혁명위원회, 미얀마, 271, 398, 401, 409,
　419-20, 456
호랑이 골목, 169
호주, 73, 248, 268, 286, 292, 376, 465; 2차 대전,
　312-16, 336; 미얀마 원조, 363
호찌민, 344, 379
홍위병, 413, 416, 418, 442, 446
홍콩, 127, 291, 312, 323, 447
후에 조약, 27

색인　　　　523

홍슈취안(洪秀全), 209
휴먼 라이트 워치, 12
휴버트 랜스, 344, 346, 350-1, 355-6
히로시마, 336
히말라야, 26, 36, 73, 81, 85, 144, 252, 273, 334, 432, 454, 462
힌두교, 83, 92, 107, 113, 117, 124, 135, 165, 238, 262, 297